KB025800

# 영화 장르

## 할리우드와 그 너머

# 영화 장르

## 할리우드와 그 너머

배리 랭포드 지음 | 방혜진 옮김

영화 장르: 할리우드와 그 너머

지은이 배리 랭포드
옮긴이 방혜진
펴낸이 한기철
편집인 이리라
편집 이여진, 노우정, 이지은
마케팅 조광재

2010년 5월 30일 1판 1쇄 펴냄
2014년 3월 31일 1판 2쇄 펴냄

펴낸 곳 한나래출판사
등록 1991. 2. 25. 제22-80호
주소 서울시 마포구 월드컵로3길 39, 2층 (합정동)
전화 02) 738-5637 | 팩스 02) 363-5637 | e-mail hannarae91@naver.com
www.hannarae.net

*Film Genre: Hollywood and Beyond*
by Barry Langford



ISBN 978-89-5566-104-0 94330
ISBN 978-89-85367-76-9 (세트)

* 이 도서의 국립중앙도서관 출판시도서목록(CIP)은 서지정보유통지원시스템 홈페이지(http://seoji.nl.go.kr)와 국가자료공동목록시스템(http://www.nl.go.kr/kolisnet)에서 이용하실 수 있습니다.(CIP제어번호: CIP2010001275)

# 차례

머리말 7

01 누가 장르를 필요로 하는가? 13

02 장르 이전: 멜로드라마 57

## 1부 고전적 패러다임

03 서부극: 장르와 역사 95

04 뮤지컬: 장르와 형식 141

05 전쟁/전투 영화: 장르와 국가 179

06 갱스터 영화: 장르와 사회 225

## 2부 과도적 판타지

07 호러 영화 265

08 SF 영화 303

## 3부 포스트고전 장르들

09 필름 느와르 347

10 액션 블록버스터 387

11 장르: 틀 깨기 427

12 결론: 트랜스 장르? 453

참고 문헌 463

옮긴이의 말 489

찾아보기 493

### 일러두기

- 한글 표기를 원칙으로 하되, 필요에 따라 외국어와 한자를 병기하였다.
- 한글 맞춤법은 '한글 맞춤법' 및 '표준어 규정'(1988), '표준어 모음'(1990)을 적용하였으나 혼란이 있는 경우는 출판사의 원칙을 따랐다.
- 외래어의 우리말 표기는 개정된 '외래어 표기법'(1986)을 원칙으로 하되, 그 중 일부는 현지 발음에 따랐다.
- 사용된 기호는 다음과 같다.

  영화, TV 프로그램, 잡지 등: < >

  책이름 등: ≪ ≫

# 머리말

**장르** — '유형'이나 '종류'를 뜻하는 프랑스어 단어 — 라는 개념은 영화 문화 전반에 걸쳐, 다시 말해 영화 제작, 대중의 소비와 수용, 그리고 학계의 영화 연구에서 두루 사용된다. 그러나 이 서로 다른 분야들 사이에서 장르는 제각각 일관성 없이 이해된다. 보다 근본적인 단계에서도 장르는 당혹스러우리만치 모호하며, 철학적으로 말하자면 관념론적 존재에 머문다. 한편으로, 그 어떤 개별 장르 영화도 그 장르를 대표한다고 일컬어지는 모든 속성들을 구현하지 못한다. 마찬가지로, (숱한 비평 시도의 좌절이 입증하듯) 어느 장르에 대한 그 어떤 정의도, 설령 아무리 유연한 정의라 해도, 모든 장르 영화를 똑같이 잘 설명할 수는 없다. 아마도 그 분야에 이제 막 들어선 사람에게 그것은, 거트루드 스타인Gertrude Stein의 '오클랜드'처럼, "당신이 거기 다다를 때, 거기에 '거기'는 없다"와 같을 것이다.

그런 문제들에도 불구하고 이 책은, 영화가 문화 및 사회와 맺는 보다 광범위한 관계들에 대해서는 물론, 영화가 생산되고 소비되는 방식을 이해하는 데 있어서도, 핵심적인 비평 도구는 역시 장르라고 주장한다. 그렇지만 장르 개념의 유동적인 가치들과 관계들, 정의들은 학생들에게 명백한 문제를 제기하고 있다. 학생들은 한편으로는 (개별 장르를 '정의'하는

데 있어, 또한 장르 분류 자체의 기본 원리를 이해하는 데 있어) 추상적이고/거나 일반화된 범주들과, 다른 한편으로는 어느 주어진 영화에서 그 범주들의 실현(혹은 거부)을, 추가적으로 가늠해 봐야 한다. '수정주의' 장르 영화 ＜나이트 무브 *Night Moves*＞(1975)의 좌절한 사설 탐정 해리 모스비처럼, 장르를 공부하는 사람이면 누구든, 보기엔 상식적인 범주들에서 예기치 못한 복잡성에 부닥치기 마련이며, 그것도 새로운 국면마다 더더욱 당황하게 될 우려마저 있는 것이다. 해리 모스비는 결국 문자 그대로 제자리를 맴돌고 만다. 학생들도 이와 유사한 운명에 처할 위험이 있다.

이 책의 목적은 그런 암담한 사태가 되도록이면 발생하지 않도록 하려는 것이다. 가장 널리 알려지고 가장 오랫동안 생존해 온 할리우드 장르들 — 즉 고전 할리우드 스튜디오 시기에 뿌리내린 장르들. 설령 그것들이 액션 영화처럼 포스트고전 시기에 상이한 장르 성격과 거대하게 팽창된 산업적 중요성을 지니게 됐을지라도 말이다 — 에 중심 초점을 맞춤으로써, 나는 어떻게 영화 장르 이론이 주요 장르들에 대한 가장 영향력 있는 설명을 형성해 왔으며 그 역逆 또한 성립하는가를 보여 주고자 했다. 어떤 경우, 학생들은 무엇이 영화를 장르적이게 만드는가에 대해 혹은 어떻게 개별 장르들이 작동하는가에 대해 이전에 품어 왔던 가정들을 도전받는 상황에 처하게 될지도 모른다. 이는 때로 혼란스러울 수 있지만, 그럼에도 결국 그것은 영화, 사회(그리고 비평)의 역사에 폭넓게 가지를 치며 연관을 맺어 온 복합적 존재들이 무엇인가를 이해할 수 있는 적절한 차원일 것이다. 그러한 가지치기가 바로 해리 모스비를 좌절시켰으며, 영화 마지막에서 그는 **관점**이라는 이름의 배에 표류된 채 남겨진다. ＜나이트 무브＞는 해리가 하나의 관점조차 결여한 것인지 혹은 상충하는 너무 많은 관점들로 좌초된 것인지 의도적으로 모호하게 남겨 둔다. 부디 이 책의 독자는 영화 장르와 장르 영화의 상충하는 견해 및 논쟁들의 이유를 이해할 수 있기 바라며, 그러한 이해를 통해 자신의 비판적 시각을 개발시킬 수 있기를 희망한다.

영화와 마찬가지로 책은 협력의 산물이다. 많은 동료들과 학부 및 대학원 학생들에게 감사를 보낸다. 아울러 이 책에서 탐구된 영화 장르들의 개념을 명확하게 만들고 다듬을 수 있도록 다양한 공식적, 비공식적 정황에서 도움을 준 런던 대학 로열 할러웨이에게도 감사를 보낸다. 또한 나는 이 개념의 일부, 특히 서부극과 홀로코스트 영화에 관한 개념을 영국과 미국의 학회에서 논문으로 발표하는 혜택을 누렸다. 이런 기회를 준 학회 주최측과, 기꺼이 응답과 통찰을 준 수많은 동료들에게 다시 한 번 감사의 뜻을 전한다. 이 책의 일부는 예전에 <필름 앤드 히스토리*Film & History*>와 <저널 오브 홀로코스트 에듀케이션*Journal of Holocaust Education*>에 실린 글들을 기반으로 하고 있다. 에든버러 대학 출판부의 편집자 사라 에드워드는 이 책을 처음 제안하여 이끌어 냈으며, 원고가 최종 도착할 때까지 참을성 있게 기다리고 또 기다려 줬다! 내 가족은 마감일이 다가오고 지나감에 따라 점점 말수가 줄고 까다로워지는 나와 살아야 했다. 그들은 나보다 훨씬 큰 아량으로 기꺼이 그렇게 해주었다. 특히 아내 캐럴 톤킨슨의 지지와 인내와 예리한 편집자의 시선이 없었다면 이 책은 가능하지 않았을 것이며, 따라서 이 책을 사랑과 함께 그녀에게 바친다.

### 이 책에 대해

이 책의 전반적인 접근법은 장르를 역사적인 — 무엇보다, 문화적이고 (영화) 산업적인 — 컨텍스트 속에 위치시키는 것이다. 즉 이 책을 둘러싼 컨텍스트는 '고전적' 할리우드 시스템으로부터, 오늘날까지 확장되는 '포스트고전주의' 양식으로의 변전인 것이다. 이렇게 구분함에 있어 나는

'포스트고전주의' 할리우드가 할리우드 영화와 질적으로 얼마나 상이한 시각 양식론을 표상하는가 혹은 '고전적' 할리우드 영화와 형식 면에서 얼마나 본질적으로 연속적인가에 관한 논의들(Bordwell, Staiger, & Thomson, 1985; Bordwell, 2002를 보라)에 대하여 명백하게 도전하지도 옹호하지도 않을 것이다. 오늘날 수많은 연구들이 입증하듯, 전쟁 직후까지 스튜디오 시대를 상징하던 비교적 표준화된 영화 엔터테인먼트 대량 제작은 훨씬 더 분산되고 이질적인 메커니즘으로 대체되었으며(물론 그렇다고 그 결과물까지도 이질적이란 뜻은 아니다), 따라서 전속 아티스트들 — 스타, 작가, 감독, 무대 디자이너, 의상 디자이너, 작곡가 등등 — 의 구조나 스튜디오 소유의 야외 촬영지, 상설 세트, 연간 개봉 예정표와 수직 통합적 기업형 조직 등 — 총괄적으로 앙드레 바쟁André Bazin이 '천재적 시스템'이라 부른 것을 이루며, 또한 장르 제작을 지원하고 촉진해 온 — 은 이제 사라져 버렸다. 뮤지컬과 서부극 같은 어떤 장르들은 여러 면에서 할리우드 시스템에 너무도 확실히 속했기 때문에 그것의 종말로부터 쉽사리 헤어날 수 없었던 반면, 필름 느와르나 액션 블록버스터 같은 또 다른 장르들은 분명 할리우드 스튜디오 시스템과는 다른 제작 질서로부터 상이한 방식으로 나온 산물들이며 또한 포스트고전주의 영화라는 컨텍스트 속에서 유용하게 고찰될 수 있다. 여하튼 나는 이 책에서 논의되는 장르를 세 범주 — 고전주의, 과도기, 포스트고전주의 — 로 배열해 놓았다. 이 책의 다른 경계들과 마찬가지로 이 범주들 역시 허점투성이며 당연히 비난을 면하기 어렵다. 이 범주들은 확정적인 진술이라기보다는 발견적 학습의 도구로 봐주길 바란다.

각 장은 장르 역사와, 아울러 각 장르가 초래해 온 주요 비평 접근의 일부를 다룬다. 역사와 비평은 단계마다 상호 연결되어 있다. 장르 연구에서 우리는 자칫 나무를 보느라 숲을 놓치기 쉬운데, 따라서 나는 모든 장르에 대한 모든 주요 비평 접근들을 망라하려(스티브 닐 [Neal, 2000]에 의해 훌륭하게 수행된 작업) 들지도, 또한 각각의 경우에서 포괄적인 장르 역사를 제공하려고 하지도 않았다. 이런 것은 불충분하게 분류된 영화 제목 목록을 제공하는 정도로 끝나기 쉬운 까닭이다. 나는 부디 각 장이, 한 장르의 역사적 전개를 명료하게 설명해 주는 가운데, 또한 어떤 장르에 대해 현재 이뤄지는 비평적 이해에 혹은 장르 연구 전반에서의 그 위치에 가장 직접적으로 관련된 것으로 보이는 비평 관점들과 맞물리기를 바란다. 장르 비평가와 이론가를 인용함에 있어서는 최근 연구에 다소 치우쳤는데, 이는 새로운 비평 방향과 현 상황을 반영하기 위함이다. 각각의 장은 한 편 혹은 한 쌍의 장르 영화에 대한 간단한 '사례 연구'로 마무리된다. 이 영화들은 그 '고전적인' 위상으로서라든가 대표격으로서 선택된 것이 아니라, 단지 문제의 장르 내에 위치시킬 수 있고 굳건히 위치해 온 영화들로서 선택된 것이다. 이 영화들에 대한 보다 상세한 연구가 그 장의 주요 단락에서 제기된 쟁점들을 유용하게 보충하고 확장하리라 생각한다. 그 영화(들)에 주어진 설명은 모든 것을 포괄하려는 것이 아니며, 이는 현재 지면에서 가능한 일도 아니다. 강조된 요소들은 장르 역사나 장르 이론에 가장 직접적으로 관련된 것들이다.

역사적으로 장르 연구는 주요 할리우드 장르 분석이 주를 이뤄왔으며, 이 책 역시 주로 할리우드를 다루고 있다. 그렇지만 부제인 '할리우드와 그 너머'는, 우선 첫째로, 할리우드 장르가 나머지 다른 세계를 단지 식민화할 뿐 아니라 다른 세계에 열려 있기도 하며 지금껏 그래 왔음을 지적하려는 나 자신의 관심사를 반영하고 있다. 둘째로는 여타 나라들의 대중 영화와 장르에 관한 비평 연구가 최근 몇 년간 범람하게 된 경향. 그리고 셋째, 심지어 미국 장르조차도 오로지 할리우드에 의해서만 제작된 것은 아니며 지금도 그러하다는 것. 첫 번째 관심사가 의미하는 바는,

해당 사항이 있는 경우(예를 들어 호러 영화와 필름 느와르) 여타 국가의 영화와 문화가 할리우드에 끼친 영향이 각 장 본문 속 마땅한 자리에서 논의된다는 것이다. 두 번째는 각 장의 결론 부분에서 불충분하게 — 공간상의 이유로, 또한 상당 부분은 내 자신의 전문 지식의 한계로 인해 — 다뤄지는데, 이는 주요 할리우드 장르가 다른 내셔널 시네마들에서도 역시 중요하게(때로는 할리우드 영향력하에 또 때로는 전적으로 분리되어) 모습을 드러낸 방식들을 일부 간략하게나마 보여 준다(단, 전쟁 / 전투 영화에 관한 5장은 예외이다. 5장은 장르와 국가성의 상호 작용을 강조하기 위해 처음부터 끝까지 국제 비교로 진행된다). 다큐멘터리와 포르노그래피 같은 비非할리우드 미국 장르들은 마지막 장에서 좀 더 자세하게 논의된다.

* 영화 제목은 어느 장에서든 처음 인용될 때 개봉 연도를 함께 수록했다. 국가명은 따로 언급이 없는 한 미국으로 간주하면 된다.

# 01

# 누가 장르를 필요로 하는가?

장르를 왜 '필요로 하는가'에 대해 생각한다는 것은 일반적으로 장르 개념에 부여하는 효용과 그로부터 획득하게 되는 가치에 대해 생각하는 것을 의미한다. 따라서 우리는 영화 제작 실천으로서나 문화적 의미의 능동적인 **생산자**로서의 장르 역할에 초점을 맞출 수 있다. '누가 장르를 필요로 하는가?'라는 질문에 대한 잠정적인 대답은 '모든 사람, 하지만 저마다 상이한 방식과 서로 다른 정도로'이다. 영화 제작자에게 있어 장르와 사이클에 따른 체계적인 제작은 관객을 안정적으로 끌어들이고 확보함으로써 상업적 손실을 줄일 수 있도록 보장해 준다. 관객에게 있어 장르 범주는 기본적인 작품 분류를 제공해 주는 한편, 새로운 것이 가미된 친숙함이라는 장르 '계약'을 통하여, 영화표 값을 내면 이전에도 (한 번 혹은 몇 차례) 누렸던 경험을 재구매할 수 있도록 보장해 준다. 학자에게 있어 장르는 대단히 상이한 환경 아래에 제작되고 개봉된 영화들 간의 '가족 유사성'을 세우기 위한, 또한 사회적, 정치적, 경제적 컨텍스트와 대중 문화의 신화들 간의 관계를 숙고하기 위한 역사 기반의 방법을 제공해 준다.

장르의 기본 개념은 학계 영화 연구 내의 많은 논제들과는 달리, 어느 비디오 가게에 가 봐도 즉각 알 수 있듯, 오늘날 전반적인 영화 문화에서 쉽게 이해되고 널리 사용된다. 예를 들어 내가 사는 사우스웨스트 런던 지역의 매장에서는 비디오와 DVD가 다음과 같은 범주들로 진열되어 있다. 최근 출시작, 액션, 스릴러, 드라마, SF, 호러, 코미디, 가족 영화, 고전, 컬트, 월드 시네마 등. 이러한 목록은 장르의 실질적인 유용함과 더불어, 장르 이론과 비평이 계속하여 직면해 온 어떤 문제들까지도 보여 준다. 확실히 — 아마 놀랄 것도 없이 — 적어도 도시 중심가의 영화 소비자들이 이용 가능한 여러 영화들 가운데 가장 보고 싶은 영화에 도달하게 되는 경로를 도표화하는 가장 편리한 방법은, 영화학자들이 채택한 여타의 영화 분류 수단들이 아닌 바로 장르일 것이다. 이를테면 영화 역사가 이런 분류 작업에 어떤 역할을 수행했다 해도 우선적인 원칙은 역사적인 것이 아니다. 그렇다고 '작가*auteur*' 개념이 대단히 뚜렷한 역할을 하는 것도 아니다. 비록 (대체로) 영화 감독을 핵심 창작자로 간주하는 태도가 신문과 영화 전문 잡지 비평에 있어 하나의 해석적 표준이 되었지만, 그럼에도 일반적으로 감독은 비디오 분류나 광고에서 단지 미약하게 드러날 뿐이다. 물론 그것은 어느 특정 영화나 특정 감독의 영화를 찾으러 가게에 들어온, 따라서 장르 범주에 무심하거나 그로부터 영향 받지 않는 소비자 비율에 대해서는 아무것도 말해 주지 않는다. 사실상 앞으로 보게 될 것처럼, 일반적으로 장르 이론은 영화 산업 범주가 관객의 실제적인 영화 관람 경험을 얼마만큼 결정짓는가에 대해서는 고사하고 이를 얼마만큼 상세히 반영하는가에 대해서도 확실하게 정립하는 데 어려움을 겪어 왔다.

학계 영화 연구의 또 다른 중심점인 스타는 개별 영화 광고에서 훨씬 더 두드러진 역할을 한다. 주연 배우는 대개 비디오나 DVD 표지에 눈에 띄게 드러나며, 관객을 끄는 명백한 주요 요소이다. 하지만 스타 자체는 장르 범주를 형성하지 않는다. 영화학과 학생들은 스타 페르소나 — 관객들의 요구가 생겨나자, 그때까지는 익명이던 연기자들의 신분을 어쩔 수 없이 제작자들이 밝히고 이 새로운 '스타들'에게 걸맞은 인상된 봉급을 지불해야 했던 1910년대 이래로 영화 제작과 소비에 있어 주요 세력 — 도 역시 분류 기준에서 배제된다는 것을 알면 놀랄 것이다. 산업 변화는 분명 여기서 중요한 역할을 했다. 해마다 스튜디오의 개봉 일정에 따라 갖가지 다양한 배역을 할당받던 봉급제 배우들은 더 이상 존재하지 않는다. 오늘날 영화 스타들은 산업을 선도하는 독립 에이전트로, 대개 자기 소유의 프로덕션 회사에서 직접 영화 프로젝트를 준비한 후 자금 조달과 배급 거래를 위해 스튜디오를 찾는다. 이에 따라 오늘날 배우들은 연기 범위와 스타 이미지를 다양화하고 확장하는 데 있어 훨씬 더 자유롭다. 그들은 단 하나의 영화 스타일이나 장르로 분류될 필요가 없는 것이다.

고전 시기에 스타, 스튜디오, 장르 간의 상호 작용은 복합적이었으며, 꼭 일방향적인 것이 아니었다. 스클라(Sklar, 1992: 74~106)는, (배우에게 그들의 의사에 반하는 장르 배역을 억지로 강요하는 것은 말할 것도 없거니와) 미리 정해진 장르적 요구를 충족시키기 위해 연기자를 고용하기보다는 오히려 '터프한' 도시적 페르소나의 두 배우 험프리 보가트와 제임스 캐그니와 계약했던 것이, 워너 브라더스로 하여금 1930년대와 1940년대에 범죄 스릴러 전문이 되게끔 촉진시켰다고 주장한다. 심지어 서부극 <오클라호마 키드*The Oklahoma Kid*>(1939)조차도 <더럽혀진 얼굴의 천사들*Angels with Dirty Faces*>(1938)이나 <포효하는 20년대*The Roaring Twenties*>(1939) 같은 동시대의 다른 캐그니-보가트 갱스터 영화들에서 구축된 틀에 완전히 부합한다. (이 시점에서는 훨씬 대스타인) 캐그니가 여느 때처럼 주인공 역할 — 1930년대 초반 그의 갱스터 페르소나는 이제 '친親사회적인' 갱 단속반 경찰이라는 틀로 바뀌게 된다(6장을 보라) — 을 맡고 보가트가 이야기에서 '비중이 큰' 암흑가 두목으로 나오는 이 영화는 <정부 요원 *G-Men*>(1935)의 조직 폭력단 암흑가 무대를 '무법천지' 서부로 간단히 옮겨 놓는다. 일반적으로 — 스튜디오마다 차이는 있지만 — 스타가 유명해지면 질수록 그 혹은 그녀가 다양한 배역을 맡을 기회 역시 커진다. 따라서 1930년대의 캐그니는 단지 갱 역할뿐 아니라, 뮤지컬(<풋라이트 퍼레이드 *Footlight Parade*>[1933])과 항공 영화(<실링 제로 *Ceiling Zero*>[1936]), 심지어 셰익스피어 영화(<한여름 밤의 꿈 *A Midsummer Night's Dream*>[1935])에까지 출연했다. 더구나 스타 페르소나는, 보가트 자신이 1930년대에 조연이었다가 전쟁으로 얼룩진 1940년대에 이상적인 로맨스 주연으로 변화했듯이 시대에 걸쳐 달라질 수 있다. 그러나 캐스팅은 오늘날보다 스튜디오 시스템에서 더욱 어떤 영화의 특징에 대한 믿을 만한 길잡이 노릇을 했다. 예를 들어 <로빈 후드의 모험 *The Adventures of Robin Hood*>(1938)에서의 에롤 플린을 좋아했던 팬들이라면 <바다매 *The Sea Hawk*>(1940)에서 이와 유사한 기쁨을 얻을 거라고 무리없이 확신할 수 있었다. 그리고 이는 스릴 넘치는 액션 모험물에서 서부극(<장렬 제7기병대 *They Died with Their Boots On*>[1941])이나 전쟁 영화(<전장을 달리는 사나이들 *Desperate Journey*>[1942])로 장르가 바뀌는 경우에도 해당된다. 반면, <탑 건 *Top Gun*>(1986)이나 <미션 임파서블 *Mission: Impossible*>(1996)에서 톰 크루즈를 좋아한 열혈 팬들은 <매그놀리아 *Magnolia*>(1999)에서의 그의 연기에 놀라거나 실망하거나 심지어 분노를 느낄지도 모른다. 줄리앤 무어 같은 경우도 <쥬라기 공원 2: 잃어버린 세계 *Jurassic Park II: The Lost World*>(1997) 같은 블록버스터 오락물과 <파 프롬 헤븐 *Far from Heaven*>(2002)처럼 스타일을 중시한 독립 영화 사이의 행보로 인해 관객들에게 그리 명확한 장르 성격을 주지 못한다.

영화 포스터와 DVD 표지 작업은 스타 페르소나에 의존하는 만큼이나 장르 신호 — 전형적으로 **도상** 관습에 의한 (아래를 보라) — 를 내보내는 데도 전형적으로 의존한다. 사실상 스타 페르소나는 그러한 이미지에 의해 종종 수정되거나 장르적으로 '자리매김된다.' 아널드 슈워제네거는 <트윈스*Twins*>(1988) 표지에서 레더호젠 반바지를 입고 얼빠진 듯 웃고 있다. <유치원에 간 사나이*Kindergarten Cop*>(1990)에서는 한 무리의 꼬마들에게 습격당하자 과장되게 놀라며 당황한다. 두 영화 모두가 코미디물이며 두 이미지 모두가 테크노스릴러 <터미네이터*The Terminator*>(1984)나 <이레이저*Eraser*>(1996)의 광고에서 두드러졌던 무표정의 무장한 아널드를 의도적으로 희화화하고 있다.

그러나 장르가 아무리 영화 소비와 수용의 중심 측면이라 해도, 비디오 가게의 장르 분류법을 다시 살펴보면 대부분의 학계 장르 비평 및 이론의 관점에서 명백한 변칙들을 드러낸다. 예를 들어 일부 장르 — 액션, 스릴러, 호러, SF, 코미디 — 는 표준적인 장르 항목과 상당히 잘 맞아 떨어지지만, 반면 서부극, 갱스터 영화, 뮤지컬처럼 장르 제작의 역사에서 중심이 되고 중요하게 간주되는 일부 범주는 비디오 가게에서 제외된다(이 사례들은 드라마, 액션, 스릴러, '고전 영화' 등으로 분산된다). 필름 느와르나 멜로드라마처럼 한결 더 논쟁적인, 그러나 (학계 논의에서는) 보편적으로 존재하는 분류는 말할 것도 없다. 그런가 하면 어떤 범주들은 기준을 정하기가 어렵다. 예컨대 '최신작'은 당연히 장르 범주를 가로질러 시간에 따르는 범주다. 또한 일반적으로 '고전 영화'는 여러 방식에서 문제가 되는데, 이는 그것이 명백히 가치 평가 용어('사상 최고의 고전,' '기념비적 작품' 등)와 시대 용어(대여 가능한 1975년 이전 영화를 무작위로 고르면 그것은 곧 비평적 입장과 상관없이 자동적으로 '고전'으로 분류된다)를 결합시키기 때문이다. '가족 영화' 범주는 전통적으로 상이한 여러 장르(애니메이션, 코미디, 디즈니 실사 모험물, 기타 어린이 영화들)에 속하는 전체 관람가 영화들을 통합한다. '월드 시네마' 범주는, 학계 영화 연구에서 (그 함축적 유럽 혹은 앵글로 중심주의 때문에 다소 꺼리며) 북미와 서유럽 이외의 영화 제작을 지칭하는 것과 달리, 자막이 달린 모든 영화들, 그리고 갱스터 영화나 로맨틱 코미디처럼 잘 알려지고 친숙한 장르 범주에 속하지 않는 미국과 영국의 독립 제작 영화들 — 예를 들어 켄 로치 영화 — 을 포함하는 것으로 쓰인다. 또한 이 범주들은 그 자체로 안정적인 것도 아니다. 모든 신작은 언젠가는 '최근 출시작'으로부터 다른 재고 목록 범주로 바뀌기 마련이며, 그 이동의 흐름을 순조롭게 견뎌낸 (영어권) 영화는 '고전 영화'로 격상될 것이다.

물론 변칙은 어떤 종류의 분류법에도 따라붙는다. 잘 알려진(비평적 이론가들이 곧잘 인용하는, 특히 미셸 푸코[Foucault, 1970: xv]의 인용으로 유명한) 사례로, 아르헨티나 작가 호르헤 루이스 보르헤스Jorge Luis Borges는 '어떤 중국 백과 사전'을 언급하는데, 그 책에서 동물은 "ⓐ 황제에게 속한 동물, ⓑ 방부 처리된 동물, ⓒ 길들여진 동물, ⓓ 젖을 빠는 돼지, ⓔ 인어, ⓕ 전설상의 동물, ⓖ 주인 없는 개, ⓗ 이 분류에 포함된 동물 ……" 등 해서 "ⓝ 멀리서 볼 때 파리처럼 보이는 동물"로 분류된다. 푸코의 표현대로, 이 분류법의 '경이로움'은 순전한 이질성 자체라기보다는 — 유사점을 열거하고 차이를 판별해 내는 것이야말로 바로 전통적인 목록의 기능이므로 — 분류들의 인식론적이며 존재론적인 양립 불능*incompatibility*에 존재한다. "그러한 집합을 가능케 하는 공통의 기반은 파괴되었다"(Foucault, 1970: xvi). 영화 장르 비평의 경우 이러한 난점들을 피해가는 듯한 반면, 많은 장르 연구서들 — 지금 이 책을 포함해 — 은 장르들을 다소 상이한 지위들에 결합시킨다. 가령 서부극이나 뮤지컬 혹은 전쟁 영화처럼, 영화 산업 내에서 제작 범주로 입증 가능하며(예를 들어 감독들의 서신이나 업계지 리뷰를 통하여) 오랜 사용의 역사를 갖는 것들. 특히 멜로드라마처럼 산업적 용법이 비평적 용법과 현저하게 구별되는 것들(2장을 보라). 그리고 무엇보다 필름 느와르가 보여 주듯 대체로 비평적 개입의 산물인 것들. 한편 초기 영화의 역사는 활동 사진이 등장한 첫 10년간 영화 배급업자들이 (오늘날의 기준에서 보면) 상당히 이단적인 항목하에 영화를 분류하던 경향이 있었음을 보여 준다. 말하자면 그들은 1910년이 돼서야 등장하게 되는 내용 기반의 장르 범주가 아닌 길이(필름 피트)와 상영 시간으로 분류했던 것이다. 가장 논의의 여지가 없는 범주들조차도 이질적인 상태로 남아 있다. 즉 전쟁 영화와 서부극은 소재에 의해 식별되며, 갱스터 영화는 주인공(들)에 의해, 스릴러와 호러는 관객에 미치는 영향에 의해, 그리고 필름 느와르는 그 '옷차림'이나 '어두운' 분위기에 의해 식별된다. 스튜디오 시기의 제작자들은 친숙한 장르 범주들(대개 산업에서는 '타입 *type*'이라 지칭되던)에 덧붙여, 그들의 가장 값비싸고 주목할 만하며 (희망컨대) 가장 수익성 높은 영화를 나타내기 위해 '프레스티지 픽처*prestige picture*'라는 **경제** 범주를 사용하였다. 물론 이 범주 역시 하나나 그 이상의 표준 유형에 속했지만, 그것이 가진 관객 호소력으로 인해 그 유형의 핵심 시장 너머로 퍼져 나가리라는 기대를 받았다.

비디오 가게를 둘러보면, 무엇보다도 장르가 하나의 사실이기보다는 하나의 **과정**이라는 것을 알게 되고, 또한 그 과정 안에서 서로 다른 관점과 요구와 관심들이 대단히 다채로운 결과를 낼 수 있으며 실제로 내고 있다는 것을 이해하게 된다. 장르는 태어나는 것이 아니라 만들어지는 것이다. 그 비디오 가게 주인은 '고전 영화' 범주에 개인의 선호와 제도의 관리가 결합되어 있다고 내게 설명했다. 말하자면, 가게 주인들이 어떤 영화에 '고전 영화'라는 지위를 부여해도 되는가를 놓고 꽤나 신중하게 숙고하는 반면, 기업 정책은 어느 시리즈의 한 영화가 '고전 영화'로 분류되면 그 시리즈의 나머지 것들도 자동적으로 함께 분류되도록 정해 놓고 있다는 것이다. 따라서 <다이 하드*Die Hard*>(1988)가 '명백한 고전 영화'(라고 그는 내게 말했다)인 이상, <다이 하드 3*Die Hard: With a Vengeance*>(1995) 역시 부득불 '고전 영화'의 지위를 떠맡게 된다. 이것은 "개별 장르는 작품들의 집합체보다 담론 — 상업적 전략과 미적 이데올로기의 형성을 돕는, 논의와 읽기들의 느슨한 전개 체계 — 에 더 관련된다"는 제임스 네어모어(Naremore, 1995~1996: 14)의 고찰을 입증한다. (혹자는 이러한 체계가 각 상점 주인에게 허용하는 재량권에, 동시대 문화 연구가 대중적 미디어 텍스트를 다루는 데 사용하는 사회 범주들 — 인종, 젠더, 민족성, 섹슈얼리티, 심지어 연령 — 이 작동되고 있음을 주목할지도 모르겠다. 케빈 스미스의 초저예산 독립 영화 <점원들*Clerks*>(1994)이 입증하듯, 비디오 대여 사업은 백인 젊은 남성들에 의해 지배된다. '고전 영화' 부문은 서부극이나 액션 영화, SF와 같은 전형적인 '남성' 장르들로 넘쳐나며, 뮤지컬이나 가족 멜로드라마는 현저하게 부족하다.)

이것이 장르 연구와 무슨 관련이 있을 수 있을까? 마지막 사례에 관하여 장르 비평가들과 이론가들은 최근 몇 년간 제도적 담론 및 실천에 점점 더 큰 중요성을 부과하고 있다. 제도적 담론 및 실천 — 스티브 닐(Neale, 1993; Lukow & Ricci, 1984를 인용하면서)이 산업의 '상호 텍스트적 릴레이*inter-textual relay*'라고 지칭한 것으로, 여기에는 영화 홍보와 광고의 언어는 물론 업계 잡지(<버라이어티*Variety*>, <필름 데일리*Film Daily*> 등)와 신문도 포함된다 — 은 장르 범주들에 대한 이해를 어떤 쉼없이 변화하는 가운데서도 결정적인 역사 맥락 속에 위치시키는 수단으로 구상된 것이며, 장르 비평은 이에 기반한다. 왜냐하면, 장르 범주란, '이론상' 아무리 기만적으로 견고해 보일지라도, 산업적 실천과 따라서 비평적 실천에서 모두 놀라우리만큼 포착하기 어렵다는 것이 곧잘 입증되곤 하니 말이다. 장르 연구에 대한 이러한 '역사주의' 관점은 몇몇 경우 — 특히 서부극과 멜로드라마 — 에 있어 장르 이해를 위한 역사적 지평과 문화적 맥락을 의미 있게 확장시켰으며, 관례적인 비평문들에 생산적인 문제를 제기해 왔다. 오늘날의 장르 - 구성 '릴레이'에는 골목의 비디오 가게 같은 영화 소비 현장이 포함되며, 그것은 전 지구적으로 수직 통합된 '영화 산업'에서 중요한 위치를 점하고 있다. 여기서 '영화 산업'이란 사실상 그 용어가 지칭하는 단일하고 통합된 존재가 아니라 대개 몇몇 초국가적인 대규모 법인 기업들에 군생하는 복합 미디어 기업들의 복합적 네트워크를 말하는데, 그 기업들에 있어 홈비디오 같은 부가 (그러나 더 이상 부차적이지는 않은) 시장에서의 흥행은 투자 수익을 증대시켜 준다.

크리스틴 글레드힐(Gledhill, 2000: 225f)이 지적하듯, 산업 릴레이들의 경험적 역사는 관객이 장르 텍스트와 맺는 관계를 규정하지도, 총망라하지도 않는다. 더구나 오늘날 영화 장르 연구는 그 자체로 자신의 '릴레이'를 구성한다. 개별 장르들과 장르 전반에 대한 수십 년에 걸친 이론과 분석을 통해 발전되어 온 용어와 범주들은 오늘날 장르와 장르 영화가 이해되는 중요한 맥락을 형성하였다. 이러한 장르 합법화 과정은 이 책이 대체로 서부극이나 전투 영화 등과 같은 '표준적' 장르 범주들을 고수하는 주된 이유이다. 다른 한편으로 내가 피하고자 했던 것은, 그러한 범주들이 잠정적인 것 이상이라는 의미, 혹은 장르의 정체성이 고정될 수 있다는 식의 여하한 의미이다. 비록 그런 고정성이 의심할 바 없이 비평적으로 편리하다 해도 말이다. 어느 편이냐 하면, 장르는 엄격하게 한정된 기간 동안 특정 의미의 전달 수단 혹은 매개물이 될 수 있다는 의미에서 간헐적으로 안정될 수 있으며, 그러한 전달 수단 혹은 매개물을 통해 특수한 쟁점(예를 들어 초기 서부극에서의 '백인성'[Abel, 1998을 보라]이라든가 오늘날 SF 영화에서 '테크노사이언스'[Wood, 2002를 보라])이 협의될 수 있는 것이다.

## 장르 시스템

어느 (영국) 범죄 영화에 나오는 경찰관 식으로 말하자면, 장르에는 형식이 있다. 아리스토텔레스는 서구 문예 비평의 근간이 되는 저서 ≪시학≫을, 그것이 장르 비평 작업이라고 규정하는 것으로 시작한다. "우리의 주제는 시학이므로 나는 먼저 시의 일반적 본질과, 그 여러 종류와, 각 종류의 기능에 관하여 말하고자 한다"(Aristotle, 1911: 3). 1601년에서 1602년에 셰익스피어의 ≪햄릿≫이 처음 상연되었을 때, 장르 범주 — 와 그 남용 — 는 분명 '뜨거운' 논쟁거리였다. ≪햄릿≫ 2막 2장에서 나서기 좋아하는 신하 폴로니우스는 흥분에 휩싸여 유랑 극단의 도착을 알린다. 그는 그들의 실력을 칭찬하면서 그들이 "비극, 희극, 사극, 목가극, 희극적 목가극, 목가극적 사극, 사극적 비극, 목가극적 사극적 희극적 비극, 분류가 안 되는 극, 끝없이 긴 극 등등 무슨 극에서든 세계에서 으뜸가는 배우들"(1. 392ff)이라고 주장한다.

분명 여기서 셰익스피어는 미적 영역을 세밀하게 분류하고 확증, 표준화하려는 폴로니우스의 우스꽝스런 시도를 비꼰다. 그러나 그는 궁극적으로 범주화 자체의 효용성을 붕괴시키게 될 **유효한** 범주들의 남용을 풍자 대상으로 삼고 있기도 하다. 다시 말해 장르는 현명하게 사용해야지, 지나치게 사용해서는 안 될 도구이다. 즉 개별 작품을 장르 용어로 정의하는 일은 유용할 수 있지만 다른 모든 것을 희생하면서까지 추구해선 안 된다. 장르 텍스트의 모든 측면이 필연적으로 혹은 순수하게 그 장르 정체성에 기인하는 것은 아니다. 따라서 장르 명명을 터무니없이 치밀하게 만들 필요는 없으며 분류나 정의의 그물망을 빛 하나 새어나갈 수 없을 만큼 촘촘하게 만들 필요도 없다. 동시에 만일 그 개념에 어떤 비평적 효용성이란 것이 있으려면, 의미 있는 구분이 가능해야 한다. 가령 '분류가 안 되는 극'이나 '끝없이 긴 극'은 너무 막연해서 실질적인 장르 비평 범주로 별 도움이 안 된다. 앞서 폴로니우스는 자신도 모르는 사이 자크 데리다(Derrida, 1992)의 언명을 예시한다고 할 수 있다. 요컨대 텍스트는 — 모든 텍스트는, 그 어떤 텍스트라도 — '장르에 속하지' 않으며(텍스트는 언제나 특정 기대와 이름표를 넘어설 수 있으므로), 그렇다고 그 장르임을 피할 수도 없는 것이다(모든 텍스트는 양식, 정체성, 내용, 용도, 의미 등과 관련하여 독자 쪽의 어느 정도의, 종종 상당한 정도의, 기대치가 포함된 컨텍스트 속에서 마주치게 되니까 말이다. 즉 텍스트는 그것이 어쨌거나 읽혀질 수 있는 바로 그 조건으로써 필연적으로 '위치지어진다').

그러나 설령 "한 장르 혹은 여러 장르들이 항상 존재"(Derrida, 1992: 230)한다 하더라도, 이는 영화 장르를 연구하는 작업이 상업 영화 특유의 특정 장르 **종류**들과, 그것들을 둘러싼 다양한 가정 및 기대들과, 그것들이 현재 쓰이거나 쓰여 온 용도들, 그리고 마지막으로 이 과정에서 상이한 이해 관계자들(제작자, 배급업자, 극장 경영자, 관객, 비평가, 이론가)의 관심과 정체성과 역할들을 입증해야만 한다는 걸 확인할 뿐이다. 한 가지 접근법은 영화 산업 과정에서 상대적으로 구체적이고 입증 가능한 측면들을 강조하는 것일 텐데, 이러한 측면들은, 물론 특별히 할리우드 영화에서만 배타적으로 그런 건 아니지만, 역사적으로 장르 제작의 범위를 한정시켜서 연구 범위를 제한하게 된다. 동시에 혹자는 개별 영화가 관객의 (추정된) 기대에 부합하거나 그 기대에 맞서고 도전하는 방식을 살펴보고 싶어 할지도 모른다.

더글러스 파이(Pye, [1975]1995: 187f)는 장르를, 반복과 / 반복 속의 차이 활동에 의해 의미가 생성되는 컨텍스트, "장르에 대한 인지가 이뤄질 정도로 좁지만, 또한 막대한 개체 변이가 가능할 정도로 넓은" 컨텍스트로 묘사했다. 이러한 동일함과 다양함의 조합이야말로 장르 계약의 요체다. 몇 번이고 재탕해서 만든 문자 그대로의 똑같은 영화를 관객들이 보고 싫어 하지 않으리라는 것은 마땅히 추정할 수 있지만, 반면 장르 서사로부터 비롯되는 쾌락의 상당 부분은 새로운 요소와 그 요소가 기대되는 장르 모델에 재통합될 때의 **긴장**을 통해 생긴다. 장르 기대의 확인은 리처드 말트비(Maltby, 1995a: 112)가 "지배와 통제의 만족감"이라고 묘사한 것을 발생시킨다. 많은 전통 장르가 상당한 수정과 변혁을 겪던 1970년대의 장르 영화를 분석하면서 토드 베를리너(Berliner, 2001)는 심지어 '수정주의' 장르 영화조차도 관객들로 하여금 장르 관습과 그것이 구현하는 가치에 대해 보다 의식적으로 음미하도록 만들고자 할 때는 장르 관습을 '부러뜨리기'보다는 '구부린다'고 — 즉 조절하고 다듬지, 완전히 파기하지는 않는다고 — 주장한다.

대부분의 영화 장르 이론가들에게 있어 '장르' 개념은 단순한 관습성 이상의 것을 의미해 왔다. 반면, 통속 영화와 특히 할리우드 영화 — 예컨대 유럽 예술 영화와 구별되는(Tudor, [1973]1976; Neal, 1991을 보라) — 에 관심을 둔 연구자들에게 장르는 그들이 선택한 비평적 탐구 영역의 가치와 중요성을 확증할 수 있는 역사적으로 중요한 수단이었다. 이것은 중요한 움직임이었는데, 20세기 중반 통속*popular*/'대중*mass*'[1] 문화에 대한 비평 중에는 비독창성과 파생성*derivativeness*을 구실삼아 통속 문화를 비난하고자 하는 비평 기획의 일환으로써, 장르, 법칙, 전형성과 단순한 클리셰 간의 경계를 흐리려는 경향이 존재했기 때문이다. 장르를 절대적으로 필요로 하는 통속 문화 형식들은 바로 그러한 이유에서 무시되었다. 가령 20세기 초 모더니스트들에게 있어 장르는 부르주아 소설과 멜로드라마 연극 같은 빅토리아 시대의 유물을 포함한 것으로, 그 둘은 모두

1. 비록 흔히 혼동되어 쓰이긴 하지만, 이 용어들은 결코 동의어가 아니며 뜨거운 논쟁의 대상이다. Strinati(1995: 2~50)를 보라.

초기 영화에 강력한 영향을 행사했는데, 말하자면 연상 작용을 통해 장르를 매도하는 데 일조하였다.

후기 낭만주의 문예 이론에서 '독창성'에 문화적 특권을 부여하는 태도가 통속/대중 문화를 비하하는 데 어느 정도 기여했을 것이다. 그 이전 시대에는 문학 작품을 기술적 탁월함과 '적정률*decorum*'이라는 기존 규범을 고수하거나 반복 그리고 일치하는 정도에 따라 판단했던 데 반해, 18세기 말 이후로 미학 이론은 예술 작품의 환원 불가능한 독자성 — 다시 말해, 예술 작품이 고상한 취향과 장인성과 기타 등등의 '법칙'을 왜곡하거나 위반하는 방식(Kress & Threadgold, 1988을 보라) — 을 점점 더 강조하였다. 산업화 시기에 이르면, '단지' 솜씨 좋은 혹은 '정교하게 만들어진' 가공품 — 그러한 작품들은 본질적으로 기계적 기교의 습득과 도제 제도의 산물이라는 함축이 담긴 — 과 '진정한' 예술 작품 간의 분리가 점점 더 심화되었다. 후자는 점차 노력이 아닌 영감의 산물, 고된 노력이 아닌 천재의 산물로 간주되었다. 요컨대 이제부터 예술은 규칙과 관습 **바깥에** 존재해야 하는 것이다. 이것이 예술을 예술이게 만드는 조건이었다. 발터 벤야민(Benjamin, [1936]1970)은 1930년대에 쓴 책에서 예술 작품은 유일무이함과 일회성으로부터 태어난 '아우라'를 획득하게 되었으며, 이 '아우라'는 세속적 숭배로서의 예술의 제도화를 촉진시켰다고 지적하였다.

그처럼 독창성과 자기 표현을 극도로 강조하는 예술 정의는, 개인의 노력보다는 집단적 노력을 통해서 또한 거의 산업적인 공정에 의해 생산된 작품을 필연적으로 평가절하하기 마련이다. 이는 결과적으로 가공품이 반복과 전형성의 특질을 명백히 드러내 보일 때, 혹은 그것이 머릿속에 자리 잡은 어떤 주형에 의해 만들어진 것 같을 때 더더욱 해당될 것이다. 이러한 장르 비평은 은연중 작가성의 문제를 불러일으켰다. 말하자면 낭만주의로부터 출현한 새로운 미학 정통에서 작가 개인은 한 작품의 통합성과 유일성에 대한 최고의 보증이 되었던 것이다. 따라서 1950년대 프랑스 작가주의 비평에서 서부극과 뮤지컬 같은 할리우드 장르 텍스트를 '예술' 범주로 복구시키고자 하는 최초의 진지한 비평 시도가 바로 이 작가 범주를 통해 착수됐다는 것은 지극히 논리적이다. 작가주의는 어떤 잠재된 연속성의 패턴들 — 주제적 관심사, 서사와 성격 묘사의 특징적 패턴, 두드러진 미장센 기법들 따위 — 이 (대개) 동일한 감독이 만든 영화들에 관통하는 것을 찾아내려(하며 그것이 가능하다고 주장)한다. 그 같은 개인화 특성이 확립되면 감독은 자신이 연출한 영화에 대해 창조적 '소유권'을 주장하게 된다. 감독은 단독적인 소설가나 화가의 전통적인 혈통을 따라 창조적 창작자 — **작가** — 로서의 지위를 획득한다. 예를 들어 존 포드의 영화들은 황야와 문명('사막과 정원') 간의 주제적 대립이라는 반복된 패턴을 통해 작동하는 것으로 간주될 수 있다. 바로 이것이 포드의 작가주의 '서명*signature*'이다(Caughie, 1981을 보라).

비록 작가주의의 한계가 장르 연구의 발전을 촉발시킨 중요한 요인인 것은 분명하지만, 작가주의가 없었다면 애초에 장르가 비평적 논의에 포함되기나 했을지는 의심스럽다. 작가주의는 평생 서부극이나 갱스터 영화, 뮤지컬 같은 영화 — 전형적인 미국 정크 문화 — 만 만들며 여태껏 거의 예술가로 대접받아 본 적이 없는 감독에 대해 진지한 비평적 명성을 확립하는 데 특히 유효하다는 것이 입증되었다. 미국 작가주의 비평가 앤드루 새리스Andrew Sarris는 영화 감독의 창조적 충동과 그가 일하고 있는 상업 환경의 제한 사이의 '창조적 긴장' 모델을 제시했다. 따라서 새리스에게 있어 감독이 본질적으로 상투적인 소재에 자신만의 예술적 개성과 관심사를 새겨 넣을 **수 있는지** 아닌지는 어떤 의미로 작가의 지위를 부여받기 위한 일종의 자격 시험이었다.

작가주의는 적어도 장르 텍스트를 진지한 비평의 범위 내로 끌어들였다. 하지만 작가 비평에서 장르 자체는 여전히 천덕꾸러기로 남아 있다. 왜냐하면 새리스의 기획에 담긴 암암리의 가정, 즉 작가가 비非작가(혹은 프랑수아 트뤼포의 악명 높은 분류대로 단순한 '연출가*metteurs-en-scène*')보다 비평적으로 고려를 더 받을 만하다는 생각은, 반대로, 판에 박힌 장르 제재를 사적인 무언가로 변형시키는 것이 작가의 특징이라는 주장에 의존하고 있으니 말이다. 따라서 어떻게 보자면 장르는 그 자체로 의미 있는 제재라기보다는 천재가 배양되는 — 세균 배양 접시 같은 — 문화인 것이다. 따라서 부끄러운 줄도 모르고, 문제 의식도 없고, 심지어 진부하게, 천편일률적인 텍스트들보다는 주어진 장르의 한계에 저항하거나 이를 부수는 감독과 영화가 '우월한' 것으로 평가된다. 이런 식으로 작가주의는 앞서 봤듯이 1800년대 초 이래 친숙해진 (진정한) '예술가'와 (단순한) 장인 간의 구분을 요약하고 있다. 작가를 특징짓는 것은 장르의 안착이 아닌 그것의 초월이었다(누벨 바그 감독이기도 했던 최초의 프랑스 작가주의 평론가들은 대개 관습을 거스르는 개성을 발휘하는 몸짓을 위한 하나의 틀로 장르를 사용했다).

분명 그러한 접근 태도는, 영감에 찬 예술가들에게 단지 위반하거나 초월해야 할 지루한 규범 가치로서 외에는, 장르 자체의 특수성에 대해 부단히 관심 갖는 것을 도리어 낙담시킬 터이다. 관습적인 상업 서사 영화에 도전하거나 그것을 전복시키는 것들뿐만 아니라 그것을 대표하는 것에 대해서도 말할 수 있는 수단을 찾으려는 욕망은 1960년대 말과 1970년대 초 장르 연구의 출현에서 지배적인 요인이었다. 초기 장르 비평가들은 다음과 같은 중요한 문제들을 작가주의가 설명할 수 없다고 강조하였다. 즉 장르는 왜 특정 주기에 따라 번성하고 쇠락하는가. 관객은 장르 텍스트와 어떤 관계에 있는가. 장르는 세계를 의미 있는 서사적, 도덕적, 혹은 이데올로기적 패턴으로 어떻게 형상화하는가. 요컨대, 영화 장르의 역사와 미적 전개와 사회적 맥락에 대하여 말이다.

초기 영화 장르 이론가들이 직면한 문제들은 특별히 난해하지 않았으며, 사실상 최초로 에드워드 버스콤브가 다음과 같이 나열한 이래, 35년간 근본적으로 달라지지 않았다.

> 여기에서 우리가 던져 봄 직한 질문 세 가지가 있을 것이다. 첫째, 영화에서 장르는 정말로 존재하는가, 만일 그렇다면 그것은 정의될 수 있는가? 둘째, 장르가 이행하는 기능은 무엇인가? 셋째, 특정 장르들은 어떻게 발생하는가 혹은 무엇이 그것들을 유발하는가?(Buscombe, [1970]1995: 11)

대부분의 설명은 장르 명칭 붙이기가 초기 영화에서의 조직적인 장르 제작보다 역사적으로 앞섰다는 데 동의한다. 1910년 이전의 배급업자들은 상영업자를 위해 주제뿐 아니라 길이 등 다양한 방식으로 영화를 분류하였다. 1차 세계 대전 도중과 이후, 모든 내셔널 시네마의 영화 제작이 점차 소수 스튜디오에 집중되고 장편 영화가 표준화됨에 따라, 보다 엄밀하게 규정되고 관습화된 장르 범주들이 등장하기 시작했다. 알트먼(Altman, 1998: 16~23)은 한 장르의 결정화*crystallisation*는, 예컨대 정의 용어가 형용사적이며 수식적인 것('서부 멜로드라마*Western melodrama*'처럼)으로부터 명사('서부극*the Western*')로 이동해 가듯이, 그 장르의 명명법이 변화해 가는 데서 추적될 수 있다고 주장한다. 또한 이러한 변화는 제작과 관련하여 강조점이 변화하기도 한다. 여기서 장르 개념은 설명적인 것으로부터 규정적인 것으로 이동한다. 즉 '서부 멜로드라마'는 단지 미국 서부를 무대로 한 멜로드라마지만, '서부극'은 특별히 **역사적인** 서부를 무대로 삼고 있으며, 여기에는 굉장히 관습화된 인물과 플롯 유형, 그리고 보다 논쟁적이게는 주제적 모티브들이나 이데올로기적 태도들을 포함한다.

그처럼 어느 정도의 관습화가 상당수 영화들에서 명백히 발생하는 까닭에, 이제 영화 장르 개념은 영화의 대량 생산 같은 것을 위한 시스템을 함축하게 된다. 1920년대 동안 미국은 물론 유럽에서도 발전한 스튜디오 시스템은 모두 어느 정도는 장르 제작에 의존했지만, 장르가 가장 근본적으로 중요해진 건 세계 최대 규모라 할 미국 영화 산업에서였다. 대부분의 영화 장르 이론은 주로 할리우드 스튜디오 시스템 분석에 기반한다. 오늘날 이론가들은 작가주의에서 의미가 생산된 작가-텍스트의 양자 관계를 장르 비평이 삼자화할 필요가 있다는 톰 라이얼(Ryall, 1975)의 주장에 수긍한다. 이는 장르 영화가 말을 걸고 있는 고객으로서의 관객 역할이 동등하게 중요함을 인식하는 것이며, 그 결과적인 모델은 장르를 제작자들 — 언제나처럼 제품 합리화와 효율성을 노리고서, 특정 종류의 영화들이 이미 확립해 놓은 인기에 편승하고자 장르 주형을 개발하는 — 과 장르 지식이 있는 독자들 — 자신들의 장르 기대가 장르 텍스트로 실현될 때 발생하는 특수한 종류의 만족을 고대하는 — 간의 상호 작용 과정으로 인식하는 것이다. 따라서 알트먼이 다음과 같이 요약한다.

> 장르 영화들에 기반을 둔 시네마는 단지 유사하다고 인식되는 영화들의 규칙적인 제작 및 표준화된 배급/상영 시스템의 존속에만 의존하는 것이 아니라, 장르 신호를 알아차릴 만큼 장르 시스템에 대해 충분히 지식이 있고, 장르 기대를 드러내 보일 만큼 장르 플롯에 충분히 익숙하며, '실생활'에서라면 동의하지 않았을 변덕스럽거나 폭력적이거나 음탕한 행위들도 장르 영화에서는 감내하고 심지어 즐길 정도로 충분히 장르 가치에 경도된, 안정적이며 장르적으로 훈련된 관객을 조성하고 존속하는 데도 의존한다(Altman, 1996: 279).

관객의 중요성은 여기서 강조해 둘 만한데, 앞으로 보게 될 것처럼 대부분의 장르 이론과 비평에서 관객은 파악이 어려운 존재로 여겨져 온 까닭이다. 즉 관객은 개념상으로 장르 과정에 있어 필수불가결한 대화자이지만, 실제로는 그들의 역사적 구성에 대한 명백한 증거가 전반적으로 부재하는 가운데 텍스트의 (또는 도리어, 텍스트에 속한 것으로 여겨지는 의미들의) 투사되고 미분화된*undifferentiated* 함수로 머물렀으며, 그들의 반응은 기껏해야 장르 텍스트에 '내포된' 관객으로서 '읽혔다.'[2] 역사적 장르 관객들에 있어 추정되는 반응을 입증하기가 어렵다는 사실은 비평 논의에서 왜 영화 장르의 역사 전개와 장르 영화에 대한 비판적 독해가 지배적이었는지 그 이유를 설명해 준다.

대체로 말하면 장르 비평은 세 단계를 거쳐 서서히 전개되어 왔으며, 각 단계는 대략 버스콤브의 세 가지 질문에 상응한다. 첫 번째 국면은 분류화, 즉 개별 장르들의 정의와 범위에 초점이 맞춰진다. 두 번째 단계는 첫 번째 것과 겹쳐지는 가운데, 널리 합의된 장르 정의와 규범 내에서 — 주로, 제의*ritual*나 이데올로기(앞으로 보겠지만, 이 용어들은 어느 정도 부분적으로 겹쳐진다) 관점에서 장르를 해석하는 분석을 통해 — 개별 장르의 **의미들**과 장르 일반의 사회 기능에 초점을 맞춘다. 영향력 있는 장르 이론서들과 나란히, 개별 장르에 관한 책 한 권 분량의 글 몇 편이 이 시기에 나왔다. 대부분 에세이 형식으로 된 이 글들은 장르에 대한 저마다의 독특한 이해로 가득하지만, 전반적으로 제의나 이데올로기적 접근법을 따르는 경향이 있다. 여기에는 베이싱어(Basinger, 1986)의 전쟁/전투 영화 연구, 소벅(Sobchack, 1980, 1987)의 SF 영화 연구, 라이트(Wright, 1975)와 슬롯킨(Slotkin, 1992)의 서부극 분석들, 도앤(Doane, 1987)의 1940년대 '여성 영화' 연구, 알트먼(Altman, 1987)의 뮤지컬에 관한 책, 크루트닉(Krutnik, 1991)의 필름 느와르

2. 이는 영화 장치*apparatus* 이론과 공유되는 문제로, 장치 이론은 장르 이론과 어떤 흥미로운 유사점들을 갖고 있다.

연구 등이 포함된다. (현재로서는) 마지막으로, 보다 최근의 학문은, 영화를 역사적으로 이해하는 데 있어, 특히 장르 정체성에 대해 두 번째 단계가 보여 준 때로 본질주의적이며 탈맥락화된 설명들에 반응하는 데 있어 영화학을 가로질러 전반적으로 새로워진 관심사의 일환으로서, 장르 제작의 **역사적 컨텍스트들** — 소설이나 통속적인 연극 같은 다른 매체로부터 계승된 형식들, 그리고 관객이 장르를 어떤 의미로든 이용할 수 있게 만들어 주는 여러 제도적 실천들(스튜디오 정책, 마케팅과 홍보, 소비 양상 등등) — 에 초점을 맞춘다.

영화 장르에 관한 초기 연구들 — 그중 가장 잘 알려진 것은 아마도 서부극에 대한 앙드레 바쟁(Bazin, [1956]1971)의 글과, 서부극 및 갱스터 영화에 대한 로버트 워쇼(Warshow, [1943]1975a, [1954]1975b)[3]의 글일 것이다 — 은 새로운 연구 대상을 정의하는 일에 단지 간접적으로만 관여하였다. 다시 말해 그들은 통속적인 영화 장르들에 대한 진지한 비평적 고찰을 옹호하는 바로 그 행위를 통해 필연적으로 기본적인 정의 작업을 수행하고 있었던 것이다. 이후의 많은 연구자들처럼 바쟁은 서부극을 현존하는 서사 전통 내에 배치했으며 궁중 로맨스 같은 전통적인 '고급' 문예 형식들에 필적시켰다. 그는 핵심 주제 질료를 지적하면서, 개인의 도덕성과 더 큰 공동체의 선善 간의 관계라든가 법률 규칙과 자연의 정의 간의 관계 등이 그 장르에 담겨진 쟁점이라고 지목하였다. 또한 그는 어떤 장르 '정전正典'의 확립을 최초로 시도하는데, 1937～1940년의 시기를 서부극의 '고전적 완성'의 순간 — '이상적인' 서부극으로서 존 포드의 <역마차 *Stagecoach*>(1939)와 더불어 — 으로 판정하고, 이를 전쟁 이후 시기와

3. 워쇼의 갱스터 영화 글에 대해서는 6장 곳곳을 보라.

대비하였다. 전쟁 이후 시기는 대규모 예산의 '슈퍼웨스턴*superwesterns*'이 — 바쟁에게는 장르의 핵심 관심사와 무관한 것으로 간주되는 시사적이거나 정치적, 사회적, 심리적 문제들을 끌어들임으로써 — 순수 장르의 경로에서 벗어났던 때다(비록 그의 견해에 따르면 1950년대의 'B급' 서부극이 그 형식의 독창적인 활기와 통합성을 유지했지만). 바쟁과 (특히) 워쇼는 다소 적은 영화 표본에 근거하여 논의를 펼쳤으며(워쇼의 갱스터 영화 글의 경우는 고작 3편), 오늘날의 학계 표준에 비하면 장르 역사를 다소 가볍게 다뤘고(바쟁은 <건파이터 *The Gunfighter*>[1950] 같은 메이저 스튜디오 개봉작을 1950년대 'B급' 서부극의 사례로 들었다), <역마차> 이전 35년간의 서부극 장르 제작을 간단히 무시해 버렸다(서부극과 관련된 장르의 역사 및 표본 추출에 대한 더 많은 문제점들은 3장을 참조하라).

가장 근본적으로는, 바쟁과 워쇼 둘 다 장르 특성의 통합성과 특수함을 주장했지만, 개별적인 서부극이나 갱스터 영화들을 그 자체로 판정하게 해주는, 그래서 그 영화들을 시대 구분하거나 분류하고 가치 평가할 수 있게 해주는 수단을 고려하는 데까지는 그들의 기획이 미치지 못했던 것이다. 따라서 그러한 인식을 위한 조건 확립은 1960년대 말부터 시작되는 최초의 진정한 장르 이론가 세대의 과제가 되었다.

## 정의 문제

영화 장르 이론 전개의 초창기, 앤드루 튜더는 개별 장르들을 정의하려는 시도에 있어 불가피하며 기본적인 난제를 간명하게 못박았다. 그는 이런 종류의 연구 대부분이 그 작업이 이뤄지고 있는 분야의 '잠정적인' 개념에서 출발하여 그로부터 보다 명확한 정의에 착수함을 지적하면서, 여기에 순환성이라는 근본 문제가 존재한다고 주장한다.

예를 들어 '서부극'이라는 한 장르를 취하여 그것을 분석하고 그 주된 특징들을 나열하는 것은, 먼저 '서부극들'이라는 영화 집합을 추려내야 한다는 논점을 교묘히 회피하는 일이다. 그 영화들은 오직 '주요 특징들'에 근거해서만 추려질 수 있으며, 그 특징들은 오직 그 영화들이 추려진 후 그 영화들 자체로부터 발견될 수 있을 뿐인데 말이다(Tudor, [1973]1976: 135).

이러한 순환 고리를 끊을 수단으로 산업 담론과 '릴레이'에 초점을 맞추는 방법이 제안된 것은 아주 최근에 이르러서다. 장르 정의에 관한 훨씬 이전의 작업들은 그 문제를 무시하거나 그 자체를 경험적 접근이라 내세우지만, 이는 여전히 튜더가 제기한 논점을 명백히 회피하는 것이다.

에드워드 버스콤브는 앞서 언급한 1970년도 글에서 장르를 **도상** *iconography*(미술 이론에서 나온 용어)에 따라 판정할 것을 제안한 바 있다. 즉 세팅, 의상, 인물의 전형적인 신체 특성, 인물이 사용할 수 있는 기술의 종류(가령 서부극의 6연발 권총이라든가 갱스터 영화의 톰슨식 기관총과 흰색 리무진) 같은 특징적인 '시각적 관습' 말이다. 이러한 도상 관습은 단지 주어진 장르의 형식 표지*formal markers*로뿐 아니라, 핵심적인 주제 질료를 설명하기 위한 중요 매개물로도 간주돼야 한다는 것이다. 어느 유명한 구절에서 버스콤브(Buscombe, [1970]1995: 22~24)는 샘 페킨파의 〈대평원*Ride the High Country*〉 오프닝을 분석한 후, 서부극의 관습적 요소들과 비관습적 요소들(제복 입은 경찰관, 자동차, 낙타)의 병치가 — 비관습적 요소들이 진보 혹은 적어도 변화를 다양하게 의미하는 가운데 장르의 표준적 도상 균형을 교란시킴으로써 — 그 영화의 '본질적 주제,' 곧 옛 서부의 죽음을 어떻게 전하고 있는가를 지적한다. 또한 도상은 콜린 맥아더(McArthur, 1972)의 갱스터 영화를 다룬 저서 《지하 세계USA *Underworld USA*》에서도 중심을 차지한다. 도상 분석은 튜더이 순한성 비판에서 자유롭지 않지만, 그 분류학적 가치는 명백하다. 경험적으로 도출된 일련의 장르 속성들은 한 장르의 지배적인 시각 모티브들과 (연장에 의해) 근본 구조들을 확증할 수 있게 해주며, 또한 그 장르에 속하는가의 여부를 결정하게 해준다. 버스콤브가 지적했듯, 특유의 장점은 도상이 영화 매체의 시각성에 입각한다는 것이다. 그것은 문자 그대로 우리가 화면에서 보는 것이다. 더구나 관객들이 도상 장치(예를 들어 서부극의 말)에 내재하는 것으로 받아들이는 관습적 의미는, 단지 장르에서만 비롯되는 것이 아니라, 그것의 원자가*valences* 에 대한 상식적 이해와 그것의 특수한 장르 용법(버스콤브가 <대평원> 분석에서 지적하듯, 서부극에서 말은 "단지 동물일 뿐 아니라 존엄과 품위와 힘의 상징"이기도 하다) 간의 상호 작용으로부터도 비롯되기 때문에, 도상은 장르적/텍스트적인 것과 사회적인 것이 상호 작용하는 어떤 투과성 큰 경계를 — 따라서 한 장르의 사회 문화적 통용에 대한 논의 기반을 — 잠재적으로 확립하였다. 마지막으로, 도상 분석은 장르 목록에 반복적 혹은 지속적으로 존재하는 요소들로부터 효력을 갖는 만큼, 장르를 전형화시키는 바로 그 특질들 — 관습성과 반복 — 에 집중하였다.

도상 분석의 한 가지 한계는 제한된 적용성이다. 버스콤브와 맥아더는 서부극과 갱스터 영화에 초점을 맞췄는데, 그 두 장르는 모두 도상 해석에 특별히 적합한, 잘 정립되고 친숙한 것들이다. 그러나 그처럼 잘 정의된 시각적 관습을 여타 주요 장르들(코미디, 전기 영화, 사회 문제 영화 등)에서 찾으려다 실패한 연구자들이 지적하듯, 바로 그러한 도상 관습의 일관성이야말로 그 두 장르를 영화 장르 일반에서 비전형적인 것으로 만들고 있다. 서부극은 그처럼 탄탄하게 정의된 물리적, 역사적 무대 배경을 가졌다는 점에서 특히나 유별나다(3장을 보라). 또한 상당한 장점이라 할 하나의 시각 예술 형식으로서의 영화에 대한 도상의 관심사는 전前영화적인 것*pro-filmic*(카메라 프레임에 잡힌 공간)에 머물러 있으며, 시각 양식(카메라 움직임, 편집 등등)을 다루지는 못한다. 그렇다고 서사 구조를 판정하고 논의하는 수단을 제공하는 것 같지도 않다. 비록 아마도 서사 모델 — 예컨대 뮤지컬의 기본틀인 '소년, 소녀를 만나다. 소년, 소녀와 춤추다. 소년, 소녀를 얻다' — 이 추상화된 도상보다 관객의 기대 모체로서 더 중요한 역할을 하겠지만 말이다.

도상 논의에 관련된 흥미로운 한 쟁점은 장르 핍진성*verisimilitude*의 문제이다. 시각적 관습의 기능 중 하나가 재현 규범의 확립, 즉 장르적 불일치(물론 장르의 혁신일 수도 있는)가 형성되는 편차의 확립이기 때문인데, 그러면 이러한 규범은 주어진 장르 컨텍스트에서 있음 직하거나 용인되는 것에 대한 우리의 감각에 깊이 관여하게 되며, 이 감각은 우리 실생활에서 가능하거나 그럴듯한 것에 대한 우리의 이해와 관련이 있을 수도 있고 없을 수도 있다. 핍진성의 제도들은 대체로 특수하며, 각 제도는 현실 자체에 대하여 그것만의 관계를 갖는다. 많은 장르에는 '눈에 띄지 않는' 핍진성 — 우주의 물리 법칙 같은 — 이 내포되는데, 그것을 준수하는 것은 그저 당연한 일로 간주될 수 있으며 관객 세계와 장르 세계의 연속성을 확립한다. 다른 한편, 그러한 법칙의 유예 상태(염력 이동, 빛의 속도보다 빠른 혹은 시간을 관통하는 여행)는 우주 SF 영화에서 인정되는 어떤 기본적 핍진성 요소를 형성할 것이다. 4장에서 논의되겠지만, 고전 할리우드 뮤지컬은 상당히 독특하고 특수하며 즉각적으로 인지되는 그것만의 핍진성을 갖고 있다. 위에서 언급했던 장르 관객에 대한 알트먼의 요약에 따르면, 보통 바람직하고/하거나 믿을 만한 행동으로 간주되는 것으로부터의 이탈을 '허용'하려는 관객의 자발성은 장르 계약의 중요한 부분을 이룬다. (장르와 핍진성에 대한 보다 풍부한 논의는 Neale, 2000: 31~39; King, 2000: 121f를 보라.)

핍진성에 대한 고려는 도상에 함축된 장르 관습의 사회화를 일상의 영역으로 더욱 확장시키며, 이는 장르 의미에 관한 논의에 있어 중요한 함의를 갖는다(아래를 보라). 또한 분명, 도상 관습이 펍진성에 수반된다면, 도상으로부터 배제된 서사 영역 역시 그러하다. 그러나 박진감*lifelikeness*은, 심지어 관습화된 박진감조차도, 장르 형식의 주된 작인(作因)이 아니다. 알트먼(Altman, [1984]1995, 1987)이 제안한 장르 분석 모델은 각 접근법의 장점들을 유용하게 결합시키는 것으로 보인다. 알트먼은 장르가 두 축을 따라 특징지어지거나 조직된다고 주장하는데, 그 두 축을 그는 언어학 용어를 써서 의미론과 구문론이라고 명명한다. 의미론 축이 어떤 장르에서 말해진 '단어들'과 관련된다면, 구문론 축의 관심사는 그 '단어들'을 '문장'으로, 즉 의미 있고 이해 가능한 형태로 조직화하는 것이다. 어느 특정 장르의 모든 영화는 일련의 의미론 요소 혹은 성분을 공유한다. 분명 여기에는 세팅이나 의상 등과 같은 전통적인 도상 측면들이 포함되지만, 그 범위는 훨씬 더 광범위하게 걸쳐 있어서, 이를테면 특징적인 서사 사건이나 시각 양식, 심지어 (비록 수량화하기는 힘들지만) 전형적인 태도까지도 포괄된다. 따라서 <페이스 오프*Face / Off*>(1997) 같은 동시대 액션 블록버스터는 그 의미론적 요소로, 자동 권총으로부터 경포(輕砲)에 이르는 무기라든가, 자동차(혹은 보트 혹은 비행기) 추격, 대개 빌딩이나 비싼 물품(앞서 말한 자동차, 보트, 비행기)의 폭발과 / 이나 파괴를 포함하는 전형적인 대규모 액션 시퀀스, 그리고 사람의 생명에 대한 명백한 경시 등을 열거할 수 있다. 장르 영화의 구문론적 차원에는 이러한 의미론적 요소들이 플롯, 주제적 모티브, 상징 관계 등의 속에 특징적으로 배열되는 것이 수반된다. (<페이스 오프>는 1990년대 액션 영화의 반복적인 모티브를 공유한다. 즉 가족을 지키거나 재건하기 위해 역설적이게도 더욱 엄청난 폭력과 파괴를 행사하는 주인공. 10장을 보라.) 알트먼(Altman, 1996: 283~284)은 의미론의 요소들이 그 의미를 대개 선행하는 사회 규약으로부터 끌어내는 데 비해, 장르 구문론은 보다 특수하고 특이해서 주어진 장르의 의미(들)를 보다 충만하게 표현한다고 덧붙인다.

〈프랑켄슈타인의 아들 *Son of Frankenstein*〉 (1939)
Reproduced Courtesy Universal / The Kobal Collection

본인 스스로도 인정하듯 알트먼의 해석 모체의 주된 문제는, 의미론과 구문론 간의 선을 어디다 그어야 할지 아는 것이다. 예를 들어 위에서 언급됐듯 호화로운 액션 시퀀스가 액션 영화의 의미론적 '소여所與'라면, 적어도 이러한 시퀀스 중 하나가 영화의 클라이맥스에서 발생하여 중심 서사 갈등을 해결하지 않을 경우 — 다시 말해 구문론 영역으로 들어가지 않을 경우 — 우리는 매우 의아해질 것이다.

정의 문제는 결국 불충분한 비평이자 무기력한 분류법이라 다소 믿을 수 없는 것이 되었으며, 장르 연구는 점점 장르의 기능에 초점을 맞추기 시작했다. 그러나 최근에는 장르 정의(들)가 비평 활동으로 돌아오고 있다. 콜린스(Collins, 1993)를 비롯한 몇몇 사람들은 장르의 혼합이나 혼성 *hybridity* 같은 포스트모던 경향이 장르 경계의 전통적인 고정성에 이의를 제기한다고 주장한다.[4] 어쩌면 부분적으로 이에 답하여 어떤 역사주의 경향 — 글레드힐(Gledhill, 2000)은 그것을 1980년대 말 문예 연구에서 상당한 영향력을 지녔던 '신新 역사주의'에 견주었다 — 이 등장했다. 이러한 경향에서는, 장르의 역사 기반에 대한 전통적 이해를 재평가하고 주장할 목적으로, 영화 산업 자체 내에서 (제작자들과 상영업자들에 의해) 장르 용어가 어떻게 쓰였고 쓰이고 있는지에 대한 경험적 분석이 이루어졌다. 이 경향은 실제로 장르 안정성과 경계에 관한 몇몇 근본적인 가정에 도전했으며, 장르 혼성에 대해 포스트모던이 열중한 상당 부분을 실제로 그런 것보다 훨씬 더 엄격하고 견고하며 투고성이 훨씬 적고 장르 혼합 경향도 덜한 것으로 간주되는 역사적으로 입증되지 않은 고전적 장르 개념에 의지한다고 주장한다. 장르 혼합의 사례를 찾기 위해서라면 장르 역사를 깊이 파

4. 그러나 스타이거(Staiger, 2001)는 '혼성'이라는 개념이 영화에 적용되기에 부적당하다고 주장한다.

고들 필요도 없다. 가령 얼핏 훑어보더라도 서부 뮤지컬(<캘러미티 제인 *Calamity Jane*>[1953], <페인트 유어 웨건*Paint Your Wagon*>[1969]), 서부 멜로드라마(<백주의 결투*Duel in the Sun*>[1946], <자니 기타*Johnny Guitar*>[1950]), 느와르 서부극(<추적*Pursued*>[1948], <분노*The Furies*>[1950], <오명의 목장*Rancho Notorious*>[1952]), 호러 서부극(<빌리 더 키드 대 드라큘라*Billy the Kid vs. Dracula*>[1965], <그림 초원 이야기*Grim Prairie Tales*>[1990]), 심지어 SF 서부극(진 오트리가 주연한 <팬텀 엠파이어*The Phantom Empire*>[1935]) 등이 있다.

닐(Neale, 2004: 43)은 산업의 '상호 텍스트적 릴레이'(위를 보라)가 장르들의 존재와 어느 특정 장르 총체의 경계들, 그 양자에 대하여 기초적인 증거에 근거한 기반을 구축해야 한다고 주장한다.

> …… 한 장르의 역사와 그 사회적 기능에 대한 분석이 산출되기 시작하는 것은 오직 이러한 입증에 기반해서만 가능하다. 한 장르의 역사는 영화들의 역사인 만큼이나 그 영화들에 적용되는 용어의 역사이며, 텍스트들 자체의 역사인 만큼이나 그 결과로서 변화하는 텍스트 총체의 경계들의 역사이니 말이다(Neale, 2000: 43).

## 의미 문제

앞에서 봤듯이 초기의 장르 연구들은, 기본 장르들에서 핵심 영화를 묶어내고 이를 규명하려는 목적에서, 장르의 기능에 대해서도 관찰하였다. 실제로 이는 장르 텍스트의 가치에 관한 논의에서 중요한 역할을 수행하였다. 그러나 이러한 연구는 일반적으로 장르 이론에까지 이르지는 못했다. 한편 후속 비평가들은 장르 텍스트로부터 파생될 수 있는 종류의 의미들에 관한 다양한 이론들을 진척시켰다. 그 이론들은, 다양한 접근법에도 불구하고, 공통적으로 장르를 사회적 실천의 형식으로 — 제의나 신화 혹은 이데올로기로서 — 이해하는 것에 중점을 뒀다. 그 이론 모두는 "사회 속에서 영화의 생애를 어떻게 이해할 것인가"(Gledhill, 2000: 221)란 질문에서 영화 장르가 어떤 특권적인 통찰을 제공한다는 신념에 의해 촉발되었다. 또한 그것들은 모두 그러한 통찰이 어떻게 발생했는가에 관한 공통된 기본 가정으로부터 비롯되었다. 정의상 장르 영화는 단일한 대상이라기보다는 집합적 대상이며, 그 의미는 고립되어서보다는 관계에 의해 형성된다. 개별 영화들로부터 보다 광범위한 문화 내의 사회적 혹은 정치적 논쟁들을 '읽어 내려는' 시도가 이처럼 환원적이고 추론적인 것이 되기 쉬운 반면, 어느 주어진 장르의 순전한 영화 편수는 시간을 가로질러 장르에서 발생되는 태도 및 방향의 변화가 대중 관객의 변화하는 관심사에 대한 반응이자/이거나 기여로 무리없이 이해될 수 있음을 뜻한다. 장르 영화는 연속성과 다양성, 양자를 통하여 관객의 동의를 구한다. 관객 반응은 장르 영화 감독들로 하여금 현존하는 장르 방향을 따르거나 바꾸도록 고무시킨다.

'신화'와 '제의'라는 밀접하게 연결된 개념들은 이러한 작용을 관객의 근원적 욕망과 열정, 판타지에 연결시키고자 하며, 그리고는 이것들의 원인을 사회적, 문화적 컨텍스트 — 그 속에서, 그리고 그것을 통해, 영화 장르와 관객이 동등하게 구성되는 — 에 돌리고자 한다. 일반적인 인류학 의미에서 '신화'는 특정 공동체에게 (자연계에 대한 그 공동체의 사회적 경험과/이나 집단적 인간 심리에 기반한) 원형들의 표현 같은 것을 뜻한다. 때로 장르 비평에서 '신화'는 정확히 바로 이 뜻을 환기시킨다. 라이트(Wright, 1975: 187)는 서부극 연구에서 "서부극은, 비록 근대 산업 사회에 위치하긴 하지만, 인류학자들의 부족 신화만큼이나 신화이다"라고 주장하였다. 더 흔하게는, 통속적인 미디어 형식에 적용됨으로써, 그 가장 중립적인 공식화*formulation*

에 있어 신화는 (문화적으로 특수한) 사회적 자기 재현의 형식들, 다시 말해 핵심적인 신념과 가치들이 환원되고 대개 의인화된 서사 형식들로 증류시키고 규정하는 것을 가리킨다. 신화는 가령 극단적인 서사 관습화나 인물 성격 관습화처럼 특수한 종류의 형식 양식화에 의해서도 특징지어진다. 대중 문화의 신화적 독해에 가장 강력한 영향을 미친 것은 클로드 레비스트로스Claude Lévi-Strauss의 구조주의 인류학이다. 구조주의 인류학은 신화의 역할이란 한 사회의 구성적 모순들을 도식적인 서사 형식 속에 — 대개 강력하게 대립되는 인물 / 가치들의 쌍 혹은 그물망의 형식으로 — 구현하는 한편, 이러한 대립들에 관해 짜여진 이야기들을 통해서, 그리고 형식상 그것들이 신화적 서사로 통합되는 가운데, 그것들의 잠재적 폭발력을 부분적으로 잠재우는 것이라고 주장한다. 따라서 영화 장르 이론에서 '신화'가 대체로 지칭하는 것은, 장르가 이 공유된 문화적 가치들과 관심사들을 상징적 서사로 그려냄으로써 그것들을 시연하고 작동시키는 방식이다. 그런가 하면 '제의'는 그러한 의미들이 생산되는 계약 기반으로서의 대중 관객에 의하여 장르 영화가 규칙적으로 소비되는 것을 재규정한다.

제의적 장르 모델과 신화적 장르 모델은 앞서도 언급했던 문제, 곧 장르 이론이 특징적으로 안고 있는 관객 — 그들의 참여가 장르 제의에서 매우 중심적인 역할을 수행하는 — 과의 문제들에 이내 부닥치게 된다. 따라서 비록 신화적 분석이 개별 장르 텍스트들에 대해 면밀한 주의를 기울이고 장르 관습에 대한 그것들의 절충을 신중하게 구분해 낸다 할지라도, 관객은 동질적이며 주로 개념적인 존재로 다뤄진다. 여기서 일반적인 가정은 관객들이 장르 영화의 신화적 말 걸기 — 마르크스주의 이데올로기 이론가인 루이 알튀세르Louis Althusser라면 '호명*interpellation*'이라 칭했을 것 — 를 동일한 방식으로 모색하고 이에 응답한다는 것이다. 그러나 적어도 역사적 관객에 관해서라면, 이러한 주장이 실현될 가능성은 거의 없어 보인다. 개별 영화들에 대한 혹은 전체 장르들에 대한 박스오피스 인기는 때로 한 장르의 — 따라서 그 장르 속에 퇴적된 가치들의 — 인기를 입증할 수 있는 명백한 객관적 기준으로 인용된다. 그럼에도 어떤 영화의 표를 산다는 것이 (대중 영화를 연구하는 학술 기관에서 틀림없이 인정할 수밖에 없듯) 그 영화의 이데올로기적 내용을 전부 혹은 일부라도 찬성한다는 것을 반드시 입증하는 건 아니다. 또한 인기를 가늠하는 일은 대단히 어렵다. 예를 들어 서부극은 결코 보편적 인기를 누리지 않았으며, 1930년대 관객 표본 조사가 말해 주듯 상당수의 영화 애호가들로부터 극심한 혐오를 받았다. 그러나 서부극 고정 팬들은 그 장르의 헌신적인 신봉자들로, 말하자면 그들이 사는 지역 극장에 걸린 서부극은 거의 전부 보는 식이었다. 따라서 엄청나게 많은 'B급' (혹은 시리즈) 서부극을 뒷받침해 주는 든든한 시장이 1930년대에 형성될 수 있었다. 이처럼 협소하지만 열성적인 관객 기반이 서부극을 스크루볼 코미디처럼 좀 더 광범위하지만 아마도 덜 헌신적인 추종자를 지닌 장르보다 어느 정도 국가적 기질을 대변하게 만드는 걸까?

문제를 한층 심화해 보면, 최근 연구는 가장 명백하게 정통적이며 고전적인 장르 영화들도 처음 개봉될 당시에는 꼭 그렇게 보편적으로 받아들여지지 않았음을 보여 준다. 플랜드 포우거(Poague, 2003: 89)가 입증한 바에 따르면, <역마차>는 'B급' 서부극이 지배하던 시기인 1930년대 말, 어느 정도는 통상적인 서부극 이미지를 중화시키고자 그 영화의 '서부극' 장르 특성들(특히 대도시 지역의 극장 관계자들과 관객들에 대한 호소력을 제한하게 될)을 덜 강조하는 식으로 홍보되었다. 이때 대신 강조된 것은, 공통점이라곤 없는 일군의 인물들이 어쩔 수 없이 붙어 지내면서 생겨나는 극적 상호 작용(당시 잡지의 표현대로, '이동식 <그랜드 호텔 *Grand Hotel*>')이라든가 혹은 '낯선 일곱 남자들과 절박한 여행길에 오른 두 여인!' 간의 성적 긴장감에 대한 (거의 실현되지 않는) 암시처럼, 보다 광범위한 호소력을 갖는 요소들이었다. 물론 한 영화를 둘러싸고 형성된 기대가, 가능한 범위의 의미들을 총망라하는 것은 아니지만, 그러한 사례들은 개별 장르들의 제의적 기능에 관한 주장이 어떤 단독 장르 영화에 대해 관객이 가질 수 있는 반응의 범위를 동등하게 다룰 수는 없음을 보여 준다.

서부극이나 뮤지컬이 미국 국가 정체성의 지배적 혹은 근본적 패러다임을 표명한다는 주장은 그러한 가치에 직접적으로 도전하는 것으로 보이는 장르 영화들(예를 들면 필름 느와르)의 존재 역시 고려해야 할 필요가 있다.[5] 제의로서의 장르에 관한 가장 영향력 있는 논의에서 토마스 샤츠(Schatz, 1981, 1983)는 일련의 상이한 미국적 관념들과 딜레마들을 지닌 상이한 장르들을 규명함으로써 후자의 문제에 부분적으로 접근하고 있다. 각 장르에는 그것만의 '장르 공동체'가 있다. 따라서

> 어떤 장르에서 사회 문제(혹은 극적 갈등)로 등장하는 것이 다른 장르에서도 반드시 문제되는 건 아니다. 법과 질서는 갱스터 영화에서 문제되지만 뮤지컬에서는 그렇지 않다. 반대로, 구애와 결혼은 뮤지컬에서 문제되지만 갱스터 영화나 탐정물에서는 아니다(Schatz, 1981: 25).

이 문제들이 구별되는 한, 장르 각각은 그것만의 특수한 일련의 관심사들을 가지며, 특별한 종류의 문화 작업을 수행한다. 이러한 쟁점들이 일반적으로 미국 생활에 관련되는 한, 할리우드 장르 시스템 일반은 그러한 쟁점들에 관한 일종의 현재 진행형의 국가적 담화를 가능케 한다. 샤

5. 반대로, 말트비(Maltby, [1984]1992: 57)는 흔히 하듯이 필름 느와르가 시대 정신*Zeitgeist*의 구현을 위해 이용되어서도 안 된다고 지적한다. 그는 어느 쪽 구조든 "장르 동일시 관행으로부터 생기는 역사 왜곡의 과정"을 일으키게 되며, 또한 "할리우드 제작에 대해 인위적인 동질성을 부과하는 결과를 가져온다[가져올 수 있다라고 말하는 편이 나으련 더 좋다]"고 주장한다.

츠는 고전 할리우드 스튜디오 시스템이, 장르 영화를 대량 생산하고 미국 대중의 상상력에 지배받는다는 점에서, 특별히 이러한 "현재 진행형 담론 — 문화적 교환의 과정"에 잘 들어맞았다고 주장한다(Schatz, 1981: 20~28). 이에 비해, 샤츠가 1983년도 저서에서 인정하듯, 다양화된 엔터테인먼트 시장과 새로운 할리우드의 희박해진 장르 풍경 속에서, 이러한 담화와 영화의 제의 기능은 대단히 약화되었다.

샤츠의 논의는, 특수한 제의 기능에 대한 핵심 장르의 열중과 관련하여, 장르 기록이 거의 뒷받침해 주지 않는 장르적 일관성과 분리를 어느 정도 전제하는 것으로 보인다. 위에서 언급된 두 사례 — 뮤지컬과 갱스터 영화 — 는 별개의 것으로 묘사되며 그것들의 관심사는 명백하게 구별된다. 엇비슷한 문제들에 대한 서로 다른 '해결책들' — 그 해결책들에 맞물린 변화하는 문화적 이해들과 조화를 이루는 — 의 가능성을 감안한 장르 모델을 갖는다는 것은 확실히 유리한 일이다(예를 들어 4장의 <뉴욕, 뉴욕 *New York, New York*>[1977] 분석을 보라). 그러나 이러한 장르 모델은 <아가씨와 건달들 *Guys and Dolls*>(1955) 같은 갱스터 뮤지컬을 어디에 놓아두는가? 그런가 하면 결혼한 커플에 관한 탐정물 시리즈(1943~1947년의 인기 시리즈물 <씬 맨 *Thin Man*> 같은)가 발생시키는 '문제들'은 어떨 것 같은가? 또한 샤츠는 장르의 동질성을 과장하는 것 같다. 예를 들어 모든 뮤지컬이 구애와 결혼에 관한 것은 아니다(굉장히 중요한 하위 장르 *sub-genre* 인 백스테이지 뮤지컬은 적어도 직업에서의 성공에 관해서도 말하고 있다).

신화에 기반한 장르 독해는 이데올로기 비판과 연결된다. 실제로, 롤랑 바르트는 기호학 분석의 근간이 되는 텍스트(Barthes, 1957)에서, 현대 자본주의 문화에 만연해 있는 이데올로기적 허구들을 다름 아닌 '신화학'이라 명명한다. 플레이스(Place, 1978: 35)는 대중 신화가 "사회 구조의 존립에 없어서는 안 될 이데올로기들을 표현하며 또한 그것을 재생산한다"고 말한다. 그런데 닐이 진술하듯, 일반적으로 신화는 비판을 빼버린 이데올로기 비판이다. 즉 주디스 헤스 라이트(Wright, [1974]1995) 같은 연구자들이 장르의 이데올로기 영역을, 자본주의하에서 겪게 되는 실제 모순들에 대해 장르가 제공하는 상상적이며 날조된 해결들과 동일시하는 반면, 신화로서의 장르를 옹호하는 이들은 장르가 어떻게 관객들의 요구를 충족시키고 그들의 질문에 답하는가에 대하여 보다 중립적인 묘사로 설명하는 경향이 있다. 다시 말해 그들은 그러한 충족이, 개인들과 공동체들로 하여금 억압의 실제 조건을 계속적으로 묵종하도록 만들기 위해 고안된 기만이라고 낙인찍지 않는 것이다. 더구나 레비스트로스 도식의 변증법적 본성에는, 사회의 근원적 모순들이란 해결되기보다는 반복적으로 재규정되는 것이며 따라서 — 적어도 원칙상 — 신화적 표명에 의해 폭로된다는 함의가 담겨 있다.

라이트의 글과 같은 초창기의 이데올로기적 장르 설명은 장르 영화가 수행하는 이데올로기 작업에 어느 정도 획일적인 특성을 부여하곤 했다. 자본주의 영화 산업의 산물로서 장르 영화는 권력과 지배라는 현존 사회 관계를 옹호하는 의미를 반드시 생산해야 한다. 사실상 그 이데올로기 기능이란, 이것은 단지 세계가 존재하는 방식일 뿐 아니라 마땅히 그래야 하는 방식이기도 하다는 명제에 대해 묵인과 동의를 끌어내는 방식으로, 세계에 대한 인식을 조직적으로 구성해 내는 것이다. '문화 산업'에 관한 테오도르 아도르노와 막스 호르크하이머의 통렬한 비판문(Adorno & Horkheimer, [1944]1972: 120~167)에서 장르 제작의 표준화 규범이 의미하는 것은, 현대 매스 미디어 형식들의 절대적인 비자유*unfreedom*(와, 반대로 그것의 거울 이미지 대응물인 고급 모더니즘 예술의 난해한 실천들의 상대적인 — 단지 상대적일 뿐인 — 진리-내용)이다.

이데올로기 분석에 따르면, 장르는 대안들을 차단하고, 복수複數의 의미들에 저항하며, 실제의 모순을 상상적인(여기서는 환영적이라는 의미에서) 방식에서 상징적으로 해결한다. 또한 특수한 장르 결말들(이를테면 '범죄는 처벌되기 마련이다'를 반복하는 갱스터의 전형적인 운명처럼)은, 관습적이며 규칙에 종속된 문제 '해결' 방식에 대하여 더 대대적인 묵인 양상을 조장한다.

그러나 만일 장르 시스템이 이러한 견해의 주장대로 확고하게 밀폐되어 있다면, 여하한 종류의 변화 추진력은 어디에서 비롯되는지 이해하기 어렵다. 하물며 장르가 왜 1970년대에 숱한 할리우드 서부극이나 뮤지컬, 갱스터 영화, 기타 전통적 장르 영화 등에 의해 착수된 상당히 급진적인 일종의 자기 비판을 수행하게 되었는지에 대해서는 더더욱 이해하기 어려워진다. 이와 같은 움직임에는 더구나 미국 사회의 폭력성과 인종 차별에 대한 명백한 비판이 포함되어 있는데 말이다(가령 <이지 라이더*Easy Rider*>[1969] 같은 '대항 문화' 영화나 당대의 '베트남 서부극'처럼. 아래를 참조하라). 물론 미국 사회와 그 주요 문화 형식 속에 뿌리내리고 있는 핵심 이데올로기들은 1960년대 말 정당화에 있어 일대 위기에 직면하게 된다. 그러나 당시 여론 조사가 보여 주듯 대다수 미국인들은 전쟁과 인종, 성/젠더 문제에 대해 여전히 보수적인 입장을 지지하고 있었으며, 그런 가운데 장르 영화는 현 상태에 도전하기보다는 그것을 유지하기 위해 그 어느 때보다 더 열심히 작업해야 했다. 또한 이데올로기 분석은 장르들 간의 실제 차이를 인정하는 것도 쉽지 않은 것 같다. 설령 서부극과 뮤지컬의 '긍정적*affirmative*' 성격이 인정된다 할지라도, 여전히 이것은 갱스터 영화의 역사적으로 충분히 입증된 이데올로기적 양가성(6장을 보라)은 말할 것도 없거니와, 상당수 필름 느와르의 강력한 비판적 고발에 대해서도 설명하지 않은 채 남겨둔다. 이런 의미에서, 이데올로기 장르 비평의 관점은 지나치게 환원적이며(모든 장르 영화가, 일치하는 단일 메시지를 집요하게 조장한다고 여긴다는 점에서), 동시에 충분히 반영적이지 못하다(1960년대 말 이래 미국 사회에서 강력하게 이뤄진 것과 같은 사회적, 문화적 컨텍스트에서의 변화들에 의한 핵심 장르 명제들에서의 간섭 *interference*의 가능성을 용인하지 않는 듯하다는 점에서). 또 다른 예를 들자면, 1960년대 이래로 '여성 영화'의 실질적인 소멸은 젠더 역할이라는 전통적 개념에 끼친 여성 운동의 영향을 인정하지 않고서는 설명이 어려워 보인다 (2장을 보라).

1970년대 말 이데올로기 비평은 일반적으로 알튀세르식 마르크스주의로부터 물려받은 완고한 모델을 수정하기 시작했는데, 이는 특히 1920년대 이탈리아의 마르크스주의자 안토니오 그람시Antonio Gramsci의 저작을 재발견함으로써 고취된 것이다. 그람시의 '헤게모니' 개념은 이데올로기 지배를 하나의 진행형 과정으로 새로이 새겨 넣었는데, 그 과정에서 지배적인 정설들은 (더 낡고 구태의연한) 잔여 입장과 (더 새롭고 잠재적으로 혁명적인) 부상하는 입장 양자에 대한 통제를 유지하기 위해 끊임없이 투쟁한다. 이를 대중 문화 연구에 적용함으로써 비평가들은 고전 할리우드의 외관상 이음매 없는*seamless* 구조에서 균열과 모순을 찾아낼 수 있었으며, 따라서 장르 영화조차도 — 아마도 무의식적으로 — 지배 이데올로기와 어긋나는 태도를 취할 방법을 발견할 수 있었다. 많은 현대 영화 분석은 상이한 사회 집단들의 가치와 이익들을 영화가 관철시키는 (혹은 정신 치료학 용어를 쓰자면, 행동화하는*act out*) 방식에 전념한다는 점에서, 사실상 여전히 이데올로기 비평에 뿌리내리고 있다. 그러나 명백한 마르크스주의 비평 연합의 쇠퇴는 물론, 이데올로기 지배라는 과거 획일적 모델들에 대한 불만의 증가는 젠더나 인종, 민족성 혹은 섹슈얼리티 같은 논점들에 — 그리고 소수 집단에 관한 매스 미디어의 태도 구축 방식들에 — 초점을 맞춘 분석이 낡은 관념의 이데올로기 비평으로서 그리 분명하게 특징지어지지 않음을 의미한다.

## 역사 문제

1970년대의 몇몇 주요 할리우드 장르들(서부극, 갱스터, 사설 탐정과 경찰 스릴러, 뮤지컬 등을 포함하는)을 가로지르는 명백한 '수정주의' 경향은 몇몇 장르 이론가들로 하여금 장르 전개의 '진화' 모델을 제안하도록 촉구하였다. 존 카웰티에 따르면,

> 우리는 장르에 특징적인 어떤 라이프 사이클을 판독해 낼 수 있는데, 장르는 분절과 발견의 초기로부터, 창작자와 관객 모두 의식적인 자각의 단계를 거쳐, 장르 패턴이 워낙 잘 알려져 이제는 사람들이 그 예측 가능성에 물리게 되는 시기로 이동하는 까닭이다. 패러디와 풍자 수법이 증가하고 새로운 장르가 널리 등장하는 것은 바로 이 지점이다(Cawelti, [1979]1995: 244).

샤츠(Schatz, 1981: 36~41)는 이러한 장르 진화 이론을 훨씬 더 체계적으로 발전시키지만 — 사실상 그것을 그렇게 명명하면서 — 그럼에도, 그 설명을 '제의'라는 자신의 주제에 입각시키는 가운데, 기본 윤곽은 그대로 따르고 있다. 따라서 장르는 '그 일생의 가장 첫 단계에서' 그것의 제재를 직접적이며 비자각적인 방식으로 표현한다. "어떤 장르가 자기 자신에게 이야기하는 집단이라면, 그때는 스타일의 화려함이나 형식의 자의식은 하나같이 그저 메시지 전달을 방해할 뿐이기 때문이다." 이처럼 관습이 확립되는 실험 단계를 거친 후, 장르는 고전 단계(바쟁 이래로 장르 이론가들에게 사랑받아 온 국면)에 들어간다. 이 단계를 특징짓는 것은 "**형식의 투명함**[이다]. 내러티브 공식과 영화 매체 양자가 그 장르의 사회 메시지를 …… 관객에게 가능한 직접적으로 …… 전달하고 강화하기 위해 함께 작동한다"(원문에서의 강조). 결국 장르는 "직접적인 메시지가 관객을 '포화'시키는" 지점에

다다른다. 그 결과, 장르의 '투명함'은 고도의 형식주의적 자의식과 반영성으로 표현된 '불투명함'에 의해 대체된다. 샤츠는 뮤지컬과 서부극이 둘 다 1950년대 초 그러한 단계에 도달했었다고 주장하며, 그 사례로 <바클리즈 오브 브로드웨이*The Barkleys of Broadway*>(1949)나 <사랑은 비를 타고*Singin' in the Rain*>(1952) 같은 '자기 반영적*self-reflexive* 뮤지컬'과 <레드 리버*Red River*>(1948)나 <수색자*The Searchers*>(1956) 같은 '바로크 웨스턴'을 인용한다. 이 단계에서 장르의 '암묵적' 관습들 — 뮤지컬의 제의라 할 구애의 중심성, 서부극의 영웅적 개인주의 — 은 서사적으로 전경화된다.

그러나 오늘날의 관점에서 1950년대는 서부극이든 뮤지컬이든 최종 발전 단계와는 매우 동떨어져 보인다. <올 댓 재즈*All That Jazz*>(1979)와 <천국의 문*Heaven's Gate*>(1980)은 <파리의 미국인*An American in Paris*>(1951)이나 <수색자>(1956)와는 매우 다르며, <물랑 루즈*Moulin Rouge*>(2001)나 <실종*The Missing*>(2003)은 또 다르다. 따라서 진화 모델이 제대로 작동하기 위해서는 어느 정도 확장될 필요가 있다. 아마도 사람들은 '불투명한' 자의식이 한층 더 심화되어 철저한 장르 '수정주의'로 변모하게 되는 어떤 다음 단계를 구분해 내려고 할 것이다. 또한 이 시기에는 장르 영화 제작 비율의 하락이 수반되기도 한다. '수정주의'는, 전통적인 장르 태도가 변화된 사회 환경에 더 이상 적용될 수 없는 세계관을 표명한다고 간주될 수 있음을 함축한다. 따라서 수정주의의 핵심 측면은, 장르가 더 이상 자기 충족적이지 않으며, 동시대 세계에 대한 그것의 인식적 포착 능력을 비판적으로 검토해야 한다는 것이다. 그러나 또 다른 '단계'는 변화된 (산업적 혹은 문화적) 환경하에서 그 장르의 재부상을 수반할 수도 있는데, 여기서 본래의 이데올로기적 혹은 신화적 내용(또는 더 이상 동시대 관객에게 적용되지 않는 부분들)은 일부 제거된 상태이다. 그러한 텍스트들은 결코 '고전' 시기의 비자의식성을 회복하지 않으며, '완숙기'처럼 진지하거나 '수정주의' 시기처럼 신랄하게 비판적이지도 않다. 오히려 그것들은, 예를 들면 역사극 배경에 시대착오적 요소를 삽입하거나(<나쁜 여자들*Bad Girls*>[1994] 같은 '여성 폭도' 서부극) 고전적인 장르 텍스트가 전통적으로 억압해 온 인종적 다양성을 부각시킴으로써(가령 1990년대 초, 뉴 블랙 시네마에서 갱스터로부터 '갱스타[흑인갱]*gangsta*'로의 변모), 흔히 포스트모던 특성으로 간주되는 장르 투과성*porosity*과 유희적 지시성*referntiality*을 종종 드러낼 것이다.

이러한 장르 전개 모델은 매혹적일 만큼 간단명료하다. 그러나 ― 설령 하나의 산업적 실천 형식으로서 장르는 유기체가 아니며 이렇게 장르 계통 발생론을 주장하는 것은 범주에 대한 오류의 위험이 있다는 명백한 난점을 눈감는다 해도 ― 여기에는 몇 가지 문제점이 제기된다. 먼저, 그 역사적 설명은 특수한 변론 같은 느낌이 드는데, 이를테면 애초에 특정 집단, 특정 시기의 장르 영화에 쏟아진 비평적 관심을 정당화시키려고 고안된 듯하다는 것이다. 만일 진화 모델을 받아들인다면, '완숙기'와 '수정주의' 단계의 이른바 보다 복합적이며 자각적인 영화들은 '고전' 시기의 직접적인 장르 제재 제시보다 마땅히 더 큰 주목을 받을 가치가 있을 것이다. 태그 갤러거(Gallagher, [1936]1995: 237)의 주장처럼 초기 영화들은 보다 정교하고 도전적이며/이거나 전복적이라 일컬어지는 이후의 접근법들을 위한 어느 정도는 순진한 '봉'으로 출발한다. 그러나 초기 영화 역사가들이 즉각 지적하듯, 무성 영화와 초기 유성 영화 시대에 만들어진 다양한 장르의 많은 영화들은 깜짝 놀랄 정도의 장르적 자의식을 드러낸다(놀랍다는 건, 즉 진화 모델의 주장대로 이러한 고전 단계의 특징은 장르 제재의 '직접적인' 제시임을 당연시할 경우에 말이다). '후기 양식'의 함수로서의 자의식, 내면성, 반영성이라는 전반적인 개념, 다분히 문학적인 그 개념은 시장 위치 정립

*market positioning*의 현실 — 아마도, 확고부동하고 장르적으로 안정된 것으로부터 유희적이고 실험적인 것에 이르는 다양한 범위의 접근법들에 의해 특징지어질 과정 — 과는 거의 연관이 없어 보인다.

또 다른 문제는, 닐(Neale, 2000: 214f)의 지적대로, '외부(문화적, 주제적) 요인들'에 대한 샤츠(Schatz, 1981: 36)의 언급에도 불구하고 진화 모델이 장르의 변화를 필연적으로 장르 내적인 요인들의 탓으로 돌리는 경향이 있다는 것이다. 즉 장르는 사실상 사회적, 문화적, 산업적 컨텍스트로부터 봉쇄된 채 실체화된다*hypostatised*. 그것은 이상화되고 암묵적으로 목적론적인*teleological* 모델이다(즉 그 결과는 예정되어 있다). 마크 얀코비치(Jancovich, 2002: 9)가 진술하듯, "한 장르의 내러티브 역사들은 …… 대개 개개의 순간이나 시대들을 넘어서 존재하는 …… 무언가의 이야기가 된다 …… 우리 앞에 전개되는, 그리고 완벽한 실현을 향해 …… 혹은 실패와 타락을 향해 나아가는 어떤 본질." 그렇지만 이미 언급한 바 있는 장르 '수정주의'의 가장 명백한 사례 하나로, 1970년대가 출발하면서 만들어진, 강력하게 심지어 호전적일 만큼 친親인디언적인 기병대 서부극들 — <작은 거인*Little Big Man*>(1970), <솔저 블루*Soldier Blue*>(1970), <울자나의 습격*Ulzana's Raid*>(1971), <차토의 땅*Chato's Land*>(1972) 같은 — 은 백인 기병이나 준準군사 조직원들을 돈에 매수되고 잔인무도하며 가학적이고 착취하는 인간으로 묘사하고 있으며 따라서 고전적 서부극의 범주들 상당수를 말끔히 뒤집어 버리는데(<솔저 블루>에서 백인 여주인공을 위협하여 강간하려 드는 것은 인디언들이 아니라 백인 기병들이며, 어떤 장면에서는 병사들이 인디언 용사의 머리 가죽을 벗기면서 인디언 함성을 지른다), 이러한 영화들은 명백히 미군의 인도차이나 개입에 대한 알레고리이자 진술로 의도된 것이다. 즉 장르 라이프 사이클의 '자연스러운' 혹은 불가피한 결과물이 아니란 얘기다.

따라서 장르 수정주의는 외부 세계와의 상호 작용으로부터 차단된 장르 세계에서의 진화적 변화의 함수인 만큼이나, 혹은 그 이상으로, 미국 영화 산업 내의, 나아가 미국 대중 문화 및 정치 문화 내의, 더 광범위한 경향들의 함수라고 할 수 있다. 실제로 많은 비평가들은 광범위하고 포착이 어려운 사회 - 역사적 쟁점들과 대중적인 매체의 텍스트들을 중개하는 데 있어 장르가 유용한 도구임을 깨닫게 되었다. 즉 장르 개념은, 이를테면 <파시*Posse*>(1975) 같은 황량한 1970년대 중반 서부극에서 일 대 일 대응을 통해 단순히 워터게이트 시대의 냉소주의와 편집증을 읽어 내기보다는, 보다 미묘하며 실로 그럴듯한 방식으로 사회 현실이 개개의 허구 텍스트들 위에 배치될 수 있게 해준다. 로버트 레이(Ray, 1985: 248f)는 텍스트와 (사회적) 컨텍스트 간의 실종된 고리로 관객을 추가하면 이원적인 '반영' 모델을 유용하게 삼각화할 수 있다고 주장한다. 따라서 한 장르의 역사적 진화 전체에 걸친 관습의 증대, 이러한 관습들에 대한 영화 감독의 조정, 그리고 이러한 상호 작용 과정의 참여자이자 어떤 의미로는 중재인으로서 관객의 역할, 그 모두가 다 함께 진화하는 가정들과 문화 욕망의 지도를 만든다.

고전 시기와 현대 시기의 미국 및 세계의 영화 산업에 관한 연구는, 영화학이 선호하는 장르 개념에 어떤 중대한 수정이 필요하다는 주장이 점차 증가하는 추세다. '뉴 할리우드'(대체로 말하면, 1960년대 말 이후 할리우드로, 1977년 무렵 중요한 분수령을 갖는)에 관한 한, '여피족 나이트메어 영화'(Grant, 1998을 보라)나 로드 무비(Cohan & Hark, 1997; Laderman, 2002), 연쇄 살인범 영화 같은 새로운 장르들(혹은 하위 장르들)은 고전 시기의 장르들과는 다르게 구성된 듯하다. 간단히 말해, 초기 장르 구조들 — 개별 장르들과 장르 제작 시스템 전반 — 은 영화를 대량 생산하기 위한 시스템의 일부였으며, 그 시스템에서 조직화된 제작과, 신중하게 관리되고 감시되며 고도로 중앙 집권화된 배급 및 상영 기구와, 그리고 관객 편에서는 상대적으로 다양하지 못한 엔터테인먼트 시장에서의 정기적인 영화 관람 등 그 모두는 알트먼이 묘사하는 일종의 비공식적이지만 강력한 장르 '계약'을 가능하게 하였다. 1940년대 말 시작하여 약 20여 년에 걸친 유명한 일련의 사건들 — 스튜디오들로 하여금 극장 체인을 헐값에 팔아치우지 않을 수 없게 만든 법정 판결, 그 자체로 미국식 라이프스타일과 여가 오락의 전반적인 변화의 일부가 된 텔레비전의 등장, 1950년대 반공주의 마녀사냥과 블랙리스트가 가져 온 창조적 자유와 인력 손실 등이 포함된 — 은 대체로 장르 제작 시스템에 종지부를 찍었다(Ray, 1985: 129~152; Schatz, 1993; Krämer, 1998; King, 2002: 24~35 등을 보라). 1950년대 말과 1960년대를 지나는 동안, 현혹시키는 단수형 용어 '할리우드'는 점점 더 분산되어 가고 중앙 집권에서 벗어나는 산업을 은폐하였다. 이러한 산업 내에서 에이전트, 스타, 감독, 작가들은 고전 할리우드의 조립식 공정과 규모의 경제 원리 바깥에서 구상된 개별 프로젝트를 출범시키기 위해 독립 제작자와 작업했다. 이 과정에서 메이저 스튜디오들 — 이들은 1960년대 말이면 더 규모가 큰 복합 기업에 의해 대부분 인수되는데, 이러한 복합 기업들에게 있어 엔터테인먼트 영역이란 단지 다각적인 비즈니스 포트폴리오의 한 부분에 불과했다 — 의 역할은 많은 경우 자금 공급과 배급에 한정되었다. 스튜디오 시스템하의 기술 직원과 조합 단체들은 스튜디오의 정체성을 규정하는 스타일상의 연속성에 대단히 큰 기여를 했으며 공장 방식의 장르 제작을 가능하게 만든 장본인들이지만, 이미 오래전에 해고되었다. 비록 1980년대와 1990년대에 미국 영화 산업에서 그 이상의 주요한 변화 — 법인 모회사들이 점차 특성화된 수직 통합적 멀티미디어 사업으로 재편됨에 따라 메이저 스튜디오들이 변화된 규제 풍토 속에서 극장 상영 부문으로 돌아간 것을 포함하여(Prince, 2000: 40~89를 보라) — 가 일어나지만, 그럼에도, 메이저 스튜디오들이 그 어느 때보다 블록버스터 제작에 막대하게 힘을 쏟은 것도(10장을 보라), '독립' 제작이 증대한 것도, 결국 1930년대 장르 제작으로의 복귀 같은 것을 가능하게 만들지는 못했다. 위에서 언급된 새로운 장르들은 아마도 상대적으로 단명할 가능성이 크다.

후자는 사실 이러한 개관이 함축하는 것만큼 참신하지 않을지도 모른다. 사실상 '장르'라는 바로 그 개념은 — 흔히 그래왔듯, 그것을 한 무리의 텍스트들을 가로질러 의미들을 생산하고 소비하기 위한 광범위하며 통시적인*diachronic* 매개물로 이해할 때 — 급진적인 수정이 필요하다는 주장이 제기될 수 있다. 즉 만일 그것이 여름 시즌 성공작이나 화젯거리 소재에 편승하고자 단기간의 시리즈나 사이클의 영화들에 곧잘 의존하는 산업 관행에 관련된 것이어야 한다면 말이다. 장르 영화에서 이데올로기적 접근과 통속성이라는 변동이 심한 성향들은, 비평가들이 편애해 마지않는 일종의 장르 내적 변증법이나 장르의 진화에 빚지고 있는 만큼이나 우발적인 산업 요인들에도 빚지고 있다. 로렌스 알로웨이Lawrence Alloway는 1971년에 쓴 글에서 주제의 연속성과 보편적 관심사를 추구하는 예술비평으로부터 물려받은 장르 접근법을 대중 영화 연구에 도입하는 것은 그릇되다고 주장하였다. 그는 도리어 할리우드 제작을 특징짓는 것은 최근 성공작에 편승하려는 극히 짧은 주기들이며, 따라서 지속적으로 진화하는 '장르들'이라고 단지 **보일** 뿐인 것(혹은 그렇게 비평적으로 구축된 것)에서의 의미와 초점의 불연속성 및 변환들이라고 강조한다. 말트비(Maltby, 1995: 111~112)는 단호히 말하기를, "할리우드는 결코 장르를 그 자체로 우선시키지 않았으며," 그렇기는커녕 오히려, 상이한 장르들로부터 요소들을 취합하여 어떤 수익성 높은 전체를 만들어 내기 위해 스튜디오 시대에도 오늘날처럼 '기회주의적인' 방식으로 작업했다는 것이다. 바바라 클링거(Klinger, 1994a)는 '로컬 장르*local genres*'라는 범주를 제안한 바 있는데,

가령 1950년대 중반의 비행 청소년 영화들(<와일드 원*The Wild One*>[1954], <폭력 교실*The Blackboard Jungle*>[1955], <이유 없는 반항*Rebel without a Cause*>[1955])은 명확한 시사 문제라는 유사점을 지녔고 동일한 시장에서 경쟁했으며, 여기에는 특정 제작 주기에 걸친 명확한 시간 제한 분류법이 포함되어 있다.

여기에 또 하나의 아이러니를 덧붙이자면, 심지어 고전 할리우드 장르 제작 시스템이 사라져 갈 때에도, 영화 장르 — 처음으로 학계 영화 비평이 포함시킨 산업 '릴레이'의 관점에서 새롭게 이해된 — 는 새로이 등장한 뉴 할리우드 감독들에게 명백한 창조적 판단 기준으로 점점 더 중요해졌다는 것이다. 뉴 할리우드와 가장 단단하게 결합된 작가와 감독들, 즉 1970년대의 '영화 악동들'(예를 들어 마틴 스콜세지, 폴 슈레이더, 피터 보그다노비치, 프랜시스 포드 코폴라, 조지 루카스, 브라이언 드 팔마)과 그들의 다양한 후계자들(제임스 카메론, 로버트 저메키스, 올리버 스톤, 쿠엔틴 타란티노)은 고전 할리우드 선배들과는 다른 역사적 방법으로 영화 문화를 이해하게 해준 여러 통로들(텔레비전, 영화 학교, 영화 잡지)을 통해 전문적인 영화 제작에 도달하였다. 뉴 할리우드 영화 감독들이 (이를테면) 존 포드나 하워드 혹스 혹은 니콜라스 레이보다 실제로도 더 자의식적이고 영화 교양이 풍부한지, 혹은 단지 그들은 그러한 특성들을 그들과는 다른 방식으로 소유하고 써먹을 뿐인 건 아닌지는 의문의 여지가 있다. 그러나 타란티노의 <킬빌*Kill Bill*>(2003, 2004) 같은 영화를 감싸고 있는(혹자는 구성하고 있다고 말할지 모르겠다) 장르적 상호 텍스트성의 그물망이 충분히 보여 주듯, 장르 영화 제작을 만들어 내고 뒷받침해 주던 시스템의 종말에도 불구하고 고전 영화 장르의 역사적 유산은 뉴 할리우드 영화 감독들에게 단순히 그들만의 창조적 정체성을 확립하기 위한 우선 수단인 것만이 아니라, 국가적 정체성과 사회적 관습과 이데올로기라는 보다 거대한 전통들에 접속하기 위한 우선 수단까지도 분명히 제공해 준다. 이런 의미에서, 알트먼(Altman, 1996: 277)의 용어를 받아들이자면, '영화 장르'가 어쩌면 의심스러운 범주가 되어 버린 반면, '장르 영화'는 생생하게 살아 있다.

영화 장르의 제도(들)와 그러한 제도들의 장르 영화 텍스트의 활성화 간에는 물론 개별 장르들의 구조들이 있으며, 그 각각의 구조는 그것의 개별 역사와 주제적 관심사 및 재현의 전통을 갖는다. 그러나 거기에는 그 구조들의 기초가 되고 그것들을 형성하는 덜 확실한 양태들*modalities*도 존재할 텐데, 이것들은 거대 이데올로기 범주들과 견고하게 동일시될 수 없으며 그렇다고 개별 장르 속에 자리하거나 포함될 수도 없다. 다음 장에서 관심을 기울일 부분은 바로 미국 영화 장르의 역사에 있어 그리고 아마도 십중팔구 그 미래에 있어서도 결정적인 그러한 양상 형식*modal form*이다.

# 02

# 멜로드라마

## 장르 이전

이 책 대부분에서 다루는 것은, 수십 년간의 꾸준한 제작을 통해 제작자와 관객과 평론가에게 똑같이 명확한 장르 정체성을 확립해 온 장르 범주들이다. 하지만 1장에서 논의한 대로 이는 그 집단들이 장르를 동일하게 이해한다거나, 이 정체성들이 어떤 식으로든 고정되거나 불변이라고 말하는 것은 아니다. 반대로, 데리다가 말하듯, 만일 '장르의 법칙'이 모든 텍스트가 어떤 장르에 속할 것을 명한다면, 그것은 텍스트가 그 어떤 **하나의** 장르에도 전적으로 속하지는 않음을, 따라서 텍스트는 상이한 관심들을 위해 쓰일 수 있으며 수용과 분배와 소비의 다양한 컨텍스트 속에서 상이하게 사용될 수 있고 그래야 함을 명하는 것이기도 하다. 따라서 장르 정체성들 — 장르 텍스트의 정체성들, 그리고 그것을 포함하여 텍스트들의 궁극적 총합으로서의 장르 자체의 정체성들 — 은 잠정적이며, 지속적인 수정을 겪기 마련이다.

이와 같은 발언은 멜로드라마에 강력하게 적용된다. 특히나 비평적 논의는 멜로드라마의 장르 패러다임(들)을 통합하는 데 주도적인 역할을 수행해 왔다. 사실상 그 어떤 장르도 — 심지어 끝없이 논의되는 필름 느와르조차도 — 비평의 개입에 의해 그처럼 대대적으로 재정의되지는 못했다. (오히려 앞으로 9장에서 보게 될 것처럼, '느와르'라는 본래 내밀한 비평 개념은 마침내 '느와르'가 동시대 할리우드 내에서 자율적인 장르로 자리 잡을 만큼 널리 사용됨으로써 귀화되기에 이르렀다. 이와는 대조적으로, '멜로드라마'에 대한 영화 이론적 이해와 산업적 이해 사이에는 장벽이 잔존한다.) 1970년대와 1980년대의 페미니즘 비평은, 멜로드라마를 스튜디오 시대의 이른바 주변적 여성 중심 및 여성 지향의 드라마들과 동일시함으로써, 오랫동안 지속되어 온 산업 범주에 새로운 정향定向 체제를 성공적으로 부과할 수 있었다. 바로 이것이 영화 이론 자체의 젠더 정치학을 성공적으로 재정향시킨 프로젝트이다. 페미니즘 비평은 <스텔라 달라스*Stella Dallas*>(1937)나 <어느 여인의 행로*Now, Voyager*>(1942) 같은 '여성 영화'에서 모성적이고 낭만적인 희생의 서사에 의해 발생되는 강렬한 파토스[페이소스]*pathos* 속에 멜로드라마를 위치시켰으며, 이러한 텍스트들의 젠더 정치학 — 여성 주인공들에 의해서 또한 그들을 위하여 창조된, 젠더화된*gendered* 사회 역할들과 그것들이 여성 관객에게 제공하는 '관람 위치' — 을 맹렬히 논의하였다. 또한 멜로드라마는 다소 상이한 일군의 영화들과 동일시되기도 했는데, 그 영화들은 1950년대에 니콜라스 레이(<이유 없는 반항>[1955], <실물보다 큰*Bigger than Life*>[1956])와 엘리아 카잔(<에덴의 동쪽*East of Eden*>[1955]), 그리고 특히 더글러스 서크(<마음의 등불*Magnificent Obsession*>[1954], <천국이 허락한 모든 것*All That Heaven Allows*>[1955], <바람에 쓴 편지*Written on the Wind*>[1958], <슬픔은 그대 가슴에*Imitation of Life*>[1959])가 연출했던, 감정에 호소하는 가족 갈등 드라마들이다. 1970년대 토머스 엘세서(Elsaesser, [1972]1991), 제프리 노웰-스미스(Nowell-Smith, [1977]1991), 척 클라인한스(Kleinhans, [1978]1991) 같은 비평가들은 '가족 멜로드라마'라 칭해진 이 영화들이 극에 달한 열렬한 감정과 '과잉의' 시각 양식으로 이데올로기 규범을 전복시킨다고 보았다.[6] 이러한 스튜디오 시기 영화들 모두의 이면과 너머에, 어떤 면에서 무성 영화 시대의 멜로드라마들이, 그리고 훨씬 더 전으로 거슬러 올라가면 통속적인 19세기 연극의 멜로드라마 유산이 놓여 있다. 표면상으로 분리된 이 전통이 레이, 서크 등과 맺는 연관을 영화학은 최근까지도 제대로 다루지 못해 왔다.

분명, 이러한 계보가 어느 정도로 장르(들)를 형성하는가에 대한 질문은 있을 수 있고 필요하며 실제로 끊임없이 논의된다. 최근의 역사 연구는 다른 분야의 영화 장르 연구들에서와 마찬가지로 멜로드라마의 새로운 영역들을 — 특히 할리우드 이전의 무성 영화에서 — 발굴해 왔으며, 그러는 가운데 여타의 것들에 관한 일반적인 가정에 문제를 제기했다. 가령 산업 범주로서의 '여성 영화'의 정확한 위상은 질문을 피하기 어렵다. 릭 알트먼(Altman, 1999: 27~33)은 여성 영화를 '유령 장르*phantom genre*'(즉 산업적으로보다는 비평적으로 구성된)라고 이름 붙이는가 하면, 스티브 닐(Neale, 2000: 188~194)은 적어도 1920~1950년대까지 업계지에 반영된 영화 산업 고유의 장르 어법을 연구함으로써, 그 용어가 1910년대부터 계속 사용되어 왔지만 페미니즘 비평이 주장해 온 것처럼 국한되지도 일관적이지도 않았음을 지적한다. 또한 최근 연구는 스튜디오 시기 할리우드에서 여성 영화의 '하급' 지위에 대해 물음표를 던져 왔는데, 이는 여성 영화를 비평 대상으로 복구/구성하는 중요한 차원이었다. 다른 한편, 동일한 연구 방법론에 기반하여 닐(Neale, 1993, 2000: 179~186)은 적어도 스튜디오 시기의 할리우드에서 '멜로드라마'라는 용어가 많은 것을 의미할 수 있고 실제로

6. 이 글 전부와 샤츠의 저서 중 가족 멜로드라마에 관한 부분이 Landy(1991)에 수록되어 있다.

도 그랬던 반면 오늘날 영화학에서 '멜로드라마'가 의미하는 바는 좀처럼 의미하지 않았으며 특히 '여성 영화'는 거의 **전혀** 의미하지 않았다고 주장한다. 동시에 닐은 '가족 멜로드라마'가 이러한 '산업 릴레이'에서 그 어디에도 도무지 위치시킬 수 없는 용어라고 단언하였다. 일반적으로 '멜로드라마'는 (비록 전적으로는 결코 아닐지라도) 열정과 범죄와 부정과 보복에 관한, 유혈과 폭력이 난무하는 드라마를 지시해 왔다고 할 수 있다. 사실상 그 용어는 (표준적인 장르 비평 용어에서) 서부극으로부터 범죄 스릴러와 이국적인 모험물에 이르기까지 폭넓고도 다양한 고전 장르를 가로지르는 영화들을 서술하는 데 사용되었다. 리처드 말트비(Maltby, 1995: 111)는 1940년대 제작규정국(Production Code Administration: PCA)의 영화 분류에 쓰인 여섯 가지 주요 범주들 가운데 멜로드라마가 가장 많아서, 총 제작물의 4분의 1에서 3분의 1가량 해당됐다고 말한다.

글레드힐(Gledhill, 1987, 1994)을 선두로 점점 그 수가 불어나는 일군의 학자들은 할리우드 영화 **전반**에 있어 멜로드라마 양상 — 19세기 통속 연극으로까지 거슬러 올라가며 그것에서 직접 파생된 — 의 중심적 역할을 주장해 왔다. 연극의 유산이 무성 영화에서 가장 명확하게 드러나는 반면, 이처럼 폭이 넓다 못해 넉넉하기까지 한 개념의 멜로드라마 양상은 가령 D. W. 그리피스처럼 기꺼이 멜로드라마에 뛰어든 무성 시대 감독들을 너끈히 넘어서, 스튜디오 시기의 영화는 물론 오늘날의 할리우드로까지 확장된다. 더구나 이러한 멜로드라마 '양상*mode*'은, 유성 시대 멜로드라마(서크, 미넬리, 여성 영화 등)에 대한 초창기 젠더 기반의 비평적 구성**에서도**, 닐이 탐구한 '산업 릴레이'**에서도**, 직접적으로 그 위치가 확인되지 않는다. 상이한 시기들의 매우 다채로운 장르들을 관통하는 내러티브 관습과 정감*affective* 형식과 이데올로기 신념의 집합으로서 멜로드라마는 미국 영화 전반의 장르 시스템 이전이자 너머이며 동시에 그 모두이다. 린다 윌리엄스는 이러한 멜로드라마 재구상에 대해 최근 들어 아마도 가장 명확할 뿐 아니라 가장 대담하고도 원대한 진술을 제공한다.

> 멜로드라마는 미국 대중 영화의 기본 양식이다. 그것은 서부극이나 공포 영화 같은 특수한 장르가 아니며 고전적 리얼리즘 서사의 '일탈'이 아니다. 그것은, 비록 여성 영화나 '최루성 드라마' 혹은 가족 멜로드라마를 포함할지라도, 그것들에 우선적으로 위치할 수 없다. 오히려 멜로드라마는 파토스와 액션의 변증법을 통하여 극적 계시나 도덕적이며 감동적인 진실을 추구하는, 각별히 민주적이며 미국적인 형식이다. 그것은 고전 할리우드 영화의 기반이다(Williams, 1998: 42).

따라서 멜로드라마 영화에 대한 논의는 장르를 정의하는 것에서부터 시작할 것이 아니라 — 만일 윌리엄스가 옳다면 멜로드라마는 이 책에서 서술된 여타 장르들과 동일한(명확한 정의가 문제된다면 상대적으로) 의미에서의 장르가 아니라고 주장할 명백한 근거가 있으므로 — 영역을 경계 짓는 것에서 시작할 필요가 있다. 실제로 윌리엄스와 다른 몇몇 연구자들은 멜로드라마가 서로 다른 시기에, 서로 다른 형식적, 방법적 특징들을 가지고, 서로 다른 여러 문학 장르, 연극 장르, 영화 장르, 최근엔 텔레비전 장르(예를 들어 TV 연속극)에서 채택되어 온 어떤 '양상' 혹은 '경향'이라고 주장한다. 메리 앤 도앤(Doane, 1987: 72)은 여성 영화에 대한 유명한 논문에서 다음과 같이 주장한다. "멜로드라마라는 용어가 특정한 일군의 영화들을 정의하고 한정지을 수 있든 없든 간에, 그것은 특정한 역사 시기마다 서로 다르게 활성화되었을, 영화 내의 어떤 중대하고 고립 가능한 의미화 경향을 정확히 지적한다."

나는 이러한 멜로드라마 '양태'라는 개념을 이 장과 이 책의 다른 부분에서 사용하려고 한다. 피터 브룩스(Brooks, 1976)는 '멜로드라마적 상상'에 대해 말하는데, 멜로드라마적 상상이란 통속 연극으로부터 헨리 제임스Henry James 소설에 이르기까지 폭넓게 다양한 19세기의 문화적 실천을 가리킨다. 여기서 '멜로드라마'는 어떤 '세계관'이 특수한 문학 혹은 연극적으로 표현되는 것으로, 비극이나 희극, 풍자의 표현에 견줄 수 있다. 그러한 폭넓은 범주 — 문예 이론에서 장르로 지칭되지만, 앨런 윌리엄스(Williams, 1984)를 비롯한 몇몇 연구자들이 지적하듯, 영화학과 영화 역사의 다소 제한된 장르들과는 아주 다른 것을 의미하는 — 처럼 멜로드라마적인 것은 다양한 컨텍스트와 양식과 매체를 통해 표현된다. 이러한 멜로드라마의 무정형성이 불안하다면 '멜로드라마적인 것'의 구체화된 개념을 앞 장에서 논의된 영화 장르 이론의 비평적 실천들로 되돌려 해석해 볼 수 있다. 그 한 가지 방법은 알트먼의 용어를 써서 멜로드라마에 구문론은 있으나 명확한 의미론의 차원은 결여되어 있다고 주장하는 것일 게다. 만일 그 용어가 일반적으로 그렇듯이 1950년대 니콜라스 레이와 더글러스 서크, 엘리아 카잔, 빈센트 미넬리의 영화(<거미집*The Cobweb*>[1955], <달려온 사람들*Some Came Running*>[1958])는 물론, 1910년대와 1920년대에 그리피스가 만든 대체로 대규모의 사극들(<흩어진 꽃잎*Broken Blossoms*>[1919], <동부 저 멀리*Way Down East*>[1920], <풍운의 고아*Orphans of the Storm*>[1921])과 <스텔라 달라스>나 <그들에겐 각자의 몫이 있다*To Each His Own*>(1946) 혹은 <미지의 여인에게서 온 편지*Letter from an Unknown Woman*>(1949) 같은 스튜디오 시기의 '여성 영화들'을 의미 있게 받아들인다면, 그러한 주장은 핵심적일 것이다. 만일 최근 린다 윌리엄스(Williams, 1998)와 데보라 토머스(Thomas, 2000)가 제안한 대로, 멜로드라마 개념이 <놀랍도록 줄어든 사나이*The Incredible Shrinking Man*>(1957) 같은 SF 영화나 <람보 2*Rambo: First Blood Part II*>(1985)와 <쉰들러 리스트*Schindler's List*>(1993) 같은 동시대 영화까지도 받아들일 정도로 확장된다면, 지금 우리가 얘기하는 것은 정말이지, 토머스의 용어를 빌어[7] 관습적 의미에서의 '장르 너머로' 성큼 나아가는 형식임이 한결 더 명확해질 것이다.

## 장르로서의 멜로드라마와 양식으로서의 멜로드라마

알트먼(Altman, 1996: 276)은 멜로드라마가 코미디와 더불어 미국 서사 영화의 두 근본 혈통 중 하나로, 이 두 혈통은 초기 영화 배급업자들이 극장측의 상영을 구분짓기 위해 카탈로그에 사용했던 기본적인 '내용 범주들'을 형성했다고 말한다. 훗날 할리우드 영화의 '명사적' 장르 범주들은 바로 이러한 모체 장르들의 '형용사적' 수식어구 — '서부 멜로드라마,' '뮤지컬 코미디' — 로 출발했다. 그러나 멜로드라마가 비코미디 영화들에 대한 포괄적 범주였다 하더라도 이는 그것이 임의로 붙여졌다거나 초점이 없었다는 것을 의미하지 않는다. 오히려 반대로, 멜로드라마가 지배 형식이던 19세기 통속 연극의 강력한 영향력은 멜로드라마 연극의 특징적 형식들 — 엄격한 도상 관습에 의해서보다는 서사 구조와 이데올로기에 의해서 더더욱 통합된 — 이 스크린에 통째로 옮겨갔음을 보증한다. 문제는 멜로드라마의 확립된 속성들 — 선정적인 사건으로 가득 찬 파란만장 서사, 강렬한 무대 요소와 강력한 정서적 태도, 노골적으로 일그러진 인물들 속에 구현된 도덕적 절대성들 간의 적나라하고 단순화된 대립 등이 포함된 — 이 미국 영화로 옮겨갔**느냐 아니냐**가 아니다. 이러한 간단한 요약조차도 이것이 실제로 그러했고 앞으로도 계속 그러할 것임을 명백하

7. 비록 멜로드라마 개념에 대한 그녀만의 사용법은 어떤 면에서 상당히 특이하지만 말이다.

<천국이 허락한 모든 것 *All That Heaven Allows*>(1955)

Reproduced Courtesy Universal / The Kobal Collection

게 해주니 말이다. 진짜 문제는 미국 영화의 드라마 상상력에 대한 멜로드라마의 지배가 **언제** — 만일 그런 적이 있다면 — 전체적으로든 부분적으로든 느슨해지고 꺾여서 보다 눈에 띄게 '리얼리즘적인' 양상으로 넘어갔느냐는 것, 그리고 멜로드라마로부터 서부극이나 갱스터 영화 같은 명사 장르들이 등장함으로써, 독자적으로 분리된 장르 범주로 식별될 수 있는 '멜로드라마'라는 별개의 장르 잔재가 그 뒤에 남겨졌는가이다. 닐의 연구는, 적어도 산업에 관련되는 한, 고전 시기와 실로 그 너머를 통틀어서 멜로드라마가 '생생한' 분류학적 존재로 남아 있었다고 주장한다.[8] 그 용어의 광범위한 적절함은 산업계에서의 사용 방법에 의해 명백하게 입증되는데, 앞서도 지적한 바와 같이, 이러한 산업 용법은 이후의 비평가들과 이론가들에 의해 사용된 사실상 모든 표준 장르 범주와 장르 영화 유형을 아우르거나 조절하였다(1980년대 멜로드라마 영화에 관한 비평 논의에서 중심이 됐던 '여성 영화'나 '가족 멜로드라마'는 주목할 만한 **예외**로 둔 채).[9]

할리우드 영화와 관련해 '멜로드라마'가 무엇을 유용하게 의미할 것인가를 결정할 때 그다음 문제는, 20세기 초부터 시작하여 일부 비평 용법에서 그 용어에 가해진 뚜렷하게 경멸적 특성들을 포함한다. 의심할 바 없이, 그 형식의 부정적인 연상들 — 전형과 클리셰와 공식의 의존성, 복잡한 논쟁점과 감정들의 환원적이고 거친 단순화, 이성보다는 감정에 기반한 관객들의 가장 저속한 공통 분모를 향한 센세이션 지향적 호소

8. 그가 '멜러*mellers*'로 규정한 영화에는 <버라이어티>지에 실린 1970년대 사례들(서부극 <차토의 땅>)과 1980년대 사례들(베트남 전쟁 영화 <대특명*Missing in Action*>[1984])이 포함되어 있다.

9. 그러나 알트먼(Altman, 1998: 72)이 지적하듯, 닐은 (업계) 영화 비평과 영화 제작 간의 구분을 어느 정도 허무는 경향이 있었음을 주의하라. 마치 전자의 인식이 후자의 창조적 실천을 필연적으로 혹은 반드시 반영하는 양 말이다.

등이 포함된 — 은 특히 1920년대 이래로 엘리트 및 학계 집단 내에서 지속되어 온, 대중 문화에 관한 보다 광범위한 논의들과 밀접한 관계가 있다. 또한 그것들은 강력하게 젠더화된 비평 어휘에 의지해서, 여기에서 멜로드라마 허구의 관객은 '여성화'된다. 다시 말해, 관객은 '히스테리적인' — 사려 깊지 못하고 비이성적인, 또한 폭력적이며 과도하고 무분별한 열정적 감정의 폭발에 사로잡히고 휘둘리기 쉬운 — 여성성의 가정들에 기반한 '여성적' 감수성을 부여받는 것이다(Huyssen, 1986을 보라). 따라서 멜로드라마는 어떤 만만한 관객(사실상 저급한 관객이 아니라면)과 연관되어 매도된 재현 형식이며, 동시에 그러한 관객들이 전형적으로 겪게 마련인 결점들의 구현이다. 사실 멜로드라마에 부여된 결점들이 (앞 장에서 논의되었듯) 통속적인 장르 전반의 부정적 측면들을 핵심적으로 요약한다는 점에서, 멜로드라마는 **대표적인** 장르 텍스트가 된다고 주장해도 무방할 것이다. (비평적으로) 특권이 부여된 리얼리즘 개념이 점차 재현 및 연기에 있어서의 억제와 결합되었던 만큼, 이 영역에서 과잉 표현은 감정과 상상의 풍요로운 경험을 하찮게 만들거나 희화화戱畵化한다고 간주되었다. 이러한 구분은 단지 저급 문화와 고급 문화를 분리하기 위해서뿐 아니라, 전자에서도 상대적으로 특권이 부여된 양상들을 구별해 내기 위해서도 실행되었다. 따라서 서부극이 (백인 남성) 미국인들에게 가장 선호되는 자기 재현으로 등장한 것은, 프론티어*frontier* 신화와 관련된 만큼이나, 억제력을 지닌 사나이다운 남성 스타일에 대한 가치 평가와도 관련될 것이다.

이처럼 멜로드라마를 '여성적인' 것의 성차별적 구성과 부정적으로 결합시키는 태도가 페미니즘 이론에 의해 암암리에 승인되고, 이로써 멜로드라마가 '여성 영화'라는 보다 협소한 범주로 주저앉게 된 것은 일종의 아이러니라고 할 수 있다. 앞으로 보게 될 것처럼, 젠더화된 버전의 멜로드라마 수용은, 이러한 텍스트들에 의해 여성들/'여성'이 구성되고

/거나 의문이 던져지는 데 사용된 그 용어를 여성 주체를 위해 회의적으로 질문하려는 의도와 회복시키려는 의도 양자에 의해 유발되었다. 즉 최근 연구에서 결코 의심되지 않는 논쟁적 비평의 개입인 것이다. 이 책의 핵심 주제는, 장르란 명확하게 정의된 본질과 의미를 지닌 정적인 존재가 아니라, 도리어 움직이는 과녁 — 단지 해석의 단계에서가 아니라 기본적 장르 동일시 단계에서도 계속적인 재평가와 재구성이 요구되는 — 이라는 것이다. 따라서 '멜로드라마'를 명확하게 정의된 장르 전통 속으로 재조직화하기는, 설령 그 전통이 영화 역사와 실제적인 산업 관행에서 미심쩍은 기반을 가진 것이라 해도, 역사화에 의한 평가절하 없이 그 자체로 역사화될 수 있다. 그럼에도 이러한 비판 전략은, 멜로드라마 양상이 할리우드 영화에서 보다 일반적으로 기능함으로써, 어쩌면 서부극이나 전투 영화 혹은 갱스터 영화 같은 '남성' 형식들의 외관상 안정적인 젠더/장르 범주들을 불안정하게 만들었을 방식을 탐구하지 않은 채 남겨 두었다.

그러나 '멜로드라마적인 것'의 부정적 문화 구성을 널이 발굴해 낸 멜로드라마에 대한 (때로 무시하는, 그러나 종종 솔직하게 묘사적인) 산업 이해로 돌림으로써, 우리는 젠더화된 양상으로서의 멜로드라마 구성을 현행 연구를 통해 열려진 의미들의 확장된 영역에 연결시킬 수 있을지 모른다. 크리스틴 글레드힐(Gledhill, 2000: 227)은 "만일 업계가 남성 지향적 액션 영화를 지속적으로 '멜로드라마'라 부른다면, 그 용어가 보다 전반적으로 폄하되고 난 오랜 후, 그것은 남성성 주변을 순회하면서 현재에도 살아 있는 무언가를 과거로부터 우리에게 일깨워 줄 것이다"라고 주장한다. 그 함의는 이 '무언가'가 '남성성' — 그 재현이 범죄 스릴러 같은 '남성' 장르들과 맞닿은 — 이라는 외관상 안정적인 개념에서 어떤 거북함이나 불안정성을 포함한다는 것이며, 그것의 존재는 그러한 영화들의 '멜로드라마적'

요소들을 승인함으로써 '고백'되어진다. 멜로드라마에 대한 앞서의 간략한 밑그림(인물에 구현된 도덕적 대립, 관습화된 인물 묘사, 액션으로 가득 찬 이야기와 장면과 감정)으로 돌아가 보면, 결국 서부극이, 비록 명사 장르의 위상과 헤게모니적 남성다움을 성취했을지라도, 그 멜로드라마적 기원에 얼마나 지속적으로 빚져 왔는지 명확해질 것이다. 사실 상당수 비평 작업이 장르 영화에 있어 남성성의 구성에 관해 이뤄져 왔지만 — 예를 들어 서부극에 대한 미첼(Mitchell, 1996) 혹은 베트남 전쟁 영화에 관한 제포드(Jeffords, 1989) — 멜로드라마를 여성 영화나 가족 멜로드라마와 동일시하는 태도는 일반적으로 이러한 논점들을 멜로드라마적 유사성으로 고려하는 것을 금지해 왔다. 이 책의 5장에서, 갱스터를 지배하는 남근적 개인주의가 타인들에 대한 의존이라는 '나약함'과 밀접하게 연결되어 있는 역설적 방식을 탐색한 부분은 글레드힐의 견해를 입증하는 것이 될 수 있다.

이것은 결코 장르를 급진적으로 수술하거나 새로 선정하기 위한 논의가 아니다. 비록 <필름 데일리>지와 <버라이어티>지가 <로켓 목걸이 *The Locket*>(1946), <제시 제임스 *Jess James*>(1939), <사이코 *Psycho*>(1960)를 멜로드라마 혹은 '멜러 *mellers*'(Neal, 2000: 179~181을 보라)로 규정지었다 해도, 이는 필름 느와르, 서부극, 공포 영화라는 관습적 장르 지칭이 어딘가 잘못 놓였거나 중복됐음을 의미하지 않는다. 아주 명확하게도, 의미론과 구문론의 어느 단계에서든, <제시 제임스>는 <역마차>(1939)나 <빌리 더 키드 *Billy the Kid*>(1941)와 의미 있게 많은 것을 공유하며, <위험한 관계 *The Reckless Moment*>(1949)나 <내가 바라는 모든 것 *All I Desire*>(1953)처럼 '비평적으로 임명된' 멜로드라마는 물론이고, 앞서의 <로켓 목걸이>나 <사이코>보다도 <역마차> 등과 더 많은 것을 공유한다. 그럼에도, 같은 이유로, 이 영화들에 '멜로드라마적' 특질을 부여함으로써 이 영화들에 관해 말해지는 바를 이해하려는 시도는 우리로 하여금 공포 영화나 서부극, 느와르의 작동을 더 잘 이해할 수 있게 해준다. 특히 멜로드라마 양상의 힘에 대한 인정이 우리로 하여금 ('남성적') 대중 영화의 규범으로서의 리얼리즘에 관한 우리의 가정들에 질문을 던지도록 촉구한다면 말이다.

## 리얼리즘과 과잉

멜로드라마 영화에 대한 이해를 넓히고 심화해 온 논쟁에는, 할리우드 영화에 있어 리얼리즘의 위치에 관한 어떤 일반적 사고의 중대한 재평가가 얽혀 있으며 그에 따라, 멜로드라마와 멜로드라마적 '과잉'이 표준 리얼리즘 코드의 일탈이나 도전으로 간주되거나 되어야 하는 범위가 포함되어 있다. 이 점을 명확하게 하자면, 잠시 논의에서 벗어나 영화 이론의 역사를 살펴볼 필요가 있다.

1970년대 <스크린> 지에 실린 일련의 글들은 할리우드(와 여타 주류 서사) 영화의 지배적인 재현 양식을 19세기 소설의 '고전적 리얼리즘 텍스트'와 동일시하였다. '고전적 리얼리즘'의 주창자들, 그중에서도 특히 콜린 매케이브는 가령 조지 엘리엇George Eliot과 오노레 드 발자크Honoré de Balzac의 소설들이 공유한 몇몇 공통된 담론 속성들 — 주로 서사 상황의 포괄적 통제로 독자를 안심시키는 균질화된 서사를 지지하는, 이른바 서사의 투명성과 '모순' 기피 — 을 언급하고, 이러한 문학적 리얼리즘이라는 상표의 근본 원칙들이 고전 할리우드 영화로 이어졌다고 주장했다. 매케이브는 고전적 리얼리즘의 가장 특징적인 속성인 안심시키는 서사 통합성은 '메타언어'의 배치에 의해 성취되었다고 하였다. 문학 용어에서 이것은 (대개 드러나지 않는 비인칭의) 서사 '목소리'를 뜻하며, 그것을 통해 텍스트의 다른 모든 목소리들 — 예를 들어 등장 인물의 말, 혹은 편지 — 은 '담론들의 위계' 속에 놓였다. 어떤 서사에서는 개별 발화자들이 신뢰할 수 없거나 틀렸다고 간주될 수도 있는 반면, 독자의 지식에 오류나 기만을 초래하는 목소리 — 어느 주어진 날에 비가 오고 있다거나 안개가 꼈다고 주장하는 목소리, 직접 인용문 앞에 '그는 말했다'라고 쓰는 위치에 있는 목소리 — 에는 이의를 제기할 수 없다. 그 절대적인 능력, 나아가 '전지함*omniscience*'은 텍스트 자체의 바로 그 가독성의 조건인 것이다. 그리고 할리우드와 여타 주류 서사 영화에서는 소설의 '메타언어'에 해당하는 것이 바로 카메라의 '3인칭' 시선(즉 시점 숏으로 명백히 표시되지 않는 모든 숏)이라고 주장했다.

리얼리즘에 대한 이러한 설명은, 정신분석학과 알튀세르의 마르크스주의로부터 영향 받은 보다 광범위한 이론 기획에 연결되었는데, 이는 연속성 체계의 관습과 관객이 재현 메커니즘 — 형식적(즉 텍스트적) 혹은 제도적(스튜디오 시스템) — 에 주목하지 못하도록 막는 방식 — 여기에서는, 전개되는 서사에 대한 대체로 환영주의적이고 동일시적인 몰입과, 나아가 얼마간 논쟁의 여지가 있는 확대 해석에 의해, 그 서사들 속에 침전되어 있는 사회적이고 이데올로기적인 규범에 대한 공모가 옹호되었다 — 을 설명하기 위한 것이었다. '고전 리얼리즘'에 대항하는 다양한 모더니즘 텍스트 실천도 존재했다. 칼 드레이어의 탈중심화된 서사 양식(예를 들어 <뱀파이어 *Vampyr*>[스웨덴, 1934])으로부터 세르게이 에이젠슈테인의 교훈적인 변증법적 몽타주에 이르기까지 그것은 영화라는 인공물의 텍스트성을 강조하기 위해 다양한 방식으로 (또한 반드시 언급해야 할 것은 폭넓게 다양한 목적에서) 이용되었다. 고전 할리우드에서 그처럼 급진적인 형식 실험은 명백히 불가능하다고 가정한다면, 비평의 관심이 집중되는 대상은, '과잉'의 범주하에 들어가는 다양한 형식 장치를 통해, 기본 서사 제재의 이데올로기적, 미적, 장르적 관습들로부터의 아이러니한 거리를 나타내고 따라서 그 관습들에 이의를 제기하는 텍스트들이 될 것이다. 이러한 '과잉들'에는, 격앙되거나 극단적이거나 과장된 감정의 경향, 현란하고/거나 과시적으로 상징적인 미장센, 색채나 음악의 과장된 사용, 그리고 고도의 명백한 설정이나 있을 법하지 않은 우연의 일치 혹은 갑작스런 반전 같은 특색을 지닌 플롯 등 '멜로드라마적' 요소들이 포함될 수 있다. 바로 그러한 장치들을 통해 멜로드라마는, 토머스 엘세서(Elsaesser, [1972]1991: 85)가 (향후 20년간 비평의 장르 계약을 위해 효과적으로 조건을 규정한 대단히 영향력 있는 논문에서) 주장한 바와 같이, "그것을 뒷받침하는 이데올로기의 통렬한 비판을 공식화한다 *formulate*."

'고전 리얼리즘'은 그 개념이 제기되자마자 도전을 받았다. 특히 그 개념을 영화로 옮기는 데 척도이자 모델로서 의지한 19세기 소설 자체가 이론을 통해 구축된 안정적이고 단일한 논리의 가공물과는 거리가 멀다는 것을 강조한 연구자들에게 공격을 받았다. 그 논의를 지지하는 모더니즘 정설 역시 (주장되던 것처럼 전적으로 독창적이지도 않고, 규범적인 범주들에 대해 완전하게 전복적이지도 않다고) 문제 제기되었다. 아이러니하게도, '멜로드라마적 상상'에 관한 브룩스의 연구가 초점을 맞춘 작가 발자크와 헨리 제임스는 다른 누구보다 더 문학의 리얼리즘과 동일시되던 (그리고 지금도 그러한) 이들이다. 그러나 더더욱 아이러니인 것은 1980년대 표준적인 멜로드라마 설명(이 된 것)에서 '고전 리얼리즘'의 유산이 오늘날에도 여전히 뚜렷하다는 것이다. 멜로드라마적 '과잉'에 대하여 가장 널리 인용되는 상당수 설명 — 가령 로도윅(Rodowick, [1982]1991) — 은 할리우드 영화에서 리얼리즘 양식이 중심적 역할을 하는 것을 계속 당연하게 여겼는데, 그 리얼리즘 양상이 유지되는 것은 리얼리즘의 의미 작용 실천의 체계적인 억압에 입각한 것이다. 그에 따라 멜로드라마적 과잉의 존재는 계급이나 섹슈얼리티 같은 미국 사회 생활의 그 '말할 수 없는' 그러나 근본적인 차원 — 리얼리즘 영화의 이데올로기적 정합성*coherence*은 그것들의 억압에 의존하고 있다 — 에 주의를 기울이는 텍스트 신체의 변형과 분출, '히스테리' 징후로 읽힐 수 있었다. 멜로드라마 텍스트를 이처럼 '징후적'으로 읽는 것은 보다 광범위한 리얼리즘 재현 체계 내에서 멜로드라마의 장르 위치에 대한 이해를 반영한 것이다. 즉 전체를 지배하는 미승인된 힘의 계시적 고백들 — 비록 히스테리 징후의 코드화된 형식으로긴 하나 — 이 강도 높은 이데올로기적 중층 결정에 의해 도출되는 지점에 멜로드라마를 위치시키는 것이다.

하지만 이러한 멜로드라마 징후들을 다른 식으로도 읽을 수 있다. 즉 규범적 리얼리즘으로부터의 일탈이나 그에 대한 도전으로서가 아니라, 어떤 상이한, 비리얼리즘적 재현 체제의 특징적인 표현 형식으로서 읽는 식이다. 예를 들어 멜로드라마를 일차원적 인물 묘사, 명백한 서사 고안 장치 등등과 동일시하는 것은, 엘세서의 글이 주장하는 대로(Elsaesser, [1972]1991: 75~81), 멜로드라마가 무엇보다 **내면성**을 포기한다는 것을 나타내는 것일 수 있다. 여기서 그것의 갈등 내용은 복합적 개인들의 완전하게 현실화된 심리 풍경 속이 아니라 양식화되고 행동화된*acted-out* 상호작용 형식 속에 놓인다. 멜로드라마는 양식화되고 상당히 형식화된 그러나 동시에 유연한, 일련의 드라마 구조와 인물 성격 관습을 발전시켰다. 이것들은 실생활을 묘사하고, 그 모순을 단순 명료하며 감정적으로 충족시키는 도덕과 드라마로 풀어냄으로써, 관객의 현실 해석을 도왔다. 리얼리즘이 관객으로 하여금 복합적인 서사를 통해 보다 큰 이해로 나아가도록 인도하는 데 있어 종종 개별 캐릭터를 이용하는 반면, 멜로드라마는 의미라는 것을 하나의 과정으로서가 아니라 이원적 대립 구조(선 / 악, 욕망 / 좌절, 행복 / 불행 등등) 속에 고정되고 외면화된 하나의 **상황**으로 위치시키는 편이다.

벤 싱어(Singer, 2001: 44~49)는 멜로드라마의 다섯 가지 '핵심 구성 요소들'을 밝히는데, 그것들이 항상 모든 개별 사례에 전부 존재하는 것은 아니다. 그 요소는 다음과 같다. 파토스, 과도한 감정(파토스를 포함하지만 또한 질투, 탐욕, 갈망, 분노 등등과 같은 여타의 고도로 긴장된 감정 상태들도 포함하는), 도덕적 양극화, 비고전적 서사 구조(우연의 일치, 극단적인 서사 반전, 뒤엉킨 플롯과 데우스 엑스 마키나*deus ex machina*[10]식의 해결 등, 이 모든 것이 통합된/선형적인 서사보다는 에피소드적인 서사의 경향을 악화시키는), 그리고 선정주의("액션, 폭력, 스릴, 무시무시한 광경, 육체적 위험의 스펙터클"). 이 목록은 분명 할리우드 장르들 — 특히 오늘날의 액션 블록버스터(10장을 보라) — 과 멜로드라마적인 것 간에 진행되는 양상적*modal* 근친성을 주장하는 한편, 또한 고전 할리우드 '여성 영화들' — 비록 대체로 도덕적 양극성과 선정주의가 결여되어 있지만 분명 파토스와 여타 과도한 감정들이 풍부한 — 을 위한 여지도 분명 허용한다.

싱어의 '구성 요소들'은 그 자신도 인정하듯 여전히 '과잉'의 범주에 들어간다. 그러나 여기서 '과잉'은, 그것이 의도적으로 풍자하거나 징후적으로 변형시키는 규범적 리얼리즘과의 관계에서가 아니라, 멜로드라마가 그려 내려는 도덕 세계 — 시련에 의해서만 구현될 수 있는 — 와의 관계 속에서 재구상된다. 멜로드라마에 대한 영화학의 개념화를 확장시켜서 명백하게 여성 지향적인 '최루성 드라마'로부터 되돌려 놓고자 논의한 최초의 비평가들 중 한 사람인 바이어스(Byars, 1991)는 멜로드라마를 "도덕적 정체성의 구축을 위한 현대 양식"으로 묘사하며, 브룩스를 따라서 다음과 같이 주장한다.

10. '데우스 엑스 마키나'는 '기계 장치의 신'이라는 뜻의 라틴어로, 고대 그리스 연극에서 결말 부분에 불현듯 등장하여 얽히고설킨 사건들을 일거에 해결해 주는 신의 존재, 혹은 그러한 극적 해결 방식을 뜻한다. — 옮긴이

전통적으로 멜로드라마는 기존 사회 구조 내에서 개인적인 것의 문제들에 집중해 왔다. 또한 멜로드라마는 신성한 것이라는 정언적이나*categorical* 통합시키는 신화의 상실을 보완하고자 했기에, 멜로드라마의 신화 만들기는 일상으로부터 그 소재를 끌어내어 개인적이고 사적인 것의 단계에서 작동했다(Byars, 1991: 11).

현대 문화의 탈신성화 — 세속 사회의 융성과, 그에 따라 기성 종교 및 세계의 의미를 파악하기 위한 그 '지배 서사*master narrative*'를 제공하는 능력 쇠퇴 — 는 멜로드라마의 융성에 있어 일반적으로 합의된 컨텍스트들 가운데 하나를 형성한다. 멜로드라마는 신성한 것 혹은 형용할 수 없는 것(비극의 전통 영역)으로부터가 아니라 멜로드라마를 둘러싼 현대 세계로부터 단서를 얻으며, 그 세계를 이해하기 위한 핵심 용어들을 제정하고자 한다. 이러한 개념들은, 과거의 비극적 에피스테메로부터 물려받은 선과 악이라는 추상 개념을 보유하는 한편, 비극을 뒷받침하던 종교적 틀이 부재하는 가운데 전형적 인물들 속에 구현되는데, 이 전형적 인물들의 기능 — 도덕적 구현 — 은 그들을 거의 동등하게 추상적으로 만든다.

바이어스는 멜로드라마를 근본적으로 비논쟁적인 양상으로, 즉 결혼과 가족처럼 구속력을 지닌 사회적 (그러나 사회적이 아니라 보편적으로 인간적이라 묘사되는) 제도들의 유효성과 정당성을 주장하는 것으로 논의한다. 멜로드라마는, 체제 자체의 갈등이라기보다는 어떤 주어진 체제 **내에서의** 갈등을 다루고 해결하고자 한다(닐[Neale, 1920: 22]이 "내부 협상"이라 부르는 것). 즉 그것은 부정함이나 희생시키기의 상황이 벌어졌던 그 조건들을 변형시키려 하거나 그 조건들이 표현된 용어들에 이의를 제기하기보다는, 상황을 **바로잡으려고** — 악행을 패배시키고 덕행과 순결함이 승리하게 만듦으로써 — 한다. 멜로드라마의 극단적인 서사 장치와 그 특징적 정감인 파토스, 이 양자를 발생시키는 것은 바로 이 기획의 불가능성이다. 1970년대 '뉴

저먼 시네마'의 핵심 인물이자 열렬한 서크 찬미자인 라이너 베르너 파스빈더(그의 <불안은 영혼을 잠식한다*Fear Eats the Soul*>[1974]는 서크의 <천국이 허락한 모든 것>을 현대 서독으로 옮겨놓은 것이다)는 서크의 <슬픔은 그대 가슴에>를 보면서 울었던 일을 말하며 이렇게 밝힌다. "두 사람[영화의 주인공들] 모두 옳고 누구도 그들을 도울 수 없을 것이다. 우리가 세계를 변화시키지 못하는 한 말이다. 이 점에서 극장에 있던 우리는 모두 울었다. 왜냐하면 세계를 변화시키는 것은 너무도 어려우니까"(Fassbinder, [1972]1997: 106). 어쩌면 그는 이렇게 덧붙였을지 모른다. 멜로드라마는 그런 일이 벌어지는 것을 결코 보여 주지 않으니까라고. 파토스와 그 트레이드마크인 눈물은 어찌할 수 없음의 함수이다. 이는 멜로드라마가 운명론적임을 뜻하지 않는다. 오히려 반대로, 멜로드라마의 막대한 에너지는 그 연극 컨텍스트에 맞서 격렬하게 힘을 쏟아내면서, 멜로드라마의 또 다른 특징 가운데 하나인 시련의 감각(예를 들어 <천국이 허락한 모든 것>의 캐리 스콧[제인 와이먼]과 스텔라 달라스가 맞서 싸워야 했던 엄격한 사회 계급과 편견)을 강화시킨다.

이렇게 읽는 순간, 멜로드라마는 곧 현대성 자체의 도덕 관념을 이해하려는 형식으로서 모습을 갖추게 된다. 그러나 이 단계에서 우리는 멜로드라마 영화의 특성들로부터 먼 길을 와버렸다. 여기서 약술한 쟁점들이 어떻게 미국 멜로드라마 영화에서 다양한 형식으로 '구현되는가'를 이해하기 위해서는, 초기 영화에 의해 통속 연극으로부터 이어져 온 특수한 공연 전통을 살펴볼 필요가 있다.

## 무대에서 스크린으로 간 멜로드라마

대략적으로 말해 멜로드라마는 산업 혁명이 급속하게 팽창시킨 도심지 신흥 노동 계급들의 오락과 유희에 대한 요구를 충족시키기 위해 18세기 말과 19세기 초 영국과 프랑스에서 등장했다. 프랑스에서 공식적으로 인가認可된 극장들이 발성 언어에 대한 독점권을 누린 이래로, 새로운 통속 극장은 음악과 스펙터클, 그리고 매우 연극적인 몸짓 언어에 의존하였다 ('멜로드라마'는 문자 그대로 '음악 드라마'를 의미하며, 이 점은 1971년도 인터뷰에서 더글러스 서크가 지적했던 바이다. Halliday, 1971: 93f를 보라). 19세기가 흘러가는 동안 이들 하위 중산층과 프롤레타리아의 오락은 새로운 산업 중산층의 요구와 점차 교차하게 됐는데, 이 신흥 산업 중산층의 증가하는 경제적, 정치적 영향력은 신고전주의적이며 귀족적인 연극 전통의 경직된 관습들에 의해 아직 충분히 반영되지 못한 듯했다. '공식' 극장들은 비인가된 멜로드라마 연극들과의 경쟁과 점점 더 사회적으로 다양해지는 관객 요구에 직면하여, 새로운 통속 양식들을 차용하는 것으로 이에 응하였다. 따라서 19세기 중반 연극 공연에서 인가 제도가 폐지됐을 때 멜로드라마는 통속 연극과 엘리트 연극 모두를 통틀어 지배적인 연극 양식이 되어 있었다.

무대 멜로드라마는 영화에게 양식적 유산과 제도적 유산을 물려주었다. 가령 19세기 멜로드라마 연극의 주요 요소 중 한 가지는 관객 접근에 있어 어느 정도 발성 대사를 희생하면서 시각 형식을 강조하는 것이었으며, 발성 대사는 점점 무기력하고 양식화되어 갔다. 조명이나 세트 구성, 장면 전환의 새로운 연극 기술들이 발전됨에 따라 강력한 회화 특질을 지닌 새로운 스토리텔링 양식들도 덩달아 등장하였다. 19세기 말의 일부 대규모 스펙터클 제작에서 프로시니엄 아치*proscenium arch*[11]는 회화 관습들(예를 들어 정교한 역사나 이국적 장면 묘사)을 확증하면서 일종의 그림 액자가 되었으며, 그것이 초기 영화로 이어졌다. 또한 이 시기 연극 '산업'의 막대한 팽창은 드라마 집필 및 제작 과정의 새로운 합리화와 전문화를 요했다. 멜로드라마 무대의 급속한 재편성은 스펙터클과 쉽게 알아볼 수 있는 하위 장르들 — 집중된 제작 사이클을 따르는 — 을 장려하고 강조하게 만들었다.

멜로드라마를 특징짓던 것은 도덕 특질들에 대한 강력하게 양극화된 묘사, 다시 말해 종종 '마니교적[이원론적]' 세계관이라 일컬어지던 것인데, 거기에서는 절대적 선과 악의 힘이 동등하게 평형을 이루어 영웅과 악당이라는 의인화된 형태로 서로 싸웠으며, 그것들의 투쟁은 대개 '무고한' 여자나 아이라는 상징적 영역에서 행해졌다. 그밖에 고전적 멜로드라마의 대립에는 도시와 시골 간의, 그리고 (긴밀히 연관되어) 가족과 일(과 돈)의 세계 간의 대립이 포함되었다. 멜로드라마적 상상계는 복잡화에 대한 향수 어린 반작용에 의해 강력하게 유발되었으며, 새로운 도시 생활 방식이 제기한 전통적 젠더 및 가족 모델에 대한 도전을 감지하였다. 그것은 상처입은 순수함이라는 주제에 강박적으로 매달린 플롯의 형태로 나타나는 반작용이었다.

19세기가 끝나갈 무렵, '진지한' 드라마(이제는 헤게모니를 쥔 중산층 일각에서 자신들의 문화를 프티부르주아 및 노동 계급 문화와 구별지으려는 욕망이 부분적으로 반영된)의 부흥은, 볼거리에 대한 언어의 우위성과 선정적 행위에 대한 성찰의 우위성을 거듭 주장한 입센, 버나드 쇼, 할리 그랜빌 바커Harley Granville Barker[12] 등의 시사적이며 정치적이고 상징주의적인 새로운 드라마들과

11. 극장의 객석과 무대를 구분하는 액자형의 틀. — 옮긴이

12. 영국의 연출가이자 배우이며 극작가(1877~1946)로 영국 근대극 확립에 공헌했으며 대표 희곡으로 《보이시의 유산*The Voysey Inheritance*》, 《황무지*Waste*》 등이 있다. — 옮긴이

더불어, 통속 연극 형식과 엘리트 연극 형식을 다시금 분리하기 시작했다. 빅토리아 시대 교양에 대항하여 등장한 모더니즘 반동은, 종교적이고 감상적인 클리셰들 속에서, 조롱을 위한 준비된 표적을, 그리고 보다 중요하게는 자기 차별화를 위한 구조를 발견하였다.

따라서 영화가 발명되던 순간, 회화적이며 에피소드적인 서사 대중오락물의 확립된 전통은 서사와 창작 인력(배우들과 작가들) 면에서나, 다가오는 새로운 매스 미디어를 위한 재현 관습 면에서나, 준비된 목록을 제공하였다. 그러나 영화의 등장 — 물론 무성 매체로서 — 은 당대 가장 진보적인 진지한 연극에서의 논쟁과 (발화) 담론적 성찰의 중요성에 대한 확신의 회복과 동시에 일어났다. 따라서 고급 문화 실천은 영화가 특별히 제공할 수 없는 차원에 다시 집중하였으며, 이것이 대중 서사 영화와 멜로드라마 전통 간의 연합을 더욱 공고히 하게 했다(Brewster & Jacobs, 1997을 보라).

그렇지만 그 전통은 19세기 말 그 자체로 '진행 중' — 진화하고 분할되면서 — 이었다. 따라서 미국의 '10－20－30'센트 극장들이 전통적인 19세기 초반 멜로드라마 계열의 폭력과 유혈이 난무하는 서사를 노동자 계급의 관객 — 곧 5센트 극장에 밀어닥칠 바로 그 관객 — 에게 제공하는 동안, 같은 시간, 수정된 형식의 멜로드라마와 '웰메이드 연극'은 리얼리즘적이고 사회적인 연극으로, 보다 대담하고 실험적이며 대항적인 형식들에 소외됐던 중산층 관객에게 한층 품위 있는 쾌락을 제공하였다. '수정된 멜로드라마'는 전통적인 통속 모델의 서사적, 회화적 과도함을 완화시켰으며, 등장 인물에 훨씬 더 강조점을 두었고, 감정 상태가 보다 미묘한 차이를 띠며 절절히 느껴지도록, 또한 갈등은 거칠고 신체적인 것보다는 정서적인 것이 되도록 배열하였다. 닐(Neale, 2000: 201f)과 싱어(Singer, 2001: 167～177)는 영화에서 '멜로드라마'를 둘러싼 차후의 비평적 혼란은 이처럼 앞선 멜로드라마 전통과의 분기점에 대한 이해가 부족해서일 수 있다고 주장한다. 워커(Walker, 1982: 16~18)의 주장에 따르면, 멜로드라마 영화의 계보는 '액션 멜로드라마' — 그로부터 서부극, 전쟁/전투 영화 및 다양한 형태의 범죄 스릴러 같은 영화 장르가 등장하게 되는 — 와 '열정의 멜로드라마'로 구분되는데, 후자의 '관심사는 행위의 외적 역학이 아니라 열정의 내적 트라우마들'이며, 또한 그것은 여러 영화 장르들 가운데서도 여성 영화와 가족극을 발생시킨다. (9장에서 보게 되겠지만 필름 느와르는, 적어도 그 고전 형식에서는, 이러한 멜로드라마 유산의 형식들에 독특한 방식으로 다리를 걸치고 있다고 볼 수 있다.)

## 무성 멜로드라마

그처럼 멜로드라마는 영화가 앞으로 기반으로 삼을 적어도 두 가지 상이한 통속 드라마 전통을 영화에 제공했다. 적어도 당초, 5센트 극장 시기에 새로운 매체를 지배한 것은 당시 문화적으로 비하되던 노동자 계급 연극 형식이었으며, 초기 영화가 도시 노동자 계급 관객에게 가진 강력한 호소력(과 이것이 엘리트 오피니언 집단 내에 불러일으킨 근심 어린 논평)은 상세히 기록되어 있다(Hansen, 1991; Rabinovitz, 1998; Charney & Schwartz, 1995를 보라). 하지만 부르주아 관객들이 회화적인 것과 에피소드적인 것을 거부한 것은 아니다. 오히려 반대로, <국가의 탄생 *The Birth of a Nation*>(1914)의 성공이 보여 주듯, 그것의 계급 수용을 물들였던 것은 무엇보다 형식에서 지각되는 '탁월함' — 규모, 서사적 야심과 역사적 '진지함' 면에서 평가된 — 이거나 그 반대였다. 그리피스의 영화는 '웰메이드 연극'보다 통속 멜로드라마에 빚진 바가 훨씬 많지만, 5센트 극장이 제공하는 저렴한 환영의 실제적인 향상(이는 단지 영화에서만이 아니라 그 상영 환경에서도 실현되었는데, 시사회 때의 예약 좌석과 티켓 가격은 시장통의 영화관보다는 정극 극장에 더 가까웠다)은 그것을 — 그리고 그것을 통한 영화 전반을 — 중산 계급 관객들에게 보다 매력적이고 받아들일 만한 것으로 만들었다.

무성 영화에 있어 멜로드라마의 중요성은 항상 인식되어 왔지만, 영화 이론에서 멜로드라마가 스튜디오 시기의 가정 및 가족 드라마를 의미하도록 재구상된 것은 무성 멜로드라마가 최근까지도 비교적 거의 논의되지 않았음을 의미한다(중요한 예외로는 Vardac, 1949가 있다). 이러한 규칙에 대한 두 가지 예외가 D. W. 그리피스와 찰리 채플린인데, 매스 미디어로서의 영화 발전에 있어 그들의 역사적 중요성은 그들이 선호한 드라마 양상들을 고려하지 않을 수 없게 만든다. 희극 배우로서 채플린은 멜로드라마 전통 바깥에 서 있는 것처럼 보이지만, 그의 영화는 반복해서 — 특히 장편으로 이동함에 따라 — 뚜렷하게 멜로드라마 주제들에 의존한다. <키드 *The Kid*>(1920)에서 떠돌이 찰리가 주워다 키운 고아를 당국이 강제로 떼어놓을 때, 채플린과 아이 역의 재키 쿠간은 가엾은 몸짓과 찡그린 얼굴을 나열함으로써 그들의 괴로움을 팬터마임으로 표현한다. 기진맥진하게 만드는 시나리오 — 인간의 불행에 대한 국가 권력(의료 행정과 경찰)의 완고함과 무관심, 찰리의 궁핍함에 대한 묘사를 통한 강력한 사회 비판 성격의 채플린 작품 어느 것이나 그렇듯, 여기서도, 냉혹하고 힘센 자에 의한 무고한 자의 희생 — 와 그 연기 방식은 둘 다 틀림없이 멜로드라마적이다.

선정적 멜로드라마 서사를 전문으로 하는 바이오그래프Biograph 영화사 시절의 초기 단편들에서 1910년대 말과 1920년대 초의 대표 장편들에 이르기까지 그리피스가 멜로드라마에 진 빚 역시 마찬가지로 명백하며, 평론가들이 항상 지적해 온 바이다. 파토스, 무고한 자의 희생(<인톨러

런스*Intolerance*>[1916]의 초역사적인 주제), 가족에 대한 위협, 그리고 에피소드적이기보다는 치밀하게 전개되는 서사로의 통합에 의해 '훌륭하게' 그려지는 선정적 장면들(예컨대 <국가의 탄생>에서 클라이맥스를 향해 치닫는 KKK단의 말 타기, 또는 <동부 저 멀리>에서 빙판을 가로지르는 도주) 같은 멜로드라마 특질들의 존재야말로 그리피스 영화의 특징이다. 그리피스의 <풍운의 고아>에서 또 다른 '납치' 장면 — 앙리에트가 거리에서 눈먼 여동생 루이스의 목소리를 알아차릴 때, 하지만 그녀가 아들과의 결혼을 막으려는 귀족 부친의 명령으로 붙잡혀 (사악한 노파에 의해) 거지 생활을 하고 있음에도 그녀를 구해 낼 수 없을 때 — 은 <키드>와 비슷한 양식화된 몸짓으로 강렬함을 보여 주지만, 이번에는, 파토스를 발생시키고 배가시키는 갑작스런 반전과 우연의 일치 같은 멜로드라마 의존성을 더 잘 드러내는 서사 맥락에서 그러하다(그리피스와 멜로드라마에 대해서는 Allen, 1999: 42~74를 보라. <풍운의 고아>에서의 그 장면은 pp.98~103에 상세하게 분석되어 있다).

초기 순문학적 영화 비평의 일반적인 경향은, 그리피스와 채플린 작품의 멜로드라마 측면을 (연구자의 태도에 따라) 그들의 예술 성취를 제한하는 결함으로 혹은 그들의 예술 성취를 평가하는 데 무시해도 되는 결함으로 간주하는 것이었다. 그리피스 영화에서 빅토리아 시대 감수성의 뚜렷한 유산 — 예를 들어 에이젠슈테인이 다른 중요성에서 처음 주목하였던 디킨스 모델 — 은 그러한 판단들을 다음과 같이 도출해 낸다.

> 우리가 그리피스의 영화에서 경험하는 것은 디킨스의 표면 세계 — 그를 그토록 인기 있게 만든 것. 왜냐하면 그것이 관중의 표피적 신경을 건드렸으므로 — 이지, 재치나 통찰력이 아니다. 표면의 단순함들, 유형들, 상황과 감정에 대한 감상성들 아래에 놓인 감정의 심원함이나 복잡한 것들에 대한 직관이 아니란 말이다. 남겨진 것은 껍질에 대한 활력 넘치는 묘사이다. 즉 과장되고 감상적인 감정 표출,

순진하고 단순한 갈등과 긴장, 일차원적인 진부한 인물 등에 대한 그리피스의 영화적 구현(Casty, [1972]1991: 364).[13]

1970년대 상당수 영화 학문의 모더니즘 방침은 그리피스의 기술 혁신과 양식상의 혁신을 빅토리아 시대의 낡은 인습으로부터 '회복시키는' (혹은 채플린을 모더니즘 도시 유형학에 따라 재구상하는) 접근법을 권장하였다. 대신에, 그리피스와 프랭크 보제이즈에 대한 벨튼(Belton, [1972]1991)의 비교 독해에서처럼, 예술가가 멜로드라마 '세계관'과 맺고 있는 연대성의 '강렬함'은 보다 판에 박힌 멜로드라마 작품에 결여되어 있는 어떤 '통합성'을 그들 작품에 부여하는 것으로 간주될 수 있다.

이 책에서 논의하게 될 몇몇 여타 고전 장르들에 대해서처럼, 무성 영화에 대한 관심의 급증 및 이와 연합한 최근 영화 학계의 역사주의 경향은, 무성 멜로드라마에 대한 논의를 주요 작가들의 '정전' 너머로 확장시키는 한편 무성 멜로드라마 특유의 관객 접근 형식들의 역사적 특수성에 착수하고자 하는 연구들로 귀결되어 왔다. 예를 들어 싱어(Singer, 2001)는 <폴라인의 모험 *The Perils of Pauline*>(1914)이나 <헬렌의 모험 *The Hazards of Helen*>(1914~1917) — 활동적인 여주인공들로 특히나 유명한 영화들 — 같은 연속 모험물로 대표되는 1910년대 선정적인 대중 멜로드라마들에 초점을 맞춘다.

13. 세르게이 에이젠슈테인의 1944년도 글 <디킨스, 그리피스 그리고 오늘날의 영화 Dickens, Griffith and Film Today>는 그 관계가 열광적인 비평 논의의 주제이어 왔음을 보증해 준다. 물론 디킨스는 '고전 리얼리즘'의 사이비 주장들을 누구보다도 폭로한 소설가이다. 알트먼(Altman, [1989]1992)은 디킨스가 그리피스(와 에이젠슈테인)에게 물려준 멜로드라마 유산을 탐구한다.

## 여성 영화

여성 영화는 멜로드라마 계보에 있는 할리우드 장르들 가운데 어떤 것보다도 가장 지속적으로 비평의 주목을 받아 왔다. '여성 영화'라는 용어가 할리우드에서 널리 쓰일 때마다(Simmon, 1993을 보라), 적어도 1910년대 말과 어쩌면 그 이전부터도, 특정 유형의 영화가 여성들에게 특별히 강력한 호소력을 지닌다는 개념이 산업 '릴레이'에 분명 존재했다(Neale, 2000: 191~192). 이러한 유형의 영화는 여성의 경험, 특히 가정 경험, 가족 경험, 로맨스 경험(비록 로맨스가 그 자체로 이야기를 끌고 가기보다는 가정적인 것 혹은 가족적인 것에 종속되거나 적어도 그것들과 교차했지만)에 집중했다. 주인공은 여성들이었으며, 여성들의 우정은 흔히 중요하게 그려졌다(예를 들어 [마이클 커티스의 1945년 작 <밀드레드 피어스*Mildred Pierce*>에서 동업자인 두 여성] 밀드레드 피어스와 이다 코윈의 동업 관계). 여성 영화는 흔히 여성이 쓴 문학 작품에 기반하였으며, 여성 극작가가 참여하는 경우도 적잖았다(Francke, 1994를 보라). 그러한 영화들이 영화 산업에서 갖는 가치는 1940년대에 이르러 일종의 정설처럼 굳어진 어떤 인식으로부터 나왔는데, 말하자면, 여성이 영화 팬의 절대 다수일 뿐만 아니라 동시에 가장 믿을 만하고 꾸준한 관객이라는 것, 또한 그들이 남성 파트너와 함께 영화를 고를 때 훨씬 더 확고한 목소리를 낸다는 것, 그리고 이러한 주요 고객이 관습적으로 '여성적인' 주제를 다룬 영화에 이끌렸다는 것이다.[14]

14. 1910년대에 영화 산업이 도시 노동자 계급의 핵심 관객으로부터 벗어나 이제까지 무관심했던 중산 계급 관객(표 값으로 더 많은 돈을 지불할 능력과 의향이 충분하다는 점에서, 또한 영화 산업이 지방 자치나 국가의 검열 단체들과 싸울 때는 정치적 지지자가 된다는 점에서, 매력적인)으로 넘어가고자 시도함에 따라 여성 관객을 매혹시키는 일은 점점 높아가는 영화의 위신에 있어 하나의 중요한 표준이었다는 사실 또한 주목해야 할 것이다(Hansen, 1991: 60~89를 보라).

이 세 가지 사항은 강조할 만한 가치가 있는데, 때로 페미니즘 비평에서 여성 영화는 할리우드의 미학적, 경제적 위계 질서에 있어 종속적 위치에 있는 일종의 신데렐라 장르로 가정되기 때문이다. 여성 영화가 재현에 있어 리얼리즘 양상 — '리얼리즘'은 엘리트 (남성) 관점에서 특권적 범주였다(Gledhill, 1987을 보라) — 보다 멜로드라마 양상에 매혹된 것은 그 장르에 대한 전반적인 비하를 확증하고 악화시켰다. 따라서 여성 영화는, 다른 여성 표현 형식들과 마찬가지로, 아무리 그 수가 많고 인기 있다 해도 여전히 남성주의적 관심과 시점에 종속된 것으로 여겨졌다. 그러나 실제로 여성 영화는, 오히려 어느 편인가 하면, 여성 관객에 관해 받아들여지고 있는 업계의 금언에 따라, 예산과 프로필 면에서 또한 흔히 비평의 수용 면에서도 고급 작품에 가까웠다. '퀄리티'에 대한 제작자들의 가정은 오늘날에도 관습적이고 상식적인 것으로 보이는 만큼, 분명 여성 영화는 역사극, 전기 영화, 문학 작품 각색물(비록 전기 영화가 대개 남성 주체를 주인공으로 다루긴 하지만, 물론 이 모두는 여성 영화도 될 수 있다) 같은 여타의 프레스티지 작품과 더불어 할리우드가 제작할 수 있는 '최상'의 광고 노릇을 했다. 여성 영화는 거의 메이저 스튜디오에서 제작되는 대개 'A급'의 장편들이었으며, 최고의 스타와 감독이 배정되었다. (이러한 산업적 고급화는, 물론, 스튜디오 남성 임원들의 개인 취향을 반영할 필요가 없었으며, 글레드힐[Gledhill, 2000: 226]이 주목하듯, 사실상 경제적 중요성이 자본주의 기업에서조차도 반드시 '문화적 가치'의 지표인 것은 아니다. 그러나 해리 워너Harry Warner가 자신은 베트 데이비스의 영화를 싫어하며 단지 박스오피스의 요구 때문에 만들었노라고 했던 말은 확실히, 양쪽 모두에 해당된다.) 말트비(Maltby, 1995a: 133~136)가 지적하듯, 페미니즘 이론이 작정하고 논쟁한 여성 영화에 대한 반대는, 자신들의 이론 명제를 서부극이나 갱스터 영화 같은 '남성' 장르들을 통해 관철시키고자 했으며 영화학 초창기를 지배했던 남성 비평가들 가운데 훨씬 더 많이 존재했다. 멜로드라마에 관한 한, 그 용어의 일반적인 산업 용법에 관해 이미 말해진 바로부터 다음과 같은 결론이 도출되는데, 즉 동시대 영화 감독과 (추정컨대) 관객에 관련되는 한, 여성 영화는 (스릴러나 전쟁 영화처럼) 멜로드라마가 **아니었으며** 바로 그런 이유로 훨씬 더 그럴듯했다는 것이다. 그러나 이로부터, 단지 여성 영화의 문화적 지위에 관한 논의를 추진하는 데 있어 멜로드라마적 접근이 용이하지 않다는 이유 때문에, 멜로드라마라는 이론적 모체를 통한 여성 영화의 비판적 논의에 집중하는 것이 '잘못'이라는 결론이 도출되는 건 결코 아니다.

스튜디오 시기의 많은 여성 영화들 가운데 <스텔라 달라스>(1925년의 무성 영화판에 이은 1937년작)는 어쩌면 모범 사례가 되었을 것이다. 어느 노동자 계급 여성이 '자신의 신분을 망각하고서' 결혼을 하지만, 결국 그녀의 사랑하는 딸 로렐이 어머니의 천박함에 물들어 타락하게 될까 봐 남편 — 스텔라와 사이가 멀어진 — 에게 양육되는 상황으로 내몰리는 이야기의 이 영화는 1980년대 중반 페미니스트 영화 이론가들 사이에서 대대적인 비판의 초점이 되었으며, 스튜디오 시기의 여성 지향 영화들이 불러일으킨 상이한, 흔히 양가적인 반응들을 요약하고 있다. 결정적으로 문제가 된 것은, 부르주아 가정 생활의 희생양이 된 스텔라가 그 영화로부터 관객에게 권고되는 순종을 얼마나 드러내느냐는 것, 혹은 양자택일이, 여성 관객들이 그녀의 이야기에서 여성의 힘 — 비록 스텔라의 사회 배경과 가부장적 이데올로기의 호명이 그녀의 실현 불가능을 보증하는 힘이지만 — 에 관한 긍정적 의미를 되찾을 가능성을, 과연 얼마나 드러내느냐는 것이었다. 스텔라가 굴복하고 마는 관습에 대해 여성이 집중 *investment* 하는 본질과 정도는 이 영화의 비범한 마지막 장면, 즉 비에 흠뻑 젖은 스텔라가 로렐의 결혼 — 스텔라를 외면했던 상류 사회가 로렐을 받아들였음을 상징하는 — 을 보기 위해, 전 남편 저택 밖 낯선 군중들 한복판에서 눈물을 흘리며 그러나 의기양양하게, 우둔한 군중을 헤치고 나아가는 장면에서 구체화된다. 그녀의 선택에 대한 명확한 판단을 거의 불가능하게 만든다는 점에서 스텔라 자신을 여성 관객과 유사한 — 기뻐 어쩔 줄 모르는, 눈물 글썽한 몰입 상태 — 일종의 관람자 위치에 두는 듯한 이 파토스 가득한 장면은 여성 영화의 거부하기 힘든 그러나 철저히 모호한 매력을 요약한다.

흔히 논의되는 또 다른 여성 영화 <밀드레드 피어스>는 '여성 영화'와 느와르 스릴러 간의 장르 경쟁을 통해 표현된 젠더 역할의 갈등을 드러내었다. 그 영화의 느와르 요소로는 빛과 그림자의 기하학적 패턴의 광범위한 사용, 표현주의적 조명, 대개 플래시백에서 제시되는 뒤얽힌 서사, 염세와 편집증 경향 등이 포함된다. 이와 대조되는 '여성 영화'의 요소로는 가정에 초점 맞추기, 육아와 특히 모성의 중심성, 그리고 여성 경험에 집중된 서사 등이 포함된다. <밀드레드 피어스>는 멜로드라마에 대한 상이한 (동시대 산업적 그리고 비평적) 이해들에 모두 기대고 있으며 실제로 그것들을 영화의 중심 갈등으로서 활성화한다는 점에서 흔치 않은 흥미로운 영화다.

## 가족 멜로드라마

미국 생활에 있어 가족의 역할에 대한 규명은 당연히 광대한 분야의 탐구로 나아가지만, 갤러거(Gallagher, 1986)가 주장하듯, 하나의 주체로서 가족은 흔히 여타 장르들에 재흡수되며 그것들의 규범적 관심에 맞춰 조정된다. 예를 들어 <수색자>는 어떤 가족을 마음에 그리며 그것을 구성하거나 유지하려는 투쟁에 대한 우화로서보다는 백인 인종주의나 남성성의 병리학에 관한 영화로 더 읽힐 것이다. 여러 장르들 — 로맨틱 코미디

(Wexman, 1993을 보라), 서부극 시리즈 등등을 포함하는 — 의 전통적인 드라마 구성에서 가족적 집중(즉 결혼, 혹은 어쨌든 커플의 확정)의 순간이 극의 중심 상황이라기보다는 극의 절정과 결말로 설정된다는 것 또한 주목할 만하다. 반대로, 제프리 노웰스미스(Nowell-Smith, [1977]1991: 268)에 따르면, 가족 멜로드라마는 "가족을 둘러싸고 형성되는 …… 일련의 심적 결정"에 의해 각인되며, 그 소재를 가족 영역으로부터 우선적으로 또한 지속적으로 취한다.

비록 모든 '유령 장르' 가운데 '가족 멜로드라마'는 동시대 릴레이 어디서도 드러나지 않아 가장 파악이 어렵지만(Neale, 1993을 보라), 위에서 언급된 아이러니한 관계로 서크의 1950년대 할리우드 영화들에 관하여 1970년대에 대체로 회복된 관심(서크 자신에 의해 강력히 촉진된)에 힘입어, 가족 멜로드라마는 어떤 것 못지않게 멜로드라마의 비평적 구성과 긴밀하게 동일시되기에 이르렀다. 가족 멜로드라마는 멜로드라마의 과잉을 스타일 영역에 재위치시키면서, 여성 영화의 파토스를 어쩌면 패러디가 될 정도로 강화한다. 가족 멜로드라마는 흔히 가족 — 그 속에서 그리고 그것을 통해 성심리*psycho-sexual* 정체성이 가장 중요하게 구성되는 무대 — 을 둘러싼 쟁점과 긴장과 압박을 드러내는 동시에 억압하려는 그 모순되는 원칙의 관점에서 이해되곤 한다. 이는 미국 사회에서의 '정중한' 발언도, 제작 규약 조항하에서의 직접적인 영화 재현도 부인하는 것이며, 따라서 가족 멜로드라마는 환상적인 것, 고도로 양식화된 것, '고안된' 것에 대한 의존으로 특징지어진다.

마르크스주의의 주장에 따르면, 멜로드라마에서 가족 내부와 주변의 갈등에 관해 강조하는 것은 경제와 정치 영역에 실제로 존재하는 문제들을 개인과 가정의 무대로 바꿔 놓는 고전적 부르주아의 작동을 보여 준다. 따라서 도덕성은 정치 문제라기보다는 개인의 문제가 된다. 그렇지만, 일단 그 영역에서는, 설령 계급 투쟁이 가정 유형으로 전치된다 할지라도, 개인을 형성하는 가족 내부의 말해지지 않은 — 그리고 사회적으로 말할 수 없는 — 긴장이 불가피하게 전면으로 나오게 된다. 가족은 (알튀세르 용어로는) 전통적으로 '중층 결정된*overdetermined*' 무대이다. 그것은 용납할 수 없이 사회적이고 정치적이며(왜냐하면 부르주아 이데올로기는 경제가 가족 — 개인의 도덕성이 최고로 군림하는 — 에 미치는 영향을 부인하므로), **또한** 동시에 프로이트적인 가족 로맨스*family romance*의 말할 수 없는 욕망과 충동의 장소이기도 하다(엘세서는 가족 멜로드라마를 "프로이트가 그의 마르크스를 가족들의 집에 남겨둔 곳"이라고 재치 있게 묘사한다. Elsaesser, [1972]1991: 81).

특히 서크의 영화는, 가족이라는 제도를 통해 규범적인 사회 요구들이 시행되거나 규제되며 사회 권력이 굴절되는 방식들에 관해 반복하여 탐사한다. <천국이 허락한 모든 것>에서 과부가 된 캐리와 젊은 정원사 론 커비(록 허드슨)의 관계 — 연령과 계급에서 모두 위반적인 — 는 당초 캐리의 자녀들이 적용한 제재 방법의 조합으로 억압받는다. 즉 한편으로는 아들의 강하고 공격적이며 고통을 주는 명백히 억압적인 양상, 다른 한편으로는 사회 복지를 전공하는 딸의 치유하듯 어르고 달래는 직업적으로 '민감한' 태도 말이다. 한편, <바람에 쓴 편지>는 쇠락해 가는 가부장 권위의 문제를 성적, 사회적 일탈의 분출과 결합시키며 나아가 이러한 가정 병리학을 사업과 산업의 위기에 연결시키는 — 하나의 붕괴는 다른 하나의 몰락을 직접적으로 함축한다 — 일종의 왕조 멜로드라마이다. 서크 영화의 외관상 하찮은 주제 — 주부 잡지에 나오는 로맨스 소재 — 는 스타일에서의 왕성한 생명력에 의해 배반당한다. 즉 명백하게 양식화된 미장센과 초기 단계의 반영적 미장센 — 포화되고 비자연주의적인 색 사용, 정교한 카메라 움직임, 프레임 내 프레임 구성, 무언가를 비추는 표면들의 광범위한 사용, 기타 등등 — 이 과장된 연기 양식과 결합하여, 억압된 주제 질료의 '히스테리' 징후를 영화 자체의 텍스트 몸통에 표명하는 것이다.

1950년대에 탐구되었던 확장된 범위의 가족 재현은, 부분적으로, 무엇보다 이 시기의 텔레비전이 보급시킨 규범적 가족 이데올로기에 대한 응답이었을 수 있다. 그 시대의 시추에이션 코미디는 의미심장하게도 핵심 문제나 갈등이 결여된 도시 중산층 앵글로색슨계 백인 신교도 가족의 이상화된 비전을 제공했다. 어쩌면 가정 매체로서의 텔레비전의 정체성이, 가족의 근본적 중요성과 가족 내 전통적인 젠더(와 연령) 역할의 근본적 중요성을 둘러싸고 그 10년 동안 미국 사회에 형성된 합의에 도전하지 말 것을 요구했을 수 있다. (이러한 중심성은 아마도 니키타 흐루시초프와 리처드 닉슨이 1959년 모스크바 무역박람회의 미국측 주방 전시장에서 대면했을 때보다 더 잘 요약될 수 없을 것이다. 번쩍이는 하얀 색 생활용품들 한복판에서 벌어진 그들의 저 유명한 '부엌 논쟁'은 가정을 하나의 상징적 무대로, 냉전 시대의 새로운 지대로 정의했다.) 성욕을 극복하라는 자녀의 요구를 따라 준 것에 대해 캐리가 그들로부터 받은 '보상'이 텔레비전이라는 사실은 결코 우연의 일치가 아니다. 이어지는 숏은, 전통적 핵가족의 안정책인 이 주요 매체에 아이러니하면서도 적절하게도, 텅 빈 화면 속 그녀의 고독한 그림자를 잡아낸다. 클링거(Klinger, 1994)는 몇몇 정전에 해당되는 '가족 멜로드라마들'이, 관객에게 텔레비전 네트워크의 강제적인 가정성 너머의 선정적 소재를 제공하는 도전적인 '성인' 내용 — 예를 들어 <바람에 쓴 편지>에서는 심리 불안, 근친상간의 욕망, 동성애, 알콜 중독, 성불구 등 — 에 기반해 촉진되었던 방식들을 규명하였다.

## 멜로드라마의 유산

적어도 동시대 영화 이론이 가장 몰두해 온 양태에서의 멜로드라마 — 가족극과 '여성 영화' — 는, 닐(Neale, 2000: 195)이 주장하듯, 1960년대를 거치며 젠더 및 성과 가족에서의 정체성이 전체적으로 변화하였고 결과적으로 사생활과 직업에서 여성의 선택권이 확장된 것은 물론, 1966년에 제작 규약에 의한 제작 억압이 사라진 것과 더불어, 그 추진력 일부를 상실한 것으로 보일 수 있다. 그럼에도 <러브 스토리*Love Story*>(1970)와 <애정의 조건*Terms of Endearment*>(1983)에서 <보통 사람들*Ordinary People*>(1980)과 <문라이트 마일*Moonlight Mile*>(2002)에 이르기까지, '최루성 드라마'와 장르적으로 인지할 수 있는 가족 멜로드라마는 간헐적으로 계속 모습을 드러냈다. 변화하는 사회 규범에 맞춰 업데이트된 현대판 '여성 영화'를 만들어 내려는 시도로는 <앨리스는 더 이상 여기 살지 않는다*Alice Doesn't Live Here Anymore*>(1974), <독신녀 에리카 *An Unmarried Woman*>(1978), <사랑의 새 출발*Starting Over*>(1979), <두 여인*Beaches*>(1988), <스텔라*Stella*>(1990. <스텔라 달라스>의 리메이크 작품), <후라이드 그린 토마토*Fried Green Tomatoes*>(1992), <아메리칸 퀼트 *How to Make an American Quilt*>(1995) 등이 있어 왔다. 말트비(Maltby, 1995a: 124)는 심리 로맨스 <사랑과 추억*The Prince of Tides*>(1991)이 몇몇 평자들에게 '멜로드라마'로 묘사되었음을 언급하면서, 필름 느와르와 더불어 비평의 용법은 산업과 대중의 장르 이해로 넘어가 버렸는지 모른다고 주장한다. 2003년에는 두 영화 <디 아워스*The Hours*>와 <파 프롬 헤븐>이 고전적 여성 영화의 상호 텍스트로서 상당히 명확하게 모습을 드러냈다. 그중에서도 <파 프롬 헤븐>은 <천국이 허락한 모든 것>의 준리메이크 작품으로, 서크의 풍요로운 미장센과 감정에 호소하는 헨리 맨시니Henry Mancini의 음악을 갖추고 있는데, 이번에는 스타일의 과잉이, 텍스트적으로 표현할 수 없는 것의 징후로서보다는, 이전에 금지되었던 내용(동성애와 흑백 인종 간의 사랑)과 양상의 대조를 강조하기 위해 사용된다.

그러나 이처럼 가정적이고 모성적인 멜로드라마의 감소는 할리우드 전반에 있어 멜로드라마 양상의 중심성이 감소되었음을 의미하지 않는다. 오히려 반대로, 10장에서 살펴보게 될 것처럼, 폭력과 유혈의 측면과 수정된 멜로드라마 측면을 결합한 어떤 혁신된 멜로드라마 양상이, 동시대 할리우드의 가장 중요한 장르인 액션 블록버스터를 특징짓고 있다. 더구나 멜로드라마적 상상에 대한 이해는 실제로 21세기 미국(그것에 대해 액션 블록버스터는 그 자체로 하나의 중요한 척도가 된다)의 정치 정세를 파악하고 이에 응답하기 위한 — 다시 말해 세계 모든 국가의 시민들을 위한 — 핵심 도구로 판명될 수 있다. 벤 싱어는 1910년대의 선정적 멜로드라마에 관한 연구에서 진보적 <네이션*Nation*> 지의 평론가 루드빅 루위슨Ludwig Lewishon을 인용한다. 그는 1920년대에 멜로드라마를 '군중의 원초적 야만성'과 결합시켰다. 미국 정치에 있어 마니교적 흑백 논리의 성대한 부흥과 '테러와의 전쟁'의 시대에, 그의 글은 불안한 예언적 울림을 갖는다.

> [평균적 미국인에게 있어] 최고의 호사는 부족적*tribal* 열정의 대중 향유이다. 전쟁, 사냥, 박해는 야만 정신의 변함없는 오락거리다. 그리고 이것들을 그러한 정신은 멜로드라마의 상스러운 모방으로 추구한다. 폭력, 특히 도덕적 폭력이 전면에 내걸리며, 관객은 추격과 정복의 행위에 대리자로 참여한다. 그렇게 그들의 뜨거운 충동은 해갈된다. 그들은 자신들이 정의롭고 올바르다고 생각하며, 추격의 대상, 사냥감은 패하거나 죽어야 한다고 생각한다. 멜로드라마의 숭고한 목적*great aims*은 악당을 없애는 것이다 …… 이처럼 공인된 멜로드라마 유형은 평화 중에는 군중 폭력을, 전쟁 중에는 대량 학살을 일으키는 인간 본성의 그 힘들을 대리자로서 작동시킨다. 더 단순하고 더 직접적인 육체적 폭력에 중독된 국가들은 투기장

과 투우장을 양성해 왔다. 자신의 잔혹한 충동이 도덕적 에너지의 결실로 보이기를 바라는 자들은 멜로드라마로 대체한다(Singer, 2001: 40～41에서 인용).

P·A·R·T·1

# 고전적 패러다임

3장 서부극: 장르와 역사

4장 뮤지컬: 장르와 형식

5장 전쟁/전투 영화: 장르와 국가

6장 갱스터 영화: 장르와 사회

1부에서 다루는 네 장르는 로맨틱 코미디나 '스크루볼' 코미디와 더불어 고전 할리우드의 실질적 구현들이라 할 수 있다. 이 장르들은 그 오랜 제작 역사 — 각각의 경우 (당연히 뮤지컬을 제외하고) 무성 시대까지 거슬러 올라가는 — 와 예외적으로 고도의 장르 코드화 및 관례화 면에서, 1장에서 전반적으로 논의된 장르 영화의 다양한 도상학적, 의미론적 / 구문론적, 제의적 설명들을 가장 확실하게 뒷받침해 주는 것들이다. 이 장르들이 또한 멜로드라마 영화 양태들로도 간주될 수 있는 방식은 일반적으로 그다지 고려되지 않아 왔다(단, 뮤지컬은 제외이다. 뮤지컬은 '음악 드라마'로서 멜로드라마의 기본 요소들 — 멜로스*melos*[음악] + 드라마 — 을 상이한 방식으로 결합한다). 이 장르들 모두는 남성 정체성 — 카우보이와 기병, 군인, 가수와 댄서, 그리고 갱스터로서의 (때로는 노래하는 카우보이나 춤추는 갱스터로서의) — 이 어떻게 구축되고 그려지는가에 대해 공통적으로 관심을 갖고 있는데, 이러한 관심은 아마도 그러한 '남성 멜로드라마들'이 젠더와 가족에 대한 멜로드라마 양상의 전형적인 관심을 가정 멜로드라마라는 컨텍스트 밖에서 표명하는 특수한 방식으로 이해될 수 있다.

이 모든 장르들에 관한 풍부하고 광대한 비평 문헌과 오랜 제작 역사를 생각할 때, 1부는 요약적 개관이나 비판적 역사 문헌 제공을 목표로 삼지 않는다. 오히려 각 장르는 특수한 해석 기반에서 논의되는데, 서부극은 (장르적, 사회적) 역사와의 관계, 뮤지컬은 형식의 문제들, 전쟁 / 전투 영화는 현대 교전交戰의 국가적 경험과 국가성의 문제들, 그리고 갱스터 영화는 전형적 인물로서의 갱 단원과 그가 소속되어 있고 답하는 사회 배경 간의 관계에서 각각 논의될 것이다. 논의와 분석을 위한 이러한 틀들은 어느 장르에 대해서도 관련 쟁점들을 모두 아우를 수는 없지만, 그럼에도 이러한 개별 장르들에 대해 또한 장르 이론과 해석 전반의 문제들에 대해 밝혀줄 것이다.

# 03 서부극

## 장르와 역사

다른 어떤 영화 장르보다도 서부극을 위한 그리고 서부극에 대해서는 더 많고 더 폭넓은 주장들이 이루어져 왔다. 모든 주요 영화 장르 가운데 서부극이 가장 작품이 많을 뿐 아니라 가장 오래되었다는 주장은 정당하다. 서부극은 곧바로 식별할 수 있으며 — 누구든, 문외한조차도 단 몇 분만 보면 서부극인지 알아볼 수 있다 — 거의 모든 사람이 서부극을 서부극으로 만드는 것이 무엇인지 알거나 안다고 생각한다. 단지 그 장르의 고전적 도상 — 축사와 카우보이 모자, 흔들리는 술집 문과 콜트 권총, 역마차와 기병대, 여교사, 술집 여자, 최후의 대결과 총격전 — 뿐 아니라 변치 않는 주제 요소 — 프론티어, '사막과 정원,' '죽느냐 사느냐,' '남자는 할 일을 해야 한다' — 까지도 포함하는 즉각적으로 인식 가능한 '서부극'의 특질들은 미국인들의 마음속 깊이 박혀 있으며 사실상 전 지구적인 대중의 상상이다. 그것도, 1970년대 말과 <천국의 문>(1980) 이래로 제작이 급격히 감퇴된 가운데, 서부극이 점차 어떤 골동품, 즉 SF나 테크노 블록버스터 같은 액션 스펙터클의 새로운 테크놀로지에 지배되는 영화 문화에서 구세대의 유물이 되어 가는 현실에도 불구하고 말이다.

서부극은 미국 정체성의 가장 기본적인 요소들을 풀어내고 이해할 수 있게 해주는 일종의 해결 열쇠로 오랫동안 간주되어 왔다. 조앤 멜렌(Mellen, 1994: 271)에 따르면, "서부극이 우리[즉 미국인들]의 마음을 그토록이나 사로잡는 까닭은 그것이 우리가 누구인지에 대한 탐구이며, 미국의 영혼과 국가 정체성이 미지수인 드라마이기 때문이다." 서부극에 코드화되어 있는 '프론티어 신화'를 둘러싸고 군집된 역사와 판타지와 이데올로기의 특수 복합체는 미국의 국가 정체성과 국가 성격의 형성에 있어 어떤 중심적이고 심지어 결정적인 위치를 배정받아 왔다. 이것은 서부극의 모티브들, 특히 제의화되고 대개는 치명적인 폭력에 대한 그 장르의 강조를 사적, 사회적 개혁을 이루는 수단으로, 미국의 자국 또는 외국 정책의 국면들에 대한 (대개 부정적인) 논평을 위한 편리하고 간명한 수단으로 만든다. (그러한 비판은 물론 장르 자체의 내부로부터, 특히나 1960년대 말과 1970년대의 '수정주의' 서부극 그리고 같은 시기 굉장히 성공적이고 영향력 있는 유럽의 '스파게티' 웨스턴으로부터 착수될 수 있으며 또 그래왔다.)

또한 서부극은, 다른 어떤 장르보다도 장르 관습에서의 변화에 대한 분석을 통해 역사적 경험을 매스 미디어 텍스트들에 정밀하게 기록하는 수단으로서의 장르 용법을 보여 준다. 서부극에서 발견되는 이례적인 고도의 코드화와 관습성은 이러한 과정의 추적을 유난히 투명한 것으로 만든다. 서부극의 도상이 반드시 다른 장르들의 경우보다 더 뚜렷하게 특수하지는 않지만 — 예를 들어 [<스타 워즈>의 로봇인] R2 - D2의 솟은 엽총을 든 존 웨인만큼이나 명확한 장르 신호를 보낸다 — 일반적으로 그 의미론 요소들은 시간의 흐름 속에서 유난히 안정적으로 머물러 왔다. 바로 이 상수들*constants*, 그 자체로 명확하게 정의되고 한정된 (비록 극도로 허구화된 것이긴 하나) 역사 배경에 뿌리내리고 있는 이것들이, 이번에는 서사 상황과 주제적 관심사에 있어 서부극의 한정된 목록을 이례적으로 응축된 것으로 보이게 만든다. 따라서 아마도 서부극은 이례적으로 공식적 *formulaic* 이며 동시에, 부분적으로는 그 결과로, 장르적으로 '순수하다'는 믿음이 널리 퍼졌을 것이다. 이를테면, 특수한 시간과 공간에 덜 고정되어 있고, 서사 관습에 덜 단단하게 묶인 장르들(가령 멜로드라마나 액션 모험 영화)과는 달리 말이다. 이러한 일관성은 서부극을 장르 영화에 대한 이론적 설명에서 매력적인 준거점으로 만들지만, 또한 최근 몇몇 평자들이 지적했듯, 장르 영화 전반에 있어 비전형적인 사례로 만들기도 할 것이다. 특히 서부극의 유난스러울 정도의 (알트먼 용어로는) 의미론적 / 구문론적 연속성을 장르 통합성의 척도로 설정하는 것은 과도하게 규범적이고 제한된 비평 접근이라 할 수 있다(Neale, 2000: 133~134를 보라).

어떤 경우든, 설령 버스콤브(Buscombe, 1988: 15~16)의 말대로 서부극의 기본 장르 제재가 "주목할 만한 …… 일관성과 엄밀함"을 드러낼지라도, 장르적 순수함에 대한 인식은 기껏해야 부분적으로만 적확할 뿐이다. 서부극에 조금이라도 익숙한 관객이라면, 나쁜 놈은 단지 어쩌다가만 검은 모자를 쓰며, 착한 인디언이 반드시 죽는 것도 아니라는 것을 안다. 1장의 '혼성' 서부극 목록이 명백히 해주듯, 서부극은 다른 어떤 장르만큼이나 장르 혼합이 빈번하게 발생한다. 더구나 앞으로 보게 될 것처럼, 장르의 구문론(알트먼 용어로)은 시간에 걸쳐 어떤 중요한 방식으로 변해 왔을 뿐 아니라 같은 시기 내에서도 상이한 장르-내적 계보에서 고르지 않게 발전되어 왔다.

그럼에도, 서부극이 '견고한' 장르 형식이라는 것은 분명 사실이다. 선더스(Saunders, 2001: 6)는 "거의 모든 원原재료를 소화하고 형상화할 수 있는 [서부극의] 능력"에 주목한다. 모든 장르 가운데 서부극은 어쩌면 가장 오랜 시간 동안 가장 많은 관객들에게 가장 믿을 만한 장르이어 왔을 것이다. 이처럼 (어쨌든 개념적으로는) 하나의 역사 장르의 오래되고 지속적인 역사는 역사 자체를 그 장르의 고찰에 적합한 틀로 만든다. 이어지는 단락들은 각각, 장르의 역사와 그 역사에 관해 이뤄지고 있는 비평적 논쟁들, 서부극의 서사와 주제 질료에 있어 서부 역사 문헌의 영향력, 서부극이 진화하는 가운데 서로 다른 지점에서 선호했던 '진짜' 서부 역사의 특정 버전들, 그리고 그러한 진화 과정에 끼친 동시대 역사 사건들의 영향을 다룬다.

## 서부극의 역사들

서부극의 의미론 성분들은 비단 그 장르의 역사뿐 아니라 영화 자체의 역사에 있어서도 놀랄 만큼 이른 시기에 합체되었다. 서사 영화 역사에서 획기적 사건이자 흔히 '최초의 서부극'이라 주장되는 에드윈 포터의 8분짜리 영화 <대열차 강도*The Great Train Robbery*>(1979)는, 아마도 원래 관객들에게는 그렇게 — 이를테면 범죄 영화나 기차 영화라기보다 — 받아들여지지 않았을 것이다(Musser, 1990: 352~355; Altman, 1999: 34~38을 보라). 그러나 그 주요소들, 이를테면 복면한 무법자, 신중하게 계획된 열차 강도, 달리는 기차 위의 결투, 무장 보안대, 말타고 추격하기, 클라이맥스의 총격전 등은 서부극에 있어 즉각적으로 알아볼 수 있는 도상적, 서사적 기준이 되었다. 심지어 키츠(Kitses, 1969)와 여러 사람들이 강조했던, 문명화된/무력한 동부와 거친/야만적인 서부의 구조조차도, 카우보이들이 무리지어 '풋내기' 혹은 '동부 도회지 사람'(그들의 중산 모자로 즉시 알아볼 수 있는)의 발을 겨냥해 총을 쏴대며 괴롭히는 시골 댄스 파티 에피소드에 배아 상태로 존재하고 있다. 의심할 바 없이 그 영화의 위상은 카메라를 향해 총을 쏘는 콧수염 난 무법자의 그 유명한 디제시스 외부 숏*extra-diegetic shot*,[15] 즉 다음 세기에 할리우드에서 가장 인기 있고 가장 많이 만들어진 장르를 통해 울려 퍼진 그 도상 이미지에 의해 강화되었다(세르지오 레오네는 <원스 어폰 어 타임 인 더 웨스트*Once Upon a Time in the West*>[1969]에서 헨리 폰다가 카메라를 향해 발포하는 장면을 통해 포터 영화의 거울처럼 반사하는 공격 행위를 그대로 되풀이하고 있다).

서부극에 대한 광대한 비평 문헌으로부터 상당히 표준적인 장르 역사가 등장하게 되는데, 그 개요는 다음과 같이 요약될 수 있다. 먼저 서부극은 설령 포터에 의해서는 아닐지라도 1905년이면 이미 확실한 인기 장르로 확립되어 무성 시대와 초기 유성 시대를 거쳐 내내 번성한다. 이어서 1930년대 말부터 시작하여 20년 동안 대중성과 문화적 중심성에서 모두 최고조에 다다른다. 전후 10년간 서부극은 장르 신호의 '심화' 및 자의식적 팽창에 의해 특징지어지며, 더 광범위한 심리적, 서사적, 때로는 정치적 복합성들을 받아들인다. 1950년대 '성숙한' 서부극 — <셰인*Shane*>[1953], <하이 눈*High Noon*>[1952], <수색자>[1956], <리오 브라보*Rio Bravo*>[1959] — 은 그 접근 방법에 있어 흔히 과시적으로 신화적이거나(<셰인>) 직접적으로 현대적이다(<하이 눈> 혹은 <브로큰 애로우*Broken Arrow*>[1956], <지옥문을 열어라*Devil's Doorway*>[1950], <아파치*Apache*>[1954] 등을 포함하는 1950년대 초 '친인디언' 서부극들). 상호 연관된 요인들 — 장르의 고갈, 이데올로기적 혼란, 뒷걸음질치는 관객 호소력 — 의 결합은 1960년대 동안에 그리고 1970년대에는 더욱 강화되어 서부극의 '퇴락'을 이끌었으며(Slotkin, 1998: 6), 궁극적으로는 이탈리아 '스파게티 웨스턴'으로부터의 폭력적인 깜짝 에너지의

15. 극장 관계자들은 이 영상을 영화 시작이나 (보다 통상적으로는) 마지막에 마음대로 삽입하였다.

주입에도 불구하고, 결국 1970년대 말 주류 할리우드 장르의 위치에서 사라지게 만들었다. 비록 이어지는 몇십 년간 이따금씩 향수 어린 부흥이 목격되었으며 그 장르의 핵심적인 주제적 관심사들 — 특히 프론티어 신화 — 이 여타 장르(그중에서도 SF)에 존속하고 있지만, 이제 서부극은 대체로 역사적인 형식으로 간주되어야 한다.

그와 같은 역사의 신뢰할 만한 특징 하나는 미국 영화 산업 역사에 있어 서부극의 중심성에 대한 주장인데, 이러한 중심성은 초기 무성 시대에서 1970년대까지 제작된 어마어마한 수의 — 다른 어떤 장르보다도 — 서부극들 속에, 또한 그 기간의 상당 부분에 걸쳐 (일부) 관객 사이에서 일관되었던 서부극의 인기에 반영되어 있다. 그러나 그러한 설명들 대부분은, 비록 널리 인정되지는 않지만 어떤 두드러진 변칙을 포함한다. 한편으로, 서부극이 인기 절정을 구가하던 시기에는 해마다 100편이 넘는 서부극이 개봉되던 그 엄청난 제작 규모(버스콤브[Buscombe, 1988: 426~427]는 유성 시대에만 약 3500편이 제작됐다고 추정한다)가 문화 기록 자료로서의 서부극의 중요성에 관한 많은 — 때로 매우 많은 — 비평적 주장들을 중요하게 지탱하고 있다. 다른 한편, 그러한 주장을 추구함에 있어 서부극 비평은 이 엄청난 영화 목록 가운데 선택된 매우 적은 일부분 — 대부분 2차 세계 대전 이후에 만들어진 영화 24편 — 에 막대하게 의존하는 경향이 있었다. 서부극에 대해 가장 영향력 있고 자주 인용되는 논의는 매우 한정된 영화들에 관한 내부적 대화를 이끄는 경향이 있었다. 그 영화들은 함께 모여 어떤 확립된 서부극 '정전*canon*'을 형성하는데, 예를 들면, <역마차>(1939); 드물게는 <제시 제임스>(1939) 같은 또 다른 1930년대 말 프레스티지 서부극; 포드의 <황야의 결투*My Darling Clementine*>(1946)와 '기병대 3부작,' 즉 <아파치 요새*Fort Apache*>(1948), <황색 리본을 한 여자*She Wore a Yellow Ribbon*>(1949), <리오 그란데*Rio Grande*>(1950);

하워드 혹스의 <레드 리버>와 <리오 브라보>, <셰인>; 앤서니 만의 일련의 1950년대 서부극들, 특히 <윈체스터 73 *Winchester '73*>(1950), <운명의 박차 *The Naked Spur*>(1953, 두 영화 모두 주연 제임스 스튜어트), <서부의 사나이 *Man of the West*>(1958, 주연 게리 쿠퍼); 포드의 <수색자>와, 아마도 1950년대 '친인디언' 서부극의 하나로 <브로큰 애로우>; <리버티 밸런스를 쏜 사나이 *The Man Who Shot Liberty Valance*>(1962, 다시 포드); 샘 페킨파의 <와일드 번치 *The Wild Bunch*>(1969) 등이다. 이 영화들과 1970년대 이후의 몇몇 영화들, 특히 <작은 거인>(1970), <매케이브와 밀러 부인 *McCabe and Mrs Miller*>(1971), 페킨파의 <관계의 종말 *Pat Garrett and Billy the Kid*>(1973), 판테온 입성의 새 후보인 <용서받지 못한 자 *Unforgiven*>(1992) 등은 끊임없이 계속되는 논의와 재해석으로 보답받는다. 이렇게 구상된 '서부극'은 전후 시기 프레스티지 서부극의 선택받은 영화들, 나아가 포드, 만, 페킨파, 그리고 가장 최근에는 이스트우드가 중심이 되는 강력한 작가주의 경향과 다름없는 것이 되었다. <역마차>는 워쇼와 바쟁에게 그랬듯이 이러한 설명들 — 가장 최근에는 코인(Coyne, 1997)과 선더스(Saunders, 2001)를 포함하여 — 에 여전히 존재한다. 그 영화는 '완숙기' 장르의 주요 모티브들과 관심사들이 최초로 구체화되는 (사실상 창설 영화까지는 아닐지라도) 분수령이다. 물론 서부극이 1939년 이전에는 만들어지지 않았다고 주장할 사람은 아무도 없다. 오히려 주장하는 바는, 그때가 되어서야 "서부극이 주요 할리우드 장르로 그 위치를 인정받을 만큼 명백하게 무르익은 …… 시기"라는 것이다(Coyne, 1997: 16). 코인(Coyne, 1997)은 그에 앞서 라이트(Wright, 1975)가 그랬듯 대표 표본의 산출을 위해 명확하고 투명한 기준을 세우고자 하는데, 이때 이러한 '주요 장르' 내에서 '주요' 서부극을 규명하는 유용하면서도 표면상 상대적으로 객관적 기준인 제작 예산이나 흥행 수익이 이용되었다.

문제는 오로지 그러한 '주요' 작품들만이 필연적으로 — 설령 우리가 그 선정 기준을 수용한다 해도 — 어떤 장르를 이해하기 위한 가장 적절한 표본을 구성하는가 여부이다. 우리는 여기서 장르 연구에 있어 중요한 문제에 직면하게 된다. 즉 장르 신체가 구축되는 선택과 배제의 과정 말이다. 대부분의 표준 설명은, 단지 1950년대와 1960년대 초중반의 많은 'A급' 서부극들뿐 아니라 문자 그대로 수천 편의 무성 서부극들과 1930년대와 1940년대 초의 'B급' (혹은 시리즈) 서부극들 — 사실상 역대 개봉된 모든 미국 서부극의 압도적 다수(대략 어림잡아 75~80%) — 밖에서 쓰여졌다.[16] 따라서 관습적 장르 역사들을 통해 구축된 서부극은 사실상 그 수명의 대략 절반 동안 제작되고 소비된 서부극의 다소 부정확한 거울이라 할 수 있다. 물론 거의 모든 예술 분야에 있어 비평적 구축은, 서부극 못지않게 빅토리아 시대 소설에서도, 정전 형성의 과정 — 이 과정을 통해 고전과 주요 예술가들이 확립되며, 그 결과로서 더 많은 비평의 주목을 이끌어내고 그 분야 논쟁의 핵심 용어들이 정의되는 — 으로 특징지어진다. 또한 어떤 광대한 분야로부터 일관된 '서부극' 설명을 전개시키는 일은 어느 정도의 선택성을 꽤나 명백하게 요구할 것이다. 장르에 대한 포괄적 설명에 부과되기 마련인 진정 괴력을 요하는*Herculean* 조망의 직무에 기꺼이 착수한 비평가는 지금껏 거의 없었다. 그러나 이처럼 광대하게 폭넓은 분야를 '대신하는' 상당히 명백한 비대표 표본 — 여하튼 순수하게 통계학적 관점에서 — 을 요구하기의 문제, 그리고 그러한 표본의 분석을 통해 그 폭넓은 분야를 위한 혹은 그에 관한 주장들의 장점을 평가하기

16. 유성 영화 시대에 개봉된 서부극의 수는 버스콤브의 책(Buscornbe, 1988: 425~427)에 도표로 설명되어 있다. 무성 영화 시기에 대해서는 *AFI Catalog of Motion Picture Produced in the United States: 1893~1910*(1995), *1911~1920*(1988), *1920~1930*(1971)을 보라.

의 어려움은, 오래된 것이다. 그것은 특히나 자료에 대한 접근과 시장 경쟁의 문제점들로 더 복잡해지는 매스 미디어 학문의 맥락에서 골치 아파진다(간혹 TV에서 방영되고, 장르나 작가 회고전에서 드물게 특집으로 다뤄지며, 1980년대 초 비디오의 폭발적 증가로 메이저 스튜디오 필름 라이브러리의 수익성이 갱신된 것조차도, 리퍼블릭이나 모노그램에서 제작된 시리즈 서부극이 받았던 주목을 회복하는 데는 별 효과가 없었다).

정전 형성에서 불가피하게 제기되는 이데올로기적 선호와 편견의 통상적인 문제들(Fokkema, 1996; Gorak, 1991을 보라) 너머, 서부극과 관련된 그처럼 극단적인 선택성의 특수한 비평 문제들은 아마도 두 부분일 것이다. 첫째로, 고전기를 통틀어 할리우드 제작의 일반 규칙은, 예산이 크면 클수록 그 영화의 관객 호소력도 더 확장되지 않으면 안 된다는 것이다. 틀에 박힌 저렴한 비용의 기획 서부극은 도시 외곽과 지방의 핵심 관객만으로도 어지간한 수익을 낼 수 있었던 반면, 더 유명한 스타와 더 높은 제작비는 필연적으로 핵심 고객층 너머로 확산되어야 했었다.[17] 이러한 장르 요구는 뉴 할리우드의 급상승하는 예산으로 한층 더 절박한 것이 된다. 그러므로 결국 <천국의 문>(1980)이 될 영화, 즉 회사 직원 대부분을 실직시키고 사실상 스튜디오를 파산시키게 될 그 악명 높은 4000만 달러짜리 재앙에 투자할 당시 유나이티드 아티스트 프로덕션 간부들은 마이클 치미노 대본의 원제목인 '페이더트*Paydirt*' — '정말이지 너무도 서부극'처럼 느껴지는 (또한 그 장르의 장기적인 인기 쇠퇴를 생각할 때 결코 탐탁치 않은) — 에 난색을 표했다(Bach, 1985: 176).[18] 이것은 단지 마케팅 문제가 아니라 — 만일 흥행 수익이 표본 추출의 기준으로 이용된다면, 관객들이 어느

17. 1장에 언급된 <역마차> 마케팅에 대한 포우거(Poague, 2003)의 설명은 그 적절한 사례이다.

18. "우리는 그저 또 하나의 서부극은 원치 않았다" [유나이티드 아티스트 회장 앤디] 알벡은 동의했다. "우리는 대서사시를 원했다. 아카데미상을 탈 대서사시"(Bach, 1985: 217).

특정 영화에서 보고자 기대했던 것은 분명 오늘날 현대 비평가들이 서부극에서 보는 것만큼이나 중요하겠지만 — 또한 내용의 문제이기도 하다. 예를 들어 프레스티지 서부극은, 에롤 플린과 올리비아 드 하빌랜드라는 두 스타를 내세운 <장렬 제7기병대>(1941)처럼, 여성 관객을 흡수하기 위하여 낭만적 재미를 한층 충만하게 전개시켰을 수도 있다. 요컨대, 'A급' 서부극들 — 앞서 열거한, 정전으로 인정받는 영화 대부분이 해당될 범주 — 은, 서부극의 핵심적인 장르 틀을 넘어서고 따라서 확장시키는 요소들을 그것들이 의도적으로 내세우는 한, 장르적으로 **덜** 대표적인 것도 당연한 노릇이다.

실제로, 이처럼 정전으로 받아들여지는 서부극들에 관한 논의의 상당수는 장르 혁신과 확장이라는 바로 그 특질에 집중한 것으로 드러난다. 대부분의 학계가 집중한 전후 영화들은 고예산, 인물과 역사에 대한 복합적 접근법, 그리고 장르 관습과 경계를 확장하고/하거나 위반하려는 상당히 명백한 — 많은 경우 고도로 정교하고 자의식적인 — 시도들 때문에, (1950년대 말까지 지속적으로 눈에 띄게 다수 제작된 기획 서부극은 말할 것도 없이) 전쟁 이전의 'B급' 서부극들과도 전형적으로 구별된다. 그 모든 특성들은 당연히 복합성, 형식 실험 등의 특질에 특권을 부여하는 문예 분석 기법에 단련된 비평가들에게 호의적으로 받아들여진다. 그러면 이번에는 이것이 두 번째 어려움을 제기한다. 즉 이러한 영화들의 장르적 새로움(따라서 대개, 적어도 함축적으로는, 예술적 우월성)에 대한 주장은 필연적으로 장르 규범으로부터의 이탈 혹은 그것의 개조에 의존한다. 하지만 이러한 규범은 예증되었거나 탐구된 것이라기보다는 으레 추정된 것에 불과하다.

서부극 장르의 역사가 현재 학술계의 전쟁 혹은 적어도 국경 충돌의 주제가 된 것은 마침 그때이다. 그 장르의 진화에 대한 표준 서사는 도전받고 있으며 서부극의 장르 지도*map*는 부분적으로 다시 그려지고 있다.

이는 불가피하게 연구자들에게 사태를 복잡하게 만들지만 — 특히 이것은 현존하는 정전 밖에 있는 영화들(그것들 중 다수는 접근하기 어려운)을 불가피하게 강조하는 경향이 있으므로 — 그럼에도 비평적 편견에 대한 어떤 오랜 문제의 균형을 다시 잡는 것으로 환영받아야 한다. 갤러거(Gallagher, 1995)는 표준적 설명이, 순전히 전후 서부극의 심리적, 이데올로기적 복합성 및 아이러니와의 노골적인 비교를 위해, 거대하나 대체로 보이지 않는 일단의 전전戰前 영화들을 순진하게 원시적인 것으로서 수사적으로 구축한다고 주장한다.[19] 여럿 가운데서도 닐(Neale, 2000)과 스탠필드(Stanfield, 2001)는 위에서 요약된, 오래되고 광범위한 장르 역사에서 명백하게 편파적인 — 불완전한 동시에 선입견을 가진 — 해석으로 발생된 왜곡들을 강력하게 비판하였다.

모든 종류의 그토록 많은 무성 영화들이 유실되고, 살아남은 영화들 중 몇몇을 제외한 나머지가 극도로 제한되어 유통되었기에, 무성 서부극에 대한 진지한 연구는 전문가를 제외한 모든 이에게는 상당히 어려운 일이다. 브론코 빌리 앤더슨이나 톰 믹스, 윌리엄 S. 하트 같은 독창적인 서부극 스타들은, 그들의 영화가 그 장르의 변치 않는 다수의 공식을 확립하였음에도, 대부분의 현대 관객들에게는 어렴풋하게 감지되는 인물들이다. 거대한 역사적, 문화적 단절의 이면이랄까. 그렇지만 러스티드(Lusted, 2003: 67~94)와 시몬(Simmon, 2003: 3~97)의 최근 저서들에 반영되어 있듯이 오늘날 학계는 무성 서부극에 장르 권리를 부여하기 시작했다. 진보의 시대

19. 그러나 갤러거가 1909년부터 1915년 사이에 "아마도 1930년대의 10년보다 더 많은 서부극이 개봉됐다"는 몹시도 과장된 주장을 했음에 유의하라. 이 얘기는 대략 매 달 1000편, 매 해 1만 2000편을 의미한다! 나는 그처럼 엄청나게 과장된 집계를 뒷받침해 줄 어떤 자료도 보지 못했다.

*Progressive era*, 즉 대대적 이주와 인종 오염의 망령이 백인의 상상을 괴롭히던 시기에, 미국 백인 남성의 정체성을 조정하고 다듬기 위한 중요 담론으로서의 초기 서부극에 대한 연구들과 나란히(Slotkin, 1998: 242~252; Abel, 1998), 1차 세계 대전 이전 서부극들에서 아메리카 원주민 재현의 예기치 않은 복합성에 주목하는 일단의 저작들이 증가하고 있다(Aleiss, 1955; Griffiths, 1996, 2002; Jay, 2000). 후자의 연구는 <브로큰 애로우>나 <지옥문을 열어라>, <아파치>처럼 정전으로 간주되는 전후 '친인디언' 서부극의 새로움에 관한 유력한 가정들을 재검토할 필요가 있다고 주장한다.

'B급' — 또는, 보다 정확하게는, 시리즈 — 서부극에 대한 비평을 등한시함으로써 생긴 문제는, 특히 무성 영화들과 달리 이 일단의 영화들이 지금도 대체로 남아 있다는 (그리고 최근에는 홈비디오에서 그 활로를 찾기 시작했다는) 점에서 훨씬 더 심각하다. 1930년대 동안 1000편 이상의 서부극이 제작되었다. 그러나 (1930년 프레스티지 서부극 <빅 트레일*The Big Trail*> — 이 영화는 존 웨인을 일류 스타로 데뷔시키고자 했지만, 대신 1930년대 남은 기간 동안 그에게 시리즈 서부극만을 맡기게 만든다 — 과 <시마론*Cimarron*>의 흥행 참패 결과로) 이들 중 단지 소수만이 'A급' 영화였다. 그 10년의 끝에서야 'A급' 서부극은 1941년 말 미국의 2차 세계 대전 참전을 거치며 살아남아 일종의 부흥을 맞게 된다. 그러나 피터 스탠필드(Stanfield, 2001)가 최근 혁신적인 저서의 서문에서 지적하듯, 오늘날 시리즈 서부극은 거의 완전히 잊혀졌으며, 무성 서부극과 동일하게 기억의 저편으로 넘겨졌고, 수집가들이나 열광적 팬들에게만 흥미 있는 유치하고 일시적인 것으로 취급된다. 무성 영화 시대의 하트나 믹스와 더불어 적어도 몇몇 시리즈 서부극 스타들의 이름이 매우 친숙하게 남아 있긴 하지만 — 물론 존 웨인, 그리고 특히 '노래하는 카우보이' 진 오트리와 로이 로저스 — (작가와 감독은 말할 것도 없이) 그들을 성공시킨 그 영화들은 오늘날 전문가와 '광팬'에게 말고는 거의 알려져 있지 않다. 마찬가지로, 시리즈 서부극은 진지한 비평으로부터 대체로 무시되어 왔다. 슬롯킨(Slotkin, 1998: 271~277)은 850쪽에 달하는 저서 ≪총잡이 나라*Gunfighter Nation*≫ 가운데 단 7쪽만을 1930년대 시리즈 서부극의 고찰에 할애한다. 워쇼(Warshow, [1954]1975b)는 서부극에 관한 선구적인 글에서 무성 서부극과 'B급' 서부극을 한데 묶어 "성인이 진지하게 받아들일 만하지 않은 것"이라고 일축해 버린다. 그것도, 양쪽 모두 단 한 편도 보지 못했음을 고백하면서 말이다! 아무래도, 판에 박히고 단순하기 짝이 없는 것이라는 서부극에 대한 통념은 어린 시절 토요일 아침 상영이나 빛바랜 텔레비전에서 방영되었던 것에 대한 집단 기억에 의존하는 듯하다.

스탠필드(Stanfield, 1998; 2001)는 1930년대 시리즈 서부극에 있어 프론티어의 개척(아래를 보라)이 토지 소유권과 지방 분권주의, 도시화를 둘러싼 문제들보다는 별로 중요하지 않다고 주장한다. 비평에서 무시된, 진 오트리의 노래하는 서부극들 — 그 대다수는 프론티어가 아닌 동시대 배경을 묘사한다 — 은 "생계형 농작으로부터 소비 문화로, 자영업으로부터 산업 업무와 임금 의존으로, 시골 생활로부터 도시 생활로 사회 경제적 변화를 겪는 데 있어 관객이 직면하게 되는 어려움들"을 직접 다룬다(Stanfield, 1998: 114). 레이다(Leyda, 2002)는 표준적 설명들의 비평 레이더망 바깥에 있는 한 변형 형식인 '인종'(흑인 관객) 서부극에서 주류 시리즈 서부극과의 놀랄 만한 유사성들을 발견한다.

그러한 연구는 그 장르의 역사와 비평 영역을 간단히 확장시키는 것만으로 서부극 이해의 컨텍스트를 바꿔놓는다. 2차 세계 대전 이후 서부극의 경우, 1960년대 중반까지 꾸준히 제작되던 상당수의 관습적 서부극들에 여전히 더 많은 연구가 이루어져야 하는 상태다. 1945년 이후 시기에 대한 장르 비평이 직면한 핵심 과제는, 정전을 확장하는 것보다는 —

앞서 봤듯, 이미 전후 서부극에 과도한 비중을 두고 있으므로 — 이 시기 그 장르의 중심 관심사, 즉 프론티어의 일반적 인식에 대한 질문일 것이다.

## 역사의 서부(극)

닐은 대체로 존 포드로부터 비롯된 '사막 / 정원'의 대립 관점에서 구축된 프론티어 주제에 비평이 집중되는 바람에 서부극 제작의 상당 부분 역사 기록이 흐려질 뿐 아니라 젠더, 섹슈얼리티, 계급 같은 현대 비평의 중요 범주들이 어려움을 겪어 왔다고 지적한다. "전후 서부극 이론가들이 진척시킨 남성 중심 시각의 프론티어 신화가 산업의 결과물에 따라서 고스란히 드러나는지, 혹은 비평의 선호가 다른 경향과 제목들……의 존재를 흐려 놓는 경향이 있었는지는 적어도 질문해 볼 가치가 있다"(Neale, 2000: 142). 시리즈 서부극에 대한 새로운 비평적 관심의 견지에서, 서부극이 프론티어 개념 자체에 몰두함으로써 되면 장르의 초점을 의미심장하게 이동시켰는지 아닌지 고려해야 하고, 또한 그 이동을 재촉한 요인이 무엇이었을지를 고려하는 것도 마찬가지로 중요하다. 예를 들어 슬롯킨(Slotkin, 1998)이 20세기와 실제로 그 이전까지를 통틀어 프론티어 신화의 이데올로기적 중심성을 주장한 반면, 엥겔하르트(Engelhardt, 1995)는 사회 변화와 외교 정책의 퇴보와 혼란에 따른, 전후 시기 지배적인 '승리 문화'의 점진적 위기가, 프론티어 신화에 부여된 것과 같은 관습적 개념의 미국 정체성을 긴급 토론의 대상으로 만들었다고 제안한다.

할리우드 서부극 논의에 있어 지배적 패러다임으로서 프론티어 신화의 제도화는, 서부극의 기본 개념 질료 — 상상적 건축 블록 — 를 규명하기 위해 레비스트로스의 모델을 개작한 느슨하게 '구조주의적인' 두 편의 영향력 있는 연구에 상당 부분 빚진다. 짐 키츠(Kitses, 1969)는 황야와 문명이라는 중심 대립[20]을 둘러싸고 조직된 일련의 "이동하는 이율 배반들*antinomies*"(p.11)을 규명하는 반면, 윌 라이트(Wright, 1975)는 서부극 서사의 네 가지 기본 모델과 그것들의 여러 다양한 부분 집합[21]의 윤곽을 그렸다. 서부극에 대한 이런저런 설명들은 여러 면에서 그 출발점을 미국 역사 속에 서부극 겹쳐 놓기로 잡는다. 그리고 이것은 놀라운 일이 아니다. 서부극은, 적어도 표면상, 모든 영화 장르 가운데 가장 역사적으로 특수하며 일관된 것이다. 필 하디에 따르면 "서부극은 상대적으로 직접적인 방식에서 역사에 고정되어 있다." 보다 엄밀히 말하면, "프론티어, 그 중에서도 특히 남북 전쟁과 20세기 초 사이의 프론티어는 대부분의 서부극에 배경막을 형성한다"(Hardy, 1991: x ~ xi).

이런 류의 개관들이 대개 그렇듯, 하디는 설령 시간과 / 이나 공간에 변화가 있더라도 <모호크족의 북소리*Drums Along the Mohawk*>(1939, 식민지 뉴잉글랜드를 배경으로 한), <일망타진*Coogan's Bluff*>(1968, 현대 도시 스릴러),

20. 키츠의 모델은 여기에 다시 한 번 그 일부를 옮겨 놓을 가치가 충분할 만큼 자주 인용된다.

| 황야 | 문명 |
|---|---|
| **개인** | **공동체** |
| 자유 | 구속 |
| 명예 | 제도 |
| 자각 | 환상 |
| 고결함 | 타협 |
| 이기주의 | 사회적 책임 |
| 유아론唯我論 | 민주주의 |
| **자연** | **문화** |

21. 이를테면, '고전적 플롯'(<셰인>), '복수의 변주'(<운명의 박차>), '변화의 테마'(<아이 눈>), '전문가 플롯'(<4인의 프로페셔널*The Professionals*>[1966]).

<이색 지대*Westworld*>(1973, SF 영화) 같은 명백한 '서부극들'을 수용할 만큼 장르 경계가 유연할 필요가 있음을 거리낌없이 인정한다. 하디가 '프론티어'를 서부극에 있어 전반적으로 조직화하는 상상적, 개념적 축과 동일시한 것 역시 전적으로 관습적인 것이다. 또한 그는, 사실상 서부극 관련 다른 모든 연구자들과 마찬가지로, 서부극이 역사 소재를 원형적 신화로 변형시킨다고 처음부터 단언한다. 그럼에도 '프론티어'를 직접 역사적인 범주로 그리고 서부극의 역사성을 주장하기 위한 수단으로 사용하는 것에는 어떤 내재적인 근본 문제가 존재한다. 이 단락에서 탐구하고 있듯, 그러한 설명들 속에서 서부극에 의해 '신화화'되는 역사 버전은 그 자체로 이미 역사인 만큼이나 신화이기도 한 까닭이다. 그것도 많은 서부극이 그렇듯 의식적으로 말이다.

'프론티어'는 현혹시킬 만큼 정확하고 안정된 울림을 갖는다. 그러나 프론티어에 대한 가장 영향력 있는 기록자인 역사학자 프레드릭 잭슨 터너 Frederick Jackson Turner[22] — 그의 유명한 글 <미국 프론티어의 종결*The Closing of the American Frontier*>(Turner, [1947]1986)은 반세기 넘는 서부 역사 문헌의 용어들을 규명하였다 — 에 따르면, 사실상 프론티어는 항상 그리고 정의상 유동적이었으며, 명확한 경계가 아닌 불확실하고 변화하는 전망 — 북미 대륙을 가로지르는 백인 식민지 진군의 선두와 나란히 혹은 바로 그에 앞서 있는 — 이었다. 비록 백인 개척지는 대서양에서 태평양까지

22. 미국의 역사학자 터너(1861~1932)는 1893년 시카고 만국박람회를 기념하는 미국 역사학 대회에서 미국의 독특한 사회적 관습의 형성 및 미국적 성격 정립에 미국인들의 프런티어 체험이 결정적 역할을 했다고 주장했다. 터너 논제로 약칭된 이 주장은 큰 주목을 받았는데, 미국 정신의 본질은 미국의 토착적인 체험에서 찾아야 한다는 주체적 선언이었기 때문이다. 터너 이전에 대부분의 사람들은 미국의 뿌리가 유럽에 있다고 보고 미국의 사회 문화적 현상을 유럽 전통과 연관시켜 설명하곤 했다. — 옮긴이

대륙의 양 끝을 잇는 데 17세기 초로부터 20세기 초반까지 약 300년이 걸렸지만, 현대 서부극의 장르 초점은 대체로 남북 전쟁 종전에 뒤따르는 몇십 년에 집중된다. 이 몇십 년은 대규모 산업화와 인구 증가의 시기였으며, 워싱턴 연방 정부의 원조와 동부 지역 언론의 열광적인 선전에 고무되어, 백인 식민지 건설의 거대한 물결이 미시시피 서쪽 광활한 미 내륙 지방을 관통한 시기였다. 이러한 신기원 이야기를 정의하는 이미지들 — 포장마차, 대륙 횡단 철도 건설, 전인미답의 대초원에 대한 권리 '주장,' 전형적인 서부 사람으로서의 카우보이, 그리고 무엇보다 백인 이주민들과 그들이 추방하려고 한 아메리카 원주민들의 만남과 그 결과로서 잔혹한 인디언 전쟁, 즉 식민주의자들의 편에 선 미국 기병대가 자행한 평화 회복의 몰살 작전 — 은 서부극의 핵심 소재가 되었다.

터너의 프론티어 논제는 잠시 검토해 볼 가치가 있다. 특히나 터너의 서부 역사 설명에 대한 최근의 도전들이 본래 논의의 지성적이고 개념적인 헤게모니가 그랬던 만큼이나 서부극에 결정적인 — 비록 매개된 것이라 해도 — 영향을 미치고 있으니 말이다. 터너에게 이동하는 프론티어는 미국 역사의 본질을 결정짓는 요소이다. '자유로운 땅'의 근원으로서 외관상 무진장한 서부의 황야는 미국 사회를 독특한 방식으로 성장하고 발전할 수 있게 만들었다(Turner, [1947]1986: 259~261). 미국의 국가 성격은 프론티어에 평화를 회복시키고 정착하려는 도전으로 인해, 19세기 내내 유럽 경제의 산업화를 특징지었던 도시 계급 갈등이 아니라, 문명과 야성적이며 때로는 야만적인 자연 간의 조우에 의해 형성되었다(p.3f). 사실 프론티어는 주류에서 소외된 사회 집단들 — 가난한 사람들, 갓 도착한 이민자들 등 — 이 새출발하고 그들 자신의 운명을 개척해 나갈 때 미국 문명의 불굴의 전진에 참여할 수 있게 함으로써 잠재적으로 폭발적인 계급 갈등에 대한 '안전판' 역할을 했다(pp.263~268). 프론티어는 그처럼 미국 민주주의의 '용광로'와 다름없었으며, 그것의 독특하고 결정적인 측면이었다.

그처럼 극도로 축약해 놓은 설명에서도 터너의 논제가 가진 힘은 명백하다. 미국 역사에 대한 전혀 새로운 설명을 약술하는 터너의 그 대담하고 폭넓은 붓놀림과 역사적 시야는 분명 다른 학문적 논제들이 좀처럼 하지 못했던 식으로 대중의 상상을 사로잡았는데, 이는 터너가 그 독창적인 논문을 1893년 7월 시카고에서 열린 만국박람회에 넘겼을 때 의심할 여지없이 충분히 의도했던 결과이다(Peterson, 1994: 743~745를 보라). 또한 널리 대중화된 '터너 논제'가 허구적 서부에 끼친 영향은 광범위하며 심원하다. 때로 그 부채는, 최초의 서부행 기차를 타고 <닷지 시티 *Dodge City*>(1939)의 변경 마을로 향하는 시민 명사들이 벌인 '진보'의 본성에 관한 논쟁에서처럼 명백하게 인정된다. 보다 일반적으로, (백인) 문명과 미개척 황야(아메리카 원주민의 비非백인 문화가 으레 포함되는)의 가치 간의 터너식 대립으로 환산되는 프론티어 경험의 도식화는 여러 서부극에서 쉽게 확인될 수 있으며, 유성 시대 서부극 장르의 걸출한 두 감독 존 포드와 샘 페킨파의 주요 관심사로 일관되게 등장한다.

이에 대한 충실한 탐구는 현재 작업 범위를 넘어서지만, 그 장르가 사회 공간을 어떻게 다루는가를 간략히 살펴보는 일은 터너의 개념이 서부극에 미친 영향을 드러내 줄 것이다. 가장 본질적으로 '문명화된' 공간인 도시가 서부극에서는 매우 엇갈린 평판을 누린다. 에드워드 버스콤브(Buscombe, 1988: 88)가 지적하듯, 옛 서부 인구의 상당 비율은 도시에 살았다. 그러나 그러한 도시들은 화면 밖 *offscreen* 존재, 철도 시발점, 다다르지 못한 목적지(<리버티 밸런스를 쏜 사나이>의 마지막에서 상원의원과 스토다드 부인 때문에 기차가 멈춰 서게 될 정션 시티 같은), 개척자의 출발점 혹은 문화적 준거점이다. 이는 <황야의 결투>(1946)에서 문화와 퇴폐의 양가적 짐을 진 닥 할리데

이와 클레멘타인이 떠나온 보스턴처럼 전형적인 '동부' 도시들에서 두드러진다. 서부극에서 실제 도시 경관을 삽입하는 것(<천국의 문>의 캐스퍼 혹은 <데드 맨>[1995]의 머신)은 수정주의 의도에 대한 강철 같은 보증이다. <지옥의 문턱*Hell's Hinges*>(1916)으로부터 많은 서부극들에 원형적 도시 배경이라 불릴 만한 것이 등장한다. 대개 '예측 불가능의' 마을, 즉 아직까지는 사실상 무법 상태로 그 마을이 유지될 수 있을지도 매우 불확실하다. 따라서 그 마을의 평화 정착은 '마을 길들이기'라는 서부극의 기본 서사 제재를 제공한다(예를 들어 <닷지 시티>와 그 모방작 몇몇). '기틀이 잡힌' 톤토와 '예측 불가능의' 로즈버그, <역마차>에서 운명적 여정을 여닫는 이 두 도시는 각각 속물 근성, 편협과 위선, 폭력, 혼란과 퇴폐를 구현한다. 말하자면, 그 영화의 유명한 마지막 대사의 표현대로, 명백히 혼합된 '문명의 축복'인 것이다.

이와 유사한 모호함이 서부극에서 도시의 '타자,' 황야의 재현을 에워싼다. 물론 서부극은 최고조에 이른 실외 장르이다. 보다 정확하게는, 결정적인 경험과 이해가 대체로 야외에서, 가급적이면 대초원, 산맥, 사막 같은 구속되지 않은 공간에서 이뤄지는 장르이다. 비록 실내 공간도 빠짐없이 등장하긴 하지만, 그것은 우리가 프론티어 개척지에서 기대하게 되는 대개 거칠고 미완성에 임시적인 특성을 갖는다. 때로는 문자 그대로 그러한데, 이를테면, 포드의 <황야의 무법자*A Fistful of Dollars*>에서 거대한 하늘 아래 가까스로 가설 무대의 형태를 띤 교회 주변으로 툼스톤의 초기 공동체가 모여 건물과 그들 자신을 봉헌하는 장면 — 모든 서부극 가운데 (사실상, 모든 미국 영화 가운데) 가장 유명한 장면의 하나 — 에서처럼 말이다. 이와 대조적으로, <용서받지 못한 자>에서 빅 위스키의 난폭하고 부도덕한 보안관 리틀 빌이 지은 날림의, 반쯤 짓다만 집의 잔해는 진화하는 문명이 아닌 도시적으로 또한 도덕적으로 쇠퇴하는 문명을 가리킨다. 대부분 서부극에서 실내 — 술집, 농장, 오두막집 — 의 투박하게 기능적인 성격은 그것들이 갓 지어졌음을 표명하며, 그들의 위태로운 황야 장악이 휩쓸려 가지 않기 위해선 문턱 너머로 전진하는 결단이 필요하다는 것을 증명한다. (세련된 디자인과 정교한 건축 형태는 성적인 방종 — <샤이엔 소셜 클럽*The Cheyenne Social Club*>(1970)의 매음굴처럼 — 이나 금전적 타락 — <빅 컨트리*The Big Country*>(1958)에서 목장주의 대궐 같은 저택 — 혹은 그 둘 다 — 새뮤얼 풀러의 거칠게 양식화된 <40정의 총*Forty Guns*>(1957)에서 바버라 스탠윅의 기묘하기 짝이 없는 저택 — 를 지시하는 경향이 있다.)

그러나 서부극이 그 결정적 기반을 발견하게 되는 것은, 순전히 실내와 실외, 도시와 황야라는 외관상 양분된 공간의 묘사에서가 아니라, 그것들에 위임된 가치 간의 양가 관계에서이다. <수색자>의 그 유명한 오프닝과 클로징 숏에서 이든 에드워드는 그의 유일한 진짜 '집'인 사막으로부터 도착하고 다시 그곳으로 물러나는데, 이때 두 경우 모두 가정 공간의 따스한 어둠 **내부**에서 촬영되었다. 그는 가정 공간을 지키고자 헌신하지만 그 속에서 그는 분열시키고 심지어 파괴하는 힘이다. 또한 비록 이든의 모든 행위는 세상 풍파로부터 피난처가 되는 이 가족 공간과 강력하게 연결되지만 — 그것을 방어하고, 복수하고, 마침내 복구하면서 — 그가 그러한 과단성 있는 행위를 실행하는 영역은, 그 자신이 그렇듯, 근본적으로 가족 공간으로부터 분리된 채 그 외부에 머무른다. 비록 터너를 인용하지는 않지만, 키츠의 '이동하는 이율배반들'은 황야와 문명의 거의 모순적인 상호 의존에 대한 고전적인 터너의 입장을 반영한다. 한편으로 터너의 설명은 진보에 대한 찬가이다. 따라서 황야 길들이기는 하나의, 어쩌면 바로 **그**, 미국식 승리의 정수일지 모른다. 그러나 개척의 진행이 프론티어를 서쪽으로 이동시킴에 따라, 그것은 또한 그것을 가차없이 축소시킨다. 그러므로 터너의 논문은 단지 미국의 국가적 경험의 결정적 측면으로서 프론티어를 옹호하고자 했을 뿐 아니라, 그 소멸의 함의를 탐구하기도 한 것이다. 역설적이게도 프론티어[23]의 종결 — 터너가 시카고에서 발표하기 3년 전 1890년 연방 인구 조사에 의해 공식적으로 선언된 — 은 미국을 독특하게 만든 힘을 제거함으로써 그것이 입증했던 바로 그 민주주의를 위협하였다. 따라서 표면적으로 승리를 거둔 현재에 대한 터너의 개관에는 미래에 대한 불안과 향수, 그 양면의 강한 역류가 존재한다. 그리고 이 모순적이지만 강력한 충동들을 특히나 전후 서부극이 받아들여 자신의 것으로 만들게 된다.

프론티어에서 '종결'의 양가성과 아이러니는 전후 서부극의 상상적 풍경을 지배하게 되었다. 비록 서부극 감독들이 터너가 끌어낸 결론[24]을 대체로 무시하기는 했지만, 서부극은 그의 설명 중 극적 긴장과 애상적 색채의 원천으로서의 고별적 특질에 오랫동안 의지해 왔다. 윌리엄 S. 하트는 그의 마지막 출연작 <텀블위즈*Tumbleweeds*>(1925)에서 읊조린다. "아아, 이것이 서부의 최후로군." 포드의 <리버티 밸런스를 쏜 사나이>는, 국가로서의 지위와 법률 통치의 옹호자인 주인공 랜섬 스토다드와, 보다 느슨하게 규제되는 토지 제도로부터 이득을 취하는 거대 목장 이권의 하수인인 극악무도한 밸런스에 의해 '프론티어의 종결'이라는 주제를 꽤 노골적으로 다룬다. 밸런스는 정신병적 살인청부업자이며 이 영화의 공감대가 어디에 놓여 있는가는 의심의 여지가 없다. 그러나 밸런스를 실제로 죽인 영예로운 국경 지방 주민 톰 도니폰은 (문자 그대로 그리고 비유적으로) 그림자 속으로 물러나며 결국 알코올 중독 극빈자로 몰락하여

23. 1평방 마일에 2명 미만의 인구 밀도로 정의되는.

24. 터너는 '자유로운 땅'이라는 사회 '안전판'의 상실과 더불어, 마침내 20세기 미국 사회는 계급 반목을 포함한 다른 모든 근대 산업 국가들의 문제에 직면하게 되었다고 주장했다.

죽음을 맞이하는데, 이것은 어찌 보면 밸런스를 죽인 후 신본 마을 여기저기에 울려퍼진 외침 — "리버티[자유]가 죽었다!" — 에 담긴 반어적 비난을 암시하는 것이라 할 수 있다. 이 영화의 풍부한 상징 어휘는 신본 마을의 이야기가 프론티어의 종결에 대한 일종의 우화이며 '자유[리버티]'의 '원자가*valence*[밸런스]'에 대한 구체적 실례임을 분명히 한다.

1962년 <리버티 밸런스>와 나란히 개봉한, 다른 주목할 만한 서부극 두 편 <고독한 전사*Lonely Are the Brave*>와 페킨파의 <대평원>도 같은 주제를 다뤘다. 이 세 편과 함께, 서부극의 시초부터 존재해 온 애상적 혈통이 몇십 년간 지배적인 주제로 떠올랐으며, 바로 그 기간 동안 그 장르는 가장 두드러지고 표면상 말기적인 쇠퇴를 경험하게 된다. 서부극 주인공이 자신의 잉여성을 대면하게 되는 '종말*end-of-the-line*' 서부극은 1960년대와 1970년대 그 장르를 지배했다. <내일을 향해 쏴라*Butch Cassidy and the Sundance Kid*>(1969)의 주인공들은 그들의 운명을 피투성이 절망보다는 차분한 묵종의 분위기에서, 그들이 전설로 남을 것이라는 위안과 함께 맞이한다. <건파이터의 최후*Death of a Gunfighter*>(1969)나 <와일드 로버스*Wild Rovers*>(1971), <톰 혼*Tom Horn*>(1980)의 운명적 주인공들은 불운하며, 그들의 추악하고 고통스런 죽음은 단지 돈에 좌우되는 사회를 증명할 뿐이다. <윌 페니*Will Penny*>(1968), <몬테 월쉬*Monte Walsh*>(1970), <야생마*The Misfits*>(1961), <허드*Hud*>(1963) 등을 포함한 몇몇 현대 서부극, 그리고 1970년대 초반의 로데오 영화들 — <J. W. 쿱*J. W. Coop*>, <전설의 최후*When the Legends Die*>, <혼커스*The Honkers*>, 페킨파의 <주니어 보너*Junior Bonner*>(모두 1971) — 에서 신화적 서부의 영웅 코드는 노동하는 서부인의 생존을 위한 일상사에 있어 냉혹하리만큼 부적절한 것으로 그려진다. 이러한 영화들의 다수는 서부를 '실제 그대로' 보여 주기 위해 신화의 장식들을 벗겨 낼 것을 주장하였다. 다른 한편으로, 그렇게 하고자 하는 그들의 관심사는 지배 역사(혹은 신화)의 반대편을 제공하려는 욕망으로 인해 몹시도 분명하게 촉발되었다. 이는 서부극 자체가 참여하는 일종의 역사-만들기 과정에 관한 문제들을 제기하는데, 바로 이에 대해 지금부터 살펴보고자 한다.

## 서부극들의 역사

> "이건 와일드 웨스트[개척 시대 서부 지방]가 아니야. 내 말은, 와일드 웨스트조차도 와일드 웨스트가 아니었어."
>
> — 존 스파르탄(실베스터 스탤론), <데몰리션 맨 *Demolition Man*>(1993)

터너 논제에 대한 최근의 비평들은 터너가 프론티어 역사에 대한 설명을 국가적 신화라는 단순화되고 원형적인 방식으로 자의식적으로 묘사했음을 밝히고 있다. 물론 서부극에 대해서도 거의 동일하게 말해질 수 있다. 감독들은 엄밀하게 역사 조사를 하였으며, 결과적으로 그 작품에는 역사적 '진정성'이 있음을 일관되게 증언한다. 사실 여기에는 일종의 세대 논쟁이 존재하는데, 뉴 웨이브 서부극 감독들은 하나같이 '더 진실된' 모습의 '진짜' 서부를 되찾고자 했던 것이다. 하지만 최초의 위대한 무성 시대 서부극 스타들은 브론코 빌리 앤더슨과 (특히) 윌리엄 S. 하트마저도 그들의 스크린 페르소나의 외양을, 비교적 단조로운 실제 노동 장비보다는 와일드 웨스트 쇼 카우보이의 정교한 장비로 치장했다(Lusted, 2003: 90을 보라). 또한 그들이 합성해 낸 강력한 인물 유형들 — 그중에서도 하트의 '선한 악인' — 은 확고한 재현 매개 변수를 확립(하고 관객 기대를 창출)하였으며, 그 이후의 감독들은 자신들만의 서부 버전을 불가피하게 그에 반하여 정의해야 했다. 설령 그들의 공식적인 의도는 그러한 허구들 너머 추정되는 역사적 현실로 돌아가는 것이었다 해도 말이다.

서부 근대 역사들 — 허구적 서부극에 부인할 수 없는(비록 대체로 지연되고 예측할 수 없이 매개되었다 해도) 영향을 끼쳐 온(Worland & Countryman, 1998을 보라) — 을 따라, 서부극의 가장 중심 모티브들 중 어떤 것들은 그 기원을 '실제' 역사보다는 대중의 기억, 문화적 신화, 이데올로기적 필요에 교점을 두고 있음이 명백해졌다. 예를 들자면, <건파이터>(1950)에서 <퀵 앤드 데드*The Quick and the Dead*>(1995)에 이르기까지 전후 서부극의 핵심 인물인 프로페셔널 총잡이 — "그들에게 격식을 갖춘 살인은 천직이자 예술이기까지 한" — 는 슬롯킨(Slotkin, 1998: 382)의 표현대로, "옛 서부의 도덕관이 아니라 냉전 시대 프로페셔널리즘과 폭력에 관한 관념이 반영된 …… 영화의 창작"이다. 심지어 총 혹은 최소한 권총조차도, 서부극이 우리에게 믿게 만드는 것보다는 덜 보편적이었을 수 있다. <매케이브와 밀러 부인>(1971)에서 매케이브가 장로교회의 채굴 개척지에 나타났다는 호기심 어린/겁먹은 소문이 퍼지는 장면에서(마을 사람들이 추측하듯 매케이브가 실제로 그 악명 높은 총잡이 '퍼지' 매케이브인지, 혹은 '퍼지'가 프론티어 상상의 또 다른 허구에 불과한지의 여부는 의도적으로 불분명하게 남겨진다), 아마도 로버트 알트먼은 뭔가 비난하고 있었을 것이다.

더구나 역사를 신화로 그려내는 과정은 전후의 주요 서부극 상당수가 집중하는 바이다. 역사가도 — 그 범주를 신문 기자와 싸구려 소설 작가로까지 확장시킨다면 특히나 — 서부극에 놀랄 만큼 빈번하게 등장하는데, 각별히 1960년대 이후로 서부극이 국가적 자아상을 만들어 내는 데 있어 스스로의 역할에 관한 자의식 증가로 특징지어짐에 따라 더욱 그러하다. <작은 거인>에서 112세의 잭 크랩은 어리벙벙한 민족학자에게 자신의 인생 이야기를 들려주는데, 반면 자극적으로 과장하는 글쟁

이들은 대부분의 빌리 더 키드 이야기의 전형적인 특징이다. 어쩌면 모든 서부극 가운데 가장 유명한 대사(출처가 불분명한 '남자는 할 일을 한다'를 제외하고)는 존 포드의 <리버티 밸런스를 쏜 사나이> 마지막 즈음에서 바로 그런 기록자가 한 말일 것이다. 서부 개척지의 지역 신문 편집장은 마을의 유명 인사인 미 상원의원 랜섬 스토다드의 충격적인 고백을 이제 막 들은 참이다. 스토다드가 정치 경력을 쌓아 올려나간 기반이 되는 영웅적 명성 — 아주 오래전 당시 무법천지 프론티어 개척지였던 신본 마을의 거리에서 스토다드가 악명 높은 총잡이 리버티 밸런스를 사살했다는 — 이 실은 일생의 거짓말이라는 것이다. 실제로는, 밸런스를 총으로 쏘고 동부에서 온 풋내기 법률가를 죽음에서 구해낸 것은 지역 목장주 톰 도니폰으로, 스토다드는 바로 그의 극빈자 장례식에 참석하고자 신본 마을로 돌아온 것이다. 스토다드는 일종의 배상 — 죽은 도니폰에게, 그의 아내 핼리(원래는 도니폰의 애인이었던)에게, 역사에게, 자기 자신에게 — 의 형태로 기록을 바로잡고 싶어 한다. 그러나 신문 편집장은 스토다드의 이 믿을 만하지만 수정주의적인 설명을 싣지 않으려 하는데, 이는 다음과 같은 이유에서이다. "이것이 서부입니다. 전설이 사실이 될 때 전설을 기록하라!" 이 경구는 서부극이 역사와 맺는 모호한 관계에 대하여, 이 장르에서 가장 유명한 감독의 반영적 요약으로 곧잘 인용된다.

역사가 어떻게 쓰여지는가에 대한 이 영화의 설명에서 대체代替 버전과 관점들은 오직 판타지를 통해서만 가능한데, 이를 포드는, 스토다드의 회상 장면에서 자의식적으로 과장된, 거의 고풍스런 시각 양식을 사용함으로써 스토다드의 설명에 자리 잡은 이기적인 왜곡의 요소를 드러내며 강조한다. 그러나 그러한 스토다드의 설명은 우리에게 주어진 유일한 설명으로 남는다. '역사'는 전설에서 시작되어 전설로 끝나며, 그 전설은 역사적 사실로부터나, 그것에 대한 그 어떤 개인의 고쳐 말하기로부터나,

본질적으로 자율적이다. 따라서 랜섬 스토다드가 관 속의 톰 도니폰처럼 신화적 정체성 — 시간과 상황과 역사적 필요 모두가 그에게 강요하는 — 에 다시금 못 박아 고정될 때 그가 마침내 깨닫게 되는 교훈은, 이것이 그(또는 우리)가 원하는 (서부) 역사는 아닐지라도, 그것이 우리에게 주어진 역사로 남는다는 것이다. 따라서 '기록을 바로잡으려는' 순진한 시도는, 역사가 역사 고쳐 말하기의 바깥에 존재한다는 그 자신의 관념적 환상에 의해 실패하게 되어 있다. 어떤 이야기들의 이데올로기적 중층 결정은 그 이야기들이 전달되는 재현 패러다임 내부로부터의 구제*redemption*를 금한다. 이처럼 냉혹한 장르 논리에 의해, 반드시 전설이 기록되어야 할 뿐 아니라, 다른 무언가 — 보다 '진실된' 무언가 — 의 기록 (혹은 촬영) 가능성이란 사실상 결코 존재하지 않는 것이다.

이와 유사한 함의가 스파게티 웨스턴의 거장 세르지오 레오네의 첫 번째 미국 스튜디오 영화 <원스 어폰 어 타임 인 더 웨스트>(1969)의 장중한 마지막 숏에서 전달된다. 이 서사시적 영화가 정통 장르 방식으로 냉혹하게 쌓아 올린 클라이맥스 총격전 후 먼지가 내려앉을 때, 그리고 살아남은 총잡이가 우리의 예상대로 석양 속으로 말을 타고 떠나갈 때, 새로 깔린 철로 위로 첫 기차가 이제 막 생겨난 스위트워터 마을에 도착하면서 프론티어의 삶은 우리의 눈 앞에서 사라진다. 마치 철로와 그것이 표상하는 독점 자본주의가 역사적 시간의 전조前兆이며 동시에 신화적 서부는 전설 속으로 물러났음을 증명하려는 듯, 이 영화의 제목(오프닝 크레딧에서 제외됐던)이 고전적 '서부극' 서체로 나선형을 그리며 화면에 등장하고, 마침내 먼지투성이 벌판 속으로 사라진다. 이처럼 <원스 어폰 어 타임 인 더 웨스트>는 서부극의 전사前史를 제공하고자 한다. 그러나 관객에게 그 영화의 재현 역설은 이러한 전사 자체가 오직 서부극 자체에 의해서만 접근 가능하다는 것이다. 그 영화의 사건이 서부극 신화의 근본적 순간을 다룰 수 있는 반면, 그것은 오직 그 장르 자신의 전형적 *paradigmatic* 서사와 인물 성격 규범(말없는 복수자, '무법자 영웅,' 나쁜 놈, 부도덕한 사업가, 매춘부 등등) 속에서만 가능하니 말이다. <원스 어폰 어 타임 인 더 웨스트>는 역사 핍진성에 대한 서부극의 주장을 발가벗기고, 그것의 본래부터 제의화되고 양식화된 측면들을 거의 패러디적인 극단 — 영화에서 서사의 신빙성과 심리적 리얼리즘을 비워 내는 — 으로까지 밀어붙인다. 이를테면 우리가 장르 요소 간에 미리 정해져 있는 구조적 관계에 대해서만 근본적으로 인식하게 될 정도로까지 말이다. 레오네의 유희적 영화는 진짜 역사 탐구를 지탱하는 서부극의 능력을 모든 국면에서 도전하며, <리버티 밸런스를 쏜 사나이>에서 랜섬 스토다드가 가르쳐 준 장르 필연성에 대한 구체적 실례를 그것의 주요한 수행적 모순으로 발전시킨다. 진실은 그리 간단하지 않아서, 결국 관객에게 있어 재현을 통한 서부극 '이전의' 그 어떤 추정적 시간으로의 접근도 없으며 — 또한 <원스 어폰 어 타임 인 더 웨스트>의 어떤 관객도 그것을 의심할 수 없으며 — 따라서 직접적인 역사 재현의 가능성도 없다. 다시 말해 서부는 이미 항상 '옛날 옛적에[원스 어폰 어 타임]'인 것이다.

이러한 불가항력적 텍스트성이 주어진 이상, 서부극의 서부 역사 버전이 역사가에 의해 복구된 역사적 서부에 대개 느슨하게만 결부되어 있는 것은 놀랄 일도 아니다. 예를 들어 샤츠(Schatz, 1981: 48)는 비록 서부 개척지 이야기가 주로 농사와 기업 행위의 이야기일지라도 전형적으로 서부극은 그것이 서사적으로 옹호하는 농민 생활 방식에 그저 말로만 경의를 표한다고 지적한다. 즉 <셰인>으로부터 <페일 라이더 *Pale Rider*>(1985)에 이르기까지 덕 있고 근면한 남편은 천연 자원을 낭비하며 공동체 원칙에 관심 없는 무자비한 목장주와 대립되지만, "할리우드 버전의 옛 서부는 역사와 관련이 없듯 농사와도 거의 관련이 없다. 비록 전원적 가치관과는 많은 관련이 있을지라도 말이다." 농부와 소상인(목부牧夫와 악덕 자본가에 대립되는)은 서부극에서 좀처럼 중심 인물로 등장하지 않는다. <제시 제임스>(1939)나 <무법자 조시 웨일스*The Outlaw Josey Wales*>(1976)의 주인공들처럼 불안함이나 부당함이 그들로 하여금 집과 대지를 버리도록 만들지 않는 한 말이다. <바람둥이 길들이기*Goin' South*>(1978)와 <리틀 조의 노래*Ballade of Little Jo*>(1995)처럼 이러한 규칙에 대한 예외들은 다른 방식에서도 장르적으로 비전형인 경향이 있다.

결국 그 장르를 가장 쉽게 알아볼 수 있는 풍경을 제공하는 것은 미주리나 아이다호의 비옥한 토지가 아니라 애리조나의 붉은 사막과 로키 산맥의 험준한 봉우리들이다. 사실, 전후 서부극은 떠도는 카우보이 혹은 총잡이와 농촌 사회 — 그가 지키고 그가 부분적으로 속해 있던, 그러나 결코 그 일부가 될 수 없는 — 간의 상충되는 가치들의 갈등 속에서 종종 파토스를 발견한다. 꼬마 조이의 애절한 호소에도 불구하고 셰인은 그가 떠나왔던 평원으로, 아마도 치명적인 부상을 입은 채, 말을 타고 사라진다. <황야의 7인*The Magnificent Seven*>에서 살아남은 두 멤버가 약탈을 일삼는 도적들로부터 멕시코 마을을 구하고 떠날 때(세 번째 멤버는 본래 출신인 농부로 돌아갔다), 7인의 리더인 크리스는 이렇게 느낀다. "농부들이 이겼다. 우리는 졌다. 우리는 항상 진다."[25] (이와 대조적으로, 1930년대 'B'급 서부극은 전형적으로 주인공이 낭만적인 남녀 한 쌍을 이뤄 제단으로 나아가는 것으로 끝난다. 이는 섭정기와 빅토리아 시대 소설 이래로 결혼 코미디에 밀접하게 연결되어 온 토지 소유보다 프론티어의 개척이 이러한

25. 존 스터지스의 <황야의 7인>(1960)은 구로사와 아키라의 <7인의 사무라이>(1954)를 서부 배경으로 옮겨 놓은 리메이크 작품이다. 이 마지막 대사 역시 원작에 나오는 것으로, 전후 서부극에서 농민과 대립되는 총잡이의 위상을 요약하는 이 말이 실은 일본을 배경으로 쓰여졌다는 것은 아이러니가 아닐 수 없다. 물론 구로사와가 존 포드 등의 서부극에 영향받아 이 영화를 만들었다는 사실은 이러한 아이러니를 어느 정도 상쇄한다. — 옮긴이

영화들에서 훨씬 덜 중요하다는 스탠필드[Stanfield, 1998; 2001]의 논의를 입증하는 것이다).

요컨대, 서부극에서 역사적 서부의 이미지는 항상 그리고 이미 바로 그것이다. 즉 역사 기록 — 그 자체로 결코 흠 없거나 공평하지 않은 — 의 관점에서 만들어진 하나의 이미지. 이는 물론 서부극 역사가 그 어떤 손쉬운 의미에서도 '비현실적'이거나 '거짓'됨을 의미하지 않는다. 하지만 그것은 그러한 역사들이 애초부터 '중층 결정된' 문화적 산물들이었음을, 즉 복합적이고 때로는 모순적인 인과 요소들에 종속됨을 의미한다. 알렉산드라 켈러(Keller, 2001: 30)가 지적하듯, "만일 서부극이 역사 담론과 실제 관계가 없다면, 서부극이 갖고 있는 힘을 거의 갖지 못했을 것이다. 그러나 그 관계는 장르 자신이 전형적으로 주장하는 것보다 훨씬 더 복잡하다." 재닛 워커(Walker, 2001)는 서부극이 상당히 명백하면서도 근본적인 방식으로 역사에 뿌리내리고 있음을 지적한다. 서부극은 서사 전제로 분명 서부에 관한 역사 자료에 의존한다. 와이어트 어프, 빌리 더 키드, 제시 제임스, 조지 암스트롱 커스터, '와일드 빌' 히콕, '캘러미티 제인'(마티 캐너리), 제로니모 등과 같은 개별 역사 인물들이 여러 서부극에 중심적으로 혹은 주변적으로 등장하며, 한편으로는 인디언 전쟁, 대륙횡단 철도 건설, 골드 러시 등의 거대 서사들이 라이트(Wright, 1975)에 의해 규명된 여러 기본적 서부극 서사 패러다임들을 제공하며 가공의 줄거리들에 대한 배경 역할을 한다.

그러나 보다 복잡하게는, 서부극이 활용하는 '진짜' 역사가 그 자체로 "파편화되고 흐릿하며, 판타지 구조로 점철되어" 있다고 할 때(Walker, 2001: 10), 사실에 입각한 모호하지 않은 역사적 실재(그것에 대하여 어쨌든 우리는 매개되지 않은 접근을 할 수 없는데, 이는 모든 역사가 부득이 담론과 서사를 통해 구축되기 때문이다)를 주장하는 것은 마찬가지로 순진한 일일 것이다. 철도(와 국가) 건설에 관한 서사시인 ＜철마 *The Iron Horse*＞(1924)는 오프닝 타이틀에서

"모든 기록된 사항에서 정확하고 충실"하다고 주장하며, 유타 주의 프로몬토리 포인트에서 대륙 철도와 태평양 철도의 그 유명한 합류를 정지된 그림[타블로 *tableau*]처럼 연출하는 것으로 클라이맥스에 도달한다. 그러나 포드가 여기서 재창조하는 이미지 자체는 철도 사진가 A. J. 러셀A. J. Russell[26]에 의해 신중하게 연출된 것임을 생각할 때, 묘사되는 '역사'의 적확한 본성은 의심스럽다. 이 장의 마지막 단락에서 논의하겠지만, 사실 서부극에 대한 대부분의 분석은 기록되고 있는 서부 역사의 요소들에 초점을 맞추기보다는 — 설령 그 요소들이, 흔히 그렇듯, 실제 사건과 인물들을 극화할지라도 — 그 제작의 직접적인 컨텍스트들 — 산업적, 사회적, 그리고/또는 정치적 — 의 중요성을 강조하거나, 진화하는 장르 패러다임을 둘러싼 서부극의 내적 대화를 강조한다.

## 역사 속의 서부극

샘 페킨파의 1969~1973년도 서부극 <와일드 번치>, <케이블 호그의 발라드*The Ballad of Cable Hogue*>, <관계의 종말>은 앞에서 논의됐던 '종말' 서부극의 핵심 사례들이다. 그보다는 덜 비극적인 현대물 <주니어 보너>와 함께 이 영화들에서 페킨파는, 패거리[번치]의 리더인 파이크 비숍(윌리엄 홀덴)의 인상적인 언급처럼 "우리는 우리 총 너머를 생각해야만 한다. 총의 시대는 빠르게 끝나가고 있다"는 시대에, 서부의 움츠러드

26. 남북 전쟁 후 본격적인 프론티어의 개발과 더불어 이를 사진으로 기록했는데, 여러 새로운 경관과 인디언의 유적 등을 촬영한 이 기록 작업에는 주로 남북 전쟁 때 활약한 종군 사진가들이 참여했다. 종군 사진가였던 A. J. 러셀도 유니언 퍼시픽 철도 건설 공사 등을 촬영했다. — 옮긴이

는 지평선과 서부인의 얼마 남지 않는 선택 사항들을 탐구한다. 페킨파의 주인공들은 전형적으로 새로운 시대에 적응할 수 없거나 이를 거부하지만, 마찬가지로 냉혹한 사회 변화의 속도를 저지할 수도 없다. 더글러스 파이가 논평했듯(Pye, 1996: 18), 그들의 "행동 범위는 어쩌면 결국 어떻게 죽는가의 선택으로 제한[된다]." <대평원>의 클라이맥스에서처럼, 그리고 무엇보다 주인공 일당이 결국 그들 자신(과 많은 멕시코 병사들 및 동조자들)을 제물로 바치는 악명 높은 대량 살상 장면에서처럼 말이다. 효과적이게도, 그들은 현대 과학 기술의 화신들에 둘러싸인 채 최후의 저항을 하는데, 현대 산업의 살상 관행에 비할 때 그들의 잔인성은 그저 이 영화의 노골적이고 당혹스런 오프닝 시퀀스(전갈을 괴롭히는 아이들)에 묘사된 폭력적 아이의 장난처럼 느껴질 뿐이다. 이러한 현대의 살인 금자탑에는 프로이센 군사 고문과 기관총이 포함되어 있는데, 그들은 임박한 1차 세계 대전의 기계화된 대량 학살을 예고하며(영화의 배경은 1913년이다), 미국의 1차 세계 대전 참여는 미국의 프론티어 경험을 옛 서부로부터 더 광활한 세계로 확장시킬 것이다. 이처럼 현대로의 트라우마적 전환은 어떤 단계에서 역사 속의 그리고 역사의 한 순간이다. 또 다른 단계에서, 이렇게 기록된 역사는 그 영화 제작의 역사적 순간과도 연결되어 있다. 즉 당시 미국의 폭력적 현대성의 역사적인 부수적 결과가 베트남 전쟁인데, 점차 심각해지는 그 피투성이 야만성을 페킨파는 명백하게도 <와일드 번치>의 전례 없는 광포함에서 상기시키고자 했던 것이다. (페킨파에 대해서는 Prince, 1999; Dukore, 1999; Prince, 1998; Seydor, 1997을 보라.)

잭 내츠바(Nachbar, 2003: 179)는 "서부극의 소재가 대개 1850년 이후의 역사적 서부였지만, 실제 정서적, 이데올로기적 소재는 영화가 개봉되던 시대의 다양한 이슈들이었다"고 쓰고 있다. <와일드 번치>와 1970년대 초반의 보다 명백한 '베트남 서부극들' — <작은 거인>, <솔저

블루>, <울자나의 습격>(1971) 같은 — 은 표면적인 역사 틀을 벗어나 직접적으로 시사 사건에 초점을 맞춘 서부극의 명백한 사례들이다. 베트남의 경우, 프론티어 역사의 신화 버전을 요약하는 미국의 대외 정책에 대한 명백한(설령 인상에 의존한 것일지라도) 인식은, 전쟁 당시 몇몇 영화 감독들이 반전 운동과 공유했던 분노와 결합되어, 그러한 수정주의 서부극들을 단지 사회적이고 산업적으로 필요할 뿐 아니라(진짜 베트남 전쟁 영화를 만드는 것이 불가능함을 생각할 때. 4장을 참조하라) 장르적으로도 필요한 것으로 만들었다(베트남과 서부극에 대해서는 Slotkin, 1998: 520~548, 578~592; Engelhardt, 1995: 234~240을 보라). 일반적으로, 1960년대 말과 1970년대의 '수정주의' 서부극들은 대개 베트남, 민권 투쟁, 뉴 레프트 등의 컨텍스트 속에서 그 장르의 전통적이며 단정적인 신화들에 맞서고 이를 전복시키는 것으로 간주된다. <매케이브와 밀러 부인>, <마지막 영화*The Last Movie*>(1971), <키드 블루*Kid Blue*>(1973), <미주리 브레이크*The Missouri Breaks*>(1976), <버팔로 빌과 인디언*Buffalo Bill and the Indians*>(1976), <천국의 문>과 같은 영화들은 적어도 부분적으로는 이처럼 할리우드 장르 중 가장 '공식적*official*'이고 규범적인 장르를 위반하는 형태로 반체제 문화 정치학에 의해 다양한 방식으로 촉발되었다. 사실, 1970년대 뉴 할리우드 '영화 악동' 감독들에 대한 비평의 관심이 이 시기 산업 내 태도와 예술상의 변화의 정도를 과장되게 강조하는 경향이 있긴 했지만, 적어도 서부극에서 저항적이며 수정주의적인 태도는 의심할 바 없이 지배적이었다.

서부극은 그처럼 오랜 역사를 가졌기에, 또한 그 표면상의 소재가 역사적으로 제한되기에, 그것의 다양한 부수적 역사 맥락들의 흔적은 상이한 정도로 상이한 시기에 각별히 두드러졌다. 이들 중 일부 — 나치나 일본군과 싸우게 하기 위한 시리즈 서부극 영웅의 전시戰時 동원 같은 — 는 피상적이고 명백한 반면, 또 어떤 것들은 더 깊이 뿌리내리고 있다.

시리즈 서부극(사실상 대체로 역사 시대 인식이 더 희박한)에 대한 스탠필드의 글은 불황기 동안 'B'급 서부극이 주요 (대개 농촌) 관객의 직접적인 경제적 관심사와 직결된 토지 소유권 투쟁에 대해 강조하고 있음을 간파한다. 여러 연구자들이 주목했듯, 전쟁 후 1950년대 이래로, 서부극에서 아메리카 인디언들의 희생을 강조하는 내용이 늘어난 것은 대부분의 경우 인디언의 권리에 대한 새로워진 관심보다는 전후 시기의 민권 투쟁과 인종 정책과 더 관계가 있었으며, 여기서 '인디언'은 유용하게 치환된, 상대적으로 비논쟁적인 은유를 제공했다(비록 닐[Neale, 1998]이 인디언들과 인디언 역사 — 그 은유적 의도가 무엇이든 간에 결국 친인디언 서부극에 구체적으로 존재하는 — 를 아프리카계 미국 흑인들과 더불어 간단히 생략해 버리는 것에 대해 적절하게 경고했지만 말이다).

일반적으로 서부극은 아프리카계 미국 흑인에 대한 제한된 묘사에 있어 대부분의 고전 할리우드 영화(가령 <산타페 트레일*Santa Fé Trail*>[1940]에서 노예 해방 운동가 존 브라운의 과격주의를 비난하는 겁 많고 자유를 꺼리는 검둥이들, <국가의 탄생>[1915]에서 그리피스의 '충실한 영혼들'의 직계 자손들)보다 더 (혹은 덜) 관습적으로 인종 차별적이지 않았다. 그러나 다른 장르들과 달리, 인종은 이미 명백하게 서부극의 핵심 요소였다. 프론티어 개척을 드라마로 만들기 위해서는 백인 개척자나 군인들과 아메리카 토착 원주민들 간의 관계 묘사가 필요하니 말이다. 혼교라든가 인종 간 충돌 같은 이슈들은, 18세기 포로 이야기에서 싸구려 소설과 멜로드라마에 이르는, 서부극의 중심적 서사 원천들로부터 대대적으로 넘어온 것으로, 이것들은 백인-인디언 관계에 전형적으로 초점을 맞추었지만 또한 라틴 아메리카 인물들에 대해서도 어느 정도 다뤘다. 박해와 인종 학살의 '대리' 희생자로서의 인디언이라는 이러한 일반 규칙에 대한 예외들이 분명 존재하는 반면(아마도 포드의 <샤이엔의 가을 *Cheyenne Autumn*>[1964], <늑대와 춤을*Dances with Wolves*>[1990], 그리고 현대 서부극 <워 파티*War Party*>[1988], <붉은 사슴비*Thunderheart*>[1992] 등을 포함하는) 아메리카 원주민은, 미 제국주의의 인종 학살 희생물로서 재구상될 때조차도,

백인 사회의 상상적 구성물로 남는다. '친인디언' 서부극들은 거의 항상 어떤 고전적 서부극 인물, 즉 '인디언을 아는 백인 남자'의 관점에서 이야기된다. 이러한 자민족 중심의 틀은 <브로큰 애로우>와 <지옥문을 열어라>에서 <내일을 향해 달려라*Tell Them Willie Boy Is Here*>(1969)를 거쳐 <늑대와 춤을>과 <제로니모*Geronimo: An American Legend*>(1993)에 이르기까지 대체로 그대로 남아 있다.

미국 민권 운동의 진전은 1960년대 초반부터 점차 흑인 얼굴이 비록 여전히 부차적이긴 하지만 의미 있는 역할에 등장하는 것을 보장하였다. 특히 우디 스트로드는 존 포드 극단(<럿리지 상사*Sgt. Rutledge*>[1961], <투 로드 투게더*Two Rode Together*>[1961], <리버티 밸런스를 쏜 사나이>)의 일원으로 자리 잡았으며, 레오네의 <원스 어폰 어 타임 인 더 웨스트>와 마리오 반 피블스의 <파시*Posse*>(1993)에서 고전적 서부극의 한 상징으로 기능을 할 정도가 되었다. 시드니 포이티어는 신중한 수정주의 영화 <검둥이와 목사*Buck and the Preacher*>(1971)를 연출하고 직접 출연까지 했는데, 이 영화는 백인에 의한 희생이라는 공통점에 기반한 옛 노예들과 인디언들 간의 연합을 그린다. 그러나 — 아마도 서부극 장르와 백인 지상주의 태도의 부인할 수 없는 연관 때문에 — 흑인 중심 서부극은 여전히 매우 드문 상태이다. 특히 <검둥이 찰리의 전설*The Legend of Nigger Charley*>(1972) 같은 블랙 익스플로이테이션 영화 시대*blaxploitation-era*[27]의 성공작들과 '갱스타'[흑인 갱스터] 서부극 <파시>는 완전히 상이한 정치적, 문화적 궤도를 갖는 이탈리아 서부극의 양식 모티브들을 채택함으

27. 'blaxploitation'은 'black'과 'exploitation'이 결합된 단어로, 흑인 관객을 대상으로 하는 익스플로이테이션 영화를 말한다. 1970년대 초반 등장한 이 영화들은 주로 흑인 배우들을 기용하여 아프리카계 미국인의 관심사들을 다뤘다. — 옮긴이

로써, 미국 서부극의 주류 전통으로부터 이데올로기적으로 거리를 둔다(아래를 보라).

미국 남성성의 모델을 구축하는 데 있어 특히 1950년대 전성기 서부극의 역할은 최근 상당한 비평적 질문의 주제가 되어 왔다(가령 Tompkins, 1992; Mitchell, 1996을 보라). 그러나 이것을 ('1950년대'에 대한 전반적 환기 너머) 어떤 명확한 역사적 컨텍스트 속에 위치시키기는 다소 어렵다는 것이 드러났다. 레이다(Leyda, 2002)는, 노래하는 흑인 서부극에 의해 호명된 관객(아프리카계 미국 남성 청소년)을 명시하고자 시도하고, 그 결과 모방할 가치가 있는 것으로 규정되는 특정 종류의 남성 행동을 구체화했는데, 특히 이러한 점에서 성공적이라 할 수 있다. 장르에 대한 그 모든 풍부한 논평들에서, 전쟁 이후 서부극은 그것의 역사 컨텍스트들의 복구와 탐구를, 이를테면 최근 무성 서부극만큼이나 드물게만 엄격하게 받아들였다(앞서 '서부극의 역사들' 단락을 보라. 비록 슬롯킨[Slotkin, 1998]과 코킨[Corkin, 2000]은 프론티어 신화에 대해 전쟁 이후 진화하는 재개념화를 엘리트 여론 형성자들과 정책 입안자들 간의 협력적 이데올로기 논쟁에 연결키지만).

1960년대 초반 이래 서부극의 쇠퇴에 관한 전적으로 상이하고 대체로 추론적인 한 관점은 서부와 남서부 — 전통적으로 서부극의 지리적 핵심 지역 — 에서 국가적, 정치적 부각이 동시에 두드러지게 **발생**했다는 것에 주목할지 모르겠다. 1900년과 1945년 사이, 그때까지는 다소 외지고 인구 밀도도 낮았던 '선벨트*sunbelt*'[28] 주들은 백악관에 단 한 의원(허버트 후버)만을 파견했다. 반면, 1945년부터는 단 두 명을 제외한 모든 대통령이 미시시피 서쪽(캘리포니아, 텍사스, 네브라스카 — 각 두 번씩 — 그리고 미주리)이나

28. '태양이 비치는 지대'라는 뜻으로 미국 남부 15개주(노스캐롤라이나, 버지니아, 오클라호마, 캘리포니아 등)에 걸쳐 있는 지역을 말한다. — 옮긴이

예전 남부 연방(아칸소, 조지아) 출신이다. 미국 정치 지형에서 이러한 결정적 전환으로 인해 가능한 결과 하나는, 미국 생활에서 이제는 두드러지고 영향력 있으며 (아마도 혹자에게는) 지나칠 만큼 확고한 정치, 경제 세력이 된 서부가 서부극의 전통적인 신화 관점으로 그리 쉽게 과장되지 못한다는 것이다. 비록 알라모 같은 신화의 집결지가 굉장히 인기 있는 관광지로 남아 있다고는 해도, 서부는 더 이상 대도시 미국이 국가 정체성의 판타지를 투사하는 공간이 아닐 것이다. 이제 점차 미국 문화의 조건을 규정하는 것은 (도시화되고 기업화되고 오염된) 서부 자신이다.

그럼에도 서부극은 '죽지' 않았다. 오히려 서부극은 ＜스타 워즈*Star Wars*＞(1977), ＜다이 하드＞(1988), ＜폴링 다운*Falling Down*＞(1993), ＜토이 스토리*Toy Story*＞(1995) 등을 포함한 다양하기 그지없는 할리우드 영화들에서 서사적, 주제적 모티브들의 원천이자 문화적 준거점으로, 또한 주기적 갱신에 이용 가능한 할리우드 장르 목록의 영속적인 일부로 남아 있다. 서부극은 그것을 이른바 절멸시킨 ＜천국의 문＞ 이래로 25년간 적어도 세 번의 중요한 부흥을 경험해 왔다. 1984～1988년에 한 번, 그리고 두 번째는 1990～1995년에 비평과 상업에서 모두 성공한 ＜늑대와 춤을＞과 ＜용서받지 못한 자＞를 중심으로 보다 광범위하고 성공적인 사이클, 마지막으로 최근에는 2004년 HBO TV 시리즈 ＜데드우드*Deadwood*＞는 물론 ＜오픈 레인지*Open Range*＞, ＜알라모*The Alamo*＞, ＜실종＞ 및 유럽 서부극 ＜블랙베리*Blackberry*＞의 개봉과 더불어서이다(앞의 두 사이클에 대해서는 Neale, 2002: 29～34를 보라).

## 할리우드 너머

서부극처럼 미국 삶의 상상계 구조에 너무도 촘촘히 짜여져 있는 장르가 상이한 시기에 다른 내셔널 시네마 몇몇에 의해 성공적으로 흡수되었다는 것은 놀라운 일이다. 서부극은 가령 독일에서 무성 시대로부터 2차 세계 대전 발발까지 내내 — 나치 시대의 몇몇 제작을 포함하여 — 그리고 1960년대에 다시 성공적으로 제작되었으며, 그중 많은 경우는 칼 마이Karl May의 20세기 초 통속 소설들에 의지하고 있다(가장 잘 알려진 것은 아마도 1962년에 영화로 만든 <은빛 바다의 보물*Der Schatz im Silbersee / The Treasure in the Silver Sea*>과 1964년에 만든 <올드 셰터핸드*Old Shatterhand*>일 것이다). 쾨프닉(Koepnick, 1995)은 1920년대의 독일 서부극에서 '아메리카니즘'에 대한 바이마르 공화국의 보편적 매혹의 어떤 특수한 개정을 발견하는데, 즉 전형적으로 미국에 연결되어 있는 합리화된 초현대성을 가늠하고 정착시키기 위해 신화적 서부의 원시성이 이용된 것이다. 따라서 독일 관객들은 "현대성과의 결정적인 타협"(p.12), 나치 시기 서부극에서 예상대로 훨씬 명쾌하게 반동적인 태도로 넘어간 타협을 이뤄낼 수 있었다.

그러나 그 수가 가장 많을 뿐 아니라 단연 가장 잘 알려진 유럽 서부극은 이탈리아의(사실 종종 유럽을 가로질러 공동 제작된) '스파게티 웨스턴'으로, 웨그스태프(Wagstaff, 1992: 246)는 그중 대략 450편이 1964년에서 1978년 사이에 개봉되었다고 추정한다(같은 시기 미국 서부극보다 수적으로 우세하며, 웨그스태프가 지적하듯 1930년대 서부극 시리즈 제작의 비율과 양상에 필적한다). 스파게티 웨스턴에 대한 논쟁은 그 주요 작가 세르지오 레오네의 거대한 위상에 의해 크게 왜곡되어 왔다. 그러나 점점 더 야심차고 장엄하고 고전적이 되는 그의 영화들은, 포드의 '기병대 3부작'이 1950년대 할리우드 서부극에 있어 전형적이지 않듯, 많은 동시대 감독들의 난잡한 팝 바로크 양식을 대표하지 않는다. 스파게티 웨스턴에 대한 증가하는 비평 문헌은, 유럽 서부극을 미국 서부극의 '비판적'(전복적, 카니발적, 때로는 — 특히 세르지오 다미아노의 영화에서 — 정치적으로 급진적) 비전으로 간주하는 논평자들(특히 Frayling, 1997)과, 이탈리아 서부극을 1960년대 이탈리아 영화 산업 및 대중 문화의 제도적, 문화적 컨텍스트들에 위치시키는 논평자들 — 학문적 관점에서 보자면 영화학보다는 이탈리아 문화학 전문가인 경우가 더 많은 (Wagstaff, 1992; Eleftheriotis, 2004) — 로 양분된다. 랜디(Landy, 2000: 181~204)는 이탈리아 서부극을 코메디아 델라르테 같은 연극 전통에 위치시키며 또한 현대 이탈리아 정치의 계급 및 지역적(남부의) 정체성 논쟁에 대해 많은 영화들이 직접 관련 있는지를 탐구한다. 양쪽 학파의 많은 논평자들은 이탈리아 서부극에서 공감이나 윤리적 관심 — 1950년대 할리우드 서부극을 대표하던 — 의 전반적인 부재를 주목한다. 확실히 분명한 점은 이탈리아 서부극에서 보이는 때로 날것의 그러나 원기왕성한 스타일이 미국 장르의 경향을 결정적으로 바꿔 놓았다는 것이다. 따라서 생생한 폭력(단지 총싸움뿐 아니라 종종 정교한 고문도 포함하는)의 수준은 극적으로 증가하는 한편, 개인의 폭력 행위의 윤리적 의미는 감소하였다. 또한 최후의 대결과 기타 세트피스*setpieces*[29]의 연출을 위한 새로운 모티브 코드들이 확립되었다. <법집행자*Lawman*>(1971) 같은 1970년대 초반 미국 서부극은, <퀵 앤드 데드>(1995) 같은 이후 수정주의 서부극의 바로크식 치장과 기괴한 전술이 그러하듯, 이탈리아 양식의 영향을 명백히 입증한다.

29. 특정 효과를 얻기 위해 쓰이는 잘 알려진 스타일. — 옮긴이

## 사례 연구: <무법자 조시 웨일스>(1976)

클린트 이스트우드의 <무법자 조시 웨일스>는 1970년도 아서 펜의 <작은 거인>과 랄프 넬슨의 선정적이리만큼 섬뜩한 <솔저 블루>에서 치미노의 1980년 계급 투쟁 서사시 <천국의 문>에 이르기까지 10년간의 여타 주목할 만한 여러 서부극만큼 공격적으로 '수정주의적인' 장르라고는 결코 할 수 없다. 사실 <무법자 조시 웨일스>는 돈 시겔이 감독하고 이스트우드의 영화 바로 6주 후에 개봉된 존 웨인의 고별 서부극 <최후의 총잡이*The Shootist*>와 나란히 고려하는 편이 한결 유익할 것이다. 대부분 완고하게 전통적인 1970년대 웨인의 서부극들(<빅 제이크 *Big Jake*>, <열차 강도*The Train Robbers*>, <US 마셜 *Cahill: United States Marshall*> 등 그중 다수는 앤드루 V. 맥라렌 감독의)과는 상당히 달리, <최후의 총잡이>는 애상적이면서도 매우 반성적이며, 관객들로 하여금 웨인의 죽어 가는 총잡이 역할을 웨인 자신과 동일시하도록(웨인이 맡은 J. B. 브룩스의 생애는 크레딧 밑에 웨인의 무성 서부극 및 시리즈 서부극으로부터 가져온 시퀀스들의 몽타주로 요약된다), 또한 그를 환유적 기표로 삼는 서부극의 '황금기'와 동일시하도록 명백히 인도한다. 그 영화가 전개시킨 '종말' 서부극 — 1976년에는 매우 낡아빠진 장르 변종인 — 의 비유적 용법들은 웨인 자신이 J. B. 브룩스의 몸 속을 좀먹고 있던 것과 똑같은 암으로 인해 죽음에 직면하고 있었다는 주지의 사실로부터 부가된 신랄함을 띠었다. 브룩스는 <대평원>의 스티브 저드, 와일드 번치, 부치와 선댄스[<내일을 향해 쏴라>]처럼 — 그러나 이들 누구보다도 더 분명한 목적하에, 또한 번치의 디오니소스적 광란은 전혀 없이 — 최후의 대결을 준비하며, 그의 죽음과 더불어 서부 자체도 물러난다.

웨인은 1950~1965년까지 <버라이어티>지의 흥행 스타 1위로

랭크되었다. 이스트우드는 1967~1987년까지 <버라이어티>지 톱 10을 20년 연이어 하는 중에 1972년 처음으로 정상에 도달했다. 이스트우드는 1960년대 중반 세르지오 레오네의 아이러니하고 거의 패러디적이며 매우 양식화되고 (당시로서는) 과도하게 폭력적인 '무법자*dollar*' 서부극 세 편30에서 이름을 떨쳤다. 레오네는 마구잡이로 능숙한 총격전과 허무주의적 자기 권익을 위해 서부극의 전통적 도덕률 — 무엇보다, 전통적 서부극 영웅이 치명적인 무력에 의존하기를 꺼리는 것, 그리고 자기 자신 너머의 계율이나 대의에 궁극적으로 헌신하는 것 — 을 유쾌하게 비워 내는 가운데 서부극을 깜짝 풍자함으로써 서부극의 윤리적, 서사적 지형을 급진적으로 다시 그렸으며, 그 어떤 명확한 내면 생활도 결여된 이스트우드의 냉혹한 불사신 이미지를 이상주의적 1960년대가 지고 냉소적 1970년대로 넘어가면서 비로소 인기를 얻게 된 새로운 영웅 모델로 확립하였다. 웨인 자신은 1970년대 초반 일종의 국가적 상징으로 굳어진 자신의 위상을 충분히 의식했지만, 그의 변함없는 캐릭터는, 설령 클리셰가 되었다 해도, 어쨌거나 어떤 인간적이고 사회적인 차원(가령 이스트우드의 '이름 없는 남자'도, 그의 현대 도시 인물인 '더티' 해리 칼라한도 내비치지 않는 로맨틱하며 / 하거나 가족적인 관계를 대체로 인정하는)을 분명 보유하고 있었다. 이스트우드의 예전 미국 서부극 <헌팅 파티*Hang 'Em High*>(1967), <수녀와 카우보이*Two Mules for Sister Sara*>(1969), <조 키드*Joe Kidd*>(1972) 등이 <무법자> 페르소나와 배경에 철저히 의존한 상당히 공식화된*formulaic* 사건들이었던 반면, <매혹당한 사람들*The Beguiled*>(1971)과 이스트우드 자신

30. '무법자 3부작'은 <황야의 무법자>(1964), <속 황야의 무법자*For A Few Dollars More*>(1965), <석양의 무법자*The Good, the Bad and the Ugly*>(1966)를 말한다. '이름 없는 남자 3부작'으로도 불린다. — 옮긴이

<무법자 조시 웨일스 *The Outlaw Josey Wales*>(1976)

Reproduced Courtesy Warner Bros / Kobal Collection

이 만든 <평원의 무법자*High Plains Drifter*>(1973)는 둘 다 사도마조히즘적 혈통을 지닌 강렬하며 거의 환각적인 심리적 알레고리들로, 포드나 심지어 앤서니 만으로부터도 멀리 떨어진 채 서부극 장르 내의 어떤 고딕 혈통을 탐색했다. 포레스트 카터의 소설 ≪텍사스로 사라지다*Gone to Texas*≫를 필립 카우프만(원래는 이 영화의 감독으로 임명됐지만 촬영 일주일 만에 이스트우드에게 해고된)과 소니아 체너스가 각색한 <무법자 조시 웨일스>에서 처음으로 이스트우드의 서부극 캐릭터는 일련의 개인 책임과 공동체 책임을, 그리고 그의 총 솜씨와 엄청난 냉소주의 너머로 확장되는 중요성을 획득하게 된다.

<무법자 조시 웨일스>는 이스트우드의 잘 알려진 무뚝뚝한 총잡이 캐릭터를 수정하고 인간화시켰을 뿐 아니라 이스트우드를 미국 서부극 전통에 자의식적으로 다시 연결시키고 그를 웨인의 적법한 후계자로 선언한다. <무법자 조시 웨일스>는 경의를 표하는 측면과 비판적 측면 양자에서 이전 서부극과의 연계를 신중하게 구축한다. 생생하고 풍부한 폭력은 <무법자 조시 웨일스>를 고전적 서부극들로부터 분명하게 구분시킨다. 조시가 북군 캠프에 기관총을 난사하여 많은 군인들, 상당수는 무장하지 않은 그들을 소탕하는 초반부 장면은, 레오네 이전에는, 설령 조시가 그렇듯 정당한 분노 때문이더라도(조시는 동료들이 배신자 북군 사령관 테릴에 의해 살해되는 것을 방금 목격했다), 호의적인 인물에게는 상상도 할 수 없던 일이다.

거의 피카레스크적인 느슨한 서사 구조(앤서니 만의 <윈체스터 73>과 이스트우드가 레오네와 마지막으로 찍은 영화 <석양의 무법자>를 연상시키는)는 그 영화로 하여금, 영화가 시작되는 국경의 울창한 숲 지대로부터 텍사스의 붉은 사막에 이르기까지, 술집의 대결로부터 인디언과의 담판에 이르기까지, 다양한 전통적 서부극 풍경과 서사 상황들을 흡수하도록 만들며, 또한 이전의 고전 서부극들을 다양하게 암시하도록 만든다. 조시라는 캐릭터의

궤도는, 시켈(Sickels, 2003)이 지적하듯, 관객으로 하여금 <수색자>(뉴 할리우드에서 어떤 특권이 부여된 영화로서, 마틴 스콜세지의 <비열한 거리*Mean Streets*>에서 직접 인용되었으며, 폴 슈레이더가 스콜세지의 <택시 드라이버*Taxi Driver*> — 앞으로 보게 되겠지만 <무법자 조시 웨일스>와 각별한 연관이 있는 영화 — 를 위해 쓴 대본에 서사 모델을 제공해 준)의 이든 에드워드와의 비교를 끌어 내고 싶게 만든다. 두 남자 모두 복수를 위해 강박적인 탐색 중에 있으며, 둘 다 남군의 패배로 단념하지 못한다(이든은 텍사스 자위대에 선서하기를 거부하는데, '나는 이미 충성을 맹세'했기 때문이다). 둘 다 '영원히 바람 속을 떠돌도록 운명지어져' 있으며, 백인 사회의 변방에서 방랑자로서 살아간다. 그러나 <무법자 조시 웨일스>는 여러 방법으로 이전 영화 <수색자>를 수정하고 비판한다.

이든이 자신과 변절자 코만치 스카 간의 유사점 — 관객에게는 명백한 — 을 인정하려 들지 않는 반면, 조시는 론 와티와의 첫 만남에서 그의 이야기로부터 동종의 영혼을 알아본다. "백인은 믿기 힘들지." 한편, 기운 넘치고 매력적이며 수다스런 인디언 여성 캐릭터 리틀 문라이트는 악명 높을 정도로 희화화되고 대상화된 '스쿼*squaw*' '룩Look' — <수색자>에서 이든과 마티에게 들러붙는 — 의 명백한 개정판이다. 비록 플레처가 조시를 무자비한 복수심의 화신으로 간주하지만, 영화에서 조시는 증오에 찬 강박적 몽상가 테릴의 추적자라기보다는, 아마도 추적 대상일 것이다. 이스트우드 영화가 포드 영화와 근본적으로 다른 점은, 그러나 인종 차별 태도(이든의 병적 인종주의는 물론 바로 포드 영화의 초점이다)의 피상적인 수정이라기보다는, 그 영화들이 각각의 주인공에게 제공하는 해결들이다. 이든과 달리 조시는 영화 마지막에서 사회로의 재편입이 허락된다(사실상 그래줄 것을 간절히 부탁받는다).

이든의 탐색 종결과, 데비를 죽이지 않고 살려둘 때의 그 표면적인 속죄의 몸짓이 그를 결국 방향이나 목적 없이 남겨두는 반면, 조시가 이와 비슷하게 복수의 한계를 드러내는 것은 복수를 대신하게 된 가치들의 전후 관계에서 발생한다. 남부 동맹 비정규군 집단의 전前사령관 플레처(존 버넌)와 조시의 마지막 만남은 두 사람 모두에게, 어떤 상처는 역설적이게도 너무 깊어서 복수가 불가능하며 체념하는 수밖에 없다는 인식을 함축한다. 이것이 바로 <무법자 조시 웨일스>의 장르 수정주의가 — 그리고 당시로서는 흔치 않게도 탈구축적이기보다는 구축적인 그 목적이 — 명백해지는 지점이다. 여정이 진행될수록 조시에게 혼성적이고 다인종적인 '가족'이 불어나는 것은, 고독하고자 하는 방랑자에게 당초 달갑지 않은 애착을 강요하며, 마침내 그에게 사회적 관계 밖에서의 삶은 불가능하다는 것을 설득시킨다(이를테면 셰인과 달리 말이다. 비록 역설적인 제목을 가진 <라이드 론섬 *Ride Lonesome*>[1959]에서 이와 유사하게 거추장스러워진 랜돌프 스코트의 무리가 연상될지 모르지만). 이처럼 정착의 과정을, 존 포드가 유사한 변화를 다룰 때 사용했던(예를 들어 <황야의 결투> — <무법자 조시 웨일스>에서 크룩트 리버 목장의 댄스 장면으로 경의를 표했던 — 나 <리버티 밸런스를 쏜 사나이>에서) 그 노스탤지적 양가성은 거의 없이 제시함으로써, 이스트우드는 내색하지 않고 원형적 장르 패턴들을 변형시킨다. <무법자 조시 웨일스>는 조시의 단독 총격전에서 그의 용맹을 충분히 보여 줌으로써 관객의 기대를 충족시키는 한편, 영화의 진행과 함께 조시의 자발적인 고립이 점차 변경됨에 따라 다른 사람들이 그를 도와주러 오는 모습도 반복하여 보여 준다.

<무법자 조시 웨일스>의 이러한 측면은 장르 조건에 있어 장르에 대한 기대의 좌절이라기보다는, 1970년대 많은 여타 서부극 주인공들에 대해 장르 관습이 반성적으로 그랬듯, 장르 관습이 결론을 결정짓는 것에 대한 거부로 간주될 수 있다. 조시가 산타리오에서 현상금 사냥꾼을 만나는 장면은 그 요체를 규명해 준다. 조시는 남자에게 (조시의 총 뽑는 속도를 생각할 때) 그가 질 것이 뻔한 대결을 시작하지 않도록 설득하려고 노력한

다. "이봐. 이럴 필요 없어. 그냥 말 타고 돌아가라고." 현상금 사냥꾼은 돌아서서 천천히 떠나지만 몇 분 후 다시 돌아온다. "돌아올 수밖에 없었어"라고 그는 유감스러운 듯 말한다. 조시는 이해한다는 듯 고개를 끄덕인다. 그들은 총을 뽑는다. 현상금 사냥꾼은 죽는다. 여기서 문제가 되는 것 — 왜 현상금 사냥꾼이 돌아올 '수밖에 없었는가' — 에는 위신, 남성의 자기 정체성, 그리고 폭력에 기반한 문화에서 평화로운 해결의 어려움 등이 포함되는데, 이 모든 개념들을 ＜무법자 조시 웨일스＞는 반복적으로 끌어들인다. 그러나 그것은 어쩌면 무엇보다도 장르 게임의 규칙들, 개인의 의지를 가차없이 종속시키는 하나의 논리일 것이다. (이와 유사하게 개인을 넘어선 장르 규범이, 말트비[Maltby, 1995a: 123～132]의 지적대로, 페킨파의 ＜관계의 종말＞[1973]에서 작동한다.)

이러한 변형은 남북 전쟁이라는 배경과 마지막 대화에서 모두 이 영화가 암시하는 사회적, 정치적 맥락을 갖는다. 지난 일은 모두 묻어두자는 두 남자의 암묵적 동의의 일환으로, 플레처는 조시를 찾으러 멕시코에 가겠다고 밝힌다. 거기서 그를 찾게 되면 "전쟁은 끝났다고 그에게 말하겠다"는 것이다. 이에 대한 답변처럼 조시는 (화면 밖을 쳐다보며) 중얼거린다. "우리는 모두 그 망할 놈의 전쟁에서 이미 죽은 것 같군." 1975년의 관객들은 의심할 바 없이 미국의 보다 최근 '내전' — 베트남 전쟁을 둘러싼 극심한 사회 분열과 미국 정치 체계의 위기 — 에 대한 암시를 이해했을 것이다. ＜무법자 조시 웨일스＞는 그처럼 자신을 서부극과 베트남 참전 군인 영화(＜트랙스 *Tracks*＞[1977], ＜롤링 썬더 *Rolling Thunder*＞[1977], ＜택시 드라이버＞)라는 신생 장르의 장르 교차점에 위치시킨다. 그러나 그러한 영화들이나 ＜수색자＞와 달리, ＜무법자 조시 웨일스＞는 귀환한 퇴역 군인이 통제 불가능한 폭력이 난무하는 사회에서 좌절의 트라우마를 강박적으로 표출할 필요는 없음을, 오히려 폭력을 뚫고 넘어서 새로운 사회 계약을 맺을 수 있음을 주장한다. 그것도, 공동체적, 사적 관계들로의 통합으로 인한 필연적 변화에도 불구하고 서부극 영웅의 남성성이 — 비록 부득이 변화된다고는 해도 — 손상되지 않은 채 말이다.

04

# 뮤지컬

## 장르와 형식

멜 브룩스의 서부극 패러디 <불타는 안장*Blazing Saddles*>(1974) 끝에서, 술집에서 벌어진 뒤죽박죽이 된 싸움은 단지 그 디제시스 상황의 경계를 넘어설 뿐 아니라(전형적인 서부극 스타일로 창문과 문을 통해 길거리로 내동댕이쳐지는 사람들과 가구에 의해), 그 장르 위치의 경계 역시 넘어선다. 특히나 강력한 펀치 하나가 어느 카우보이를 날려 보내더니 술집 세트의 벽을 뚫고서 건너편 방이 아닌 옆 건물의 무대로 보내버리는데, 그곳에서는 버스비 버클리 식의 정교한 뮤지컬 프로덕션 넘버 "프렌치 미스테이크*the French Mistake*"가 공연 중이다. 억세고 수염이 덥수룩한 카우보이들과 도시 멋쟁이들과 술집 여자들이 번쩍이는 멋진 무대로 우당탕 굴러 들어가서 댄서들과 뒤섞이고 그들을 덮칠 때, 무대는 말 그대로 떠들썩한 장르 만남을 위한 세트가 된다. 브룩스 영화 특유의 전형적으로 중성적인 댄서들은 명백히 '남성적인' 장르 세계로부터의 이러한 갑작스런 침입을 피해 자신들의 네버네버랜드 무대를 가로질러 나긋나긋하게 도망다니며, 날카로운 목소리로 명예가 아닌 용모를 방어한다("얼굴은 안 돼!" 주먹이 날아오자 한 남자가 비명을 지른다. 공격자가 주먹 방향을 성기 쪽으로 바꾸자 그는 헐떡이며 말한다. "……고마워!"). 이들은 뮤지컬이 서부극의 무뚝뚝한 정직성에 대립되는 나르시시즘적 과시와 인공성의 수사修辭를 둘러싸고 조직된 것이라는 지배적 인식을 반영하는 것이다. 늘 그렇듯, 패러디 방식은 양면성을 갖는다. 잘 빠지고 간결한 뮤지컬 세트가 서부극의 거칠고 우직한 표면에 대립되는 '인공성 *artifice*'을 나타내는 반면, 동시에, 후자가 뮤지컬 장르 공간으로 통합되는 것은 서부극의 획일적 남성성을 훼손하며 또한 표면상 보다 '역사적인' 그 배경이 뮤지컬의 배경만큼이나 하나의 장르 구성물로서 나름대로 양식화되고 시대에 뒤떨어진 것임을 상기시킨다. 사실 서부극과 뮤지컬은 하나의 전체의 각각 절반들이다. 즉 춤추고 노래하는 남자와 카우보이는 함께, 할리우드 및 할리우드 장르 전체에 대한 강력하고 보편적인 환유 기표들인 것이다.

구조에 있어 레뷰*revue*[31]에서 통합 뮤지컬극에 이르며, 배경에 있어 맨해튼에서 중세 영국에 이르고, 음악 양식에 있어 경가극*light opera*에서 록 음악에 이르는 미국 뮤지컬은 현저하게 이종적이다. 그러나 또 다른 관점에서 뮤지컬은 모든 영화 장르 가운데 '가장 순수한' 것으로도 볼 수 있다. 서부극이나 갱스터 영화와 달리 뮤지컬은 사회적 리얼리즘과 역사적 진정성에 대한 그 어떤 참여나, 이와 관련하여 퍼포먼스의 자연주의에 대한 그 어떤 주장으로부터도 자유로워 보인다(비록 그 장르가 각기 다른 시간들에 이것들 중 하나 혹은 전부를 받아들일 수도 있지만). 뮤지컬은 하나의 밀폐되어 둘러싸인 장르 세계를 창출하는데, 그 관습과 핍진성은 순수하게 그리고

31. 춤, 노래, 시사 풍자 등이 결합된 가볍고 오락성 강한 공연물. 분명한 서사가 결여된 버라이어티 쇼 형태라는 점에서 뮤지컬 이전 단계로 분류되기도 한다. — 옮긴이

각별하게 자신만의 것이며, 그 기능은 형식을 정의하는 뮤지컬 퍼포먼스를 가능하게 하고 위치시킨다.

특이하게도 뮤지컬은 그 이름을 소재(서부극, 전쟁 영화 등)나 하다못해 관객에 미치는 효과(호러 영화)로부터가 아니라, 퍼포먼스 양태로부터 부여받는다. 뮤지컬 영화에서 '음악'은 물론 대체로 노래를 의미하며, 여기에 창의적인(꼭 멋질 필요는 없다. 몇몇 인상적인 뮤지컬 넘버는 '이미 존재하는*found*' 대상에 대한 즉흥 연주이다) 오케스트레이션과 무엇보다 춤이 동반된다. 비록 굉장히 많은 비뮤지컬들이 때로는 삽입된 '막간극'으로 그러나 흔히는 서사적으로 통합되고 심지어 중심되는 요소로(가령 <카사블랑카*Casablanca*>[1942]는 릭스 카페에서 행해지는 몇 곡의 음악 퍼포먼스를 포함하는데, 이들 중 적어도 두 곡 "시간이 흐르면*As Time Goes By*"과 빅토르 라즐로가 편곡한 "라 마르세예즈[프랑스 국가]"는 영화 스토리에 결정적이다) 노래(덜 흔하게는 춤)를 포함하긴 하지만, 춤과 노래는 뮤지컬을 정의하는 데 기여하는 시각적 쾌락의 형식을 제공한다. 뮤지컬에 관한 많은 비평 논쟁은 뮤지컬 넘버를 위한 서사적 기회의 구축이 그 장르의 초점임을 입증했다. 그러면 이번에는 이것이 뮤지컬에서 촉진된 특정 형태의 표현성들과 이것들이 열어놓거나 배제하는 이데올로기적 위치들에 대한 분석을 촉진시켰다. 이런 이유들로, 다른 장르에 비해 뮤지컬은 대체로 그 형식 메커니즘 및 속성의 관점에서 다뤄지곤 한다. 때로 이것은 — 예를 들어 1930년대 버스비 버클리가 워너브라더스에서 창조해 낸 뮤지컬들에 관한 논쟁에서 — 개별 영화의 특수한 서사 내용에 대해서는 명백히 무시하게끔 만들며, 그리하여 뮤지컬 영화의 서사는 뮤지컬 넘버를 위한 전적으로 진부하고 피상적인, 비활성 '운반 수단'에 불과한 것으로 일축될 수 있다. 이와 반대로, 뮤지컬 퍼포먼스를 인물 중심의 서사 내 쟁점들에 대한 직접적인 표현 및 '유기적' 확장으로 만드는 '통합*integrated*' 뮤지컬 — 특히 아서 프리드가 이끈 제작진에 의해 2차 세계 대전 이후 10년간

MGM에서 만들어진 영화들 — 은 흔히 그 장르에서 가장 충만하게 성취된 형식으로 평가받았으며 비평의 가장 큰 부분을 끌어냈다.

## 고전 뮤지컬

당연하게도, 뮤지컬은 유성 시대의 장르이다. 최초의 장편 '토키' 영화 <재즈 싱어 *The Jazz Singer*>(1927)는 또한 최초의 장편 뮤지컬이었으며, 실제로 음악과 노래의 강력한 관객 호소력이, 발성 대사만큼 혹은 그 이상으로, 관객에게뿐 아니라 설비 전환 비용 때문에 회의적이던 극장 관계자들에게까지도 사운드 기술을 '팔' 수 있게 만들었다. 1930년에는, 할리우드가 유성으로 전환됨에 따라, 그때까지 메이저 스튜디오와 마이너 스튜디오에서 개봉한 뮤지컬이 200편을 넘어섰다(Altman, 1996: 294~297; Balio, 1993: 211~218을 보라). 새로운 사운드 기술은 관객에게 바로 말을 거는 — <재즈 싱어>에서 알 졸슨의 "당신은 아직 아무것도 못 들었어요!" — 직접성 *immediacy*을 가능케 했으며, 그것은 그 장르 특유의 형식 표식으로 부상하게 된다. 이후의 많은 사례들처럼 졸슨의 그 유명한 호명은 라이브 퍼포먼스 무대 속 디제시스적(영화상의) 관객의 존재에 의해 매개되었으며, 이것은 일찌감치 뮤지컬 영화가 하나의 이상적 퍼포먼스로, 관객과의 직접적인 상호 작용 및 연극적 라이브 퍼포먼스를 채택하도록 만들었다. 그것은 분명히 백스테이지 뮤지컬 — 뮤지컬이나 음악 공연의 상연에 관한 뮤지컬 — 을 떠올리게 하지만, 공연자가 공연 상황에 대한 자의식적 기원없이 순전히 표현적인 방식으로 그들 자신 혹은 서로를 '위해' 노래하고 춤추는 '통합' 뮤지컬에서도 틀림없이 지속적이고 구조화하는 존재일 것이다. 여기서, 라이브 음악 — 노래 부르기를 포함하여 —

의 수반은 무성 시대 내내 규범이었으며, 춤은 굉장히 많은 무성 영화에서 특별 눈요깃거리였다는 것을 언급해 둘 필요가 있다. 오늘날의 추측과 달리, <메리 위도*The Merry Widow*>(1925) 같은 대중적인 오페레타라든가 <카르멘*Carmen*>(1915)과 <장미의 기사*Der Rosenkavalier*> 같은 클래식 오페라도 모두 무성 영화로 만들어졌었다. 따라서 여기에는 어떤 역사적 아이러니가 존재한다. 즉 유성 시대 뮤지컬의 생생함과 '직접성'은 영화 관람에 있어 시청각 경험의 실제적인 **비**현실감*derealisation*을 대가로 성취된 것이며, 이는 고전 시기를 통틀어 하나의 장르 상수*constants*이자 콜린스(Collins, 1988: 270)가 "관객과의 직접적인 관계에 대한 노스탤지어 감각"이라고 묘사한 것에서 보상을 발견했다.

앞서도 지적한 바와 같이, 어떤 종류의 뮤지컬 영화는 다른 것들보다 훨씬 더 많은 비평 논의를 끌어냈다. 닐(Neale, 2000: 108)은 MGM에 비해 (마이너 스튜디오는 말할 것도 없이) 다른 메이저 스튜디오에서 제작된 뮤지컬들에 대해서는 비평 논의가 희박함을 지적한다. 또한 이러한 비평의 선택성은 형식의 변형체들로도 확장된다. 예를 들어 뮤지컬 코미디-레뷰 — 1927년부터 1930~1931년의 초기 유성 뮤지컬의 다수와, 1932년 <빅 브로드캐스트*The Big Broadcast*>로 시작해 파라마운트가 소생시킨 1930년대 '라디오 레뷰' 시리즈를 포함하는, 또한 <스타 스팽글드 리듬*Star Spangled Rhythm*>(1942)과 <스테이지 도어 캔틴*Stage Door Canteen*>(1943) 같은 애국적 전시戰時 스펙터클들을 포함하는 — 는 진지한 비평으로부터 대체로 간과되어 왔다(비록 무성의 '어트랙션 영화*cinema of attraction*'와 고전 및 포스트고전 시대의 그 유산에 대한 최근 급증하는 관심은 이처럼 대체로 비통합적이며 '어트랙션'에 이끌린 엔터테인먼트에 대해 재평가가 이루어질 것임을 주장하지만 말이다).[32] 훨씬 오래 지속되고 1930년대에 매우 인기 있는 형식이었던 오페레타(이를테면, <로즈 마리*Rose Marie*>[1936], <스윗하츠

*Sweethearts*>[1938], <비터 스위트*Bitter Sweet*>[1940]처럼 넬슨 에디[33]와 자넷 맥도널드 콤비가 출연한 MGM 영화들) 역시, 비록 개개의 영화들에 대해서는 검토가 이루어지지만(가령 맥도널드-에디를 내세운 <뉴 문*New Moon*>[1940]의 '이중 초점' 서사에 대한 알트먼[Altman, 1987: 16~22; Cohan, 2002: 41~45]의 분석과 터크[Turk, 1998] 참조), 영화 형식으로서는 거의 주목받지 못했다(영화 개작에 대한 논의를 포함하여 오페레타 공연에 대한 문헌은 훨씬 더 광범위하게 존재한다). 레뷰에 대한 관심이 결여된 원인은 부분적으로 그것의 '원시적인' 시리즈 구조에 돌려질 수 있는 반면, 이는 분명 오페레타 — 모든 뮤지컬 형식 가운데 가장 통합된 것 중 하나 — 에는 해당되지 않는 얘기다. 오히려 비평이 오페레타를 냉대하는 이유는, 오페레타가 뿌리 깊은 부르주아 형식이며, 즉 나쁜 의미에서 '연극적'이라는 인식 때문일 것이다. 비단 그것의 과장된 낭만적 서사뿐 아니라 유사 귀족적인 구舊세계에 대한 향수 어린 환기 역시, 할리우드 뮤지컬 — 그중에서도 다시금 진 켈리의 MGM 시리즈 — 에 대해 널리 보급된 인식, 즉 그것이 (이상화된) 미국의 국가 성격, 곧 낙관주의, 꾸밈없음, 열의, 민주주의 등에 대한 특유의 표현이라는 인식과 충돌한다(Schatz, 1981: 196ff을 보라). 적어도 일부 오페레타 영화에 대한 이러한 인식은 1930년대에 통상적이었다. <버라이어티>지는 파라마운트가 맥도널드-모리스 슈발리에의 역작 <러브 미 투나잇*Love Me Tonight*>(1932)의 근거로 삼는 프랑스 무대의 자산이 "미국 이상과는 동떨어진"(Balio, 1993: 214에서 인용) 것이라고 서술했다. (최근에는 <에비타*Evita*>[1996]가 오페레타 전통과의 유사성을 드러낸

32. '어트랙션 영화'에 대해서는 10장을 보라.

33. 에디의 스크린 존재감은 Mordden(1982)이 그를 "노래하는 나무"로 묘사한 것에 간명하게 포착되어 있다.

바 있다.)

그러므로 다른 고전 장르들에서와 마찬가지로, 고전 뮤지컬의 비평적 정전正典은 상당한 차별 대우를 드러낸다. 이 문제에 있어, 바로 그 정전 내에서 그 장르의 핵심적인 형식 변이체들 간의 구별은 비통합*non-integrated* 뮤지컬 — 여기서 넘버들은 단지 순차적으로 축적될 뿐이며, 서로에게 혹은 그것들이 박혀 있는 서사에 오직 느슨하게만 연결되는 사실상 독립적인 스펙터클들이다 — 보다 통합 뮤지컬 — 뮤지컬 넘버가 서사 구조 속에 엮어져 있고, 인물 심리와/나 플롯 전개에 의해 동기 부여되며, 노래하는 이(들)의 감정이나 견해 혹은 심리 상태를 표현하는 — 에 단호하게 특권을 부여해 왔다. 뭔가 특수한 경우로 간주되는 버스비 버클리를 제외하고서, 가장 널리 논의되며 비평에서 선호될 뿐 아니라 인기도 가장 많은 뮤지컬 — 무엇보다, 1930년대 RKO에서 제작한 아스테어-로저스 시리즈들과 MGM 프리드 사단/켈리-도넌-미넬리 작품들 — 도 바로 통합 뮤지컬이었다. 솔로몬(Solomon, 1976; Neale, 2000: 107에서 인용)은 이와 같은 통합 뮤지컬에 대한 선호에는 "분명한 이유가 없다"고 말한다. 그러나 통일된 미적 총체성에 대한 인식은 전통주의적인 비평 의제에 꽤나 잘 들어맞는다. 이유가 무엇이든 간에 이러한 구조적 구별들이 뮤지컬을 연구하는 비평에서 그토록 중요했으므로, 그것들에 대해 좀 더 자세히 살펴보는 것은 유익할 것이다.

'통합' 개념은 얼핏 처음에 생각되는 만큼 그리 간단하지 않다. 뮐러(Mueller, 1984: 28~29)는 아스테어-로저스 뮤지컬에 초점을 맞추면서, 플롯에 대한 뮤지컬 넘버의 서로 다른 여섯 가지 가능한 관계들을 제안한다. 그것들은 전혀 관계없음으로부터, '농축'(다소 애매한 용어인데, 확충이나 보완이라는 말로 이해될 수 있을 것이다. 예를 들면, <오즈의 마법사*The Wizard of Oz*>[1939]에서 "무지개 너머 어딘가에*Somewhere Over the Rainbow*")을 거쳐, 명확하게 플롯을 진

전시키는 것들에 이른다. 후자의 범주에서 뮐러는 다음 두 사례를 포함시킨다. 하나는 <왕과 나*The King and I*>(1956)에서 "당신을 알게 되는 것*Getting to Know You*" 같은 노래로, 그 서정적 내용이 등장 인물에게 새로운 정보나 통찰을 일깨우는 것이다. 다른 하나는 백스테지 뮤지컬의 전혀 다른 뮤지컬 넘버 사례로, 여기서 무대 장면은 서사의 (표면적) 대상이 된다. 그러나 백스테이지 뮤지컬을 포함시키는 것은 어쩌면 반反직관적인 방식을 부각시킴으로써 이러한 분류를 복잡하게 만들지 모른다. 여기서 '통합'은 흔히 예상하듯 단지 극적 '동기 부여' — 즉 인물들(공연 배우들이라기보다는)이 그럴듯하게 노래하고 춤 출 수 있는 서사 상황을 제공함으로써 표현적 퍼포먼스로의 경과를 설명하기 — 를 의미하지 않는다. 전형적으로 이것은 직업적 엔터테이너인 등장 인물들을 창조함으로써 이루어지며, 바로 거기가 백스테이지 뮤지컬이 힘을 발휘하는 지점이다. 백스테이지 뮤지컬은 그 장르의 가장 영속적인 형식들 중 하나로, <42번가*42nd Street*>(1933)와 <1933년의 황금광들*Gold Diggers of 1933*> 같은 초기 고전에서 <카바레*Cabaret*>(1972), <포 더 보이즈*For the Boys*>(1991), 그리고 록 뮤지컬 <로즈*The Rose*>(1979)와 <그레이스 하트*Grace of My Heart*>(1996)에 이른다.

따라서 백스테이지 뮤지컬은 아마도 모든 뮤지컬 형식 가운데 가장 고도로 '동기 부여'되어 있을 것이다. 인물들은 디제시스의 오케스트라나 밴드의 반주에 맞춰 오직 무대 위에서 혹은 리허설에서만 (또는 <여인들*Dames*>[1934]의 "내 눈은 오직 당신만을 바라봐요*I Only Have Eyes for You*" 넘버에서처럼 꿈속이나 그들의 상상 속에서) 공연한다. 그러나 — 또한 버스비 버클리의 백스테이지 뮤지컬들이 그 공연 무대 배경의 핍진성을 농락하는 다양한 방식들을 일단 고려하지 않는다면 — 일부 1930년대 백스테이지 뮤지컬들은 비통합 뮤지컬의 전형이 되기도 한다. 즉 무대 위 공연은 백스테이지에서 벌어지는 로맨스 갈등이나 직업상의 갈등 같은 영화의 비음악적인 부분과 드라마 관계가 거의 없거나 전혀 없다. 그 장르의 가장 고색창연한 클리셰들 중 하나 — 코러스라인에서 선발된 순진한 소녀가 부상당한 스타의 임시 대역을 맡으러 갈 때 이런 대사가 나온다. "지금은 신인으로 나가지만 돌아올 땐 스타**여야만** 해!" — 를 개척한 것으로 유명한 <42번가>에서조차, 코러스걸의 부득이 의기양양할 수밖에 없는 퍼포먼스는, 퍼포먼스 경험에 대한 그녀의 감정적 혹은 심리적 반응에 대한 암시라든가 그 문제에 관한 관심은 거의 없이 이루어진다. 오히려 뮤지컬 넘버의 시각적 쾌락은 백스테이지 서사의 (대개) 세속적 진행으로부터 사실상 자유롭다. (여기서 유용한 대비가 되는 것은 <로즈>나 <도어스*The Doors*>(1991) 같은 록 뮤지컬의 여러 시퀀스들이다. 록 뮤지컬은 현대판 백스테이지 양상으로 공연 자체가 공연자-주인공의 심리 혹은 약물 관련 위기들을 카타르시스적으로 헤쳐 나가거나, 아니면 반대로, 그것들에 의해 좌초된다.) 이후의 백스테이지 뮤지컬은, 주인공의 무대 위 일상의 일부인 표현적인 넘버를 직접 삽입(<스타 탄생*A Star Is Born*>[1954], 1976년의 리메이크 록 뮤지컬 역시)하거나 등장 인물의 성적, 사회적, 정치적 태도에 대한 반어적 논평으로 뮤지컬 넘버를 사용함으로써(<카바레>) 훨씬 고도의 통합을 제공하였다.

사실, 통합 형식과 비통합 형식의 구분은, 예상할 수 있는 대로, 절대적인 것이 아니다. 극장의 버라이어티쇼 식으로 완전하게 비통합적인 뮤지컬은 거의 없다. 실제로 백스테이지 뮤지컬 자체가 유성 시대의 시작 무렵 급증했던 레뷰 스타일 뮤지컬(예를 들면 <1929년 할리우드 레뷰*The Hollywood Revue of 1929*>[1929], <파라마운트 온 퍼레이드*Paramount on Parade*>, <킹 오브 재즈*King of Jazz*>[둘 다 1930])의 흥행력 감퇴에 대한 응답으로 등장한 것이다. 뒤이어 뮤지컬 제작이 잠시 소강 상태에 접어든 후 <42번가>는 상대적으로 더욱 통합된 형식과, 고정 캐릭터들로 충동적이고 몽상적인 연출가나 홍행업자(<올 댓 재즈>[1979]에 이르기까지 정착된), 앞서 요약한 상황에서 성공적인 데뷔를 치루는 순진한 소녀, 재치 있는 말솜씨의 코러스걸들, 제작 자금을 대는 우둔한 백만장자 등을 도입하였다. 거꾸로, 가장 통합된 뮤지컬에서조차 일부 혹은 모든 뮤지컬 넘버는 그 기본 서사 기능 — 아무래도 그 장르가 관객과 맺는 기본 계약을 생각할 때 스토리텔링 자체가 아니라 인상적인 노래와/나 화려한 춤 공연이라고 해야 할 — 과의 관계에 있어 어느 정도는 '과잉'이라 할 수 있다. <파리의 미국인>(1951)은 다수의 뮤지컬 넘버를 카페나 도시 거리 같은 일상 환경에서의 열광적인 즉흥 향연으로 제시함으로써 그것들을 영화 속에 '은밀히 들여온다.' 이런 퍼포먼스는 행인 '관객'에 의해 이뤄지는데, 이들은 직업적 코러스라인의 조직화된 하이킥킹이 아닌 우연한 열광으로 여기에 참여한다(아울러 그 영화는 일종의 노골적인 대조이자, 또한 진짜 같지 않은 퍼포먼스의 명백한 사례로, 깃털 목도리와 조명 장식 계단을 갖춘 장중한 양식의 무대 공연 — 아스테어/로저스의 그 유명한 '거대 백색 무대'의 장엄 버전 — 으로부터 발췌한 간략한 장면들도 포함시킨다). 그러나 <파리의 미국인>은 강력한 비통합 충동에 의해 장황하고 거창한 발레 시퀀스로 끝맺는 걸로도 유명하다(<춤추는 대뉴욕*On the Town*>[1949]이나 <사랑은 비를 타고>[1952] 같은 또 다른 프리드 사단 뮤지컬들의 유사한 클라이맥스 시퀀스처럼, 그것은 본질적으로 중심 서사를 양식화되고 전형적인 형식으로 요약한다). 그러한 시퀀스의 기능은 지연되었지만 부인할 수 없는 숨막히는 시각적 표현의 쾌락을 숙련된 춤과 공들인 무대 형식으로 전달하는 것이다. 루빈(Rubin, 1993: 12~13)은 뮤지컬의 역사가 "비통합의 마지막 완강한 잔존물을 말살하려는 집요한 단일 방향의 충동이라기보다는, 통합(주로 서사) 요소들과 비통합(주로 스펙터클) 요소들 간에 각기 다른 방식으로 일어나는 긴장과 상호 작용의 연속"이라고 주장한다.

따라서 통합과 집적集積이라는 외관상의 대립은 사실 왔다갔다하고 상호 의존하는 관계이며, 이 점에 있어 '고전 할리우드 양식'의 변증법적 상호 작용이라는 거대 이슈를 시연하는데, 이러한 상호 작용은 서사 — 보드웰과 스타이거, 톰슨(Bordwell, Staiger, & Thompson, 1985)의 영향력 있는 설명에 따르면, 그것의 선형적이고 중심적인 명령에 연속성 시대 할리우드 영화의 모든 요소들이 궁극적으로 종속된다 — 와, 정적이며 서사 관점에서는 비전개적이라 간주되는 스펙터클의 대위법적 힘 간에 이뤄진다. (이는 적어도 이러한 구조적 단계에서 전형적으로 '여성적' 장르인 뮤지컬과 단연코 남성적 장르인 현대 액션 영화 간에 현저한 유사성이 존재한다는 흥미로운 사실을 부각시킨다. 내러티브와 스펙터클의 문제에 관한 더 세세한 논의에 대해서는 10장을 보라.)

여하튼, 1930년대에 등장한 가장 주목할 만한 뮤지컬 변이체, 곧 버스비 버클리 감독 및 / 또는 안무의 워너브라더스 영화들을 적절히 설명하기 위해서는, 통합 / 비통합의 양자 관계에 제3항이 추가되어야 한다. 이 영화들 — 엄격히 말하자면, 그 영화들의 호화로운 뮤지컬 넘버들 — 은 인간적인(전형적으로 여성적인) 형식의 변형적 대상화*objectification* — 피셔(Fischer, [1976]1981)가 '시각 정치*optical politics*'라고 부르는 것(<1933년의 황금광들>에서 "페팅 인 더 파크*Pettin' in the Park*"는 댄서들을 속옷 차림과 나체 실루엣으로 보여 준다) — 에 관한, 또한 그 시기 다양한 유럽 아방가르드 영화들과의 유사성에 관한(아서 프리드는 버클리 영화의 '본능적 초현실주의'에 관해 언급한다), 심지어 나치 독일의 대규모 의식을 다룬 레니 리펜슈탈 영화들의 '파시즘 미학'과의 유사성에 관한(Sontag, 1966을 보라), 광범위한 비평 논의를 불러일으켰다. <1933년의 황금광들>의 "잊혀진 그를 위한 찬가*Hymn to My Forgotten Man*" 같은 시퀀스들은 버클리의 비통합 양상의 전형으로, 여기에는 무대 뒷이야기와 별 관련 없는 서사적이며 이 경우엔 사회적인 내용(1차 세계 대전 참전 군인들의 가난과 절망으로의 몰락)이 도입된다. 그러나 그 시퀀스들의 탄력적인 디제시스 공간 처리는 마찬가지로 주목할 만한데, 이는 그 어떤 고전 할리우드 형식에서도 필적하는 것을 쉽게 찾을 수 없으며 아마도 '탈통합적인*disintegrative*' 것으로 특징 지을 수 있다. 버클리 뮤지컬에서 모든 뮤지컬 넘버는 표면적으로 무대 공연의 일부를 형성하며, 그것을 위한 준비로서 구속력 있는 백스테이지 서사가 만들어진다. 그러나 스케일은 물론 비주얼 스타일과 테크닉에서도 버클리의 넘버는 그 모든 그럴듯한 공연 쇼나 관객석이라는 경계 훨씬 너머에서 폭발한다. 이러한 넘버들의 놀랄 만한 규모와 다양성은 그것들을 "그것들이 발생하게 될 것으로 추정되는 연극 공간 면에서 뻔뻔스럽고도 대담하리만큼 불가능한 것으로" 만든다(Rubin, 1993: 58). 버클리의 접근법은 그의 서명과도 같은 극단적 하이앵글 오버헤드 숏 — '버클리 톱 숏*Berkeley top shot*' — 에 의해 대표되는데, 여기서 밀집하여 정렬한 댄서들은 꽃과 추상 형태로부터 배우 얼굴(<여인들>에서처럼)에 이르는 다양한 복합 패턴을 형성한다. 이는 버클리의 장치들 중 가장 유명하며 널리 모방되는 (또한 가령 다리를 곧게 뻗으며 걷는 히틀러 친위대 코러스라인이 스와스티카[나치 문양] 형태로 정렬하는 <프로듀서*The Producers*>[1968]에서처럼 가장 많이 패러디되는) 것이다. 이처럼 환영적인 생물 형태 변형을 영화 관객이 볼 수 있도록 만드는 카메라의 유리한 지점은 상상할 수 있는 그 어떤 공연 관객에게도 가능하지 않을 것이다.

버클리의 작업은 유례 없는 것으로 남았다. 그리고 이와는 전적으로 다르며 장기적으로 보아 훨씬 영향력 있는 접근법이 <플라잉 다운 투 리오*Flying Down to Rio*>(1933)로 시작하여 1930년대 프레드 아스테어와 진저 로저스가 주연(및 헤르메스 판 안무)한 RKO 로맨틱 코미디 뮤지컬 9편에 채택되었다. 악명 높게도 버클리가 댄서의 능력에는 관심없고 몸매와 인상이 통일과 보완적 대비로 적절하게 조화를 이루는지에만 관심 있었던 반면, 아스테어와 로저스의 연기 재능과 화려한 춤 실력은 이러한 스타 시스템 영화의 주된 호소력이었다. 버클리 영화에서는 밀집한 댄서 군단 한가운데 있는 뮤지컬 주연조차도 루비 킬러와 딕 파웰처럼 쾌활하지만 시시한 인물들이었다(<42번가>의 워너 박스터와 <풋라이트 퍼레이드>[1933]의 제임스 캐그니 같은 힘찬 비非댄서 남성 스타들에 의해 유지된 백스테이지 장면의 극적 추진력과 달리). 아스테어와 로저스는 그들 영화에서 논의의 여지없이 중심에 있었으며 수차례 듀엣의 주연을 맡았고(아스테어는 또한 많은 솔로 넘버들도 있다), 코러스 라인이나 백그라운드 댄서들은 대규모 프로덕션 넘버들에서조차 익명인 채로 엄격하게 종속적으로 남는다. 이러한 관계는 아마도 가장 잘 알려진 아스테어-로저스 작품일 <톱 햇*Top Hat*>(1935)의 한 유명한 넘버에서 단호하게 상징화되어 있다. 여기서 아스테어는 "실크햇, 흰 타이, 그리고 연미복*Top Hat, White Tie, and Tails*"을 노래하다가 지팡이를 기관총으로 변형시키고 그것으로 코러스라인의 실크햇 쓴 '라이벌들'을 소탕한다. 여럿 가운데서도 특히 에드워드 갤러펜트(Gallafent, 2000: 35)는 이러한 댄스 스텝을 "남근의 힘과 …… 막대하게 성공한 전문가로서의 (아스테어의) 지위" 둘 모두에 대한 단언이라고 특징짓는다.

아스테어-로저스 뮤지컬은 뮤지컬을 집단 스펙터클로부터 개인의 표현력과 그 표현 충동의 조건 및 제약에 대한 탐구로 단호히 옮겨놓았다. 이것은 1940년대 말과 1950년대 초반, 즉 뮤지컬에 대한 비평적 논의에서 지금까지도 가장 중요하게 다뤄지는 시기에 만들어진 MGM의 고전적 통합 뮤지컬의 핵심 관심사가 된다. 이 장의 사례 연구에서 그러한 MGM 뮤지컬의 하나인 <사랑은 비를 타고>(1952)를 면밀히 살펴볼 것이므로, 이어지는 단락에서는 텍스트 세부에 주의를 기울이기보다는 뮤지컬 특유의 형식이 이데올로기 구조와 맺는 관계를 살펴보고자 한다.

## "춤 춰야만 해"

뮤지컬을 여타 미국 영화들의 절대 다수와 구분 짓는 가장 명확한 형식 요소는 나머지 고전 할리우드의 관행을 지배하는 리얼리즘 형식으로부터의 근본적인 이탈이다. 할리우드의 이러한 '리얼리즘' 상표는 분명 제한되고 (이를테면, 이탈리아의 네오리얼리즘*neo-realism*이나 영국의 '키친 싱크*kitchen sink*' 사회적 리얼리즘[34]과 비교하여) 양식화된 것이지만, 뮤지컬은 그럼에도 여전히 더욱 두드러지고 근본적인 방식에서 확실히 '리얼리즘적이지 않다.' 루빈(Rubin, 1993: 57)은 심지어 고전 뮤지컬을, "불가능한, 즉 리얼리즘 서사 담론과 관련하여 지독하게 모순된, 상당 비율의 뮤지컬 넘버들"을 포함함으로써 정의할 수 있다고 주장한다. 이러한 불가능성에 대한 가장 명백하고 다채로운 사례는 표면상 자연스럽지만 흔히 극도로 정교하며 완벽하게 구상되고 실행되는 노래와 춤 절차들로, 이것은 할리우드 뮤지컬, 특히 앞서 본 것처럼 흔히 그 형식을 정의하는 것으로 간주되는 고전적 통합 할리우드 뮤지컬의 전형적인 특징이다. 이러한 불가능성의 특질은 주어진 서사 특유의 핍진성 체제에 의해 결정되지 않는다. 어떤 뮤지컬이 <욜란다와 도둑*Yolanda and the Thief*>(1945)처럼 공공연하고도 명백하게 공상적이든

34. 네오리얼리즘은 2차 세계 대전이 끝나갈 무렵부터 1950년대 초반까지 이탈리아에서 전개된 리얼리즘 영화 운동이다. 전쟁으로 피폐해진 현실을 있는 그대로 담으려는 자각으로부터 출발한 이 운동은 가난한 사람들의 비참한 일상이라는 주제상의 혁신뿐 아니라, 형식에서도 로케이션 촬영, 아마추어 배우(현지 주민) 기용, 열린 결말 등을 통해 현대 영화의 출발을 알렸다. '키친 싱크' 리얼리즘은 1950년대 말과 1960년대 초 영국에서 영화와 연극, 소설 등 여러 영역에서 전개된 문화 운동으로, 여기서 '키친 싱크'란 표현은 삶의 진부함을 대변하는 용어이다. 노동자 계급의 일상과 분노를 표출하는 이 경향의 작품으로는 <일요일은 언제나 비>, <성난 얼굴로 돌아보라> 등이 있다. — 옮긴이

아니든, 혹은 <웨스트 사이드 스토리*West Side Story*>(1961)처럼 사회적 리얼리즘적이든 아니든, 그 뮤지컬 넘버들의 초超디제시스*trans-diegetic* 특질은 변함없다. 흥미롭게도, 이것이 가장 들어맞는 것은 통합 뮤지컬이다. 왜냐하면 (대부분의) 버스비 버클리 넘버들의 불가능성은 그것들의 자발적 분출에 존재하는 것이 아니라 — 그것들은 사실 전문 엔터테이너들이 힘들여 연습한 무대 공연들로서 제시된다 — 앞서 본 것처럼 그것들의 시공간의 연속성 및 통일성 원칙에 대한 도전에 존재하는 반면, (대부분의) 통합 뮤지컬 넘버들의 불가능성은 등장 인물들에 의한 내적 정신 상태의 표현 및 완벽한 외면화*externalisation*로서 표면적으로 무의식적이거나 어쨌든 자의식적이지 않게 음악과 동작을 발견하는 것을 수반하니 말이다. 다시 말해, 통합 뮤지컬은 관습적으로 동의된 리얼리즘 형식들을 희생하여 객관 세계의 **표현적 변형**을 강조하는 것이다. 그리고 그것의 불가능성은 표현 형식의 표면상 자발적인 완전함과, 그러한 표현적 변형들에 넘겨지기를 혹은 실제적으로 참여하기를 동의하는 세계(장소들과 그 세계 속의 사람들)의 가소성可塑性 둘 다를 수반한다.

리처드 다이어(Dyer, [1977]1981; 또한 Cohan, 2002)는 뮤지컬의 이러한 측면이 그 장르에 어떤 유토피아 차원을 더한다고 영향력 있게 해석하였다. 이러한 유토피아 이념은 스크린 속 이상 세계의 엄밀한 구축에는 그다지 존재하지 않으며 — 비록 이것이 때때로, 예를 들어 <브리가둔*Brigadoon*>(1954)이나 <제너두*Xanadu*>(1980)의 마법적인 가공의 영토에서 발생할지라도 — 심지어 낭만적 커플의 창조와 조화에 대한 강조(결국, 대부분의 고전 할리우드 장르들은 이런 의미에서 유토피아적일 것이다)에도 우선적으로 존재하지 않는다. 오히려, 다이어에 따르면, 뮤지컬은 유토피아가 어떤 **느낌**일지를 우리에게 보여 준다. 말하자면, 개별 인물들의 조화(아스테어와 로저스에 의해 차례차례 구현된 일련의 말다툼 커플들처럼)나 심지어 공동체들의 조화

(<파리의 미국인>에서 제리[진 켈리]의 즉흥 댄스 안팎으로, 박수를 보내며 밀려드는 파리의 아이들과 거리의 상인들 무리처럼)뿐 아니라, 또한 공간, 스타일, 표현 형식의 조화. 다이어의 설명에서 뮤지컬은 강렬함, 투명성, 풍부함, 공동체의 에너지들로 충만한, 문자 그대로 조화로운 경험이다.

물론 뮤지컬에서 이러한 유토피아 차원은 뮤지컬 고유의 사회적, 역사적 좌표 내에 굳건하게 위치해 있으며, 비평가들은 뮤지컬의 변형 열망에 있어 명확한 한계를 발 빠르게 주목해 왔다. 다이어 자신도, 자유로운 표현성은 사회와 경제의 장벽들에 의해 실질적으로 엄격하게 억눌린 사회에서 가능하다는 바로 그 주장이 하나의 이데올로기적 판타지로 간주될 수 있는 반면, 뮤지컬 넘버들이 서사의 가치관들(로맨스와 직업에서의 성취 및 합의된 사회적 가치들)에 도전하기보다는 확증하는 헤게모니 가치관들을 촉진하는 한 그것들은 또한 이데올로기적 동질성을 촉진한다고 지적한다. (보다 최근에 다이어[Dyer, 2000]는 고전 뮤지컬에서 기쁨에 찬 자기 표현의 특권이 인종 경계를 따라 단속됨을 지적한 바 있다. 즉 그것은 결코 유색 인종 연기자들에 의해서가 아니라 오로지 백인들에 의해서만 향유되는 특권이라는 것이다.)

그럼에도, 할리우드의 한 핵심 장르에서 유토피아 차원의 발견 가능성을 제기하는 것만도, '산업적으로 생산된' 상업적 대중 문화에 관한 변치 않는 가정들에 강력하게 도전하는 것이 된다. 그중에서도, 프랑크푸르트 학파의 테오도르 아도르노와 막스 호르크하이머는 '문화 산업' 비판에서(Adorno & Horkheimer, [1944]1972) 틴 팬 앨리Tin Pan Alley[35]와 빅 밴드 재즈 같은 대중 음악 형식들에 대해 특히 경멸을 내보였으며, 그것들의

35. 1900년경부터 1940년대 말까지 미국의 주류 대중 음악을 지배한 틴 팬 앨리는 대중적인 취향과 영합하여 랙타임, 블루스, 재즈 등 새로운 음악 스타일이 등장할 때마다 이를 동질화했다. 거의 대부분의 노래는 낭만적인 사랑에 관한 것이며, 일자리를 위해 더 큰 도시로 이주한 미국 중산층 가정 출신의 젊은 여성의 취향에 맞춰졌다. — 옮긴이

<사랑은 비를 타고 *Singin' in the Rain*>(1952)

Reproduced Courtesy MGM / The Kobal Collection

투박한 5음계 가락을 퇴행적이고 억압적인 것으로, 또한 그 가사를 어리석기 짝이 없는 것으로 간주하였다. 아도르노(전공을 미학과 정치경제학으로 바꾸기 전에는, 선구적 무조無調 음악 작곡가 아르놀트 쇤베르크와 함께 공부했던)에게, 대중 음악의 낭만적 현실 도피는 대중 문화의 표리부동을 상징한다. 후기 자본주의의 천역賤役으로부터 자유를 약속하는 듯한, 대량 생산된 대중 음악은 그것이 거짓으로 구원을 꾀하는 바로 그 구조의 일부이다. 그것은 문제의 해결이 아니라 본질적으로 문제의 일부인 것이다. 아도르노는 통합 뮤지컬에 매혹된 비평의 지지를 의심스럽게 맞이했을 것이며, 퍼포먼스 표현과 드라마적이며 / 이거나 코미디적인 복합성의 세련된 상호 작용이 그것을 바그너의 '총체 예술*Gesamkünstwerk*' 개념과 같은 무언가로 만든다는 주장을 경멸했을 것이다. 오히려 그는 뮤지컬 연기자들이 넘버의 도입부에서 춤에 대한 거의 육체적 강박의 경험에 이르는 그 순간들 — 예를 들어 <톱 햇>에서 아스테어의 "노 스트링*No String*" 도입부 혹은 <사랑은 비를 타고>에서 "브로드웨이 리듬*Broadway Rhythm*" 발레의 시작 부분인 켈리의 주술적 노래 "춤 춰야만 해!*Gotta Dance!*" — 을 뮤지컬의 본래 강압적 본성에 대한 의도하지 않은 텍스트적 고백으로 포착했을 것이 틀림없다.

아도르노는 예술의 해방 능력에 대한 그의 얼마되지 않는 믿음을 몇몇 아방가르드 형식(쇤베르크의 음악, 베케트의 연극)에 부여하였다. 이것들은 상당히 희석된 유토피아 측면을 간직하였는데, 이는 뮤지컬처럼 풍요로움과 자유의 약속, 곧 아도르노가 거짓으로 간주하는 그 약속 속에서가 아니라, 바로 형식적 까다로움, 즉 손쉬운 쾌락이나 대중 관객에의 접근에 대한 그 부정 속에서 이루어졌다. 아도르노는, 예술이란 오직 문화 산업의 전반적 '예'에 대하여 '아니오'라고 말함으로써만, 실제로 존재하는 것과는 다른 인간 사회 관계의 질서에 따라 조정된 세계의 이미지를 —

설령 그것이 부정적인 것에 불과할지라도 — 제공할 수 있다고 주장한다. 아도르노의 이러한 '자율적' 예술 방침 — 흔히 그렇듯 그것의 엘리트 의식 때문에라기보다는 그것의 경직성과 일반론 때문에 비판받을 만한 — 은 뮤지컬 같은 주류 장르 형식들을 분명하고도 명확하게 배제한다.

그러나 앞서 봤듯이, 뮤지컬은 할리우드를 지배하는 준리얼리즘 재현 체제와 어떤 근본적인 점에서 구별되는 장르 핍진성에 의해 작동하므로, 적어도 이러한 형식의 차별성은 보다 관습적인 형식들에 차단된 인간 사회 경험의 일면들을 탐구할 수 있는 보다 큰 자유를 뮤지컬에 제공할 수 있다. 다이어가 뮤지컬을 적어도 잠재적으로는 이데올로기적으로 진보적인 형식으로 정립한 것은, 뮤지컬이 자칫 고전 할리우드 관습들에 의해 무시되어 버렸을 주체성들의 표명을 위한 공간을, 설령 제한된 것일지라도, 제공했을 가능성을 펼쳐놓는다. 사적인 것과 경험적인 것(이를테면, 역사적이거나 정치적인 것이라기보다는), 그리고 — 퍼포먼스의 중심성을 통해 — 신체에 대한 뮤지컬의 명백한 강조를 생각할 때, 뮤지컬 장르가 젠더와 섹슈얼리티를 다루는 데 있어 할리우드 규범보다 더 큰 중요성을 부여하는지를 살펴보는 일은 이치에 맞을 것이다. 실제로, 이는 뮤지컬에 대한 현대 연구에서 중요한 영역이어 왔다.

앞서도 지적한 바와 같이 피셔(Fischer, [1976]1981: 75)는, 시각적 쾌락과 젠더화된 관객성에 관한 로라 멀비(Mulvey, 1975)의 동시적 결론과 발맞춰, 버클리의 집단 스펙터클이 여성 형식을 효과적으로 구현했으며 — "가장 순수하고 가장 정화된 형식의 여성 전형에 대한 시각" — 또한 백스테이지 서사에서 능동적 여성 행위자에 대한 그 어떤 암시도 파기시켰다고 주장하였다(또한 Rabinowitz, 1982; Mellencamp, 1990을 보라). 여성의 가면무도회 *masquerade* 에 대한 조안 리비에르 Joan Rivière 의 이론화와 젠더 수행성 *performativity* 에 관한 주디스 버틀러 Judith Butler 의 저작,[36] 그리고 퀴어 이론가들에게 영향받은 보다 최근의 저작들은 버클리 작품에서 동성애 과잉이 실은 바로 이러한 대상화*objectification* 기법들을 전도시킬 수 있다고 주장했다. 즉 여성 정체성이 남성 관객을 통해 — 반드시 남성 관객을 위해서는 아니지만 — 구성되는 전형적으로 비가시적인 방식들을 부각시킴으로써 말이다(Robertson, [1996]2002를 보라). 유사한 이론적 태도가 남성성과 남성 섹슈얼리티에 대한 뮤지컬의 관계를 재구상하는 데 작동했다. 예를 들어 아스테어의 도시 상층 부르주아의 우아함과 진 켈리의 건장한 노동자 계급의 육체성을 대비하는 데 쓰인 전통적인 계급 용어들은 보완적인 남성성 모델의 관점에서 재평가된다. 코언(Cohan, [1993]2002: 88)은 아스테어의 "나르시시즘, 자기 과시, 가면 등의 이른바 '여성적' 수사들"의 활용을 지적하며, 한편 코언과 다이어(Dyer, [1986]2002: 111~112)는 둘 다 관습적으로 좀 더 '사내다운' 켈리가 <해적*The Pirate*>(1948)과 다른 MGM 뮤지컬에서 자신의 육체를 구경거리로 구축하는 모순에 대해 언급한다.

그리고 뮤지컬 텍스트 자체의 정치라는 문제가 있다. 제인 포이어(Feuer, [1977]1981)는 특히 후기 아스테어와 MGM 뮤지컬들이, 뮤지컬 영화의 환영을 자발적인 '라이브' 퍼포먼스로서 발전시키고자 애쓰는 어떤 반영성의 변증법을 통해, 퍼포먼스 행위 자체를 탈신화화하고 동시에 재再신화화하는 방식에 주목한다. 여러 면에서, 프리드 사단의 뮤지컬 같은 '예술 뮤지컬'은 아방가르드와 결합된, 따라서 저항적이거나 대항적인 예

36. 리비에르는 '여성다움'이란 여성성이라는 사회적 구성물에 순응하는 은폐이자 모방, 곧 남근적 입장을 숨기는 일종의 가면 혹은 가면무도회라고 말한다. 이와 유사하게 버틀러는 젠더가 고정된 것이 아니라 무대 위 배우의 퍼포먼스처럼 행위로 나타나는 것이라고 주장하면서, 이처럼 '가변적으로 구성되는 주체'에 의한 '연극적 행위'로서의 젠더 특성을 수행성이라고 말한다. — 옮긴이

술 형식들(가령 장 뤽 고다르의 영화처럼, 헤게모니 존속에 밀접히 연관된 형식 관습들의 전복이나 포기를 통해 헤게모니 가치들에 대한 도전을 표명하는 예술)과 결합된, 다수의 형식 운동을 수행한다. '쇼 상연하기'라는 표준적 서사 장치는 그 텍스트 자체의 제작을 반영적으로 다룬다. 관습적인 '제4의 벽'을 통한 직접 말 걸기도 종종 뮤지컬에서 발견된다. 예를 들어 <해적> 클라이맥스 넘버의 도입부로 진 켈리가 "최고는 아직 오지 않았어! *the best is yet to come!*"라고(카메라에 직접 대고, 갑작스럽게 타이트한 클로즈업으로) 큰 소리로 알리는 것. 그리고 서사에서 넘버로 그리고 다시 그 반대로 '불가능한' 전환을 가로지르며 일어나는, '평범한 사내' 캐릭터와 스타 연기자 간의 진동은 우리로 하여금, 개인의 실현이라는 뮤지컬의 이상화된 세계와 우리 자신의 보다 구속된 현실 사이의 간극에 주목하게 만든다.

이것이 어떻게 작동하는가에 대해선 나중에 <사랑은 비를 타고> 분석에서 더 자세하게 살펴볼 것이다. 그러나 포이어가 규명한 핵심 역설은, 이 모든 반영적 모더니즘 수법에도 불구하고 뮤지컬은 당연히 급진적인 형식이 아니라는 것이다. 오히려 그것은 할리우드의 수익성 좋은 사업의 진원지에 오래도록 안정적으로 머물러 왔다. 따라서 비평가들은 뮤지컬이 뜻밖의 급진주의라고 '주장하기'보다는, 먼저 프랑크푸르트 학파가 대중 문화 단일체라고 인식한 것의 분열 번식적이고 잠재적으로 다多가치적인 특질들을 탐구하고, 반대로 두 번째로는, 이전에는 급진적 의도와 문제없이 연결되던 비관습적 형식 장치들이 실제로는 컨텍스트에 의해 헤게모니 체계들에 순응하고 길들여질 수 있는 방식들을 탐구하는 데 더 전념하였다. 그처럼 MGM 뮤지컬은 그 자신의 제작을 상업 엔터테인먼트로 폭로하는 듯하지만, 동시에 자발성, 통합, 직접성의 '신화들'을 재확인하는 전형적인 결말을 맺는다고 포이어는 지적한다. 이와 매우 유사한 질문들이 뮤직 비디오와 관련하여 카플란(Kaplan, 1986)과 굿윈(Goodwin,

1993)에 의해 논의된 바 있다. 그들은 예전에는 실험 영화와 예술 영화에 한정되었던 형식 장치들의 넘버가 이제는 극도로 상품화된 광고 영상 세계에서 얼마나 수월하게 받아들여지고 활용되는가를 인식한다. 그러한 논의들은, 영화 연구에서 제작 및 소비의 실제적 컨텍스트 외부에 있는 형식 실천에, 특정 정치적 원자가를 부여하는 형식주의적 근본주의로부터 벗어날 필요가 있다는 인식으로서 가치가 있다.

## 포스트고전 할리우드의 뮤지컬

어떤 다른 장르보다 더 — 심지어 서부극보다도. 우리가 앞서 봤듯, 그것의 소멸 소식은 상당히 과장되어 왔다 — 고전 뮤지컬의 운명은 고전 할리우드 양식의 쇠퇴 및 1950년대 이래 미국 영화 산업의 변화와 더불어 극적으로 악화되었다. 뮤지컬 역사 연구가 대부분에게 1950년대 초반과 중반은, 특히나 MGM에서 만든 프리드 사단 뮤지컬들에서(앞 참조), 뮤지컬이 상업적으로는 물론 창조적으로도 절정을 기록했던 반면, 이러한 활력은 그 1950년대 끝 너머로 지속되지 못했다. 아스테어(<실크 스타킹*Silk Stockings*>[1957])와 켈리(<언제나 맑음*It's Always Fair Weather*>[1955]은 켈리의 스타/안무가로서의 마지막 영화였으며, <레 걸스*Les Girls*>[1957]는 그가 주연한 마지막 뮤지컬 영화였다. 비록 그가 1980년대에도 계속하여 뮤지컬을 만들고 댄서로 카메오 출연을 했지만 말이다)가 뮤지컬 경력에서 실직적인 정점을 이룬 것은 1957년이었다. 이는 뮤지컬이 1960년대 초반에는 더 이상 상당한 인기를 누리지 못했다는 뜻이 아니다. 뮤지컬의 스케일과 스펙터클은 스튜디오가 저해상도 흑백 텔레비전과 벌인 전투에서 뮤지컬을 핵심 요소로 만들었다. 한편 폭넓은 관객층에 걸쳐진 뮤지컬의 외관상 믿음직스런 호소력은 관객 파편화로 특징되는 시대에도 뮤지컬을 매력적인 투자처로 만들었고 점점 더 증가하는 대규모 예산과 순회 공연(제한된 상영, 예약 좌석) 계약을 정당화시켰다. 실제로 <남태평양*South Pacific*>(1958), <뮤직맨*The Music Man*>(1962), <마이 페어 레이디*My Fair Lady*>(1964) 같은 블록버스터들은 엄청난 성공을 거두었다. 그건 <웨스트 사이드 스토리>도 마찬가지인데, 이 영화는 상업적 성공에다 최우수 작품상과 최우수 감독상을 포함하여 몇몇 오스카 상까지 거머쥐었다. 그러나 이러한 사례들 — 모두 브로드웨이 뮤지컬 히트작을 개작한 — 이 시사하듯 할리우드는 각본에 있어, '수요가 보장된' 무대 성공작에 점점 더 의존하였으며, 인기 있는 오리지널 뮤지컬을 만들어 내는 데는 점점 더 실패하였다(1960년대 뮤지컬에 대해서는 Mordden, 1982를 보라).

더 긴 안목에서 봤을 때 훨씬 더 큰 문제는 고전 뮤지컬의 형식적, 주제적 방향과, 그것이 속해 있는 산업 및 세계의 분리였다. 뮤지컬의 번쩍이는 스튜디오 기반 미학은 시드니 루멧, 마틴 리트, 존 프랑켄하이머 등과 같은 1960년대 초반 TV 출신의 새로운 장편 영화 감독 세대가 선호한 로우키*low-key*와 로케이션 촬영의 자연주의와는 거의 정반대로 대립되었다. 이와 유사하게, 시간이나 공간 혹은 둘 다에 있어 이국적이고 동떨어진 그림 같은 배경으로 대표되는 뮤지컬의 도피주의는 도시를 주제로 한 동시대 유행 — 예를 들어 <마티*Marty*>(1955), <성공의 달콤한 향기*Sweet Smell of Success*>(1957), <허슬러*The Hustler*>(1961) — 과는 상반됐으며, 1960년 역동적인 존 F. 케네디의 대통령 당선으로 공공의 긴급 중대사로 떠오르기 시작한 인종주의, 빈곤, 냉전 긴장, 불만에 찬 젊은이 등과 같은 까다로운 사회 및 정치 현실에 대한 참여와도 상반됐다. 로미오와 줄리엣을 뉴욕의 백인과 라틴계 빈민가 갱 싸움으로 옮겨 놓고 부분적으로 브롱크스에서 촬영된 <웨스트 사이드 스토리>는 모방하기 어려운 것으로 판명된 하나의 예외였다. 따라서 그 10년이 흘러감에 따라 뮤지컬은 점차 조지 쿠커(<마이 페어 레이디>) 같은 고전 시기 감독들 — 경력이 끝나가는 — 의 영역이 되었으며, 형식과 내용 모두 뚜렷하게 삐걱거리게 되었다.

물론 뮤지컬이 상업적으로 성장하는 한, 이러한 추세는 스튜디오에 중요하지 않았으며, 디즈니의 부분 애니메이션 판타지 <메리 포핀스*Mary Poppins*>(1964)와 폭스의 <사운드 오브 뮤직*The Sound of Music*>(1965)이 <바람과 함께 사라지다*Gone with the Wind*>를 단숨에 뛰어넘어 버리며 전대미문의 박스오피스 챔피언이 되자, 뮤지컬은 그 탄탄한 호소력을 입증하는 듯했다. 하지만 <사운드 오브 뮤직>은 고전 뮤지컬을 위한 새로운 시대의 선구자가 아니라 최후의 작품으로 판명되었다. 메이저 스튜디오들은 그 영화의 상업적, 비평적 성공을 본떠 — <사운드 오브 뮤직>은 로버트 와이즈 감독의 또 다른 영화 <웨스트 사이드 스토리>와 아카데미 최우수 작품상 및 감독상에서 우열을 다투었다 — 그 비결을 따라하려는 일련의 엄청난 고비용의 시도들로 뛰어들었는데, 여기에는 <닥터 두리틀*Doctor Dolittle*>(1967), <모던 밀리*Thoroughly Modern Millie*>(1967), <스타!*Star!*>(1968), <굿바이 미스터 칩스*Goodbye, Mr. Chips*>(1969), <노르웨이의 노래*Song of Norway*>(1979), <온 어 클리어 데이 유 캔 씨 포에버*On a Clear Day You Can See Forever*>(1970, 감독 빈센트 미넬리), <헬로 돌리!*Hello, Dolly*>(1969, 감독 진 켈리) 등이 포함된다. 이 모두는 대형 실패작이었으며, 1970년대 초 메이저 스튜디오들이 거의 파멸에 가까운 재정 상황에 처하는 원인이 되었다. 개념 및 실행에 있어 이들 작품의 결점 중 아마도 가장 명확한 것은, 고전 할리우드의 기본 설정, 곧 이제는 공상에 가까운 가족 관객에 대한 공통된 가정들 — <사운드 오브 뮤직>의 성공에 힘입은 — 이었는데, 이는 <우리에게 내일은 없다*Bonnie and Clyde*>, <졸업*The Graduate*>, <더티 더즌*The Dirty Dozen*>(모두 1967)

의 시대에 쉽사리 성취되지 않았을뿐더러, 점차 입증되듯, 영화의 수익성을 위해 필수적이지도 않았다. <이지 라이더>(1969)의 의외의 성공은 젊은층 시장의 상업 경쟁력을 확증하는 듯했다. 더구나, 중요하게도, 비록 음악과 노래가 <이지 라이더>와 <졸업>에서 동시대 팝과 록 음악 사운드트랙의 형식으로 두드러지게 나오긴 하지만, 이것들은 고전 할리우드 사운드트랙의 표준 배경 음악과도 또한 고전 뮤지컬의 잘 짜인 춤과 노래 넘버들과도 다르게, 새로운 방식에서 주제적이며 서사적인 전개를 강조하였다.

1960년대 말 텔레비전과 영화 학교 출신의 더 젊은 영화 감독 세대 — 이른바 '영화 악동들' — 에게 뮤지컬은 서부극처럼 찬탄해 마지않는 연구 대상이자 비판적 탐구의 대상이었으며, 그들은 대체로 아이러니하고 패러디적이며 풍자적으로 두 장르에 접근했다. 프랜시스 포드 코폴라(아스테어가 주연한 <피니안의 무지개 *Finian's Rainbow*>[1967])와 피터 보그다노비치('망한' 영화라고 해도 무방할 만큼 끔찍하게 실패한 <길고 긴 사랑 *At Long Last Love*>[1975]) 같은 뉴 할리우드 감독들이 드물게 시도한 '정통' 뮤지컬들은 부적격의 실패작들이었다. 의심할 여지없이 가장 중요하며 야심찬 뉴 할리우드 '뮤지컬' — 비록 지독하게 삭제 편집되어 처음 개봉 당시엔 비평가에게도 관객에게도 좋은 평가를 얻지 못했지만 — 은 마틴 스콜세지의 <뉴욕, 뉴욕>(1977)이었다. 이 영화는 그의 모든 영화 가운데 가장 자기지시적임은 물론 가장 강도 높게 상호 텍스트적이었으며, 사실상 고전 할리우드 형식들의 유토피아적 호소력과 피할 수 없는 환멸, 양자에 대한 복합적 논제로, 할리우드의 가장 강력하게 유혹적인 장르의 해체적 퍼포먼스를 통해 시행되었다. 노엘 캐롤(Carroll, 1982)이 '인유*allusion*의 영화'라고 칭한 것의 전형적 사례인 <뉴욕, 뉴욕>은 켈리와 미넬리의 뮤지컬을 포함, 그 장르의 전후 전성기 시절 테크니컬러 뮤지컬들에 대한 다양한 직간접적 인용을 포함하고 있으며, 그리 알려지지 않은 1947년도 멜로드라마 <내가 사랑한 남자*The Man I Love*>를 서사 모델로 삼고 있다. 비록 대다수 관객은 두 음악인의 결혼과 직업상의 갈등 이야기로 인해 1954년도 버전인 <스타 탄생>을 더 쉽사리 떠올리게 되겠지만 말이다(Grist, 2000: 167f를 보라). 주인공 프랜신 에반스 역으로 주디 갈런드의 딸 라이자 미넬리(상대역 색소폰 연주자 지미 도일 역에는 로버트 드니로)를 캐스팅한 것은 이러한 영향의 부채를 부각시킨다. <뉴욕, 뉴욕>은 전후 시기 포화에 달한 컬러 촬영의 양식화된 시대극 서사에다, 드니로의 신경증적 현대 페르소나 및 즉흥 연기 스타일을 병치시킴으로써, 뮤지컬의 낙관론적인 낭만적 지배 서사를 전복시킨다. 뮤지컬에 대한 그 영화의 비판적 견해 — '신화는 작동되지 않는다'로 요약될 — 는 현대 수정주의 서부극(3장에서 논의된)에 비견될 수 있다(비록 수정주의 서부극의 그 분명한 정치적 차원이나 시사성은 결여되어 있지만).

<뉴욕, 뉴욕>에서 뮤지컬의 (문자 그대로) 조화로운 상상계, 즉 '당신이 원하는 여자와 원하는 음악, 그리고 살아갈 만한 돈이 있을 때'라는 지미 개인의 신화에 신속하게 자리 잡은 그것은 도달하기 어려운 것으로 밝혀진다. 영화 초반 지미는 한 선원과 여자가 고가高架 전차의 흔들리는 불빛 아래서 조용히 춤추는 것을 지켜본다. 그 커플은 <춤추는 대뉴욕>에 대한 직접적이고 분명한 암시인데, 그 영화의 가장 유명한 넘버 — <뉴욕, 뉴욕>에 그 제목을 제공한 — 에서 선원 세 명이 스스로를 열광적으로 축하하는 스펙터클은 실제 맨해튼을 배경으로 로케이션 촬영되었다. 여기서는 반대로, <뉴욕, 뉴욕>의 도처에서 그러하듯, 과시적으로 또한 시대착오적으로 스튜디오 세트에 머물러 있으며, 그 연극성은 움직이는 빛과 그림자의 양식화된 유희에 의해 부각되고, 지미는 화면 아랫부분에서 카메라 쪽으로 등을 돌린 채 무용수들을 굽어보고 있다.

음악의 부재 — 황금기 선조들의 정밀함과 우아함으로 움직이는 댄서들이 마치 그들의 머릿속에 미리 녹음해 놓은 음악에 맞춰 움직이는 양 — 에 더하여 일정한 형식을 갖춘 무대의 거리 두기는 고전 뮤지컬 '넘버'의 인위성을 강조한다. 동시에, 그 삽화 장면(서사적으로 완전히 잉여적인)은 투명하게 아름다우며, 연상적이고 기이하게 우울하다. 댄서들이 일시에 무대로 만들어 버린 단조로운 도시 공간 주변의 어둠 속으로 뛰어들어 사라질 때, 그들은 고전 뮤지컬의 한층 단순한 쾌락에 대한 동경의 욕망을 실어 나르고 있는 것이다. 그러나 그러한 쾌락이 더 이상 가능하지 않다는 것은 지미의 반응 혹은 말하자면 반응 없음에 의해 확증된다. 그가 호텔 방에서 쫓겨나고 그래서 친구 에디가 (성공하지는 못했지만) 그의 여자를 침대로 끌어들이려고 구슬릴 수 있게 된 것에 화가 난 그는 댄서들을 조용히 지켜보다가 아무런 감정도 혹은 그 어떤 특별한 관심도 보이지 않고서 자리를 옮긴다.

장르의 관습과 두 스타의 매력에 휘몰려 우리는 색소폰 연주자 지미와 가수 프랜신이 연인 사이이길 믿고 싶어질지 모른다. 그들 자신도 잠시나마 그렇게 믿었을지 모른다. 그러나 역기능적이고 학대적인 관계의 현실이 영화에서 가차없이 전개됨에 따라 우리는, 떨어져 있는 편이 훨씬 나을 — 그리고 실제로 헤어졌을 때 그러했던 — 그 한 쌍을 함께 있게 만드는 것은 단지 관습에 불과함을 점차 깨닫게 된다. <뉴욕, 뉴욕>은 프랜신이 스타를 꿈꾸는 극장 안내원('페기 스미스')으로 '출연하는' 파생적 영화-속-영화-속-영화 "해피 엔딩*Happy Endings*"으로 최고조에 달한다. 예상대로, 어떤 우연의 마주침이 페기를 스타덤으로, 비통함으로, 궁극적인 속죄로 몰고가며, 결국 현기증 나는 미장아빔*mise-en-abîme* 속에서, 첫째 그녀는 이 모든 것이 단지 꿈이었음을 깨닫게 되며, 둘째 그녀의 꿈은 영화 "해피 엔딩"의 '현실' 속에 실현된다. <춤추는 대뉴욕>,

<파리의 미국인>, <사랑은 비를 타고>에서 켈리의 클라이맥스 발레가 보여 준 양식화되고 몽상적인 양상으로 촬영된 "해피 엔딩"(<뉴욕, 뉴욕>의 첫 개봉 프린트에서는 삭제된)은 그 시퀀스들처럼 그것이 뿌리내리고 있는 서사를 반향한다. 그러나 그것은, 그 시퀀스들과는 달리 욕망과 음악과 동작의 유토피아적 융합으로서가 아니라, 그러한 욕망들의 지속 불가능함에 대해서는 물론 그러한 희망들이 조성되는 형식 — 뮤지컬 — 에 대해서도 반어적인 논평으로 작동한다. 그 시퀀스를 클라이맥스에 달하게 만드는 대형 프로덕션 넘버들(거대한 팝콘 만화 배경에 기댄 안내원들의 코러스라인 선두에 선 프랜신 / 페기를 포함하여)은 자의식적으로 부조리하다. 더구나 엘에 의한 이전 장면의 메아리 속에, 우리는 지미의 무감한 눈을 통해 전체 시퀀스를 조망한다. 비록 프랜신이 호의적으로 묘사되고는 있지만, 그 영화의 거북한 젠더 정치학에서 지미는 그 커플 중 보다 역동적인(종종 폭력적인) 동시에 현실적인 사람으로 분명 그려지고 있으며, 은막의 유혹적 기만에 대한 프랜신 / 페기의 간절한 열망은 흔히 대중 문화 비평가들이 문화 산업의 '호구들*dupes*'에게 수동성과 피被암시성 같은 진부한 '여성적' 특질을 부여하는 것을 상기시킨다.[37] 지미가 프랜신의 히트 영화를 '**어리석은** *sappy* 엔딩'이라고 무시해 버릴 때, 그녀는 의미심장하게도 아무런 대답도 하지 않는다.

뮤지컬의 고통 완화 신화를 거부하는 '길거리' 리얼리즘의 인물 지미는, 어떤 의미에서, 고전 뮤지컬을 규정하는 양식적 특성들과 더불어 그것의 낙관주의와 낭만주의를 용납하지 못하리라 추정되는 1970년대 관객들을 대표한다.[38] 텔로트(Telotte, 2002)가 지적하듯, 현대 뮤지컬은 고전적

37. 우디 앨런의 <카이로의 붉은 장미*The Purple Rose of Cairo*>(1984)는 여성이 은막의 유혹에 민감하다는 유사한 추정을 한다.

통합 뮤지컬 특유의 기본 몸짓, 즉 인물이 말을 하다 말고 갑자기 노래하기 시작하는 순간을 묵인하는 관습을 꺼리는 동시대 관객을 다루는 다양한 방법을 발견해야만 했다. 1970년대 말 이러한 전통적인 라이브 액션 뮤지컬 형식을 소생시키려는 시도들이 주기적으로 이루어졌으며, 그중 ＜그리스*Grease*＞, ＜마법사*The Wiz*＞(둘 다 1978), ＜헤어*Hair*＞(1979) 같은 일부 작품은 성공을 거두었다. 어쩌면 의미심장하게도, 이 작품들은 모두 틴 팬 앨리의 스탠더드 넘버 대신 부드럽게 균질화된 록 음악 형식을 채택한 노스탤지어 영화들이다. 그러나 1980년대 이래로, 전통적 통합 뮤지컬은 대체로 관객을 모으는 데 실패했다(＜뉴스보이*Newsies*＞[1992], ＜너를 위하여*I'll Do Anything*＞[1994], ＜에비타＞). 이러한 통례에 대한 몇몇 예외는 동성애와 영악한 아이러니(＜록키 호러 픽처 쇼*The Rocky Horror Picture Show*＞[1975], ＜흡혈 식물 대소동*Little Shop of Horrors*＞[1986], ＜물랑 루즈＞[2001]) 혹은 내숭스러운 노스탤지어(＜에브리원 세즈 아이 러브 유*Everyone Says I Love You*＞[1996])에 막대하게 의존하는 경향이 있었다. ＜시카고*Chicago*＞(2002)의 놀랄 만한 성공은 동시대 관객들의 선호를 전술적으로 수용한 덕분이었다. 이 영화는 특히나 서사와 넘버를 위한 이질적이고 산만한 공간들 — 하나는 대체로 자연주의적이고, 다른 하나는 본질적으로 오리지널 스테이지 쇼의 직접 녹화인 — 을 확립하였는데, 이때 후자는 전자를 반복하고 반어적으로 확장하였다. 또한 ＜시카고＞는 그 뮤지컬 넘버들이, 숙련된

38. 그러나 ＜뉴욕, 뉴욕＞은 지미(와 우리)가 여전히 그러한 신화에 얽매여 있음을 암시함에 주목하라. 영화는 그 커플의 재결합 전망 — 지미에 의한 — 을 제시하지만 오히려 페기가 그 제안을, 미련이 없지는 않으나, 거절하는 것으로 끝나 버리니 말이다. 이 두 사람이 결국 커플이 되기에는 적합하지 **않음**을 그처럼 가차없이 보여 준 후에도 그 영화는 여전히 그러한 구원적 결론에 대한 관객의 열망(페기 / 프랜신처럼)을 자극시키며, 그것을 그 장르의 강력한 서사 관습성에 의해서만 추진되는 마조히스트적인 것으로 까발린다.

퍼포먼스의 복잡한 고난도 기술 동작을 인물 전체를 잡은 롱테이크로 보여 주는 전통적 장르 쾌락을 관객에게 대체로 (그리고 가수 및 직업 댄서로서 중심 인물들의 능력이 엄밀히 세한된 이상, 필연적으로) 제공하지 않는다는 점에서, <플래시댄스*Flashdance*>(1983)와 <자유의 댄스*Footloose*>(1984)가 개척한 기법에 의존한다. 대신 그 영화는 MTV 스타일의 빠른 편집과 1990년대 초반 폴라 압둘, 자넷 잭슨 등이 안무가로서 개척한 엄격히 조직화된 스타일의 팀 댄싱에 의존한다(Dodds, 2001: 49~56을 보라).

그러나 전통적인 라이브 액션 형식의 명백히 거스를 수 없는 쇠퇴와 나란히, 고전적 뮤지컬은 애니메이션 영화에서 눈에 띄게 재등장하였다. 그 분야의 전통적 선도자인 디즈니는 1980년대 초반 성인 장편 영화로 다각화한 후, 1989년 <인어 공주*The Little Mermaid*>로 그간 활기를 되찾은 애니메이션 부문을 다시 일으켰으며, 이어서 애니메이션 뮤지컬을 연간 개봉 일정의 중심 작품으로 재확립하고 <미녀와 야수*Beauty and the Beast*>(1991), <알라딘*Aladdin*>(1992), <라이온 킹*The Lion King*>(1994), <노틀담의 꼽추*The Hunchback of Notre Dame*>(1996) 등으로 엄청난 성공을 누렸다.

## 할리우드 너머

음악과 노래를 만드는 것은 보편적인 인간 충동이며, 모든 내셔널 시네마는 예외없이 자신만의 뮤지컬 영화 형식을 발전시켜 왔다. 그러나 이들 가운데 국경 너머 관객들에게까지 잘 알려진 영화는 거의 없으며, 비할리우드 뮤지컬에 대한 거의 모든 영어권 연구는 대중의 상상력과 역사 비평 둘 다에서 뮤지컬 영화를 미국의 뮤지컬 영화 형식과 거의 보편적으로 동일시하는 언급으로 시작된다. 더구나 뮤지컬 영화 전통에 대한 연구가 반복하여 마주치게 되는 한 문제는 지역 고유의 뮤지컬들이 의식적으로 차별성을 드러낼 수 있는 표준, 장르 규범, 혹은 관습을 할리우드 뮤지컬이 어느 정도까지 확립했는가를 결정하는 일이다.

아마도 가장 잘 알려진 비할리우드 비영어권 뮤지컬 형식은 인도 영화일 것이다. 높은 작품 생산량, 블록버스터로부터 저가에 이르는 다양한 제작 비용, 탄탄한 장르 전통(사실상 어떤 할리우드 장르보다도 훨씬 더 엄격하게 관습화되고 단속되는) 및 산업화된 제작 시스템 등에 의해, '발리우드*Bollywood*'는 고전 할리우드 뮤지컬과의 연상적 비교에 다양한 지점을 제공한다. 한 가지 명백하고 주된 차이점은 대부분의 인도 영화가 뮤지컬(노래와 춤) 퍼포먼스의 특징이 있다는 것인데, 특히 통합 뮤지컬에 익숙한 관객에게는 진지한 드라마 내용으로부터 디제시스적으로 이질적인 경쾌한 뮤지컬 넘버로의 전환이 거슬려 보일 것이다. 사실, 인도 영화에서 뮤지컬 통합의 관습은 근본적으로 상이하며, 하위 장르 단계(즉 버클리와 프리드 뮤지컬 간의 차이)에서가 아니라 장르를 넘나드는*trans-generic* 방식으로 작동한다. 뮤지컬 퍼포먼스는 할리우드나 유럽 모델과는 상이한 핍진성 체제 및 리얼리즘 개념으로 작동하는 담론에서 용인된 하나의 드라마 관습이다. 따라서 서양 관객에게는 인도 뮤지컬이 리트윅 가탁의 사회적 리얼리즘 영화나 사트야지트 레이의 국제적 예술 영화에 대립되는 단일한 '뮤지컬' 장르로 여겨질지 모르지만(Binford, 1987), 인도 관객들에게 강력한 장르 구별은, 서구 영화의 관습화되고 눈에 보이지 않는 '리얼리즘' 기반과 병행하여 일련의 재현 관습 **내에서** 작동한다. 펜더커(Pendakur, 2003: 119~144)는 현대 인도 영화에서 뮤지컬 퍼포먼스의 음악 양식(전통 악기와 음색에 대한 의존 감소)과 시각 양식이 인도 사회 전체에서의 도시화와 서구화의 영향을 보여 준다고 주장한다.

인도 영화의 두드러진 특징인 민속 전통은 다른 내셔널 뮤지컬 영화에도 두드러지며, 이는 할리우드 모델과의 중요한 차이점이 된다. 호프웰(Hopewell, 1986: 48)은 민속 뮤지컬을 1950년대 프랑코 독재 체제 당시 스페인의 '핵심 장르'로 묘사하며, 한편 버그펠더(Bergfelder, 2000: 81~83)는 전후 독일 '조국 영화*Heimatfilm*'에 있어 민속 노래의 중요성을 강조한다. 두 경우 모두에서, 특색 있는 지역 고유의 음악 전통을 뮤지컬 영화에 끌어들인 것은, 역사적 트라우마로 붕괴된 사회에서 응집력 있는 국가 정체성의 재구축을 향한 강력한 이데올로기적 충동을 표현한 것으로 보인다.

## 사례 연구: <사랑은 비를 타고> (1952)

<사랑은 비를 타고>는 일반적으로 통합 뮤지컬의 정점으로 간주된다. 실제로 이 영화는 모든 뮤지컬 가운데 가장 인기 있고 높게 평가되는 것으로서 마땅한 적수가 없으며, BFI(British Film Institute)의 역사상 최고의 영화를 뽑는 최근 조사에서 10위권 안에 (뮤지컬로는 유일하게) 들었다. 이 영화의 주연과 (스탠리 도넌과의) 공동 감독을 맡은 진 켈리도 이 작품을 자신의 가장 성공작으로 꼽았다. 또한 다른 어떤 영화보다도 이 작품은 1939년과 1959년 사이 MGM의 프리드 사단 제작 뮤지컬들의 정신과 특징을 구현하고 있다. <사랑은 비를 타고>는 포이어(Feur, [1977]1981)가 할리우드 뮤지컬의 특징으로 본 순화된 모더니즘의 전형일 뿐 아니라, 또한 그 다양한 상호 텍스트적 언급 및 인유들과 더불어, 장르 함수로서의 반영적 패러디/패스티시가 결코 1970년대 포스트고전 뉴 웨이브에 한정되지 않고, 고전 할리우드의 실질적인 표상으로 간주되는 영화 속으로까지 매끄럽게 편입될 수 있음을 충분히 보여 준다. 더구나 쿠오모(Cuomo, 1996)가

주장하듯, <사랑은 비를 타고>는 뮤지컬의 특징적 반영성을 진화의 핵심 단계에서의 그 장르 전체에 대한 성찰로 확장시킨다. 심지어 혹자는 그것이 장르 일반에 대해서까지 성찰한다고 말할지 모르겠다. 결국 <사랑은 비를 타고>는 기술과 산업의 변화(유성 영화로의 전환)에 내몰려 자신의 스타 및 장르 페르소나를 바꾸는 한 배우의 이야기를 들려준다.

<사랑은 비를 타고>는 비판적 모더니즘 텍스트는 아닐지 몰라도, 분명 모더니즘 — 포스트모더니즘이라기보다는 — 영화로 남는다. 실제로 그것은 그 둘 간의 차이를 꽤나 분명하게 보여 준다. 그것의 많은 특질들 — 상호 텍스트성, 반영성, 노스탤지어(그 영화는 유성으로의 전환기인 1928년 할리우드를 배경으로 하고 있다) — 이 모더니즘 형식과 포스트모더니즘 형식 둘 다와 혼란스럽게 연결되어 있는 반면, <사랑은 비를 타고>에서 이것들은 모두, 모더니즘 텍스트와, 구속받지 않는 이종성, 차이, 파편화에 대한 포스트모더니즘의 찬양 간의 어떤 본질적 차이를 가르는 (재)통합의 담론과 관련하여 위치한다.

사실 통합은 <사랑은 비를 타고>의 서사적, 주제적 초점이자 동시에 퍼포먼스[수행] 양상으로서 간주될 수 있다. 서사 관점에서 통합은, 캐시가 영화 "춤추는 기사*The Dancing Cavalier*"를 위해 빌려준 목소리 재능을 리나 라몬트가 자신의 것인 양 멋대로 사용할 때 발생하는 목소리와 영상의 부당한 분리 / 비통합의 견지에서 결정적이다. 따라서 서사의 목표는 목소리 / 말하기와 신체의 재통합(시사회 때 코스모가 리나의 실체를 폭로함으로써 마침내 성취되는)이 된다. 피터 울른(Wollen, 1992: 55f)은 그 영화의 이러한 측면을 서구 문화의 '로고스 중심주의*logocentrism*'에 대한 자크 데리다의 논제와 연결시키는데, 서구 문화에서 말하기 — 말하는 신체의 단일성과 통합에 의해 진정성이 부여되는 — 는 글쓰기 — 그것의 전달성과 다면적 가치성이 그것을 잠재적으로 신뢰할 수 없게 만드는 — 보다 우위에

있다. 이 점에 있어 그 영화가 그들의 새로운 스타 시스템 영화 "사랑은 비를 타고"의 광고판을 바라보는 돈과 캐시로 끝나는 것, 즉 스티브 코언(Cohan, 2000: 57)의 표현대로 "영화와 디제시스가 완벽하게 …… 맞물리도록" 만드는 "서로 끌어안은 자기 인용"(Stam, 1992: 93)으로 끝나는 것은, 시사적이다. 낭만적인 커플의 결합은 캐시가 목소리를 되돌려 받고 뒤늦게나마 뮤지컬 스타로서 인정받는 것과 연결된다. 이처럼 성공적인 통합들의 절정에 달한 축제적 누적은 퍼포먼스에 대한 영화의 필연적 매개(영화로서)에 대한 우리의 인식을 효과적으로 압도하며, 백스테이지 뮤지컬로서 직접성에 대한 동일한 향수 어린 기원을 성취한다. 따라서 ＜사랑은 비를 타고＞는 프리드 사단 뮤지컬들이 "뮤지컬 장르 자체에 대한 일관된 숙고와 확언을 제시하기 위해 백스테이지 형식을 이용했다"는 포이어(Feuer, [1977]1981: 161)의 주장이 정당함을 입증한다. 이 영화는 이미지와 내적 실재의 구별을 촉진하는데, 이는 전자의 가면 이면에서 후자를 마주치는 것이 가능하며 또한 윤리적으로 극히 중대하다는 확신에서 이루어진다. 그러나 이러한 직접적인 외관 / 실재 변증법은 ＜사랑은 비를 타고＞에 뒤얽혀 있다. 왜냐하면 (개인적, 사적) 자아와 (직업적, 공적) 양식의 재통합이, ＜밴드 웨건 *The Band Wagon*＞ 같은 통합 백스테이지 뮤지컬에서처럼 매개되지 않은(즉 무대) 라이브 퍼포먼스의 재현을 통해서가 아니라, 영화 자체의 '이차적' 실재와의 관련 속에서 성취되기 때문이다.

텅 빈 방음 스튜디오에서 이뤄지는 돈과 캐시의 이중창 "우리는 운명으로 맺어진 사이 *You Were Meant for Me*"는 이 영화가 이러한 복합적 모순들과 맺는 유희적 계약을 요약한다. 널리 지적됐듯이, 그 넘버는 뮤지컬의 인공성을 인정하는 동시에 부인한다. 즉 캐시의 이상화된 이미지를 돈이 캐시 주위에 배열해 놓은 기술 — 색색의 연기, 대형 선풍기, 스포트라이트 — 의 한 함수로 확립함으로써 이를 인정하지만, 일단 노래가 시작되면 화면으로부터 그러한 환영 도구들을 차단하고 결국 고전적으로 이상화된 낭만적 커플의 이미지를 '직접' 연기함으로써 이를 부인한다. 이런 점에서 그 넘버는 포이어가 뮤지컬에서 '쇼를 올리자!' 신화라고 특징지은 것을 영화 매체를 위해 수정하고 갱신하는데, 여기서 뮤지컬 퍼포먼스의 인공성은, 주요 등장 인물들을 직업 연기자들로 만듦으로써 기재되지만, 그들의 (성공적인) 퍼포먼스가 그들 자신의 활기와 타고난 열정에서 비롯된 것으로 재현함으로써 무효화된다. 뮤지컬에서 넘버는 "계산과 테크놀로지에 의한 것이라기보다는 자발적이고 자연스러운 것으로서 뮤지컬 자체의 표현 양상"을 증진시킨다(Feuer, [1977]1981: 165). (<사랑은 비를 타고>의 경우, "우리는 운명으로 맺어진 사이"의 명백한 인공성은 "브로드웨이 리듬" 발레에서 시드 채리스의 스카프를 부풀게 하는 바람을 만들어 낸 유사한 기술 — 실은 비행기 엔진 — 사용이 인정되지 않는 것과 흥미롭게 대조된다.) 영화 퍼포먼스는 본성상 결코 관객을 '라이브'로 만날 수 없으므로, 기술의 인공성과 영화라는 매개를 일깨우는 동시에 지우는 돈과 캐시의 이중창은 인공성으로부터 자아로의 회복을 무대화하고, 지각과 실재가 재통합될 수 있는, 디제시스 내부이면서 외부인 어떤 상상적 공간을 창출해 내는 것으로 간주될 수 있다.

다른 곳에서도 통합은 전면에 내세워진다. 예를 들어 "원기왕성한 *Fit as a Fiddle*"에서는 돈 록우드가 가십 칼럼니스트 도라 베일리에게 자신의 초기 경력에 대해 얘기하는 보이스오버 설명과, 돈과 코스모의 '진짜' 과거를 보여 주는 플래시백 에피소드들 — 돈이 말하듯 '품위, 언제나 품위'도, 상류 사회와 음악 학교도 아닌, 내기 당구장, 무료 급식소, 익살극과 보드빌의 고된 노동 — 간의 불일치가, 수정되어야만 하는 공적 자아와 사적 자아의 부조화를 일으킨다. (돈의 날조된 약력은 문자 그대로 공적 업무라 할 수 있다. 돈은 리나 라몬트와 찍은 신작 "왕족 악당 *The Royal Rascal*" 시사회에 온 관객들 앞에서 마이크에 대고 도라에게 말하고 있다.) 돈은 <나의 여기 친구를 위해 *For*

*Me and My Gal*>(1942)나 <춤추는 대뉴욕> 같은 켈리의 MGM 뮤지컬의 몇몇 다른 인물들처럼, 만일 행복을 성취하려거든 피상적인 방어적 허식 — 종종 '유들유들한' 도시 페르소나와 결합되어 있는, 대도시 생활의 파란만장함에 대처하기 위한 등딱지 — 밑으로부터 진정한 내적 자아를 회복해야만 한다. 코언(Cohan, 2000: 62)은 돈을 '자기 분열 상태'로 특징지으면서, "원기왕성한"에서 드러난 '진짜' 약력이 어떻게 그에게 반복하여 대역, 즉 문자 그대로 '대리인' 역할을 배정하는지에 주목한다. 그러한 맥락에서 "그들을 웃겨라*Make' Em Laugh*" — 사실상 도널드 오코너[코스모 역]의 곡예 능력을 선보이는 독립 무대로서 착상된 — 는 그것이 돈과 코스모의 은폐된 과거 경력과의 일종의 재연결을 재현한다는 점에서 주제적인 통합을 입증한다. 서사에서 돈 록우드에게 속죄의 수단을 제공하는 이는 캐시 — 첫 등장에서부터, '위조된' 리나 라몬트와 비교해 꾸밈없는 매력과 자연스러움으로 설정된 — 이다.

마지막으로 이 영화는 단지 형식적으로뿐 아니라 가장 구체적인 방식에서도 통합 원리에 입각하고 있다. 즉 이것은 '카탈로그 뮤지컬*catalogue musical*'로, 다시 말해, 현존하는 노래 목록(이 경우에는, MGM이 1949년 판권을 사들인, 프리드와 그의 작품 파트너 나초 허브 브라운의 1920년대 노래들)을 재활용하기 위한 매개체이며, 바로 이 노래들을 둘러싸고 서사가 조직되었다. 울른(Wollen, 1992: 31f)은 <사랑은 비를 타고>의 경우 시나리오 작가 베티 컴덴과 아돌프 그린이 쓸 만한 구조와 시나리오를 만들어 내는 작업을 담당했다고 적고 있다.

단 한 가지 점에 있어서만 <사랑은 비를 타고>는 보란 듯 비통합적이다. 즉 그 영화의 퍼포먼스 스펙터클의 클라이맥스를 이루는 확장된 발레 시퀀스 '발레 리듬' 말이다(비록 그것이 서사를 마무리 짓지는 않지만). 과연, 이 시퀀스의 이질적 성격은, 돈이 "춤추는 기사"에 포함시킬 발레 컨셉을 제작사인 모뉴먼탈 픽처스의 사장 R. F.에게 이야기하는 가운데 그 시퀀스를 괄호로 묶는 대화에서 우스꽝스럽게 언급된다. 그 시퀀스 끝에서 우리는 돈, 코스모, R. F.로 돌아오는데, R. F.는 돈의 제안에 다음의 대사로 답한다. "상상이 안 되는군. 영화로 먼저 봐야겠어." 이러한 반영적 개그는 우리가 방금 지켜본 14분간의 발레가 그 영화의 1928년도 할리우드 디제시스 세계에서 문자 그대로 어떤 '자리'도 갖지 못한다는 것을 명시한다(그것은 또한 분명 시대극 뮤지컬 "춤추는 기사"와 상상할 수 있는 그 어떤 관계도 갖지 않는다). 그것은 순수한 퍼포먼스와 스펙터클이라는 상이한 영토에 존재한다. <사랑은 비를 타고>에서 (그리고 <춤추는 대뉴욕>에서도) 켈리와 공동 감독을 맡은 스탠리 도넌은 훗날 켈리가 이질적인 발레 시퀀스를 "영화 기본 흐름의 중단"(Wollen, 1992: 59에서 인용)으로 그 두 영화에 끼워 넣으려 한 것을 비판했다.

그러나 코언(Cohan, 2000: 59f)이 지적하듯, <사랑은 비를 타고>의 통합적 열광에는 어떤 아이러니가 존재한다. 리나 라몬트가 자신의 것이라고 주장하는 목소리를 더빙하는 캐시를 연기한 데비 레이놀즈의 목소리는, 노래할 때는 베티 노이즈가 그리고 대화에서는 진 헤이건 — 리나 라몬트를 연기한 — 이 더빙하였다. 따라서 그 영화 자체의 제작의 실체적 상황은 그 텍스트가 지칠 줄 모르고 진척시키고자 하는 이음매없는 통합 — '결혼' — 의 허위성을 입증하는 것이다. 사실, 더빙을 플롯 장치이자 지배적 은유(가짜와 분열에 대한)로 도입한 것은, 뮤지컬이 그 자신의 유토피아적 프로젝트의 불가능성에 대하여 텍스트적으로 고백하는 것이나 다름없어 보인다. 커튼을 여는 어릿광대의 마술적 인도에 의해서만 그 에너지가 억제될 수 있는 어느 흉포하고 정박되지 않은 담론 영역을 풀어놓아 주면서 말이다.

# 05

# 전쟁/전투 영화

## 장르와 국가

지오반니 파스트로네의 웅장한 무성 대작 <카비리아*Cabiria*>(이탈리아, 1914) 중반부의 어느 스펙터클 시퀀스에서, 강력한 로마 함대가 로마의 천적 카르타고의 동맹국인 요새 도시 시라쿠사를 포위한다. 이러한 위협이 임박해지자 시라쿠사의 학자 아르키메데스는 자신의 비교秘敎적 사유로부터 떨쳐 일어나, 태양력을 이용하여 도시를 침략자로부터 구할 급진적 신무기를 발명한다. 시대를 거스른 그의 다빈치적 발명품은 거울 '화판*petal*'을 둘레에 늘어놓은 중앙 렌즈를 이용하여 치명적인 빛과 열의 광선을 초점에 모음으로써 지나는 경로에 있는 모든 것을 태워 버렸다. 그 무기는 — 특히 소형 원형본에 있어 — 1910년대 초반 미국과 유럽에 걸쳐 영화 촬영 스튜디오에서 성취되던 조명 효과의 특성과 범위를 급속도로 변형시켰던 새로운 고강도 백열광 중 하나와 놀랄 만큼 유사했으며, 그 '화판'은 영화 조명의 '반도어*barndoor*' 조절 셔터와 동일했다. 이와 같은 연관성은 아르키메데스가 자신의 발명품을 사각형의 흰 캔버스, 즉 영화 스크린에 해당될 것에 시험했다는 점에서 강화된다. 살인 광선은 프로젝터 빔처럼 전 세계를 갈구한다. 마르시아 랜디(Landy, 2000a: 34)가 지적하듯, 살인 광선이 로마 함대에 파괴적인 효과를 일으켰을 때, 의사擬似 영화*paracinematic* 테크놀로지와 전투 및 끔찍한 대학살 풍경의 조합은 영화가 전쟁 테크놀로지와 맺고 있는 오랜 근친성을 분명하게 드러낸다.

전쟁은 영화의 유년기 이래로 주요 제재 가운데 하나였다. 영화의 발명은 10년간의 제국주의 군사 분쟁들(1898년 아메리카-에스파냐 전쟁, 1899~1902년 보어 전쟁, 1904~1905년 러일 전쟁)과 동시에 일어났으며, 이 사건들을 스크린에서 보려는 소비자 요구는 그 새로운 매체를 자극하였다(Bottomore, 2002: 239). 비록 초기 영화의 기술적, 재현적 한계들은 무대 연출된 재연이나 전선 후방에서 촬영한 장면으로 이루어진 그와 같은 묘사의 즉각성을 가로막았지만, 규모가 클수록 더 좋은, 공들여 연출된 전투 장면은 초기 장편 영화들 — 물론 그리피스의 <국가의 탄생*The Birth of a Nation*>(1915)을 포함하여 — 에서 관객몰이용 인기 요소로 떠올랐다. 그리피스는 서사 영화의 전개 문법과 클로즈업 및 대상-응시(시점) 숏 시퀀스의 혁신적 사용을 대가다운 솜씨로 능란하게 종합함으로써, 관객이 스크린상의 전쟁과 맺는 관계를 스펙터클로서의 전쟁의 단순한 소비로부터 현대 전쟁의 끔찍한 경험에의 서사적, 감정 이입적 참여로 결정적으로 재정비하였다. <풀 메탈 자켓*Full Metal Jacket*>(1987)이나 <씬 레드 라인*The Thin Red Line*>(1998) 같은 몇몇 영화가 때로 전투를 관객으로부터 거리를 둔 관조의 대상으로 그리곤 했지만, 전쟁 영화의 훨씬 더 일관적인 테마는 줄곧 영화 관객과 피비린내 나는 군사 분쟁 현실 간의 자기 보호적 거리의 점진적 소멸이었으며, 이는 <서부 전선 이상 없다 *All Quiet on the Western Front*>(1930)로부터 <워크 인 더 선*A Walk in the Sun*>(1945)과 <컴 앤드 씨*Come and See*>(소련, 1985), <플래툰*Platoon*>(1986)을 거쳐 <라이

언 일병 구하기*Saving Private Ryan*>(1998)에 이르기까지 점점 더 혁신적이고 고강도의 스타일과 테크놀로지 전략들로 전개되었다.

전쟁 영화를 장르적으로 정의하는 것은 바로, 드라마의 중심 역할을 수행하는 이러한 전투 장면들이다. 어느 분쟁 혹은 전쟁 전체에 대한 포괄적인 역사 설명에는, 전투에 대한 설명과 나란히, 전쟁 준비와 그 여파는 물론 후방, 공급선, 스파이, 외교, 정부, 군참모 등도 필연적으로 포함된다. 그리고 모든 내셔널 시네마에는 이러한 제재들의 대부분 혹은 전부를 다루는 영화 다수가 당연히 포함되며, 그중 일부 — 스파이 영화라든가 귀환한 퇴역병 이야기 같은 — 는 별개의 독자적 하위 장르들로 구성된다. 루벤스타인(Rubenstein, 1994: 456)은 (할리우드) 전쟁 영화의 주요 장르 변형체 여덟 가지를 다음과 같이 규정한다. 곤경에 빠진 소대, 장대한 서사시적 전투, 싸우는 동료(여기서 두 경쟁자 — 이를테면 한 여자를 사랑하는 — 는 서로 원수나 다름없이 싸우지만 종국엔 화해한다. 그 선조격으로는 <영광의 대가*What Price Glory?*>[1926][39]가, 이후에는 <하늘의 요새*Flying Fortresses*>[1942], <크래시 다이브*Crash Dive*>[1943] 등이 있다), 지휘의 중압감, 반전反戰 영화, 전쟁 포로 탈출, 전시 대비 영화, 병역 코미디 뮤지컬(<벅 프라이빗*Buck Privates*>[1941] 같은 유쾌한 소극笑劇과 <스테이지 도어 캔틴>[1943] 같은 사기 진작용 레뷰 스타일 뮤지컬에서, <매시*M*A*S*H*>와 <캐치 22*Catch-22*>[둘 다 1970] 같은 이후의 격렬한 반전, 반군 풍자극에 이르는 극도로 탄력적인 범주). 그 목록은 분명 전쟁 영화를 다채롭고 포괄적인 범주로 만들었으며 이 같은 이유로 논평자 대부분은 베이싱어를 따르는 경향이 있다. 베이싱어는 보통 말하는 식의 '전쟁 영화'는 "일관된 장르 형식으로 존재하지 않는다"(Basinger, 1986: 10)고 주장하면서, 앞의 네 범주에 의해 주로 재현되는 전투 영화를 분리시키기 위해 뮤지컬과

39. 이 계보는 <영광의 대가>의 싸움 상대 주인공들을 따라 '쿼트-플래그'로 알려지기도 했다.

전쟁 포로 영화 같은 전쟁 관련 계보를 제쳐놓는다. 늘 그렇듯, 그와 같은 구분은 결코 빈틈이 없지 않다. 전투 장면은, 예를 들어 <파이팅 69사단 *The Fighting 69th*>(1940)이나 <요크 상사*Sergeant York*>(1941)[40] 같은 고전적 전시 대비 영화들에서 중요하게 다뤄진다. 전쟁 / 전투 영화는 명백히 현대 교전을 다룬다. <경기병 대대의 돌격*The Charge of the Light Brigade*>(1936)에서 <브레이브하트*Braveheart*>(1995)에 이르는 군 주제의 역사극들은 군사 전술을 보여 주고 전투 장면을 극화한다는 점에서 확실히 현대 전쟁 영화와 교차하지만, 그 장르에 특유의 구문론을 부여하는 것은 현대의 기계화된 전쟁 경험이다. 특히, 가장 영속적인 장르 변형체들을 제공해 온 전쟁 — 1차 세계 대전, 2차 세계 대전, 베트남전 — 은 모두 징집군에 의한 전투였으며, 따라서 군복무 경험에 어떤 중요한 대표적 특질을 부여했다(비록 <블랙 호크 다운*Black Hawk Down*>과 <에너미 라인스*Behind Enemy Lines*>[둘 다 2001]처럼 현대 직업 군인을 다루는 최근 영화들은, 어쩌면 보통 사람으로서의 병사 개념이 이미 몹시 견고하게 확립되어 있으므로 전투 장르가 이것 없이도 괜찮을 것임을 시사하지만 말이다).

전쟁 / 전투 영화에서 '전투'의 군사 행동 정의는 군사 전문가의 시점으로는 상당히 협소하며 현대 교전의 핵심 영역들의, 대부분은 아닐지라도, 상당수를 배제한다. 전투 영화는 대체로 전략적 군사 계획에 초점을 맞추는 것이 아니라 — 실제로, 그들을 위험에 처하게 만드는 총괄 전략 계획에 대한 부대의 무시나 냉소 심지어 경멸은 반복되는 장르 모티브이다 — 명확하게 규정된 구성원과 경계를 지닌 소분대(전형적으로 보병 소대, 무장 헬리콥터나 폭탄반)의 직접적인 전투 경험에 초점을 맞춘다. 배시(Badsey,

40. <요크 상사>의 홍보 패키지에는 실제 1차 세계 대전 영웅의 공인된 진술이 포함되어 있었는데, 그의 이야기는 사실상 그 영화의 시기 적절함을 선전하기 위해 극적으로 각색된 것이다 (Shindler, 1979: 43).

2002: 245)는 이러한 부대들이 병참 계획 및 공급 작전이나 조국 방위에 비해, "현실의 총체적 전시 총동원 체제*war-effort*에서 매우 작은 소수"이지만, 그것들의 드라마 호소력은 바로 그 과업의 명쾌함과 단순함에 있다고 지적한다. 그들은 '호메로스가 그것을 이해하듯' 전투에 착수한다. 피에르 소를랭(Sorlin, 1994: 359~360)의 주장에 따르면, 이처럼 자기 충족적인 부대에 대한 강조는 "소수의 개인들에 의해 수행되는 영웅 행위들의 총계로서 표상된 …… 상상적 전쟁"을 야기하는데, 서사 영화의 극적 요구에 매우 잘 맞는 이것은 마페킹Mafeking 포위 전투나 로크 드리프트Rorke Drift 전투(각각 <북경의 55일 55 *days at Peking*>[1963]과 <줄루*Zulu*>[1964]에서 영화로 허구화된)41 같은 식민지 에피소드 견지에서 19세기 말 변화하는 근대 군사 이론에 빚진 바가 크다는 것이다.

전쟁(혹은 전투) 영화의 진화는 어쩌면 어떤 것보다도 그 틀 너머 세계에서의 발전에 의해 더 직접적으로 드러날 것이다. <빅 퍼레이드*The Big Parade*>(1925)로부터 <유황도의 모래*Sands of Iwo Jima*>(1949)로, 그리고는 <플래툰>(1986), <쓰리 킹즈*Three Kings*>(1999), <블랙 호크 다운>으로의 변화는 분명 내적인 장르 진화나 '라이프 사이클'의 관점에서 단순히 설명될 수 없다. 상이한 분쟁들에 공유되는 문화 경험의 누적과 그것들에 깊이 박혀 있는 정치로부터 비롯된, 특정 전쟁들과 전쟁 자체에 대한 인식 변화는, 전쟁 영화의 대의, 도상, 장르 핍진성의 변화에서도

41. 마페킹 포위 전투는 남아프리카 식민지를 둘러싸고 보어인(네덜란드 이주민)과 영국군 사이에 벌어진 보어 전쟁(1899~1901) 중에서도 가장 격렬했던 전투이다. 그러나 저자의 설명과는 달리, <북경의 55일>은 마페킹 전투가 아니라 청나라 말 북경의 의화단 사건을 다루고 있다. 로크 드리프트 전투는 1879년 남아프리카에서 줄루족과 영국군 간에 벌어진 줄루 전쟁 가운데 영국군이 가장 치열한 방어를 해낸 전투로 기록되며, 영화 <줄루>의 주요 소재이다. — 옮긴이

대단히 직접적인 효과를 끌어낸다. 따라서 앞으로 보게 될 것처럼, 1차 세계 대전과 베트남전 영화가 전쟁 — 보편자로서든 특수자로서든 — 의 무용함, 잔인성, 고통을 강조하는 경향이 있는 반면, 2차 세계 대전 영화는 용맹, 애국심, 자발적 희생의 '긍정적' 가치들을 강조하는 편이다. 이와 유사하게, 분쟁에 대한, 또한 승리나 패배에 대한, 저마다 다른 국가 경험들은 서로 다른 내셔널 시네마에서 전쟁 묘사 장르 관습의 현저한 불일치를 보증한다. 때로는 심지어 직접적인 재현이 아예 삭제되기까지 한다(이를테면 전후 독일 영화에 있어 직접적인 화제로서 2차 세계 대전의 '이용 불가'). 동시에 전쟁 영화는 민중의 기억을 구축하고 따라서 역사를 '다시 쓰는' 데 있어 자신만의 강력한 역량을 행사한다. 마지막으로, 전쟁 영화는 그것이 국가 정부로부터 끌어내는 고도의 관심과 때로는 능동적 참여(혹은 간섭) 및 프로파간다 운동에의 연루로도 유명하다. 이 모든 이유 때문에, 이 장에서는 할리우드에 대한 초점을 유지하는 한편, 네 가지 주요 분쟁, 즉 1, 2차 세계 대전, 한국전, 베트남전에 대한 서로 다른 재현들을 통해 우선적으로 표본 추출된 몇몇 내셔널 시네마를 가로질러 전쟁 / 전투 영화의 변형체들을 두루 고찰하고 비교할 것이다.

## 1차 세계 대전

1차 세계 대전(1914~1918) 결과는 세계 정치와 경제에 대해서만큼이나 전 세계 영화에도 그 나름 멀리까지 영향을 미쳤다. 전시 총동원 체제는 유럽 참전 국가들의 경제에 변형을 가져왔고 독자적인 내셔널 시네마의 발전을 저해했다. 가장 극단적 경우인 러시아에서는 군 붕괴와 혁명, 내란 등으로 인해 1920년대 중반까지 자국 영화 산업이 사실상 절멸되었다.

이와 반대로, 거대한 내수 시장과 늦은 참전(1917년 3월)으로 뒷받침된 미국의 영화 산업은 그 상황의 경쟁적 이점을 활용하기에 좋은 위치에 있었으며, 전쟁에서 벗어날 즈음엔 막대하게 강력해져서 처음으로 명확하게 전 지구적인 유력 산업이 되었다. 전쟁을 통해 영화는 정보와 프로파간다를 퍼뜨리는 도구로서의 잠재력이 입증되었으며 그 결과 정부 부처와 국가적 영화 산업 간의 관계에 중대한 변화를 일으켰다. 워드(Ward, 1985)가 주장하듯, 비록 미국에서 영화는 미국이 전쟁에 단기간 참여하는 동안 미국 관객에게 제한된 영향을 끼쳤을 뿐이지만, 전시 공채 모금 운동에 있어 산업-국가 협력은 새로이 형성된 유나이티드 아티스트사의 고위직에 전 재무장관 윌리엄 깁스 맥아두William Gibbs McAdoo[42]를 임용하기에 이르렀다. 이로써 그후 생겨나게 될 정부와 할리우드 간의 상당히 빈번한 인사 교환의 전례를 세웠는가 하면, 이제까지 낮은 지위였던 영화 매체에 대해 정부 부처 전반에서 훨씬 호의적인 태도를 취하게 만들었다. 더구나 영화를 국가 이익에 동원시키기 위해 영화 산업의 경제적 독립성이 타협되거나 줄어들 필요는 없다는 윌슨 당국의 용인은 다음 전쟁에서 상당히 중요한 것으로 드러나게 된다.

모든 전쟁 국가들이 고도로 당파적인 애국 전시 드라마와 선전 영화를 제작한 반면, 1차 세계 대전 재현을 위한 명확한 장르 주형은 무성 시기 후반 그것이 전쟁의 의미와 함의를 지닌 더 거대한 문화, 정치적 고찰을 일부 형성하게 됐을 때에서야 비로소 합체되었다. 특히 훗날 전쟁의 극적 의미를 창조하는 데 중심이 되는 전투 장면에 대한 인식이 전쟁 중에는 부족했던 데 비해 점령된 프랑스와 베네룩스 주민들에 대한 독일의

42. 윌슨 대통령의 사위이자 윌슨 행정부의 재무장관이었던 윌리엄 깁스 맥아두는 장관 시절 적극적인 전시 공채 선전 정책을 펼쳤다. — 옮긴이

잔학 행위(대체로 날조되고 머지않아 불신받게 된)를 묘사하려는 취지의 스파이 영화, 군과 정치 지도자를 성인聖人으로 그려낸 전기물, 그리고 — 특히 — 선정적인 멜로드라마는 모두 고국의 관객들에게 전쟁을 정의 내리기 위해 경쟁했다. 아마도 <베를린의 야수*The Beast of Berlin*>(1918) 같은 파렴치한 작품이 그나마 남긴 결과는 훗날 2차 세계 대전 때 연합국 측 감독들이 회의적인 관객에게 그처럼 조잡하고 마구잡이식의 프로파간다를 부과하길 꺼리게 되었다는 점일 것이다(Dibbets & Hogenkamp, 1995를 보라).

1920년대와 1930년대 '1차 세계 대전Great War'에 대한 영화 재현들은 이 장르와 동시대 정치 간의 밀접한 관계를 매우 명확히 입증한다. 연합군 국가들에서, 승리에 대한 최초의 환희는 그 전쟁의 여파에 대한 부정적 인식에 재빨리 길을 내주었으며 이제 그것이 전쟁 자체에 대한 이해를 물들이게 되었다. 이와 같은 환멸의 분위기를 표현한 것으로 가장 잘 알려진 영화는 대규모 반전 멜로드라마 두 편이다. 아벨 강스의 <나는 고발한다*J'Accuse*>(프랑스, 1910)는 휴전 이후 가혹하게 뒤따르는 전쟁의 공포를 단호하게 묘사하며, <빅 퍼레이드>(1925)에서 결국, 한쪽 다리와 동료 대부분, 그리고 환상마저 잃어버린 채 전선에서 돌아온 주인공은 자신들의 이기적인 목적을 위해 전사들의 희생을 비열하게 착취하는 민간 세계의 얄팍함과 천박함을 깨닫는다.

피를 나눈 우애로 뭉쳐진 전투 부대의 강력한 통합과, 민간인들이나 때로는 군 고위 장교의 어리석음 및 냉담함 간의 이러한 대조는 1차 세계 대전 영화의 대표적 특징이 되었다. 특히 이러한 공감은 휴머니티라는 이름으로 전선을 가로지를 수 있었는데, 가장 유명한 영화로는 한 젊은 독일군 병사가 참호 속에서 겪는 고통과 죽음을 그린 <서부 전선 이상 없다>(1930)가 있다. (독일의 전쟁 범죄와 홀로코스트가 폭로된 후로는 2차 세계 대전의 독일 병사들을 동정적으로 다루기가 훨씬 어려워졌다. 비록 <독수리 착륙하다*The Eagle Has*

*Landed*>[1976]의 마이클 케인과 <철십자 훈장*Cross of Iron*>[1977]의 제임스 코번이 연기한 인물들 같은 '품위 있는' 독일 국방군*Wehrmacht* 장교들과 확신에 찬 그들의 나치 상관들 간에는 종종 명백한 구분이 그어졌지만 말이다.)43 말이 난 김에, 이처럼 참호의 경험을, 후방의 사소한 일들을 초월하는 특권화된 통찰을 초래할 일종의 수난이나 실존적 시련으로 고양시키기가, 필연적으로 평화주의나 자유주의와 연관된 것은 아니었음을 지적해 둘 필요가 있다. 비록 나치(아직 야당)와 여타 우익 독일 민족주의 정당들이 <서부 전선 이상 없다>를 격렬히 비난하고 상영을 중단시켰지만, 극우파는 어떤 초월적 경험의 순간으로서 전쟁에 대한 인식을 공유했다. <서부 전선 이상 없다>와 이 작품의 유럽판들 — 특히 <1918년 서부 전선*Westfront 1918*>(독일, 1931) — 로부터 떠오른 지배적 도상은 참호, 무인 완충 지대*No Man's Land*의 황폐한 풍경, 진창, 부식, 더러움, (신체적, 도덕적) 혼란에 관한 것들이다. 챔버스(Chambers, 1994)는 그러한 '반전' 영화들을 '전쟁 영화들'과 장르적으로 구별해야 한다고 주장한다. 반면, 케인(Kane, 1988: 87)은 표준 장르의 이원성들을 복잡하게 만들거나 뒤집음으로써 작동하는 그러한 영화들이 "확립된 장르 연속체에서 예측 가능한 장소를 표상한다"고 단언한다. 사실 전쟁에 관한 전투 영화들 중에 그 어떤 단순한 의미에서든 '전쟁에 찬성'하는 영화는 거의 없다. 설령 싸움의 이유를 전심전력으로 지지하는 것이라 해도(1960년대를 걸쳐 미국과 영국의 2차 세계 대전 영화들의 압도적 다수와 그 너머의 대부분 경우가 그러하듯), 대부분은 전쟁이 일으킨 고통과 손실에 대한 진지한 인식을 담고 있다.

상황은 영국에서 다소 달랐다. 거기서는 1920년대 동안 전쟁이 회고

43. 이러한 구분은 최근 연구와 1995년 함부르크에서 열린 독일 국방군의 전쟁 범죄에 대한 전시회에 의해 대체로 폐기된다.

록과 소설, 그리고 무엇보다 시를 통하여 (대체로 장교 계급의) 퇴역 군인들에 의해 '완전히 트라우마적이며 대재앙적인' 것으로 영향력 있게 묘사됐음에도 불구하고, 영화는 공식적인 견해들(최근의 수정주의 역사들이 시사하듯, 전쟁에 대한 병사의 경험과 이해를 사실상보다 면밀하게 반영했다고도 할 수 있는. Burton, 2002를 보라)을 보다 단단히 고수하는 경향이 있었다. 따라서 비록 "그것들이 전쟁의 대학살을 비탄[하긴 하지만] …… 병역 의무의 필연성을 문제 삼지는 않는다"(Landy, 1991: 120). 이러한 의미에서, 영국의 1차 세계 대전 묘사는 1960년대가 될 때까지 다른 내셔널 시네마들을 '따라잡지' 못했다. 코트(Korte, 2001: 121～122)에 따르면, 그때가 되어서야 "회의적인 자성自省의 새로운 컨텍스트"가 애국적 희생이라는 긍정적 개념들과 1차 세계 대전의 이미지를 결정적으로 분리시켰으며 그것을 오로지 고통과 연민에 귀착시켰던 것이다. (코트는 이때가 지그프리트 사순Siegfried Sassoon과 윌프리드 오언Wilfrid Owen의 시[44]를 표준 교재로 썼던 시기라고 언급한다.) 버튼은 그것이 사실 영국의 '전성기'로서의 2차 세계 대전의 제도화였으며, 이에 대한 필연적인 대비로, 예컨대 ＜왕과 조국*King and Country*＞(1964)이나 보다 최근에는 ＜리제너레이션*Regeneration*＞(1997)에서처럼, 부패하고 냉소적인 기성 체제의 명령에 의한 야만적 대학살로서의 1차 세계 대전의 영화적 재현을 강화시켰다고 주장한다. 그에 따라, 보다 면밀히 검토해 보면 ＜갈리폴리 전투*Tell England*＞(1931) 같은 초기 유성 시대의 1차 세계 대전 드라마들은 흔히 생각되는 것보다 맹목적이지 않고 덜 애국주의적이며 덜 단언적임을 알 수 있다.

44. 지그프리드 사순은 1차 세계 대전 당시 풍자적인 반전시反戰詩로 유명한 시인이자 작가이다. 윌프리드 오언 역시 1차 세계 대전의 주요 시인으로, 전쟁의 공포를 지극히 사실적으로 그려낸 시들로 충격을 안겨주었다. — 옮긴이

1차 세계 대전을 다룬 모든 영화가 그 정신에 있어 논쟁적으로 전쟁에 반대하며 그 어조에 있어서는 처절하다고 주장하는 것은 적절하지 못하다. 특히 (전략적 관점에서 상당히 주변적인) 공중전을 그리는 강건한 하위 장르는 전투기 조종사의 위세 당당한 기병대 정신을 찬미했다(＜날개*Wings*＞[1927], ＜새벽의 출격*The Dawn Patrol*＞[1930, 리메이크작 1938], 보다 최근에는 ＜여정의 끝*Aces High*＞[영국, 1977]). 더욱이 많은 1차 세계 대전 영화들에는 일련의 강력한 (비록 때로는 절망적이기는 하나) 낭만주의가 존재해서 이것이 살육의 피비린내를 누그러뜨렸다. ＜갈리폴리 전투＞처럼 비극적으로 영예로운 영국 장교 계급을 칭송하는 ＜여로의 끝*Journey's End*＞(1930)은 아마도 그 고전적 사례일 것이다(또한 Kelly, 1997; Burton, 2002도 보라). 그럼에도 1930년대가 되면 헛된 살육으로서의 1차 세계 대전 이미지가 미국 대중의 마음에 너무도 확고히 자리 잡아서, 1차 세계 대전의 실제 문제들은, 열망에 찬 일부 스튜디오들로 하여금 진주만 공격에 이르는 시절 동안 전시 대비를 촉진하게 만드는 하나의 배경으로 제시되기에 이르렀다. 특히나 워너는 1차 세계 대전을 배경으로 가장 중요한 전시 대비 영화인 ＜파이팅 69사단＞과 아카데미상 다부문 수상작 ＜요크 상사＞를 제작했다(Leab, 1995를 보라).

## 2차 세계 대전

특이하게도, 2차 세계 대전 전투 영화의 장르 패러다임은 전쟁 중에 확립되었으며, 그 이래로 대체로 유지되어 왔다. 더구나 이러한 장르 모델은 그후 나중의 거의 모든 전투 영화들에 주요 참조 틀이 되었다. 할리우드 전투 영화와 관련, 그 이전과 이후의 주요 분쟁들과 달리, 이처럼 신속하고 지속적인 장르 구체화가 가능했던 핵심 요인으로는 아마도 미국 사회가 총동원 체제로 훨씬 더 광대하게 전환했다는 것(1차 세계 대전에 비해), 전쟁의 필요와 가치에 관한 강력한 여론 합일(베트남전과 달리), 그리고 그 목적과 성과의 명쾌함(한국전과 달리) 등이 포함될 것이다. 또한 미국의 4년간의 전쟁 참여(1941~1945)는 실행 가능한 장르 모델의 확립과 정련에 충분한 시간을 허용하였다(반대로, 2차 이라크전[2003~ ]을 제외하고 베트남전 이후의 관례적인 군사 행동은 몇 주 혹은 며칠 내에 완료되고 있다). 더욱이 할리우드에 해당되는 것은 다른 모든 주요 교전국의 내셔널 시네마에도 해당된다. 또한 내셔널 시네마들은 예외 없이, 단지 전쟁 세대뿐 아니라 전쟁 중 아이였던 이들과 이어지는 10년간 태어난 이들(미국 용어로 '베이비붐 세대')에게도 전쟁의 정치적, 문화적 중심성을 증언하면서, 2차 세계 대전 전투 영화의 시대로 돌아갔으며, 고전적 장르 패러다임을 전쟁 자체에 대한 새로운 이해 및 인식 — 특히 2차 세계 대전 역사 기술*historiography*에서 일반적으로는 민간인의 고통과 개별적으로는 홀로코스트의 중심성 증가 — 과 변화하는 동시대 정치 환경(물론 이 둘은 밀접하게 연결되어 있다)의 관점에서 갱신하고 수정하였다. 이러한 이유로, 이 단락은 두 부분으로 나눠지며 각각 전쟁 중에 만들어진 2차 세계 대전 전투 영화들과 그 이후에 만들어진 것들을 다룬다.

## 2차 세계 대전 전투 영화: 1939~1945

2차 세계 대전의 경험은 전쟁/전투 영화가 얼마나 그 제작 순간의 정치적 요구에 연루되어 있으며 얼마나 전면적 개정을 필요로 하는가를 부각시켰다. 할리우드는 오래도록 이어져 온 불황으로 인해 여전히 취약한 재정 상태와 수익성 좋은 외국(주로 유럽) 시장에 대한 의존, 그리고 의회 고립주의 분파의 적개심 등에 신경 쓰느라, 1930년대 말에는 명백한 반反나치 주제는 물론이고, 전쟁 관련 주제를 다루는 데도 조심스러웠다. 외국 시장은 유럽 전쟁의 발발과 확산으로 점차 할리우드와 차단되기 시작하여 오직 영국 — 여하튼 할리우드의 가장 중요한 해외 시장 — 만이 남게 되었다(따라서 스튜디오들로 하여금 반나치, 개입주의 노선을 확증하도록 하였다). 동시에, 샤츠(Schatz, 1998: 92~94)가 지적하듯, 1939년 이후 루스벨트의 대대적인 재무장 운동은 불황에 결정적인 종지부를 찍었으며, 영화 관람이 가장 활발하게 이루어지는 도시 산업 지대의 노동 인구와 수입을 끌어올렸다. 따라서 할리우드 자체의 재산 증식이 전쟁 경제에 확고히 연결되도록 보증하였다. 그는 주장하기를 "그전이나 이래로 결코 국가의 이익과 영화 산업의 이익이 그처럼 밀접하게 제휴된 적이 없으며 …… 할리우드의 이데올로기 요구와 상업 요구의 효과적 통합[과 더불어] …… 내셔널 시네마로서의 할리우드의 위상이 그처럼 중대해진 적도 없었다"(p.89)는 것이다. 전쟁 관련 주제(비록 실제 전투는 드물었지만)의 작품은 1939~1940년에 불과 한줌 남짓에서 평화의 마지막 해 1941년에는 약 30여 편(여전히 총 작품 수의 6.5%에 불과)으로 상승했다(Shain, 1976을 보라).

토머스 도허티(Doherty, 1993: 85~121)가 주장하듯, 1920년대와 1930년대 초 동안 할리우드의 1차 세계 대전 재현에서 확립된 패러다임 한 쌍 — 참호에서의 평화주의자적 절망, 공중에서의 아찔한 영웅주의 — 중 어느 것도 1941년 12월 진주만 공격으로 결국 미국이 휘말리게 된 전쟁의 요구에 적절하지 않았다. 전쟁 중에 촉진된 집단 정신은 단지 기존 전쟁 영화 모티브들의 변경뿐만 아니라, 할리우드 장르와 나아가 미국 사회 전반에 일반적인 태도 및 그에 상응하는 서사 주형들의 종속까지도 요청하였다. "개인의 불가피한 희생과 공산 사회적*communitarian* 목적의 가치는 미국 사상에서 반드시 주류라고 할 수 없었다. …… 건방진 신문 기자, 고독한 카우보이, 내밀한 탐정, 외곬의 발명가, 심지어 권력욕의 도시 갱스터가 공감을 얻은 것은 집단 연대와 공공 작업에 대한 보답 때문이 아니었다"(Doherty, 1993: 105). 그처럼 '전향*conversion*'의 주제는, 스튜디오 운용, 기성 스토리 공식, 스타 페르소나 등이 전시 총동원 체제를 위해 재정비됨에 따라, 전쟁 지향 영화들의 서사 주형으로서나 제작 과정의 재편성을 위한 시금석으로서나, 전시 영화 산업의 중심으로 떠올랐다.

1차 세계 대전의 교훈을 토대로 미국 정부는 전쟁 동안 영화 산업에 대하여 일정한 거리를 유지했다. 즉 전시정보국(Office of War Information: OWI)[45]을 통해 전쟁 관련 영화 제작에 접촉하고 조정했지만 독일이나 소비에트 식의 직접적인 국가 통제나 철저한 프로파간다까지는 이르지 않았다. 실제로 민주주의의 다원론과 다양성은, 앞으로 우리가 보게 될 것처럼, 할리우드의 총동원 체제의 결정적 모티브가 되었다. 전쟁 중 할리우드 스튜디오에서 제작된 전투 영화들의 지배적 대의는, ＜경기병 대대의 돌격＞(1936) 같은 전전戰前 기간 군사 영화들의 눈부신 용맹보다는, 불굴의 때로는 냉혹하기까지 한 프로 근성이었다. 조속한 승리에 대한 비현실적인 기대를 일으키지 않으려는 정부 의도에 발맞춰, 전쟁은 흉포하고 무자비하며 조직화된 적들(일본의 경우, 흔히 부정적인 인종 정형화까지 더해진)에 대항하는 모질고 종종 가혹하게 소모적인 싸움으로 제시되었다. 진주만 공격 이후 끔찍했던 몇 달 동안, 연합군이 태평양 전역戰域 너머로 밀려남에 따라, 할리우드 전투 영화는 해피엔딩을 보장하지 않게 되었다. 곤경에 빠진 소대 변형체는 이 시기에 ＜웨이크 아일랜드*Wake Island*＞(1942)와 ＜바탄*Bataan*＞(1943) 같은 영웅적 전멸 이야기에서 그 고전적 표현을 찾아내었다. 여하튼, 전쟁이 끝날 때까지 약 600만 미군이 해외에서 복무한 가운데, 전쟁의 판타지 버전은 급속도로 불신을 얻게 되었다. 그러한 요인들은

45. 1942년 창설된 미국 정부의 주요한 프로파간다 기관으로 2차 세계 대전 동안 운영되었다. — 옮긴이

역사적 긴박함 — 컬럼비아사의 <해저 특공대*Submarine Raider*>(1942)는 진주만 공격 이후 6개월 만에 극장에 걸렸으며, 그처럼 소요 시간이 빠듯한 경우는 적지 않았다 — 및 전시 뉴스 영화 영향과 결합되어 할리우드에 새로운 단계의 리얼리즘을 더해 주었다.

그러나 우리는 전쟁 중 혁신 요소가 전통적인 산업 개조에 대립되는 것으로 과장해서는 안 된다. 가령 샤츠는 제임스 캐그니의 친숙한 터프가이 페르소나가 어떻게 <파이팅 69사단>에서 전쟁 배경으로 옮겨갔는가뿐 아니라, 어떤 개혁 / 전향의 서사 — 여기서는 그가 팀을 위하여 자신의 강력한 반사회적 개인주의를 억제하는 것 — 가 캐그니의 갱스터 영화 <더럽혀진 얼굴의 천사들>(1938)로부터 이미 친숙하며 같은 수단 — 팻 오브라이언이 연기한 신부 — 에 의해 조성된 것임도 역시 지적한다. 그럼에도 전투 영화 서사들은 전쟁 이전 규범과 두드러진 차이를 보여 주었다. 다나 폴란(Polan, 1986: 112)은 개인주의적 주인공과 명확하게 해결되는 갈등 구조를 가진 할리우드의 고전적 서사 패러다임이 전시 총동원 체제를 수용하기 위해 일시적이나 심원한 변화를 겪었다고 주장한다. 즉 개인은 집단(혹은 '팀')에, 낭만적 커플은 한쪽 성에 국한된 전시 의무에 종속시킨 것이다(또한 Ray, 1985를 보라). 이제 개인의 야망과 욕망을 보다 거대한 단일체로 승화시키는 주제는 평범한 것이 되며, 여러 개인들이 그들의 어려움을 공동 연합할 필요라든가 혹은 고독한 아웃사이더의 팀 플레이어 되기 등에 초점이 맞춰진다. 패리스(Paris, 1997)는 <에어 포스*Air Force*>(1943) 같은 초기 2차 세계 대전 영화에서 폭탄반에 대한 묘사가 어떻게 '고독한 독수리' 영웅 — 전투기 조종사에 대한 강조와 더불어 1930년대 항공 영화를 특징짓던 — 으로부터, 민주적 '팀워크' 모델 — <에어 포스>에서 당초 분노한 낙제 파일럿이던 위노키가 '팀 플레이어'로 변화되는 것으로 예시된 — 로 의식적으로 이동하는지 보여 준다. 전개 패턴의 일환으로서 전쟁 영화들은 병역이 어떻게 모든 기술 — 단지 외관상 '멋진' 것들만이 아니라 — 을 팀 내 핵심 역할로 보답해 줄 수 있는지 보여 주었다. <리어 거너*Rear Gunner*>(1943)에서 몸집이 작은 벽지 출신 명사수 버제스 메레디스는 B－25 폭격기의 후방 조정석에서 자신에게 딱 들어맞는 자리를 발견한다. 어렵지 않게 늘려나갈 수 있는 그러한 사례들은 2차 세계 대전 영화의 '주인공'이 집단적인 것, 곧 전투 부대라는 베이싱어의 주장을 뒷받침한다. 민족적으로나 사회적으로나 다채로운 집단인 보병 소대 혹은 폭탄반에서 그들 간의 차이는 그들의 임무가 지속되는 동안 억압되거나 대체되거나 제쳐지며, 그들의 서로 다른 기술과 능력들(과 때로 심지어 약점들)은 서로를 보완하여 하나의 단일체를 형성한다. 이때 단일체의 가치는 확고하게 그 구성 분자들의 합 이상이다. (랜디[Landy, 1991: 162]는 영국 전투 영화에서 유사한 기획을 확인한다. "<우리 앞의 길*The Way Ahead*>[1944] 같은 전쟁 서사들은 전향의 드라마이지만, 그러나 어느 한 등장인물에 초점 맞추는 전통적 전향 유형과 달리 이 영화는 집단의 변화에 초점을 맞춘다." <에어포스>와 <새벽의 잠수*We Dive at Dawn*>[영국, 1943]에서 오프닝 크레딧은 등장 인물을 이름이 아닌 계급이나 직무에 따라 나열한다.)

비록 케인(Kane, 1988)은 2차 세계 대전 전투 영화들에서 **명백한** 이데올로기화가 전반적으로 결여되어 있음에 주목하지만, '팀워크' 모델은 '선한 전쟁'이라는 유력한 이데올로기 관점에서 즉각 읽힐 수 있다. 우드(Wood, 1981: 98)는 폭탄반을 "소우주의 이상적 민주주의"로 묘사하면서, 그것이 "개인의 성취와 전체에 대한 각 구성원의 책무 사이에서 …… 완벽한 균형"을 성취하며 "그 집단은 그들이 얻기 위해 싸우고 있는 가치를 재연한다"고 말하는데, 이는 동시대 산업 홍보 및 전시정보국과의 통신에 의해 충분히 입증되고 논평자들로부터 보편적으로 인정되는 독해이다. 민주적 다양성은 인구 통계 영역으로도 중대하게 연장된다. 다채로운 민족의 소대 — 금세 알아차릴 수 있는 '외국계 미국인' 이름들의 호명에서 상징적으로 규정되는 — 는 물론 변함없는 장르 클리셰이며, 베이싱어(Basinger, 1986: 55)의 언급처럼, '인종의 도가니*melting pot*로서의 미국'을 공공연하게 상기시킨다. 이러한 해석은 또다시 당시 관치 산업과 연결되며 관례적인 비평 문구를 형성한다. 따라서 패리스(Paris, 1997: 48)는 "어느 해병대 대령이 …… 여러 인종이 뒤섞인 그의 부대에게 '인종과 종교와 기타 모든 종류에 대한 편견을 던져 버리도록' 명하는 <경호*Gung Ho!*>(1942)로부터 <해병의 자부심*Pride of the Marines*>과 <워크 인 더 선>(둘 다 1945)에 이르기까지, 전투 그룹은 민주 사회에 대한 은유가 되었다"고 주장한다. 그러나 이러한 민주주의 포괄성은 특히 인종과 관련하여 모순적 일면이 있다. 비단 혼합 인종 집단이 군대의 인종 차별 현실과 상충되었을 뿐 아니라(<경호>와 <바탄>에서는 이 영화들의 전투 부대가 특수 임무를 위해 정규 부대로부터 소집된 임시 변통적인 것으로 설정됨으로써 극적으로 설명된다),[46] 슬롯킨(Slotkin, 2001)은 이와 같은 영화들에서 구현된 미국의 민족적, 인종적 공동체의 확장[47]이 오직 '인종 경계'의 표면적 확대와 적 — 대개 일본 — 을 향한 인종적 타자라는 부정적 오점의 투사를 통해서만 성취될 수 있었다고 주장한다.

스트리트(Street, 2002: 93)는 영국의 전시 영화들이 미국에서 인기 있었으며 높이 평가되었다고 기록한다. 새뮤얼 골드윈의 견해로는, 전쟁은 영국 영화로 하여금 마침내 자신만의 독자적인 양식, 할리우드보다 '더 폭넓고 더 국제적'이며 '일상의 친밀한 보편성'을 표현하는 양식을 찾을 수 있게 했다는 것이다. 영국 전시 영화는, 미국 전시 영화처럼 단지 전쟁

46. 미군은 1948년 트루먼의 대통령명령에 의해 인종 차별이 철폐되었다.

47. <바탄>의 오리지널 시나리오에는 아메리카 원주민 캐릭터가 포함되어 있었다.

의 경과를 기록하기 위해서뿐 아니라 싸움의 핵심 가치들을 투사하기 위해서도 전투를 묘사했다. 미국 전투 영화들이 전통적인 미국 민주주의 원칙을 강화하고 확장했다면, 영국 전투 영화들은 전쟁 이전 사회와의 차이로 정의되는 새로운 집단주의 정신을 구축하도록 도왔다. "(영국) 전시 영화들로부터 떠오른 국민의 전쟁 이데올로기는 국민 단결과 사회 결속의 이데올로기이다. 계급 차이는 거의 사라졌으며 대신 민주적 공동체와 동료 의식으로 대체되었다"(Chapman, 1998: 161. 또한 Kuhn, 1981을 보라). 해군 국가답게 해상 전투는 미국 전쟁 영화보다 영국 전쟁 영화에서 더 두드러지게 등장하며, 해양 교전의 폐쇄적 공동체와 강제적 친밀함은 총동원 체제로부터 등장하여 전통적 계급 차이에 도전하고 대체하는 새로운 직업 동맹에 관한 교훈에 적합하였다. 잠수함 영화 <새벽의 잠수>에서 성공적인 군 생활은 가정과 민간인 생활의 혼란과 말썽거리를 해결한다. (영국 전쟁 영화는 아마도 모든 내셔널 시네마 중에서 가장 철저하게 탐구되어 왔을 것이다. Hurd, 1984; Landy, 1991: 146~166; Chapman, 1998; Murphy, 2000; Pairs, 2000도 보라.)

전쟁 중에 만들어진 소비에트의 전방 영화 수가 상대적으로 적음에 주목하면서 — 특히 전후 시기 동안 그 장르의 주목할 만하며 일관된 인기에 비추어 볼 때 — 케네즈는 "아마도 소비에트 국민에게는 그 싸움이 일련의 모험물로 묘사되기엔 지나치게 심각한 사건이었을 것이다. 혹은 아마도 지도자들에게는 포화 속 병사들의 행동보다는 후방의 안정이 훨씬 더 중요했을지 모른다"고 주장한다(Kenez, 2001: 176). 이와 대조적으로, 파르티잔[빨치산]에 관한 영화는 작품수도 더 많고 인기 있었으며 대체로 더 양질로 간주되었다. 할리우드 전쟁 영화의 다민족 전투 부대에 필적하는 것은 나치 위협에 대항하는 다국가적이며 범슬라브적인 협력 — 소련 소수 민족들 사이의 반反볼셰비키 민족주의의 (정당화된) 분개를 이용하려는 나치 시도를 생각할 때 중대한 프로파간다 노선 — 에서 찾을 수 있다. 그러나 <그녀는 조국을 지킨다*She Defends the Motherland*>(소련, 1943), <무지개*The Rainbow*>(소련, 1944), <조이아*Zoia*>(소련, 1944) 같은 소비에트 영화의 특색은 여성 주인공들에 초점이 맞춰져 있는데, 그들의 성은 나치 저항 운동에 대한 참여도, 또한 사실상 그들 폭력의 격렬함도 완화시키지 않는다(여기서는 예컨대 푸도브킨의 <어머니*The Mother*>[1926] 같은 소비에트 영화 전례들에 의지하고 있다). 또 두드러진 차이는 소비에트의 '역사적' 전시 대작들에서 쿠투조프[48] 같은 고무적인 영웅적 지도자 형상을(스탈린에 대한 불가피하며 명백한 유비를 통하여) 강조하는 것이었다. 길레스피(Gillespie, 2003: 128~129)는 러시아 전쟁 영화가 서구 전쟁 영화들보다 "훨씬 더 노골적인 긴박함을 지닌, 지독하게 심각한" 것이라고 확인하며, 극단적이고 가학적인 폭력에 대한 훨씬 더 생생한 묘사에 주목한다. 이는 소비에트 영화 산업을 전적으로 국가가 소유하고 통제하였음을 생각한다면 놀라운 일도 아니다. 소비에트 전쟁 영화들은, 예컨대 <새벽의 잠수>의 신중하게 절제된 해저 교전 묘사와 <잠수함 T-9*Submarine T-9*>(소련, 1943)의 터무니없는 영웅시詩를 비교해 보면 드러나듯, 흔히 미국이나 영국 영화들보다 더욱 노골적으로 프로파간다적이었다. 이를테면 <잠수함 T-9>에서는 "단 한 척의 잠수함이 셀 수 없이 많은 적군의 함선을 격침시키고, 어느 독일 항만을 급습하며, 심지어 몇몇 해병대원을 상륙시켜서 전략상 중요한 교량을 폭파시키는데, 이 모든 일에도 사망자는 단 한 명뿐이다"(Gillespie, 2003: 130).

패전 추축국*Axis*[독일, 이탈리아, 일본]의 전시 영화들은 거의 상영되는 일

48. 미하일 쿠투조프 Mikhail Kutuzov는 1812년 나폴레옹의 러시아 침공 당시 프랑스를 격퇴한 러시아의 장군이다. 훗날 2차 세계 대전 때 소련은 그의 영웅적 업적을 기리며 일명 '쿠투조프 작전'을 시행하여 승리함으로써 히틀러의 침공을 결정적으로 좌절시킨다. — 옮긴이

이 없으며 따라서 전문가들 외에는 거의 알려져 있지 않다. 그러나 전쟁 영화들을 포함하여 나치 영화 일반에 관한 문헌은 상당수 존재하는데, 아마도 그중 가장 잘 알려진 것은 괴벨스가 직접 관리 감독하는 가운데 제작된 역사적 대작 <콜베르크*Kolberg*>(1945)일 것이다(그러나 아이러니하게도, 1945년 1월 <콜베르크>의 개봉 당시 연합군의 폭격으로 대부분의 독일 영화관이 폐쇄되었고 그 바람에 독일 관객들은 전쟁이 끝날 때까지 그 영화를 거의 볼 수 없었다). 일본 전쟁 영화는 서구에 그보다 훨씬 덜 알려져 있다. 그러나 프리버그(Frieberg, 1996)에 따르면, 1930년대 말 일본 전투 영화들 — 1937년 중국 침략의 엇갈린 운명에 답하는 — 은 그 처절함, 엄격함, 프로파간다와 비현실적 영웅의 상대적 부재, 그리고 고통의 인정 등으로 훗날 서구 관객들(군사 전문가들을 포함하여)을 놀래켰다. 그러나 진주만 공격과 동남 아시아에서의 눈부신 초기 승전들에 뒤따라, 이제 온전히 전시 체제에 돌입하게 되자 영화 산업은 이때까지 그 장르에 부재하던 국가주의적이며 군사적인 수사*rhetoric*를 점차 사용하게 되었다. 프리버그는 이렇게 지적한다. "일반적으로 전시 영화는 생물학적 가족을 대체하기 위해 군부대와 국가를 일종의 확장된 가족 혹은 대리 가족으로 설정한다. …… 실제 가족 구성원이 포함된 모든 사적 관계는 국민 병역에 종속되어야 했다. 낭만적 사랑과 심지어 가족애조차도 이러한 거국일치 영화들에서는 억압돼야만 했다"(pp.33~35). (일본 전투 영화들에 대해서는 Manvell, 1974와 Anderson & Richie, 1983을 보라).

### 1945년 이후의 2차 세계 대전 전투 영화

대체로 2차 세계 대전 전투 영화는 1970년대 말까지 주요 연합국 — 미국, 소련, 영국 — 내셔널 시네마들의 주산물로, 그때가 되면 전투 영화 장르는 냉전이 종결될 때까지 폐기되며 1990년대에는 일련의 대규모 2차 세계 대전 공공 기념식에 의해 부흥이 야기된다.[49] 케인(Kane, 1988:

86)은 1942년부터 1945년 사이에 할리우드에서 24편의 전투 영화가 제작되었음을 확인한다. 그리고 이 기간 후에는 1947년에 전투 영화 제작이 재개될 때까지 2년의 공백이 존재하며, 다시 그후로는 1970년까지 2차 세계 대전 전투 영화가 해마다 적어도 한 편씩은 개봉된다. 이와 반대로 패전 추축국에서는 패배, 전면적인 사회 및 경제 재건, 서구의 반공 동맹으로의 신속한 편입, 수치스러우나 대체로 함구되는 전쟁 범죄의 유산 등의 결합이 — 특히 (서)독일과 일본에서 — 전투 영화 제작을 너무도 문제가 많고 이론異論이 분분한 안으로 만들었으므로, 훨씬 나중이 되기까지는 고작 몇 편밖에 만들 수 없었다. 이탈리아와 프랑스에서 레지스탕스 신화는 대안적 전쟁 서사 패러다임들을 제공했지만, 파르티잔 전투의 특성은 이것들을 어느 정도는 주류 전투 장르의 전통 바깥에 위치시킨다.

1945년 이후 영국과 미국의 엇갈리는 실제 교전 경험은 각각의 내셔널 시네마 전투 장르의 방향이 어떻게 달라지는지 그 핵심 정황을 제공한다. 휴전이 되자 미국과 영국에서는, 전쟁으로 피폐해진 관객들이 좀 더 가벼운 상영물이나 아니면 '평화 획득'이라는 새로운 도전에 더욱 적절한 진지한 드라마(미국에서 인종 차별을 다루는 전후 사회 문제 영화 사이클에서처럼. 예컨대 <신사 협정 *Gentleman's Agreement*>[1947], <핑키 *Pinky*>[1949])로의 회귀를 선호한다는 가정 아래, 영화 산업에서 이에 해당하는 즉각적 동원 해제가 목격되었다. 1940년대 말 그 장르가 재부상하자마자 — 한국에서의 대규모 해외 군사 행동 재개와 일치하여 — 미국 모델과 영국 모델 사이에는 흥미로운 차이가 나타난다.

이 시기 동안 영국 교전은 위축되는 제국에서 민족주의 반란에 맞선

49. 러시아의 전쟁 영화 제작은 1991년 소련이 붕괴할 때까지, 1980년대 글라스노스트와 페레스트로이카 시기 내내 지속된다. 아래를 보라.

피비린내 나고 질질 끄는 일련의 너절한 군사 행동들이 이어졌다. 그러나 이는 1956년 수에즈 위기로 무색해졌으며, 이 비참하고 굴욕적인 에피소드는 세계 무대에 열강으로 남으려는 영국의 열망을 사실상 종식시켰다. 대對반란 활동과 포스트식민 모험주의는 아직 생생한 전시 경험에 비해 매우 초라하게 비교되었다. 말하자면 전쟁 중에는 도덕적 올바름과 국가 단결에 결합된 군의 용맹이 궁극적 승리를 확보하고자 애썼던 것이다. 이어서 1950년대에 일어난 전쟁 영화 제작 붐은 전시 기억을 통해 향수어린 국가 신화를 정의하도록 신속히 구체화시키는 데 기여하였으며 이를 반영하였다. 리처드(Richards, 1997)와 게러티(Geraghty, 2003)는 1950년대 영국 전쟁 영화들에서 어떤 초점의 이동을 확인하는데, 즉 전쟁 시기 집단주의 어조로부터, 엘리트 입안 및 정책 결정 과정에 대한 새로운 강조와 함께 장교 계급으로 중심이 옮겨간 것이다. 영국에서 그 10년간 가장 성공적인 전쟁 영화 중 하나인 <잔인한 바다*The Cruel Sea*>(1953)는 니콜라스 몬세랏Nicholas Montserrat의 베스트셀러 소설을 영화화하면서 선실 소재는 상당 부분 삭제하고 지휘권 부담으로 때로 견디기 힘들어하는 함장의 인간적인 면모에 보다 면밀히 초점을 맞췄다. <목마*The Wooden Horse*>(1950)와 <콜디츠 스토리*The Colditz Story*>(1955) 같은 포로수용소 탈출 영화라는 인기 하위 장르는, 장교 계급에 국한되어, 치밀한 계획과 '관리 계급'(탈출위원회)의 역할을 강조한다. 특히 소형 잠수함(<우리 위의 파도*Above Us the Waves*>[1955])과 '바운싱 폭탄'(<댐 버스터*The Dam Busters*>[1954])처럼 이제는 기밀 해제된 새로운 전술을 재현하는 데 있어, 과학자와 전략가 — 전시 용어로 '군사 연구원*boffins*' — 가 어둠으로부터 등장하여 기술 특공대의 정예 요원과 나란히 섰다. (전쟁 이후와 1950년대 영국 전쟁 영화에 대해서는 Medhurst, 1984; Pronay, 1988; Rattigan, 1994; Murphy, 2000: 179~239; Geraghty, 2003: 175~195; Chapman, 2000을 보라).

영국 '전쟁 영화'는, 미국의 전쟁 영화 훨씬 이상으로, 2차 세계 대전과 사실상 동의어이다. 식민주의 및 포스트식민주의 분쟁들(1982년 포클랜드 전쟁과 1967년부터 영국군의 북아일랜드 개입 같은)은 스크린에서 장르적 전투 상황으로 묘사되지 않았다(McIlroy, 1998을 보라). 영국 전투 영화는 1970년대 자국 영화 산업이 거의 붕괴되는 동안 다른 전통 장르들과 나란히 움츠러들었다. 그것이 1980년대의 유력 장르인 사회적 리얼리즘 영화와 헤리티지 영화*heritage film*[50] 양편에 적절한 소재를 제공하는 것처럼 보인 반면, 그 어떤 종류의 전투 영화도 새로운 천년이 시작될 때까지 모습을 드러내지 않았으며, 그것도 고작 1차 세계 대전 배경의 ＜리제너레이션＞과 ＜데스워치*Deathwatch*＞(2002, 참호전-호러 혼성물)처럼 장르적으로 주변적인 사례들뿐이었다.

2차 세계 대전 직후 미국의 결정적인 교전은 한국에서의 '국제 평화 치안 활동'(1949~1953)이었다. 거기서 미군은 UN 후원의 연합군을 이끌면서 처음에는 북한군, 이어 중공군 형태의 새로운 공산주의 적에 처음으로 직면하였다. 미 영토에 대한 직접적 위협의 부재, 여기에 그 전쟁이 지속되는 동안 내내 미국 내 정치 풍경을 지배하였으며 매카시 의원의 빨갱이 색출 광풍으로 정점에 달한 반공 히스테리는, 한국전을 2차 세계 대전 — 이제는 미국의 국가적 신화에서 '선한 전쟁'으로 확고히 확립된 — 처럼 고무적 관점에서 '선전하기' 힘든 전쟁으로 만들었다. 그러나 '잊혀진 전쟁'으로서의 이후 평판에도 불구하고, 적어도 스무 편 이상의 전쟁/전투 영화가 한국전을 다루었으며, 그중 대다수는 1952년과 1956

50. 과거 영국을 노스탤지어 어린 낭만적 시선으로 그리는 영국의 영화. 주로 제인 오스틴, 헨리 제임스 등의 소설을 바탕으로 하며, 장엄한 영국 풍경과 고풍스런 실내 재현에 세심히 공을 들인다. — 옮긴이

년 사이에 만들어졌다. 어떤 특색 있는 도상이 부재하는 가운데 <지옥의 철수 작전*Retreat, Hell!*>(1952)과 <전장의 병사들*Men at War*>(1957) 같은 한국전 전투 영화들은 대체로 기존의 2차 세계 대전 소대 모델을 채택하는 경향이 있으며, 표면상으로는 헬리콥터와 제트기(예컨대 <사브르 제트기 *Sabre Jet*>[1953]) 같은 새로운 군사 기술과 새로운 사회 현실 — 특히 인종 통합 군대 — 을 담아내도록 갱신되었다. 그러나 그 분쟁의 혼란스럽고 소모적인 성격(답보 상태와 대규모 출정이 번갈아 일어나며, 목표 지점은 전쟁이 진행되는 동안 몇 차례고 주인이 바뀌는)은 이 시기 한국전**과** 2차 세계 대전의 전투 영화들을 점점 더 특징짓게 된 진저리나고 환멸에 찬 어조를 설명해 줄 것이다.

비교적 늦게 제작된 한국전 영화 <포크 촙 힐*Pork Chop Hill*>(1959) — 한국전 자체의 종전보다는 1965년 미군의 인도차이나 전면 개입과 더 근접하여 개봉된 — 에는 앞서의 장르 전통들에 대한 흥미로운 일별과 나란히 이 요소들 대부분이 포함된다. 이야기는 말 그대로 그 전쟁의 최후 동안 벌어지며, UN / 미국과 공산주의 사령부 간 협상에서 카운터 역할 외에는 별다른 전략 가치가 없는 어느 북한 지점을 되찾고 지키라는 임무를 받은 한 보병 대대를 그린다. 전통적인 2차 세계 대전 요소들은 일부 갱신되었는데, 예를 들어 이제 다민족 소대에는 흑인 병사들 — 그들 중 하나는 반항적 인물로(이는 인종 차별 대우에 대한 여파임이 암시된다), 결국 그의 조국이 충성을 바칠 가치가 있음을 납득하게 된다 — 은 물론이고, 2세대 일본계 미국인 하급 장교도 포함된다. 적군의 프로파간다 — 그 장르에서 흔히 공중 살포되는 전단이나 혹은 (<바탄>에서처럼) 우연히 '도쿄 로즈*Tokyo Rose*'[51]에 주파수를 맞추는 무선 통신원의 형태로 넌지시 등장하는 — 는 <포크 촙 힐>에서 부대의 사기를 저하시키는 뉴스를 방송하는 중국 공산당 인물을 통하여 중요하게 다뤄진다. (미국 언론에서 대서

특필된 새로운 한국전 공포인 이른바 '세뇌 공작'은 한국전 전투 시퀀스로 시작되는 <맨츄리안 켄디데이트*The Manchurian Candidate*>[1962]의 전제가 된다.) 한국 전선을 향하여 참호로부터 총검을 빼드는 '무모한' 공격은 현격한 시대착오 — 주인공들에 의해 그렇게 언급되는 — 가 아닐 수 없다. 실제로, 전투원들, 포탄이 쏟아지는 벙커의 작전 본부, 언쟁하는 고위 관료 — 지도를 놓고 벌이는 그들의 전선 선택이 그들 지휘권하에 있는 병사들의 생사를 좌우하는 — 간의 교차 편집은 철조망과 참호(도로 표지판과 닭장까지 갖춘)의 도상에 결합되어 그 영화에 명백하게 1차 세계 대전 분위기를 더해 준다.[52]

1950년대에 미국 사회학으로부터 유포된 엘리트 관리에 대한 지대한 관심을 생각할 때, 혹자는 영국 전쟁 영화에서 두드러진 '군사 연구원'과 유사한 유형을 미국 전투 영화에서 기대할지도 모르겠다. 그러나 이는 명백히 해당되지 않는다. 이론의 여지는 있지만 아마도, 외부의 적들에 맞서는 데 있어 군-과학-정부의 테크노크라시*technocratic*[53] 동맹 구성은, 그 10년 동안 SF 영화의 주요한 특징은 되었어도(8장을 보라. 또한 Biskind, 1983을 보라), 전투 영화에서는 눈에 띄게 줄어든다. 사실 제2의 물결 전투 영화들은 평범한 전투원의 일상 경험에 대한 전시 영화들의 초점을 유지한다. 어느 편인가 하면, 이제 (아마도 한국전을 염두에 두고서) 분명 전형적인 전투 경험으로 떠오른 보병의 관점은 그 어느 때보다 장군과 정치인의

51. 2차 세계 대전 당시 연합군의 사기 저하와 전의 상실을 겨냥하여 영어로 프로파간다 방송을 하던 일본의 여성 방송인에 대한 별칭. — 옮긴이

52. <포크 촙 힐>의 감독인 루이스 마일스톤은 주요 2차 세계 대전 영화들인 <워크 인 더 선>과 <몬테즈마의 영웅들*The Halls of Montezuma*>(1950)은 물론 [1차 세계 대전 영화인] <서부 전선 이상 없다>도 연출했다.

53. 테크노크라시는 기술과 과학의 전문가들이 사회나 국가 전체의 운영 및 관리에 결정적 역할을 하는 시스템을 말한다. — 옮긴이

거대 전략과는 거리가 있는, 심지어 당혹스럽도록 동떨어진 것으로 그려진다. ‘바스토뉴의 전사들’에 대한 <배틀그라운드*Battleground*>(1949)의 묘사는 자신들이 프랑스에 있는지 벨기에에 있는지 알아내기 위해 1주일 전 <스타스 앤드 스트라이프스*Stars and Stripes*>[미군 신문]를 뚫어져라 들여다보는 소대를 보여 준다. 거대 군사 전략의 불투명한 작동 속에서 보병들의 자기 역할 인식은 간단한다. ‘아무도 관심없다’는 것. 전쟁에서 이겼으나 그 승리는 이미 과거가 되어 버린 시대에, 이 영화와 도처에서, 공공연히 사기를 북돋우는 이데올로기적인 교훈은 그 어느 때보다 쓰라린 어조와 지쳐 버린 결의로 대체되며, 그것은 점차 노골적인 냉소에 가까워진다. <배틀그라운드>의 떨떠름한 주인공은 자신의 계급 PFC[Private First Class: 일등병]가 ‘민간인을 갈구함*Praying For Civilian*’이란 뜻이라고 설명한다. 그러한 태도에 함축된 개인주의, 곧 고전적인 2차 세계 대전 모델의 훈계적 집단주의와 강력하게 상충되는 그것은 한국전 이후 <콰이강의 다리*The Bridge on the River Kwai*>(1957)의 윌리엄 홀덴과 <지옥의 영웅*Hell Is for Heroes*>(1962)의 스티브 매퀸이 연기한 고독한 인간들에서 강력하게 나타난다. <더티 더즌>(1967)과 여타 1960년대 말 ‘더티 그룹’ 영화들에서는 그 어떤 의미의 공동 노력도, 친구와 적 모두가 개인의 생존이라는 최우선 목표에 대한 장애물로만 인식되는 잔혹한 다윈적*Darwinian* 풍경 앞에서 내던져졌다.

이러한 장르 변화를 겪는 가운데, 2차 세계 대전 전투 영화들은 미국 전략 목표 및 정책에 관한 초당파적 합의의 맥락에서 1960년대 말에도 지속적으로 번창하였다. 이 영화들에 나오는 나치와 일본인의 무자비함과 이데올로기적 독단주의는, 미국이 아바나로부터 하노이에 이르는 전쟁 영역에서 직면한, 광신적인 공산주의 적들의 대리인과 마찬가지로 기꺼이 해석될 수 있었다. 그러나 이러한 합의가, 베트남 전쟁 동안 점차 삐그덕

거리는 국내 정치 대립 및 군사 실패와 결합된 긴장하에서 분열됨에 따라, — 미군 병사들을 '베이비 킬러'라고 비난하며 미국 지도자들을 나치에 비유하는 학생 시위자들과 함께 — 그 결과로 발생한 이데올로기 진공 상태는 베트남전 자체를 드라마 주제로 접근할 수 없게 만들었을 뿐 아니라, 미군 활동의 모든 영웅적 묘사로부터 신빙성을 박탈해 버린 듯했다. 책임감 없는 당국에 대한 불만과 심지어 '선한 전쟁'을 개인의 자기 보호 이외의 관점으로 생각하는 것에 대한 불편한 심기는 이어지는 10년 동안 점점 더 강력하게 증가하는 요소들이다. 닐(Neale, 1991: 48)은 <어택 *Attack!*>(1956), <더티 더즌>, <플레이 더티 *Play Dirty*>(1967), <토브룩 *Tobruk*>(1967)을 사령부 대표자들이 "병사들의 이익에 반대되며 (어떤 경우에는) …… 전략적 가치가 거의 혹은 전혀 없는" 계획을 짜고 명령을 내리는 영화들로 규명한다. 서부극보다 다소 일찍 그리고 보다 응축된 기간에 장르와 그 사회-정치 컨텍스트 간에 일어난 이데올로기적 분리는 전면적인 장르 붕괴에 뒤따른 수정주의의 강화로 귀착되었다. 따라서 1969년 7월과 1970년 7월 사이 미국에서 제작된 2차 세계 대전 전투 영화 10편(과 한국전 영화 한 편 <매시> — 비록 그 영화의 무정부주의적 '한국'은 대개 베트남에 대한 투명한 가면으로 이해되었지만)이 미국 스크린에 개봉되었으며, 이는 그 10년[1960년대]의 나머지와 일치하는 제작 비율이다. 그리고 <치섬 *Chisum*>(1970)과 <빅 제이크>(1971)처럼 매우 전통적인 서부극들이 <작은 거인>(1970) 같은 수정주의 대표작들과 나란히 개봉되었듯, 이들 전투 영화 가운데 일부, 예컨대 <레마겐의 철교 *The Bridge at Remagen*>(1969), <장렬! 모스키토 *Mosquito Squadron*>(1969) 같은 작품들은 전통 모델을 단단히 고수했다. 다른 작품(<불타는 전장 *Too Late the Hero*>[1970], <켈리의 영웅들 *Kelly's Heroes*>[1970] — 두 경우 모두에서 제목의 '영웅성'은 아이러니 너머에 있다)은 탈신화화 경향을 극단까지 밀어붙였으며, 한편 여전히 다른 작품들

(<캐치 22>[1970])은 대항 문화적 감수성으로 채색되었다. 미국-일본 대규모 합작품 <도라! 도라! 도라! *Tora! Tora! Tora!*>(1970)의 형편없는 흥행 성적은 전투 영화에 가족 뮤지컬처럼 값비싼 실패라는 오명을 씌웠으며, 그후로 제작은 점점 줄어들어 거의 없어지게 된다. 그 다음 열두 달 동안에는 고작 5편이 개봉되었으며, 1976년 블록버스터 역사 재현물 <미드웨이 *Midway*>(아마도 그 해 [독립] 200주년 기념식에 따른 애국심 고조로 고무된)까지 어떤 종류의 2차 세계 대전 전투 영화도 없었다.[54] 1970년대 말에는 <철십자 훈장>, '비판적 대서사시' <머나먼 다리 *A Bridge Too Far*>(1977), 새뮤얼 풀러의 권위 있는 <지옥의 영웅들 *The Big Red One*>(1980)을 포함하여 약간의 제작이 이루어졌다. 그러나 <디어 헌터 *The Deer Hunter*>(1978)의 개봉으로, 전투 영화의 역사적 무게 중심은 결정적으로 베트남으로 옮겨갔다(아래를 보라). <멤피스 벨 *Memphis Bell*>(1990. 윌리엄 와일러의 1943년 동명의 다큐멘터리를 허구화시킨 영화)처럼 기이하게 시대착오적인 영화들을 제외하면 2차 세계 대전 전투 영화는, <라이언 일병 구하기>(1998)에서의 눈부신 부활과 뒤이어 <씬 레드 라인>과 <에너미 앳 더 게이트 *Enemy at the Gates*>(2001. 영국과 미국 스타들을 기용하여 영어로 찍은, 스탈린그라드에 관한 범유럽 공동 제작)에 이를 때까지 중단 상태로 머물렀다.

또 다른 주요 전시 연합국, 소련에서는 '대大 애국 전쟁'(2차 세계 대전의 공식 명칭)이 스탈린 말년과 그 너머 동안 국가적 숭배의 초점이 되었다. 엄격한 사회주의 리얼리즘 원칙에 따라 제작된 여러 전시 재-구현은 소비에트 군대의 업적과 스탈린 개인의 군사 재능을 찬미하였다(가장 악명 높은 것으로는 <베를린의 가을 *The Fall of Berlin*>[1949]이 있다). 비평은 1950년대

54. 1941년에서 1980년 사이 미국 시장에 개봉된 모든 전투 영화에 대한 포괄적이고 주해를 곁들인 목록으로는 Basinger(1986: 281~335)를 보라.

말과 1960년대 초 흐루시초프하의 '해빙기'로 시작되는 소비에트 이데올로기의 중심 강령에 대한 새로운 접근법에 주목하였다. 즉 어떻게 그 새로운 접근법이 아직까지는 불법인 복잡한 문제들과 러시아에서의 공산주의 실험에 대한 대안적 관점들을 탐색하는 수단이자 또한 궁극적으로 전체 시스템의 유효성에 도전하는 수단이 되었는가에 대해서 말이다(Lawton, 1992; Youngblood, 1996, 2001; Gillespie, 2003: 64~79를 보라). 예를 들어 소련 영화에서 오랫동안 금기시되었던 이적 행위라는 주제는 '해빙기' 동안 시험적으로 등장했으며(예컨대, <어느 남자의 운명*Fate of a Man*>[1959]), 1970년대와 1980년대에는 <길 위의 재판*Trial on the Road*>(1971, 개봉은 1986), <어센트*The Ascent*>(1977), <재앙의 징조*Sign of Disaster*>(1986), 그리고 충격적인 <컴 앤드 씨>에서 나치와 스탈린식 전제 정치의 근원적으로 등가의 도덕성에 대한 주장의 증가와 더불어, 더욱 힘을 얻었다. 영블러드는 마지막 영화를 "체제가 끝나갈 무렵 소비에트 인민의 사기*morale*에 대한 영화적 성찰"로 간주한다. "<컴 앤드 씨>에서 누구도 대의를 믿지 않는다. 누구도 그것을 이해하는 것으로 보이지 않는다. 전 인류는 타락했다. 비록 독일인들이 다른 이들보다 부정할 수 없이 훨씬 더 나쁘다 해도"(Youngblood, 1996: 94).

세계 역사상 가장 파괴적인 분쟁에서 패한 침략국이자, 전쟁 범죄와 인류에 대한 범죄의 폭로로 한층 더 무거운 짐을 지게 된 주요 추축국 독일과 일본은 상이한 방식으로 전후 기간 내내 찰스 마이어(Maier, 1991)가 "통제 불능의 과거"라 칭한 것의 도전에 직면했다. 비록 상이한 시기에 상이한 정도이긴 하나, 두 경우 모두에서 이처럼 여전히 불충분한 문화적 청산 과정은 아브젝시옹*abjection*,[55] 기억 상실, 부인, 죄의식, 저항의 과정들을 수반했다. 일본과 독일이 그들의 더럽혀진 얼굴 역사 유산들을 극복하는 데 완전히 실패했다는 인식은 일본이나 독일 전투 경험에 대한 그 어떤 재현도 의심하게 만들었고 예전 연합 국가들에서 예외적으로 고도의 비판적 감시를 받게 만들었다. 그러므로 20세기 말 전에 양국에서 어떤 종류든 전투 영화가 극히 소수만 나온 것도 이해가 되는 일이다. 두드러진 예외 — 이자 비평과 상업에서의 주요 성공작 — 는 <특전 U보트*Das Boot / The Boat*>(1981)이다. 이 영화는 서독 TV의 오리지널 10부작 시리즈를 편집한 3시간짜리 작품으로, 극장 개봉을 얻어냈다. 아마도 대서양 전투가 (홀로코스트는 말할 것도 없이) 점령군과 동부 전선의 잔악함들로 난처해질 일이 거의 없는 '깨끗한 싸움'으로 인식된 것이 이 영화를 병사들과 잔혹한 바다의 장쾌한 이야기로서 열광적으로 수용하게 만들었을 것이다. <스탈린그라드*Stalingrad*>(1993)에서 러시아 전쟁을 이와 유사하게 문제없는 장르 관점으로 고쳐 만들려던 시도는 이에 비해 성공적이지 못했다. 일본 전쟁 영화들은 매우 최근까지도 거의 오로지 히로시마와 나가사키의 원자 폭탄 참상이라는 국가적 트라우마에 집중되었다. 2001년 <메르데카*Merdeka*>의 개봉은 일본군의 전투 경험이 메이저 일본 영화에서 드라마의 중심 초점이 된 사실상 최초의 순간을 표했다.

## 베트남전

베트남 전투 영화의 역사는 잘 알려져 있다. 존 웨인의 <그린 베레*The Green Berets*>(1968)라는 악명 높은 예외와 더불어, 전쟁 자체 동안(미군은

55. 비참 혹은 영락의 상태를 뜻하는 말로, 비판 이론에서는 체제로부터 배제되는 것/사람들, 혹은 그것/그들이 혐오로 귀착되는 과정을 말한다. 이 개념은 7장 호러 영화의 '경계 부수기'에서 좀 더 자세히 논의된다. — 옮긴이

1965년부터 1973년까지 베트남전에 참전했으며, 남베트남은 결국 1975년 공산주의 북베트남에 합락되었다) 미국 스크린에 부재하던[56] 베트남 전투 영화 장르는 1970년대 말 여러 다양한 형식으로 등장했는데, 그중 어떤 것들(<대전장*Go Tell the Spartans*>, <3중대의 병사들*The Boys in Company C*>[둘 다 1978])은 명백히 표준적인 2차 세계 대전 모델을 따랐으며, 또 어떤 것들(<디어 헌터>[1978], <지옥의 묵시록*Apocalypse Now*>[1979])은 1970년대 초 '할리우드 르네상스'의 스타일 실험에 더욱 빚지고 있다. 베트남 전투 영화는 <플래툰>(1986), <햄버거 힐*Hamburger Hill*>(1987), <찰리 모픽 84*84 Charlie Mopic*>(1989)와 여타 작품들에 의해 1980년대 중반 정점에 달했다. 또한 이 작품들은 대체로 2차 세계 대전 전투 영화의 '곤경에 빠진 소대' 변형체(특히, 정글 배경이라는 점에서 태평양 전쟁 버전)를 채택했는데, 그러나 친숙한 장르 구문론에, 네이팜탄과 약물 중독, 록 음악 사운드트랙, 생생하고 노골적인 폭력, 특이하고 인상적인 속어 같은 새로운 의미론 요소들을 결합시킴으로써, 특색 있고 — 잠시 동안 — 매우 인기 있는 장르 계보를 확립하였다(Adair, 1989; Auster & Quart, 1988을 보라).

베트남 전투 영화의 뒤늦은 제작과, 그것이 결국 알아보기 쉬운 하위 장르로 구체화된 것은, 그 전쟁의 격렬하고 지속적인 정치화와 현대 미국의

56. 벤자민 스토(Storr, 1977)는 미국의 베트남 전쟁과 프랑스의 알제리 전쟁에서 트라우마적이고 논쟁적인 경험들의 유사성을 탐구하였다. 1962년 이래로 그 분쟁을 직접적으로 다루는 약 30편 가량의 프랑스 영화(거의 전부가 후방이나 참전 군인의 경험을 통한)에도 불구하고, 어떤 '부재'의 감각이 그 전쟁을 둘러싸고 있듯이, 분쟁 자체의 직접적인 이미지가 부재한다는 것은 주목할 만하다. 마찬가지로 로튼(Lawton, 1992: 167)과 그 외의 사람들은 소비에트 말년과 1991년 이후 아프가니스탄 전쟁(1980년대를 걸쳐 서구 언론에서 '소비에트 베트남'으로 널리 특징지어진, 그리고 <람보 3*Rambo III* >[1988]에서 베트남 참전 군인/구세주 존 람보에 의해 어떤 초현실적 병치 속에서 그 자체 침략당한)에 관한 영화들을, 신체적, 심리적으로 불구가 된 참전 군인의 혼란이 강조된다는 점에서, 베트남 참전 군인 영화와 비교했다.

첫 패배 경험의 파장을 반영한다(Klein, 1994를 보라). 베트남 영화는 전투를 통한 남성 정체성 형성이라는 주제를 전면에 내세웠는데, 이는 1970년대 말 전쟁의 의미를 이해하고자 전개되었던 보수 담론에 의존한 것이다. 남성성에 대한 베트남 영화의 초점은 어느 정도 전투 영화 일반의 확고히 정립된 측면을 연장하는데, 그것을 수잔 제포드는 다음과 같이 특징짓는다.

> 우선 무엇보다, 그저 남자에 관한 것만이 아니라 남성 주체의 구성에 관한 것이기도 한 영화, 그리고 전투 시퀀스 — 또는 보다 일반적으로, 전투 영화에서의 폭력 씬들, 그것이 전투에서의 싸움이든, 고문이든, 탈옥이든, 폭발이든 — 는 단지 그 영화의 서사에 있어서뿐 아니라, 남성 주체에 있어서도 과잉의 지점이다…… (Jeffords, 1989: 489).

전투 영화가 남자들로 하여금 체면 깎이지 않고 울 수 있도록 '허락된' 몇 안 되는 장르의 하나라는 것은 종종 지적되어 온 바이다. 이러한 파토스의 요소는 또 하나의 멜로드라마 양태로서의 전투 영화 — 비록 특이하게도 여성이 아닌 남성 주체성이 명백하게 주제화되긴 하지만 — 를 강조한다.

일단 베트남전이 상업적으로 수용 가능한 안으로 떠오르자 곧 남성 정체성의 (재)구성을 둘러싼 그 같은 쟁점이 부상했음은, 이미 미국의 인도차이나 패배가 문화적으로 구상된 그 조건을 생각할 때, 어쩌면 불가피한 것이었을지 모른다. 분쟁 동안 미국 대통령 린든 존슨은 전쟁에 대한 그의 강박적 수행을 경쟁적 남근 중심주의 — 북베트남 지도자인 호치민 및 국내 반공 강경론자들과 그 자신 간의 어떤 '오줌 누기 경쟁' — 의 견지에서 되풀이 정당화하였다(Dallek, 1998을 보라). 존슨의 후임자 리처드 닉슨에 따르면, 베트남전 이후 미국은 '딱하고 무력한 거인'으로서 전 세계의 조롱거리가 될 위험에 처했다. 그러므로 놀랄 것도 없이, 이처럼 절박한 남근적 불안의 분위기 속에서 1980년 로널드 레이건의 당선과 함께 백안관을 차지한 뉴 라이트의 주요 해외 정책 사업은 수잔 제포드(Jeffords, 1989)의 용어처럼 '미국의 재남성화'가 되었다. 베트남전 영화는 전투와 후방 모두 남성성을 둘러싼 이러한 문화 담론을 매우 잘 수용하였다. 전쟁 부상의 결과로서 성기능 장애는 <귀향*Coming Home*>(1978)과 <7월 4일생*Born on the Fourth of July*>(1989)의 드라마 초점이며, <롤링 썬더>(1977)의 베트남 참전 군인이자 베트콩 고문의 생존자인 반反영웅은 그의 손이 폐기물 처리 장치에 쑤셔넣어짐으로써 상징적 거세를 겪는가 하면, <데드 프레지던트*Dead Presidents*>(1995)에서는 한 미군 병사가 북베트남군에 의해 실제로 거세된다.

이와 같은 손상된 또한/또는 회복된 남성성의 수식 어구들에 대한 할리우드의 동원은 매우 모호하였다. <디어 헌터>의 주인공 마이클의 이상화된 이미지들은 안개 자욱한 봉우리와 계곡을 배경으로 길 위에 선 미국 프론티어 개척자 같은 자세를 취했는데, 이는 명백히 제임스 페니모어 쿠퍼James Fenimore Cooper[57]의 유명한 19세기 소설에 나오는 (영화 제목의 시조가 된) '사슴 살육자*Deerslayer*' 내티 범포를 연상시켰으며 — 따라서 확장하면, 깨끗하고 '순수한' 쏴죽이기라는 마이클 개인의 '한 방' 이데올로기를 '폭력을 통한 갱생'이라는 미국의 오랜 전통에 결합시키며(Slotkin, 1998을 보라) — 파시스트 이미지와의 비교를 불러일으켰다. 그러나 그 영화는, '한 방'과 그것이 환유적으로 상징하는 모든 것을 영화의 중심축인

57. 미국의 소설가 쿠퍼(1789~1851)의 대표작으로는 《가죽 스타킹》, 《사슴 살육자》, 《대평원》, 《모히칸 족의 최후》 등이 있으며, 이 소설들은 변경을 배경으로 백인과 인디언의 관계를 다채롭게 묘사하고 있다. — 옮긴이

베트남 전투 및 포로 시퀀스의 러시안 룰렛에 의해 트라우마적으로 패러디함으로써 훼손시킨 것인지 아니면 재긍정한 것인지를 (고의로?) 불분명하게 남겨 둔다. 올리버 스톤이 만든 1980년대 베트남 영화 <플래툰>과 <7월 4일생> — <플래툰>은 '순수한' 전투 영화, <7월 4일생>은 <디어 헌터>처럼 베트남 전투 에피소드가 영화의 주제 및 이데올로기 관심사들을 조직하고 규정하는 자칭 대하 서사시 — 은 미국 남성 자아의 상징적 서사들이 상연되는 신화적 풍경으로 새롭게 떠오른 수사인 베트남을 명쾌하게 전경화한다. <플래툰>은 그 지배적 양상이 분명 2차 세계 대전 전투 영화인 반면, 평범한 미국인 크리스 테일러가 소대의 두 병장, 즉 성인聖人 같은 엘리아스와 악마 같은 베이츠로 구현되는 '선한 아버지와 악한 아버지'의 상징적 중재를 거쳐 환멸스러운 성인 남성과 순수의 상실(정글이라는 무대 배경은 또아리를 틀고 숨어 있는 뱀으로서 어설프나마 에덴에 대한 상징성을 제공한다)로 나아간다는 그 우화적인 이야기에서는, 1차 세계 대전 '잃어버린 세대' 모티브도 일부 발굴해 낸다. <7월 4일생>은 이 상주의적 신병 론 코빅이 하반신이 마비되어 베트남으로부터 귀환한다는 점에서 더더욱 명백하게 오이디푸스적이다. 그 영화는 후반부의 상당 부분을 성기능 상실에 대한 코빅의 보상 행위에 할애하는데, 이때 그 거세는 — 1950년대 대중적 프로이트 신화의 재연 속에서 — 그의 '거세하는' 애국적 어머니에 그리고 성적으로나 이데올로기적으로나 유아적 의존 상태에 빠진 코빅 / 미국에 강력하게 결합된다. 급진적이 된 코빅이 1972년 공화당 전당 대회에서 집회장을 '점거'하도록 동료 퇴역 군인들을 이끄는 영화의 절정부는 공적이며 정치적인 것에의 참여를 이러한 콤플렉스로부터의 도피 수단으로 제시한다. 그러나 영화의 가장 마지막 이미지들 — 이제는 영예로운 운동가가 된 코빅이 1976년 민주당 전당 대회의 단상에 오르는 것을 보여 주는 — 이 오프닝의 반복으로 촬영된 것은 주목할 만하다. 즉 앞서 어린 시절의 그에 대해 그랬듯 이제 휠체어에 묶인 코빅을 바라보며 기대감으로 박수치고 기쁨으로 환하게 미소짓는 얼굴들과 더불어, 그의 운명에 대한 그의 어머니의 예언이, 명백한 아이러니 없이 사운드트랙으로 울려퍼지는 가운데 실현되는 것이다(Jeffords, 1989: 19를 보라).

스톤의 베트남 영화들이 의존 상태로부터 성인成人으로 향하는 일종의 오이디푸스 궤도를 그린다면, 엄청나게 성공한 <람보*First Blood*>(1982)와 <람보 2>(1984)는 그 이름의 시조가 된 주인공, 아이-어른인 베트남 참전 군인 존 람보를 퇴행적 나선 속에 고정시킨다. 세계에 대한 람보의 단음절적인 단순한 이해 — 그는 상징적 '부모'인 국가로부터 버려진 것에 상처입는다 — 는 그의 부풀어 오른 신체의 비대한 남성성과 어긋나는 정서적, 이데올로기적 취약함을 드러낸다. 성인 세계의 불가해한 복잡성과 위선과 배신을 이해하려는 그의 전투에 있어 핵심 중재 인물은 옛 상관이자 대리부父인 트로트먼 대령이다. <람보> 마지막에서 포위된 람보 — 영화에서 그의 책임 전가는, 귀향한 베트남 참전 군인들에 대한 거부와 희생시키기를 둘러싸고 만연된 문화적 신화의 극단적 견해를 표상한다(Lembcke, 1998을 보라) — 가 "우리[즉 베트남 참전 군인들]는 단지 우리가 조국을 사랑하는 만큼 조국이 우리를 사랑해 주길 바랄 뿐이다"라고 설명하는 것도 바로 이 트로트먼에게다. 속편의 시작 부분에서, 포로 구출 임무를 띠고 베트남으로 돌아갈 기회가 주어지자, 람보는 "우리는 이번에는 이기게 될까?"라는 유치한 질문과 함께, 그 영화에서 이어지는 전쟁 판타지 재연을 평범한 미국 병사식 판타지로 짜맞춘다. <람보>의 중심 전제 — 전쟁이 끝나고 10년이 더 지난 후에도 여전히 미군이 불분명한 목적에서 베트남 캠프에 포로로 남아 있다는, 이를테면 <지옥의 7인 *Uncommon Valor*>(1983)과 <대특명*Missing in Action*>(1984)에서 공유된 뉴 라이트 구호 — 는 '구원 판타지'를 제공하는데, 이를 버고인(Burgoyne, 1994)은 다양한 층위에서 작동하는 퇴행적 콤플렉스 관점에서 분석한 바 있다. (무엇보다도 이 영화들은 <버마 전선 *Objective, Burma!*>[1945] 같은 영화들의 목표 지향적 확신들로 '귀환한다.' <람보>의 '베트남인' 병사들은 2차 세계 대전 전투 영화들의 제국주의 일본인들과 구별되지 않는다.) 또한 그것은 인디언 전쟁이 벌어졌던 19세기 미국 대중 문화에서 두드러지게 모습을 드러낸 포로 서사의 현대 변형체를 제공한다는 점에서, 남성성에 대한 베트남전 영화의 몰두에도 연결된다. 그러나 베트남 전쟁 포로 신화에서는 야만적인 감금의 전통적 대상 — 백인 여성 — 이 사병으로 대체된다. 사병들의 회복(그들은 대개 수동적 절망으로부터 떨쳐 일어나 그들 자신의 해방에서 능동적 역할을 수행한다)은 미국 남성성의 어떤 유사한 복구를 표상하는데, 특히 전형적으로 베트남 적군의 패배가 무능하고 위선적인 혹은 심지어 대놓고 반역적인 정부 관료의 무관심이나 실질적 반대에도 불구하고 성취된다는 점에서 그러하다.[58]

## 포스트-베트남 분쟁들

베트남전 이후 분쟁들의 '불균형 교전' — 그레나다, 파나마, 이라크, 아프가니스탄 등지에서 절망적으로 강한 상대를 만난 개발 도상국 적군에게 번개 같은 군사 행동에서 압도적인 병력과 군기술을 펼치는 미군에 의한 — 은 분명 전투 영화의 지배적 패러다임을 2차 세계 대전/베트남전의 복합체로부터 옮겨놓을 설득적인 서사를 거의 제공하지 못했다. 확실히, 이처럼 어울리지 않는 짝들은 좀처럼 영화화되지 못했다. <승리의 전쟁

58. 10장의 1980년대 액션 영화에 대한 논의도 보라.

*Heartbreak Ridge*>(1986, 그레나다)과 <쓰리 킹즈>(1999, 이라크)는 예외다. 사실, 아마도 <맨츄리안 켄디데이트 *The Manchurian Candidate*>의 2004년 리메이크 작품(배경이 1991년 1차 걸프전으로 이동된, 그러나 명백히 2차 걸프전을 함축하는 이 영화는 혼을 빼놓을 만큼 무시무시한 원작의 공산주의자들을 무자비한 군-기업체로 대체해 놓는데, 후자는 분명 딕 체니 부통령이 예전에 근무했던 핼리버튼 Halliburton 사를[59] 본뜬 것이다)이 암시하듯, 불투명하고 가지를 쳐나가며 무한정 늘어날 수 있는 '테러와의 전쟁' — 9·11 공격에 뒤이어 공표된 — 은 감독들을 총력전과 포격전의 전투 영화 영역보다는 감시와 첩보 활동의 스파이 스릴러의 그림자 세계에 더 가깝게 몰아갈 것이다. <패트리어트 게임 *Patriot Games*>(1992)과 <긴급 명령 *Clear and Present Danger*>(1994)처럼 톰 클랜시의 베스트셀러 테크노 스릴러를 원작으로 한 영화들은 이러한 스파이-전투 혼성물이 취하게 될 형태를 보여 준다. '인도주의적' 개입은, 그것이 성공적이든(코소보) 재앙적이든(베이루트, 소말리아), 마찬가지로 전투 영화 주제로서 매력적이지 않음이 입증됐다. 비록 '곤경에 빠진 소대'라는 표준 유형으로부터 많은 모티브들을 차용하여 재앙과도 같은 소말리아 에피소드를 이야기한 <블랙 호크 다운>이 9·11 이후 아프가니스탄에서 전쟁이 한창인 가운데 개봉되어, 세계 자유를 지키려는 미국 영웅주의의 진실된 이야기로서 발빠르게 이용되었지만 말이다.

59. 딕 체니와 핼리버튼의 유착 관계는 조지 W. 부시 정부 때 딕 체니가 국방장관(1989~1992)에 임명되면서 본격화된다. 딕 체니는 1995년부터 5년간 미국 텍사스 주 휴스턴에 본부를 둔 세계적인 석유-가스 관련 기업 핼리버튼의 경영 책임자였다. 그는 정경유착을 통해 기업 매출액을 늘렸고 그 과정에서 자신도 부를 축적했다. 부통령이 된 그는 2001년 9·11 이전부터 이라크 침공을 부르짖어온 매파의 좌장격이었으며, 부시의 테러 전쟁과 이라크 침공으로 핼리버튼이 최대 호황을 맞는 데 결정적인 역할을 했다. — 옮긴이

## 사례 연구: <라이언 일병 구하기>(1998)

스티븐 스필버그의 <라이언 일병 구하기>는 1998년 7월 개봉하자마자 곧 자의식적으로 전통주의적인 2차 세계 대전 전투 영화로 인정받았으며, 따라서 1970년대 말 이래 대체로 중단 상태였던 전투 영화 계보를 소생시켰다. 앞서 지적된 바와 같이, 그 시점부터 할리우드 전쟁 / 전투 영화는 대체로 베트남전 영화와 동의어가 되었다. 비록 베트남전 영화가 다양한 방식으로 2차 세계 대전 패러다임을 전유하고 개조하긴 했지만 말이다. 이 시기의 얼마 되지 않는 명백한 형식 사례들 — 앞서 언급된 영화들은 물론이고, 어느 정도 수정주의적인 <휴전*A Midnight Clear*>(1992)까지도 포함해서인데, 이 영화는 전선을 가로지른 축제 시즌 친교라는, 유명한 1차 세계 대전 수사[60]를 2차 세계 대전의 '곤경에 빠진 소대' 장르 모델에 들여왔다 — 중 어떤 것도 상업적 성공을 거두지 못했으며, 스튜디오의 임원들은 그들이 비상업적인 주제라고 파악한 것은 수용하지 않았다. <라이언 일병 구하기>는, 널리 인식되듯, 대단히 포스트 - 베트남(영화)적인 2차 세계 대전 전쟁 영화이다. 교두보 시퀀스(전례 없는 유혈과 극사실주의의)와 이어지는 구출 미션('작전 수행 중 실종자'라는 베트남 하위 장르를 상기시키는)은 둘 다 베트남 전투 영화를 연상시킨다. 다만 그간 그다지 주목되지 않았던 점은 <라이언 일병 구하기>가 단지 2차 세계 대전 전투 모델을 복구할 뿐 아니라, 그렇게 함으로써, 특히 베트남 전투 영화에 대한 개입과 관련, 장르 교정이라는 명백한 기획을 수행한다는 사실이다.[61]

60. 1914년 서부 전선의 전설적인 '크리스마스 휴전'(또한 폴 매카트니의 1983년 싱글 "Pipes of Peace"의 화려한 비디오 광고에서 염원된)에 대한 뛰어난 설명으로는 Ecksteins(1989: 109~114)를 보라.

<라이언 일병 구하기>는 고전적인 2차 세계 대전 소대 영화를 신중히 모델로 삼고 있으며, 여기에는 유태인, 이탈리아인, 남부 침례교인(사격 전에 기도하는 명저격수), 건장한 하사관 등이 유서 깊은 방식으로 포함된, 민족과 지역에서 다양한 배경의 중대가 등장한다. 그러나 많은 2차 세계 대전(과 심지어 더 많은 베트남전) 전투 영화들과 달리, <라이언 일병 구하기>에서 드라마와 정서의 중심은 장교인 밀러 대위(톰 행크스)이다. 많은 전시 전투 영화들은, 베이싱어(Basinger, 1986: 53~54)의 지적처럼, 서사 초반부에 부대 지휘관을 죽여 버린다. 이는, 그녀의 주장에 따르면, 상징적 아버지의 상실 속에서 전쟁의 불가피한 대가를 입증하는 것이다. (<라이언 일병 구하기>는 장교 주인공이 나오는 2차 세계 대전 영화 <버마 전선>을 면밀히 연상시킨다. 이 영화는 추적과 '최후 저항' 서사를 결합한다는 점에서도 <라이언 일병 구하기>를 반향한다. 이 영화에서 에롤 플린이 맡은 넬슨 대위는 학교 선생으로, 이는 <라이언 일병 구하기>의 밀러와 같은 직업이다. 다만 — 적절하게도 — 밀러는 **역사** 선생이지만.) 장교를 주인공으로 만듦으로써 — 더구나 그를 모범적 지휘관으로 그림으로써 — <라이언 일병 구하기>는 기성 권위를 향한 긍정적 태도를 확립하며, 이는 영화 전체에 충만하다. 이러한 태도의 결정적 사례는 조지 마셜 장군('빅스비 편지 Bixby Letter'[62]를 연상시키는 그의 인용구를 통해 명백히 링컨과 동일시된)을 관대하고

61. 크린 가바드(Gabbard, 2001)는 <라이언 일병 구하기>가 새로운 애국적 군국주의를 위해 전쟁을 다시금 '매혹과 경외'의 대상으로 묘사하는, 말하자면 베트남 시대에 대한 하나의 반박이라고 간주한다. 나는 이러한 독해에 동의하며, 그것이 그후의 사건들에 의해 충분히 입증됐음을 덧붙이고 싶다. 그러나 가바드는 <라이언 일병 구하기>에 대한 비판을, 장르 텍스트로서의 영화 분석을 통해 작동시키지 않는다.

62. 링컨 대통령이 남북 전쟁에서 다섯 아들을 잃은 어머니 리디아 빅스비 Lydia Bixby 에게 보낸 위로의 편지를 말하는 것으로, 원본은 아직 발견되지 않았다. 링컨이 직접 쓴 것인지 여부에 대해 역사가들이 논쟁을 벌이고 있음에도 불구하고 이 편지는 미국 대통령의 뛰어난 산문 중 하나로 꼽힌다. — 옮긴이

선견지명이 있는 온정적 지도자로 묘사한 것이다.

당국에 경의를 표하는 — 마셜의 경우엔 숭배하는 — 태도는 1980년대 베트남 영화들과 관련하여 장르 복원 행위로 읽힐 수 있을 텐데, 당시 그 영화들에서 전투 장교는 전형적으로 부적절하거나 무능한 인간으로(<플래툰>에서 거의 눈에 띄지 않는 울프 중위, 베트남 / SF 혼성물 <에이리언 2 *Aliens*>[1986]의 고먼 중위), 혹은 아예 미친 인간으로(<지옥의 묵시록>의 킬고어 대령) 그려졌던 것이다. 또한 그것은 베트남에서의 '상관 학살'(자신들의 지휘관을 죽이는 보병들)이라는 트라우마적 역사를 말소하는 '스크린 기억'(이 어구가 가진 모든 의미에서)으로도 간주될 수 있을 것이다. (퍼셀[Fussell, 1989: 142f]은 2차 세계 대전에서 발생한 동일 사례들도 언급한다.) 그러나 그것은 닐(Neale, 1991: 48. 위를 보라)에 의해 지적된 바 있는, 심지어 더 오래된 전투 영화 경향, 즉 자기 휘하에 있는 병사를 지켜야 하는 장교의 의무와 책임의 결핍 경향을 바로잡는 것이기도 하다. 이는 <라이언 일병 구하기>에서 상당히 중요한데, 밀러 대위 팀에게 부여된 미션 — 본래는 밀러 자신도 '홍보용 스턴트'라 매도했던 — 은 '병사들의 이익에 반대되는' 혹은 '전략적 가치가 거의 없거나 전무한' 명령들에 대한 닐의 범주를 예증한다고 볼 수 있기 때문이다. 밀러와 그의 사병들은 라이언을 찾아서 구출하는 것이 대단하고 심지어 헤아릴 수 없는 가치를 지닌 목표라고 믿게 된다. 더 정확히 말하면, <버마 전선>에서 그랬듯, 살아남은 병사들은 거대 전략 계획 속에서 그들의 임무가 갖는 역할을 영화 맨 마지막에서야 깨닫게 되며, 군 당국의 고매한 휴머니티는 라이언과의 회합을 향해 싸워 나감에 따라 점차 죽어가는 밀러 소대의 병사들에게 명백해진다. 그러나 그처럼 정당화된 군사적 지혜는, 그런 것이 설령 있다 해도, <버마 전선>에서보다 오히려 더 희박해지는데, 이는 그것이 군사 목표 — 버마[미얀마] 침공 — 가 아닌 어떤 추상성, 즉 마셜 장군으로 예시되고 구현되는 더 심원한

〈라이언 일병 구하기 *Saving Private Ryan*〉(1998)

Reproduced Courtesy Dreamworks LLC / The Kobal Collection / David James

휴머니티의 미국 가치들에 관련되는 까닭이다.

이것은 <라이언 일병 구하기>가 2차 세계 대전을 '선한 전쟁'으로 묘사하는 것과 밀접하게 연결된다. 이는 미국 병사의 관점에서 유럽 전쟁에 관해 쓴 스티븐 앰브로즈Stephen Ambrose[63]의 대중적 베스트셀러 역사서들(1993, 1995, 1997)의 견해와 완전히 일치하는 것으로, 자유와 민주주의라는 대의에 대한 미국 '위대한 세대'의 탁월한 공헌과 영웅적이고 무조건적인 희생을 강조하고 있다. <라이언 일병 구하기>의 개봉에 앞서 제작사인 드림웍스사는 앰브로즈의 승인을 요청(하고 확보)하였다. (그 후 앰브로즈는 스필버그 제작의 HBO 미니 시리즈 <밴드 오브 브라더스*Band of Brothers*> [1999]의 자문역을 맡았다.) 이것은 일부 역사가들(특히 Fussell, 1993과 Zinn, 1995)에게 공격받은 반면, 여전히 미국 문화에서 의심할 여지 없이 전쟁에 대한 지배적 주류 견해로 남아 있다. 문제는 이러한 기억이 왜 이 시점에서 재단언될 필요가 있었냐는 것과 <라이언 일병 구하기>가 이를 행하기 위해 어떻게 장르를 이용하는가이다.

세 가지 배경 요인이 <라이언 일병 구하기>의 2차 세계 대전 전투 영화의 부흥 조건을 규정한다. 첫째, 1991년 걸프 전쟁의 승리에 따른 미군 용맹성에 대한 신뢰 회복은, 희생자와 환멸에 전형적으로 초점을 맞추던 당시 지배적 전투 장르 패러다임, 곧 베트남 영화의 호소력을 감소시켰다. 동시에, 오스터(Auster, 2002)가 지적하듯, 걸프 전쟁 자체는 어떤 직접적 대안으로 실행 가능한 장르 소재를 제공하기에는 지나치게 일

63. 미국의 역사학자이자 전기 작가인 앰브로즈(1936~2002)는 2차 세계 대전사의 권위자이며, 그중에서도 노르망디 상륙 작전 전후 연합군의 활약을 그린 여러 권의 논픽션을 발표해 베스트셀러를 기록했다. 또한 영화와 다큐멘터리에도 관여했는데, <라이언 일병 구하기>의 경우 자문을 담당했다. 그의 저서인 베스트셀러 ≪밴드 오브 브라더스≫(1992)의 미니 시리즈 제작에 스티븐 스필버그, 톰 행크스와 함께 공동 제작자로 참여하였다. — 옮긴이

방적이었(으며 그 최종 결과는, 동맹자에서 대적大敵이 된 사담 후세인을 쿠웨이트에서 내몰았지만 여전히 바그다드에서 집권하는 등 지나치게 모호하였)다. 2차 세계 대전 종전 50주년, 특히 D－데이 상륙 기념일은, 따라서 말끔하고 명쾌한 승리를 거두었으며, 맹렬히 싸웠고 목표가 분명했던 전쟁에 대한 새로운 관심을 교묘히 부추겼다. 마지막으로, 그 전쟁은 — 비록 그 한 측면은 전통적 전투 영화들로부터 멀리 떨어져 있으며 대체로 은폐되어 있지만 — 홀로코스트가 공공 교육, 정치적 논의(예컨대, 발칸 반도의 민족·종교 전쟁들과의 비교에 관한), 문화 산업 등의 주제로 점점 더 주목받고, 특히 워싱턴의 미국 홀로코스트 기념관 개관과 스필버그 자신의 아카데미 수상작 ＜쉰들러 리스트＞(1993) 개봉으로 1993년 정점에 달함에 따라, 어떤 강력하고 혼란스런 존재를 미국 집단 기억 속에 각인시켰다. 홀로코스트 의식은 ＜라이언 일병 구하기＞의 장르 전통과 혁신의 신중한 혼합에 있어 참신한 요소 중 하나이다(11장도 참조하라). ＜쉰들러 리스트＞의 성공으로 스필버그의 위상이 '진지한' 역사 영화 감독으로 격상됨에 따라, 작가주의 요인들도 한 역할을 했다. 도허티(Doherty, 1999: 303~304)가 지적하듯, '영화 악동들' 가운데 유일하게 스필버그의 영화들은 심지어 ＜쉰들러 리스트＞ 이전에도 전쟁을 반복하여 불러냈다. 더구나 스필버그의 세심하게 가꿔진 개인적인 신화에는 청년 시절 이래 그의 창조적 상상에 있어 전쟁 — 혹은 영화와 텔레비전에 의해 매개된 전쟁의 이미지 — 의 중심성이 강조된다.

＜라이언 일병 구하기＞는 특이하게도 전투 서사를 명백하게 회고적인 틀 속에 끼워넣는다. 영화는 나이 지긋한 한 남자(클로징에서 라이언 일병으로 밝혀지는)가 광대한 전쟁 묘지를 비틀거리며 가로질러서 수많은 비석의 하나 앞에 무릎을 꿇는 것으로 시작된다. 느릿한 달리 숏이 그의 비탄에 잠긴 얼굴로 클로즈업해 들어가고 이어서 '1944년 6월 6일'로 컷하며 그리고는 ＜라이언 일병 구하기＞의 가장 유명한 대목인 25분간의 놀라

운 오마하 교두보 시퀀스로 바로 넘어간다. 이처럼 전쟁을 (참전 군인에 의해) 기억되고 (그 뒤를 따라가는 가족 — 부인, 자녀, 손자들 — 에 의해) 기념되는 과거 사건으로 구성하는 것은 장르적으로 비전형적인 것이다. 전쟁 중이나 전쟁 후 많은 전투 영화들은 영화에서 극화되는 사건들의 사실성을 관객에게 상기시키는 타이틀 자막으로 시작하거나 끝나며 자신의 목숨을 버린 이들에게 영화를 헌정하는 데 반해, <라이언 일병 구하기>의 찬미적 오프닝은 <아라비아의 로렌스*Lawrence of Arabia*>(1962) — 스필버그가 가장 찬탄한 영화 중 하나 — 라든가 <불의 전차*Chariots of Fire*>(1981) 같은 향수 어린 헤리티지 영화들에서 더 전형적인 것으로, 이 두 영화는 모두 주인공에 대한 추도식으로부터 (느닷없는) 플래시백으로 전개된다.

동시에, 라이언의 '기억'은 유일무이하게 그 자신만의 것이면서 명백히 집단적인 것 — 따라서 어떤 의미로는 장르적인 것 — 이기도 하다. 비단 그의 회상이 공공 기념 공간에 물리적으로 위치해 있을 뿐 아니라, 이어지는 '플래시백'이 **라이언 자신의 것이 아니라는** 점에서도 말이다. 라이언은, 곧이어 우리가 알게 되듯, 101 공수부대 사단과 함께 적진에 투입되었다. 따라서 오마하 상륙과, 밀러의 소대가 라이언의 전멸해 가는 보병 중대를 옥수수 밭에서 만나는 시점까지 뒤이어 일어나는 사실상 모든 일들을, 라이언으로선 기껏해야 간접적으로만 알 수 있을 뿐이다(그것도 그가 그 이야기를, 기갑 부대를 상대하기 앞서 영화상에서는 생략된 오프스크린 대화로 밀러에게서 들었다거나, 혹은 전투 후 유일한 생존자인 업햄으로부터 유추해 냈다고 상상할 경우에 한해서 말이다). 그러나 교두보 시퀀스의 극사실적 특성은 적어도 그것을 직접 경험된 '현실'이 아닌 것으로 받아들일 여지를 우리에게 주지 않는다. 사실상 우리는 그것을 트라우마적으로 받아들인다. 여러 면에서 상륙 시퀀스는 장르 관습 바깥에 있다. 그것은 그 어떤 기대 모체에도 선뜻 적응될 수 없는, 관객에 대한 일종의 트라우마적 습격으로, 그것을 관객은 밀러와 그의 소대가 그랬듯 그저 체험해야만 — '견뎌내야만' — 하며, 그리하여 그들과의 강렬한 동일시가 봉합된다. 이것은 <쉰들러 리스트>와 관련하여 웨이스먼(Weissman, 1995)이 논의한 바 있는 스필버그의 '목격자 판타지'의 또 한 사례로 간주될 수 있다. 한편, 마찬가지로 그 영화 속의 다양한 장치들 — 늙은 라이언의 카메라를 누르는 손자, 상륙의 광포함 한복판에서 로버트 카파Robert Capa[64]의 유명한 전쟁 사진들을 거의 잠재 의식적으로 재연하는 것, 그리고 <버마 전선>, <지 아이 조의 이야기*The Story of G. I. Joe*>(1945)와 여타 전투 영화들에서 친숙한 기자의 한결 모호한 버전으로서 소대의 아웃사이더 업햄 병사를 포함시킨 것 등이 포함된(Badsey, 2002를 보라) — 은 이처럼 매개되고 집단적이며 (재)구성되는 역사/기억의 특성을 암시한다. 나는 라이언의 회고(개인의 기억과 집단의 경의 행위 양자를 지시하는 적절하게 모호한 용어)라는 명백하게 장르적인 관점이, <리버티 밸런스를 쏜 사나이>(3장에서 논의된)에서 랜섬 스토다드의 믿을 수 없는 기억들처럼, 신화의 불쾌한 불가피성을 암시한다고 주장하지는 않으련다. 오히려 <라이언 일병 구하기>의 명백한 장르 측면들은 실상 그 이야기의 대표적 특성과 초개인적 차원 — 개인 구출에 대한 그 영화의 장르적으로 비전형적인 강조를 감안할 때 중요한 요소 — 을 선전하는 데 쓰일 것이다.

64. 헝가리의 보도 사진 작가인 로버트 카파는 전쟁 관련 사진으로 유명하다. 1936년 에스파냐 내란 때 보도 사진 기자로 참여한 후 중일 전쟁, 2차 세계 대전을 취재했다. 연합군의 노르망디 상륙 작전 시리즈는 불후의 걸작으로 알려져 있다. — 옮긴이

# 06

# 갱스터 영화

## 장르와 사회

1944년 로스앤젤레스. 또 하나의 임무를 성공적으로 마치고 돌아오던 직업 암살자 빈센트와 줄스는 어떤 예기치 않은 문제에 직면한다. 우연과 운명에 관한 열띤 토론 중 빈센트가 뜻하지 않게 총을 발사해 자신들과 한패인 마빈을 죽임으로써 자신의 주장을 무심코 입증하고 만 것이다. 좀 더 자세히 말하자면, 마빈의 뇌는 그들의 링컨 컨티넨털 자동차 뒷좌석과 창문 사방에 튀었으며, 당연하게도 그들의 피범벅 상태 때문에 자칫 달갑지 않은 주목을 받게 될까 두려워 LA 도로를 마냥 달리던 그들은 줄스의 친구 지미네 집에 비상 정차하기로 한다. 한편, 지미가 그들을 냉담하게 맞이하는 것은 살인과 유혈에 대한 도덕적 혐오라든가 심지어 육체적 까다로움과는 전혀 상관없으며, 다만 그의 아내 — 지미의 암흑가 커넥션에 대해 아무것도 모르는 야간 근무 간호사 — 가 금방이라도 돌아왔을 때 그녀가 어떻게 반응할지 걱정스러울 따름인 까닭이다. "집에 돌아왔는데 한 무더기의 갱스터들이 한 무더기의 갱스터 쓰레기를 처리하고 있는 걸 보면 그녀는 돌아 버릴 거야."

획기적인 성공작 <펄프 픽션*Pulp Fiction*>(1994)에 나오는 이 유명한 (혹은 악명 높은) 시퀀스에서, (고의적으로) 평면적인 범죄자들과 '갱스터 쓰레기'로서의 그들 환경에 대한 쿠엔틴 타란티노의 인상적인 요약은, 갱스터 장르가 동시대 할리우드 영화에서 차지하는 위치에 대해 많은 것을 드러낸다. 먼저, 우리는 즉각적으로 인지 가능하며 더구나 고도로 양식화되고 약호화된 어느 세계에 회부된다. 우리와 줄스, 지미의 아내는 모두 '갱스터 쓰레기'를 볼 때 그것이 무엇인지 안다. 이러한 친숙함은 타란티노에 의해 강조되고 만화처럼 평평해지며 패러디의 극단으로 밀어부쳐지는데, 이때 자기만의 멋진 의상 스타일을 통해 자기 자신을 표현하려는 갱스터의 전통적 관심사는 아이러니하게도 획일적인 패션으로 뒤바뀐다. 즉 빈센트와 마르셀러스는 타란티노의 데뷔작 <저수지의 개들*Reservoir Dogs*>(1992)에 나온 패거리에게서 검정 양복과 흰 셔츠, 검은색 좁은 타이라는 패러디적 암흑가 '제복'을 계승하였다. 특히나 이는 <킬러*The Killers*>(1964)의 리 마빈과 클루 갤러거가 연기한 살인청부업자의 1960년대 초 스타일에 대한 오마주이다. 이처럼 복고적인 상호 텍스트성 스타일링은 '실제' 범죄로부터 이러한 갱스터들의 거리를, 그리고 그들이 그들만의 정교하고 밀폐된 세계 속에 거하고 있음을, 즉각 표시한다(그것은 또한 그들이 영화를 시작하고 끝내는 하와이 해변 복장을 더더욱 부조리한 것으로 강조한다)(Bruzzi, 1997: 67~94를 보라).

타란티노가 그려 내는 갱스터 사회는 어떤 면에서 동시대 미국 영화 가운데 가장 고도로 양식화되고 반영적인 것일 수 있으나, 약호화되고 자의식적으로 제의화된 허구 세계에 대한 염원은 1990년대와 2000년대의 다른 많은 영화들에 공통되는 것이다. <덴버*Things To Do in Denver When You're Dead*>(1995)에서 불운한 갱스터 지미 '더 세인트'의 날렵한 슈트와 매끄러운 동작은 그가 연애를 꿈꾸는 상류 사회 아가씨에게 그의 갱스터 신분을 즉각 노출시킨다. 마이클 만의 갱스터 영화들은 그 장르가 1930년대 초 출현했을 당시부터 장르에 장착된 '전문화*professionalising*' 경향을 어떤 연금술적 극단까지 밀어부치면서, 그것들의 정교한 경찰 – 도둑(이자 킬러) 아라베스크로부터 평범한 대중을 거의 완전히 차단해 버린다. <비정의 거리*Thief*>(1981), <히트*Heat*>(1995), <콜래트럴*Collateral*>(2004)에서 절도와 살인은 대체로 공적 업무로, 거기서 개인의 상호 작용은 모호한 원칙들과 불투명한 규율들을 관철시키는 수단에 불과하다. 재산은 일신상의 부를 위한 수단 같은, 범죄의 대상이 아니라, 추적자와 사냥감 간의 근본적 시합에 어떤 관념적 내기를 제공하는 사실상 추상적 존재이다. 많은 점에서 그러한 서사들이 전개되는 현학적이고 과장된 어조는 1960년대와 1970년대 초 이탈리아 '스파게티 웨스턴'을 연상시킨다. 세르지오 레오네가 타란티노(특히 <킬빌 1*Kill Bill: Vol. I*>[2003])에게 그리고 오우삼(특히 <영웅본색*A Better Tomorrow*>[홍콩, 1986]) 같은 여타 동시대 갱스터 작가들에게 주요한 영향을 미쳤으며 그들에 의해 빈번히 인용되는 것은 우연의 일치가 아닌 것이다.

동시대 갱스터 영화는 종종 관객이 갱스터 영화 약호 및 관습에 친숙하다는 가정을 재치 있는 유머의 원천으로 만든다. 가령 말론 브란도가 <프레시맨*The Freshman*>(1990)에서 자신의 유명한 대부 캐릭터를 흉내낸다든가 — 일종의 '콜레오네 변장' — 혹은 이와 유사한 희극적 전환이 조 페시(<나의 사촌 비니*My Cousin Vinny*>[1992])와 제임스 칸(<허니문 인 베가스*Honeymoon in Vegas*>[1992], <미키 블루 아이즈*Mickey Blue Eyes*>[1999])처럼 굳건한 마피아 페르소나의 배우에 의해 이뤄지는 것이다. 성공한 HBO TV 시리즈 <소프라노스*The Sopranos*>(1999)는, 비록 희극적 양식화가 그리 명백하지는 않지만, 그럼에도 갱스터 장르의 고고학을 통한 포스트고전 갱스터의 필연적 굴절을 기정사실로 받아들이고 있다. 즉 토니 소프라노와 그의 패거리가 그들이 가장 좋아하는 영화들, 그중에서도 <대부*The Godfather*> 3부작(1972, 1974, 1991)의 주인공 모델들을 노상 염원할 때 — 비록 그들은 그 근처에도 못가지만 — 여기서 반영성과 상호텍스트성은 스타일상의 장식이라기보다는 마피아 생활의 자연스러운 사실이다. 사실 <소프라노스>의 중심 착상 — 오늘날 조직 범죄 보스는 현대 미국 도시 근교 생활의 도전들을, 살인과 강탈의 전통적 마피아 사업보다 더 풀기 어렵고 고생스럽다고 여기리라는 것 — 이 이해할 수 있고 재미있는 주된 이유는 관객들이 장르 규범이라든가 <소프라노스>가 그것을 다루는 방식에 익숙하다고 추정되기 때문이다(Creeber, 2002; Nochimson, 2003~2004를 보라).

## 우리의 갱스터들, 우리 자신들: 범죄, 미국, 그리고 모더니티

이 사례들이 입증하듯, 갱스터는 동시대 영화에서 매우 두드러진 인물이 되었다. 실제로, 최근 몇십 년간 할리우드의 여타 고전적 장르 주인공들(카우보이, 춤추고 노래하는 남자, 사설 탐정)에서 꽤나 한결 같은 쇠퇴가 목격된 반면, 갱스터는 점점 더 강해져 왔다. <대부>가 1970년대 초 메이저 장르의 부흥을 일으킨 이래로 그 장르의 인기는 점차 증가하여, 이제 갱스터는 서부극 주인공과 나란히 전 지구적으로 알아볼 수 있는 미국 문화의 상징으로(비록 훨씬 더 양가적이고 논쟁적인 것이긴 하지만) 서게 됐음을 주장할 정도에 이르렀다. 닐(Neale, 2000: 77f)이 지적하듯, 갱스터 영화는 서부극 주인공처럼 흔히 사회적 징후 관점에서 논의되어 왔다. 사실 갱스터는 서부 사나이들의 도시 거울상으로서 빈번히 간주되며, 카우보이가 잔여적*residual*

토지 신화의 복합성과 충돌을 구현하듯, 부상하는*emergent* 현대 도시 심상의 그것들을 구현한다.[65/66] 서부인들처럼 갱스터와 그의 가치들은 수십 년간의 반복과 수정을 통해 확립되고 굳건해진 상당히 안정적인 주제 및 도상의 우주 속에 깊이 박혀 있으며, 단호한 폭력 행위를 통한 행동 규율의 정교화 및 남성적 양식은 두 장르 모두에서 핵심 관심사들이다. 많은 연구자들이 두 장르를 비교하였다. 매카티(McCarty, 1993: xii)는 갱스터 영화를 "서부극의 현대 속편 – 서부극이 너무 늙어 들려줄 수 없는 이야기"로 묘사한다. 그러나 한 장르로부터 다른 장르로의 직접적인 서사 전환은, 알려지지 않은 것은 아니지만, 흔치 않다. <오클라호마 키드>(1939)는 두 장르 모두에 있어 과도기에 워너사의 갱스터 모델을 캐그니와 보가트까지 그대로 둔 채 곧바로 프론티어 지역으로 바꿔 놓은 것이다. 또한 <라스트 맨 스탠딩*Last Man Standing*>(1996)은 <황야의 무법자>(1964. 그 자체는 구로사와 아키라의 사무라이 영화 <요짐보*Yojimbo*>[일본, 1962]의 서부 리메이크작)를 불황 시대의 갱스터 배경으로 옮겨 놓는다. 하지만 이러한 장르 교환이 드문 것은 아마도 보다 근본적인 차이들을 시사하고 있을 것이다.

먼저, 고전 할리우드 기간 갱스터는 카우보이나 총잡이보다 **주인공으로서** 훨씬 덜 등장했다. 1930년대 초반 제1기 유성 시대 갱스터 영화의 선풍적

65. '잔여적' 이데올로기와 '부상하는' 이데올로기 개념은 레이먼드 윌리엄스(Williams, [1973]1980: 40~42)로부터 가져왔다.

66. 레이먼드 윌리엄스는 그람시의 헤게모니 개념으로부터 출발해, 문화에 있어 세 가지 층위, 곧 지배적인 것*the dominant*, 잔여적인 것*the residual*, 부상하는 것*the emergent*이라는 개념을 도출한다. '잔여 문화'는 앞 시대에 효과적이었던 사회 및 문화 잔여물로서, 현재에는 지배 문화에 의해 부인되지만 여전히 체험되고 실천되는 가치 체계를 말한다. '부상 문화'는 쉼없이 창출되고 있는 새로운 의미와 가치 체계이며, 지배 문화는 부상하는 것을 (특히 그것이 대항적 성격일 경우 더더욱) 합병하여 은폐하고자 한다. 이러한 지배 / 잔여 / 부상 문화의 관계는 유동적인 것이며 내적 역동성을 갖는다. — 옮긴이

인 성공은 어떤 (대체로 종합적인) 도덕적 공황 상태에 불을 질렀는데, 이는 장르 역사가들에 의해 널리 다뤄져 왔으며(Rosow, 1978: 156~171; Maltby, 1995b; Munby, 1999: 93~110을 보라), 그 결과는 1953년 제작규정국(Production Code Administration: PCA)67에 의한 할리우드 갱스터 영화 제작의 모라토리엄[일시적 중단] 공표였다. 사실 갱스터 사이클은 1953년이면 그 상업 경과를 다했을 것이며, 제작 규약Production Code — 1934년부터 집행 가능한 현실 — 이 어떤 종류든 직업 범죄자에 대하여 동정적이거나 심지어 균형 잡힌 묘사를, 불가능하게는 아닐지라도, 매우 어렵게 만들고 있었으므로, 스튜디오들은 갱스터 영화를 희생시키는 것이 대외 홍보 이득의 가치를 충분히 보장해 준다고 여겼을 것이다. 좌우간 결과는 1935년 이후 갱스터가 악역이 되었다는 것이다. 즉 수사관, FBI 요원, 특별 세무 조사관(재무부 수사관) 같은 '공직' 주인공들의 적대자, 혹은 사설 탐정 같은 '무법 영웅'이 설령 아무리 공공 법 집행과 충돌할지라도 그럼에도 명백히 정의의 편에 서 있음을 보증하는 해로운 반사회적 존재 말이다(Ray, 1985: 59~66을 보라). 상당히 빈번하게, 제임스 캐그니와 에드워드 G. 로빈슨처럼 갱스터 영화 제1기에 스타덤에 오른 바로 그 배우들은 이제 (흔히 그들 스크린 페르소나가 극히 미미하게 변화되는 가운데) 법과 질서의 힘을 표상하였다. 일찍이 1939년에 전통적인 공갈 협박, 밀주 판매 갱단원은 이미

67. PCA는 1934년 미국영화협회(Motion Picture Association of America: MPAA)에 의해 설립된 기관으로, 개봉 영화들이 제작 규약, 곧 영화로 만들어져서는 안 될 내용들에 대한 규정을 지켰는지 검사하고 이를 어긴 영화에 대해서는 벌금을 물게 하는 집행 기구였다. 제작 규약의 출발점은 MPAA의 전신인 미국영화제작배급협회(Motion Picture Producers and Distributors of America: MPPDA)가 1930년에 발표한 윤리 지침이며, 이것이 1934년에 영화를 제작할 때 '해선 안 될 것과 조심해야 할 것'으로 강화되어 발표되었다. 특히 갱스터 영화는 가장 집중적인 감시를 받았다. 예컨대 범죄 방법을 가르치는 행위, 범죄자를 영웅시하거나 정당화하는 행위 등을 영화에서 다루는 것이 금지되었다. — 옮긴이

향수 어린 인물 같은 것이 되어 있었다. 캐그니는 <포효하는 20년대>(1939)에서 "모든 일류 녀석들은 죽었거나 알카트라즈에 있다 …… 남은 것이라곤 소다수 판매원과 재즈광뿐"이라고 한탄한다. 영웅적인 강력계 경찰과 비밀 수사관이 아닌 직업 범죄자 자신과 그의 조직에 다시금 초점을 맞추는 영화들은 1950년대 제작 규약의 점진적 완화와 1966년의 최종 폐지에 의해서만 가능해졌다. <대부> — 단연 가장 성공한 영화지만 그렇다고 1960년대 말과 1970년대 초의 유일한 마피아 일대기는 결코 아닌 — 는 이전의 장르 역사에 대한 면밀한 이해를 마피아의 뒤얽히고 밀폐된 내부 세계에 대한 새로운 강조와 결합시켰으며, 그 영화의 어마어마한 인기뿐 아니라 그 규모와 진지함은 갱스터 장르의 새롭고도 탄탄한 매개 변수를 확립했다.

서부극과 갱스터 영화는 어떤 결정적 양가성을 공유하며, 그것을 정착 문명의 가치들에 연계시킨다. 그러나 전형적으로 서부극이 관객에게 그 이득과 손실을 판단하는 공동체 **외부의** 주체 위치를 제공하는 반면, 갱스터의 이야기는 좋건 나쁘건 고도로 발달한 문화 그리고 무엇보다 도시 문화의 영역 내에서 전적으로 전개된다. 사실 서부극이 역사적 프론티어의 종결을 둘러싼 쟁점들을 관통하듯, 갱스터 장르는 급속한 대대적 도시화의 메트로폴리스 경험에 응답한다. 둘 다 구체적인 역사로부터 일단의 서사 패러다임들, 캐릭터 유형들, 전형적인 배경들을 추출해 내며 그것들은 역사적 경험을 의미 있는 미적 형식으로 재형성시킨다. 카우보이가 프론티어의 인간이듯 갱스터는 도시의 인간이다.

장르 역사의 관점에서, 우리가 이미 서부극과 뮤지컬 정전正典에 작용된 것을 봤던 바로 그 비평 특유의 선별성은, 이 경우, 가장 영향력 있고 널리 읽히는 설명들에서 표준으로 간주되는 '고전적' 갱스터 영화 및 그 도상적 주인공이 이례적으로 적은 수의 영화들로부터 비롯되었음을 보증한다. 샤츠(Schatz, 1981: 86~95)에 따르면, "그 서사 공식은 1930년대 초반

난데없이 솟아난 듯"했는데, 이때 실질적으로 단 영화 세 편이 "아마도 모든 할리우드 장르 중 가장 짧은 고전기"를 형성하게 된다. 이 영화들 — <퍼블릭 에너미*The Public Enemy*>(1930), <리틀 시저*Little Caesar*>(1930), <스카페이스*Scarface*>(1932). 앞의 두 영화는 워너 브라더스 제작, 마지막 것은 하워드 휴즈의 독립 제작 — 은 무성 시기 및 초기 유성 시기의 선조들과, <대부>에 의해 갱스터 부흥이 착수될 때까지 이후 몇몇 갱스터 영화들 거의 대부분을, 모두 막대하게 무색하게 만들었다. 하디(Hardy, 1998: 304~312)는 "그 장르는 단번에 온전한 형태로 형성되지 않았다"고 주장하면서 갱스터 장르의 기원에 대한 샤츠의 설명을 직접적으로 반박한다. 그러나 갱스터 영화의 전사前史를 후기 무성 시기와 <언더월드*Underworld*>(1927, <스카페이스>의 시나리오를 쓴 벤 헥트가 각본을 썼으며, 샤츠에 의해서도 언급 — 비록 논의까지는 아니지만 — 된 바 있는)로 거슬러 올라가 확장시키면서도, 그 역시 정전과도 같은 1930년대 트리오를 장르적으로 결정적인 것으로서 간주한다. 섀도이언(Shadoian, 2003: 32~61)은 "1930년대 초반 갱스터 영화들의 돌풍이 미래 발전의 토대를 세웠다"고 단언하지만, 단지 <리틀 시저>와 <퍼블릭 에너미>만을 논하며 그 밖에 1930년대 '황금기'에 관한 단락에서는 <스카페이스>와 또다른 1930년대 갱스터 영화인 코미디 <리틀 자이언트*The Little Giant*>(1933)만을 언급하는데, 그나마 후자는 ('그 장르의 초기 국면의 궁극적 표현'인 <스카페이스> 개봉으로부터 정확히 열두 달 후)[68] 할리우드 갱스터가 "어떤 길들여진 피조물 …… 어떤 시대착오 …… 사실이라기보다는 전설의 것"(p.31)이 된 방식을 예시하기 위해 지나치면서 언급된다. 그러나 로소(Rosow, 1978: 120~210)는 1920년대 말

68. <스카페이스>는 1932년 4월 9일에 개봉되었으며, <리틀 자이언트>는 1933년 4월 14일에 시사회를 가졌다.

과 1930년대 초 직접적으로 동시대인 적어도 다른 갱스터 영화 9편을 열거한다.

사실, 하디와 샤츠, 그리고 심지어 섀도이언은 도시 갱단에 관한 매우 초창기 영화 한 편, 곧 D. W. 그리피스의 <피그앨리의 총사들*The Musketeers of Pig Alley*>(1912)을 언급하지만, 그들 중 누구도 (초기 / 후기) 무성 시대 갱스터와 보다 유명한 그 후계자들 간의 가능한 관계성이라든가 혹은 그 사이의 20년에 대해 탐구하지 않는다. 그리피스 이후로 갱스터 영화는 "1920년대 말까지 척박한 토양에서 고군분투했다"(p.29)는 섀도이언의 견해는 다수 의견인 듯하다. 그러나 그리브슨(Grieveson, 2005)은 1906년까지 거슬러 올라가는 무려 30편 이상되는 무성 갱스터 영화들을 논의하는데, 그 가운데 <리제너레이션*Regeneration*>(1915) — 이 영화의 감독인 라울 월시가 '최초의 장편 갱스터 영화'라고 표현한 — 은 아마도 가장 잘 알려진 영화일 것이다. 이 영화들 중 일부, 가령 백인 여자를 매춘부로 파는 일당에 관한 1910년대 중반의 일련의 영화들(특히 <트래픽 인 소울*Traffic in Souls*>[1913])이라든가 차이나타운과 '중국계 비밀 결사 Tong' 갱들에 관한 약간 나중의 일련의 영화들은 이후 갱스터 영화들의 관심사로부터 동떨어진 듯한 반면, 다른 일부 영화들, 예를 들어 이탈리아 '흑수단Black Hand'[69](<대부 2>에서 젊은 비토 콜레오네의 첫 '살인' 대상인 약탈자 돈 파누치도 '흑수단'의 일원으로 설정된다)을 다룬 영화들은 꽤 분명한 연관을 갖는다.[70] 이러한 장르 고고학은 그것이 비단 장르 관습에 관한 표준적 설명에

69. 20세기 초 미국 뉴욕에서 활동한 이탈리아계의 비밀 범죄 조직. — 옮긴이

70. 허버트 애즈버리(Asbury, 1927)의 동명의 대중 역사서에 느슨하게 기반한 영화 <갱스 오브 뉴욕*Gangs of New York*>(2003)은 심지어 더 앞선 (남북 전쟁) 시기의 뉴욕 갱 전쟁으로 돌아간다.

직접적으로 관련될 뿐 아니라 갱스터 영화가 가장 빈번히 역사적으로 위치지어지는 방식에도 관련된다는 점에서 협소한 학계의 관심사 이상이다.

앞서 언급된 세 사람의 것을 포함, 장르에 관한 많은 연구는 핵심 갱스터 영화들과 그 영화들이 묘사하는 현상이 곧바로 동시대임을 자명한 것으로 받아들인다. 스크린으로부터 어지럽게 나선형을 그리며 튀어오르는, 마피아 전쟁을 외치는 신문 1면의 헤드라인들, 이 즉각적인 장르 클리셰(<대부>가 '매트리스' 몽타주에서 향수 속에 불러낸)는 갱스터 영화 자체의 단호한 시사성에 대한 환유로 간주된다. 1919년부터 1933년 미국의 극히 이례적인, 그리고 완전히 실패로 돌아간, 금주법 실험 동안 조직 범죄는 물론 급상승했으며 따라서 국가적으로도 두드러지게 되었다(비록 루스[Ruth, 1996: 45]가 지적하듯 범죄학상 사실로서나 유명 인사로서나 갱스터가 '주류 밀매자 활동보다 시기적으로 먼저'였지만). 한 잔 하고 싶은 평범한 욕망은, 그것 말고는 법을 준수하는 무수히 많은 시민들을 범법자로 만들었다. 그들의 갈증 해소를 위해서는 불법 제조 및 유통의 지역 네트워크 설립이 필요했는데, 위험하기는 하지만 막대한 돈이 되는 주류 판매 사업은 엄청난 부를 거둬들였으며 몇몇 경우에는 — 가장 두드러지게는, 원조 '스카페이스'인 시카고의 알 카포네 — 세상을 떠들썩하게 할 사건에 굶주린 언론의 지원과 선동으로 전국적 명성까지 얻었다.

금주법 시대 갱스터들은 1930년대 갱스터 사이클에 분명 관련되지만 — 말이 난 김에 덧붙이자면 로소(Rosow, 1978: 201~210)는 알 카포네를 토대로 한 최초의 영화이자, 더 잘 알려진 이후 영화들에 강력한 영향을 미친 것으로, <리틀 시저>가 아닌 <도어웨이 투 헬 *The Doorway to Hell*>(1930)을 꼽는다 — 만일 갱스터가 진정으로 금주법 시대 갱단과 동일시될 수 있다면 왜 그처럼 명백하게 시사적이며 설득력 있는 소재가 1933년 볼스테드법Volstead Act[71]의 폐지 바로 직전에야 스크린에 다다를 수 있었는지 혹자는 질문할지 모르겠다. 샤츠(Schatz, 1981: 85)와 일부 학자들은 갱스터 영화가 갱스터와 그의 도시 환경을 온전히 소생시키기 위해서는 암흑가의 사운드트랙 — '총성, 비명, 끼익거리는 타이어'와 또한 특수한 양식의 빠르게 전개되는 하드보일드 대사 — 을 위한 사운드의 도래(1927년)를 기다려야 했다고 주장한다.[72] 그러나 그리브슨과 다른 학자들이 초기 영화와 도시 모더니티의 관계에 대해 입증하는 바는, 미국에서 급성장하는 대도시들(무엇보다 뉴욕과 시카고)의 범죄와 악을 사회 위생과 교정의 관점에서 파악하는 어떤 확립된 담론이 무성 시대 내내 — 미국 정치로 보자면 진보주의 시대*Progressive period*[73]와 대략 일치하는 — 존재했으며(Grieveson, 1997, 2005; Gunning, 1997을 보라), 무성 시대 갱스터는 흔히 1930년대 영화 갱스터와 동일시되곤 하는 유사 니체적*quasi-Nietzschean* 양상에서보다는 아마도 이러한 관점에서 만들어졌으리라는 것이다(로소[Rosow, 1978: 67]는 또한 갱스터 영화가 "진보적 다큐멘터리 리얼리즘의 맥락에서" 처음 등장했다고 지적한다). 바꿔 말하면, 무성 갱스터 영화는 도시적 모더니티의 경험을 명료히 표현하기 위해, 상이한 — 단순히 부적절한 언어라기보다는 — '언어'를 사용한 것이다.

범죄 행위가 사회 환경 요인에 따라 발생함을 강조하는 것, 그리고

71. 1919년 10월 미국 의회가 통과시킨 금주법으로, 이듬해부터 술의 제조와 판매, 수송과 수출입이 전면 금지되었다. — 옮긴이

72. "[알리바이는] 재빠르며 기관총의 음산한 스타카토 사운드 특성을 갖는다"(<스크린랜드 *Screenland*>의 평론가. Rosow, 1978: 133에서 인용)

73. 미국에서 1890년대부터 1920년대까지 정치, 경제, 사회, 전 영역에 걸친 대대적 개혁의 시기. 도시 산업 사회에 대한 호의적 태도, 과학과 테크놀로지에 대한 믿음, 정부의 개입에 대한 신뢰 등을 특성으로 한다. 이 시기 수많은 개혁 법안이 의회에 통과되었는데, 금주법도 그중 하나이다. — 옮긴이

이와 관련하여 교정의 효력을 확신하는 것은, 무성 시대 갱스터 영화들의 지배적 주제 중 하나가 범죄 생활로부터 개인의 구제 개념이었음을 뜻했다(그러한 전향 서사들은 또한 초창기 영화 감독들에게 다수의 극작 모델을 제공한 빅토리아 시대 및 20세기 초 연극 멜로드라마를 지배하기도 했다). 처참한 죽음을 맞는 순간에도 전혀 뉘우치지 않는 1930년대 초 주인공들 — <퍼블릭 에너미>의 톰 파워스라는 가능하고 제한된 예외와 함께 — 에게 그 어떤 회복의 노력이나 후회의 암시도 부재한다는 사실은 고전적 갱스터가 무성 시대의 잔여적 빅토리아니즘을 모더니티로 돌파했다는 표시이자 무성 시대와의 결정적 단절로서 종종 언급된다. 사실 그와 같은 교훈적 모티브들이 나중에 1930년대 영화들에, 즉 모라토리엄 이전(갱스터 주인공 블래키[클라크 게이블]가 가장 친한 친구 DA에게 자신에 대한 사형 판결을 종용하는 <맨해튼 멜로드라마 *Manhattan Melodrama*>[1934])과 이후(빈민가 배경과 강력한 사회 비판 요소를 지닌 <출입 금지 *Dead End*>[1936], 그리고 갱스터 반反영웅[캐그니]이 다음 세대의 거리의 아이들로 하여금 자신을 흉내 내고 싶어 하지 않도록 하기 위해 가스 처형실로 가는 길에 겁을 내며 좌절하는 체하는 <더럽혀진 얼굴의 천사들>[1938])에 재도입된 것은 그것들의 장르적 비진정성과 <스카페이스> 이후 갱스터 영화의 전반적 쇠퇴의 증거로서 종종 언급된다. 그러나 1930～1932년 고전들을 갱스터 영화의 기원적 순간으로 간주하지 않고 어떤 더 긴 장르 역사 속에 위치시키면, 이제 주류 장르 전통처럼 보이는 것은 도리어 참회 테마라 할 수 있으며, <스카페이스> 스타일의 막강한 개인주의는 예외처럼 보이게 된다.

예컨대 그 장르가 구속되지 않는 개인주의의 매혹이자 잠재적으로 파국적인 귀결 양자의 알레고리로서 영향력 있게 읽혔음을 생각할 때, 갱스터 영화가 불황기의 초기 몇 년 동안, 1929년 10월 월가 대폭락의 즉각적 여파에서 번성한 것은 우연이 아닐 것이다. 1920년대 붐 — 산업의 팽창보다는 광란적인 주식 시장 투기가 부채질한 — 의 트라우마적 붕괴는 쿨리지와 후버 시대[74]의 의기양양한 자본주의를 침식시켰을 뿐 아니라, 미국의 사회, 경제 시스템의 바로 그 전제들에 이의를 제기했다. 위기에 응하는 보다 긍정적이고 친사회적인 모델들이 루스벨트의 뉴딜 New Deal하에서 등장하기 몇 년 앞서, 영화에서 갱스터는 '호레이셔 앨저 Horatio Alger 신화'[75] — 가난한 소년이 스스로의 결단과, 고된 노동, 목적 성취를 위한 헌신 등을 통해 성공한다는 — 에 요약된 철저히 미국적인 가치들이 만일 억제되지 않은 채 내버려진다면 그 자신에게나 더 광대한 사회에나 모두 실제로 파괴적인 것으로 드러날지 모른다는 불안한 전망을 격렬히 표명하였다. 갱스터는 활력, 생기, 결단력 같은 앨저 신화의 매력적인 특질들을 공유한다. 그러나 그는 어두운 취약점도 노출하는데, 이를테면 무모함, 이기성, 가학성, 그리고 지독한 과시의 궁극적으로 자멸적인 악순환 등 말이다. 따라서 전형적으로 갱스터 영화는 그것이 묘사하는 사회에 대하여 적어도 함축적으로 비판적인 관계에 있다. 로버트 워쇼(Warshow, [1948]1975a)의 유력한 논의에서, (미국) 관객에게 갱스터는 치명적으로 무모한 야심을 대표하는 경고적 인물이지만, 미국식 자본주의에 관한 불편한 진실을 입증하는 인물이기도 하다. 갱스터 영화의 이러한 비판적 차원은 갱스터의 전형적 서사 궤도 — 미천한 신분에서 부와 권력으로 나아가지만 결국 피할 수 없는 몰락과 패배로 끝나고 마는 — 가 '범죄는 처벌되기 마련이다'는 단순하기 그지없는 교훈을 뒷받침하기 위

74. 1차 세계 대전 후 미국에 들어선 보수 정권 대통령들. 자유 방임주의의 보수적 경제 정책으로 국내 총생산의 비약적 발전을 이뤘으나 빈부 격차의 심화를 가져 왔으며, 끝내 대공황을 맞게 되었다. — 옮긴이

75. 1870~1900년에 미국에서 최고의 인기를 누린 작가 중 사회적 영향력이 가장 컸던 호레이셔 앨저는 가난한 소년이 근면 성실을 통해 성공한다는 줄거리의 소설을 내서 발표해 '아메리칸 드림'의 전도사로 일컬어진다. — 옮긴이

해 구축된다는 인식으로 입증될지 모른다. 그러나 먼비가 지적하듯, 헤이스 오피스Hays' Office[76] '모라토리엄'에서 정점에 달하는 열띤 논쟁은 적어도 그러한 메시지가 설령 의도되었다 해도, 1930년대 갱스터 영화들과 동시대의 체제 우호적 관객들에게 완전히 혹은 흡족하게 투명하지 않았음을 암시한다. 오히려 그 반대로, 이 시기 엘리트 여론은 이 영화들에서 폭력단 삶의 매혹적인 묘사가 — 갱스터의 피할 수 없는 피비린내 나는 운명에도 불구하고 — 감수성 강한 도시 젊은이들에게 범죄 생활을 단념시키기보다는 오히려 그들을 범죄 생활로 유인할 거라는 전망에서 끈덕지게 행사되었다(또한 Springhall, 1998도 보라).

그러나 먼비와 다른 논평자들은 갱스터 영화에 대한 엘리트 계층의 반대가 사실은, 이 영화들이 폭력 공갈 협박의 급증을 조장한다는 불안을 실제로 반영했다기보다는, 20세기 초 미국에서 새로운 민족 집단의 점진적 부각과 정치적, 경제적 파워에 대한 깊은 토착민적 적개심, 즉 일반적으로는 가톨릭교도들과 특수하게는 이탈리아계 미국인들을 향한 적개심에 초점이 맞춰져 있었다고 주장한다. 따라서 불황기 갱스터들은 사회의 속박에 개의치 않는 개인주의의 만연에 대해서뿐 아니라 민족 융합에 대비되는 민족 개별주의의 위험에 대해서도 훈계적 우화의 역할을 했을지 모르며, 갱스터로서 이탈리아계(<리틀 시저>와 <스카페이스>에서처럼) 혹은 아일랜드계(<퍼블릭 에너미>에서처럼) 미국인에 대한 묘사는 그와 같은 외국인 혐오 이데올로기들에 상당히 공헌했을지 모른다. (<스카페이스>에서 암흑가의 난폭 행위에 대중이 격분하는 장면들 — 하워드 혹스의 항의를 무시하고 그의 협력 없이

76. 영화 제작 규약은 이 법안을 발의한 윌 헤이스의 이름을 따서 흔히 헤이스 코드Hays Code로 불렸다. 마찬가지로 헤이스 오피스는 그가 수장으로 있으면서 영화 제작 규약을 논의한 MPPDA의 또 다른 이름이다. — 옮긴이

개봉 직전에 삽입된 — 에는 '시민조차도 아닌' 것으로서의 갱스터에 대한 언급이 포함된다. 이는 갱스터 영화의 의제의 한 요소가 범죄 폭력을 '비非미국적인' 것으로 묘사하려는 것임을 시사한다.) 놀랄 일도 아니지만, 뉴욕 시장 피오렐라 라과디아Fiorella La Guardia 같은 저명한 이탈리아계 미국인들은 리코(<리틀 시저>의) 같은 등장 인물들이 중상적이라고 신속히 비난하였다. (강력한 항의가 <대부>의 제작과 개봉 때 일어났으며, 그 자체가 <소프라노스>에서 풍자의 대상이 되었다.)

다른 한편, 갱스터 영화는 미국 사회가 '떼지어 몰려든 [이민] 대중들'을 주류 문화 속으로 기꺼이 받아들이기는커녕 민족 소수자들을 경제 변방 — 사실상 반사회적 활동만이 가난과 사회의 배척으로부터 유일한 탈출로가 되는 — 으로 내몰았다고 넌지시 말함으로써, 헤게모니적 미국 가치들에 대한 신랄한 비판으로 읽힐 수 있었다. 또한, 그가 대립하고 무력화시키는 기성 권력(범죄적 혹은 합법적)의 경직된 힘들보다 그토록 더 많은 활력, 재치, 카리스마가 부여된 갱스터는 그가 대표하는 민족과 도시의 유권자에게 강력한 — 그리고 위반적인 — 동일시 형상을 제공한다.

민족성과 나란히, 고도로 물질주의적 문화에서의 박탈에 대한 반응을 다루는 도시 형식으로서 갱스터 영화는 할리우드뿐 아니라 미국 사회 일반에 있어서도 입에 담아서는 안 될 더 거대한 것을 필연적으로 명백히 하는데, 그것은 바로 계급이다. '공식적' 미국 이데올로기 — 터너의 프론티어 신화를 포함하여 — 가 계급 사회와 계급 투쟁을 이상화된 미연방으로부터 축출된 '구세계' 악으로서 낙인찍은 반면, 노동 조합과 포퓰리즘 같은 정치 운동의 증가는 계급 투쟁이 사실 1차 세계 대전 바로 이전과 이후 몇 년간 미국 사회에서 최고조에 달했음을 뜻했다. 1920년대 잠시 누렸던 호황으로 진정되었던 불황이 발발하자 계급 갈등의 망령이 복수심을 품고 귀환하는 것을 보게 된다(Parrish, 1992: 405～421을 보라). 갱스터는, 민족에 대해 그렇듯, 계급 투쟁의 긴급함을 폭로하는 동시에 그것에 희생물이 되면서, 현대 미국의 야만적 계급 현실을 양가적으로 구현한다. 사실 갱스터는 이데올로기적 오인의 전형적 주체로 간주될 수 있을지 모른다. 가령 <스카페이스>에서 토니 카몬티는 '세계는 당신의 것'이라는 광고 문구를 개인을 위한 메시지로 오해하고 그것에 따라 행동하기로 결심한다. 서사의 발단에서부터 그의 보스나 후원자보다 직업적으로나 사회적으로나 낮은 서열에 속하는 것으로 설정된 갱스터는 그의 맹렬한 에너지를 이러한 사회적, 경제적 위계 질서를 공격하거나 전복하는 데 쏟는 것이 아니라, 그 가치들을 다른 누구보다 더 무자비하게 악용함으로써 위계 질서 내에서 성공하는 데 쏟아 붓는다. 갱스터는 시스템에 불만을 품거나 그로부터 소외되기는커녕, 극단적일 만큼의 집중[투자] *investment*을 드러낸다. 에드워드 미첼(Mitchell, 1976)이 주장하듯 그는 현現 자원 분배를 떠받치는 20세기 초 미국 이데올로기의 핵심 요소들의 논리를 전심전력으로 수용하는데, 그것은 곧 세속화된 청교도주의(그것의 '선민' 의식은 다른 사람들이 실패하는 곳에서 승리를 거두도록 운명지어진, 영웅적 '운명의 인간' 개념을 보강하는 데 적용될 수 있었다)와 사회적 다윈주의(자연 도태의 중립적 과정들이 '적자생존'으로 변경되고, 자유 방임 자본주의의 사악한 골육상쟁 경쟁을 정당화하는 데 이용되었다)이다. 갱스터가 승승장구 직업 사다리를 올라감에 따라 자기 계발의 전통적 장식품 — 단지 멋진 옷과 좋은 차와 꿈의 여인뿐 아니라 자의식적인 취향의 수양까지도(토니 카몬티는 정극인 섬머싯 몸의 <비*Rain*>를 관람한다. 갱스터 코미디 <리틀 자이언트>에서 벅스 레이먼드[에드워드 G. 로빈슨]는 플라톤을 공부하고 현대 추상 회화를 배운다) — 이 동반된다. 그럼에도 그가 빈민가 태생임은 결국엔 관객과 그의 동료에게 폭로된다. 포피는 토니의 아파트가 '너무 번지르르하다'고 여기며, 콜레오네 패밀리는 와스프WASP[77]가 '이탈리아계 돈'과

77. White Anglo-Saxon Protestant(미국의 앵글로 색슨계 백인 기독교도)의 약자로, 곧 미국

'실크 슈트'를 조롱하는 것을 참아야 하며, <원스 어폰 어 타임 인 아메리카 *Once Upon a Time in America*>에서 누들스는 '언제까지나 삼류 풋내기일 것'이라는 옛 연인 데보라의 통찰을 결국 받아들인다. 사실, 결국 갱스터가 불행하게 되는 것은 뿌리에서 벗어나려 하기 때문이다. 계급 사다리를 오르는 것에 대한 그의 집중은 그로 하여금 이질적 정체성을 택하도록 만들며 그를 여기까지 끌고 온 자기 확신의 강력한 에너지를 약화시킨다.

갱스터 장르에 대한 마르크스주의 독해는 이러한 자기 소외 개념을 자본주의의 근절할 수 없는 함수로 강조할 것이며, 어쩌면 1930년대 이래로 갱스터 영화에서 반복되는 모티브인 가족의 타락을 핵심 표지로 지적할지 모르겠다. 마르크스와 그의 동료 프리드리히 엥겔스에 따르면, 부르주아 사회에서 '신성한 가족'의 문화적 특권화는 특징적인 이데올로기 책략이다. 즉 노동자의 정당한 열망을 정치적으로 무해한 방향에서의 자기 실현으로 돌려놓으며(이는 노동력 재충전을 위해서도 경제적으로 필수적이다), 반면 그에게는 계급 탄압의 비참함을 달래 줄 자신만의 보잘것없는 전제 왕국(아내와 아이들을 지배하는)을 제공하는 것이다. 이처럼 가족 단위는 부르주아 자본주의 전체를 대표하는 부당하고 비틀린 권력 관계의 냉혹한 패러디적 축소물이 된다. 그러나 이는 계급 사회의 본질적으로 불안정한 모순들 — 과 파국적 내파의 잠재력 — 을 가족 속에서도 마주칠 수 있음을 함축하는 것이기도 하다. 그러한 관점에서, '자신의' 가족을 지키려는 갱스터의 특징적인 강박, 그럼에도 불가항력적으로 파멸로 나아가고 마는 그것은 대단히 계시적인 것이 된다. <스카페이스>에서 토니 카몬티와 누이 체스카의 근친상간적 유대는 그가 누이의 남편을 살해하도록 몰고

사회의 주류 지배 계급을 말한다. — 옮긴이

가며, 일종의 연인 협정이 되어 결국 그들을 경찰의 빗발치는 총탄 속에서 나란히 죽게 만든다. 마이클 콜레오네는 <대부 2> 내내 그의 범죄 기업들이 모두 그의 아버지의 것처럼 '가족의 행복'을 위한 것이라고 주장한다. 그러나 그의 권력이 정상에 다다를수록 그의 가족은 점차 죽어나가며, 그 자신은 매형, 형, 딸(그리고 마이클이 쌓아올린 '악'에 대한 혐오로 아내가 유산시킨 그의 태어나지 않은 아이)의 죽음에 직접 책임을 지지 않으며 연루되지도 않는다. 사태 파악에 어두운 그의 어머니는 '가족은 결코 잃을 수 있는 것이 아니다'라고 그를 안심시키지만, 마이클은 '시대가 변했음'을 깨닫는다. 표면상 가족의 이름으로 이루어진 마이클의 맹목적 권력 추구는 궁극적으로 가족을 파괴하고야 마는 억누를 수 없는 힘을 풀어 놓는데, 이는 '보호받는' 가족 영토가 그것을 지킨다고 주장하는 바로 그 자본주의의 원자화된 힘으로부터 결국 보호될 수 없다는 마르크스주의 통찰을 완벽하게 요약한다. <포스 오브 이블 *Force of Evil*>(1948)에서 마피아 변호사 조 모스는 무자비한 폭력 단원 터커에 연루됨으로써 그의 형제 레오를 간접적으로 그러나 엄연히 살해하게 되고 만다. <대부 2>는 마이클이 형 프레도의 살해를 지시하는 것으로 끝난다.

갱스터에게 가족의 중심성은 처음 얼핏 보기엔 역설적인 것 같다. 이를테면 갱스터는 오만한, 심지어 황제와도 같은, 자아의 대재앙적 극치와 동일시된다. 갱스터 영화는 사실 주인공을 따라 명명된 유일한 주요 장르이다. 그러나 바로 그 단어가 함축하듯, 갱스터의 외관상 비대한 개인주의는 그 자체로 거죽 한꺼풀에 불과하며 궁극적으로 상처 입기 쉽다. 서부 사나이와 달리 갱스터 — **조직** 범죄자 — 는 비단 권력에 있어서뿐 아니라 정체성에 있어서도 타인에 막대히 의존적이다. 그의 이야기는 무모한 자기 주장과 근본적 자기 형성을 구현하는 것처럼 보이지만, 또 다른 관점에서 갱스터의 자아는 실제로 집단을 통해 구축됨이 명백해진다.

<좋은 친구들*Goodfellas*>(1990)은 "내 평생 항상 나는 갱스터가 되길 원했다"는 직설적 진술의 보이스오버로 시작되지만, 영화의 나머지 부분은, 한편으로는 소속되려는 그리고 소속됨으로써 확실한 자아(무얼 원하는지를 알고 그걸 성취하기 위해 행동하는)를 확증하려는 욕망과, 이에 반해 다른 한편으로는 결국 피할 수 없이 갱 단원들을 희생시키고 갱스터 자신을 편집증적 불확실성으로 몰락시키고 말 내재적 폭력 논리의, 상호 모순적인 추진력을 냉엄한 철저함으로 관철시킨다.[78]

갱스터가 주류 미국의 가치들을 선명하게 부각시킨다는 워쇼의 견해는 갱스터가 '패밀리'(갱단 혹은 그의 실제 혈육)와 맺는 양가적 관계 속에 포착된다. 패밀리는 집단적인 것을 희생시켜 개인적인 것을 최상으로 평가하는 사회에서 공동체의 모호한 위치를 심원하게 표현할 수 있다. 대체로 갱 자체는 갱스터에게 필수불가결한 동시에 무거운 짐, 심지어 위협이다. 그는 부하들의 지지를 필요로 하며, 그의 주장이 평가되는 것은 바로 서열 상승에 의해서이다. 그럼에도 갱스터는 그 어떤 유대에라도 의존하는 것, 심지어 혈연에 의존하는 것조차도 얼마나 위험한가를 더할 나위없이 너무도 잘 안다. 비단 동료의 노골적인 배신뿐 아니라 단순히 그를 믿을 수 없음도 그 장르의 반복되는 수사이다. <대부 2>에서 프레도 콜레오네는 스스로의 나약함과 분노 때문에 동생 마이클의 목숨을 빼앗으려는 기도에 자신도 모르는 새 공범자가 된다(<대부> 1편에서 돈 콜레오네가 거리에서 총을 맞고 쓰러졌을 때 그를 차로 모시던 자도, 총을 뽑지 못한 자도, 바로 프레도이다). <칼리토*Carlito's Way*>(1993)의 칼리토는 자신의 변호사 데이브의 탐욕과 무모

78. <좋은 친구들>에서 이러한 이중 구속은, 가장 절박하게 욕망을 말하는 록 음악 중 하나인 에릭 클랩튼의 "라일라*Layla*"의 구슬피 울리는 연주에 빗대, 일련의 끝없는 생 살해 — 배신에 의해서가 아니라 배신의 두려움에 의해 촉발된 — 를 안무하는 몽타주 속에 요약된다.

함의 올가미로부터 벗어나고자 노력하다 실패한다. 갱스터 영화는, 갱스터가 간절히 바라마지 않으며 자신이 그렇다고 주장하는, 그럼에도 — 그가 바로 **갱스터**이기 때문에 — 결코 될 수 없는, 자기 충족적 개인을 강조하는 만큼이나, 그 주체를 은연중 비꼰다.

또한 근본적인 자율과 의존의 이러한 수행적 모순은 정신 분석 관점에서 읽힐 수 있다. 갱스터의 떠들썩한 자기 주장은, 그것이 그가 타인들에게 가하는 폭력을 통해서 표현되든 혹은 부와 권력에 대한 그 특유의 과시적인 드러내기(옷, 자동차, 총, 여자)를 통해서 표현되든, 문자 그대로 라캉의 '대타자의 응시' 개념을 구현한다. 갱스터는 자신을 누구에게도 얽매이지 않은, 자기-창조된/공인된 자로 생각한다. 사실 고전적으로 <스카페이스>에서 토니 카몬티의 냉혹한 권력 획득이 그러하듯, 타인의 지배하에 있음 혹은 타인에 의존함은 그에게 견딜 수 없는 일이다. 그러나 상징계 질서(전형적으로 언어, 그러나 확장하면, 개인을 사회화시키는 모든 사회 구조들)로의 진입을 통한 주체 구성에 대한 라캉의 설명이 명료하게 해주듯, 개인성은 관계성의 한 함수이다. 정체성은 대타자와 관련한 그 구성에 의해서만 확증된다. 주체의 자아를 묘사하는 데 있어 타자들/대타자 역할의 등록에 대한 거부는 기껏해야 퇴행적 유아기 판타지에 불과하며, 최악의 경우엔 정신 이상자이다. 두 경향의 요소들이 1930년대 고전적 갱스터들에 존재하는데, 예를 들어 갱스터 장르가 전쟁 이후 시기 느와르적 음영을 취할 무렵, <화이트 히트*White Heat*>(1949)의 어머니에 집착하는 반反사회적 이상 성격자 코디 자렛(제임스 캐그니)에서 그 둘은 온전히 억제되지 않으며 격렬하게 행동화된다.

이 단락에서 우리는 개인주의와 '아메리카 드림,' 자아와 주체성, 남성성, 도시성, 가족, 계급, 민족성 등을 포함하여, 무성 시대 이래로 갱스터 영화를 구성해 온 몇 가지 주제를 간단히 다루어 보았다. 이 모든 것들은

2차 세계 대전 이전 미국의 문화 담론에서 매우 '생생한' 범주들이었다. 1935년 모라토리엄에 이어, 1930년대 말 갱스터는 친사회적인 '공직' 주인공 — 경관, 재무부 혹은 FBI 요원 — 으로 대체되었으며 1940년대 초에는 향수 어린 인물이 되었다. 전쟁 동안에는 심지어 갱스터들조차 (적어도 스크린상에서는) 개인의 이익보다 애국 의무를 앞에 두었다(Young, 2000을 보라). 1950년대를 통틀어, <빅 히트 *The Big Heat*>(1953), <빅 콤보 *The Big Combo*>, <피닉스 시티 스토리 *The Phenix City Story*>(둘 다 1955) 같은 영화들에서 갱스터들은 '공직' 주인공들에 대한 점점 더 비인간적인 적 — <신체 강탈자의 침입 *Invasion of the Body Snatchers*>(1955)의 씨앗처럼 공산주의와 국내의 체제 순응적 문화 양자에 관한 동시대 불안을 반영하는 유사 기업적 범죄 조직 — 으로 등장했으며 그들의 동기나 방식은 점점 더 미심쩍어졌다. 메이슨(Mason, 2002: 97~119)은 이 시기 영화들을, 남성의 개인성을 보호하고 가능케 하는 '정상적인' 사회의 시스템상의 실패들과 음모에 몰두한 것으로, 따라서 그 결과, 그 개인성이 어느 때보다 긴장 넘치고 '불법적인' 형식을 띠도록 부추기는 것으로 간주한다.

여타 메이저 장르들은 갱스터 영화보다 구舊 할리우드의 말기 위기를 훨씬 더 많이 겪었다. 갱스터 영화는 (서부극처럼) 사라져 가는 체계에서 이데올로기적 중심이지도 않았고, (1960년대 말 실패한 뮤지컬들처럼) 그 몰락에 경제적으로 직접 연루되지도 않았다. 1966년 제작 규약의 폐지와 1968년 국가 등급 시스템으로의 대체는 아직 남아 있는 내용 관련 금지들 — 1960년대 중반 막대하게 감소된, 그러나 영화관 경영자들이 규약 승인에 속했을 정도로 아직 어느 정도는 힘을 갖고 있던 — 이 더 이상 문제가 아님을 뜻했다. 이 장의 나머지 부분은 <우리에게 내일은 없다>(1967)와 <대부>에서 갱스터가 주인공으로 귀환한 이래, 여타 전통 장르에서처럼 갱스터 영화에서도 장르 전통 및 장르 수정주의의 용도에 관한 강력한 자의식으로 특징지어지는 시기에, 1930년대 갱스터 사이클의 주제적 관심사가 갱신되고 재고찰되며 확장된 방식에 대해 좀 더 면밀히 살펴볼 것이다.

## 갱스터 부흥

<대부> — 이 영화의 성공은 1970년대 초반 할리우드의 노스탤지어 붐을 일으킨 주요 요인이었다 — 는 '복고' 갱스터 영화의 불후의 인기를 확립하였다. 흔히 호화롭게 때로는 서사시적 스케일로 마련된 이 초대작[프레스티지] 갱스터 영화들은 2차 세계 대전 이전 마피아 번영기를 극화하였으며, 그 사례로는 <대부 2>와 <대부 3>에 더하여 <암흑의 거리*Lepke*>(1975), <럭키 레이디*Lucky Lady*>(1975), <투쟁의 날들*F *I *S *T*>(1978), <원스 어폰 어 타임 인 아메리카>, <언터처블*The Untouchables*>(1987), <밀러스 크로싱*Miller's Crossing*>(1990), <빌리 배스게이트*Billy Bathgate*>(1991), <벅시*Bugsy*>(1991), <로드 투 퍼디션*The Road to Perdition*>(2002) 등이 포함된다. 자칭 (잃어버린) 아메리카 드림에 관해 진술하겠다는 웅장한 주제적 포부는, 미국 인물의 정수로서의 갱스터라는 자의식적 묘사와 나란히, 이들 영화 상당수가 코폴라의 대하 작품(한 장의사가 상당히 상징적으로 말하는 대사 "저는 미국을 믿습니다"로 영화를 여는)으로부터 물려받은 두드러진 특질이다. 캄캄한 어둠의 시각적 특질 역시 마찬가지이다. 이것은 촬영 감독 고든 윌리스Gordon Willis가 첫 두 영화들에서 보여 준, 분위기를 살린 촬영술을 흉내 낸 것으로, 등장 인물들이 거하는 음울한 모럴의 세계를 전하고자 의도된 것이다. 대부분의 복고 마피아 영화들은 리더십의 시련에 초점을 맞추며 몇몇은 조직 범죄의 목표 및 방식들과 '합법적' 기업 사업 간의 유사점을 알린다. 이는 장르 제재의 제시에

있어 어떤 미묘하나 명료한 이데올로기적 전환을 나타낸다. 포스트고전 할리우드에서 갱스터는 점점 덜 예외적이고 경고적인 인물이 되어 가며, 미국의 희망을 종국에 침식해 버린 환멸과 좌절을 점점 더 상징하게 된다. 착취적이며 무자비한 조직 범죄 자체는 — 가장 유명하게 <대부>에서 — 그 모든 냉혹한 인간성 말살에 있어, 하나의 캐리커처로서가 아니라 '솔직한' 동시대 미국 사회의 가면 벗긴 진실로서 표상된다. 1963년 케네디 대통령 암살의 마피아 연루설은 1970년대가 시작되면서 널리 유포되었으며, 닉슨 백악관의 '부정 공작'이 심지어 살인에까지 이른다는 워터게이트 조사에 대해 전 백악관 고문 변호사 존 딘이 극적으로 확인을 거부함으로써, 가장 고도의 정치적 단계에서의 범죄성에 관한 현재 진행적 폭로가 1973년 정점에 달하는 가운데, 갱스터 영화는 동시대 미국의 권력 관계를 알레고리화하는 매개물로서 너무도 적절해 보였다.

<대부 2>, <벅시>, <덴버>를 포함하여 몇몇 포스트고전 갱스터 영화들은 갱스터를 본래의 밀집한 도시 환경으로부터 서부의 황야로 재(그리고 탈)위치시키며, 아이러니하게도 다음과 같은 결과를 가져오는 부조화를 목격하는데, 즉 <대부 2>의 프랭키 펜탄젤리와 <덴버>의 화자 조 헤스 같은 '구세대' 베테랑들은 도시 태생 갱스터가 놓쳐 버린 진실들을 향수에 젖어 그리며 도시 근교의 분산으로 흩어진 통합적 민족 공동체들을 불러내는 것이다. 이 영화들 중 다수에서 그 어떤 두드러진 혹은 효력 있는 법 집행 구조도 사실상 부재하는 가운데, 정체성 충돌의 현장은 '구세대' 범죄자 — 집단에 대한 충성, 사람 목숨에 대한 (약간의) 배려, 투박한 개인주의로 특징지어지는 — 와 비인간적인 준準 기업 범죄 조직 간의 충돌을 둘러싸고 재정향된다. 개인주의적인 고전 갱스터에 의해 구현된 아메리카 드림의 반영웅 버전은 주류 사회의 '공직' 대응물이 쇠퇴함에 따라 흩어져 소멸하는 듯하다. 따라서 구식 갱스터는 기계 같은 관료

주의 — 그 가혹함이 그것의 비인격화에 의해 감소되기보다는 강화되는 — 에 대항하여 서 있는, 말하자면 노스탤지어 속에 영웅화된 인물이 된다. 이러한 하위 장르는 <포효하는 20년대>와 <하이 시에라 *High Sierra*>(1941) 같은 일부 전쟁 이전 갱스터 영화들 — 칼리토(알 파치노)가 "조직 범죄는 없다 …… 다만 서로를 잡아찢는 한 무리 카우보이들이 있을 뿐"이라고 묘사한 동시대 풍경을, 앞서 언급된 <포효하는 20년대>에서 '소다수 판매원과 재즈광'에 대한 에디 바틀렛의 비난과 비교해 보라 — 과 <악의 힘>이나 <갱스터 *The Gangster*>(1949) 같은 전쟁 이후 느와르 갱스터 영화들 양편에서 징조가 드러난다. 그러나 그 전형적 영화는 <포인트 블랭크 *Point Blank*>(1967)로, 이 영화의 꿈 같은 서사에서, 빼앗긴 돈을 외곬으로 좇아다니는 배신당한 워커는 더 높은 권력자에게 끝없이 회피적으로 회부되는 가운데 — '유보 상태로' — 유예되고 좌절한다. 워커가 '자신의' 돈을 추적하는 그 강박적 단순성은 더 낡고 시대에 뒤진 사업 방식의 잔재로서 그가 처리해야만 하는 '관료들'에 의해 되풀이하며 특징지어진다. <포인트 블랭크>는 일련의 양식화된 삽화들로서 이야기되는데, 종종 위치지어질 수 없는 그 꿈 같은 특질은, 영화 전체가 알카트라즈 바닥에서 피 흘리며 죽어 가는 워커의 ≪핀처 마틴 *Pincher Martin*≫[79] 식 복수 판타지일 가능성을 열어 놓으며, 그 영화를 필름 느와르의 몽상적 혈통에 강력히 연계시킨다(9장을 보라). 같은 시기 경화硬化된 기업 범죄의 허를 찌르는 이단자들에 대한 보다 무미건조한 이야기로는 <돌파구 *Charley Varrick*>('무소속자들의 최후')(1973)와 <아웃핏 *The Outfit*>(1974)이 포

79. 2차 세계 대전을 배경으로 한 윌리엄 골딩의 소설. 이야기의 골자는 해군인 핀처 마틴이 전함이 침몰하는 위기 속에서 어느 섬에 떠밀려 와 자신의 삶을 회상하는 내용이다. 그러나 다른 한편 이 소설은 전함 침몰과 함께 이미 그가 죽었다고 해석될 여지를 남겨 둔다. — 옮긴이

함된다.

신화적인 노스탤지아 서사들과 나란히, 포스트고전 갱스터 영화의 또 다른 가닥은 강력한 보스가 아닌 하위급 갱스터들에 초점을 맞추는 일련의 영화들이었다. '조직원,' '졸개' 그리고 그날그날 살아가는 불량배들은 우두머리직이 아니라 그저 온당한 정도의 안락과 지위를 열망한다. 이러한 양상에서, 평단의 찬사를 받았지만 개봉 당시 관객에게 외면당했던 마틴 스콜세지의 <비열한 거리>(1973)는 일단의 이탈리아계 삼류 폭력배들에 대한 이 초상은 막강한 영향력을 가진 것으로 입증되었다. <좋은 친구들>과 <카지노*Casino*>(1995)에서 정련된 스콜세지 특유의 스타일은 배경과 연기의 강도 높은 자연주의를 고도로 명시적이고 강렬하게 심미적인 시각 양식과 결합시키며, 그 결과 등장 인물들과 그들 환경에 대한 거의 환각적이며 그럼에도 극사실적인 통찰에 다다른다. <소프라노스>와 코미디인 <형사 매드독*Mad Dog and Glory*>(1989)과 <나인 야드*The Whole Nine Yards*>(2000)는 물론 <아틀란틱 시티*Atlantic City*>(1980), <헬스 키친*State of Grace*>(1990), <도니 브래스코*Donnie Brasco*>(1997)는, 비록 스콜세지의 활력 넘치고 몽상적인 스타일은 결여하지만, <비열한 거리>(그 자체는 파졸리니의 <아카토네*Accatone*>[1960]로부터 강력한 영향을 받은)에 의해 펼쳐진 영역을 온전히 혹은 부분적으로 탐험했다.

일부 경우 — <도니 브래스코> 같은 — 에서 도시의 비천한 인간들에 대한 초점은 전통적으로 전원 변형체*rural variant*와 결합된 운명론을 주류 도시 갱스터 영화에 얼마간 부여한다. <머신 건 켈리*Machine Gun Kelly*>(1958)에서 <블러디 마마*Bloody Mama*>(1971)와 <보위와 키치*Thieves Like Us*>(1974)에 이르기까지, 불황기 무법자들의 활약을 이야기하는 영화들은 주인공들이 박탈과 고립과 절망 속에서 범죄로 돌아서게 되는 그 뿌리를 강조하며, 그것들의 도시 대응물들보다 적은 수의 대안적 교정 모델들(성직자, 개혁 운동 기자)을 제공한다. 가장 유명한 전원 갱스터 영화인 <우리에게 내일은 없다>(1967)는 몹시 매력적으로 미화된 커플을 경제 강도단에 의한 황진 지대*Dustbowl*[80] 희생자들과 명백히 동일시할 뿐 아니라 — 어느 대목에서, 클라이드는 집을 빼앗긴 한 농부(와 그의 흑인 농장 노동자)에게 자신의 총을 건네어 그들이 예전에 소유했던, 그러나 이제는 은행에 넘어간 소작 농지를 향해 카타르시스를 일으키는 사격을 하도록 한다 — 보수적인*straight* 기성 체제와 관련하여 보다 호전적 태도를 취하던 당시 청년 대항 문화와도 느슨히 동일시한다. 전원 갱스터와 도시 갱스터가 둘 다 으레 불운한 반면, 전원 갱스터들은 도시 동료들의 매혹적인 열매 — 펜트하우스 아파트, 멋진 자동차, 디자이너 의상 — 를 그다지 만끽하지 못한다고 할 수 있다. 그들의 장물은 초라하며, 그들의 생활은 정처없이 떠돈다. 전원 갱은 제임스 갱단 혹은 달튼 갱단 같은 가족 집단과 매우 닮았으며, 이에 상응하여 도시 범죄 조직 폭력단의 위계적이며 비밀 기업적 측면을 결여하는 소규모이다. 앞서 봤듯이, 도시 갱스터 영화가 대체로 서부극에 대한 신화적 양극성에서 구축된 반면, 전원 갱스터 영화, 제시 제임스와 빌리 더 키드 신화의 몇몇 영화 버전들(특히 <빌리 더 키드>[1930], <관계의 종말>[1973], <제시 제임스>[1939]), 그리고 에릭 홉스봄Eric Hobsbawm이 '의적[사회적 도적]*social banditry*'[81]이라 칭한 무법자 전통 간에는

80. 1930년대 가뭄과 먼지 폭풍으로 황폐해진 미시시피 서부 평원 지대. 이 지역의 수많은 주민들이 병과 기근으로 죽거나 집을 압류당한 채 빈털터리가 되어 다른 지역으로 떠나야 했으며, 이는 미국 역사상 단기간에 이뤄진 최대 규모의 이주로 기록된다. — 옮긴이

81. 마르크스주의 역사학자 홉스봄은 "법과 당국의 테두리에서 벗어난" 무리인 산적은 "자신들의 뜻을 약탈이나 강도질 등으로 관철"시킬 뿐 아니라, "동시에 권력과 법과 자원에 대한 통제권을 보유하거나 소유권을 주장하는 사람들에게 도전함으로써 경제적, 사회적, 정치적 질서에 도전했다"고 말한다. 특히 도적이 '의적'으로 간주되기 위해서는 '여론의 판단'이 중요한데, "의적은 …… 군주와 국가에 의해 범죄자로 간주되지만 같은 편인 농촌 사회 내 사람들은 이들을 영웅,

강력한 고리가 존재한다. 서부극이 현대 갱스터 영화로 이주하는 데 있어 또 다른 전통적인 구문론적 특징은 '국경 너머로' 달아나려는 꿈으로, 이는 <칼리토>와 타란티노 각본의 <트루 로맨스*True Romance*>(1993)에서 두드러진 특징을 이룬다. 이 영화들은 보편적으로 억압적이고 파괴적인 사회 현실상으로서의 조직 범죄라는, <대부> 이후 정착된 개념을 조롱하며, 입신 출세와 성취라는 판타지가 고전적 갱스터에게는 지탱될 수 있고 심지어 (아무리 잠시 동안이라 해도) 사회 내에서 실현 가능한 데 반해, 오늘날 이러한 판타지는 오직 상상적 '다른 곳'에서만 도달될 수 있음을 암시한다.

최근 몇 년간 갱스터 영화에서 가장 명확한 혁신은 아프리카계 미국인의 경험을 고전적 민족 갱스터 패러다임 속에 합병한 것이다. 가령 <보이즈 앤 후드*Boyz N the Hood*>(1991)와 <데드 프레지던트>(1995) 같은 영화들은 <출입 금지>와 <포효하는 20년대> 같은 고전 모델을 현대 도시 빈민가로 충실히 옮겨놓는다. 그러나 다른 일부 영화들 — 특히 <사회에의 위협*Menace II Society*>(1993) — 은 가장 소화 불량성으로 수정주의적인 뉴 할리우드 영화를 제외한 모든 백인 갱스터 영화들과 어긋나는 허무주의적 절망을 명시한다. 먼비(Munby, 1999: 225~226)와 메이슨(Mason, 2002: 154~157)이 주장하듯, 이러한 차이들은 아프리카계 미국인들에 대한 아메리카 드림 신화의 부적절함 탓일 수 있는데, 그 드림이란 것이 실상 '미국화'와 중산 계급화의 가능성에서 그들을 배제시키기에 부분적으로 입각해 있는 까닭이다. 1930년대 갱스터 사이클을 둘러싼 논쟁과 실질적으로 동일한 논쟁이 1990년대 초반 아프리카계 미국인을 주제로 한 갱스터('갱스타*gansta*') 영화 주변에서 분출하였으며, 백인 엘리트

수호자, 복수자, 정의의 투사 등으로, 심지어는 해방군으로까지 보았나"는 것이다. 에릭 홉스봄, ≪밴디트: 의적의 역사≫, 이수영 옮김, 민음사, 2004에서 인용. — 옮긴이

여론 형성자들과 종교 및 정치계 흑인 지도자들 양편 모두는 <뉴 잭 시티*New Jack City*>(1991)와 <사회에의 위협> 같은 영화에서 표현된 도심 빈민가 마약 거물에 대한 미화와 높은 사상자 수를 사실상 이구동성으로 통렬히 비난하였다. 그와 대조적으로, 아프리카계 미국인 주민들의 관객 반응 평가와 박스오피스 수익은, 일부 흑인 관객들이 이 영화들의 과장된 주인공 형상에서, 비판자들을 그토록 두렵게 만들었던 바로 그 투쟁적 권력 부여 같은 것을 발견했음을 시사했다(Munby, 1999: 225f를 보라).

## 할리우드 너머

대부분의 내셔널 시네마들 — 국내 범죄가 이데올로기적으로 불가능했던 소비에트 시기의 동유럽 공산권 국가들 같은 경우를 제외하고 — 은 그들 고유의 갱스터 장르 변형체를 제작하였으며, 영국과 프랑스에서는 유독 강력한 고유의 갱스터 전통이 생겨났다. 그러나 갱스터 자체의 형상을 미국 갱스터처럼 문화적, 사회적으로 전형적인 방식으로 이용한 경우는 별로 없다. 이러한 규칙에 대한 주목할 만한 예외가 <롱 굿 프라이데이 *The Long Good Friday*>(영국, 1980)의 런던 암흑가 보스 해롤드 센드(봅 홉킨스)이다. 미국 마피아와의 제휴를 통해 사업을 국제화시키고 자산 개발로 다각화하려는 그의 계획은 경고적인 대처리즘*Thatcherite* 우화로 그려진다. 해롤드의 계획은 아이러니하게도 정치적으로, 식민지적으로 억압된 것의 귀환, 곧 북아일랜드 분쟁에 의해 무화된다. 스웨인(Swain, 1998: 2)은 "보이지 않는 미지의 적(IRA로 드러나는)에 대한 [해롤드의] 폭언은 장르적 불안뿐 아니라 정치적 불안도 암시한다"고 주장하며, 실제로 그 영화는 자신의 뿌리를 저버리고(그는 보트에 산다) 국제 갱스터 무대에 진출하려는 해롤드의 포부가 그의(그리고 영국의) 가정(국내)에서의 아직 끝나지 않은 유혈 사태에 의해 파국을 맞게 됨을 암시한다.

미국 영화 갱스터가 장르 역사에서 일찍이 패러다임 형태를 갖춘 반면, 영국 갱스터는 <데이 메이드 미 어 퓨지티브*They Made Me a Fugitive*>, <브라이튼 록*Brighton Rock*>(둘 다 영국, 1947), <일요일은 언제나 비*It Always Rains on Sundays*>, <누스*The Noose*>(둘 다 영국, 1948; Murphy, 1989: 146~167을 보라)를 포함하는 전쟁 이후 '건달' 사이클로부터, <크리미널*The Criminal*>(영국, 1960)에서 스탠리 베이커의 미국식 범죄 보스를 거치며, 수차례 모습을 바꾼다. 그러나 영국 갱스터 영화가 그 결정적 의미론 요소인 '펌[범죄 집단]*Firm*'을 획득하는 것은, 십중팔구, 오직 신화적 암흑가 원형으로서의 크레이 형제의 출현과 더불어서이다. <퍼포먼스*Performance*>(영국, 1970)는 물론 <빌런*Villain*>(영국, 1979)과 <겟 카터*Get Carter*>(영국, 1971) 같은 1970년대 초반 영국 갱스터 영화들은 분명 크레이 신화를 상기시키며, <롱 굿 프라이데이>, <히트*The Hit*>(1984), <갱스터 넘버 원*Gangster No. 1*>, <섹시 비스트*Sexy Beast*>(둘 다 영국, 2000)는 물론이고, 미국 제작의 <라이미*The Limey*>(2001)까지도 포함하는 이후 갱스터 영화들에서 점점 더 향수 어린 특징적 존재가 된다. (스티브 시놀[Chibnall, 2001: 281~291]이 지적하듯, 이들 중 몇몇은 제임스 1세 시대*Jacobean* 비극의 복수 모티브들[82]을 채택한다.) 1990년대 말에는 약간 코믹한 갱스터 영화들(<록 스탁 앤드 투 스모킹 배럴즈*Lock, Stock, and Two Smoking Barrels*>[영국, 1998]와 <스내치*Snatch*>[영국, 2000]를 포함하는)의 시대가 목격되는데, 그것들의 우발적 폭력과 마초적 태도를 시놀은

82. 제임스 1세 시대에 유행한 복수극은 대개 의문의 죽음, 살해당한 혼령의 방문, 음모와 계략, 광기로 치닫는 인물 등이 사건 진행을 이끈다. 대표적인 작품으로는 토머스 키드의 《스페인의 비극》, 셰익스피어의 《햄릿》이 있다. — 옮긴이

영국에서 '래드 컬처 *lad culture*'[83]의 동시 발생적 부흥과 결부시킨다(또한 Murphy & Chibnall, 1999도 보라).

브루지(Bruzzi, 1995: 26)는 미국 장르와 프랑스 장르를 갱스터의 개인 스타일 관점에서 비교하면서, 고전적 미국 갱스터 영화들이 광란적 액션과 빠른 대사로 특징지어지는 반면 프랑스 갱스터 영화들은 조용하고 과장되게 느리며, 그들의 장르적 유사성에도 불구하고 "프랑스 영화와 미국 영화는 항상 톤 층위에서 갈라진다. 비록 갱스터 영화가 미국인들에게 더 자연스러운 것이긴 하지만, 프랑스는 보다 풍부한 스타일로 갱스터 영화를 만든다"라고 주장한다.

비서구 영화로는, 게이코 맥도널드(McDonald, 1992)가 서부극처럼 오랜 세월에 걸쳐 일본의 변화하는 사회 의식을 직접적으로 반영하는 장르의 한 사례로, 1930년대 이래 일본 야쿠자 영화의 오랜 인기를 탐구한다. 킹스턴의 슬럼가를 배경으로 한 페리 패럴의 <어려우면 어려울수록 *The Harder They Come*>(자메이카, 1973)은 미국 도시 갱스터 영화(<리제너레이션>, <리틀 시저>)와 전원 갱스터 영화(<우리에게 내일은 없다>) 양편의 수사들을 쇄신하며, 불황기 미국에서 생겨난 범주들이 어떻게 '불균등한 개발' 현상이라는 점에서 유사한 사회 경제적 격변을 겪는 다른 문화들로 옮겨갈 수 있었는지 입증한다.

83. 1990년대 영국에서 브릿팝과 더불어 발생한 하위 문화. 맥주와 축구, 자동차, 남성 잡지에 대한 기호를 드러내며, 특히 사내다움을 강조하는 경향을 보인다. — 옮긴이

## 사례 연구: <원스 어폰 어 타임 인 아메리카>(1984)

많은 서사시적 대작이 그렇듯, 세르지오 레오네의 4시간짜리 영화 <원스 어폰 어 타임 인 아메리카>는 긴 호흡의 그러나 단순한 멜로디로서, 본질적으로 도둑들 세계의 치욕인 배반과 패배에 관한 간단한 이야기이다. 1차 세계 대전 이후 몇 년의 세월 동안 금주법은 뉴욕의 유태인 지역 로어 이스트 사이드의 시시껄렁한 건달 네 명을, 아직은 보잘것없는 갱스터를 거쳐 부유한 갱스터로 변모시킨다. 편협한 동료들을 뛰어넘는 야심을 품고 있으며 동료들의 신중한 자제에 늘 답답해하던 갱의 리더 맥스는 그들로 하여금 훨씬 강력한 범죄 조직과 싸우게 만들며, 결국 무모하리만큼 야심에 찬, 거의 자살 행위나 다름없는 은행 강도를 제안한다. 맥스를 맥스 자신으로부터 구해 달라는 그의 정부情婦의 요청에, 동료 갱 단원이자 가장 친한 친구인 누들스는 그들이 함께 운영했던 밀주 판매 마지막 날 갱단을 밀고하여 함께 감방에서 냉각 기간을 보내기로 동의한다. 그러나 누들스는 일을 망치고 말며, 그의 밀고로 매복 중이던 경찰에게 맥스와 다른 두 친구가 총에 맞아 죽고 맥스의 시체는 총격전 중 불에 타 형체를 알아볼 수 없게 된다. 누들스는 그를 죽이려는 조직 폭력단 킬러들로부터 도망쳐 뉴욕을 떠나는데, 그 와중에, 지금까지 그들이 모아 놓은 자금, 10대 시절 첫 번째 실적 이래로 그들이 그랜드 센트럴역의 임시 보관소 사물함에 숨겨 둔, 그리고 이제 유일한 생존자인 누들스 차지가 된, 그 돈을 누군가 어느샌가 전부 훔쳐 갔음을 발견하게 된다. 친구들을 죽게 만들었다는 죄책감으로 고통스럽고 넋이 나가고 혼자가 된 누들스는 '아무 데나 첫 버스'의 편도표를 산다. 35년이 흐른다. 이제 1968년이며 늙은 누들스는 그 도시로 돌아오라는 수수께끼 같은 호출을 받는다. 그가 청춘을 보냈던, 이제는 변해 버린 거리로 돌아온 그는 마침내 그 숱한 세월 전 맥스가 자신을 배신했음을, 누들스와 다른 친구들을 속이고 그 자신의 죽음을 위장하고 갱단의 돈을 훔쳐서 거물 정치인 베일리 장관으로 새 삶을 얻었음을 알게 된다. 누들스가 수십 년간 짊어져 온 죄의식으로부터 사실 그는 결백했던 것이다. '베일리' — 그는 누들스의 어린 시절 연인 데보라까지 빼앗았는데, 누들스는 오래 전 자멸적으로 짐승처럼 그녀를 강간함으로써 그녀와 멀어졌었다 — 는 이제 임박한 국회 청문회로 정체가 탄로 날 지경에 이르자, 누들스를 자신의 화려한 롱아일랜드 대저택으로 불러 옛 친구에게 오래 묵은 복수를 실행할 것을 권한다. 그러나 이미 오래 전 '썩어 버린' 그들의 '위대한 우정'에 대한 기억을 고수하고 싶은 누들스는 거절한다. 누들스는 어둠이 깔린 길로 걸어 나간다. 돌아보자 맥스/베일리가 자신의 저택 대문 앞에 서 있다. 쓰레기 트럭 하나가 그들 사이를 지나간다. 그것이 쓰레기를 분쇄하며 지나갈 때, 맥스/베일리는 사라진다. 그는 쓰레기차 칼날에 몸을 던져 자신의 생을 마감했을까? 혹은 곧 닥쳐올 정체 탄로에 위협을 느낀 암흑가 동업자들이 그를 살해했을까? '광란의' 1920년대 플래퍼*flapper*[84] 패션으로 차려입은 향락자들을 태운 차 한 대가 우리에게 누들스의 갱 전성기를 상기시키면서, 영화는 깊은 모호함의 어조로 끝난다.

<대부> 1편과 2편의 어마어마한 성공을 본떠 만들어진 일련의 시대극 갱스터 영화들 가운데 가장 야심찬 영화인 <원스 어폰 어 타임 인 아메리카>는 조직 범죄를, 아메리카 드림의 계시적 거울상(고전적 모델)으로서보다는, 미국 가치들이 그것들의 폭력과 부패가 명백해지는 영역으

84. 1920년대 짙은 화장과 짧은 보브 헤어컷을 하고, 술, 담배, 드라이브, 파티와 자유로운 연애를 즐기던 여성들을 일컫던 말. 그들의 의상은 화려하면서도 보이시하고 대담한 드레스로 대변된다. — 옮긴이

<원스 어폰 어 타임 인 아메리카 *Once Upon a Time in America*>(1984)

Reproduced Courtesy Ladd Company / Warner Bros / The Kobal Collection

로 단순하고 직접적이며 논리적으로 확장된 것으로서 바라보는 코폴라의 시각을 자의식적으로 끌어안는다. 프랜 메이슨이 표현하듯, ＜대부＞처럼 ＜원스 어폰 어 타임 인 아메리카＞는

> '배신'의 은유를 미국 사회 단계로 확장시켜 그것이 배반과 공모의 문화임을 드러낸다 …… 거기서 비인간화되고 적의에 찬 사회성은 극복될 수 없으며, 결국엔 그것의 가혹한 논리를 확장하고야 만다(Mason, 2002: 143).

이 영화의 주류 밀매와 노조 공갈 협박 배경은 마피아 노스탤지어 사이클 초기의 상투적 실패작 ＜럭키 레이디＞와 ＜투쟁의 날들＞로부터 유사한 제재를 활용한 것이다. 그러나 이 영화의 형식적 복합성 — ＜대부 2＞와 어떤 유사성을 갖는, 또한 그 영화처럼 갱스터의 기원 신화와 오늘날 기업 범죄의 동떨어진 현실과 그 둘 간의 아이러니한 관계를 동시에 아우르는 — 은 그것의 부모 장르에 대해, 또한 갱스터 영화의 장르 수사들을 통해 미국 생활에 대해, 논평하려는 야심을 드러내 보인다. 레오네의 진지한 플롯은 뒤엉킨 기억의 타래로서 전개되며, 이때 누들스의 이야기는 명료하게 확립된 서사의 '현재 시제' 없이 파편적으로 상호 연결된 일련의 플래시백과 플래시포워드들로 펼쳐진다(오프닝 시퀀스는, 세심하게 그려진 시대 세부 묘사, 돌출적 폭력, 시간과 공간에서의 왜곡 감각 확장 — 플래시백 속의 두 플래시백, 그리고 증폭되고 디제시스적으로 위치지어지지 않으며 혼란스러운 전화 사운드트랙 구두법*punctuation*과 더불어 — 등을 결합하면서 그 영화의 스타일 경향을 확립한다). 영화의 마지막은 출발점으로 원을 그리며 되돌아와서, 맥스/베일리가 그의 저택 앞에서 수수께끼처럼 사라진 후, 1933년으로의 플래시백을 통해, 자신이 저질렀다고 믿는 끔찍한 살인으로부터 도망쳐 차이나타운의 아편굴로 숨어든 누들스를 보여 준다. 마지막 화면은 우리에게 보이지 않는 무언가 혹은 누군가를 향해 마약에 취해 환각 속에서 씩 웃는 누들스

얼굴의 정지 프레임이다.

아편굴 틀은 서사를 전반적으로 누들스의 머릿속에서 펼쳐지는 것으로 읽도록 이끈다. 즉 유태인 지역에서의 10대 시절 장면은 그의 기억들이고, 1968년 시퀀스는 그가 실은 배신자가 아니라 희생자, 변절한 쥐새끼가 아니라 죄를 뒤집어쓴 희생양인 것으로 밝혀지는 그의 판타지 이야기인 식으로 말이다. 이러한 시간-틀에서 누들스가 과거의 인물들을 만날 때의 몇몇 약간은 '이탈된' 성향은 그와 같은 독해를 뒷받침해 주는 몽환적 특질을 시퀀스 전체에 덧붙인다. 사실 <원스 어폰 어 타임 인 아메리카>는 그 서사의 정밀한 현상학적 기록을 둘러싼 이처럼 근본적인 모호함을 몇몇 다른 주요 포스트고전 갱스터 영화들과 공유하는데, 특히 <포인트 블랭크>, 그리고 다소 상이한 방식에서 <대부 2>와 <칼리토>가 그렇다. 이 영화들은 모두 서사를 파편화시키고 그것을 종종 (실제 혹은 상징적) 죽음의 순간에서 주인공의 몽상으로 묘사하는 복합적인 시간 도식을 활용함으로써 그 영화들의 장르 수정주의를 널리 공표한다. 그러한 장치들은 장르적으로 예정된 주인공의 몰락을 강조하며, 동시에 중층 결정되고 간소화된 꿈 논리로 제시된 그의 이야기를 타락한 미국에서 개인의 희망과 야심의 운명에 관한 우화로 확증한다.

<원스 어폰 어 타임 인 아메리카>는 사실상 <포인트 블랭크>의 급진적 모더니즘의 모호함과 <대부 2>의 기업 갱스터리즘/자본주의 비판을 결합시킨다. 사실, 한 시대가 아닌 세 개의 분리된 시대(1922, 1933, 1968)를 가로지르는 이 영화의 집요하고 페티시적인 시대 세부 묘사는 비단 <대부>뿐 아니라, <천국의 문>(1980)에서 마이클 치미노의 광란적으로 사실에 집착한 서부 프론티어 재연도 상기시키는데, <원스 어폰 어 타임 인 아메리카>처럼 <천국의 문>도 대규모에 장황하고 제작비가 많이 들어간 수정주의적 고전 장르 작품으로, 관객 동원에 실패

하고 차후 개봉을 위해 본질적으로 재편집되었다. 그러나 <천국의 문>이 장르를 통한 역사 회복의 기획에서 발생되는, 텍스트적, 장르적 난제들을 의식하지 못하는 듯한 반면(3장, '서부극들의 역사'를 보라), <원스 어폰 어 타임 인 아메리카>는 정확히 양식과 장르의 한 함수로서 그것만의 시대 구분을 반성적으로 자각하는 듯하다. 정교한 재현 가운데, 일부 삐걱거리는 변칙들이 특히 1968년 시퀀스에서 불거진다. 이를테면, 전혀 TV 뉴스 화면처럼 보이지 않는 TV 뉴스 속보라든가, 35년이 흘러 누들스가 데보라를 다시 만났을 때 기이하리만큼 나이들지 않은 그녀의 얼굴 등. 이러한 장치들은 그 영화를 누들스의 아편 환각으로 읽게끔 뒷받침할 뿐 아니라, 텍스트적 착행증*parapraxes*(프로이트적 실언),[85] **모든** 시네마적 과거의 피할 수 없이 조작된 본성에 대한 고백으로도 간주될 수 있다. 누들스가 맨해튼으로 돌아와 차를 빌릴 때, 렌트카 사무실 벽에는 맨해튼 섬의 '시대' 사진이 걸려 있는데, 이는 과거의 동결된 기억을 상품으로서 '프레이밍'하기이다(그 장면에서 배경 음악으로 레논-매카트니의 "예스터데이"가 경음악으로 편곡되어 흐른다). 그러면 이번에는 이것이, 앞서 동일한 1968년 시퀀스들에서 흘끗 보인 또 다른 뉴욕 이미지와의 비교를 자아낸다. 1933년에 토머스 하트 벤튼Thomas Hart Benton[86] 스타일의 코니 아일랜드[87] 광고 벽화 —

85. 착행증 혹은 착오 행위는 우리가 말이나 행위에서 무심코 저지르는 사소한 오류로, 프로이트는 이러한 말실수가 그저 우연히 일어난 것이 아니라 억압된 무의식으로부터 비롯된다고 분석한다. — 옮긴이

86. 미국의 화가 벤튼(1889~1975)은 지방적 주제와 소박한 양식을 강조해 미국 중서부의 사회와 생활을 풍자와 향수를 섞어 그렸으며, 거친 묘법과 율동성 있는 구도로 공공 건축의 벽화나 타블로 등도 제작했다. — 옮긴이

87. 미국 뉴욕시의 브루클린 남쪽 해안에 위치한 위락 장소로 1840년대 피서지로 시작해 1920년 지하철이 맨해튼에서 연장되면서 크게 발전했다. — 옮긴이

양식화된 롤러코스터를 향해 몰려든 초기 뉴요커 무리들은 이 영화의 로어 이스트 사이드 시퀀스에서 떼를 지어 어지러이 돌아다니는 군중을 상기시킨다 — 가 그려져 있던 그랜드 센트럴의 벽은 이제 1968년에는 뉴욕의 도시 로고 빅 애플로 둘러싸인 벽화가 스카이라인의 추상화된 그림으로 대체되어 있다. 이 이미지에서 **사람들**은 철저히 부재하며, 여러 방식에서 이것은 단지 미래의 상실에 관한 영화일 뿐 아니라 과거의 상실에 대한 영화이기도 하다. 과거, 곧 우리가 거의 누들스만큼이나 집중[투자]해 온, 그러나 그의 것만큼이나 조작에 불과한 과거 말이다.

레오네는 의미심장하게도 주인공들의 신화적 장엄함에 코폴라보다 덜 집중한다. 맥스만이 진정으로 장대한 범죄 계획을 갈망하며, 그가 훔친 베일리로서의 두 번째 삶에서만이 사실상 그는 정계, 원대한 기획, 그리고 궁극적으로 (또한 치명적으로) 의회 청문회 — 마이클 콜레오네의 쿠바 기업이 그를 연루시킨 — 에 연루된다. 그리고 이 영화에서 이것은 중심 무대가 아니라 그저 풍문과 TV 화면에 불과하다. 갱단원들로서 누들스네 갱의 영역은 밀주 판매로 벌어들이는 (상당한) 보수에 국한된다. 누들스 자신은 복합적 인물이기는 하나 하찮은 인간으로 그려진다. 그의 로맨티시즘은 그의 야만성에 의해 더럽혀지며(사실, 그것으로부터 분리될 수 없으며), 맥스(와 데보라)에 대한 환상 너머를 바라보지 못하거나 꺼림으로써, 아웃사이더이자 결정적인 삼류로 머문다. 앞서의 플롯 요약이 가리키듯, 표면상 '그의' 이야기인 것에서, 누들스는 매우 빈번하게 방관자이며, 캐그니나 무니 혹은 나아가 브랜도나 파치노의 프로메테우스적 갱스터 모델과 맞서기에는 너무 혼란스러워하며 목표가 불분명하고 갈피를 잡지 못한다(드니로는 물론 <대부 2>에서 젊은 비토 콜레오네를 연기했다). 이 영화의 굽이쳐 흐르는 플롯은 명상적이고 심지어 장례식 같은 속도로 펼쳐지며, 시선을 잡아끄는 장르 세트피스*set-piece*도 얼마 없는데, 다만 예외적이라 할 휴업 공장에서의 총격전과 차 타고 가면서 총 쏘는 장면도 섀도이언(Shadoian, 2003: 286)의 주장에 따르면 '좋았던 옛날'로의 자의식적인 노스탤지아적 후퇴의 일환으로 끼워 넣어진 것이다. 그것들 대신 <원스 어폰 어 타임 인 아메리카>는 (실패로 돌아간) 취객 '털이'로부터 보석 강도(및 부차적인 강간)와 분만실의 아기 바꿔치기에 이르기까지, 일련의 착취적이며 명백히 목표가 불분명한 범죄 행위만을 제공한다. 레오네의 분산된 서사와 갱스터 (영화) 과거의 시뮬라크럼이 시사하는 바는, 그러나 '옛날' 자체가 결코 판타지 투사*projections* 이상이 아니라는 것이다. 그것은 자본의 소외와 박탈을 폭력적 수단을 통해 타파하려는 욕망이며, 그 폭력적 수단은, 맥스는 이해하지만 누들스는 거부하는 바대로, 시스템을 단지 복제할 수 있을 뿐, 거기에 맞설 수는 없다.

P·A·R·T·2

# 괴도적 판타지

7장 호러 영화

8장 SF 영화

이 섹션에서 논의되는 두 장르 모두는 고전 스튜디오 시대에 뿌리를 — 호러 영화의 경우, 깊은 뿌리를 — 내리고 있다. 그러나 이 장르들은 또한 중요한 방식으로 포스트고전 시대, 영화 제작의 감소와 이에 상응하는 장르 정체성의 약화 시대를 앞서서 바라본다. 판타지 장르로서 호러와 SF는 고전 할리우드 양식의 지배적 재현 규범 — 그 양상을 리얼리즘(다분히 공상적인 '고전적 리얼리즘'이 아닌)의 형식으로 받아들이든 아니면 내 제안처럼 멜로드라마 형식으로 받아들이든 — 으로부터 현저하게 벗어난다. 또한 호러와 SF는 익스플로이테이션 영화에 강력하게 뿌리 내린 것으로, 무분별한 청소년 관객들(혹은 마음이 다른 일에 쏠린 관객들)을 위한 그리 존경 받을 만하지 않은 장르로서의 정체성을 공유한다. 이들 장르가 메이저 스튜디오의 대규모 제작을 위한 매력적인 장르로 떠오른 것은 최근 들어서이다. 마지막으로, 두 장르는 최근 몇 년간 상당한 비평의 주목을 이끌었으며, 각각의 경우에서 포스트모더니즘 이론들과 — 이와 반드시 같은 것은 아닌 — 포스트모던 이론의 경향들이 관객에게나 영화 감독에게나 장르를 재구상하는 데 중요한 역할을 했다. 이러한 비평의 관심은 두 장르 모두가 장르 정체성에 있어 전통적인 의미론 / 구문론 기반이 상대적으로 취약한 것과 관련되며, 이것이 시장 경향과 추세를 활용하는 데 적합한 변화무쌍의 측면을 이 장르들에 더해 준다고 나는 주장한다. 호러와 SF가 핵심 장르 제재를 각각 신체와 기술 — 둘 다 현대 비평 연구 및 대중 문화 논쟁의 엔진들 — 로부터 취하는 것은 두 장르의 관련성을 확증한다.

# 07

# 호러 영화

한계의 경험, 그리고 한계의 위반은 호러 영화의 중심이다. 제정신과 광기의 경계, 의식과 무의식의 경계, 신체의 외부 표면과 살덩이와 내부 장기의 경계, 특히나 삶과 죽음의 경계. 그러나 호러 장르가 그 움직임을 구현하는 데 있어서의 그 특유의 정감적 임무*affective charge*를 기재하지 않은 채 단지 '경계' 혹은 심지어 경계의 위반에 대해서만 말하는 것은 그것의 가장 특징적인 측면들을 대체로 무시해 버리는 일이 될 것이다. 호러는 그 이름이 말해 주듯, 한편으로는 신체와 재현상의 온당함이라는 틀을 끈질기게 꿰찌르고 관통하는 한편, 동시에 노골적이고 교란적이며 흔히 폭력적인(비록 <공포의 대저택*The Innocents*>[1961]과 <더 헌팅*The Haunting*>[1964]에서부터 <식스 센스*The Sixth Sense*>[1999]와 <디 아더스*The Others*>[2001]에 이르는 많은 유령 이야기들에서 보듯 폭력의 부재가 당연한 것은 아니지만) 영상의 범람 속에서 그 움직임을 심원하게, 심지어 근본적으로, 위반적인 것으로 기록한다. 죽음, 그리고 물론 불사不死와 살아 있는 죽은 상태가 호러에 편재하는데, 대개 피하고/거나 파괴되어야 할 두려운 힘들로 구현되지만, 이따금은 초월적 통찰력을 발생시킬 수 있는 상태들로(<헬레이저*Hellraiser*>[영국, 1987]에서처럼) 구현되기도 한다.

호러 영화는 흔히 (그러나 반드시는 아니라, 또한 최근 몇십 년간 훨씬 덜) 초자연적이고 언제나 비이성적인 폭력의 분출을, 흔히 공포증적인 성적 공황의 저류 — 때로는 그 이상의 것 — 와 함께 규범적 사회와/나 가정 배경에서, 극화한다. 소름 끼치는 폭력의 행위자 — '괴물' — 는 흔히 억압된 욕망(들)의 표현을 구현하고/거나 가능케 하는 것으로 간주된다. 가장 명백한 사례 하나가 드라큘라다. 그는 그가 유혹/공격하는 (전형적으로 부르주아이며 점잖은) 여성들의 강렬한 성적 욕망을 불러일으키는 한편, 동시에 유혹과 강간, 섹스와 폭력 간의 경계를 흐려 놓음으로써 여성의 섹슈얼리티를 향한 남성의 양면성을 실현시킨다. 검열이 점차 느슨해짐에 따라 이러한 성적 차원은 점점 더 명백해졌다. <노스페라투*Nosferatu*>(독일, 1922)에서 흡혈귀 오를록의 기괴하고 설치류[쥐] 같은 외모라든가 해수害獸(쥐 · 거미)와의 시각적 결합은 브램 스토커의 1893년도 원작 소설이 가진 명백한 성적 측면을 경감시켰으나 벨라 루고시, 크리스토퍼 리, 프랭크 란젤라(1930, 영국 1958, 1979)에 의해 점점 더 매력적으로 구현되는 드라큘라는 강간과 유혹 간의 경계를 점진적으로 흐려 놓았다. '언더그라운드 영화' <앤디 워홀의 드라큘라*Blood for Dracula*>(1974)는 드라큘라에게 처녀의 피가 필요함을 구체적으로 설명한다. 코폴라가 만든 <드라큘라*Bram Stoker's Dracula*>(1992)에서 흡혈귀가 처음 루시를 공격하는 것은 그녀의 충족되지 못한 성욕과 연결되며(첫 등장에서 그녀는 포르노 그림 판본의 ≪아라비안나이트≫의 페이지를 넘기고 있으며 '미칠 것 같은 정열의 말할 수 없는 행위들'에 관한 생각에 잠겨 있다), 드라큘라는 늑대 인간으로 변신하여 정자에서 그녀와 교미한다.

이데올로기 관점에서 호러는 양가적이다. 한편으로 호러는 (백인, 가부장적, 부르주아) 사회의 말할 수 없는 잠재된 욕망들을 폭로하고, 그러한 억압을 요구하는 문화의 부당함과 위선을 보여 준다(비록 생생한 폭력은 이후의 기준들에 의해 억제되지만, 이것은 1950년대 말과 1960년대 영국의 해머*Hammer* 호러 영화에서 특히나 강력한 경향이다). 다른 한편 호러는 그 주인공(들)과 그들을 통해 관객을, 일탈과 동요의 폭력적 제거 — '괴물' 죽이기 — 를 통한 이전 상태의 복구 및 재억압, 봉쇄의 기획과 동일시한다.

비평 대상으로서 호러의 지위는 최근 몇 년간 현격한 변화를 겪었다(호러와 SF는 영화 장르에 관한 아마도 가장 '고전' 지향적인 샤츠의 ≪할리우드 장르의 구조 *Hollywood Genres*≫에서 단 한 챕터도 차지하지 못했지만, 고전[혹은 '올드'] 할리우드로부터 포스트고전 ['뉴'] 할리우드로의 이행에 초점을 맞춘 후속 책[Schatz, 1983]에서는 광범위하게 논의되었음을 주목하라). 실제로 얀코비치(Jancovich, 2002: 1)가 지적하듯, 호러 영화는 장르 비평가들이 가장 많이 쓴 장르였던 서부극의 지위를 찬탈했다. 이것은 단지 그 장르의 고양된 지위에 대해서뿐 아니라 장르 비평의 변화하는 우선 순위에 대해서도 뭔가를 말해 주고 있다. 1장에서 주장한 것처럼, 만일 영화 장르에 관한 초기 영화 저작이 확실하고 안정적인 장르 경계들을 확정 짓고 각각의 범주에서 어떤 한정된 영화 집단을 확립하는 기획을 우선시했다면, 최근 작업은 오히려 장르들의 투과성과 누수적인 경계를 강조하는 경향이 있다. 여하튼 현대 비평은, 정의의 작업이 절대적 가치가 아니라 실용적 유용함의 잠정적 기획 이상의 것으로 간주될 때 돈키호테식의 실패를 맞볼 수밖에 없음에 유념하면서, 텍스트의 다양성과 모순을 기꺼이 끌어안고 탐구하도록 주의한다.

그러한 특질들은 퓨리와 맨스필드(Feury & Mansfield, 1997)가 1980년대 말 이래 '새로운 인문학'이라 부른 것을 지배하게 되는 이론 패러다임들, 즉 미셸 푸코와 질 들뢰즈로부터 영향받은 포스트-프로이트적 주체성 분석, 해체, 퀴어 이론, 혁신적인 다중 관점의 역사주의 등에서 중심을 차지한다. 흡족한 정의가 어렵기로 악명 높은 장르로서 — 그토록 많은 호러 영화 괴물들의 다형적이고 포착 불가한 특성들에 감염이라도 된 듯 — 호러는 이처럼 변화된 비평 지형에 잘 적응한다. 오늘날 호러는 인종, 젠더, 성 정체성, 신체와 자아에 대한 현대 비평의 관심사들을 서사적, 주제적 내용으로서 받아들일 뿐 아니라 — 때로는 현대 이론 형세에 상당히 명백하게 정통한 듯이(특히 데이비드 크로넨버그의 영화들과 <봉합*Suture*>[1993] 같은 독립 영화들에서) — SF와 액션 영화처럼 장르 속성과 기대에 대한 광란적 전복과 역전에 빠져들기도 한다. 호러의 현란한 변화에 비하면, 포스트고전 컨텍스트의 요구와 타협해야 하는 서부극과 뮤지컬 같은 전통 장르의 시도들은 경직되어 있고 예측 가능해 보인다. 결국 호러는 바로 그것이 변함없이 존경받을 만하지 않다는 것 때문에 매력적인 비평안案으로 남는다. 호러는, 로빈 우드(Wood, 1979: 73)가 주목한 '악평의' 풍미도, 부정한 혹은 적어도 무례한 것의 유쾌한 **전율**도, 결코 온전히 벗어 버린 적 없다. 일반적으로 호러 영화는 선정적이고 피투성이에 상대적으로 저속한 것으로 남아 있으며, '진지한' 비평의 관심을 낙담시키는 방식으로 선전된다. 호러 작품이 흔히 보여 주는 시리즈 제작과 재탕(<할로윈*Halloween*>은 1978년 이래 5회, <13일의 금요일*Friday the 13th*>은 1980년 이래 9회, <나이트메어*Nightmare on Elm Street*>는 1984년부터 1994년까지 7회, 여기다 패러디적인 프랜차이즈 '대결'인 2003년작 <프레디 vs 제이슨*Freddy vs. Jason*>. 심지어 1996년의 영리한 포스트모던 패스티시 <스크림*Scream*>, 1996년 <무서운 영화*Scary Movie*>와 1997년 <나는 네가 지난 여름에 한 일을 알고 있다*I Know What You Did Last Summer*>도 부분적으로 패러디적이나 엄청나게 수익성 좋은 나름의 프랜차이즈를 발생시켰다.) 역시 호러를 낡고 경멸적 의미에서 '장르적인' 것으로 만든다. 호킨스(Hawkins, 2000: 66)가 진술하듯, 이전의 비평 세대들이 비평적 관심에 알맞은 것으로 간주되는 호러 영화들(대개 <얼굴 없는 눈*Les Yeux Sans Visage*>[프랑스, 1959], <피핑 탐*Peeping Tom*>[영국, 1960], <혐오*Repulsion*>[영국, 1965] 같은 유럽 영화들)을 어떤 상이하고 비장르적인 비평적 지시의 틀 — "영화의 정서적[즉 그것의 선정적이고 공포스런] 속성들이 '예술적'이고 '시적'인 속성들로부터 분리되는 경향이 있는 비평의 장소" — 로 옮기는 데 유념했다면, 현대 비평의 고도로 발달한 잡동사니 미학은 씻을 수 없이 장르적인, 심지어 익스플로이테이션적인 제재에 대한 문화의 수용을 탐구하고, 단지 그것의 사회학적, 심리학적, 이데올로기적 형성뿐 아니라 그것의 형식적, 주제적 차원들까지도 매우 진지하게 받아들이기를 열망한다.

## 호러 위치시키기

다른 장르들과 마찬가지로, 호러 영화의 전사前史와 초기 역사는 비평 문헌에서 다소 단편적으로 다뤄진다. 대개 전후戰後 영화들, 그리고 어떤 경우에는 훨씬 더 최근 영화들에 초점을 맞추는, 호러 장르에 대한 가장 야심적인 현대 이론적 구성들과, 클라렌스(Clarens, 1968), 지포드(Gifford, 1973), 켄드릭(Kendrick, 1991), 스칼(Skal, 1993) 등과 같이 보다 폭넓은 독자층을 겨냥한 역사적 설명들 간에는 상당한 간격이 존재한다. 후자는 조르주 멜리에스의 트릭 영화들(8장도 보라)과, 문학 작품을 각색한 ＜프랑켄슈타인*Frankenstein*＞(1910)이나 ＜지킬 박사와 하이드 씨*Dr. Jekyll and Mr. Hyde*＞(1908년부터 무성 시대에 수차례 영화화되었으며, 가장 유명한 버전은 존 배리모어가 주연한 1920년 작품이다) 같은 영국과 미국의 무성 영화들, 그리고 1920년대 MGM과 유니버설에서 만들어진 론 채니와 토드 브라우닝의 영화들에 훨씬 더 많은, 때로는 골동품 애호적 관심을 기울인다. 물론 19세기 말과 20세기 초 연극 전통의 영향도 빼놓을 수 없다. 특히나 파리의 유혈이 낭자하는 그랑 기뇰Grands Guignols[88] 대작들(Hand & Wilson, 2002를 보라)과, 런던과 뉴욕에서 만들어진 ＜지킬 박사와 하이드 씨＞, ＜프랑켄슈타인>, <드라큘라> 등 인기 있는 롱런 무대 작품들을 들 수 있으며, 그중에서도 마지막 것은 유니버설 호러 사이클의 첫 영화인 브라우닝의 <드라큘라*Dracula*>(1931)의 직접적 원천이었으며 스타 벨라 루고시를 배출하였다.

호러 장르에 대한 많은 개관에서 유럽 영화, 특히 1919년에서 1923년 사이 제작된 독일 표현주의*German Expressionist* 영화에 부여된 중요성, 즉 호러 영화가 하나의 장르로서 구체화되는 결정적 순간이자 미국의 호러 형식에 끼친 단호한 영향으로서의 그 중요성을 생각할 때, 자국 무대의 영향에 주목하는 일은 유용할 것이다. 표현주의가 호러에 직접 끼친 양식적 영향에 대한 논의는, 훗날의 필름 느와르와 더불어(9장을 보라), 쉽게 과장될 수 있다. 미국 감독들과 촬영 기사들은 그림자극, 실루엣, '로우키' 조명 등의 극적 효과를 익히기 위해 <칼리가리>나 <노스페라투> 같은 사례를 필요로 하지는 않았다. 그러한 기법들은 이미 1차 세계 대전 이전에, 비록 명백한 호러보다는 범죄나 멜로드라마의 음모 장면에 관련된 것이긴 하지만, 대체로 불길한 분위기를 전달하기 위해 영국과 미국의 감독과 촬영 기사에게 널리 사용되었다. 그러나 자국화된 표현주의 터치는 최초의 1930년대 유니버설 호러 사이클에서, 예를 들면 <프랑켄슈타인의 신부*Bride of Frankenstein*>(1935)의 기울어지고 현기증 나는 세트나 <미이라*The Mummy*>(1932) 오프닝 시퀀스의 음침한 그림자들에서 뚜렷하다. 이러한 영향은 몇몇 주요 바이마르 감독들의 직접적인 참여에 빚진 바가 큰데, 그들 중에는 예전 F. W. 무르나우와 로버트 시오드맥의 협력

88. 19세기 말에서 20세기 중반까지 파리의 피갈 지역에서 성행한 극장 이름. 지극히 사실적이고 충격적인 호러 쇼로 명성이 높았다. 잔인하고 과도한 유혈의 호러물을 가리키는 일반 명사로도 쓰인다. — 옮긴이

자였으며 환각적인 유니버설 호러 영화 <검은 고양이*The Black Cat*>(1935)를 비롯한 미국 영화들을 만든 에드가 G. 울머, 그리고 <야누스의 머리*Der Januskopf*>(<지킬 박사와 하이드 씨>를 허가 없이 개작한)와 <골렘*The Golem*>(둘 다 1920) 같은 표현주의 영화의 촬영 기사로서 유니버설에서 <드라큘라>, <모르그가의 살인 사건*The Murders in the Rue Morgue*>(1932)을 찍고 (감독으로서) <미이라>를 만든 칼 프로인트 등이 있다. 그러나 표현주의의 영구적 영향은 아마도 어떤 특수한 양식 모델의 확립에 있다기보다는, 연기, 양식화된 무대 디자인, 미장센의 통합을 통해 극단적 심리 상태와 실재의 변형을 표현하는 어떤 장르 어법의 원칙 확립에 있을 것이며, 무엇보다도, 전통적으로 깨어 있는 합리성을 몽상적인 초자연적 공포에 의해 체계적으로 위협하는 서사 영역의 묘사에 있을 것이다.

표현주의가 위협과 동요의 감각을 만들어 내기 위해 불길한 분위기를 살리는 미장센과 조심스러운 시각 왜곡에 강력히 의존함으로써 고전적 호러 영화를 향한다면, 국제적으로 유명한 또 다른 1920년대 유럽 영화인 소비에트 몽타주는 현대 호러의 한층 생생한 대결 미학에 대한 중요한 지침을 포함한다. 예를 들어 에이젠슈테인은, 인간 정신의 내적 작용에 대한 단호한 관심 결여 — 인간의 주체성은 물질 환경으로부터, 그리고 그것을 통해, 발생되며 내면의 정신 과정보다는 물질 세계와의 상호 작용과 생산 노동에 의해 특징지어진다는 확신에서 비롯된 — 에도 불구하고, 변증법적 몽타주 실험의 중심 부분으로 '충격' 효과를 사용하였다. 실제로 <전함 포템킨*The Battleship Potemkin*>(1925)의 그 유명한 오데사 계단 시퀀스의 절정에서 한 코사크 장교는 카메라를 향해 칼을 직접적이고도 반복적으로 휘두른다. 안구가 잘린 나이 많은 여성 희생자의 역숏*reverse shot*은 <사이코> 이후의 현대 호러 영화를 연상시키는 명백한 반사적*specular* 공격성과 소름 끼치는 폭력을 입증한다.

최초의 메이저 호러 영화 사이클인 1930년대와 1940년대의 유니버설 작품들은 그 이후의 호러 영화들과 비교해 봤을 때 현대 관객에게는 다소 잔잔한 것으로 보인다. (사실 발리오[Balio, 1993]가 지적하듯, 유니버설 사이클은 두 가지가 존재했다. 첫 번째는 <드라큘라>에 의해 막을 연 것으로, 유니버설 시리즈 호러물의 스타들인 벨라 루고시와 보리스 카를로프의 연기 경력에 있어 결정적 계기가 된 작품을 비롯하여 <프랑켄슈타인의 신부>[1935]에까지 이르는 것이며, 두 번째는 1938년 <드라큘라>와 <프랑켄슈타인>의 동시 재개봉의 엄청난 흥행 성공에 이어지는 것으로, 1940년대의 액션과 유머를 한층 더 지향하는 속편들과 '괴물의 만남' — <프랑켄슈타인, 늑대 인간을 만나다 *Frankenstein Meets the Wolf Man*>[1943]로 시작되는 — 을 관통하여 1940년대 말과 1950년대 초 애보트 Abbot 와 코스텔로 Costello 의 호러 익살극에 이르는 것들이다.) 비록 제임스 웨일이 때때로 각별히 바로크적 시각 양식을 사용하고 중요한 순간에 '충격' 편집 같은 것을 사용했지만 — 가령 프랑켄슈타인의 괴물이 처음 등장할 때와 신부가 처음 등장할 때 — 대부분은 환상적이고 섬뜩하며 위반적 경향의 서사 제재가, 생생한 사실적 공포보다는 분위기와 분장 효과의 여흥적 호소를 강조하는 절제된 미장센에 의해 억제되었다. 현대 이론이 가장 큰 관심을 보여 온 유니버설 호러 영화는 악명 높은 (그리고 그 최초 개봉으로부터 1960년대 사이 여러 해 동안 보이지 않던) <프릭스 *Freaks*>(1933)이다(Herzogenrath, 2002를 보라).

분위기를 살리는 미장센에 더욱 의존하되, 강렬한 인물 심리 묘사를 위한 특수 효과는 대체로 포기하는 상이한 접근법이, 1940년대 중반 RKO에서 발 루튼이 이끄는 'B'급 영화 프로덕션 사단에 의해 채택되었다. <캣 피플 *Cat People*>(1942), <나는 좀비와 함께 걸었다 *I Walked with a Zombie*>(1943), <일곱 번째 희생자 *The Seventh Victim*>(1943) 등을 포함하는 이 사단의 영화들은 그 '절제'(이 영화들이 보통 호러 영화를 좋아하지 않는 이들을 위한 호러이며, 어떤 경우든 예산 최고 한도 15만 달러에 기초했음을 암시하는 용어)로 인해, 또한 여성 주체에 대한 이례적인 초점으로 인해, 오랫동안 높이 칭송되어 왔다. 어떤 점에서는 바로, 전쟁 이전의 장르적 괴물 클리셰들을 피하고 (종종 '구세계의') 초자연적 위협을 동시대 미국의 도시 로케이션으로 옮겨 놓음으로써(<캣 피플>의 가장 유명한 장면 — 1982년 리메이크작에서는 그 효과가 덜 재연된 — 은 지하 수영장 부근 그림자 속에 숨어 있는 어느 보이지 않는 생명체가 한 여성에게 몰래 접근하는 것을 보여 준다), RKO 영화들은 비이성적인 것을 길들이고 억누르는 이러한 이성적이고 '문명화된' 세계의 능력의 한계가 만들어 내는 동요 속으로 관객들을 데려갈 수 있었다. 비록 '암시의 힘'에 대한 비평의 칭송은 흔히 호러의 한층 무정부적이고 카니발적인 측면들에 종종 거북함을 드러내지만, 저예산에다 특수 효과 없이도 스릴 넘치는 <블레어 윗치 *The Blair Witch Project*>(1999)의 성공은 이러한 접근이 변함없이 유효함을 입증한다(<흡혈귀 *Vampyr*>[스웨덴, 1932]의 흐릿하고 섬뜩하며 어렴풋한 공포가 매우 다른 방식에서 그러하듯이).

속편들에도 불구하고, 유니버설 사이클은 2차 세계 대전이 끝나기 전 그 창작 과정을 마감하였다. 드레스덴과 아우슈비츠, 히로시마의 진실이 폭로된 이후, 드라큘라나 프랑켄슈타인, 늑대 인간의 고딕 공포는 어쨌든 관객들이 **전율**을 유지하기에는 지나치게 기이했을 것이다. 그 사이클이 가진 스튜디오 기반의 탈역사화된 루리타니아[89]적 배경 역시 전후 영화의 로케이션 촬영이라든가 더 막중해진 시사성으로의 전환과는 어울리지 않았을 것이다. 1950년대 동안, '괴생명체 영화'(8장에서 더 자세히 논의되는)뿐 아니라 그 이전과 이후의 다른 많은 SF-호러 혼성물에 있어서도 논쟁의 여지가 있는 장르 상태는 장르 역사가들과 이론가들이 그 두 장르를 구별하는 데 늘상 어려움을 겪었음을 잘 보여 준다. 호러와 SF 관객들, 특히나 1950년대의 그 관객들이 대체로 제작자들에게 동일하게 인식되

89. 앤서니 호프Anthony Hope의 소설에 등장하는 가상의 모험 왕국. — 옮긴이

는 한 — 따라서 잭 아널드(<그것은 외계에서 왔다*It Came from Outer Space*> [1953], <검은 산호초의 괴물*The Creature from the Black Lagoon*>[1954]) 같은 스튜디오 감독들은 물론 로저 코먼 같은 익스플로이테이션 영화 감독들도 장르 구별에 대한 명확한 선先의식 없이 호러와 SF(라고 외면적으로 분류될 것) 사이를 오갔다 — "이러한 장르 관점들을 풀어내려고 애써 봐야 별 이득이 없"으며 대신 "어느 특정한 역사 순간 내의 어느 한 텍스트의 변별적 요소들"로 관심을 돌려야 한다는 웰스(Wells, 2000: 7)의 주장은 아마도 옳을 것이다. 그럼에도 역시, 몇몇 명확한 차이점들은 두 장르의 중요한 측면들을 밝히는 데 도움이 될 것이다.

SF와 호러를 '과학' 대 '마법'이라는 기반으로 구분하는 것은 상당히 부적절할 테지만, 반면 우리가 과학적 설명의 기준을 어떤 평가되어야 할 **성과**(즉 현대 과학 지식과 관련된)가 아니라 **수사***rhetoric*의 형식이자 **제시***presentation* **양상**으로 받아들인다면 한결 유용한 것으로 입증될 것이다. 즉 SF 세계에서 외계인과 괴물, 여타 파괴적이거나 악한 세력의 출현은 디제시스적으로 이용 가능한 과학 지식(우리 자신의 과학 지식과 일치할 수도 아닐 수도 있는)에 의해 설명할 수 있는 것으로 묘사될 뿐 아니라, 더욱이 그러한 분석과 설명, 그리고 — 흔히 — 체계적인 반응을 서사적으로 필요로 한다. 한 예로, 비록 <프랑켄슈타인*Frankenstein*>(1931)의 괴물이 명백히 오도된/도착적 과학의 창조물이긴 하지만 — 시체들을 꿰매고 전기로 생명을 불어넣고 '범죄자의 뇌'를 잘못 집어넣은 것으로 설명되는 그의 폭력성 — 그 영화는 그를 과학 문제로 제시하는 것이 아니라 애처로운 동시에 해로운, 두려운 괴물로 제시한다. 반대로, <또 다른 세계에서 온 괴물*The Thing from Another World*>(1951)로부터 <인디펜던스 데이*Independence Day*>(1996)에 이르기까지 셀 수 없이 많은 SF 외계인 침략과 괴물 영화들의 특징, 곧 공황 상태를 **관통하고 넘어서** 과학적/군사적 해결로 향하는 진행은, 혼돈과 공황 상태의 심화를 통해 나선형을 그리는 <프랑켄슈타인>의 서사 궤적은 더 이상 다르기도 힘들다. 물론 폭력은 침입자를 무찌르고 '정상성'을 회복하는 데 있어 빠질 수 없는 역할을 수행하겠지만, SF 영화의 폭력이 표면상 한결 더 이성적이라면, 호러 영화의 폭력은 제의화되고 반동적인 것으로 간주된다(타오르는 횃불을 든 마을 사람들의 대량 학살 같은 복수).

명료화와 불가해함이라는 대립된 장르 수사는 호러와 SF의 상이한 시각역域에도 반영된다. 1950년대와 1960년대부터 SF는 특히 대체로 절제하는 시각 양식을 사용하는데, 이는 결국 임박한 위협에 맞서 찾아낼 해결책들에 합당한 유사 과학적 중립성을 가장하는 것으로 간주될 수 있을 것이다. 이것은 고전 호러의 고도로 양식화되고 흔히 현란하게 표현주의적인 미장센과 뚜렷한 대조를 이룬다. 또한 호러와 SF는, 비비언 소벅(Sobchack, 1987: 29~30)의 유용한 주장대로, SF가 공적이고 집단적인 측면을 위협에 부여하는 경향인 데 반해, 호러는 — 최근 지배적인 정신 분석적 해석 패러다임이 제안하듯 — 내밀한 영역과 — 이 용어의 모든 의미에서 — 오컬트*occult* 영역을 둘 다 탐구하는 것으로 구별된다. 호러의 밀실 공포증적으로 죄어드는 공간은 신체와 자아와 섹슈얼리티에 관한 심원한 공포증적 충동들을 확대하고 응축한다. 그러나 다른 경우와 마찬가지로 1970년대 SF-호러에 있어 그러한 양식적인 장르 표적들은 점차 신뢰할 수 없는 것이 되었다.

영화 산업 내에서 호러의 위상은, 비록 항상 즉각 명백한 방식으로는 아니더라도, 포스트고전 시기에 두드러지게 변화했다. 분명, 산업 관점에서 호러는 더 이상 유니버설 '황금기'의 종말로부터 1960년대 말까지 대체로 그랬듯이 주변적이지 않다. 대학생과 고등학생 관객이 갖는 상업적 중요성의 막대한 증가는 물론이고, '컬트'(대개 SF와 호러) 영화, 텔레비전,

만화책의 인기와 주목성, 따라서 시장 잠재력의 폭발적 증가 — 인터넷의 출현으로 전 지구적이며 즉각적인 도달이 가능한 팬 문화가 확립된 이래로 심화된 — 는, 이러한 예전의 '싸구려' 장르들이 이제는 스튜디오와 감독들에게 매우 진지하게 받아들여지도록 보장하였다. 더구나 연쇄 살인범 영화 같은 새로운 장르들은, 소름 끼치는 장르 제재를 호러의 전통적인 대도시 저소득층 및 청소년층보다 훨씬 폭넓은 관객들 앞으로 가져가기 위해, 경찰 스릴러 같은 주류 형식을 호러 형식 및 주제에 더 많이 접합시켰으며, 이는 주류 사회 승인의 궁극적 인장이라 할 아카데미 최우수영화상 수상작 <양들의 침묵*The Silence of the Lambs*>(1991) 경우에도 해당된다(<양들의 침묵>의 장르적으로 애매한 위치에 대해서는 Jancovich, [2001]2002를 보라).

그럼에도 호러는 자매 장르인 SF만큼 완전히 주류로 넘어가지는 못했다. <스타 워즈> 이래 SF 블록버스터들이 (다음 장에서 논의되듯) 거대 예산, 톱 스타와 감독을 상시 누리고, 연간 개봉 일정에서 종종 중심 '기둥'을 이루며, 박스 오피스 순위 명단에 확실하게 모습을 드러내는 반면, 이런 것들을 호러에서는 좀처럼 누리지 못했다. 호러 영화의 예산은 여전히 상대적으로 낮으며, 메이저의 'A급' 인력이 순전한 호러 프로젝트에 참여하는 일은 어쩌다뿐이다. 이는 그 제재가 보다 명확하게 장르적일수록 더더욱 사실이 된다. 따라서 <식스 센스> 같은 절제된 유령 이야기들이, 특히나 시대극 배경에(<디 아더스>처럼) 브루스 윌리스나 니콜 키드먼 같은 메이저 스타들을 끌어들일 수 있을 경우, 상대적으로 '고급한' 것으로 인식되는 반면, <스크림> 같은 슬래셔 영화나 <고스트십*Ghost Ship*>(2003) 같은 전통적인 쇼커*shocker*, 혹은 <새벽의 저주*Dawn of the Dead*>(2004) 같은 리메이크작 등은 덜 알려진 배우들을 주연으로 기용하는 것이 상례로, 간혹 이색적인 역할이나 카메오로 '유명 인사'(가령 <스크림>의 드류 배리모어)가 참여하기도 한다. 윌리엄 프리드킨의 <엑소시스트

*The Exorcist*>(1973)의 기념비적 성공에도 불구하고, 순전한 호러 영화에 착수한 일류 감독은 지난 30년간 거의 없었다(<샤이닝*The Shining*>[스탠리 큐브릭, 1980]과 <드라큘라>[프랜시스 포드 코폴라, 1992]를 명백한 예외로 둔 채).

비록 호러 영화가 메이저의 여름 블록버스터보다는 주목을 덜 받으며 작동하긴 하지만, 그럼에도 그것은 현대 할리우드의, 산업 용어로 말하자면, '경기력'(비평의 환대와 입소문을 통해 매주 관객을 확장시키는 영화 능력)에 대한 '마케팅 능력' — 빗발치는 고강도 인쇄 및 TV 광고와 함께, 가능한 많은 현장에서 동시에 영화를 시작하는 방법 — 의 선호를 상징한다. 호러 영화는 대개 첫 주에 수백 개의 스크린에서 '넓게 시작'해서, 첫 주에 맹렬히 상영하여 주간 박스오피스 순위에서 1위이나 1위에 가깝게 오르고, 그리고는 이어지는 주들에서 급격하게 하락하여 상대적으로 짧은 개봉 기간 후 극장에서 사라지게 된다. 사실, 호러가 현대 할리우드에 가장 영구적으로 공헌한 것은 포스트고전 시대의 마케팅과 홍보를 위한 패러다임이었을지 모른다. 케빈 헤퍼난의 최근 연구(Heffernan, 2000, 2004)는 할리우드의 가장 비싼 일류 프로젝트들에 있어 전형적인 마케팅 방법으로 인식되는 기법들 — 명확하게 규정된 관객 인구에 대한 TV, 라디오, 인쇄 광고의 집중 공격이 동반된 와이드 개봉 — 이 1960년대에 더 소규모 기반에서 주로 흑인 저소득층 관객을 대상으로 저예산 호러 영화를 마케팅하는 독립 및 익스플로이테이션 배급업자들에 의해 개척되었음을 밝혀주었다. 헤퍼난의 저작은 <죠스*Jaws*>(와 MCA 사장 류 워서만의 역할)를 그러한 관행의 혁신으로 추려 내는 표준 설명을 바로잡았으며, 할리우드가 움추러드는 관객들을 되찾으려는 노력의 일환으로 두 장르를 점점 더 받아들인 것, 즉 1950년대 이래로 드라이브인 및 익스플로이테이션 시장으로부터 서사와 홍보 기법을 받아들였다는 잘 알려진 담론을 구체화하는데 이루 말할 수 없이 도움이 되었다. 1950년대 동안 '괴생명체 영화'

사이클 — 메이저 스튜디오 개봉작들에 의해 지배된 — 과 단명한 3D 붐은 분명 이러한 경향의 선행 지표였다.

## 괴물 만들기

영화 호러를 묶는 개념은 '괴물 같은'이라는 관념이다. 괴물성은 자명한 범주가 아니다. 괴물은 탄생하는 것이 아니라 창조된다. 더구나, 여러 연구자들이 지적했듯, 괴물*monster*은 라틴어 monstrare, 즉 '보여 주다'에 그 어원적 뿌리를 가지고 있다. 따라서 괴물은 입증하기*de-monstrate* 위해, 곧 어떤 종류의 (사회적) 교훈을 어느 대상에게 가르치기 위해 존재한다. 비명을 지르는 (대개 여성의) 얼굴에 대한 꽉 짜인 '숨막히는' 클로즈업이라는 시각 기법 — 분리될 수 없는 그 장르의 의미론적 상수*constants*의 하나 — 은, 거기에 표현된 공포와 전율에 대해 숙고할 기회를 관객에게 줌으로써, 이러한 교육 과정, 호러(우리가 무섭다고 느끼는 것)에 대한 가르침의 텍스트적 지표로서 간주될 수 있다. 어떤 호러 영화들에서는 '괴물 되기' — 누군가 혹은 무언가가 두려움과 혐오의 대상이 되게 하기 — 의 과정 자체가 서사의 일부가 된다. <프릭스> 같은 영화들과는 다른 방식으로, <쿼터매스 앤드 더 피트*Quatermass and the Pit*>(영국, 1967), 크로넨버그의 <플라이*The Fly*>(1986), <가위손*Edward Scissorhands*>(1990), 그리고 심지어 <프랑켄슈타인>은 관객들로 하여금 괴물성의 심리-사회적 역학에 대해 숙고하도록 이끈다. 1931년판 <지킬 박사와 하이드 씨*Dr. Jekyll and Mr. Hyde*>는 지킬의 '괴물 같은' 분신을 억압된 성적 욕망의 발현으로서 강조하는데, 그러한 욕망은 그 자체로는 완벽하게 '정상'이지만, 부인否認에 입각한 엄격한 사회 질서 속에서 체계적으로 좌절되면서 파괴적이고 과대한 것이 된다. 그러한 영화들은 프란츠 카프카Franz Kafka의 유명한 우화 ≪변신≫의 예를 본받은 것으로 볼 수 있을지 모른다. 이 소설의 주인공 그레고르 잠자가 거대한 벌레로 갑작스럽게 변한 것과 이러한 변형이 그의 가족 및 친구들에게 불러일으킨 혐오와 거부는, 사회적 고립과 차이에 대한 부르주아의 두려움과 적의, 순응을 알레고리화한다.

그러나 훨씬 더 많은 호러 영화들은, 증오, 공포, 공격성 등 그들이 괴물을 향하여 정당화시킨 묘사를 공유할 수 있도록 관객들을 위치시키면서, 단순히 '괴물 반사 작용'을 이용해 먹는 듯하다. 실제로, 상아탑의 과학자들이나 선의의 자유주의자들 쪽에서 이뤄지는, 괴물에 대한 오도된 연민이나 설득의 시도는 친숙한 장르 모티브로, 대개 정치 개혁자의 훈계적인 죽음으로 끝이 난다. 로빈 우드(Wood, 1986: 70ff)는 호러에서 이러한 정감적 임무를 '과잉 억압,' 곧 '가부장적 자본주의' 특유의 부인과 억압의 구조들(프로이트의 설명으로는 개인의 사회화에 필요한 기본적 억압을 넘어서는)에 대한 생생한 구현이자 응답이라고 간주한다. 과잉 억압은 두렵고 가증스러운 타자의 구성에 결정적으로 의존하며, 가부장제로 억압된 힘들 — 우드에게는, 섹슈얼리티, 젠더, 인종, 계급에 집중된 에너지들 — 에 의한 타자의 구현은 그러한 욕망들을 괴물스러운 것으로 인식하도록 강화한다.

그러나 우드는, 프로이트의 설명에 따르자면 개인 속의 억압이 자칫 꿈과 판타지 그리고 어떤 경우엔 신경증적이거나 히스테리적인 징후들을 통해 무의식의 영역에서 '억압된 것의 귀환'을 발생시키기 쉽듯이, 사회에서의 지나친 과잉 억압은 호러 영화 같은 '저급' 문화 형식의 위반적 에너지들 속에서 전치되고 왜곡된 반응을 만나게 된다는 주장을 이어나간다.[90] 우드는 (고전적 유니버설 및 표현주의 호러 사이클들로부터 대부분의 사례를 끌어내면서) 주장하기를, 호러 영화 괴물이 철저히 악랄한 경우는 거의 없으며, 어떤 단계에서 그것은 우리 자신의 인정되지 않은 욕망들을 표출한다고 말한다. 따라서 호러 영화는 "우리를 억압하고 우리의 도덕적 조건화가 우리에게 경외하라고 가르치는 규범을 부수고 싶은 우리의 악몽과도 같은 소망의 실현"을 제공한다(Wood, 1986: 80). 그 장르 안에 가득한 이중 모티브들은 이러한 양가성의 텍스트적 '징후'로, 친사회적 영웅과 반사회적 괴물의 보다 뿌리 깊은 근친성을 드러낸다. (우드는 <프랑켄슈타인의 아들*Son of Frankenstein*>[1939]에서 이름의 시조가 된 남작이, 모두가 '프랑켄슈타인'을 괴물의 이름으로 생각하고 본인은 "단지" 그를 만들었을 뿐이라 여긴다고 푸념하는 것을 지적한다. 마찬가지로 하디[Hardy, 1985: 107]는 해머 사이클에서 프랑켄슈타인의 창조물들이 남작 자신의 "도덕적 결함과 정서 위축"을 반향하는 거울 이미지들이라고 지적한다.) 따라서 호러는 지배적 이데올로기에 대한 불안정하고 믿을 수 없는 동맹자로서, 그것의 목적에 이바지하는 동시에 그것을 파괴하려는 욕망을 표명한다.

앤드루 튜더(Tudor, 1989)의 장르에 대한 역사적 연구는 호러의 많은 괴물들을 분류하는 방법 하나를 제공하는데, 이는 외부 / 내부와 초자연적 / 현세적이라는 핵심 범주들로 이루어진 도식적 격자를 가로질러 각기 다른 시기들에서 위협의 본성을 상세히 그려 내는 것이었다. 전쟁 이전의 호러에서 위협은 대개 (개인 혹은 공동체) 외부에서 비롯되며 태생상 초자연적인 편이었다. 전쟁 이후 10년, 원자 폭탄 돌연변이와 외계 침공의 전성기는 외부의 위협들을 역시 강조했지만 현세적인 것을 향해 결정적으로 이동했다. 외부의 위협들은, 적절한 지식과 기술만 있다면(불가해한 지식, 특효약, 혹은 돌연변이와 외계 생명체의 경우에는 현대 민족 국가의 과학 – 군사 연합 병력), 대체로 효과적으로 해치울 수 있었다. 튜더와 다른 사람들에게 있어 <살아 있는 시체들의 밤*Night of the Living Dead*>(1968)과 더불어 <사이코>는 외면

90. 그것의 '저급함'은 그 위반성의 핵심이다. 명백한 파편으로서 호러의 전복성은 이데올로기적 검열의 망 아래에서 이를테면 슬며시 기어든다.

화된 공포의 존재론적이며 실제적인 안전으로부터, 내부에서 발생하는 훨씬 더 불확실하고 근본적으로 동요시키는 위협들로의 이행을 나타낸다. 전통적인 고딕 호러가 최근 그 호러 요소들을 대체로 상실한 채 주류 액션 블록버스터로 통합되고 있음은(<미이라 *The Mummy*>[1999], <반헬싱 *Van Helsing*>[2004]) 그 장르의 초점이 그러한 '외부의' 위협들로부터 벗어나, 초자연적인 것이라기보다는 과학적으로 설명할 수 없는 것과 개인 심리라는 보다 덜 명확하게 정의된 기반으로 옮겨 가고 있음을 시사하는지도 모른다.

## <사이코> 이후의 호러

현대 호러 영화는 개인의 정신(사이코패스 살인마) 내부와 — 고립된 개인조차도 더 거대한 인간 공동체와의 필연적 관계 속에서 살기 때문에 — 우리 자신의 사회 제도(무엇보다 가족) 내부로부터 발생하는 위협들에 훨씬 더 집중하는 경향이 있으며, 그것들은 초자연적이라기보다는 병리학적이다. 노먼 베이츠와 그의 후계자들 같은 '괴물들'은, 오해할 우려가 없는 그 선조들처럼 명백한 차이의 표시들 — 신체상의 기형, 거대한 크기, 이 세상의 것이 아닌 외모 — 로 특징지어지지 않거나 덜 명확하다는 점에서 더더욱 무섭다. 그들도 늑대 인간 같은 예전의 변신 괴물들의 위반적 돌연변이성을 보유하지만, 이러한 차이와 일탈의 징후들은 이제 내면화된다. 클로버(Clover, 1992: 24)는 <사이코>의 "동기와 행위의 섹슈얼화"가 그 영화를 이전의 호러 영화들로부터 명확하게 구분시켜 주는 특질이라고 규명한다. 물론 <사이코>는 (비록 노먼의 칼이 마리온 크레인의 육체를 꿰뚫는 모습은 결코 보이지 않지만) 호러 영화들이 등장 인물들에게 그리고 그

대리자로서 관객들에게 기꺼이 가하고자 했던 생생한 폭력의 수준을 극도로 강화한 것으로도 유명하다(악명 높다). <사이코>에서 등장 인물들(먼저 마리온, 그다음에 노먼, 그다음엔 수사관 아보가스트)을 향한 관객의 공감 조종 — 결국 그들을 난폭하게 떼어 버리게 될 뿐인 — 도 역시 대중 영화에서 응시와 사디즘이 작동하는 새로운 영역(<엑소시스트>에서 킨더만 형사와 관련된 서브플롯에 반향된)을 개척한 것으로 널리 평가된다. 말트비(Maltby, 1995: 218~220)는 <사이코>를 할리우드 영화에 있어 문자 그대로 또한 비유적으로 '안전한 공간'의 종말로 평가한다. <사이코> 이후의 관객들은, 안개 자욱한 늪을 가로질러 비틀거리는 불길한 형상으로의 장면 전환을 통해 어떤 광포한 공격에 마음의 준비를 하는 것 — 이제까지는 관습이었던 — 을 더 이상 확신할 수 없듯, 그들의 관람 경험의 통합을 '보호'하는 서사적, 장르적, 재현적 관습들 역시 확신을 갖고 의지할 수 없다.

히치콕이 그 제목의 시조가 된 TV 시리즈로부터 프로덕션팀 멤버들을 기용하여 비용이 얼마 들지 않는 흑백 스릴러를 만들겠다고 결심한 것은 그가 당시 1950년대 호화로운 액션 서스펜스 영화(특히 <북북서로 진로를 돌려라*North by Northwest*>[1959])의 거장으로서 확립한 명성과 단절하는 일이었으며, 그 결과 만들어진 영화는 대중 관객과 비평적 찬미자 양편의 상당수에게 충격과 혐오감을 안겨주었다(Kapsis, 1992: 56~64를 보라). 그러나 그가 그러한 익스플로이테이션 계통의 마케팅 장치를 후속 인물들(유명한 익스플로이테이션 영화 제작자 윌리엄 캐슬의 측근)의 참여에 대한 거부로 성공적으로 활용한 것, 그리고, 더욱 중요하게는, 그가 소름 끼치고 기괴한 서사 제재를 개조, 확장, 극대화한 것은 그 실험을 정당화시키고도 남았으며, 예전에는 다룰 수 없던 이러한 장르 제재에 대하여, 할리우드의 전통적인 그러나 점차 비현실적이 되어 가는 '가족' 관객 너머의 거대한 시장을 드러냈다. 선더스(Saunders, 2000: 75)는 <사이코>를 "그 장르의 영화 감독들로 하여금 [본문의 표현을 따르면] 동시대 삶의 환영적 안정성과 근본 원리의 한계를 더더욱 폭로함으로써, 현대 실존의 토대이며 끊임없이 그것을 붕괴시켜 버리겠다고 위협하는 혼돈을 드러낼 수 있게 해주는 일종의 승인 행위"라고 묘사한다.

그러나 튜더의 꼼꼼한 도표가 분명히 해주듯, <사이코>와 함께 발생한 장르 전환은 하룻밤 사이의 갑작스런 장르 변형이 아니라 강세의 전환이다. 저렴하게 제작된 다양한 <사이코>(와 이전 시즌의 히트작 심리 스릴러-호러 혼성물 <디아볼릭*Les Diaboliques*>[프랑스, 1955]) 모방작들이 신속하게 시장을 점령한 반면(<호미사이들*Homicidal*>[1961], <디멘시아 13*Dementia 13*>[1963]), 보다 오래된, 보다 절제되고 안정되게 거리를 둔 — 장소, 시간, 위협의 성격에 있어 — 낭만주의적 고딕 양상이 1960년대를 통틀어, 특히 로저 코먼이 에드거 앨런 포의 작품을 각색한 사이클(<어셔가의 몰락*House of Usher*>[1960], <함정과 진자*The Pit and the Pendulum*>[1961], <리게아의 무덤*Tomb of Ligeia*>[1965] 등)과 영국 해머 호러 시리즈에서 지속되었다. 그리고 이는 <공포의 대저택>과 <더 헌팅> 같은 절제된 유령 이야기들도 마찬가지였다. 히치콕 자신은 <새*The Birds*>(1963)에서 <사이코>의 두 측면 — 샤워 장면의 가차 없는 공격과 폭력의 불가해함이라는 개념 — 을 한층 더 발전시켰다. 비록 <새>가 '외부의 위협' 모델로 돌아간 듯 보일지라도(그리고 <프록스*Frogs*>(1972), <피라나*Piranha*>(1978), <프로퍼시*Prophecy*>(1979), 심지어 <죠스> 같은 1970년대 '생태 호러*eco-horror*' 영화들을 예고할지라도), 그 영화의 강력한 단서는 새들의 갑작스런 공격이 어떤 점에서는 등장 인물들의 가족 기능 장애 및 정서적 억압과 관련되어 있음을 암시한다.

그러나 모든 호러 영화가 <사이코>의 지대한 영향력을 반복한 것은 아마도 1968년 시즌의 두 영화, 곧 익스플로이테이션 영화 <살아

있는 시체들의 밤>과 메이저 스튜디오 개봉작 <악마의 씨*Rosemary's Baby*>에 이르러서일 것이다. 그 두 영화는 <사이코>의 핵심적인 장르 혁신, 곧 관객에게 궁극적으로 안정된 혹은 안전한 위치 제공에 대한 거부를 공유한다. <사이코>가 끝에서 두 번째 신의 지나치게 깔끔한 정신 분석 범주들에 의해 그 영화의 위협이 만회되는 것을 거부한 것은, 페이드아웃되는 노먼의 얼굴 위로 미라가 된 어머니 얼굴이 이중 인화되는 장면에 지울 수 없이 새겨졌다. 보다 명백한 사회 기반의 공포를 다룬 <살아 있는 시체들의 밤>은 무분별한 체제 순응이자 국가 특유의 폭력으로서 디트로이트와 시카고 폭동[91] 및 베트남 전쟁 시대의 미국 문화를 묘사하기 위해 좀비와 카니발리즘이라는 주된 은유들을 사용한다. 이 영화의 강조점은 (흑인) 주인공이 '구조대원'으로 추정되는 이들의 총에 맞고 영화 마지막에 그의 시체가 아우슈비츠 같은 장작더미 위로 던져짐으로써 강력하게 각인된다. <살아 있는 시체들의 밤>은 호러 영화와 관련된 선과 악이라든가 영웅주의 같은 관습적 범주들을 비워 낸다. <악마의 씨>는 내면을 들여다봄으로써 한층 더 공포증적 영역, 곧 신체 자체를 열어 놓는다.

91. 1967년 7월 미국의 흑인 폭동이 뉴욕, 샌프란시스코, 디트로이트, 시카고 등 전국 17개 도시에서 연달아 일어났다. 이 폭동은 흑인에 대한 실질적인 차별 문제가 해결되지 않은 채 베트남전의 전쟁비 조달에 어려움을 겪고 있던 정부가 약속했던 복지 정책마저 실행하지 않자 일어난 것이다. 존슨 대통령은 흑인 폭동으로 거의 마비된 디트로이트에 대규모의 병력을 투입해 진압했는데, 이는 미국 현대사에서 가장 큰 폭동 피해를 기록했다. — 옮긴이

## 경계 부수기

바바라 크리드(Creed, 1986, 1993)는 '신체 호러*body horror*'라는 하위 장르에 대한 강력한 독해에서 줄리아 크리스테바Julia Kristeva의 ≪공포의 권력*Powers of Horror*≫(1982)에서 전개된 '아브젝시옹*abjection*' 개념을 불러낸다. 1970년대 중반 <엑소시스트>(1973)와 <에이리언*Alien*>(1979) 같은 영화들이 등장하면서, 신체 호러는 전통적인 초자연성(악령 들림)과 위협(외계의 괴물) 모티브를, 분만과 괴물적 섹슈얼리티 이미지로 가득한 명백한 신체적 위반에 대한 새로운 강조와 혼합하였다. <엑소시스트>에서 한 사춘기 소녀는 십자가로 자위를 하고, 그녀를 보살피는 성직자들의 얼굴에 푸르죽죽한 배설물을 게워 낸다. <캐리*Carrie*>(1976)의 또 다른 사춘기 소녀는, 영화 초반 그녀의 첫 월경을 가지고 그녀를 심술궂게 조롱했던 학교 친구들에게 끔찍한 염력을 발휘한다. <파편들*Shivers*>(캐나다, 1975)에서 성적으로 전염되는 기생충은 광포한 성적 혼란 상태를 발생시킨다. 그중에서도 가장 악명 높은 것은 <에이리언>에서 배아 상태의 생명체가 존 허트의 위를 뚫고 나오는, 출산에 대한 기괴한 패러디이다. 크리드는 이 영화들에서 작동하는 강력한 혐오 효과를 (서구) 사회의 금기와 신성 모독에 대한 크리스테바의 분석 관점에서 이해한다. 이처럼 배척된 것 혹은 '아브젝트*abject*'의 영역 구성은 사회 규범의 확립과 유지에 근본적인데, 자아라는 분리된 감각이 초래되는 것은 원초적 금지의 행위들을 통해서인 까닭이다.

크리스테바는 변, 오줌, 점액, 정액, 월경 피 등과 같은 육체의 분비물에 의해 도출되는 혐오와 메스꺼움의 느낌을 분석하면서 이러한 '아브젝트' 물질이 추방의 특질을 공유한다고 지적한다. 한때 우리 신체의 일부였던 그것들은 세상으로 축출[배설]되며, 거기서 그것들은 우리 자신의 일부이자 우리 외부의 대상들로, 우리이자 우리 아닌 것으로, 견딜 수 없이 존재한다. 궁극적으로 그것들은 우리가 모두 우리 자신에게 불가피하게 낯선 사람이 될 수밖에 없게 될 지점, 우리의 육체적 존속이 주체로서의 우리의 지속된 존재를 재보증해 주지 못할 지점을 우리에게 상기시킨다. 곧, 우리 자신의 죽음. 그것 후에 우리 신체의 썩어 가는 껍데기는 남지만 '우리'는 더 이상 존재하지 않게 되는 죽음 말이다. 이것은 신체 호러 영화들에서 강력한 정감의 근원을 지시하며, 켈리 헐리(Hurley, 1995: 203)의 표현으로는, 여기서 우리는 "인간 신체가 낯설어지고 타자가 되는" 것을 발견하게 된다. 이와 같이 구상되었으므로, 무엇보다도 죽음과 부패 그리고 — 적어도 초자연적 버전들에 있어 — 죽음 이후 혹은 너머 삶의 지속에 관련되는 장르인 호러가 아브젝트와 맺는 광범위한 연관성은 명백하기 그지없다.

크리스테바는 이러한 혐오가 본능적인 것이라기보다는 학습되는 것임을 지적하며(동물들과 아이들은 그것을 공유하지 않는다), 이처럼 혐오로 귀착되는 과정을 '아브젝시옹'이라 명명한다. 그녀의 복잡한 논의 가운데 세 지점이 호러에 연관된다. 첫째, 지적된 바와 같이, 아브젝시옹의 본래 초점은 고유하게 우리 신체**의** 것이지만 그것**으로부터** 이탈되는 물질들과 과정들이다. 따라서 일관되고 통합된 존재로서의 우리 자신에 대한 감각으로부터 우리를 소원하게 만들기. 둘째, 아브젝트 감각의 확립은 경계 만들기의 핵심 장치이다. 그것은 깨끗한 것과 불결한 것, 따라서 (사회적 그리고 이데올로기적 확장에 의해) 옳고 타당한 것과 사악하고 역겨운 것을 가려 낸다. 말하자면, 아브젝트 영역의 구성은 규범적이고 바람직한 것의 조건을 정하는 데 결정적 역할을 하며, 오직 한계와 배척의 감각을 통해서만 후자는 이용 가능해진다. 그러나 아브젝시옹의 과정 — 전통적인 프로이트 도식에서 원초적 억압 행위들과 유사한 — 은 결코 완전하거나 안전하지 않으며, 아브젝트는 갖가지 전치된 형식들에서 재등장하는데, 그 모두는 "정체성, 체계, 질서를 교란하는 것. 경계들, 위치들, 규칙들을 존중하지 않는 것"(Kristeva, 1982: 5)으로서의 유사한 측면을 공유한다.

노엘 캐롤(Carroll, 1990: 33)은 이와는 다른 이론 어휘, 즉 급진적 인류학자 메리 더글러스Mary Douglas의 저작을 이용하여 경계들이라는 논점에 관해 얼마간 비슷한 결론에 도달한다. 그는 지적하기를 "소름 끼치는 괴물들은 정상적으로라면 별개인 것의 혼합을 수반한다 …… 괴물들의 생태가 증기나 젤라틴이 되는 재발 비율은 형체 없음이라는 개념이 소름 끼치는 불순함에 적용될 수 있음을 입증한다"는 것이다(캐롤은 H. P. 러브크래프트의 호러 소설에서 극악무도한 생명체에 대한 묘사의 애매함을 언급한다).

> 괴물 X가 범주적으로 [메리 더글러스의 용어로 말하자면] 간극성*interstitial*이라는 것은 정확히 무엇이 불순함의 감각을 일으키는지에 대한 필연적인 인지 없이도 우리 안에 불순함의 감각을 일으킨다 …… 더구나 더글러스가 불순함에 대한 분석에서 범주 도식들을 강조한 것은 우리가 우리의 불순한 괴물들을 '부자연스런' 것으로서 재차 묘사하는 것을 설명할 방법을 지시한다. 그것들은 한 문화의 자연 도식에 대한 부자연스런 관계물이다. 그것들은 그 도식에 적합하지 않다. 그것들은 그것을 위반한다(Carroll, 1990: 34).

많은 정신분석학 이론처럼 크리스테바의 아브젝시옹 설명은 일반화하는 것으로서, 즉 역사적, 문화적 차이들과 컨텍스트들에 충분히 주의를 기울이지 않은 것으로서 비난받아 왔다. 그러나 아브젝시옹이 명백한 사회-정치 차원, 그것도 호러 영화에 즉각 관련되는 사회-정치 차원을 갖지 못할 이유는 없다. 설령 크리스테바가 주장하듯 아브젝시옹 과정이 보편적일지라도, 그것의 대상들은 필연적으로 우발적이다. 죽음을 면할 수 없다는 참을 수 없는 사실로부터 우리가 도망치는 데 있어, 우리가 우리에게서 지긋지긋해하고 두려워하는 측면들이 — 자신의 한계에 대한 우리 신체의 반역적 고백들로 — 특정 타자들에 투사되고, 그러면 그 타자들이 마치 불가피하게 우리를 기다리는 그 죽음에 책임이 있는 양 어떤 살인 기질을 드러내게 되는 그러한 과정을 추적하는 것이 가능하다.

크리드의 글은 그녀가 논의하는 영화들에 있어 하나의 컨텍스트로서 페미니즘의 중요성을 주장하는데, 여기서 '괴물적인-여성적인' 것은 여성의 권능에 대한 남성의 공포증적 분노가 드러나는 것으로 해석된다(자주 지적되어 왔듯 <엑소시스트>에서 악마가 워터게이트와 베트남 시대에 워싱턴 DC에서 분출한 것에는 명백한 풍자적 적용이 없지 않다). 아브젝시옹의 적용은 분명 이러한 시간-틀 너머, 호러 영화의 신성 모독 역학과의 더 폭넓은 연계로 확장될 수 있다.

## 퀴어 호러

크리드의 아브젝트 탐구가 시사하듯 결국 그녀는 호러가 궁극적으로 여성의 에너지들을 사회적으로 용인할 수 있는 형식 속에 재봉쇄하려는 목적으로 모성의 괴물성에 대한 공포증적 판타지들을 표명하는 장르라고 이해한다. 이런 관점에서 그녀의 비평은 시종일관 여성의 희생을 팔아먹는 장르에서 숱한 페미니즘 비평이 경험한 긍정적 일면을 찾아내는 어려움을 반영한다. 이러한 경향은 1970년대 후반 <사이코>의 뒤늦은 반향으로 등장한 스토커/슬래셔 영화들에서 특히 두드러졌다. 이러한 영화들의 한 가지 두드러진 양식 장치는 희생자의 뒤를 밟는 살인마의 위치에 빈번히 관객을 놓는 듯한, 그리고 살인자의 응시와 대리 동일시를 부추기는 듯한, 시점 카메라 배치였다. 윌리엄스(Williams, 1983: 61)에게 호러 영화의 여성 관객은 "강간, 신체 훼손, 살인과 마주하여 그녀 자신의 무력함의 증인이 되도록 요구"된다.

그러나 보다 최근 퀴어 이론의 관점에서 호러에 관해 쓰여진 글들은, 호러 영화의 텍스트적 불안정성과 괴물의 '범주 오류'에 대한 그 초점이, 젠더, 인종, 특히 섹슈얼리티의 관습적 이원성에 대한 도전이 궁극적으로 괴물의 최후 파멸에 의해 억제되지 않는 입장을 표명하는 것으로 간주될 수 있는 방식에 집중한다. 경우에 따라서는, 실제로, 승리에 찬 '정상성'은 바로 괴물의 '일탈적' 특성 일부를 스스로 흉내 냄으로써 승리를 차지한다. 이러한 움직임이 서사 관점에서 아무리 친사회적이라 해도 — 즉 그것의 목표가 괴물 제거일지라도 — 그것은 우드와 크리드에 의해 호러 영화가 결국 강화한다고 해석되는 규범적 범주들의 역전이 아닌 가치 전환을 야기한다. 따라서 정체성들은 재보증되지 않으며 주체의 본래 (상상적) 통합은 진행 상태로 남는다. 이것은, 예를 들어 <뱀파이어와의 인터뷰*Interview with the Vampire*>(1994)의 동성애 요소들이라든가 <악마의 키스*The Hunger*>(1983)의 레즈비언 흡혈귀들처럼 게이나 레즈비언 혹은 양성애 등장 인물을 전통적인 고딕 호러 주체들 속에 서사적으로 합병하는 것과는 거의 아무런 관련도 없다(Benshoff, 1997을 보라. 레즈비언 흡혈귀는 적어도 <드라큘라의 딸*Dracula's Daughter*>[1936]로까지 거슬러 올라가는 오랜 영화 역사를 가지며 <뱀파이어 연인들*The Vampire Lovers*>[1970]로 시작되는 해머의 초창기 1970년대 사이클에서 전적으로 관습적인 '여자 대 여자' 포르노그래피 방식으로 구체화된다. Weiss, 1992를 보라[92]).

최종 재합병에 저항하는 현대 호러 텍스트의 비교적 초기 사례 하나

92. '여피 나이트메어' 영화 <위험한 독신녀*Single White Female*>(1992)를 레즈비언 흡혈귀 영화로 고찰하는 흥미로운 독해에 대해서는 Creed(1995)를 보라.

는 1950년대 SF 괴물 영화 ＜괴물*The Thing*＞(1951)의 1982년 리메이크 작품이다. 1982년 작품은 전작의 유명한 결론 — "계속 하늘을 주시하라" — 에 담긴 신중하지만 확신에 찬 냉전 경향을, 두 생존자가 북극 탐사 캠프의 연기 나는 잿더미 한가운데서 피할 수 없는 죽음을 기다리는 훨씬 더 냉혹한 결말로 대신한다. 그렇지만 그 결말이 주목할 만한 것은 비단 그 황량함 때문만이 아니라 그 불확정성 때문이기도 하다. 그 영화의 외계 생명체는 형상 변이체로서, 그것이 공격하는 유기체의 신체 외모를 어느 것이든 단박에 흉내 낼 수 있다. 비록 기지가 파괴되는 클라이맥스의 대화재에서 괴물이 죽는 것처럼 보이지만, 생존한 두 과학자도, 관객도, 둘 중 누군가 가짜가 아니라고 완전히 확신할 수는 없으며, 영화는 그처럼 문제 해결을 거부한 채 끝나 버린다.

정체성 문제와 남성만의 집단에서의 그 '경과 / 소멸*passing*'에 서사적 관심을 집중하는 ＜괴물*The Thing*＞(1981)은 1980년대 초반 '게이 역병' 에이즈의 새로운 위협이 불러일으킨 불안을 반영했다고 볼 수 있다(어느 주요 장면에서 집단의 구성원들은 외계 오염균이 있는지 서로의 피를 검사한다). 그 영화의 위협은 명백히 '다른 곳'(우주 공간)에서 유래하지만, 미국 남성 신체를 꿰뚫고 침입하여 개인들을 낯설고 두렵게 만든다. ＜괴물＞은 또한 괴물의 변형과 위반의 이미지를 그려 내기 위해 인공 기관 장치에 막대하게 의존한다. 그러한 장치들(닐[Neale, 1990]이 지적하듯, ＜괴물＞에서 한 등장 인물이 저 특별히 스펙터클한 / 기괴한 효과 업적에 대해 "젠장 장난하냐!"라는 말로 반응하면서 반영적으로 논평한 대상)은 신체의 숨겨진 내부 공간들을 생생하게 보이도록 만들 뿐 아니라, 관객들로 하여금 그것들의 노골적 인공성을 깊이 새기도록 이끎으로써, 생물학적 혹은 신체적 기정사실이 실은 구성된 것임을 강조한다. 이것의 가장 악명 높은 사례는 아마도 또다시 ＜에이리언＞에서 케인의 배를 뚫고 나온 배아 상태 외계인과 ＜비디오드롬*Videodrome*＞(1983)에서 제임스 우즈의 배에 생긴 질척질척한 비디오 투입구 / 구멍일 것이다. 타니아 모들레스키(Modleski, 1998: 289)는 그러한 영상이 "전통적으로 '쾌락 *pleasure*'이라 불리는 것의 영역으로부터 매우 멀리 있는 반면, 이른바 **향유**[주이상스, *jouissance*]에는 훨씬 더 가까우며,[93] 그것에 대한 논의는 '틈,' '상처,' '균열,' '갈라진 틈새' 등의 용어에 특권을 부여한다"고 간주한다.

비록 이러한 열광적인 위반을 명백하게 탐사한 호러 영화는 상대적으로 거의 없지만 — 그 한 예외는 고통과 수족 절단, 쾌락이 바타이유식으로 합류된 <헬레이저>일 것이다 — 이는 정체성의 전복이 변형된 혹은 능욕된 신체를 넘어 텍스트 자체로 확장되는 '비판적 장르'로서의 호러 개념을 발생시킨다. 모들레스키는 다음과 같이 논의를 이어간다.

> 따라서 현대 호러 영화는 티에리 쿤젤 Thierry Kuntzel 이 고전 서사 영화가 항상 감추기 위해 [즉 열린 결말, 신원이 확실한 등장 인물의 결여, 허무주의적 특성 등 때문에] 작동할 수밖에 없다고 말하는 '다른 영화*other film*'나 다름없는 것이 된다. "형식 모체에 담긴 사건의 배열이 점진적 질서를 형성하지 않는, 관객 / 주체가 결코 보장되지 않는 …… 영화"(Modleski, [1986]2000: 291).

주디스 핼버스탬(Halberstam, 1995: 155)은 "호러 영화는 고전 리얼리즘이 은폐하고자 하는 봉합 자국을 눈에 보이게 만든다"고 유사한 주장을 펼친다. 그러나 핼버스탬과 여타 퀴어 이론가들이라는 호러의 텍스트 정

93. 라캉은 쾌락과 향유의 개념을 대립적으로 상정한다. 쾌락 원칙은 주체에게 되도록 최소한으로 즐길 것을 명령하는 쾌락의 제한이다. 한편 주체는 쾌락에 부과된 금지를 위반하고자 끊임없이 시도하는데, 그 결과는 더 많은 쾌락이 아니라 고통이 된다. 고통은 쾌락 원칙을 넘어서는 것이며, 향유는 바로 이처럼 고통 속의, 고통과 어우러진 쾌락이다. 향유는 말로 말로 표현할 수 없는 느낌, 감정의 측면을 강조한 개념으로서, 죽음의 충동과 결합된 쾌락이라 할 수 있다. — 옮긴이

치에 관한 태도는, 모들레스키나 여타 호러에 관한 초창기 페미니즘 연구자들과 구별된다. 퀴어 이론은 섹슈얼리티와 젠더 범주들의 근본적으로 불안정한 특성에 따라 (그리고 인종과 장애, 심지어 계급에 관해서도 점차 증가하는 퀴어 이론의 형성 속에서) 규범적인('비동성애*straight*') 정체성 개념에 가해지는 교란과 광란적 반전을 강조하며, 또한 그처럼 중층 결정된 사회 - 성 범주들의 접경에서 마주치는 무성한 기호학 증식을 강조한다. 그러므로 모들레스키의 경우 호러가 남성의 여성에 대한 공포를 이용하고, 따라서 여성을 향한 폭력에 의존하는 한, 호러의 대항적 자세의 정치적 진보성을 여전히 문제 삼는 반면, 핼버스탬은 포스트모던 스플래터*splatter* 영화(<텍사스 전기톱 대학살*The Texas Chainsaw Massacre*>[1974], <텍사스 전기톱 학살 2*The Texas Chainsaw Massacre 2*>[1986])를 고전적 괴물 영화의 악마화하는 이항 대립 너머로 나아가는 것으로 보며, 특히 젠더의 '질서 정연한' 범주들이 단지 재확인될 뿐 아니라 파열되는 폭동적 '포스트휴머니즘'을 향해 나아가는 것으로 간주한다. 따라서 "괴물 만들기가 …… 관습적 휴머니즘의 이항 대립에 의존하고 그것의 버팀목이 된다는 점에서 의심스러운 행위"인 데 반해,

> 스플래터 영화의 결말에서 승리를 거두는 젠더들은 문자 그대로 포스트휴먼이다. 그것들은 신체의 한계를 응징하며, 그 정체성들을 항상 상처 자국이 꿰매지고 봉합되고 피투성이의 것으로, 또한 성불구*impotent* 휴머니즘의 한계와 범위를 완전히 넘어서는 것으로 나타낸다(Halberstam, 1995: 143~144).

현대 호러 장르를 특징짓는 끝없는 속편 행진은 그 자체로 서사 종결 및 해결이라는 전통적 서사 개념을 '어지럽히는*queering*' 것으로 간주될 수 있을지 모른다. 제이슨이나 프레디 혹은 마이클[94]에게 가해진 결말이 아무리 외관상 치명적이고 결정적일지라도, 관객은 이것이 실제로는 그

이야기를 진정으로 '끝내는' 것이 아니라 그 영화 결말의 형식적 표식에 불과함을 잘 알고 있다.

## 할리우드 너머

호러 영화는 뮤지컬처럼 모든 내셔널 시네마에서 발견된다. 아마도 할리우드 외에 가장 잘 알려진 것은 해머에서 제작된 영국의 호러 영화들일 것이다. 해머는 1950년대 말부터 1970년대 중반까지 대체로 시대극 영화들 속의 갖가지 토착 괴물들과 더불어, 고전 유니버설 고딕 시리즈들 — 드라큘라, 프랑켄슈타인, 미라 — 을 소생시키고 향상시켰다. 해머 호러는 흔히 그것이 파헤치는 계급 관계 관점에서 접근된다(여기에는 같은 시대 영국 전쟁 영화들의 '군 과학자' 같은 중산 계급 전문가 — 예를 들면, 반 헬싱 — 도 포함된다. 그는 중세적 미신과 구시대적 귀족 사회의 연합 세력을 이기기 위해 그의 전문 기술 지식을 활용한다. Hutchings, 1993을 보라). 이러한 범주들은 미국에 그다지 적절하지 않았을지 모르지만, 랜디(Landy, 2000b: 69)의 주장에 따르면, 미국에서 해머 호러는 사면초가에 빠진 남성성 및 여성성과 실패해 버린 권위에 대한 불안에 편승할 수 있었다는 것이다. 스트리트(Street, 2002: 162)는 "그 사이클의 국제적 인기는 이러한 젠더 이슈들이 다른[즉 영국 외의] 사회들에도 마찬가지로 적절했음을 함축한다"고 덧붙인다.

호러 영화는 또한 유럽 대륙의 극장에서도 번성하였다. 아마도 가장 잘 알려진 전통은 이탈리아와 스페인의 호러들일 것이다. 특히나 이탈리아 호러는 1960년대에 마리오 바바(<악마의 가면*The Mask of Devil*>[1960], <블랙 선데이

94. 각각 <13일의 금요일>, <나이트메어>, <할로윈>의 주인공. — 옮긴이

*Black Sunday/La maschera del demonio*>[1960])와 리카르도 프레다(<닥터 히치콕의 공포*The Terror of Dr Hitchcock*>[1962])의 영화들에서 지알로*giallo*[95] 전통을 통해, 그리고 1970년대에는 다리오 아르젠토(<서스페리아*Suspiria*>[1977], <인페르노*Inferno*>[1980])의 영화들로, 일종의 작가 영화로서 국제적인 주목을 받았으며, 그 영화들은 모두 그 대담한 비주얼 스타일로 인해, 또한 그것들이 예술영화 모티브들을 의외의 장르 맥락에서 재작동시켰다는 점에서, 비평의 찬사를 얻었다(Jenks, 1992를 보라). 유럽 외에 가장 유명한 것 중 하나는 일본 호러 영화로, 그것은 종종 민속적이며 토착적인 연극 전통의 굳건한 기반을 갖고 있다(<오니바바*Onibaba*>와 앤솔로지 영화 <괴담*Kaidan*>, 둘 다 1964). 최근에는 <철남 데츠오 *Tetsuo: The Iron Man*>(1989)과 그 속편인 <철남 데츠오 2 *Tetsuo II: Body Hammer*>(1992) 같은 일본 SF－호러 혼성물이 '신체 호러'라는 하위 장르에 기여했으며, 한편 21세기를 맞는 동아시아, 그중에서도 주로 일본(<링*Ringu*>[1998], <배틀 로얄*Battle Royale*>[2000], <오디션*Audition*>[2000, 미이케 다카시], <검은 물 밑에서*Dark Water*>[2002], <주온*The Grudge*>[2002])과 한국 호러 영화의 새로운 물결은 미국과 전 세계 시장에서 컬트와 크로스오버 성공을 성취하고 있다(McRoy, 2005를 보라).

거의 보편적이라 할 호러에 대한 열중과 팬 문화의 팽창은, 미국과 영국에서 비유럽 장르 영화의 증가 추세, 즉 비영어권 호러 영화들의 영

95. 지알로는 이탈리아의 문학과 영화에서 범죄 및 미스터리의 한 장르로, 특히 호러와 에로티시즘 요소가 가미된 것을 가리킨다. 영화에서 지알로는 1960년대에 지알로 소설을 영화화하면서 등장했다. 살인 장면의 과도한 유혈과 스타일리시한 카메라워크, 이례적인 음악 사용 등이 두드러지며, 슬래셔 영화와 비슷하지만 여기에 이탈리아 특유의 오페라 전통과 그랑 기뇰이 결합되어 한층 과장되고 극적이다. 대담한 성 묘사라든가 광기와 편집증 같은 심리 요소도 주요 특징이다. 본래 '지알로'는 '노란색'을 뜻하는 말로, 그 장르의 기원이 되는 싸구려 페이퍼백 소설의 표지가 노란색이었던 데서 유래한다. — 옮긴이

어권 시장으로의 진출 확대 — 비록 여전히 제한되었다 해도 — 와, 중요하게는 할리우드 호러 영화에서 기예르모 델 토로(<미믹*Mimic*>[1997]과 액션 뱀파이어 속편 <블레이드 2*Blade II*>[2002]는 물론, <크로노스*Cronos*>[1993], <악마의 등뼈*The Devil's Backbone*>[2001]처럼 널리 배급된 멕시코 호러 영화를 감독한) 같은 장르 영화 감독의 고용으로 나아갔다. (호러의 국제화에 대해서는 Schneider, 2002를 보라.)

## 사례 연구: <링>(나카타 히데오, 1998) / <더 링>(고어 버빈스키, 2002)

나카타 히데오의 <링> — 신속히 후속작 두 편, <링 2*Ringu 2*>(1999)와 전편 <링 0 - 버스데이*Ringu 0*>(2000)를 낳은 — 은 아마도 1990년대 말 서구 유럽과 미국에서 개봉된 뉴 웨이브 동아시아 호러 영화 가운데, 상당수의 컬트 추종자를 확보한 가장 유명한 영화일 것이다. <링>은 한국의 저예산 버전(<링*The Ring Virus*>[1999])과 미국 드림웍스의 <더 링*The Ring*>으로 재빨리 리메이크되었다. 미국판 리메이크작은 대체로 일본 원작에 충실하며 실제로 나카타의 영화를 그대로 따라한 몇몇 숏이 포함되어 있다.[96] 플롯은 어떤 불가사의한 비디오를 다루고 있는데 그 비디오를 본 사람은 처음 그 테이프를 본 지 정확히 일주일 뒤에 죽음을 맞게 되어 있다. 희생자들의 얼굴은 형언할 수 없는 공포로 얼어붙은 가면과 같으며, 그들의 심장은 문자 그대로 경악으로 멈춰 버린 듯하다. 한 기자(<링>의 레이코 / <더 링>의 레이첼)가 처음엔 도시에 떠도는 괴

96. 두 영화의 숏별 비교는 웹사이트 http://www.mandiapple.com/snowblood/ringcompare.htm을 보라.

담 정도로 생각했던 이야기의 단서를 찾다가 그 비디오를 보고는 이제 자신이 저주를 받게 된다. 그녀는 저주에서 벗어날 수 있으리라는 희망으로 비디오 뒤에 숨겨진 진실을 점점 더 광적으로 추적하는데, 처음엔 그녀의 전남편(류지 / 노아)이, 그다음엔 그들의 아들(요이치 / 에이단)이, 그 저주의 비디오를 보게 되면서 상황이 더욱 심각해진다는 게 서사의 주된 몸통이다. 그 저주는 몇십 년 전 비범하지만 파괴적인 초능력을 가지고 태어난 한 아이, 사다코 / 사마라의 기이하고 비극적인 이야기에 뿌리를 두고 있음이 밝혀진다. 저주의 비디오를 세상에 보낸 것은, 어머니의 자살 후 아버지가 우물에 던져 굶겨 죽인 이 소녀의 원혼이다. 영화는 일본 호러의 전통적 범주인 괴담 혹은 '원혼' 영화에 해당되는데(McRoy, 2005를 보라), 이는 대개 학대받은 여성 존재가 살아생전 그녀를 학대했던 사람들에게 복수하고자 귀신의 형태로 돌아오는 것에 초점을 맞춘다. 사다코 / 사마라의 모습, 도마뱀 같은 눈 하나를 제외하고는 길게 늘어뜨린 검은 머리칼 뒤에 감춰진 그녀의 얼굴은 이러한 전통에서 관습적 도상이다. (현대 일본에서 이러한 모티브가 여전히 인기 있는 것은 일본 사회에서 여성의 역할 변화에 대한 남성 상상계의 불안하며 / 하거나 공포증적인 타협을 반영한다는 주장이 제기되어 왔다.)

저주의 비디오라는 중심 장치는 장르 특유의 구문론을 유지하는 가운데 의미론적 요소들을 갱신하는 호러 영화의 능력을 보여 준다. 비디오테이프라는 장치는 전통적으로 얼굴을 마주하고 이루어지던 저주를 비인격적 매체로 대체하며, 여기서 희생자의 정체성은 상관없어진다(비록 저주에 대한 레이코의 반응은 고전 호러 영화 양식에서의 도전으로 간주될 수 있지만). 테이프의 기원은 의도적으로 애매하게 남겨지며, 그것이 우물 위 숙소에 있게 된 정확한 경위 역시 그러하다. 속편과 시리즈가 유행하는 매체의 — 그리고 머지않아 속편 두 편을 낳게 되는 이 영화의 — 컨텍스트에서, 무한한 연쇄 속에 그대로 복사되고 유통되도록 요구되는 비디오테이프라는 아이

<더 링*The Ring*>(2002)

Reproduce Courtesy Of Dreamworks LLC / The Kobal Collection / Merrick Morton

디어에는 적어도 어떤 아이러니한 반영적 차원의 암시가 존재한다.

<링>과 <더 링>은 둘 다 호러 영화에 있어 끊이지 않는 문제 — 저승과 지옥의 시각적 전달 — 에 직면한다. 특히 이것은 전통적인 '외부의' (튜더의 분류법에서) 공포(프랑켄슈타인의 괴물, 늑대 인간, 고질라)가 현대 관객들을 놀래킬 힘을 상당 부분 상실해 버렸을 때 특히나 성가신 문제가 된다. 자크 투르뇌르는 배급업자 때문에 불을 내뿜는 거대한 악마의 숏 몇 개를, 그것만 제외하고는 시각적으로 절제된 사탄 스릴러 <악령의 밤*Night of the Demon*>(1957)에, 억지로 덧붙여야만 했으며, 일반적으로 이러한 조처는 호평받는 영화를 손상시킨 사례로 간주된다. 그러나 구식 괴물들의 쇠퇴 — 혹은 적어도 덜 소름 끼치는 정감 영역으로의 이동 — 와 더불어, <사이코> 이후의 호러 영화는 어떤 변화된 수용 환경에 직면하게 되는데, 여기서 관객들은 어느 때보다 더한 폭력과 신체적 위반의 생생한 시뮬레이션으로 평가되는 강화된 '충격'치를 고대하고 요구하는 것이다. 호러의 전통적인 초자연적 영역을 소생시키고자 하는 영화는 따라서 한편으로는 <식스 센스> 및 그 모방작들의 '세련된' 분위기와, 다른 한편으로는 스플래터 영화의 아수라장 간의 까다로운 균형잡기를 수행한다. SF-호러 혼성 영화 <이벤트 호라이즌*Event Horizon*>(영국, 1997)에서 우주선 이벤트 호라이즌호가 미끄러져 들어가는 절대적 악의 유사한 우주 경험을 전달하려는 시도는 그 문제를 예증한다. 지옥 영토로의 이행은 그 우주선의 비디오 항해 일지에 의해 관객들에게 생생히 묘사되는데, 그것은 단순한 기록 업무로부터 섬광처럼 스치고 지나가는 파편적 이미지들의 폭력과 광기로 바뀌며, 여기에 날카로운 소리, 미친 웃음소리, 음속의 일그러짐 등의 사운드트랙이 동반된다. 이는 사람들로 붐비는 극장에서 적당히 만족스러운 노골적 전율을 성취하지만, 반면 전적으로 타자의 질서에 속한 존재와의 만남으로서는 그 호러-코믹 이미지들(가령

그 우주선의 선장이 핵이 제거된 안구를 양 손에 쥐고 있다든가)에 적잖이 미진한 점이 있다.

<링>과 <더 링>에서 섬뜩한 것의 텍스트적, 서사적 핵심 매개물은 영화상에서 전부 혹은 일부분이 몇 번이고 보여지는 저주의 비디오이다. 이것은 영화에서 타자의 담론, 사다코의 악마적 심령 분출에 우리가 이르는 교량이다. <링>은 표준적인 장르 충격 기법들에 의존하지 않은 채 섬뜩한 것의 감각을 전달하고자 하며, 동시에 사다코 이야기의 비밀을 누설하기보다는 영화가 진행됨에 따라 레이코의 조사를 통해 그것이 펼쳐지도록 만든다. 따라서 분명, 만일 그 비디오가 우습다거나 단순히 흥미롭지 않다면, 상당량의 위협 요소는 즉각 떨어져 나갈 것이다. <링>은 그러므로 일련의 몽환적 영상을 만들어 내는 데 지대한 주의를 기울이는데, 그 영상은 관객에게 단지 해석적 도전이 아니라 충분히 인식적인 도전을 제공함으로써 그 명백한 내용 너머에서 동요하게 만든다(즉 그것이 무엇을 **의미**할 것인가라는 우리의 단순한 요구에 도전하므로 우리는 우리가 보고 있는 것에 대해 충분히 자신할 수 없게 된다). 비디오는 단지 여섯 개 — 거울에 비친 사다코의 영상을 그녀 어머니의 것과 분리시켜 센다면 일곱 개 — 의 분리된 요소들을 담고 있는데, 그것들 중 어떤 것도 장르적으로 위치시키기 쉽지 않으며 혹은 사실상 어떤 방식으로든 위치시키기 쉽지 않다(모든 영상 중에서도 비틀거리고 일그러진 사람들 — 나중에 알게 되지만 사다코의 초능력 분출의 희생자들 — 의 영상이 내용 면에서 가장 교란적이다). 비디오는 극도로 해상도가 낮으며 그 어떤 (정지된) 숏도 '구성'됐다는 느낌을 주지 않는다. 이 시퀀스의 강도 높은 교란 효과는 그 영상들의 표면상 소름 끼치는 내용보다는 그것들의 불가사의하고 불가해한 성질에서 규명될 수 있다.

<더 링>의 저주 비디오는 <링>의 것보다 상당히 더 길며 비록 그것이 일본판의 핵심 영상들을 따라하고는 있지만 — 거울, 우물 안에서 바라본 하늘, 우물의 외부 숏 — 거기에 상당수의 다른 영상들이 덧붙여

진다. 그중 몇 개는 장르적 '호러' 영상들로서, 이를테면 테이블 아래로부터 꿈틀거리며 기어나오는 거대한 지네, 못 박힌 손가락, 박스에 담긴 절단된 손가락들 등이다. 그 영상들은 <링>에서보다 상당히 명확하며, 보다 눈에 띄게 구성되어 있으며 적어도 한 번은 — 안나의 자살 — 주체를 향해 다가가는 스테디캠 카메라로 찍혔다. <더 링>의 비디오는 <링> 비디오의 핵심 담론 요소들 — 스크린을 고동쳐 흐르는 '분출[噴]'이란 단어, 사다코의 안구 클로즈업에서 어렴풋이 감지되는 '사다[貞]'라는 문자 — 을 결여하며 이를 레이첼의 기술적 탐색 작업으로 대신하는데, 그녀는 죽은 말의 영상을 프레임 추적함으로써, 비디오에 묘사된 장소를 밝혀낼 수 있게 된다. 실제로 저주 비디오의 몇몇 영상들은 직접적인 지표적 흔적, 곧 사마라의 기억으로 입증되어서, 레이첼에게 사마라 가족의 소재를 추적하고 확인하도록 직접적으로 지시해 준다.

흥미롭게도 <더 링>은 노아가 그 테이프를 '학생 영화'라고 무시하듯 언급하는 장면에서 이처럼 훨씬 더 정교한 시퀀스에 대한 관객의 거부 혹은 무관심을 반영적으로 예견하고 있다. (반대로 류지는 그 테이프를 처음 보고는 불안하고 동요되어 보인다.) 또한 이러한 부인의 제스처는 노아가 류지보다 훨씬 더 회의적이고 '현실주의적' 인물이라는 사실과 더불어 두 영화의 각기 다른 젠더 정치를 부각시킨다. 노아가 레이첼과 조사 파트너를 이룬 것은 그녀가 표출한 공포에 대한 직접적인 반응으로서라기보다는 그 자신의 외면적으로 입증 가능한 증거(그가 저주의 희생자임을 밝히는 일그러진 경고성 사진들) 때문이다. 이것은 <더 링>에 담긴 전반적으로 보다 경험적인 태도를 반영한다. 이 영화는 <링>의 민속 신화 기반으로부터 벗어나, 비과학적인 것을 설명하는 데 있어 현대 미국의 대중 문화(<엑스 파일> 등)에 확고히 자리잡은 장르 어법으로 이동한다. <링>과 비교하여 사마라 가족이 드라마상으로 점차 두드러지는 것은 민속적 요소 — 해신

海神 혹은 악마의 아이로서의 사다코 — 의 전면적인 억제와 마찬가지로 이러한 상이한 우선권들을 반영하고 있다. 또한 <더 링>은 두 에피소드, 즉 배에 태운 말의 섬뜩한 패닉과 사마라의 아버지가 욕조에서 감전사하는 장면을 삽입한다. 둘 중 어느 것도 나카타 영화와 직접적인 유사점을 갖지 않으며, 다만 레이첼의 추적 서사에 파란만장한 사건들을 증대시키기 위해 그리고 혼란스럽고 폭력적인 플롯 삽화에 대한 관객의 기대에 부응하기 위해 도입된 것으로 보인다. 또한 <더 링>은 <링>의 류지로부터 에이단에게로 초능력을 옮겨 놓음으로써 사마라와 에이단 간의 직접적인 비교를 확립한다. 이것은 초자연적 능력을 가진 아이에 대한 유행을 이끈 <식스 센스>를 흉내 냄으로써 다시금 원재료를 미국 장르 관습에 순응시킨 것이다.

<더 링>은 일본판이 의도적으로 피하는 충격 컷, 빠른 돌리/트래킹 숏, 그리고 인공 기관/분장을 모두 사용하면서, <링>보다 장르적으로 알아보기 쉬운 시각 양식을 택한다(예를 들어 첫 번째 희생자가 — 아마도 — 화면 밖의 사마라를 봤을 때 희생자 얼굴로 다가가는 빠른 트래킹 숏. 그중 마지막 프레임들은 여배우의 비명 지르는 얼굴 대신 소름 끼치는 분장 효과로 대체한다). 레이코가 경찰에 의해 류지의 아파트로 호출되는 반면, 레이첼은 노아의 시신을 직접 발견한다. 이 장면은 긴장감 넘치는 구축 속에 노아의 시체가 드러나게 되는, 소름 끼치는 극적 반전*coup de théâtre*으로 구성되는데, 그 시체는 제단 위 그림처럼 포즈를 취하고 있으며(이것은 우리가 노아를 마지막으로 봤을 때 그가 방바닥을 기어 다니던 것에서 설명되지 않지만, 예를 들어 <양들의 침묵>에서 한니발 렉터의 스펙터클한 신체-구성을 연상시킨다) 그의 얼굴은 사마라의 희생자들의 '공포 가면'으로 기괴하게 변형되어 있다.

그러나 아마도 그 두 영화의 가장 두드러진 차이는 결말에 있을 것이다. <링>은 고속도로에서 속도를 올리는 레이코의 자동차에 대한 하이

앵글 숏으로 페이드아웃된다. 우리는 그녀가 하나뿐인 자식보다는 노인을 희생시키기로 결심하고 아버지에게 저주 비디오를 보여 주기 위해 아들 요이치를 데려가고 있는 것을 안다. 그처럼 그 영화는 처절한 언급으로 끝난다. 저주를 피할 도리는 없다. 다만 불가피한 전염을 전달할 수 있을 뿐. 반면 <더 링>은 나선 형태의 복사를 복제한다. 레이첼은 비디오를 누구에게 보여 줄 거냐는 에이단의 물음에 대답하지 않는다. 이로써 <링> 결말이 안겨 주는 절망과 잔혹함의 특별한 감각은 상당히 누그러드는 반면, <더 링>에서는 미국 교외를 배경으로 그와는 다른, 보다 원자화된 가족 및 공동체 감각이 강조된다.

# 08

# SF 영화

SF는 현대 할리우드의 지배적인 존재이다. <스타 워즈>(1977)는 SF와 새로운 품종의 액션 블록버스터 간의 강력한 상업 동맹을 확립하였다(10장을 보라). 역대 박스오피스 선두에 랭크된 100편(물가 상승률에 맞춰 조정된) 가운데 18편이 SF 영화(혹은 일부 SF 순수주의자들이 선호할 것처럼, 서사 내용과 주제적 관심사의 일부 혹은 대부분을 SF의 전통적 관심사에서 가져온 액션 영화)로, 모두 1977년 이후 개봉된 것들이다. SF 영화는 1977년과 2003년 사이 연간 최고 흥행작 27편 가운데 13편에 달하며, 같은 시기 최고 흥행작 상위 100편(조정되지 않은) 가운데는 27편이나 된다.[97] 해마다 미국 메이저 스튜디오들이 여름 대목 시장에 내놓는 주요 개봉작들 — 한 해의 스케줄 편성의 중심이

97. 여기에는 <인디아나 존스>, <해리 포터>, <반지의 제왕> 시리즈 등 밀접하게 관련된 그리고 그 핵심 관객과 마케팅 전략 면에서 대체로 구별되지 않는 — 판타지 어드벤처 장르의 또 다른 7편은 포함되어 있지 않다.

되는, 그리고 대차대조표 및 스튜디오 임원들의 경력을 세우거나 허물 수 있는, 블록버스터 영화들 — 은 특수 효과로 점철된 SF 스펙터클 대작들이 대부분이며, 이것들은 가급적이면 <매트릭스*The Matrix*>(1999, 2002, 2003), <터미네이터>(1984, 1991, 2003), <에이리언>(1979, 1986, 1990, 1997, 2004), 혹은 특히나 <스타 워즈>(1977, 1980, 1984, 1999, 2002) 시리즈처럼 믿을 만한 극도의 고수익성 시리즈 '프랜차이즈'로 나아간다. 고전적 SF 모티브들(유전 돌연변이, 방사능 감염, 마인드 컨트롤 등)을 중심으로 전개되는 <스파이더맨*Spiderman*>(2002, 2004)이나 <엑스맨*X-Men*>(2000, 2003) 같은 고전 코믹북은 스튜디오 입장에서 매력적일 만큼 '수요가 보장'되어 있었으며(즉 널리 퍼진 '브랜드' 인지도와 그 원작 매체의 헌신적 관객), 뿐만 아니라 탄탄한 영화 시리즈들을 확립하기도 하였다.[98] 개봉 전 수개월간(<스타 워즈>의 경우, 수년간) 기대감을 구축하는 정교한 홍보 전략에 의존하며 집중적으로 마케팅되는 이 영화들은 중대한 미디어 '이벤트'로 전 지구의 관객에게 다가간다(비록 전통적으로 SF의 핵심 고객을 형성해 온 청소년, 그중에서도 주로 남성 관객에 대한 여전히 막대한 호소에 의존하지만).[99] 정의상 애초부터 하이퍼모던이라

98. 물론 이런 팬들은 영화화되는 과정에서의 위반이나 잘못된 점에 대해 불만을 표명함으로써 문제를 제기하기도 한다. 아마도 가장 잘 알려지고 조직화된 팬 커뮤니티는 <스타트렉*Star Trek*> 팬 혹은 '트레커*Trekkers*'일 텐데, 그러나 월드와이드웹의 도래 이후 네트워크화하고 의견을 나누며 조직화하는 팬의 능력이 막대히 상승함에 따라, 다른 집단들도 트레커에 의해 개척된 압박 전략을 차용하게 되었다. SF 관객에 대해서는 Tulloch & Jenkins(1995)를 보라.

99. 그러나 이 관객은 결코 동질적이지 않다. 예를 들어 피터 크래머(Krämer, 2004)가 입증하듯, <스타 워즈>, <쥬라기 공원>과 아이들을 타깃으로 삼는 여타 시리즈들(종종 정체성 지점으로서 아이가 주인공으로 등장하는), 그리고 <매트릭스>, <에이리언> 시리즈 같은 R[준성인] 등급 작품들 간에는 분명한 차이가 존재하는데, 후자는 생생한 폭력과 (그보다는 훨씬 드물지만) 섹슈얼리티 같은 '성인' 내용을 부각시키며, 또한 주제의 복합성이나 지적 과시의 정도가 그 자체로 브랜드 정체성의 핵심 부분이다.

할 SF는 단지 월드 시네마(예를 들어 일본 망가와 애니메이션 영화)뿐 아니라 음악과 패션, 제품 디자인에서도 최첨단 스타일을 차용하기에 좋은 위치에 있으며, 나아가 영화에 집중된 전 지구적 공동 크로스 미디어 마케팅과 판촉 전략(<매트릭스>에 두드러지게 등장하는 레이밴 선글라스와 노키아 휴대폰은 그 적절한 사례이다)에 있어 이것들을 '필수' 요소들로 재정비하기에 좋은 위치에 있다.

상황이 항상 그랬던 것은 아니다. SF는, 1970년대 중반 이전에는 좀처럼 예측할 수 없던 방식으로 1970년대 이후의 미국 영화 산업을 변화시킨 '뉴 할리우드'의 발생에 있어, 하나의 함수이자 추진력으로서 산업적으로 부각되었다. <스타 워즈>와 <미지와의 조우*Close Encounters of the Third Kind*>(1977)가 만들어 낸 박스오피스 연합 효과는 SF의 한정된 관객층에 대한 이전의 일반적 가설들을 바꿔 놓았다. 이 두 영화가 나오기 전까지 SF는 일반적으로 할리우드 장르 위계에서 명백히 부차적인 위치를 점하고 있었던 것이다. 현재 SF가 쥐고 있는 주도권은 시각효과 산업 — <스타 워즈> 이래로 그 자체 수십억 달러 사업으로 성장한(루카스필름의 자회사 인더스트리얼 라이트 앤드 매직[ILM: Industrial Light and Magic]이 여전히 독보적인 가운데) — 의 급증과 발맞춰 이뤄진 것이지만, 그렇다고 SF의 주도권이 단지 그 어느 때보다 놀랍고 자연스러운 미래의 비전과 현재의 변형을 전달하는 능력 면에서 설명될 수는 없다. 사실, 현대 SF 영화가 이용하는 동시에 신중하게 양성하고 있는, 이러한 기술적 경이에 대해 지칠 줄 모르는 욕구를 가진 대중 관객의 발전은 그 자체로 사회적, 역사적, 문화적으로 컨텍스트화될 필요가 있다.

하나의 장르로서 SF는 기술 변화로 인해 인류 사회 및 정체성에 초래될 — 대개 위협적인 — 결과에 변함없이 기울이는 그 관심으로 인해, 첨단 기술이 끝없이 급변하는 가운데 그 어느 때보다도 중요하게 다뤄지게 된 문화에서의 어떤 근심과 불안을 다루기에 각별히 좋은 위치에 있게 된다. 지난 50년간의 모든 사회 역사는 — 핵무기의 무시무시한 파괴적 힘의 방출로부터, 1960년대 초 여성의 성적 독립에 중요한 함의를 갖는 피임약의 도입에 이르기까지, 또한 1980년대 말 시작된 현재 진행형의 디지털 혁명에 이르기까지 — 급속한 기술 변화를 동반한, 그리고 많은 경우 종종 현기증 나는 속도의 사회, 문화적 변화를 강화시킨, 다채로운 방법들을 강조하였다. 그 사색적인 미래주의 경향이 흔히 판타지 및 사회적 알레고리의 오랜 전통과 결합된 장르로서 SF는 이러한 변화와 그 가능한 의미들을, 명시적이고 도전적이며 재미있는, 그러면서도 대부분의 경우 반드시는 아니더라도 교훈적이거나 덧없는 정치 논쟁에 직접 관련된, 서사 형식으로 전달하는 데 있어, 서부극이나 뮤지컬 같은 향수 어린 장르들이라든가 혹은 전쟁 영화나 사회 문제 영화 같은 강도 높은 시사 장르들보다 훨씬 더 적합해 보인다.

이와 같은 평단의 통용에 SF의 공적 차원(Sobchack, 1987에 의해 지적된)이 더해진다. 외계인 침공이나 자연의 지각 변동, 핵전쟁(각각 <지구 대 비행접시 *Earth vs. the Flying Saucers*>[1956], <코어*The Core*>[2003], <혹성 탈출*Planet of the Apes*>[1968])으로 발생한, 공포에 사로잡힌 군중들의 돌진과/이나, 워싱턴 기념비, 금문교, 자유의 여신상처럼 알아보기 쉬운 역사적 건물의 파괴가 인간 문명 자체의 파멸을 뜻하는 도시 공황 및 파괴의 — 혹은 오싹한 포스트묵시록적 체념의 — 스펙터클 시퀀스들로 대표되는 SF는 초개인적인 것을 강조한다. 심지어 '인간이 그냥 내버려 둬야 하는 것들'을 괴팍스럽게 탐구하는 외톨이 괴짜 과학자나 망상가조차도 과학의 신뢰성과 책임에서의 더 거대한 위기를 구현한다. 호러 영화가 개인의 광기나 기능 장애성의 고딕적 내면 영역으로 강박적으로 선회한다면, SF의 성간星間 공간이나 사막 황무지의 가늠할 수 없는 심연은 반대로 인류의 사소한 근심들을 우주적 규모에서 축소시키고 비꾼다. 많은 SF 영화들 — 특히 서사시를 자칭하는 것들 — 은 이러한 바니타스*vanitas*[100]의 주제를 그 누구의 시점도 뜻하지 않는(그것이 그 자체로 신이 아니라면) 클라이맥스의 롱 숏 혹은 익스트림 하이앵글 숏으로 표현하는데, 여기서 인간 주인공의 형상은 준엄한 자연과/이나 절대적 참상의 배경 속에서 왜소해진다. 예컨대 <세계, 육체 그리고 악마*The World, the Flesh, and the Devil*>(1959), <혹성 탈출>, <THX 1138>(1970), <오메가맨*The Omega Man*>(1971)처럼 말이다. 때로 인류는, 핵전쟁 아마겟돈 판타지인 <그날이 오면*On the Beach*>(1959), <닥터 스트레인지러브*Dr. Strangelove*>(1964), <혹성 탈출 2 — 지하 도시의 음모*Beneath the Planet of the Apes*>(1970)의 결말 시퀀스에서처럼, 완전히 말살되기도 한다.

영화사와 문화 연구에서 SF의 신속하게 통용된 것 역시 마찬가지로 명확하다. 앞으로 보게 될 것처럼, SF는 최초의 독자적 포스트고전 할리우드 장르로 간주될 권리를 충분히 갖고 있으며, 바로 그러한 자격으로 산업 역사에서 중요한 위치를 차지하고 있다. 더구나 문학의 SF와 영화의 SF는 둘 다 현대 문화 이론의 논쟁에 중심이 되어 왔는데, 위에서 언급된 현대 SF 특질은 그 이유를 설명해 줄 것이다. 요컨대 전 지구적인 영화 배급과 마케팅의 변화하는 관행들에 제도적으로 얽혀 있음, 사진 영상의 존재론에 관한 전통적 가설들(특히 그 지표적 특성, 혹은 실재로부터 생산되고 재생산하는 특성)에 도전하는 디지털화 같은 재현 실천의 변화에서 최전선에 놓여 있음, 장르와 내셔널 시네마의 경계 모두를 가로지르는 투과성과 혼성성, 테크놀로지 변화라는 문제와 그것이 인류 정체성에 미치는 영향

100. 헛됨, 공허를 뜻하는 라틴어. '바니타스' 곧 삶의 덧없음이라는 주제는 특히, 흐드러지게 핀 꽃 사이로 썩어 가는 과일과 해골 등을 배치한 17세기 네덜란드 정물화에서 하나의 장르로 자리매김되었다. — 옮긴이

에 중점적으로 초점 맞추기, 인간 본성의 확고함과 불변성에 관한 전통적 가설들의 지속적 유효성에 대한 회의. 이러한 SF 영화의 핵심 속성들은 포스트모더니즘 특질의 실질적인 점검표를 형성하기도 한다(Bertens, 1995를 보라). 따라서 SF는 본질적으로 포스트모던 장르(만일 그러한 개념이 용어상 모순이 아니라면)로, 동시에 포스트모더니즘에 관한 그리고 그것의 관념들을 폭넓은 관객에게 보급하기 위한 중요 전달 수단으로 볼 수 있다.

그러한 논평들에서 일반화의 정도는 분명 어떤 건강한 정도의 회의주의를 초래할 것이다. 특히, 많은 포스트모던 비평과 이론에서 제재 역사의 위치 파악이 까다롭기로 악명 높은 점을 감안할 때, 미국 SF 영화에 대한 어떤 역사적 고찰을 통해 이러한 주장들을 시험하고 정당성을 입증하는 것은 유용할 것이다.

## 머나먼 은하: 1977년까지의 SF 영화

<스타 워즈> 이전의 미국 SF 영화는 세 단계로 나뉠 수 있다. 호러 주제와 초기 작품은 2차 세계 대전 이전 그 장르의 불분명한 시작을 나타내며, 선정적인 통속 서사와 행성 간 충돌 및 원자 폭탄과 돌연변이에 대한 냉전 알레고리들은 1950년대를 지배한다. 한편 1960년대 말과 1970년대에는 어두운 디스토피아 비전이 두드러진다. 이러한 시대 구분은 어쩔 수 없이 대략적이지만, 여기서 더욱 중요한 점은 이것이 실제로 진화 단계가 아님을 처음부터 인정하는 것이다. 각각의 단계는 앞 단계의 장르 전개에 대한 반응인 이상으로, 그것의 즉각적인 산업 및 문화 컨텍스트에 대한 반응이며, 1977년 이후의 SF 영화에서 명확하게 두드러지는 이 모든 세 단계의 요소들은 하나의 새로운 통합 형식으로 종합되기보

다는 각각의 시대와 양식과 이데올로기의 어떤 활력 넘치는 브리콜라주 *bricolage* 속에서 우글거리는 포스트모던 형식에 해당된다. 그러나 만일 이처럼 폭넓게 다양한 요소들을 아우르는 능력이 SF의 '포스트모던' 속성의 하나로 간주된다면, 이러한 경향은 그 장르의 가장 초기에도 눈에 띈다는 점 역시 주목할 필요가 있다. 서부극이나 갱스터 영화 같은 '탄탄한' 고전 장르들과 비교하여 SF의 장르 경계들은, 특히 호러 영화와의 경계에서 폭넓게 지적되고 논의되었듯, 이례적으로[많은 구멍을 지닌] 투과적이다. 킹과 크지윈스카(King & Krzywinska, 2001: 57)가 지적하듯, SF에 일관된 도상이 결여되어 있음은, 정의를 내리기 위해서는 비교적 구체적인 의미론적 차원보다 구문론적 명제들에 더 의존해야 함을 뜻한다. 이는, 다시금 비평 문헌에서 자주 논평되었듯, 장르 정의에 있어 악명 높은 어려움을 제기해 왔는데, 그러나 우리의 목적을 위해서는, 이처럼 비교적 무정형이며 이종적인 측면이, 근래 수십 년간 썩 잘 작동해 온 유연성과 적응성을 그 장르에 부여해 왔음을 지적하는 일이 훨씬 더 유용할 것이다. SF는 재조합형 *recombinant* 장르였으며 지금도 그러하다.

이러한 변화무쌍함은 다시 말해 2차 세계 대전 이전 SF 영화에 그 어떤 명확한 패러다임 표현도 결여되어 있음을 뜻한다(이는 SF 문학에는 결코 해당되지 않는 얘기다). 사실 앞서도 주장한 바와 같이, SF는 거의 고전 할리우드 장르라고 할 수 없었다. 대부분의 설명들은, 예를 들어 방사능(<투명광선 *The Invisible Ray*>[1936])과 소형화(<악마의 인형 *The Devil Doll*>[1936], <닥터 사이클롭스 *Dr. Cyclops*>[1940])처럼 나중에 SF 주제로서 구체화될 것이 대부분 호러 영화의 고딕적 상상계에 편입되어 있었다는 데 동의한다. 후에 그 장르를 정의하게 될(아래를 보라) 테크놀로지 주제는 '미친'(말하자면, 대개 강박적이고 편집증적이고 냉혹하며 도덕적 혹은 윤리적 가책에 전혀 얽매이지 않는) 의사나 과학자의 재앙적 실험들을 통해 이러한 1930년대 'SF 고딕'에서 전형적으로 다뤄진다. 예를 들면 <투명 인간*The Invisible Man*>(1933), <닥터 모로의 DNA*Island of Lost Souls*>(1933), <매드 러브*Mad Love*>(1935), 그리고 물론 <프랑켄슈타인>(1931)과 그 속편들처럼 말이다. 호러 장르의 기본 패러다임 가운데 하나인 프랑켄슈타인 신화를 SF 논의에 포함시키는 것은 단지 이 장르 특유의 경계 투과성을 다시 한 번 강조할 뿐이다. 그러나 'SF 고딕'의 '미친 박사'와 전후 SF의 원자핵 및 유전 공학 과학자 간에는 적어도 두 가지 중요한 차이점이 지적될 수 있을 것이다. 먼저 1930년대 인물들은 대체로 훨씬 더 비사회화되어 있으며, 이후에 지배적으로 등장하는 군사 혹은 민간 연구 센터나 병원보다는 중세 성이나 열대 섬 혹은 외딴 저택처럼 고립되고 명백하게 고딕적인 장소 — 호러 영화의 '무시무시한 장소'와 동일시할 수 있는 버전들 — 에서 작업을 실행한다. 둘째로, 이러한 분위기와 어우러져 그들의 기술은 미래적인 것보다는 외과술적이거나 심지어 연금술적인 것으로 그려지는 편이다. "이건 과학이 아니라 …… 차라리 **마법**이군!" <프랑켄슈타인의 신부>(1935)에서 프레토리우스 박사의 인체 모형과 맞닥뜨린 헨리 프랑켄슈타인은 공포에 질려 항변하지만, 이 시기에 둘의 구별은 극도로 미묘한 것이다. <아엘리타*Aelita, Queen of Mars*>(소련, 1924)나 <메트로폴리스*Metropolis*>(독일, 1927), <다가올 세상*Things to Come*>(영국, 1936) 같은 동시대의 대규모 유럽 SF 영화에서 상상의 미래 사회에 투사된, 첨단 기술과 전근대적 충동 및 제의의 이 시대착오적 합류는 산업 테크놀로지 및 '기계 문명 시대'의 본성과 그 사회적 함의에 대한 탐구를 추진한다. 그러나 — 설령 뉴욕과 시카고 같은 미국 도시와 포드주의 및 테일러주의[과학적 경영 관리법] 같은 혁신적인 미국의 노동 관행이 이러한 판타지와 알레고리에 명백한 영감을 주었다 해도 — 1930년대 할리우드 SF는, 훨씬 더 쾌활한 <저스트 이매진!*Just Imagine!*>(1930)을 별개로 하면, 그러한 성찰적 문제들에

대체로 무관심해 보인다(Telotte, 2001: 77~90을 보라).[101]

1950년대 이전 미국 영화에서 형성된 또 다른 주요 SF 형식은 저예산 '스페이스 오페라' 시리즈로, 그중 가장 유명한 것은 <플래시 고든 *Flash Gordon*>(1936, 강도 높은 동성애 스타일로 만들어진 리메이크작은 1980)과 <벅 로저스*Buck Rogers*>(1939)다. 청소년 관객을 확고히 겨냥한 이 시리즈는 1차 세계 대전 이전의 미국 및 유럽 시리즈들(<폴라인의 모험>[1914] 혹은 <쥐덱스*Judex*>[프랑스, 1916])에서 그 서사 형식을 끌어왔으며, 심지어는 간단한 모형 작업과 사진 효과들은 영화의 첫 10년간 만들어진 멜리에스의 저 유명한 '트릭 영화'에 의존함으로써 영화의 요람기까지 되돌아보았다고 할 수 있다. 1930년대 SF 고딕과는 달리 그 시리즈들의 행성 간 전쟁, 시간 여행, 외계 문명의 이야기들 — 동시대 연재 만화와 막강한 영향력을 가진 SF 통속 잡지 양자에 크게 의존한 — 은 분명 SF였으며, 로켓선, 로봇, 살인 광선 같은 그 도상은 이후의 숱한 SF 영화에 이미지를 제공하였다. 그러나 텔로트(Telotte, 2001: 73)가 지적하듯, 그 시리즈들은 "뒤를 이어 등장한 가장 뛰어난 통속 잡지와 보다 야심적인 SF 소설이 다루게 될 종류의 탐구들, 즉 인공 생명, 과학 실험의 윤리, 사회의 계략 등에 대한 관심"에 관하여 거의 아무런 단서도 주지 않는다. 아마도 이것은 '진지한' SF 작가와 소비자들 사이에 팽배해 있는 느낌을 설명해 줄 것인데, 말하자면 <스타 워즈>에 이은 SF 붐에도 불구하고 조지 루카스에 의한 그 시리즈 정신의 의식적이고 영향력 있는 환기는 그 장르의 보다 중요한 관심사에 대해 하찮은 성찰만을 제공했다는 것이다(Singer & Lastinger, 1998을 보라).

101. 그러한 성찰은, Corn(1986)과 다른 사람들이 보여 주듯, 분명 미국 모더니즘과 이 시기 미국 SF 문학의 담론을 일부 구성한다. 또한 <메트로폴리스>에 대해서는 아래를 보라.

SF는 1950년대가 시작되면서 처음으로 진정 중요한 할리우드 장르로 부상했으며, 독립 제작자와 익스플로이테이션 제작자는 물론 메이저 스튜디오에서도 SF 영화 제작이 극적으로 증가함으로써 이제 여기에는 하급 영화는 물론 'A급' 작품들도 포함되기에 이르렀다. 돌출한 스티로폼 눈의 괴물과 어설픈 초록색 피부의 우주 여신 같은 통상적 이미지들이 암시하듯 SF가 1950년대와 1960년대를 통틀어 오로지 'B급' 영화이자 익스플로이테이션 장르이기만 했던 것은 결코 아니다. 다른 한편 그 장르가 적어도 메이저 스튜디오의 제작 스케줄에서 두드러지지 않은 것도 사실이다. 이 시기의 유명한 '괴생명체 영화'(전형적으로 원자 폭탄으로 돌연변이가 됐거나 소생된 인간 혹은 곤충 괴물이 등장하는)와 외계인 침공 사이클 — 대개 다양한 방식으로 냉전의 불안과 중대사들을 표명하는 것으로 읽히는 — 을 순수하게 통계적 관점에서 실제로 지배한 것은, 가당치도 않게 어마어마한 이름을 가진 AIP(American International Pictures) 같은 독립 프로덕션 회사들이 10대 익스플로이테이션 시장을 겨냥해 만든 저예산(때로는 극저예산) 영화들이었다. 이러한 영화들과 그 감독들 — AIP의 로저 코먼(<그것이 세계를 지배했다*It Conquered the World*>[1956], <틴에이지 케이브맨*Teenage Caveman*>[1958], 그 외 셀 수 없이 많은 영화)과 타의 추종을 불허하는 에드워드 D. 우드 Jr.(<외계로부터의 9호 계획*Plan 9 from Outer Space*>[1958]) — 의 명성과 타이틀은 보다 천진난만했던 영화 제작 시대에 대한 애정 어린 기억의 징표가 되었으며, 때로는 그 자체로 조 단테(<컴퓨터 우주 탐험*Explorers*>[1985], <마티니*Matinee*>[1988])와 팀 버튼(<에드 우드*Ed Wood*>[1994], <화성 침공*Mars Attack!*>[1996]) 같은 뉴 할리우드 팬-감독들의 풍자적이지만 애정 넘치는 오마주/패스티시의 대상이 되기도 한다. 그럼에도 그 영화들 당대에 1950년대 할리우드 세계의 중심으로부터 SF에 이르는 거리는, <그날이 오면>의 최후 핵폭탄 운명에 직면한 고귀한 잠수함 함장 그레고리 펙

전까지 10년간 SF를 주제로 한 영화에서 상위 10위에 랭크된 스타가 단 한 명도 없었다는 사실 — 익살극 듀오 애보트와 코스텔로를 제외하고 — 로 가늠된다.

비록 이 시기의 일부 SF 영화가 상당한 규모의 예산을 누리긴 했지만, 이 영화들은 그들의 열악한 환경의 동료들은 접근하기 힘든 확신과 규모로 주로 호화로운 미래주의적 혹은 외계의 테크놀로지 — 장르의 변함없는 중심 요소 — 를 실감나게 그려 내는 데 몰두했다(예를 들어 <데스티네이션 문*Destination Moon*>[1950]과 <우주 전쟁*The War of the Worlds*>[1953]에 등장하는 체슬리 본스텔Chesley Bonestell[102]의 그림들, 그리고 <우주 수폭전*This Island Earth*>[1955]에서 메타루나 행성의 황폐한 풍경들). <지구 최후의 날*The Day the Earth Stood Still*>(1951)과 <금지된 세계*Forbidden Planet*>(1956) 같은 몇몇 영화를 예외로 하면, 심지어 가장 값비싼 기획 영화에서조차 대본과 배역과 연기는 SF 통속 잡지나 코믹북 유산에 굳건하게 뿌리내린 채 남아 있었으며, 피어슨(Pierson, 2002: 109)이 "저 독특한 SF적인 할리우드 현상, [곧] 100만 달러를 웃도는 표준 이하 예산[저예산]의 B급 영화"라고 적당히 묘사한 바대로 되었다. 이에 대한 적절한 사례로는 1950년대 초반 선구적인 조지 팔이 제작한 영화의 테크니컬러 효과 스펙터클들을 들 수 있다(<데스티네이션 문>, <세계가 충돌할 때*When Worlds Collide*>[1951], <우주 전쟁>. 마지막 두 편은 파라마운트 제작). 하지만 비비언 소벅(Sobchack, 1987: 143~145)은 1950년대의 상당수 SF에서 고질적인, 한탄스러운 지루함과 감독 인장의 결여가 판타스틱 서사 내용을 (삼가 말함으로써) 도리어 자연스럽게

102. SF에 지대한 영향을 미친 디자이너이자 일러스트레이터. 각종 SF 잡지와 책 표지 그림으로 유명하다. 스페이스 아트의 선구자로 불리는 그의 그림들은 실제로 미국의 우주 프로그램에 영감을 불어넣었다. — 옮긴이

만드는 수단으로 작동할 수 있다고 주장한다. 1950년대 SF의 무신경한 프레이밍과 틀에 박힌 연출, 심지어 하이키 조명과 경직된 연기조차도, 과학과 군의 테크노크라시 연합에 반영된 물리적 세계에 궁극적 투명성과 설명할 수 있음에 대한 확신을 드러내고 있으며, 이것이 일반적으로 그 10년간의 영화들을 얼얼하나 만족스런 결말에 이르게 한다.

1970년대 SF 영화가 탐사한 새로운 방향의 거점을 마련한 것은 스탠리 큐브릭의 기념비적 작품 <2001 스페이스 오디세이*2001: A Space Odyssey*>(1968)이다. 이 영화는 더글러스 트럼블(훗날 <미지와의 조우>의 특수 효과를 감독하는)의 지휘하에 특수 효과의 새 기준을 세웠을 뿐 아니라, 테크놀로지에 지배되는 비인간화되고 진부해진 인류 문화를 묘사하여 미국의 영화 관객들이 사회적 논평과 풍자 수단으로서의 SF 개념에 익숙해지도록 만들기도 하였다. 이어지는 1970년대의 많은 SF 영화들이 디스토피아적 미래 사회에 초점을 맞추었다. 비록 큐브릭 특유의 얼음 같은 초연함 — <시계 태엽 오렌지*A Clockwork Orange*>(1971)에서 더 두드러진 — 은 유일무이하게 그만의 것으로 남았지만 말이다. 도리어, 여러 1970년대 SF 영화들 — '혹성 탈출' 모험담 자체(1970년과 1974년 사이에 속편 네 편)는 물론이거니와 <사일런트 러닝*Silent Running*>(1972)과 <다크 스타*Dark Star*>(1974) 같은 먼 우주 공간의 소외와 다양한 버전의 유사 오웰적인 미래 전제 정치 이야기를 포함하여 — 의 어조를 정착시킨 것은, <혹성 탈출>(1968)의 어렴풋이 반체제적인 정치 풍자와 빠른 속도의 액션, 그리고 열변을 토하는 설교의 성공적인 종합이었다.

이처럼 <스타 워즈> 이전의 1970년대 SF는 그 시기 다른 많은 뉴 할리우드 영화들의 비판적 경향과 분명한 연속성을 드러낸다. 서부극이나 뮤지컬 같은 메이저 장르들만큼 고전 할리우드(다시 말해, 미국 주류)의 이데올로기적 상상계에 명확하고 철저하게 투자*invested*되지 않은 데다 연속적이고 선명한 장르 정체성이 없어서 이를테면 '준準장르'라 할 만한 것으로, SF의 비판적 책무는 장르 관습과 전제를 폭로하고 전복시키려는 장르 수정주의를 통해 잘 나타나지 않는 편이다. 그러나 그 시대 풍조와 발맞춰 1970년대 초반 SF 영화들은 그 전망에 있어 확고히 디스토피아적이었으며, 흔히 이를 관철시켜 냉혹한 서사 결말을 완수하고자 하였다. 5편의 <혹성 탈출>에 걸친 서사 궤적은 천년의 시간 고리를 그렸으며, 그것을 가로지르는 종種 간 전쟁 — 특히 <혹성 탈출 4 — 노예들의 반란*Conquest of the Planet of the Apes*>(1973)에서 동시대 미국의 종족 간 분쟁을 명쾌하게 우화화하는 — 은 불가피하게 전 지구적 절멸로 회귀한다. (그린[Green, 1998]이 지적하듯, 첫 두 편에서 찰턴 헤스턴의 획일적 인물, 즉 포스트묵시록적 <오메가맨>을 포함하여 이 시기 여타 영화들에서 나타나는 백인 남성 파토스의 순교자적 표본은 <혹성 탈출> 영화의 인종 정치를 복잡하게 만든다.) 1950년대의 외계인 침공 서사는 그 피할 수 없는 냉전 뉘앙스와 더불어 대체로 파기되었다. <THX 1138>, <퍼니시먼트 파크*Punishment Park*>(1971), <소일렌트 그린*Soylent Green*>(1973), <롤러볼*Rollerball*>(1975), <로건의 탈출*Logans' Run*>(1976), <신체 강탈자의 침입>을 리메이크한 <우주의 침입자*Invasion of the Body Snatchers*>(1978), <뉴욕 탈출*Escape from New York*>(1981) 같은 영화에서 전개된 국가의 감시, 사고 통제, 미디어 조작, 개인의 정체성을 되찾으려는 투쟁 등의 소재는, 공산군에 대한 공포증적 상상보다는, 베트남과 워터게이트 결과로 미국의 국가 안보 상태의 현실에 대한 폭로와 미국의 자국 및 대외 정책의 적수들에 대한 암살까지 포함된 불법 첩보 활동 프로그램의 폭로에 훨씬 더 의존하였다.

이 영화들은, 다양한 기관을 통해 혼란스럽도록 산발적으로 작용하는 대체로 비인간화되고 심지어 익명의 억압적 권력에 대한 시각을 공유했다. 여기에 담긴 음모 테마의 범죄, 정치 및 스파이 스릴러는 같은 시기 <포

인트 블랭크*Point Blank*>(1967), <암살단*The Parallax View*>(1974), <컨버세이션*The Conversation*>(1974), <콘돌*Three Days of the Condor*>(1975) 같은 영화들에서 별개의 하위 장르로 합체되었다. 늘 그렇듯, 장르 '진화'의 유형들은, 좀 더 면밀히 조사해 보면, 강력하게 상호 장르적이며 장르 내적인*intra-generic* 것으로 드러난다. (첨단 테크놀로지 — 특히 감시 및 정보 기관 '프로세싱'과 연관된 — 는 음모 스릴러에서 핵심 역할을 한다.) SF와 음모 영화는 더불어 함께, 기업형 국가에 대한 1960년대 뉴 레프트 비판의 한 형태를 대중화시키는 데 일조했다. 이 비판은 1950년대 사회학으로부터 강력한 영향을 받은 것으로, 소비 문화와 집단적 순응에 대한 그 비판은 <신체 강탈자의 침입>(1955) 같은 일부 1950년대 SF 영화들에 충만하였다. (뉴 레프트 태도를 더 광범위한 미국 문화 속에 퍼뜨리는 수단으로서 SF가 선호된 것은 그 자체로 의심할 바 없이 아서 C. 클라크의 우주 진화 이야기 ≪유년기의 끝*Childhood's End*≫[1953]과 로버트 하인라인의 ≪낯선 땅 이방인*Stranger in a Strange Land*≫[1961] 같은 고전 SF 소설들이 1960년대 대항 문화 집단에서 누린 인기에 빚지고 있다.)

의심할 여지없이, 1970년대 SF의 고양된 프로덕션 밸류*production values*와 정교화 증대는 관객층을 넓히고 드라이브인 / 익스플로이테이션의 오명을 덜어 내기 시작하면서 그 장르가 이후 팽창할 수 있는 길을 닦아 놓았다. 그럼에도 어떤 핵심적인 면에서 1970년대 SF는 그 10년의 끝에 일어난 SF 붐과는 매우 달랐다. 우주 배경보다 미래의 지구에 대한 전반적인 선호는 물론, 전형적으로 냉소적이고 풍자적인 그 어조는 동시대 사회에 대한 논평이라는 분명한 의도를 나타낸다. 이와는 명백히 대조적으로, 1980년대 SF가 그 10년간의 열광적인 문화 전쟁에서 실제로 예증하는 바는 흔히 우주 여행과 테크놀로지 하드웨어에 대한 표면적 열광 뒤로 감춰졌다. 더구나 어떤 면에서 1950년대 SF는 분명 SF가 현대 할리우드의 패권을 차지하게 만든 토대가 되었다. 토요일 아침의 괴물 영화와 통속적 시리즈들에 대한 애정 어린 회상은 조지 루카스, 스티븐 스필버그, 제임스 카메론 같은 뉴 할리우드 핵심 주자이자 기술광들의 일대기에서 친숙하게 등장하는 표현이다. 그들은 청소년 취향의 SF 장르를 창조적인 (게다가 엄청난 수익성과 권력을 가진) 성인 취향으로 성공적으로 바꿔 놓음으로써 그러한 성인들의 오락거리로 — 비록 비할 수 없이 사치스럽고 정교한 규모이긴 하지만 — 돌아올 수 있었다. 1980년대 초반에는 <괴물>(1951, 1982), <화성에서 온 침입자*Invaders from Mars*>(1953, 1986), <우주 생명체 블롭*The Blob*>(1958, 1988)을 포함한 몇몇 1950년대 고전 SF 영화들이 거대 예산으로 리메이크되었다. 그러나 — 또한 드림웍스(스필버그가 1944년 공동 설립한 스튜디오) 로고의 천상의 낚시하는 소년이 갖는 강력한 상징성에도 불구하고 — 그처럼 괴짜스럽지만 단순하기 이를 데 없는 즐거움을 순백금의 전 지구적 브랜드로 변형시킨 비법은, 그 자신의 별을 따라간 덕분이라기보다는 경제, 문화, 산업 요인들의 복합적이고 예측할 수 없는 시너지 효과에 더 크게 빚지고 있다.

## 1980년대 SF의 문화 정치학

고전 스튜디오 시스템의 붕괴로부터 뉴 할리우드가 등장했음이 이제는 흔히 회자되는 이야기이듯, 마찬가지로 1970년대의 상대적 불안정과 창조적 실험 시기 이후 1980년대에 새롭게 대기업화된, 수직 통합되고 점차 글로벌화되어 가는 미디어 사업의 합병 역시 자주 회자된다(Biskind, 1998; King, 2002; Prince, 2000을 보라). 새로운 미디어 복합 기업들의 떠오르는 기업 전략의 핵심 요소들을 통합할 수 있다는 점에서 SF는 이러한 철저한 산업 변화에 있어 뜻밖에 결정적인 것으로 드러났다. 1975년 <죠스>와 2년

후 <스타 워즈>의 전례 없는 성공으로부터 어떤 새로운 산업 정설이 신속하게 결집되었으며, 그것은 급격히 절감된 연간 제작 스케줄을, 소수 대형 예산의, 곧이어 초대형 예산의, 액션 지향 여름 블록버스터로, 그중에서도 그 '여름의 핵심 시장인 10대와 젊은층을 겨냥한 블록버스터로 집중시켰다. <스타 워즈>의 어안이 벙벙할 정도의 성공에 대한 분석으로 밝혀졌듯, 특히 고등학생과 대학생 남성들 경우에서 선호하는 장르 영화를 여름 시즌 동안 몇 번이고 거듭 보려는 자발성, 그리고 좋아하는 영화 '브랜드'에 대한 강력하고 때로는 맹렬하기까지 한 충성은, 이 관객층에게 동시대 할리우드 영화의 문화적, 장르적 윤곽을 정하는 데 결정적인 발언권을 부여하였다. 이들 인구 사이에서 SF가 누린 변함없으며 역사적인 인기(그중에서도 특히 <백 투 더 퓨처*Back to the Future*>[1985]와 <갤럭시 퀘스트*Galaxy Quest*>[2001]가 세대를 뛰어넘어 장난스런 오마주를 바친)는 그것의 전략적 위치를 굳건하게 한다. (SF 팬 문화에 대한 분석은 Tulloch & Jenkins, 1995; Penley, 1997; Pierson, 2002에 실려 있다.) 더구나 SF는 비주얼과 사운드에 있어, 무엇보다 모든 특수 효과 설계에 있어, 스펙터클한 최첨단 테크놀로지의 명백한 쇼케이스를 제공하며, 이로 인해 여름 개봉작은 시장에서 막대한 영향력을 지닌 핵심 흥행작이 되는 것이다. 이 장르는, 전 세계 관객 호소력의 증대와, 수익성 좋은 속편들(종종 두 편의 <쥬라기 공원> 속편[1997, 1999]처럼 실제적인 반복)이 쉬이 나올 수 있는 잠재력, 그리고 컴퓨터 게임이나 스튜디오 소유의 놀이 공원 기구 같은 고수익성 보조 매체들로의 신속한 적응성에 의해, 단순하고 액션 지향적인 서사 구축에 적절하다(King, 2000b를 보라). 마지막으로, 믿음직스럽게도 SF는 시선을 사로잡는 인공물(괴물, 우주선, 광선검, '테크니컬 매뉴얼' 등등)로 가득하다는 점에서 갖가지 보조 시장 판매에 이상적인데, 그 어마어마한 잠재적 고수익성은 이미 <스타 워즈>를 통해 액션 피규어와 코믹북으로부터 식품 포장재와 이불 커버에 이르기까지 다양한 형태로 드러난 바 있다. SF의 새로워진 주목성과 위신을 좌우하는 이러한 산업 조건들은 현대 할리우드가 선호하는 특정 하위 장르 혈통을 결정짓는 데 중요한 역할을 수행하였으며, <스타 워즈>의 초기 여파 속에서 적어도 1930년대 '스페이스 오페라'를 본떠 만든 머나먼 우주 판타지들로의 귀환을 촉진하였다.

미국 SF 영화가 <메트로폴리스> 스타일의 사회 성찰을 회피했던 예전 시절로 되돌아 간 것은 보수적 포퓰리즘과 소박한 애국심의 상투성을 발판으로 한 로널드 레이건의 1980년 대통령 당선에 의한 정치적 시류를 따른 것이며, 판타지 과거의 매력적 단순함을 위해 1970년대 말의 복잡한 사회, 정치 문제의 '불편함'으로부터 의도적인 이탈을 조장했다. 많은 논평자들에게 있어 1980년대 초반 SF의 동향은 이러한 퇴행 경향을 사실로 입증해 주었다. 이는 단지 <스타 워즈> 붐에 편승하려는, 기계장치 가득한 청소년 관람가 우주 모험담 — <스타 워즈> 자신의 두 번째, 세 번째 회와 <블랙 홀 *The Black Hole*>(1979), <우주의 7인 *Battle Beyond the Stars*>(1980), <배틀스타 갤럭티카 *Battlestar Galactica*>(1980) 등이 포함되는 — 뿐 아니라, 1950년대의 무자비한 도시 파괴 침략자들에 대한 분명한 응답으로서 호의적인 우주 생명체들이 등장하는 새로운 흐름의 외계인 출현 영화들에도 해당된다(<괴물>을 리메이크한 비호의적 외계인 호러는 관객에게 인기 없음이 입증되었으며, 이는 1970년대의 디스토피아/음모 양상과 분명히 유사한 데가 있는, <하이 눈>의 SF 리메이크작 <아웃랜드 *Outland*>[1981]의 경우도 마찬가지였다).

얼핏 보기에, <미지와의 조우>와 <E. T. *E. T.: the Extra-Terrestrial*>(1982) 같은 영화들에서 외계인 방문객들이 긍정적으로 재구상된 것은, 소련을 (삶이 예술을 모방하여 <스타 워즈>로부터 직접 끌어낸 용어로) '악의 제국'이라고 극단적으로 단순하게 인식하는 것보다 더 자유주의적이고 덜 이원론적인 세계관을 함축하는 듯했다. 그렇지만, 아마도 뉴 라이트의 대외 정책 방침이 우선적으로 자국 유권자를 향한 것이었듯, 1980년대 ET 영화들의 정치는 재개된 냉전의 지정학적 현실들은 덜 나타내었으며(그 10년의 새로운 액션 영화에는 직접 연관되어 있지만. 10장을 보라), 후방의 국민에게 행해진 거센 문화 투쟁*Kulturkampf*은 더 드러내었다. 외계인들은 종종 은하계의 무고한 자들로서, 인간 문명의 폭력과 타락에 상처받기 쉬운 너무나도 인간적인 존재들로서 묘사되었다. 따라서 이처럼 표면상 낙관적인, 외계인과의 조우는 환멸적인 현재로부터 구원받고자 하는 공상적 욕망에 의해 강화되었다. 사실 <미지와의 조우>, <E. T.>, <스타맨*Starman*>(1984), <협곡의 실종*Flight of the Navigator*>(1986)에서 기성(성인) 권위에 맞서 아이 같은 외계인과 인간 아이(혹은 아이 같은 어른) 간에 형성되는 친밀한 동맹은, 성인기 이전의 시각과 강력하게 동일시되는 어떤 신비로운 매혹을 위하여, 현대 가정과 직업 생활의 처치 곤란한 어려움들을 전면적으로 거부한 것으로 볼 수 있다. (<코쿤*Cocoon*>[1985]과 <8번가의 기적**batteries not included*>[1987]은 정반대 연령대의 '순진무구함'을 확보하는 데 외계 생명체들을 이용했다. 즉 문자 그대로 이 세상 것이 아닌 외계 생명체의 속성을 감상적으로 상상된 노령자의 그것과 결합한 것이다.) 레이건 시대에 이러한 '퇴행적 텍스트들'의 매혹 추구는 결코 비정치적이지 않았다. 오히려, 그것은 반동적 정치 경향과 오랫동안 연합되어 온 반反이성적 호소와 관련된다(Benjamin, [1936]1970을 보라). 그것들의 특수한 공헌은, 1960년대 말과 1970년대 바로 선배들의 공공적 중대사들과 명백한 단절을 표한 1980년대 SF를 위한 어떤 **문화** 정치학 — 사적 삶의, 가족과 젠더와 섹슈얼리티의 정치학 — 의 영역을 세운 데 있다(Ryan & Kellner, 1988: 258~265; Sobchack, 1987b도 보라). 보다 최근에는 <콘택트*Contact*>(1997)의 우주적 가족 로맨스가 일부 동일한 테마 영역을 탐험하고 있다.

많은 방식에서 레이건 시대의 추세와 모순되는 듯한 <에이리언>

의 막대한 성공을 고찰함에 있어, 이러한 문화-정치 차원은 결정적이다. <에이리언>의 게걸스럽고 혐오스러운 포식 동물은 껴안아 주고 싶은 ET와 분명 대척점에 있는 반면, 그 영화의 이름 없는 그러나 명확하게 거짓되고 착취적인 '컴퍼니'는 <소일렌트 그린> 같은 1970년대 초 영화들에 대한 반反기업적 비판을 확장한다. 그러나 <에이리언>에 대한 광범위한 비평 논의에서 가장 강력하게 다뤄져 온 측면 — SF (및 호러) 비평과 젠더 이론 양자에 있어 매우 중요한 두 이론적 개입을 포함하여(Creed, 1986, 1993; Springer, 1996) — 은 여성의 섹슈얼리티와 생식에 대한 그 공포증적 시각이다. 앞 장에서 논의된 바와 같이 크리드는 크리스테바의 아브젝시옹 이론을 적용하여 <에이리언>(과 <엑소시스트>[1973] 같은 1970년대와 1980년대 초의 여타 '신체 호러' 영화들)이 '괴물적-여성적'인 것의 시각을 창출한다고 주장한다(아울러 분만에 대한 그 영화의 다양한 도착적 이미지들 — 가장 악명 높은 것으로는 존 허트의 가슴을 뚫고 기괴하게 '탄생'하는 배아 상태의 에이리언 — 과 예컨대 사악한 컴퍼니의 명령을 은밀히 수행하는 우주선 내 컴퓨터 '마더'를 통해 표출된 모성에 대한 적개심을 언급한다). 부캣맨(Bukatman, 1993: 262)이 진술하듯, "<에이리언>은 억압된 것 — 신체 — 의 귀환을 SF 영화의 공간에 제시한다." 뉴 라이트의 부흥이 여성의 출산 권리를 정치 활동으로 돌려 놓는 한편 자율적인 여성 섹슈얼리티와 (통제하기 힘든 유색 여성 신체의 이미지를 통하여 문화 전쟁으로 엮여 버린, 표면상 경제 쟁점인) 가공의 '복지 원조를 받는 어머니들'에 오명을 씌우던 당시에, <에이리언>의 혐오스런 여성 신체 이미지는 어떤 강력한 징계적 반응을 보증하고자 마련된 듯했다.[103] <비디오드롬>(1983)과 <플라이>(1986)는 섹슈얼리티와 정체성, 감염 — 마지막

103. <에이리언 2>는 노골적인 탄생 이미지에는 덜 의존하지만, 그렇다 해도 모성을 '선한' 리플리와 '악한' 에이리언 퀸, 두 갈래로 양분함으로써 모성에 훨씬 더 명확히 집중한다.

것은 매우 명백하게도, 1980년대 중반 '게이 역병'으로 낙인 찍힌 에이즈를 알레고리적으로 지시한다 — 을 둘러싼 불안을 탐구하기 위해 유사하게 노골적인 '신체 호러'의 이미지를 SF 컨텍스트에서 사용하였다.

사실 <스타 워즈>가 SF를 할리우드 주요 제작 범주로 확립하는 데 있어 막중한 역사적 중요성을 지닌다면, <에이리언>은 여러 면에서 보다 장르적으로 중요한 영화다. 이 영화는, 그 시기의 다른 SF 영화들처럼 1970년대의 공적이며 정치적인 관심사들을 1980년대의 새로운 문화 영역으로 옮겨 놓는 한편, 그럼에도 1980년대의 어린이-외계인 영화들과는 다른 방식으로 SF 영화의 역사적 주류에 접속된다. 이는 특히 유기적 요소와 기계적 요소가 결합된 신체의 외계인이, 똑같이 비인간적이고 치명적인 컴퍼니의 힘에, 의식하지는 못해도 사실상 결합되어 있다는 명확한 함축을 통해 이루어지는데, 이 영화에서 컴퍼니의 대리인들, 즉 우주선 컴퓨터 마더와 안드로이드 기술 장교 애시는 의미심장하게도 인공 지능이다. 곧 밝혀지겠지만, 드러내 놓고 적대적이지는 않더라도 대체로 불안에 찬 테크놀로지와의 관계는 SF의 일관된 의미론적 핵심에 가장 가까운 것이어 왔다. 이제 우리가 다룰 것은 바로 이 관계이다.

## SF, 테크놀로지, 그리고 (포스트)모더니티

SF의 관심사들은, 그 몰두하는 바가 모더니티 자체의 보편적 경험을 반영하는 한, — 이를테면 서부극의 문화적 특수성과는 달리 — 잠재적으로 보편적인 것들이다. 실제로, SF의 관심사들이 직접 말을 거는 관객층은, 단지 앞서 제1 세계에 집중되었던 산업 및 후기 산업 사회의 형식과 관행들이 나머지 세계로 거침없이 뻗어 나감에 따라 확장되었을 뿐이다.

따라서 비록 이 장에서 지금까지 SF 영화를 주로 포스트고전주의 할리우드의 제도적 컨텍스트 견지에서 고찰해 오긴 했지만, 미국 영화 산업에서 일어난 바로 그 동일한 변화와, 그 과정에서 SF의 두드러진 위치를, SF가 역시 핵심 표현 형식으로 간주되어 온 더 거대한 — 사실상 전 지구적인 — 경험의 컨텍스트에 위치시키는 일은 마찬가지로 도움이 될 것이다. 즉 '포스트모더니즘'이라는 히드라 머리를 한 다면적 개념 말이다.

한편으로 SF는 포스트모더니티 발현의 상징으로 간주되는 경제, 문화 변화들, 특히 새로운 전자, 디지털 정보 기술 범위의 무서운 팽창과 폭발적인 경제적 중요성, 그리고 이에 수반되는 전통 산업 및 이를 둘러싸고 형성된 공동체의 쇠퇴와 파편화 등을 직접적으로 묘사하고 주제로 삼는다. 전형적으로 이러한 것들은 예컨대 <저지 드레드*Judge Dredd*>(1995)나 <로보캅*Robocop*>(1987) 같은 SF에서 도시 엔트로피의 으시시한 만화와 비디오 게임 이미지들로 묘사된다. (소벅[Sobchack, 1987a]이 1950년대 SF의 특징이라고 규명한 풍경 — 사막, 해변, 황무지 — 은 대체로 이처럼 스러져 가는 도시 경관으로 대체되었다.) 다른 한편, SF가 문화 변방으로부터 중심으로 유입된 것과, 보다 '존중받는' 형식들(사회 문제 영화, 전기 영화)에 전통적으로 부여되어 온 산업적 프레스티지를 전유한 것은, 그 자체로 '고급' 문화 형식과 '저급' 문화 형식 간의 오랜 대립의 붕괴를 요약한다. 개봉 전 홍보로부터 케이블, 지상파 방송 '프리미어'와 DVD 출시('스페셜 피처'를 수록한)에 이르기까지 수개월에 걸친 광범위한 보조 시장을 가로지르는 크로스 미디어 판매 전략에 있어 그저 선도적 위치 정도로 간주되는 현대 블록버스터 SF 영화는, (프레드릭 제임슨[Jameson, 1991]과 다른 여러 사람들에 따르면) 이제까지는, 설령 불안정하다 할지라도, 미적인 것을 위해 유지되어 온 문화 공간을 완전히 식민화해 버린 상품화의 대표적 사례다. '수요가 보장된' 속성들 — 주로 옛 TV 쇼와 코믹북이라는 동일한 정크 문화 세계에서 나온 그 자체 — 에 대한 의존 증가는, 그 어느 때보다도 낮은 공통 분모로 일군의 고갈된 수사 및 전형들을 쉽없이 카니발리즘적으로 재활용시키는 느낌을 정확히 담고 있다. 또한 의도된 반영적 제스처들의 범람 — <아마겟돈*Armageddon*>(1998) 초반부에서 그 해 여름의 라이벌 SF 블록버스터를 뜻하는 고질라 장난감을 유성비에 뭉개 버리기, <쥬라기 공원 2>에서 쥬라기 공원 기념품 가게의 상품 선반을 훑는 팬이 머그잔과 티셔츠의 로고를 보여 줌으로써 영화 홍보하기, 1960년대 도호 영화사의 무수한 원자핵 괴수 영화들의 도망치는 무리들로 거슬러 올라가는 인용으로서 산타크루즈 도심지를 공포의 도가니로 몰아넣는 티렉스를 피해 도망가는 공포에 질린 일본 사업가로의 간결한 장면 전환 — 은 모더니즘 패러디의 비판적 날카로움이 포스트모던 텍스트의 공허한 모방적 패스티시로 무뎌졌다는 제임슨의 유명한 논쟁을 입증한다(Jameson, 1990: 16~19).

형식 단계에서 (다른 대부분의 주요 장르들과 나란히) SF 영화의 점차 증가하는 장르 혼성성은, <블레이드 러너*Blade Runner*>(1982)의 주인공 데커드가 체험하는, 시대와 장소, 양식들의 당혹스런 브리콜라주를 만들어 낸다. 설득력 있는 다수의 독해들, 특히 줄리아나 브루노의 영향력 있는 글(Bruno, 1987)에서 이 영화는 SF와 영화 전반에 있어 포스트모더니즘의 시금석 같은 작품으로 묘사된다. 데커드는 2019년의 LA, 즉 1940년대 느와르의 비에 젖은 네온 색조가 깊이 스며든 이 21세기 도시의 비열한 거리를 걸어간다(혹은 도리어, 배회한다). 이 미국 광역 도시의 거리는 바이마르 시대의 베를린과 현대 오사카 혹은 도쿄의 교차라 할 수 있으며, 이 지구 도시의 가장 가련한 '인간적' 거류자인 인조 인간 리플리컨트들은 그들이 노역하도록 정해진 외계의 탄광 식민지로부터 탈주한 자들이다.

텔로트(Telott, 1955: 233)는 장 보드리야르 같은 이론가들에 의지하여, <블레이드 러너>와 여타 1980년대 및 1990년대 초 SF 영화들(<터미네

이터> 1, 2편과 <로보캅>, <사이보그 유리시즈*Making Mr Right*>[1987]를 포함한)의 '인공적이고 테크놀로지화된 신체 — 로봇, 사이보그, 인조 인간 — 에 대한 거의 병적인 집착'을, 인간이 만들어 낸 테크놀로지가 단지 인간의 지식이나 통제를 넘어설 뿐 아니라 인간의 정체성 자체를 희석시키거나 심지어 대체할 우려마저 있다는 극도의 불안에 대한 타협으로 규명한다. 강력하게 암시되는 바처럼 <블레이드 러너>의 데커드 자신도 어쩌면 리플리컨트일지 모른다는 것, 따라서 그의 간명하고 필립 말로적인 끈기와 고결함은 모두 그에게 **프로그램**되어 있는 것일지 모른다는 것이 그 점을 확증한다. 다른 글에서도 텔로트는 1980년대 중반 이래 SF가 테크놀로지 — 특히, 인공 지능, 인조 인간이나 그런 종류의 것, 가상 현실 — 라는 쟁점을 둘러싸고 결정적으로 방향을 재정비했다고 주장하며, 이것을 포스트모더니즘의 포괄적 시간형*chronotype*에 연결시킨다(Telotte, 2001: 108~120). <A. I.*A. I.: Artificial Intelligence*>(2002)에서 이러한 주제의 지속적인 탐구는 그의 주장을 입증한다고 볼 수 있다.

<에이리언> 시리즈에서 사이보그 인물에 대한 다소 복합적인 혁신적 탐구가 시사하듯, 인조 인간은 분명 현대 SF에 풍요로운 주제상의 제재를 제공하였다. 제1편의 냉혹하고 믿을 수 없는 인조 인간 애시는 첫 번째 속편 <에이리언 2>의 신뢰할 수 있고 용맹한 비숍('인조 인간'보다 '합성 인간'이란 용어를 선호하는)으로 이어진다. <에이리언 3*Alien 3*>에서는 새로운 인조 인간 캐릭터가 등장하지 않는 반면, 앞서 최후를 맞은 비숍의 본래 인간 프로그래머 — 흉악한 컴퍼니의 충성된 도구, 따라서 아이러니하게도 그를 빼닮은 창조물보다 훨씬 덜 인간적인 — 가 영화 마지막 즈음 등장하여, 자신의 창조물에 대해 시리즈 여주인공 엘런 리플리가 애써 품게 된 신뢰를 이용하려고 노린다. 마지막으로 <에이리언 4*Alien: Resurrection*>(1997)에서는 젊은 여성 인조 인간 — <에이리언 2>에서

확립된, 리플리의 강한 모성 본능을 잇는 — 이 등장하고 동시에 리플리 자신은 인간과 외계인 DNA 둘 다 피에 흐르는, 사이보그 같은 복제 인간으로 소생된다.

주장되어 온 바와 같이, 이러한 양가적 기술 중심주의가 할리우드 혹은 미국에서 '포스트모던' 기세의 표명인가는 말할 것도 없이, 과연 그것이 현대 SF에 진정 특수한 것인가도 사실상 의문의 여지가 있다고 해야겠다. 사실, SF 영화사에 걸친 사례들이 대체로 시사하는 바는 어느 편이냐 하면, 그 장르의 포착하기 어려운 의미론적 핵심 — 혹은 그것에 가장 가까운 것 — 은, 가능한 미래들에 대한 일련의 비전을 통하여 첨단 테크놀로지의 변형적인 때로는 침략적인 충격에 변함없이 초점을 맞추고 있다는 것이다. 일찍이 (장르 역사 관점에서) 1927년 <메트로폴리스>는 바이마르 독일과 사실상 1, 2차 세계 대전 사이 유럽 도처에 만연해 있던, 조립 라인, 자동차, TV 스크린, 그리고 가장 유명하게는 로봇을 포함한 '기계 문명 시대' 테크놀로지에 대한 양가적 매혹을 반영하였다. 그 영화의 매끄러운 아르 데코풍 여성 인조 인간과 그녀/그것이 방출하는 파괴적 에너지는, 현대 과학의 마법 — 문자 그대로, 즉 로봇의 생명 획득은 부분적으로는 과학으로서 또 부분적으로는 밀교적 제의로서 묘사된다 — 이 발명자들의 관리 능력 혹은 심지어 이해 능력을 능가한다는 그 영화의 불안, 곧 그 뒤 줄곧 SF 영화에서 되풀이 표명되는 견해를 완벽하게 그려 낸다. 더구나 <메트로폴리스>를 <카메라를 든 사나이*Man with a Movie Camera*>(소련, 1929)나 <베를린 도시 교향곡*Berlin: Symphony of a Great City*>(독일, 1927) 같은 근대 산업 도시의 노동 경험 변화에 관한 동시대 유명 다큐멘터리 영화들과 비교해 보면 드러나듯, '순수' 정보의 순환 시스템에 대한 이 영화의 함축이라든가 심지어 사이보그 개념 같은 이른바 포스트모더니즘 특유의 관심사들은 바로 이 시기에 SF의 장르 모체를 뛰어넘어 아방가르드 지식인 집단으로 확장되었던 것이다. 브로드낵스(Brodnax, 2001: 90)에 따르면 <베를린 도시 교향곡>의 감독 발터 루트만은 "어떤 적절한 사이버네틱 인간의 탄생을 유도하기 위해 신체와 영화 장치의 합병을 제안하였다."

그러한 사례들은 어쩌면 SF가 문화계의 논쟁적 관심사들을 양식화된 알레고리 형식으로 조명하고 다듬을 수 있음을 입증하는 것일지 모른다. 그러나 그것들은 SF가 포스트모더니즘 이론과 갖는 관련성이, 장르 쪽에서의 어떤 특수한 포스트모던 전환에 존재하기보다는, 과거 SF가 보여 준 가능한 미래의 이미지들에 이제 그 현재가 필적하기 시작한 더 거대한 사회의 관심사들이 그 장르의 변치 않는 주제적 관심사들과 점점 더 겹쳐지는 데 존재할 것임을 가리킨다. 혹자는 SF의 장르 경계들이 필연적으로, 그리고 점점 더, 투과성이 높아진다고 주장할지 모르겠다. 모든 장르 가운데 SF는 첨단 테크놀로지가 우리 세계에 초래해 왔고 여전히 초래하고 있는 거대한 변화에 가장 직접적으로 반응하니 말이다. SF의 장비와 전문 용어가, 우주 여행으로부터 가상 현실로, <스타트렉> 스타일의 '통신기'(휴대 전화)로부터 오웰적인 '텔레스크린'(CCTV와 웹캠)으로, 그 어느 때보다도 피할 수 없이 우리 일상의 일부가 됨에 따라, SF의 주제적 관심사도 이전 세대를 사로잡았던 진기하고 아이들 같은 판타지로부터 점점 더 멀어지는 듯하다. 이는 소벅(Sobchack, 1988: 237)의 표현대로, "미국 문화의 바로 그 '과학 허구화'"이다. 20세기 초 유사 과학적 판타지로 가장 멀리 돌진한 달 착륙(<달세계 여행 *A Trip to the Moon*>[1902], <달의 여인 *The Woman in the Moon*>[1929])이 좀처럼 역사적 사건을 연상시키지 않게 되었듯, 인공 지능 같은 다른 SF 비유물들도 현대 컴퓨터 과학의, 또한 동시에 그 응답으로서 철학과 윤리학과 심지어 신학의, 급속도로 전진하는 경계들이다.

물론 이제는 우리 자신의 현재 또는 사실상 과거가 되어 버린, 미래에 대한 과거의 비전만큼 급속도로 구식이 되어 버리는 것도 드물다(디지털 시대에, <2001 스페이스 오디세이>의 우주 왕복선 조종실의 회전식 기기가 거슬려 보이는 것도 어쩔 수 없다). 더러 몇몇 SF 영화는 이러한 기묘한 시간의 이중 노출을 최전면에 내세우기도 했다. <백 투 더 퓨처>에서 마티 맥플라이의 숱한 시대 착오적 혼동에는 1950년대 SF 비전에 대한 폭로가 포함되어 있다. 1955년에 처음 도착하여 시간 여행 자동차 드로리안으로부터 비틀거리며 걸어 나오는 그의 모습은, 안전 헬멧과 보호복 때문에, 어느 어수룩하고 공포에 질린 가족의 눈에는 영락없이 청소년 코믹북에 나오는 우주 비행사가 되어 버린다. <화성 침공>은 베이크라이트[합성수지]*Bakelite*와 테레민*theremin*[104]의 미래주의를 만끽하는 1950년대 외계 침공에 대한, 애정으로 결집된 오마주/패러디이다. <터미네이터 3 *Terminator 3: Rise of the Machines*>(2003)에서 유일하게 독창성이 빛나는 부분은 존 코너 — 사이보그 제국에 항거하는 미래의 인류 저항군 지도자 — 가, 예상했던 번쩍이는 21세기 대형 컴퓨터가 아닌, 오리지널 <스타트렉*Star Trek*> 시리즈나 <카운트다운*Countdown*>(1968)에서 튀어나온 듯한 신식 계기판과 트랜지스터를 완비한, 시간이 멈춰 버린 것 같은 냉전 시대 관제실과 맞닥뜨리는 장면이다. 개개의 작품들이 하나의 플롯을 최소한으로 변주하여 개조하는 시리즈 영화에서 이러한 장면은 비단 <터미네이터> 시리즈뿐

104. 1919~1920년 레온 테레민에 의해 발명된 테레민은 고주파를 이용한 것으로, '연주자'가 손으로 안테나 사이의 허공을 차단하면 음악 선율(발명자 테레민 자신의 악기 목적)로부터 이 세상 것 같지 않은 소름 끼치는 흐느낌 소리로 변조되는 음색을 발산한다. 이 통곡 소리는 <지구 최후의 날>, <괴물>, <그것은 외계에서 왔다>를 위해 각각 버나드 허먼, 드미트리 티옴킨, 헨리 맨시니가 작곡한 사운드트랙에 두드러지게 등장했다. 테레민과 1950년대 SF에 대해서는 Wierzbicki(2002)를 보라. (덧붙여 말하자면, 토머스 해리스의 소설 ≪한니발≫[1999: 453]에서 한니발 렉터도 테레민을 연주한다.)

아니라 장르 전반의 주기적이고 순환적인 성격에 대한 일종의 고백일 수 있다.

여하튼 — SF의 표면상 예언적인 측면이 사회적 알레고리나 비판을 가릴 때가 많다는 것이 대체로 인정됨을 가정할 때 — 이처럼 오류에 빠지기 쉬운 미래 예언, 즉 사실상 과거의 SF에 무시 못할 회고적 매력을 부여하는 그것은, 대신, 그러한 일련의 가능한 미래 비전들을 통해, 첨단 테크놀로지의 변형적인 때로는 침략적인 충격에 대한 SF의 변함없는 초점을 부각시키는 경향이 있다. '첨단'이라 평해지는 것은 분명 시간의 경과와 함께 바뀌지만, 테크놀로지와의 관계 전개는 적어도 19세기 말(쥘 베른과 H. G. 웰스의 소설을 통해 대개 현대 SF의 탄생 시기로 간주되는 — 비록 그 용어 자체는 1920년대 전에는 일반적으로 사용되지 않았지만 말이다[James, 1994를 보라]) 이래로 선진 사회에서 점차 증가하는 매혹과 불안의 쟁점이어 왔으며, SF라는 변화무쌍한 장르에게 일종의 일관된 의미론적 핵심 비슷한 것을 제공해 왔다.

예를 들어 외계인 방문객 혹은 침략자는 당연히 지구인보다 발달된 테크놀로지를 소유한다(또한 종종 '기계 같은' 감정 결여로 특징된다. 가령 최근에는 <인디펜던스 데이>[1996]에서처럼). 컴퓨터에 관한 이야기(예컨대 <콜로서스*Colossus: The Forbin Project*>[1970], <위험한 게임*War Games*>[1983], <론머맨*The Lawnmower Man*>[1992], <매트릭스>)나 인조 인간에 관한 이야기(<메트로폴리스>, <로보캅>, <터미네이터>, <이브의 파괴*Eve of Destruction*>[1991])는 인간의 행동을 흉내 내고/거나 위협하는, 인간에 가까운 기계를 중심으로 전개된다. 인류 미래에 대한 비전들은 근본적인 방식에서 테크놀로지에 의해 구성되고 형성된 사회를 실감나게 그려 낸다. 설령, <파이브*Five*>(1951) 이래로 핵전쟁 몰살 이후를 그린 판타지들에서처럼 그러한 테크놀로지의 결과가 이후 인류 문명을 무너뜨려 석기 시대로(<틴에이지 케이브맨>에서는 문자 그대로) 되돌려 놓을지라도 말이다. 올더스 헉슬리Aldous Huxley의 1932년도 소설

≪멋진 신세계*Brave New World*≫를 본떠, 대개 미래 테크놀로지 사회는 인간의 중대한 자유를 어떤 식으로든 포기하는 것으로 묘사된다. 심지어 이러한 주제가 풍자적으로 다뤄질 때조차 말이다(<데몰리션 맨>[1993]에서처럼). 보다 엄밀히 말해 SF는, 공적이고 상호 주체적인 것 — 명백한 사례에는 핵전쟁과 우주 여행이 포함된다 — 으로부터 심리적이고 정서적인 것(말하자면 <쿼터매스 앤드 더 피트>[영국, 1967], <브레인스톰*Brainstorm*>[1983], <론머맨>에서 개인의 꿈, 기억, 환상의 투영과 기록을 가능케 하는 고안물들)에 이르기까지 모든 단계에서 테크놀로지에 의한 인간 경험의 매개 증가와 이것이 인간 감각 중추의 통합성에 제기하는 위협에 관련되어 왔다.

모든 SF 영화 하나하나가 테크놀로지를 최전면에 내세우는 건 아니지만, 대부분의 SF는 어떤 단계에서든 테크놀로지 모티브를 통해 작동한다. 가령 <신체 강탈자의 침입>은 언뜻 보기에 테크놀로지를 전혀 포함하지 않는 듯하다. 캘리포니아의 작은 마을 산타미라를 장악해 가는 외계 '씨앗들'은, 그 정체가 무엇이건, 다른 1950년대 침공 판타지들의 가공할 만한 기계 장치(예컨대 <우주 전쟁>, <화성에서 온 침입자> 등. 심지어 <괴물>의 '지능적인 당근'조차도, 비록 영화 대부분을 소란스럽게 그리고 별 뚜렷한 계획도 없이 쿵쿵거리며 돌아다니지만, 행성 간 우주선에 의해 도착한다)를 전혀 지니지 않는다. 또한 씨앗에 '점거되는' 과정은 미묘하며 표면상 유기적이고 상당히 신비롭다. 성가신 세뇌 장치나 약물은 필요 없어 보인다. 그렇다 해도, 인간의 감정을 빨아먹는다는 것과 씨앗에 의해 야기되는 상상적 삶이라는 것 — "사랑, 욕망, 야망, 믿음⋯⋯ 그런 것들이 없으면 삶은 아주 간단해지지" — 은 감정 없는 무자비한 기계라는 항간의 개념과 탄탄하게 공명한다. (그리고 이는, 우리가 그 영화를 '기계 같은' 공산주의에 대한 알레고리[Biskind, 1983을 보라]로 보든 아니든, 혹은 초창기 기업적 미국의 새로운 테크노크라시 문화와 보험 통계 산정 수치에 점차 지배되는 전후 미국에 대한 알레고리[Jancovich, 1996을 보라]로 보든 안 보든, 유효하다).[105]

많은 평자들이 지적했듯, SF의 일반적인 분위기는 — 그 장르에서 시각 효과의 기술 향상이 갖는 역사적 중요성을 생각할 때, 어쩌면 놀랍게도 심지어는 역설적으로 — 대놓고 테크놀로지 공포증까지는 아니더라도 테크놀로지에 대해 회의적이었다. 아마도 SF 영화에서 테크놀로지 마법의 치명적인 **오만**에 대한 궁극의 상징은 <금지된 세계>에 나오는 멸망한 크렐 문명의 문자 그대로 우뚝 솟은 업적일지 모른다. 즉 저 땅속 깊숙이 묻혀 있는 회로와 발전기, 가늠할 수 없는 지력의 도구들. 늘 그렇듯 크렐의 이야기는 육체의 허약함을 전제하면서, 기술 지배의 필연적인 한계를 드러낸다. 조잡한 육체라는 방편에의 의존에서 완전히 해방되려는 그들의 충동은 '이드로부터 괴물'을 출현시켰다. 곧, 단념할 줄 모르는 원초적 정신의 잔재인 그것은, 일단 크렐 테크놀로지의 무한한 힘에 이용되자, 크렐 문명이 극복할 수 없는 절멸의 힘을 획득한 것이다. SF는, 아무리 역설적일지라도, 서사 위기의 해결책으로 종종 테크놀로지 이전의 혹은 초超테크놀로지의 수단에 호소하곤 한다.

가장 유명한 것으로는, <스타 워즈>에서 루크 스카이워크가 '포스를 신뢰하는' 법을 배워야 함을 들 수 있다. 루크는 자신의 정교한 조준법에서 벗어나, 그 영화의 신화에서 우주의 살아 있는 조직체를 하나로 묶는 불가사의한 물활론적 힘에 교신함으로써만, '죽음의 별'을 파괴시킬 수 있다. '죽음의 별'이라는 이 인공 행성은, 도덕이나 연민에 구속되지 않는 순수 권력 의지와 결합된 테크놀로지의 치명적인 본성을 상징한다. 제다이 기사들의 전체 규율은 테크놀로지의 통제가 근본적으로 부당하다는 이러한 확신에 기초한다(이는 루카스의 혼합주의*syncretic* 신화의 여러 원천 가운데 하나

105. 씨앗들이 초기 고속도로 망을 통해 전국적으로 퍼져 나간 것에 유념하라. 즉 전후 미국에서 전통적인 공동체를 좀먹으며 작동하던 원자화 추세에 대한 강력한 상징.

인 아더 왕 전설에서 유사한 대립을 반향하는 것이다). 제다이가 선택한 무기인 광선검은 그 자체로 (유쾌한 <스타트렉> 패러디 <갤럭시 퀘스트>에서 어느 흥분한 터마이안이 이동 장치에 대해 언급하듯) '과학이라기보다 예술'이다(Ryan & Kellner, 1988: 245~254; 또한 Kuhn, 1990: 58~65를 보라).

일반적으로 이러한 놀라운 테크놀로지 공포증은 더 거대한 휴머니즘 이데올로기를 위해 배치되는데, 이때 완벽하게 비인간적인 혹은 심지어 반인간적인 테크놀로지의 제어되지 않는 증대와/나 오용이 '진정한' 인간 특질들로의 귀환을 고무시키는 것이다. 물론 그러니까, 아직 너무 늦지 않았다면 말이다. 원자력에 의해 돌연변이가 된 괴물 같은 곤충들 — 얀코비치(Jancovich, 1996: 27)가 지적하듯, <킹콩*King Kong*>(1933)과 그 후예들 같은 초기 괴물들을 그토록 기묘하리만큼 동정적으로 그려 냈던 의인화가 도저히 불가능할 것 같은 종류로 동물의 왕국에서 신중하게 선택된 — 의 그 유명한 1950년대 사이클은 우리로 하여금 그것들에게는 없는, 그러나 그것들과 싸우기 위해 너무도 절박하게 필요한, 인간 특질들에 대해 돌이켜 생각해 보도록 만든다. 때로 스크린 기능은 무정형의 <우주 생명체 블롭>에서처럼 실제로 매우 명백한 듯한데, 특징적인 형태의 결여야말로 그것을 막연한 두려움의 불가항력적인 상징으로 만드는 것이다. 테크놀로지는 괴생명체 영화에서 명시적인 힘이라기보다는 컨텍스트적인 힘이다. 그러나 대량 학살의 기계 폭정에 대한 투쟁을 중심으로 전개되는 <터미네이터>와 <매트릭스>는 사랑, 공동체, 용맹, 신념 같은 기본적이면서도 지울 수 없이 인간적인 특질들을 신뢰할 필요에 대하여 이와 유사한 분명한 메시지를 갖는다. 이처럼 휴머니즘적인, 그리고 전前현대적*pre-modern*이라 할 만한, 이념소*ideologeme*[106]의 존속은, 마치 과거 SF에서 어떤 가늠할 수 없는 과학 기술의 미래성을 의미했던 기계 설비가 이제는 기이하게 고풍스러운 것으로 보이듯이, 마찬가지로

1990년대 초반 SF 영화의 포스트모던 전망들의 보다 열광적이고 무비판적인 예언들도, 적어도 그 일부는, 랜든의 ≪양가성 미학*The Aesthetics of Ambivalence*≫(1992)의 마지막 장처럼, 1910년대와 1920년대의 미래파*Futurist*와 구성주의*Constructivist*의 기계주의 선언만큼이나 기묘하게 시대에 뒤져 있음을 시사한다.

여하튼, 21세기로 들어서고 유전 공학(<가타카*Gattaca*>[1997]와 <코드 46*Code 46*>[2004]에서 탐구된) 같은 테크놀로지의 새로운 발전들을 다루면서, SF의 재조합형 측면이 그 장르에 지속적인 생명력과 정당성을 부여하고 있음은 명백해 보인다. 아마도 이러한 지속적 에너지를 드러내는 한 가지는, 최근 SF와는 꽤나 거리가 먼 주제를 다루는 영화들에 전통적인 SF 장치들이 서사적 전제로서 편입되고 있다는 점일 것이다. 예를 들자면, 감시와 가짜 사회(<트루먼 쇼*The Truman Show*>[1998]), 다시 젊어짐(<바닐라 스카이*Vanilla Sky*>[2001], 앞서 <세컨드*Seconds*>[1966]에서 다뤄진 바 있는), 기억 개조(<이터널 선샤인*Eternal Sunshine of the Spotless Mind*>[2004]) 같은 것들 말이다.

## 할리우드 너머

SF는 모든 내셔널 시네마에서 똑같이 대중적인 장르는 아니었는데, 이는 대체로 실제적인 이유 때문인 듯하다. SF 문학이 흔히 환상적인 것의 철학적 함의를 탐구하는 데 몰두해 왔다면, 서사 영화는 그것의 잠재적으

106. 이 용어는 프레드릭 제임슨(Jameson, 1981)이 레비스트로스의 '신화소*mytheme*' 개념을 개조한 것이다.

로 스펙터클한 제재 차원을 실현시키는 데 더욱 적합하다. 몇몇 두드러진 그러나 고립된 유럽의 작가주의 예외들 — 알랭 타네의 <2000년에 스물다섯 살이 되는 요나*Jonah Who Will Be 25 in the Year 2000*>(스위스, 1976)와 <라이트 이어스 어웨이*Light Years Away*>(영국/프랑스, 1981), 고다르의 <알파빌*Alphaville*>(프랑스, 1965)과 <주말*Weekend*>(프랑스, 1967), 니콜라스 뢰그의 <지구에 떨어진 사나이*The Man Who Fell to Earth*>(영국, 1976) — 을 제외하고, 대체로 SF 영화는 관념을 이미지보다 경시해 왔다. 따라서 SF 영화는 첨단 테크놀로지 — 컴퓨터, 우주선, 미래 문명 등 — 를 시각화하는 데 특히 중점을 두는 경향이 있다. 그러면 바로 이 때문에 할리우드가, 단연 최상의 자원을 가졌으며 기술적으로 능란한 전 지구적 영화로서, 특히 <2001 스페이스 오디세이> 이후 특수 효과의 새 기준을 세운 것으로서, 불가피하게 선호될 수밖에 없다. 프리츠 랑의 <메트로폴리스>와 <달의 여인>처럼 사회적 성찰의 차원을 지닌 대규모 SF 영화들이 제작된 시기가, 독일 우파UFA 스튜디오들이 (상당한 미국 투자에 의해) 할리우드 다음으로 세계에서 가장 크고 최고로 자본화되어 있던 때라는 것은 결코 우연이 아니다. (훨씬 더 최근에는 다국적 유럽 제작의 <제5원소*The Fifth Element*>[1997]가 시사하듯, 통합된 유럽연합 경제가 언젠가 다시금, 독점에 가까운 할리우드 거대 예산 장르 제작에 도전할 수 있는 영화 산업을 지원할지 모른다.)

이것은 SF 영화가 미국 밖에서는 성공적으로 제작되지 않았다는 얘기가 아니다. 예를 들어 I. Q. 헌터(Hunter, 1999)는 영국 SF 영화의 독특함과 특수성을 주장한다. 그러나 그 자신의 고찰이 인정하듯, 영국 SF 영화는 스스로 새로운 경향을 확립하기보다는, 예를 들어 1950년대 외계 침공 사이클과 1980년대의 <에이리언> 이후 '신체 호러' 영화들 같은 미국의 선도를 따르는 경향이 있으며(후자에 대한 영국의 사례로는 <인서미노이드*Inseminoid*>[영국, 1981]와 <뱀파이어*Lifeforce*>[영국, 1985]가 있다), 또한, 예컨대

1950년대에는 공산주의의 위협보다 전후 여론 혼란에 더 초점을 맞추는 식으로, 이것들을 독자적인 방향으로 굴곡시킨다(Landy, 1991: 395ff도 보라). 더구나 지배적인 (그리고 더 저렴한) 고딕 전통은 영국의 SF가 언제든 호러 모티브와 양상에 의존할 수 있음을 뜻한다.

러시아의 경우 혁명 이전과 이후 모두 SF 및 유토피아 문학이 성행했음에도 불구하고 텔로트(Telotte, 199: 34)는 "보다 철저하게 산업화된 나라들의 경우처럼 소비에트 SF는 [영화에서] 그저 미약한 반영만을 발견한다"고 확인한다. 어떤 간절한 염원 속에 테크놀로지 (프롤레타리아) 미래에 대한 매혹이 초기 소비에트 사회를 관통하여 흘렀는데, 이것이 두 영화로 나타났다. 레프 쿨레쇼프의 <살인 광선*The Death Ray*>(소련, 1925)은 (그의 <미스터 웨스트*Mr West*>[소련, 1923]처럼 무성 시대 코미디 양식을 흉내 내기보다는) 당대의 인기 있는 어드벤처 시리즈를 응축했으며, <아엘리타>(소련, 1924)는 프로파간다적 서사만큼이나 구성주의 무대 장식으로도 유명했다(Telotte, 1999: 37~46을 보라). 소련의 국영 영화 산업은 분명 할리우드와 경쟁하기에 충분한 자원이 마련되어 있었으며, 일부 대작 중에는 <우주로 가는 길*Road to the Stars*>(소련, 1954), 영화 속 금성 유인 탐사가 실제 소련의 (무인) 금성 착륙 미션107과 일치했던 <플라네타 부르크*Planet of Storms*>(소련, 1962), <안드로메다 성운*The Andromeda Nebula*>(소련, 1967) 등이 있다. 그러나 냉전으로 인해 주류 러시아 SF 영화는 서구에서 좀처럼 개봉을 보장받을 수 없었다. (그러나 1960년대 중반 몇몇 러시아 SF 영화는 로저 코먼에 의해 헐값에 구입된 후 해체되어, <선사 시대 행성으로의 여행*Voyage to the Prehistoric Planet*>[1965]

107. 소비에트의 베네라 프로그램은 금성 무인 미션으로 1967년에서 1984년 사이 진행되었다. 베네라 9호는 1975년 행성의 표면으로부터 최초의 사진을 전송했으며, 이는 미국 우주선 마리너 2호가 최초로 행성을 선회한 지 13년 만이었다.

과 <퀸 오브 블러드*Queen of Blood*>[1966]를 포함한 AIP 작품들에 제재를 떼어내 주었다.)

서구에서 개봉된 영화 두 편은 안드레이 타르코프스키의 <솔라리스 *Solaris*>(소련, 1972)와 <스토커*Stalker*>(소련, 1979)였는데, 그러나 이 영화들은 본질적으로 타르코프스키가 다른 영화에서 몰두했던 바를 SF로 변주한 것이다. <솔라리스>에 대한 길레스피(Gillespie, 2003: 173)의 언급처럼, "우주 공간은 다만 인간이 지구, 자신의 가정 및 가족과 맺는 관계에 대한 철학적 사유를 위한 배경일 뿐이다 …… <솔라리스>는 비록 표면상으로는 과학적 발견이 인간의 삶에 끼친 영향에 관한 SF적 성찰이지만, 실상은 예술과 시의 우월함을 역설하는 반과학 영화이다." 고통받는 과학자 스나우트는 영화에서 "우리에게 다른 세계는 필요 없어. 우리에게 필요한 건 거울이야. 인간에겐 인간이 필요해"라고 단언한다.

일본 영화 역시, 물론 <고질라*Godzilla*>(일본, 1954)를 비롯하여 셀 수 없이 많은 괴물 라이벌들과 더불어 SF 장르에 주요한 기여를 했다. 그러나 여기서도 도호 스튜디오 감독들은 대부분 앞서 미국의 <심해에서 온 괴물*The Beast from 20,000 Fathoms*>(1953)에서 베일을 벗은 개념을 다듬고 (또한 확장하고) 있었다. 1980년대 중반부터 일본 애니메이션 영화 — 또는 아니메 — 의 영향은 더욱 심원하다고 할 수 있다. 특히 <아키라*Akira*>(일본, 1988)와 <공각기동대*Ghost in the Shell*>(일본, 1995)에서 변형 테크놀로지들과의 환영 같은 조우가 그러한데, 분명 <블레이드 러너>로부터 영향받았을 그 영화들은 많은 것 중에서도 특히 <매트릭스> 시리즈의 서사와 **메카** '룩'*mecha look* 양자에 명백한 영향을 끼쳤다 (Telotte, 2001: 112~116; Newitz, 1995를 보라).

## 사례 연구: <매트릭스> (1999)

1878년 샌프란시스코에서 일하던 영국인 이드위어드 머이브리지Eadweard Muybridge(본명 에드워드 머저리즈Edward Muggeridge)는, 캘리포니아 전 주지사 릴랜드 스탠포드로부터 자금을 일부 지원받아 실행한 일련의 동작 연구 실험의 일환으로, 구보로 나아가는 말의 운동을 기록하고자 트랙을 따라 스틸 카메라를 연속 배열하였다. 그는 그 결과물을 (후기 빅토리아조 시기 특유의 섬세한 명명에 의해) 주프락시스코프Zoopraxiscope라 불리는 장치 속 넓은 회전 원반에 사진판들을 배열하여 영사하였다. 이미지들을 빠르게 연속적으로 영사시킨 그 결과는 잠깐의 전시 동안 관객에게 운동의 환영을 주었다. 머이브리지의 작업은 영화의 전사前史에 있어 가장 유명한 공헌 중 하나이다. 밋밋한 배경 위로 말과 기타 동물들, 남자와 여자 등을 촬영한, 불가사의하게 환기적인 그의 측면 이미지들은 영화 역사에서 널리 재생되었으며, 피터 그리너웨이, 조지 루카스, 그리고 <매트릭스>의 작가-감독인 앤디와 래리 워쇼스키 같은 각기 다른 영화 감독들에 의해 인용되었다.

1998년 미국의 특수 효과 회사 마넥스Manex는 블록버스터 액션 제작자 조엘 실버의 최신 프로젝트 <매트릭스>를 위하여 키아누 리브스와 기타 연기자들 주변에 환상環狀 형태로 120대의 스틸 카메라를 정렬시켰다. 마넥스사는 1980년대 초반 영국 감독 팀 맥밀런이 고안해 낸 '타임 슬라이스*time-slice*' 기법을 발전시켜, (새로운 밀레니엄이 시작될 무렵 할리우드 특유의 기민한 마케팅에 의해) 이른바 '불릿 타임*bullet time*'이라는 놀라운 효과를 만들어 냈다. 리케츠(Ricketts, 2000: 185~186)가 설명하듯, 각각의 숏은 쭉 늘어선 카메라의 정확한 위치, 조준, 셔터 간격을 정하기 위해 컴퓨터 모형으로 미리 시각화되었다. 레이저 포지셔닝은 컴퓨터 모형이 가장 미세한 수준까지 이루어지도록 보장했다. 카메라 주변 원형의 푸른 스크린은 배우들의 영상이 분리되어 새로운 배경 속에 합성될 수 있게 만들었다. 리브스가 연기할 때 각각의 카메라는 단 하나의 사진을 찍어, 총 120대의 카메라가 1초 혹은 그 이하의 시간에 연속적으로 촬영하게 된다. 그 결과로 생긴 120개의 프레임을 초당 24프레임 표준 영화 속도로 영사하면, 결과적인 시퀀스는 '얼어붙은' 중앙 이미지 주변을 카메라가 선회하는 듯 보이면서, 1초의 행위를 5초의 숏으로 '잡아 늘인다.' 여기에 컴퓨터를 더욱 조작하면 각각의 '실제' 프레임마다 디지털로 형성된 하나의 새 프레임이 삽입됨으로써 시퀀스의 지속이 10초까지 연장되게 되며, 최종 화면은 다시금 컴퓨터로 만들어진 도시 경관 배경에 합성되었다. 그 결과로 만들어진 시퀀스들은 그 영화에서 우리가 '현실'로 (잘못) 받아들이는 것의 환영적이고 조작 가능한 본성에 대한 비밀스런 철학적 직관들을 완벽하게 보여 주는 듯하며, 그 10년간 가장 널리 논의되고 가장 유명한 효과의 하나가 되었다.

동작을 포착, 분리, 절개하고 최종적으로 복원하려는 그 두 시도 간에는 기묘한 균형이 존재하며, 둘 다 운동 영역의 문제 해결에 최첨단(1878년에는 존재하지 않던 말) 기술을 적용하고 있다. 그러나 시간상으로 큰 격차를 둔 그 두 시도는 단지 기술 정교화 정도에 있어서뿐 아니라 목적과 동기에 있어서도 영겁의 세월만큼 떨어져 있다. 우선 하나는 영화의 전사前史의 일부로서, 순수한 과학적 호기심으로 동기 부여된 것이며(그렇지만 Williams, 1999: 37~43을 보라), 다른 하나는 현대 상업 영화의 가장 정교하고 기술적으로 야심찬 사업의 한 기능이자 상업적 대성공을 이끌어 내기 위한 요청이었다. 또한 머이브리지가 과학에 관심 있는 어느 자선가로부터 기금을 받은 개인 장인이었다면, 마넥스는 수십억 달러 산업 가운데 한 10억 달러 분야의 자본 탄탄한 전문 사업으로, 영리를 추구하는 어느 성공한 제작자를 위해 작업하였다. 아마도 보다 근본적으로는, 머이브리지가 사진 기술을 이용하여 자연의 움직임의 신비를 통찰하고자 했던 반면, '불릿 타임'은 물리적으로 불가능한 방식으로 디지털 환경에서 움직임을 왜곡하고 재창조한다. 마지막으로, 머이브리지는 이미지를 기록하고 영사할 적절한 수단(특히 단순한 운동의 단편들 이상을 기록하는 간헐성 메커니즘을 통해 충분히 빠르게 그리고 충분히 오랫동안 통과할 수 있는 유연한 셀룰로이드 사진 감광유제)의 부재로 인해 부정확하고 시간이 제한된 동작 복제에 한정되었으나, 마넥스는 물론 물리적 표면에는 전혀 기록되지 않고 도리어 디지털적으로 기록되는 운동들을 확장하고 바꾸고 신속히 변경시킬 수 있었다.

머이브리지의 반향은 <매트릭스>를 네오가 트라우마적으로 직면했던 감각적, 인식적 경험의 기본적이고 즉각적인 문제 너머로 확장하여 실재와 인식에 대해 사유하는 영화로 만듦으로써, 실재에 대한 우리의 매체 / 매개된 구성을 납득하도록 만든다. 따라서 <매트릭스>는 많은 SF 영화들에 따라다니는 반영성을, 비록 흔치 않은 방식으로지만, 부각시킨다. SF는, 그 숱한 스크린, 모니터, 시청각 장치들(<스타 워즈>에서 슬라이드쇼 방식으로 그리고 <스타 워즈 에피소드 6 — 제다이의 귀환*Star Wars: Episode VI — Return of the Jedi*>[1983]에서는 향상된 홀로그램 형태로 제시된 죽음의 별에 대한 지침들, 혹은 <스타트렉 2 — 칸의 분노*Star Trek II: The Wrath of Khan*>[1982]의 선구적 CGI 시퀀스)로, 자신의 재현 수단에 대해 함축적 논평을 선보인다. <브레인스톰>(1983)은 영화에서 정신의 무의식과 판타지 이미지들을 기록하는 획기적 테크놀로지들에 의해 접근되는 강화된 감각 중추를 전달하고자, 판타지 시퀀스의 '시점' 숏에서 표준 35mm 프레임을 확장된 고화질 70mm 와이드 스크린 이미지로 바꿨다. <트론*Tron*>(1982)으로부터 <론머맨>에 이르는 몇몇 영화는 가상 현실 영토의 시뮬라크르 환경을 전달하기 위해 CGI를 선구적으로 사용하였다. 그러한 반영적 특성은 SF를 어떤 의미에서 뮤지컬의 이면으로 만드는데, 포이어에 따르면 뮤지컬은 인공성

*artifice*으로서가 아니라 자발성으로서 표현되는 텍스트 과정의 반복적인 기입에 의해 특징 지어진다(4장을 보라). 이와 대조적으로 SF 영화, 특히 현대 ('포스트모던') SF 영화는 흔히 관객들로 하여금 우리의 가능한 미래에서, 또한 그러한 미래들이 묘사되는 방식에서, 테크놀로지가 수행하는 역할을 새기도록 인도한다.

<매트릭스>는 사실상 시청각 테크놀로지의 이미지들을 결여한다. 매트릭스에 접속되는 동안 반란군들의 경험과 '운동'은 그들의 신체 트레이스 — 심박동수, 뇌파 등 — 를 통해 모니터되며, 컴퓨터 세계 자체는 환각적인 끝없는 코드의 흐름으로서 외에는 '보여질' 수 없다. 이것은 이 영화의 매개된 '비현실'과 실체가 있는 육신의 '현실'의 대치와 연관된다. 물론 매트릭스라는 '비현실의' 세계는 대체로 우리의, 관객 자신의, 현실과 구분될 수 없다는 부가적인 비틀기와 더불어 말이다(비록 그 느와르적 공간들 — 골목, 그럴싸해 보이는 유기된 건물들, 그리고 네오가 흰 토끼를 따라가서 트리니티를 처음 만나게 되는 S/M 클럽 — 은 어느 정도 더 풍요로우며, 영화 전체에 어떤 계시적인 초록 스크린 분위기를 보태 주는 초록 필터를 통해 전반적으로 촬영되었지만).

그 양가적인 기술 공포증에 있어 <매트릭스>는 우리가 앞서 SF 장르의 주류로 인식했던 것에 꽤 철저히 속하는 듯하다. 이 영화는 그 서사 전제 — 기계 폭정의 출현 — 에 있어 물론 <터미네이터> 시리즈와 매우 유사하며, 또한 주요 액션 시퀀스에서 효과적이고 스펙터클하게 이용될 수 있는 비자동력의*inert* 하이 테크놀로지(우주선과 총 같은)와 인공지능의 자의식적인 프로액티브*proactive* 테크놀로지 간의 구분을 유사하게 흐려 놓는다. 이 영화의 외견상 복잡성들은 '실재'와 '비현실' 간의 기본적으로 단순한 대립을 은폐하는데, 전자는 일단 설정되면 의심되지 않고 존재론적으로도 문제되지 않는 것으로 남으며, 후자의 주된 혼란은 그것이 관람자 자신의 텍스트 외적 현실과 닮았다는 것, 바로 20세기 말 지구

라는 것에 있다(텍스트에는 납득할 만한 이유가 설정되어 있지 않다. 기계들은 인간 주체들이 매트릭스에 도전하거나 심지어 매트릭스를 생각해 내는 데 필요한 지식을 갖고 있지 않던 산업 사회 이전 혹은 적어도 디지털 이전의 형상을 만들어 내는 편이 낫지 않았을까). 레버리(Lavery, 2001)가 지적했듯, <매트릭스>의 구조는 데이비드 크로넨버그의 <엑시스텐즈*eXistenZ*>(1999)의 구조에 비해 훨씬 덜 미로 같다. 이 동시대 영화의 가상 현실 컴퓨터 게임은 적어도 네 가지 서사 '틀'을 드러내는데, 이는 사실상 그 영화가 예측 불가능한 미장아빔*mise-en-abîme*을 임의적으로 처리한 것이라기보다는, 가장 바깥 쪽의 최종 틀로 보이는 것이 실제로 '현실'이라는 보장없이 하나의 틀 안에 또 하나의 틀이 포개지는 식이라 할 수 있다. 이론의 여지는 있겠지만, <매트릭스>는 또한 <토탈 리콜*Total Recall*>(1989)보다 덜 도전적이다. <토탈 리콜>에서 관객은 세계를 구하는 아널드 슈워제네거의 영웅적 행위가 단지 가상 현실 시나리오의 전개에 불과한 것인지 확신할 수 없게 된다. <매트릭스>에서 네오의 영웅적 행위는 결코 이런 식으로 모호하지 않다(비록 이해할 수 없는 첫 번째 속편 <매트릭스 2 — 리로디드*The atrix Reloaded*>[2003]에서 네오가, 오라클처럼, 프로그래머들에 대항하는 일련의 실패한 반군들에 끝없이 연결되는 매트릭스 베이스 코드의 반복적 '버그'에 불과하다는 게 암시되지만). 따라서 <매트릭스>는, 포스트모던 SF에서조차 "SF 영화의 유토피아적 전망 — 인류의 우월성 — 은 부숴지고 공격당하겠지만, 그럼에도 그것은 여전히 거기 남아 정당성 입증을 위해 싸운다"는 스콧 부캣맨(Scott Bukatman, 1993: 17; Wood, 2004: 119에서 인용)의 주장을 확인시켜 주는 듯하다.

그러나 그 관계는 처음 보이는 것처럼 그렇게 간단하지 않을지 모른다. 우드(Wood, 2004: 120)는 이 영화에 대한 논의에서 새뮤얼 델라니Samuel Delaney의 '병렬 공간*paraspaces*' 개념, 곧 서로에 대해 지속적인 논평을 제공하는 병치된 양자택일 세계들에 대해 언급한다. '병렬 공간' 개념은 그 영화의 두 '현실' — 서사에 의해 비현실화되는 우리 자신의 20세기 말 로케이션, 그리고 완전히 날조된 디제시스 현실 — 이 서로의 주장과 전제들에 이의를 제기할 수 있게 해준다. 네오가 '실세계'에 접근하기 위해 알약 — 이상한 나라의 앨리스 이미지를 통해, 제퍼슨 에어플레인 Jefferson Ainplane이 <화이트 래빗 *White Rabbit*>108에서 찬미한 것으로 유명한 LSD에 연결되는 — 을 먹는 것은 그의 여정을, 환각제를 통한 1960년대 스타일의 영적 각성이라든가 사회 현실로부터 신비적 내부 영역으로의 약물성 도피와 동일한 것으로 만든다. 더구나 네오의 메시아적 정체성의 현현이 대가를 지불하고 끌어들이는 강력한 판타지 구성 — 영웅이 된 보통 사람 — 은 관객의 소원 성취 판타지 구성에 반사적으로 작용할 것이다. 다른 한편, 우리는 자유의 투사들이 매트릭스를 격파하기를, 그리고 인간을 소외시키는 테크놀로지를 극복하고 승리하기를 바라는데, 이는, 매트릭스의 시뮬라크럼이 바로 우리 자신의 세계인 이상, 현대 세계의 권력 박탈과 소외에 대한 강력한 불안과 욕망들로 접속된다. 동시에 그 영화의 논리상 반군의 '승리'란 그 세계(시각적으로는, 우리 자신의)를 신비로운 흐름의 베이스 코드 — 네오가 스미스 요원을 격파할 때 디지털 환영으로서 지각하는 — 로 비물질화시키는 것을 의미한다. 마지막으로 우드가 지적하듯, <매트릭스>의 양자택일 묘사의 이원론적 극성들 — '현실의' 노예 / '거짓된' 육체적 안락에 대항하여 싸우는 자, 여기에는 제3항이 허용될 수 없고 가능하지도 않다 — 은 그 자체로 판타지 구성

108. 사이키델릭 록 그룹 제퍼슨 에어플레인의 1967년도 앨범 ≪Surrealistic Pillow≫에 수록된 곡. 물론 이것은 (<매트릭스>에서 네오가 따라간 흰 토끼와 마찬가지로) 루이스 캐럴의 ≪이상한 나라의 앨리스≫에 등장하는 캐릭터에서 가져온 것이다. 주지하다시피 앨리스는 흰 토끼를 따라 토끼 굴 속으로 들어갔다가 '이상한 나라'에 도달하게 된다. — 옮긴이

특유의 도식적 간결함을 지니고 있다(그것들은 또한 이 영화를 멜로드라마의 전형적인 이원론적 구성에 거슬러 연결시킨다).

<매트릭스>에서 '실재' — '코퍼톱*coppertop*[건전지]' 인간들이 쌓여 있으며 그들로부터 모은 지력이 기계의 생존에 필요한 에너지를 제공하는 하이브 등은 물론, 느부갓네살에 의해 협상된 음침한 지하 공간들 — 가 부득이 거의 전적으로 컴퓨터 이미지를 통해 스크린상에 구축된 반면, '코퍼톱들'이 (그들 생각으로는) 거주하고 있는 '가짜' 세계로서의 매트릭스는 현대 북미 로케이션 촬영된 것으로, 명백한 아이러니가 존재한다. 머이브리지의 아득한 반향은 영화가 어떤 영웅적인 과학적 위상, 곧 자연계에 대한 심원한 통찰과 이해를 위한 객관적 도구를 열망할 수 있었던 시절을 환기시킬 텐데, 그러나 아이러니하게도 그 기억은, 자연의 비밀 포착이 아닌, 환상과 환영의 주입 및 묘사를 향해 장르적으로 또한 제도적으로 정립된 현대 영화 예술 속에 놓여 있다.

P·A·R·T·3

# 포스트고전 장르들


9장 필름 느와르

10장 액션 블록버스터

11장 장르: 틀 깨기

12장 결론: 트랜스 장르?

이 마지막 섹션에서 논의되는 장르들은 어떤 점에서 혹은 많은 점에서 모두 '포스트고전적'이다. 이 장르들은 일단 역사적으로 스튜디오 시스템의 쇠퇴가 진행되자 ('파라마운트 판결'을 하나의 역사적 표지 삼아) 곧바로 등장하며 / 하거나, 포스트고전 시기의 새로운 지형에서 산업적으로 두드러지게 된다. 또한 / 또는 그것들은 단순히 고전 할리우드 관점에서(홀로코스트 영화), 혹은 미국 상업 영화 전반에서(다큐멘터리), 혹은 주류 서사 영화 전반에서(포르노그래피) 장르로서 비정전적 *uncanonical* 이다. 처음 두 장은 필름 느와르와 액션 블록버스터를 다루는데, 이 장르들은 상이한 방식으로 각각 영화학계의 비평 기획과 현대 할리우드 경제에서 중심이 되었다. 마지막 장은 내가 보기에 장르 이론과 비평 자체의 기획에 도전을 제기하고 (생산적으로) 복잡하게 만드는 장르들을 — 상당히 대략적으로 — 다룬다. 이 최종 장의 목록은 간략하므로, 이 책 다른 부분에서 개별 장르들에 대해 이뤄진 더 상세한 논의들보다 필연적으로 더 일반적이며 더 추론적이다. 마지막 장은 보다 상세한 연구와 논의를 위한 서론적 논평 정도로 봐주길 바란다.

# 09 필름 느와르

매스 미디어학에서 'A' 레벨(학위)을 받으려는 영국의 고등학생들은 흔히 영화 장르에 관한 과정을 이수하게 된다. 그들의 최종 평가를 위한 전형적인 과제는 어느 정해진 장르의 어떤 (존재하지 않는) 영화를 위한 '광고' 자료 — 학교의 자원에 따라 인쇄 매체(포스터, DVD 표지 등등)에 제한될 수도 있고 혹은 '트레일러' 촬영으로 확장되기도 한다 — 를 만드는 것이다. 가장 일반적으로 시도되는 장르는 호러 영화와 필름 느와르이다. 그러한 과제에서 왜 물적 자원보다는 분위기에 더 의존하는 장르, 그리고 상대적으로 시간과 장소에 구속받지 않는(따라서 학생들의 집, 지역 공원, 창고 등등에서 촬영될 수 있는) 장르가 선호되는가에는 명백한 이유가 존재한다. 확실히 그러한 요인들은 전쟁 영화나 SF 영화, 서부극을 흉내 내려는 시도를 좌절시킬 것이다(비록, 이를테면 와이오밍 주의 고등학교에서라면 확실히 상황이 다를 수도 있지만 말이다). 그러한 과제가 주어졌을 때, 학생들의 발표는 주제적 요소는 물론, 서사적 요소보다도 도상적, 양식적 관습들에 더 지대한 관심을 기울일 것이 뻔하다. 따라서 '분위기 있는' 조명을 만들어 내고, 자동차, 담배, 비에 젖은 거리(이왕이면 네온사인이 비치는), 천장의 선풍기, 유혹적으로 위협적인 '팜므 파탈' 같은 장르 필요 조건들을 끼워 넣는 데 많은 노력이 들어간다. 그러한 경제적 고려가 실제로 느와르의 저 잊을 수 없는 시각 양식에 중대한 공헌을 하였으며, 때로 학생들은 눈에 띄게 그럴듯한 느와르 패스티시를 성취해 내기도 한다. 그럼에도, 필름 느와르가 주류 영화 장르로서 그처럼 판에 박힌 듯 제시된다는 것은 깊은 인상을 남긴다. 적어도 그 장르가 비교적 최근까지도 결코 영화 비평 너머 **하나의 장르로** 존재하지 않았음을 생각한다면 말이다.

이러한 이야기는 느와르가 얼마나 현대 대중 문화로 유포되었는가를 알려준다. 사실 느와르는 서부극이 2차 세계 대전 이후 세대에게 그랬듯 현대 미디어 문화에서 영향력 있고 즉각적으로 인지되며, 텔레비전 광고로부터 그래픽 소설에 이르기까지 자유롭게 인용되고 패스티시되며 패러디된다고 할 수 있다. 그러나 이러한 사례는 또한 느와르가 어떻게 구체화되었는가를 설명해 주기도 한다. 즉 어떻게 본래 그것을 고취시킨 역사 및 문화 컨텍스트들로부터 이탈하여, 의미 있는 내용과 대개 분리된 일련의 형식적 조처 및 양식적 모티브가 되었는가에 대해 말이다. 이처럼 성가신 시뮬라크라(원본 없는 완벽한 모방이라는 장 보드리야르 개념의 교과서 사례들)를 제작하는 학생들에게 질문해 보면, 간혹 <이중 배상*Double Indemnity*>(1944)의 일부나 전부를 볼 경우도 있지만, 느와르에 대한 그들의 지식은 대개 코엔 형제의 <블러드 심플*Blood Simple*>(1984)이나 존 달의 <라스트 시덕션*The Last Seduction*>(1994) 같은 최근의 네오느와르 감상에 한정되어 있음이 드러난다. 이러한 영화들은 영리하게 인유적이며, 풍부하게 상호 텍스트적이다. 그러나 그것들이 불러내는 1940년대 말과 1950년대의 허구적 사회 세계 — 그 영화들의 짜임새*fabric*에 의미를 부여하는 — 는 점점 더 이러한 인유적 몸짓 자체를 통해서만 그리고 그것들로부터만 구성된다.

두 번째 매우 상이한 사례는 현대 문화에서 느와르의 강력하며 분기分岐된 존재를 더욱 시사한다. 데이비드 톰슨David Thomson의 1984년 컬트 소설 ≪서스펙트*Suspects*≫는 한편으로 미국 상상력에 있어 그 영화들의 위치에 대한 고찰이며 동시에 필름 느와르의 유희적 계보다. ≪서스펙트≫는 스웨드 라슨(＜킬러*The Killers*＞[1946])과 제프 마크햄 / 베일리(＜과거로부터*Out of the Past*＞[1947]) 같은 수많은 느와르 영화 캐릭터에 대한 일련의 백과사전적 인명들을 담고 있는데, 이로써 그들의 이야기는 스크린 출현 너머로 — 이전과 이후로 — 연장됨으로써, ＜차이나타운*Chinatown*＞(1974)이나 ＜아메리칸 지골로*American Gigolo*＞(1980), ＜보디 히트*Body Heat*＞(1981) 같은 네오느와르 후예들과 뒤섞이게(빈번히 그것들을 낳거나 교미하거나 살해하게) 된다. 서사와 텍스트 줄거리의 이 촘촘한 망 조직의 어두운 심장 한가운데에, 모든 영화들 중에서도 프랭크 카프라의 ＜멋진 인생*It's a Wonderful Life*＞(1946)이 있다는 것은 충격적이다. 첫 개봉(냉담하게 받아들여진) 이래 반세기 동안 텔레비전에서 무수히 반복 상영된 이 영화는 크리스마스를 통해 미국의 신화적 소도시에 대한 결정적인 영화적 재현을 만들어 냈다. 하지만 카프라의 영화가 신성시하는 가족과 공동체와 보통 사람에 대한 해마다의 찬양은 사실상 베드포드 폴스 마을에서 벌어지는 조지 베일리의 '멋진 인생'에 대한 영화의 묘사를 물들이는 느와르 특유의 양가성 그림자 — 노골적인 절망까지는 아닐지라도 — 를 묵살한다.

로버트 레이(Ray, 1985: 179~215)가 지적하듯, 조지가 자기 주변의 인생들에 천진난만하게 주축이 되어 개입하는 ＜멋진 인생＞의 모범적 이야기는, 핵심적인 미국 가치들에 대한 확언이라기보다는, 노먼 록웰Norman Rockwell[109]의 소다수 가게와 친절한 경찰관 비전으로부터, 조지가 수호 천사 클래런스의 손에 이끌려 경험하게 되는 악몽 비전의 느와르 타자, 곧 악마 같은 포터스빌 — 완벽한 다크 시티 — 을 가르는 선이 얼마나 빈약하고 우연적인가에 대한 일종의 건전한 충고로 볼 수 있다. 더구나, 역사 변화 및 진보의 축으로서 개개인 시민의 통합에 대한 이 영화의 거의 히스테릭할 정도의 강조, 그리고 이와 관련하여, 사악한 은행가 포터로 구현되는 고삐 풀린 자본주의의 약탈과 조지의 환영 속 프롤레타리아화하는 도시 정글 간의 중대한 보루로서 조지의 주택대출회사 Bailey Building and Loan(1980년대 말 미국 저축 및 대부 산업의 대대적인 붕괴로 희화화될 때까지는 중산층의 재정적 청렴의 상징)에 대한 묘사는 <멋진 인생>을 느와르 전통에 굳건히 위치시킨다. 비록 그의 이야기는 대부분의 고전 느와르처럼 범죄 행위와 / 나 부정한 성적 욕망이라는 멜로드라마 클리셰에 의존하지 않지만, 어느 쪽에도 치우치지 않으려는 조지 베일리의 필사적임과 여림 — 악몽에서 깨어나려고 발버둥치면서도 그것을 이해해 보려고 애쓰는 평범하고 예절 바른 남자 — 은 <창 속의 여인*The Woman in the Window*>(1945)과 <스칼렛 거리*Scarlet Street*>(1945)에서의 월리와 크리스 크로스(둘 다 에드워드 G. 로빈슨이 연기한), <죽음의 카운트다운 *D.O.A.*>(1950)의 프랭크 비글로(에드먼드 오브라이언)나 <나이트폴*Nightfall*>(1957)의 짐 배닝(알도 레이) 같은 전후 시기 여러 느와르 주인공들 속에 반영된다. 마찬가지로, 조지 베일리의 악몽 속 느와르 요소들 — 도시의 황폐와 소외, 익명성과 어디에나 도사리는 폭력의 위협 — 은, 예컨대 <우리 생애 최고의 해*The Best Years of Our Lives*>(1946)처럼 그 자체로 분명 느와르는

109. 노먼 록웰은 미국의 유명 일러스트레이터로, 평범한 인물들의 모습을 따뜻하고 아름답게 그려 낸 그림들로 유명하다. 그가 그려 낸 세계는 프랭크 카프라의 영화가 그렇듯 '이상화된' 미국상이라 할 수 있다. — 옮긴이

아니지만, 카프라 영화와 같이 변화하고 불안정한 세계 속 남성 정체성에 열중하는 여타 1940년대 말 영화들 가장자리로 슬며시 다가간다.

톰슨은 ≪서스펙트≫에 대한 혁신적이고도 통렬한 발문에서 조지와 메리 베일리의 가족 로맨스를 미국 생활에 대한 느와르의 마비된 비전의 핵심으로서 고쳐 쓰고 있으며, 동시에 느와르를 전후 미국 경험의 중심에 위치시킨다. <과거로부터>의 비극적 인물 제프 베일리는 해리 베일리로 밝혀지는데, 해리 베일리는 조지의 동생으로 2차 세계 대전 전투기 조종사였다. 베일리 집안은 사실 포스트워터게이트, 포스트베트남 네오느와르의 두 핵심 인물인 해리 모스비와 트래비스 비클(각각 <나이트 무브>[1975]와 <택시 드라이버>[1976]의 주인공)의 선조이다. 마지막 보르헤스적인 반전에서 톰슨은 ≪서스펙트≫의 모든 환상적인 풍경이 실은 작은 시골길을 여행하던 조지 베일리 자신의 낙담하고 혼란에 빠진 상상과 어슴푸레한 미국의 심야 모텔 텔레비전 화면에 의해 만들어진 것이며, 느와르에 가까운 또 다른 영화 <시민 케인*Citizen Kane*>(1941)의 수전 알렉산더 케인처럼, 좌절된 인생과 깨어진 신화의 파편들로부터 직소 퍼즐의 잃어버린 조각을 찾지만 이는 결국 그가 끝마칠 수 없도록 운명 지어져 있다고 일러 준다.

따라서 조지 베일리는, 비단 자신의 이야기와 그의 확장된 가족의 이야기로 비극적 느와르 모험담을 재연할 뿐 아니라, 원자화되고 혼란스런 인생의 의미 — 설령 궁색하다 해도 — 를 옛날 영화들로부터 구축하는 고질적 올드 무비 팬을 재연하기도 하는, 더 거대한 느와르 상상계에서 이중으로 예증적인 인물로 드러난다. ≪서스펙트≫는 많은 비판적 논평자들에 의해서뿐 아니라, 보다 최근에는 영화 지식이 해박한 두 세대의 영화 감독들에 의해서도 공유된, 필름 느와르에 관한 어떤 통찰을 관철시키는 듯하다. 대개 평균 이하 예산의 이러한 범죄 멜로드라마들은 그 대다수가 2차 세계 대전 종결과 1953년 아이젠하워 대통령 취임 사이에 제작되었고 그 시기 할리우드 총 제작량에서 작은 비율을 차지했을 뿐이지만, 그럼에도 할리우드의 확신 넘치는 미국 상상계의 외관상 단일해 보이는 건축물을 풀어 낼 열쇠를 제공한다. 느와르는 그러한 금자탑이 쪼개질 수 있는, 의혹과 신경증과 위반적 욕망의 매장된 봉합선이다. 마이크 데이비스(Davis, 1991: 38)는 느와르가 미국 스타일의 후기 자본주의의 — 어찌되었건 그릇된 — 범주들을 뒤집으려고 작동하는 '변형 문법'이라고 특징짓는다. 파울라 라비노비츠(Rabinowitz, 2003)에게 느와르는 '미국의 펄프 *pulp* 모더니즘'이다. 그처럼 다채로운, 심지어 웅대하기까지 한 주장들이 지탱될 수 있으려면, 어쩌면 필름 느와르는 무엇보다 하나의 장르라기보다는 하나의 분위기 혹은 심지어 하나의 태도 정도로 간주해야 할지 모른다. 그것은 역사적 핵심으로부터 확장되어 주류 영화들의 표면상 더 밝은 비전들을 오염시키는 일종의 편집증적이고 적대적인 감성으로서, 마침내 환멸의 1970년대에 항구적이며 명확하게 정의된 하나의 장르적 존재로서 등장하게 된다.

서부극이나 혹은 뮤지컬 같은 여타 주요 장르들과 달리, 느와르가 동시대 장르**로서** 성행하게 된 데는 산업 관행보다 비평 관행에 빚진 바가 더 크다. 느와르는 본래 프랑스 비평가들이 (논쟁적인) 일단의 전시戰時 및 전후 할리우드 스릴러와 멜로드라마 영화들에 썼던 용어로, 특히 오늘날 이론적, 역사적 성분을 지닌 대학 영화 프로그램을 통해 전문적인 영화 제작으로 이행하는 것이 통상적임을 생각할 때, 느와르는 아카데미 영화 비평이 때로는 산업 고유의 릴레이 내에서 작용할 수 있는 능동적 역할을 예시해 준다. 오늘날 영화학에서 느와르가 차지하는 중심 위치는 분명 그것의 특수한 관심사와 내용에 상당 부분 빚지고 있다. 어떤 의미로 할리우드(와 미국)의 주변부로부터 작동한다고 할 수 있는 장르, 또한 그러한 위치가 함축하는 규범 비판과 심지어 전복의 잠재력까지도 지닌 장르(또는 양상, 또는 양식, 또는 경향, 또는 톤, 또는 심지어 세계관 — 이 모든 용어들과 기타 등등은 느와르를 특징짓기 위해, 때로는 보다 고전적 장르들과의 역사적, 제도적 차이들을 나타내기 위해 쓰여 왔다)의 의미는 학계 비평가들의 호기심을 지속적으로 돋우는데, 그들로 말하자면 주류 할리우드 영화에 의해 공표된 이데올로기 위치들에 매혹되는 동시에 그것들에 대해 매우 양가적이다(이러한 '매혹'에 대해서는 Harris, 2003을 보라).

## 고전적 느와르: 기원, 영향, 정의(할 수 없음)

2차 세계 대전 종전 직전과 직후, 미국 비평가들은 당시 범죄 스릴러에서의 음산함과 냉소적 경향 그리고 심적 혼란에 대한 명백한 몰두를 충분히 인지하고 있었다. 그러나 필름 느와르라는 이 꽤나 유명한 용어 자체는 1940년대와 1950년대 초 동안 어떤 단계에서든 미국 영화 감독들이나 비평가들 혹은 관객들이 사용한 범주가 아니었다.[110] 느와르라는 인상적이고 영구적인 개념의 결정화結晶化는 프랑스 시네아스트들의 공헌이었으며 그 자체로 여러 요인들의 합류의 결과였다. 점령 기간(1940~1944) 동안 프랑스는 추축국Axis 지배하의 다른 유럽 국가들처럼 미국의 영화 수출이 차단되어 있었다. 해방에 뒤이어, 프랑스 극장가에 불어 닥친 할리우드 개봉작들에는 <이중 배상>, <로라*Laura*>(둘 다 1944) 같은 새로운 개봉작들과 나란히 <말타의 매*The Maltese Falcon*>(1941), <백주의 탈출*This Gun for Hire*>(1942)을 포함한 오래된 여러 영화들이 줄을 이었는데,

110. Silver & Ursini(1996)에 수록된 동시대 리뷰와 에세이들을 보라.

이러한 영화들은 미국 영화의 전통적 낙관주의와 뚜렷하게 대조를 이루면서, 할리우드의 새로운 '어두운' 성향으로서 프랑스 비평가들에게 깊은 인상을 남겼다. 야간 배경, 표현주의적 조명 배합과 무대, 복합적이고 때로는 냉소적이며 반영웅적인 인물들, 그리고 범죄 음모와 사기와 폭력의 비틀리고 종종 비관적인 서사 등이 — 비록 결코 일관되거나 한결같지는 않았지만 — 이 영화들에 등장하여, 하이키 낙관주의 같은 표준적 할리우드 특성들과는 뚜렷하게 구별되었다. 1946년 니노 프랑크Nino Frank — 전쟁 이전 프랑스 영화 문화에 존재하던 비평 용어를 최초로 미국 영화들에 적용한 — 에 의해 처음으로 필름 느와르라고 명명된 이 '어두운 영화'는 또한 다른 이유들로도 프랑스 지식인들의 마음을 사로잡았다. 네어모어(Naremore, 1998: 17ff)가 보여 주듯, 이러한 영화들이 열중했던 성적 욕망의 위반적 힘은 전후 지식인 집단에서 여전히 중요한 세력이던 초현실주의의 관심사와 공명하였으며(흥미롭게도, 느와르의 때로 꿈 같은 미로의 서사와 반反리얼리즘적 시각 양식은 그동안 그다지 주목받지 못한 것 같다), 한편 느와르 주인공들이 적대적이고 근본적으로 무의미한 세계에서 벌이는 자기 실현의 고독한 탐색은 또한 전쟁 직후 좌안左岸[Rive Gauche]에서 유행하던 철학 경향인 실존주의의 핵심 요소였다. 이러한 새 경향의 특징인 고뇌와 염세주의는 패배와 점령의 굴욕으로 꿇어 엎드린 — 드골주의 신화에도 불구하고 — 프랑스의 심금을 울렸으며, 심지어 이제까지 프랑스 지식인들로부터 비난받던 그 싸구려 통속적 기원이라든가 미국 특유의 저속함조차도, 이제는 도덕적으로나 이데올로기적으로나 파산해 버리고 소진해 버린 유럽 문화에 대한 어떤 신선하고 진정성 있는 신세계의 응답처럼 보였다. 마지막으로, 프랑스 비평가들은 1930년대 '시적 리얼리즘*Poetic Realist*' 영화들에서 느와르 인물 유형의 다수 — 특히 유약한 남성과 성적으로 의식적이며 도덕적으로 모호한 도시 여성 — 를 알아볼 수 있었다. <새벽*Le*

*Jour Se Lève*>(1939) 같은 영화들은 대부분의 미국 느와르보다 더 명상적이고 숙명론적이지만, 프랑스 영화 집단들이 전후 느와르를 수용하는 데 있어 중요한 매개체 역할을 하였다. (<새벽>은 할리우드 느와르 <롱 나이트*The Long Night*>[1947]로 리메이크되었으며, 장 르느와르의 <암캐*La Chienne*>[1931]는 <스칼렛 거리>의 원작이다.) (프랑스의 느와르 수용의 문화적 컨텍스트와 영화에 대해서는 Vincendeau, 1992; Vernet, 1993: 4～6을 보라.)

1955(1983)년에 출간된 보르드와 쇼메통의 영향력 있는 저서 ≪미국 느와르 영화의 파노라마*Panorama du Film Noir Américain*≫에서 느와르로 규정된 할리우드 영화 22편에는 나중에 그 형식과 동의어가 될 범죄 욕망의 연구들보다 더 많은 스파이 및 음모 영화(<공포 속의 여행*Journey into Fear*>[1943], <디미트리오스의 가면*The Mask of Dimitrios*>[1944], <오명*Notorious*>[1946])와 사설 탐정 미스터리(<말타의 매>, <안녕 내 사랑*Murder, My Sweet*>[1944],[111] <빅 슬립*The Big Sleep*>[1946], <호수의 여인*Lady in the Lake*>[1947], <과거로부터>)가 포함되어 있다. (<이중 배상>, <로라>, <포스트맨은 벨을 두 번 울린다*The Postman Always Rings Twice*>[1946], <밤 그리고 도시*Night and the City*>[1950]처럼 '정전으로 간주되는' 느와르들은 모두 '범죄 심리'라는 종속 범주로 하위 분류되었다.) 이는 어쩌면 프랑스 비평가들에게 있어 느와르와 '하드보일드' 펄프[112] 스릴러 전통 — 갈리마르에서 '세리 느와르[느와르 시리즈]*série noire*'라는 명칭으로 출간된 냉혹한 프랑스 버전은 느와르에 그 본래 어법을 빌려주었다 — 의 결합이, 이후의 많은 연구자들에게는 그 양식을 정의하는 심리적 왜곡과 리비도 에너지의 요소들보

111. 레이먼드 챈들러의 소설 ≪안녕 내 사랑*Farewell My Lovely*≫을 각색한 영화로, 미국에서는 뮤지컬과의 혼동을 피하기 위해 원제 대신 이 제목을 썼다. 영국에서의 제목은 원작 그대로 "Farewell My Lovely"이다. — 옮긴이

112. 이렇게 불린 이유는 하드보일드 소설 선도 잡지들 — 특히 <블랙 마스크*Black Mask*> — 이 싸구려 펄프 종이에 인쇄됐기 때문이다.

다 더욱 강력했음을 시사할지 모른다. 확실히, 느와르 대사의 독특한 스타일 — 무뚝뚝하고 냉소적이며 금언적인 — 은 물론, 느와르의 가장 특징적인 서사 소재 대다수는, 1920년대와 1930년대의 '하드보일드' 작가들로부터 비롯된 것이다. 그들 중 가장 잘 알려진 이들은 선구적인 사설 탐정 소설가 대실 해밋Dashiell Hammett과 레이먼드 챈들러Raymond Chandler, 그리고 보다 냉혹하고 육욕적이며 때로 히스테릭한 동시대 작가들인 제임스 M. 케인James M. Cain과 코넬 울리치Cornell Woolrich이다. 이 작가들의 소설과 이야기들은 1940년대와 1950년대 초반 동안 느와르 영화로 만들어졌으며, 한편 챈들러는 빌리 와일더를 위해 케인의 ≪이중 배상≫을 각색했다.

그러나 아마도 '하드보일드'에서 가장 잘 알려진 유형일 사설 탐정은 느와르를 양식이나 이데올로기 안에 위치시키려는 노력을 다소 복잡하게 만든다. 많은 이들에게 있어 험프리 보가트는 영화 속 탐정의 결정판이며, 고전 '하드보일드' 스릴러를 영화로 만든 작품에서 사설 탐정으로 나온 그의 두 배역은 정전으로 인정될 뿐 아니라 심지어 결정적인 느와르이다. 즉 <빅 슬립>은 대부분의 고전 느와르 목록에 올라가며, 한편 <말타의 매>는 때로 느와르 전체의 시조로서 언급되곤 한다. 두 영화가 모두 너저분하고 초라한 다양한 도시 배경에서의 복잡한(<빅 슬립>의 경우, 악명 높게 그리고 당혹스러울 만큼) 범죄 음모를 포함하기는 하지만, 적어도 <말타의 매>는 대개 느와르와 결합되는 양식상의 방향 상실*disorientation*을 대부분 결여한다. 도리어, 캐릭터들(특히 거트맨)의 얼굴을 왜곡시키는 로우 앵글 숏 경향을 제외하고는, 존 휴스턴의 구도는 대체로 균형 잡혀 있고 장면은 조명이 고르게 밝혀져 있다. <빅 슬립>은 이와 반대로 어두운 실내와 음산한 야간 배경으로 충만하다. 그러나 느와르 표준으로 여겨지는 것에서 훨씬 더 두드러진 일탈은 두 영화에서 보가트의 연기를 통해 전달되는 효과이다. 즉 압도적인 **제어***control* 효과. 비록 샘 스페이드와 필립 말로가 각각 빈번히 위험에 처하고 때로 속기도 하지만, 보가트의 사나이다운 고전적인 하드보일드 페르소나는 여기서 가령 <안녕 내 사랑> 이나 <과거로부터>의 사설 탐정 주인공들이 (혹은 탄탄한 느와르 <고독한 영혼 *In A Lonely Place*>[1950]에서 시나리오 작가 딕스 스틸로서 보가트 자신의 연기가) 보여주는 혼란이나 취약성을 거의 드러내지 않는다. 하지만 그러한 속기 쉬움과 유약함 — 특히 위태로운 남성성과 관련하여 — 은 다시금 느와르를 정의하는 속성으로서 언급되어 온 것이다(Krutnik, 1991을 보라).

갱스터는 사설 탐정 영화에서 적으로서 강력하게 등장하며, 느와르는 분명 1930년대 초반 갱스터 영화로부터 조직 범죄와 범죄 음모의 주제를 이어받고 있다. 하지만 고전 갱스터가 남성적 개인주의 에너지와 무자비한 야심으로 특징 지어지는 직업 범죄자였다면(5장을 보라), 느와르 주인공들은 대체로 더 풋내기이며, 야심에 의해서보다는 단순한 탐욕이나 성적 욕망, 외부의 압력이나 단순한 실수에 의해 범죄로 빠져들며, 전형적으로 톰 파워스나 토니 카몬티[각각 <퍼블릭 에너미>와 <스카페이스>의 주인공]보다 훨씬 더 수동적이고 쉽게 좌절하는 편이다. 따라서 대성공을 거두기보다는 흐느껴 우는 편이다.

이러한 태생적 영향들과 나란히, 느와르는 이전의 그 어떤 미국 영화보다 어쩌면 더 노골적으로 전쟁 이전 유럽 예술 영화의 영향을 드러내었다. 비록 훨씬 수정되고 불가피하게 미국화된 형식으로이긴 하지만 말이다. 독일 표현주의 경향의 영향력이 1920년대와 1930년대 많은 스튜디오 영화들 — 예를 들어 존 포드의 <정보원 *The Informer*>(1935) — 에서 발견될 수 있는 반면, 느와르는 이러한 영향들을 이를테면 체계적인 방식으로 작동시키는 듯했다. 1920년대 표현주의 영화와 이미 언급한 대로 1930년대 프랑스의 시적 리얼리즘은 둘 다 이후의 미국 형식과 명백한 유사성을 지니고 있다. 앞서 1930년대 유니버설 호러 영화와 관련하여 논의한 대로, 미국 감독들과 촬영 감독들은 불길한 혹은 범죄의 배경을 그려 내기 위해 야간 세팅, 그림자의 어른거림 등등을 이용하는 데 참고할 수 있는 잘 확립된 토착 전통을 갖고 있었다. 그리고 어쨌든 이러한 요소들은 고전 느와르에서보다 오히려 오늘날 뮤직 비디오와 광고에 의한 스타일상의 페티시 전유로서 더 흔하게 발견된다. (표현주의의 영향이라는 논제에 대한 회의적 논의를 위해서는 Vernet, 1993: 7~12를 보라.) 아마도 느와르에 대해 표현주의만큼 영향력 있던 것은 바이마르 영화에 있어 표현주의의 직접적 계승자인 '신즉물주의*Neue Sachlichkeit*(*New Objectivitiy*)'[113]였으며, 그것이 선호한 장르인 거리 영화*street film* 역시 느와르에 그 특유의 배경, 곧 야간 도시를 유산으로 남겼다. 표현주의의 과잉과 신즉물주의의 보다 중립적 양식 사이에 양식상 과도기적인 <거리*The Street*>(독일, 1922) 같은 영화는 밤의 도시의 유혹 때문에 숨막힐 듯한 부르주아 가정으로부터 충동적으로 도망치는, 그러나 결국 악과 심지어 살인의 악몽 같은 덫에 빠지고 마는, 어느 공무원에 대한 이야기라는 점에서 <스칼렛 거리> 같은 고전적 느와르를 분명히 예시하고 있다(Petro, 1993을 보라). 이 공무원이 배회하는 초반부의 한 인상적인 에피소드에서, 그는 거대한 두 눈(안경점 간판)의 비난하는 듯한 시선에 허를 찔리는데, 이는 어떤 점에서 분명 그의 죄의식을 문자 그대로 보여 주는 것이지만, 또한 느와르에서 두드러지게 될 감시의 테마를 알리는 것이기도 하다. 한편 지네트 뱅상도(Vincendeau, 1992: 53~54)는 1930년대 프랑스 시적 리얼리즘 영화에서 파리에 대한

113. 신즉물주의는 1920년대 초반 독일에서 회화, 문학, 음악 등에 걸쳐 일어난 리얼리즘 예술 운동으로서, 일종의 포스트표현주의라고 할 수 있다. 게오르그 그로츠, 오토 딕스로 대표되는 이들은 1차 세계 대전 이후 바이마르 공화국의 부패와 타락상을 생생하게 묘사하였으며, 1933년 나치에 의해 '타락한 예술'로 매도, 금지되었다. — 옮긴이

묘사가, 스튜디오 제작의 추상적인 표현주의 도시와, 여전히 양식화되어 있긴 하지만 — 특히 할리우드에서 1940년대 말 도시 로케이션 촬영으로의 복귀와 더불어(Saunders, 2001: 226ff를 보라) — 점점 더 구체적이 되어가는 느와르 도시를 잇는 교량 역할을 한다고 주장한다. 에드워드 디멘드버그(Dimendberg, 1997: 2004)는 1940년대로부터 1950년대로 느와르가 진행됨에 따라 점점 더 노쇠해지고 예측 불허가 되어가는 도시 묘사를, 바글바글한 인구 과밀의 전통적 도심부에서 교외로 탈출하던 전후 현상과 동일시했다. 이것은 영화에서 객관적인 상관물을 발견하는데, 즉 뉴욕에서 로스앤젤로스로의 이동에 있어, 그리고 수직적인 마천루 도시 — 그것의 비상하는 구조는 <스카페이스>(1932)의 토니 카몬티 같은 전쟁 이전 갱스터들의 원대한 포부를 고취했다 — 로부터 <우회*Detour*>(1945)와 <키스 미 데들리*Kiss Me Deadly*>(1955) 같은 영화의 유랑자들이나 요행꾼들이 길을 찾거나 잃게 되는 고속도로와 트랙트 하우스*tract house*[114]의 분산된 초대형 도시 확장으로의 이동에 있어 말이다. LA와 할리우드 '꿈의 공장'의 결합은 또한 아메리카 드림의 약속과 현실에 대한 조롱 섞인 성찰을 위한 너른 시야를 가능케 해준다.

성적으로 이용할 수 있는 대담한 여성들이 중심 인물로 등장하는, 일종의 미로로서의 밤의 대도시 이미지는 많은 미국 느와르 영화들에 대한 열쇠이다. 원형적 팜므 파탈들은 아스타 닐센Asta Nielsen[115] 같은 '요부'로

114. 한 지역에 같은 형태로 지어진 주택들. — 옮긴이

115. 덴마크의 여배우로 1910년대 여러 독일 영화에 출연하면서 무성 영화 시대를 대표하는 국제적 스타가 되었다. 커다란 검은 눈과 강렬한 마스크의 소유자인 그녀는 비극적 운명에 빠져드는 연정적인 여인을 연기한 것으로 유명한데, 특히 그녀의 연기에 담긴 에로틱한 측면으로 인해 그녀의 영화는 미국에서 엄격한 검열의 대상이 되었다. — 옮긴이

분하여 1차 세계 대전 이전 유럽에서 처음으로 스크린에 모습을 드러냈다. 그러나 공격적으로 심지어 파괴적으로 성적인 여성들은 바이마르 영화의 또 다른 주요 인물로, 가장 유명하게는 <판도라의 상자 *Pandora's Box*>(독일, 1928)의 룰루(루이즈 브룩스)가 있었다. 룰루의 탐욕스런 섹슈얼리티는 음모를 꾸미기보다는 본능적이다. 그러나 무르나우 감독은 그의 첫 번째 미국 영화 <선라이즈*Sunrise*>(1927)에서 주마등처럼 변하는 도시의 밤을 제시했을 뿐 아니라 '도시에서 온 여인' 캐릭터로 하이힐 신은 유혹하는 여자도 제시했는데, 그녀는 도시의 호사스런 생활이라는 무시무시한 판타지로 순진한 시골 남자를 유혹한 뒤 그로 하여금 무고한 아내를 살해하도록 설득할 정도로, 바버라 스탠윅(<이중 배상>, <마사 아이버스의 이상한 사랑*The Strange Love of Martha Ivers*>[1946]), 클레어 트레버(<안녕 내 사랑>[1944], <남자보다 치명적인*Deadlier Than the Male*>[1947]), 리타 헤이워드(<길다*Gilda*>[1946], <상하이에서 온 여인*The Lady from Shanghai*>[1947]), 리자베스 스콧(<욕망의 상속자*Dead Reckoning*>[1947], <핏폴*The Pitfall*>[1948]) 등이 연기한 저 유명한 '거미 여인들'의 명백한 선구자이다.

이러한 간략한 요약이 느와르가 그 특유의 양식을 만들어 내는 데 의존한 폭넓은 범위의 참조와 원천 일부를 가리킨다 해도, 1940년대 말 할리우드에서 이러한 다양한 요소들을 느와르 양식으로 구체화시킨 요인이 무엇인가에 대한 질문은 여전히 남는다. 흔한 답변 하나는 느와르가 전쟁 직후 미국 문화에 끈질기게 달라붙어 있던 보편적 불안을 반영한다는 것이다. 이러한 해석은, 노동 불안(노동자들이 전시 체제를 위해 몇 년간 연기됐던 임금 인상 운동을 벌임에 따라)과 실직을 포함하여, 전쟁으로부터 평화 시기 경제로의 전환에 불가피하게 얽혀 있는 경제 대변동 요인들을 으레 환기시킨다. 각별히 골치 아픈 논쟁점 하나가 일터에서의 젠더 갈등과 연관된다. 전쟁 중 산업 노동력에 동원된 여성들이 누린, 새로이 획득한 (비록 제한적이지만) 경제적 자유는 그들의 귀환한 애인과 남편들에게서 노골적인 적의는 아닐지라도 어느 정도의 불안을 유발했으며, 많은 경우 돌아온 남성 노동자들에게 자리를 내주기 위해 여성들이 휴직될 때 대갚음으로 악감정이 발생했다. 어느 정도의 재정적 독립과 성적 독립을 (대개 불법 수단을 통하거나 남자를 희생시켜서) 성취하기를 열망하는 혹은 실제로 성취하는 포식성 여성들에 대한 각양각색의 부정적 묘사는 여성의 자율성에 대한 남성의 적의와 두려움의 공포증적 투사로 간주할 수 있다고 주장되어 왔다. 나태한 남편을 떠나 성공한 사업가가 되지만 집안 살림을 잘 관리하지 못한 탓에 비극으로 치닫고 마는 한 아내의 이야기인 <밀드레드 피어스>(1945)는 전시 기간 일터의 여성들에 대한 훈계적 알레고리로서 읽혔다(비록 1941년 제임스 M. 케인의 소설을 각색한 영화에서는 결코 전쟁이 언급되지 않지만). 남편과 재결합한, 이제 온순해진 밀드레드가 꺼림칙하고 음침한 경찰 본부 바닥을 무릎 꿇고서 닦고 있는 잡역부들을 지나가는 마지막 숏은 여성을 사회적으로 '합당한' 역할로 되돌리는 상징적 좌천으로 볼 수 있을 것이다(Cook, 1978: 79~80을 보라).[116]

그러나 토머스(Thomas, 1992)는 느와르에서 중심 문제가 되는 것은 여성의 자리보다는 남성의 자리라고 주장한다. 특히나, 전쟁 직후 시기에 작동하는 상충적 남성 정체성들이 그러하다. 당시는 전쟁 — 불시의 죽음이라는 위협의 편재로 강화된 폭력적이고 동성 교류의 *homosocial* 남성성을 고무하는 — 에 의해 제공된 호전적 남성 주체성이 평화 시기에는 상반되는 요구를 받아야 하는 — 가정적임, 유순함, 사회 순응 — 적응에

116. 그러나 린다 윌리엄스(Williams, 1988)는 밀드레드와 청소부들을 지나치게 손쉽게 동일시하는 것에 대해 경고하면서, 그들의 상이한 계급 위치가 마찬가지로 상이한 형식의 가부장적 복종을 이끌어 낸다고 강조한다.

직면하던 때였다. 이러한 독해에서는, 비단 팜므 파탈들뿐 아니라 종종 그녀들과 겹쳐지는 '착한' 여자들까지도(예를 들어 <이중 배상>에서 필리스 디트리히슨의 딸 로라, <과거로부터>의 앤 밀러) 저 깊이 자리잡은 남성의 양가성과 근심의 투사*projections*이다. 이러한 설명은 '부적응' 남성 — 전쟁 중 겪은 트라우마적 폭력 때문에 가정 생활과 생산 작업에 적응할 수 없게 되어 버린, 비사회화된 — 에 관한 전후 언론의 논쟁들을 참조해 보면 더 유용하게 확장될 것이다. <블루 달리아*The Blue Dahlia*>(1946)와 <십자포화*Crossfire*>(1947)에는 흉악한 퇴역 군인들이 등장한다(비록 전자의 영화에서는 군 당국과 브린 오피스Breen Office[117]의 압력하에 완화되었지만. Naremore, 1998: 107~114를 보라).

전쟁 직후 시기가 체제 순응적인 1950년대로 곧바로 이행됨에 따라, 불안정하고 비대하게 남성적인 퇴역 군인의 이면이, 전후 경제의 걸출한 세력으로서 봉급제 사무직 노동자와 기업 문화의 상승에 의해 발생된 유사한 거세 불안의 형태로 떠올랐다. 널리 읽히는 대중적 사회학 저작들은 전통적인 (남성) 미국 개인주의와 기업가 정신이 화이트칼라 노동의 새로운 조건들에 의해 수동성과 순응주의로 변형되어 가고 있었다고 주장한다. 비인간적 범죄 '조직단'— 1950년대 갱스터 영화의 특징이기도 한 — 은 여러 느와르에서 눈에 띄게 개인적 인물의 자유를 위협한다. <악의 손길*Touch of Evil*>과 <빅 히트>는 부패한 준準 법인 범죄 기업을 유독 생생하게 묘사해 내며, 특히 전자에서는 보다 인도적인 '소기업'형 불법 행위에 명백히 대치된다.

117. 영화 제작 규약(일명 헤이스 코드)을 집행한 PCA의 별칭. 1954년까지 PCA의 수장으로 있으면서 영화 검열을 강화한 조셉 브린의 이름을 딴 것이다. 6장 갱스터 영화와 특히 주 67을 참조하라. — 옮긴이

마르크 베르네Marc Vernet는 원형적 느와르 주인공을, 점점 더 대기업화되는 세계에서 자신의 (상상된) 자족과 계급 지위에 감지되는 위협들로 불안해하는 프티부르주아 중소기업인과 동일시할 수 있다고 주장한다. 이러한 해석은 <이중 배상>의 월터 네프(보험 세일즈맨)나 <죽음의 카운트다운>의 프랭크 비글로(공인회계사)처럼 타락하고/하거나 절박한 주인공들과 잘 부합할 뿐 아니라, <멋진 인생>의 조지 베일리와도 잘 부합한다. 사설 탐정 — 많은 이들에게 있어, 전형적인 느와르 주인공 — 을 이러한 계급 관점에 위치시키는 것도 가능한데, 자수성가한 인간으로서 그의 역할은 퇴폐적인 지배 엘리트(<빅 슬립>의 스턴우드가家처럼)의 부패를 폭로하며, 과도하게 강력한 '기업 합동'을 넘어 실권을 잡고, 또한 그렇게 함에 있어 적절히 인간화된 자본주의의 가치를 거듭 주장하는 것이다. (이러한 자아상과 그 기만성은 <차이나타운>[1974]에서 사설 탐정에 대한 로만 폴란스키의 수정주의 묘사에 명백히 충만한 듯하다. 아래를 보라.) 그러나 이는 느와르를, 종종 의식적인 정치적 동기와 함께 노동 계급 경험에 특별한 관심을 기울이는 장르로서 인식하는 것에 거스른다. 브라이언 니브(Neve, 1992: 145~170)는 1940년대 할리우드 좌파의 많은 일원들 — 감독 에드워드 드미트릭, 에이브러햄 폴란스키(<악의 힘>), 줄스 다신(<네이키드 시티*The Naked City*>[1948]), 작가 겸 감독 로버트 로센(<육체와 영혼*Body and Soul*>[1947]), 제작자 에이드리언 스콧(<안녕 내 사랑>, <십자포화>) 같은 이후의 블랙리스트 희생자들을 포함하는 — 이 느와르 제작에 참여했음에 주목하며, 많은 느와르에서 계급, 부정 권력, 권위주의 권력 구조들이 두드러짐을 강조한다(또한 Andersen, 1985를 보라).

남성성의 병리학에 대한 비평의 강조는 느와르에 관하여 빈번하게 논평되는 몽상적(꿈 같은) 측면들을 밝히도록 해주는데, 이러한 측면들은 때로 느와르의 초현실적인 시각 왜곡과 공간적 방향 상실에 의해서뿐 아니라, 순환하고 때로 혼란스러운 서사, 폭력과 욕망의 그 기괴한 출현, 섬뜩한 이중성의 만연에 의해서도 예시된다. 그러나 만일 이것들이 꿈이라면, 그건 <스칼렛 거리> 초반 주축이 되는 장면이 밝혀 주듯, 남자들이 꾼 꿈이다. 평범한 은행 직원 크리스 크로스는 여러 해 동안 성실히 은행에 봉사한 공로로 금시계를 수여받는 만찬에서 집으로 돌아오는 길이다. 크리스와 동료 찰리는 고용주 J. J. 호가드가 젊은 정부情婦와 떠나는 것을 부러워하며 지켜본 후, 버스 정류장까지 우산을 나눠 쓰고 가면서 '결코 이뤄지지' 않는 젊은 날의 꿈들에 관해 동경에 찬 진부한 얘기들을 주고받는다. 혼자 남겨지자 크리스는 그리니치 빌리지의 인적 끊긴 밤거리를 이리저리 헤매다, 결국 경찰관에게 이 길은 전부 아래로 돌아가게 되어 있다는 얘기를 듣는다. 맨해튼 스트리트 플랜이 14번가 위 구역을 포기한 것에서 상징적으로 두드러지듯, 사회적, 성적 일탈과 확고히 결합된 그리니치 빌리지는 크리스의 단조로운 근무 현실과는 공간적으로나 경험적으로 전혀 별개의 것이다(마틴 스콜세지의 '여피 나이트메어' 네오느와르 <특근*After Hours*>[1985]에서 부활된 모티브). 그것은 욕망의 미로이다. 도시의 구舊시가지로서, 그리니치 빌리지는 또한 크리스에게는 젊은 시절 '꿈들'을 아직 실현시킬 수 있던 시절로의 퇴행과도 연결될 수 있다. 이어서 일어나는 일들은, 크리스에게는, 그 꿈들이 문자 그대로 실현되는 듯하다. 우연히 강도 혹은 성폭행으로 생각되는 상황 — 투명한 합성수지 우비를 입은 어느 젊은 여자가 웬 젊은 남자에게 맞고 있음 — 을 마주친 크리스는 그녀를 '구출'하기 위해 우산을 휘두르며 용맹스럽게 달려가는데, 이때 중산 계급, 중년 교양의 상징인 이 우산은 일종의 남근적 무기로 변형된다. 크리스가 그를 제대로 치지도 않았음에도 여자를 폭행하던 남자는 기적적으로 기절하여 쓰러진다. 맞을까 봐 웅크렸던 몸을 폈을 때 크리스는 자신이 아름다운 아가씨의 '구세주'가 됐음을 발견한다.

이 장면 전체를 프리츠 랑은 오싹한 거리두기에 의해 인상적으로 연출한다. '싸움' 내내 사운드트랙의 유일한 소리는 지나가는 지하철 소음뿐이며, 그것은 크리스가 상대를 무찔렀을 때 귀청이 터질 듯 포효하기에 이른다. 당초 주변의 도시 경관 배경에 익스트림 롱 숏으로 프레임되었던 여자(키티)와 폭행자(조니)는 소리 없이 마치 슬로우모션처럼 싸운다. 크리스의 터무니없이 손쉬운 승리는 어떤 상상 가능한 현실이라기보다는 그가 발생하기를 **바라는** 것의 반영인 듯하다(이어서 그가, '아름다운 아가씨' 키티의 실상 — 그녀는 매춘부이다 — 에 대해서도, 그에 대한 그녀의 단호한 경멸에 대해서도, 고의적이며 자멸적으로 인정을 거부하는 것은 이러한 판타지 요소를 확증한다).

1940년대 말 불안과 공포로 가득한 미국 사회에 대한 진단은 또한 해외 및 국가 안보 정책에서의 전개도 언급한다. 예컨대, 전쟁이 끝났을 때 유럽 및 세계 정세에 대한 미국의 전례 없는 개입에 따르는 불확실성들, 전통적인 미국의 예외주의와 고립주의로부터의 결정적 전환, 일본 히로시마와 나가사키에 투하된 원자폭탄의 무시무시한 힘의 계시, 1949년 이후 소련이 고유 핵무기로 무장하면서 전시 동맹으로부터 냉전의 적수로 급속도로 변화한 것, 그리고 1950년 한국 전쟁에서 미국의 대규모 해외 전투 작전의 재개 등등. 국내 정치는, 조셉 매카시와 젊은 리처드 닉슨 같은 선동 정치가들에 의해 교묘하게 이용되고 강화된 대중의 과대망상증과 더불어, (대개 상상의) 공산주의 타도라는 히스테릭한 추적에 의해 지배되었다. 이는 인권 재갈 물리기와 국내 안보 장치의 막대한 팽창으로 나아갔으며, 수천은 아닐지라도 수백 명의 사람들이 생계에서 내몰리고 수감되었고 심지어 원자폭탄 스파이 용의자로 지목된 로젠버그 부부의 경우엔 사형에 처해지기까지 하였다. 1950년대 초반, 느와르는 침공 및 전복에 대한 패닉을 은유와 알레고리를 통해(<거리의 공황*Panic in the Streets*>[1950]) 혹은 직접적으로(<제13 부두의 여인*The Woman on Pier 13*>[1949],[118] <픽업 온

사우스 스트리트*Pickup on South Street*>[1953]) 다루기 시작했다. 묵시록적 후기 느와르 <키스 미 데들리>(1955)는 아마도 그 어떤 영화보다 그 시기의 다양한 젠더 및 정치적 편집증들을 결합하고 있을 것이다.

이러한 비판적 접근들은 종종 개별 느와르들과 느와르 전반 양자의 텍스트 정치에 많은 빛을 던져 준다. 그러나 산업 요인들 또한 언제나 그렇듯 결정적인 역할을 했다. 1947년 파라마운트 판결(제작, 배급, 상영의 수직적 통합을 불법 독점 관행으로 선언하고 스튜디오의 모회사들로 하여금 극장 체인을 매각하도록 강요한)에 뒤따른 메이저 스튜디오들의 제작 스케줄 감축은, 과거보다 더 소수의 대작 영화 제작으로 나아가게 만들었으며, 아울러 독립 제작자들과 기존 마이너 스튜디오들에게는 시장의 공백을 메우기 위한 비용면에서 효율 높은 장르 영화들의 제작 기회를 열어 주었다. 일반적으로 소규모에 분위기를 살린 느와르 스릴러는 빠듯한 예산에 잘 맞았으며, 한편 몇몇 독립 제작자들은 메이저들보다 더 아슬아슬한 (보다 화제가 되는 혹은 폭력적인) 소재를 다루는 데서 경쟁 우위를 보였다. 비록 둘 다 단명한 사업이긴 했지만, 독립적 다이애나 프로덕션Diana Productions — 노련한 독립 제작자 월터 웨인저, 그의 아내인 배우 조안 베넷, 감독 프리츠 랑을 규합한 — 과 좌익 자유주의 기업 엔터프라이즈 프로덕션Enterprise Productions은 다이애나에서 만든 프리츠 랑의 <스칼렛 거리>와 <비밀의 문*The Secret Beyond the Door*>(1948) 및 엔터프라이즈의 <육체와 영혼>과 <악의 힘>으로 느와르 영화에 중요한 공헌을 하였다(Spicer, 2002: 34~35를 보라).

118. 오늘날 많은 이들에 의해 냉전 시대의 전형적인 반공 선전 영화로 꼽히는 이 영화의 원제는 <나는 공산주의자와 결혼했다*I Married a Communist*>이다. 개봉 당시 관객들이 이 제목에 거부감을 느끼는 바람에 제작사인 RKO 라디오 픽처스는 재개봉을 하면서 제목을 수정했다. — 옮긴이

이처럼 활력 넘치는 비평 활동의 그 어떤 것도 전후 할리우드에서 느와르 제작의 정의나 범위에 대한 여하한 합의를 전해 주지는 못했다. 실질적으로 추정상의 느와르 정전에 속한다고 모두가 동의하는 많은 영화들이 분명 존재하는데, 그중에는 (연대 순으로) <안녕 내 사랑>, <이중 배상>, <창 속의 여인>, <스칼렛 거리>, <포스트맨은 벨을 두 번 울린다>, <길다>, <킬러>, <십자포화>, <악의 힘>, <과거로부터>, <우회>, <밤 그리고 도시>가 있으며, 이후의 매우 자의식적인 작품으로는 <키스 미 데들리>와 <악의 손길>(1958)이 있다.[119] 그러나 훨씬 더 많은 영화들은 이것들과 반대 경향을 보이며, 그것들의 느와르 지위는 논쟁에 처하기 마련이다. 예컨대, <레베카*Rebecca*>(1940), <가스등*Gaslight*>(1944), 심지어 <지킬 박사와 하이드 씨*Dr. Jekyll and Mr. Hyde*>(1941) 같은 시대극 — 보르드와 쇼메통(Borde & Chaumeton, [1955] 1983)은 이 영화들을 포함시키지만, 또 다른 문제적 후보인 <나선 계단*The Spiral Staricase*>(1946)이 그렇듯, 보다 명백하게는 고딕 전통에 속한다 — 이라든가, <화이트 히트>(1949)와 <빅 히트>(1952) 같은 갱스터 및 경찰 영화들.

설령 정전 목록이 작성된다 해도, 그러한 영화들은 심지어 느와르 경향이 가장 강력했다고 말해지는 전쟁 직후에도 할리우드 제작의 대다수는 물론 다수조차 이뤘다고 할 수 없다(전후 '비정한' 스릴러들의 물결의 공로에 관해 잡지 <할리우드 쿼터리*Hollywood Quarterly*>에서 제작자 존 하우스맨과 대담 중에 레슬리 어쉐임이 강조했던 사항[120]). 누구의 집계를 택하느냐에 따라 — 느와르

119. 그러나 보르드와 쇼메통(Borde & Chaumeton, 1955)의 목록은 <스칼렛 거리> — 비록 그것과 쌍을 이루는 영화 <창 속의 여인>은 이상하게도 아니지만 — , <악의 힘>, <우회>를 배제하고 있음에 주의하라.

제작의 시간대와 포함 기준은 평론가에 따라 엄청나게 다양하다 — 느와르의 총 수는 22편에서 300편까지 될 수 있다. 그러나 스티브 닐(Neale, 2000: 156)이 지적하듯, 최대치로 잡아도 그 수는 이 시기 총 할리우드 제작의 5% 미만을 가리킨다. 반면, 앤드루 스파이서(Spicer, 2002: 27~28)의 느와르 비교 도표는 느와르가 정점에 달한 해(1950)에 할리우드 개봉작의 적어도 8%, 어쩌면 15%까지도 차지했음을 시사한다. 그러나 느와르의 중요성에 대한 인식은 결코 투박하게 수량적 관점에서 평가된 적이 없다. 사실, '폭로적' 장르 — 즉 할리우드 제작물로부터 전형적으로 배제되던 종류의 미국 사회에 대한 불편한 진실들을 말할 수 있는 형식 — 로 혹은 바꿔 말해 일종의 사회-문화적으로 억압된 것의 귀환으로 간주되는 느와르는 필연적으로 마이너리티 장르일 것이다. 결국 대항과 전복 — 두 추진력은 때로 느와르의 속성으로 여겨져 온 것들이다 — 은 실제적으로 그 정의상 소수의, 심지어 주변적인, 관심사들이다. (혹자는 느와르의 비평 역사를 통틀어, 일탈과 주변성의 **전율**이 느와르 옹호자들과 논평자들에 의해 대리 향유되어 왔음을 덧붙일 수 있을 것이다.)

느와르가 시네아스트 관심사로부터 더 넓은 비평의 수용과 대중의 주목으로 이동함에 따라, 느와르의 특질과 심지어 그 존재를 둘러싼 비평 논쟁은 더 심화될 뿐이었다. 닐(Neale, 1999: 188)은 "느와르는 비평 범주로서나 영화들의 정전으로서나 둘 다 논리적으로도 연대적으로도 비일관적이다"라고 주장한다(Neale, 2000: 173도 보라). 그러나 대부분의 연구자들이 느와르 분류나 포함의 어려움을 인정한 반면, 많은 이들은 어쩌면 이러한 고정시킬 수 없는 특질을 느와르 특성의 본질적 부분이자 그 위반의 직무에 있어 중심 요소를 형성하는 것으로 간주할 것이다. 느와르의 텍스트적,

120. 이 대담은 Maltby([1984]1992: 56~8)에서 인용, 논의되었다.

장르적 불안정성들은, 호러의 그것들처럼, 포스트모던 문화 이론의 관심을 이끌어 낸다.

필름 느와르 개념은 그러는 동안 먼저 미국 비평가들에게, 이어서 감독들에게[121] 되돌아가 옮겨졌으며, 마침내 대중 관객에게 대중화되었다. 느와르는 뉴 할리우드 '영화 세대'(혹은 '영화 악동들')의 출현에 온상을 제공한 작은 잡지들, 영화 모임들 그리고 대학 영화 감상 강좌의 '진지한' 비평을 통한 더 폭넓은 영화 문화 쇄도의 일환으로서 영화-비평 사전에 수록되었다. 느와르 정전들은 가정용 비디오 시대 이전의 젊은 시네필에게 영화 역사와 발전을 이해하게 해준 심야 텔레비전 및 도시의 고전 영화 상영관의 주성분들이었다. 또한 자국의 품종보다 훨씬 더 세련되고 진보된 것으로 인식된 프랑스 영화 문화는 작가주의 같은 영향력 있는 비평 모델을 제공해 주었을 뿐 아니라, 비평가 출신의 누벨 바그 감독들을 통해 어떻게 비평 지식으로 충만한 실천이 미국의 상업 영화 제작의 경직된 관습들을 전유하고 재가공하며 소생시킬 수 있는지에 대한 모델 또한 제공하였다. 필름 느와르에 대한 초창기 미국 에세이들 중 가장 영향력 있으며 여전히 빈번하게 선집에 수록되는 것 중 하나가 폴 슈레이더(Schrader, [1972] 1995)의 글임은 주목할 필요가 있다. 당시 프리랜서 영화 평론가였던 그는 곧 중요한 뉴 할리우드 주자가 되었으며, 이어서 느와르로부터 강력한 영향을 받은 도시의 드라마들인 느슨한 '3부작'(<택시 드라이버>, <아메리칸 지골로>[1980], <라이트 슬리퍼*Light Sleeper*>[1991])의 작가이자/이거나 감독이 되었다.

121. 비록 실버와 어시니(Silver & Ursini, 1996)는 <키스 미 데들리> 세트장에서 보르드와 쇼메통(Borde & Chaumeton, [1955] 1983)의 《미국 느와르 영화의 파노라마》 한 권을 들고 있는 로버트 알드리치의 사진을 언급하지만 말이다.

느와르의 재발견은 1960년대 말 할리우드가 신뢰와 방향에서 위기를 맞게 됨에 따라 두드러지게 된 새로운 전문가적 감독 및 작가 세대의 부상과 일치했다. 이 작가들과 감독들은 할리우드 영화 역사에 대한 고도로 발달된 지식과, 특히 1960년대 유럽 누벨 바그의 서사 영화 형식 실험에 비추어 어떻게 내셔널 시네마 전통이 비판적 전유를 통해 재활성화될 수 있었는가에 대한 인식으로 무장되어 있었다. 느와르는 이러한 실험에 적절한 모델을 제공하였다. 단연코 상업적인 산업의 보수주의와 경계로 인해 '할리우드 르네상스'의 정치적 급진주의는 물론 형식마저도 억압되었건만, 1967년과 1977년 사이 메이저 스튜디오들에서 제작된 여러 영화들은 느와르의 유혹적이고 전복적인 그림자 세계를 위해 고전 할리우드의 환하게 불 밝힌 대로大路를 단념하였다.

느와르 장르가 알려지게 됨에 따라, <마빈 가든스의 왕*The King of Marvin Gardens*>(1972) 같은 몇몇 1970년대 '네오느와르'는 <과거로부터>, <고독한 영혼>, 혹은 <그는 내내 달렸다*He Ran All the Way*>(1951)로 대표되는 고전 느와르의 패배주의 혈통 — 이자 아울러 아마도 그 형식의 가장 특징적인 양상 — 을 반향한 반면, 훨씬 더 많은 것들은 사설 탐정 변형을 채택했는데, 이는 이것이 수정주의 전략의 여지를 더 많이 허용한다고 생각됐기 때문이다. <기나긴 이별*The Long Goodbye*>(1973), <차이나타운>, <나이트 무브> 같은 영화들에 함축된 상호텍스트는 보가트의 스타 비클*star vehicle*[122] <말타의 매>와 <빅 슬

122. 특정 배우의 매력과 재능을 돋보이게 할 목적으로 특별히 제작된 영화, 뮤지컬 등을 말한다. — 옮긴이

립>이었다. <차이나타운>의 단색조 오프닝 크레디트는 <말타의 매>의 그것을 흉내 낸 것이며, <나이트 무브>에서 오쟁이진 사설 탐정 해리 모스비는 "샘 스페이드처럼 주먹을 휘둘러" 보라고 아내의 연인으로부터 비아냥거림을 받는다. <기나긴 이별>에서 적대적 경찰관들과 대면한 엘리엇 굴드의 말로는 재치 있게 말한다. "지금이 '무슨 일입니까?'라고 내가 물으면 당신들은 '질문은 우리가 한다'라고 말할 시점이겠지?"(그러나 우리는 이러한 반영적 기법의 참신함을 과장하지 않도록 주의해야 한다. <빅 슬립>의 클라이맥스에서 갱스터 에디 마스를 으르며 보가트의 말로는 묻는다. "내가 어쩌길 바라나, 에디? 영화에서처럼 셋까지 셀까?")

이러한 장르적 인유의 잔치가 가진 전복적 목적은, 앞서 우리가 남성의 위기라는 느와르 규칙에 대한 예외로서 언급했던 사설 탐정을, 그 장르 패러다임의 엄격함에 노출시키는 것으로서 요약될 수 있을 것이다. 종종 지적되어 왔듯 <차이나타운>에서는 세상 물정에 밝은 체하는 사설 탐정 주인공 제이크 기티스(잭 니콜슨)가 보가트의 말로라면 빈틈없이 성공했을 상황에서 자꾸 불리한 처지에 놓임으로써 그의 한계가 가차 없이 노출된다. 예를 들어 상스러운 농담은 그를 고객 앞에서 쩔쩔매게 만들며, 몸집이 작은 어느 정신병자에게 코를 베임으로써(<말타의 매>에서 불운한 배신자 윌머를 힘들이지 않고 무력화시키는 보가트와 대조적으로) 영화 상당 부분 동안 커다란 붕대를 달고 다니게 만드는가 하면(이것 역시 기티스가 신중하게 모델로 삼은 할리우드 스타일의 '스타' 페르소나를 희생시킨 농담이다), 수사 도중 웬 불구의 농부는 나무다리로 그를 사정없이 패는 식이다. 무엇보다 기티스는 그가 우연히 걸려들게 된 음모를 그저 흔해 빠진 도시의 타락 이야기로 오해하며, 의뢰인/연인 에블린 크로스(페이 더너웨이)를 고전적인 팜므 파탈로 오해한다. 그러나 실상 애블린은 희생자로, 사악하고 파렴치한 아버지 크로스가 딸과 근친상간했으며, 이는 기티스의 지평 훨씬 너머에 있는 위반적인 거대한 욕망들을 뜻한다. 원하는 것이 뭐냐는 질문에 크로스는 간단히 답한다. "미래요. 기티스 씨. 미래."

<나이트 무브>의 뒤틀린 서사 — 성적으로 문란한 10대들의 가출, 영화 산업의 일탈자들, 성적 착취와 골동품 밀수 일당 등을 포함하는 — 가 전통적인 느와르 영토에 보다 가깝다면, 주인공 해리 모스비(진 해크먼)에게는 마찬가지로 방향타가 없다. 그리고 이는 아이러니하게도 '관점*Point of View*'이라는 이름의 배 속에서 어찌해 볼 수도 없이 그저 주변을 맴돌고 있는 부상당한 해리에 대한 영화 마지막 하이 앵글 영상에서 통렬하게 문자 그대로 은유된다. 해리는 수동 공격성에, 쉽게 조종당하고, 영화에서 궁지에 빠진 그의 수사는 그의 사생활의 좌절 및 낙담과 평행을 이룬다. 레이먼드 챈들러의 마지막 (그리고 가장 자의식적으로 문학적인) 소설을 영화화한 로버트 알트먼의 <기나긴 이별>은 모든 1970년대 사설 탐정 영화 가운데 느와르의 전통적 서사 영토에 가장 확고하게 위치하고 있다. 그러나 알트먼의 필립 말로(그를 알트먼 감독은 '패배자'로 구상했으며, 이는 그의 배신자 친구 테리 레녹스가 말로에게 내린 판단이기도 하다)는 심지어 기티스나 모스비보다도 덜 고전적인 모델이다. 사실, 말로는 그를 둘러싼 세계와 전혀 접촉하지 않는 자로서 굳건히 위치해 있다. 알트먼은 소설 속 말로의 염세적이나 세상 물정에 밝은 화자 음성을 굴드의 웅얼거리는 듯한 두서없는 설명으로 대체하는데, 이 단조로운 저음은 영화 내내 '난 괜찮아……'라는 전형적으로 무심한 종결부로 끝맺는다. 이는 말로가 그 자신은 거하지 않은 채 탐색하는 너저분한 세계에 치열하게 도덕적, 윤리적으로 연루되는 것과는 동떨어진 세계이다(그것은 도리어 알트먼의 가장 유명한 영화 <내슈빌*Nashville*>[1976]에 나오는 불가지론적 성가 "It Don't Worry Me"를 직접적으로 예기한다).

느와르 부흥의 시기의 적절함은 2차 세계 대전 이후 사이클로부터 '부적응 퇴역 군인' 주제라는 쇄신으로 강조되었으며, 이를 통해 훨씬 더

쟁점적이고 야만적인 베트남 전쟁의 위태로운 비사회화 희생자들을 수용할 수 있었다. <영웅들*Heroes*>(1977)과 <택시 드라이버>에 더하여, 형사상 과소평가된 뒤늦은 1970년대 네오느와르 합류작 <커터스 웨이 *Cutter's Way*>(1981)는, 커터를 격분한 불구 퇴역 군인으로 만든 베트남 전쟁의 그림자가 드리운 황량한 풍경 속에서, 권력 남용이라는 전통적인 느와르 주제를 전개하였다.

스파이서(Spicer, 2002: 148)는 1970년대 느와르가 대체로 고전적 팜므 파탈을 여성 운동 관점에서 검토하는 데 관심이 없었다고 주장한다. 확실히, 앞서 몇몇 현대 SF 영화에서 언급되었던 백인 남성 파토스의 강력한 계보와 더불어(8장을 보라), 남성 주체성은 이러한 영화들 대부분의 중심 초점으로 남았으며, 거세 이미지의 광풍 속에서 모습을 드러냈다. 예를 들면, 기티스의 베인 코, 해리 모스비의 허벅지의 총탄(과 그 아내의 불구 연인이 사용한 지팡이), 커터의 절단된 팔다리 등등. 더구나 일반적으로 이 영화들은 1940년대 제임스 M. 케인의 소설을 영화화한 작품들에서 묘사된 강박적 섹슈얼리티는 회피한다. 그럼에도 그 영화들은 교활하고 성적으로 매력적인 여성상으로 되돌아가며, 이 장르 유형을 그녀의 남성 파트너들과 동일한 해체 논리로 전복한다. 이미 언급했듯이, <차이나타운>의 에블린 멀웨이 — 최고급 의상과 강렬한 루비색 입술의 — 는 전형적인 교활한 여인으로 보이며, 영화 상당 부분 동안 기티스와 우리는 그녀가 그녀 남편의 살해에 연루된 것으로 드러나리라 기대한다. 그러나 실상 에블린은 악한이 아니라 희생자라는 사실이 너무 늦게 밝혀짐으로써, 부패한 권력이 절대적인 패권을 쥐는 세계의 논리로부터 그녀도, 필시 그녀의 10대 딸도, 구해 내지 못한다. "잊어버려, 제이크. 여긴…… 차이나타운이잖나"라고 이 영화의 유명한 마지막 대사는 말한다. <기나긴 이별>에서 불륜을 저지르는 사악한 에일린 웨이드는 전통 모델에 더 걸맞지만, 이 영화의 가장 잊혀지지 않는 이미지는 잔인한 폭력배 마티 오거스틴(감독 마크 라이델이 연기한)에게 잔혹한 폭행을 당하는 그의 순진한 10대 여자 친구 모습이다. 그는 단지 자신이 원하는 것을 얻기 위해서는 얼마든지 잔인해질 수 있음을 말로에게 입증하려고 그녀의 얼굴을 병으로 내려친다. <나이트 무브>에서 성적 매력이 넘치는 10대 소녀 델리는 처음에는 <빅 슬립>의 약물 중독 색정증 환자 카르멘 스턴우드(그녀는 영화 끝에서 공공 시설에 수감되며, 말로는 "어쩌면 그들이 그녀를 낫게 해줄지 몰라"라고 생각에 잠겨 말한다)의 현대판처럼 보이지만 그녀 역시 비극적으로 그리고 헛되이 죽는다. 같은 영화에서, 해리 모스비가 잠시 동침하는, 그리고 이런 일이 흔치 않은 영화에서 서로 얼마간 애정의 순간을 공유하는 (듯한) 폴라(제니퍼 워렌)는 사기로 가득 찬 이 영화에서 또 다른 가짜로 드러나지만(그녀는 단지 그녀의 밀수 일당이 파묻힌 화물을 회수하는 동안 그의 주의를 분산시키기 위해 해리와 사랑을 나눈다), 그녀의 표리부동은 영화에서 단지 해리의 무력함에 대한 또 하나의 지표로 취급될 뿐이다. 영화 마지막에서 그녀의 죽음은 부담없이 충분한 것이 아니라 소름 끼친다.

<보디 히트>와 <포스트맨은 벨을 두 번 울린다>의 리메이크 작품으로 1981년에 시작된 두 번째 네오느와르 물결을 특징짓는 주요 요인들 중 하나인 섹슈얼리티의 강력한 강조는, 수정주의적 사설 탐정/음모 모델로부터 다시금 치정 범죄 서사로 돌아가는 전환을 수반한다. 이러한 영화의 상당수는 훨씬 더 지적인 팜므 파탈의 성적 유혹에 직면한 남성 주인공들의 어쩔 수 없음을 강조하기 위해 헤이스 코드 이후 시대에 훨씬 더 강력해진 노골적 섹슈얼리티를 이용한다. <라스트 시덕션>, <정오의 열정 *The Hot Spot*>(1990), <원초적 본능 *Basic Instinct*>(1992), <육체의 증거 *Body of Evidence*>(1993) 같은 영화들은 '남근적 여인' 판타지의 여성 혐오의 전조를, 여성의 힘을 옹호하는, 또한 그녀들과 연루된 불운하고 종종 자부심 강하며 불유쾌한 남자들의 비난받을 만한 어리석음을

비꼬는, 서사와 균형 맞추면서, 그 영화들의 젠더 정치를 신중히 모호하게 유지한다. ('여성 주체'를 둘러싸고 구축된 서사로 <라스트 시덕션>에 대한 논의를 위해서는 Bruzzi, 1997: 127~132와 Stables, 1999를 보라.) <블랙 위도*Black Widow*>(1986)는 느와르 도플 갱어 서사를 여성 살인자와 연방정부 요원인 두 여인 간의 추적과 욕망의 이야기로 재구성하면서 남성을 거의 완전히 제쳐 둔다. 금지된 섹슈얼리티의 매혹에 대한 이러한 탐험은 '에로틱 스릴러'라는 융성한 장르에서 한껏 펼쳐졌다. 대개 케이블 방송용으로 만들어지거나 개봉 즉시 비디오로 출시되는 이런 영화들의 독특한 산업 위치는 느와르 수사*tropes*를 소프트 포르노그래피의 경계로 재배치하며, 또한 고전 후기의 저예산 '프로그램 영화' 제작과 가장 밀접히 닮은 어떤 흔치 않은 컨텍스트를 동시대 할리우드(혹은 어쩌면 '오프할리우드') 영화 제작에 제공한다(에로틱 스릴러에 대해서는 Williams, 1993, 2005; Eberwein, 1998을 보라).

1990년대의 진정으로 새로운 전개 하나는 칼 프랭클린(<광란의 오후*One False Move*>[1992], <블루 데블*Devil in a Blue Dress*>[1995])과 빌 듀크(<천국으로 가는 장의사*A Rage in Harlem*>[1991], <딥 커버*Deep Cover*>[1992]) 같은 흑인 감독들의 느와르 영토 탐사였다. 이 움직임이 진정으로 위반적인 것은, 비단 여타 모든 할리우드 장르들만큼이나 고전 느와르에서도 흑인 미국인이 대체로 눈에 띄지 않았기 때문만이 아니라, 느와르 자체가 명시적으로 — 챈들러와 여타 느와르 작가들에서 그들 주인공들이 LA 및 여타 도시들의 '검둥이' 구역으로 '암흑 이동'하는 묘사에 있어 — 또한 함축적으로 — 느와르/'검음*blackness*'이라는 주된 연상적 수사 자체에 있어 — 인종주의 담론을 팔아먹기 때문이다.

프레드릭 제임슨(Jameson, 1991: 16~19)의 유명한 구분을 적용하여, 만일 1970년대 네오느와르 전반이 모더니즘 패러디 성향 — 영웅적이고 유능한 사설 탐정 같은 장르 관습에 대한 날카로운 풍자적 수정과 반선

— 이었다면, 1980년대와 1990년대 버전은 패스티시 — 제임슨이 '텅 빈 패러디'라고 정의한 것으로, 아무런 비판적 관점 없는 수사와 양식들의 공들인 쇄신 — 경향이었다.[123] 그 극단적 사례 하나가 빔 벤더스의 초超반영적 영화 <해밋*Hammett*>(1983)에서 느와르 수사*tropes*에 대한 형식주의 리허설이다. 즉 고전 느와르 유형을 연상시키면서도 의미심장하게 강화시키는 복잡한 나선형 구조 — <유주얼 서스펙트*The Usual Suspects*>(1995)와 <메멘토*Memento*>(2000) 같은 가장 극단적 사례들에서 급진적인 서사 불확정성이라고 말해도 좋을 정도의 — 이 1970년대 모더니즘 느와르의 알레고리적인 음모 가지치기를 대체하는 것이다.

레이튼 그리스트(Grist, 1992: 285)가 지적하듯, "핵심은 필름 느와르의 재개라기보다는 그것의 개정 관점이다. 그것의 관습이 사회의 긴장을 제시하고 분석하느냐, 아니면 단지 장르 기표들의 수집으로서 존재하느냐" 이다. 분명, 느와르가 오늘날 시각(단지 영화만이 아니라) 문화에 있어 양식적, 주제적 참조의 핵심 프레임이 되었음을 의심할 사람은 아무도 없다. <블레이드 러너>(1982)와 '테크 느와르'(8장을 보라)의 충격은 도시의 엔트로피와 **아노미** 현상에 대한 느와르의 독특한 비전이 <매트릭스>(1998)와 <스타 워즈 에피소드 2: 클론의 습격*Star Wars Episode II: Attack of the Clones*>(2002)만큼이나 상이한 SF 영화들에서 디스토피아적 근미래 묘사를 위한 기정 설정이 되었음을 보여 준다. 아마도 느와르는 논쟁적이고 식별이 어려운 형식인 만큼이나, 다형적*polymorphous* 포스트모던 문화의 선호되는 자기 재현의 하나로서 채택되어 왔다고 해도 무방할 것이다.

123. 그러나 제임슨은 그가 '노스탤지아 영화'라고 분류한 <차이나타운>을 패스티시의 사례로 인용하고 있음에 주목하라.

## 할리우드 너머

여타 내셔널 시네마들이 느와르 양상과 모티브를 받아들인 것은 필름 느와르의 다多원자가*polyvalence*와 '허깨비' 같은 장르 정체성 및 국제적 영향력을 생각하면 그리 놀랍지 않다. 비록 그 숙명론과 도착성은 고전 할리우드만큼 하이키 낙관론에 맞물려 있지 않는 영화들에서 덜 급진적으로 보일지 모르지만 말이다. 앞서 언급했던 전쟁 이전 유럽의 원형-느와르 경향들 — 표현주의, 신즉물주의, 시적 리얼리즘 — 에 더하여, 느와르 전통은 특히 프랑스와 영국에서 강력했다. 한편 호르단과 모르간-타모수나스(Jordan & Morgan-Tamosounas, 1998: 86~105)는 1950년대부터 오늘날까지 스페인의 시네 네그로*cine negro*[필름 느와르]의 중요성을 논의하는데, 오늘날 그 영향력은 <라이브 플래시*Live Flesh*>(1997) 같은 영화에서 찾아볼 수 있다. 그들은 시네 네그로가 1975년 프랑코 사망 이후 민주주의로의 전환 중에 어떤 특별한 가치를 찾아냈다고 주장한다. 이 시기에 스페인 국가 장치에 대한 폭로는 "고전적 미국 느와르 영화들 중심에 있는 타락과 냉소가 동시대 스페인에서 반향했음을 발견했"다는 것이다(p.89).

스파이서(Spicer, 2002: 175~203)는 영국 느와르의 전통을 탐구하면서 범죄 멜로드라마 전통을 강력하게 옹호하는데, 그것은 그 미국 상응물처럼(또한 상이한 방식에서이긴 하지만, 해머 호러처럼) 주류 영국 영화에서 보여 주는 중산층의 진실과 안위에 강력히 도전한다. 한편 스파이서의 느와르 정전은 다소 방만해서, <심야의 탈출*Odd Man Out*>(1947), <데이 메이드 미 어 퓨지티브>(1947), <제3의 사나이*The Third Man*>(1949), <헬 이즈 어 시티*Hell Is a City*>(1960), <겟 카터>(1971) 같은 — 그러나 이상하게도 <브라이튼 록>(1947)은 말고 — 명백한 느와르 속성의 동시대 스릴러들과 나란히 상당수의 시대극 영화들도 받아들인다. <가스등

*Gaslight*>(1944), <분홍끈과 봉랍*Pink String and Sealing Wax*>(1945), 심지어 <올리버 트위스트*Oliver Twist*>(1948)조차도 느와르에 속한다고 볼 수 있지만, <위대한 유산*Great Expectations*>(1946)과 <친절한 마음과 화관*Kind Heart and Coronets*>(1948)은 양식적 관점에서나 서사적 관점에서나 느와르와는 거리가 멀어 보인다. 아마도 여기서 문제는 명확하게 확립된 고딕 영화의 결여(1950년대 중반 해머의 약진 이전에)와 결합된 영국 고딕 전통의 중요성일 것이다. 그러나 스파이서는 <낯선 사람과 춤을*Dance with a Stranger*>(1985)과 <모나리자*Mona Lisa*>(1986)라든가, 더욱 최근에는 <쉘로우 그레이브*Shallow Grave*>(1994)와 <크루피어*Croupier*>(1998) 같은 동시대 영국 네오느와르들의 중요한 혈통을 추적해 낸다. 이것들에 대해 혹자는, 1980년대 영화들이 대처 시대에 강도 높게 정치화하고 분명 영국의 계급, 인종, 젠더 병리학들에 본격적으로 착수하는 듯한 반면, 1990년대 영화들은 당연히 포스트모던 방식으로 오히려 사회적으로 더 탈컨텍스트화되어 있다고 지적할지 모르겠다.

오스틴(Austin, 1996: 109~111)은 <앤젤 더스트*Poussière d'Ange*>(1987)를 동시대 프랑스의 필름 느와르로서 논의한다. 한편 뷔스(Buss, 1994)는 포스트누벨 바그 시기로부터 중점적으로 101편의 프랑스 느와르를 규명하는데, 그러나 스파이서처럼 그의 선정작 중 몇몇은 이상하다. <리피피*Rififi*>, <도박사 봅*Bob le Flambeur*>(둘 다 1955), <사형대의 엘리베이터*Lift to the Scaffold*/*Ascenseur pour l'Echafaud*>(1957), 그리고 이후의 <라 발랑스*La Balance*>와 섬광 같은 <디바*Diva*>(둘 다 1981)처럼 명백한 느와르 후보들과 나란히, 고다르의 <주말>(1967)과 로베르 브레송의 <돈*L'Argent*>(1983)도 목록에 올라 있다. 어쨌든 뷔스의 또 다른 선정작인 로베르 브레송의 <소매치기*Pickpocket*>(1959)는 폴 슈레이더의 네오느와르 <아메리칸 지골로>에 모델을 제공하였다(브레송의 강력한 반향은

<택시 드라이버>에도 존재한다). 이런 사례나 패트리샤 하이스미스의 ‘리플리’ 소설을 각색한 영화 — 미국(<리플리*The Talented Mr. Ripley*>[2000], <리플리스 게임*Ripley's Game*>[2003]), 프랑스(<태양은 가득히*Plein Soleil*>[1959]), 서독(<미국인 친구*The American Friend*>[1977])에서 제작된 — 는 착취와 폭력, 위반적 욕망의 주제들을 탐사하는 양상으로 느와르의 국제적 호소력에 대한 강력한 증거가 된다.

## 사례 연구: <과거로부터>(자크 투르뇌르, 1947)

로버트 오토슨(Ottoson, 1981: 132)은 <과거로부터>를 “정말이지 1940년대 필름 느와르의 **극치***ne plus ultra*”라고 선언함으로써 많은 것을 말한다. 범죄 음모, 살인, 치명적 유혹과 배신 등 그 영화의 뒤얽힌 플롯, 밀도 높은 비주얼, 간헐적인 서사의 혼돈, 플래시백과 보이스오버 내레이션, 도상적으로 그럴듯한 사설 탐정 주인공 제프 마크햄 / 베일리(로버트 미첨) — 벨트를 졸라맨 트렌치 코트, 좁은 테 모자, 쉼 없이 피워 대는 담배를 전부 갖춘(Grist, 1992: 206) — 와 팜므 파탈의 정수라 할 캐시 모팻(제인 그리어) — 냉정하고 성적으로 대담하며 교활하고 믿을 수 없고 잔인한 —, 멜랑콜리, 불운한 노스탤지어의 숙명론적 어조, 음울하고 모호한 결말 등 이 모든 것은 톰 플린(Flinn, 1973: 38)이 표현하듯 “느와르 테마와 양식화의 진정한 주主광맥”을 이룬다. <과거로부터>의 제도적 컨텍스트와 제작 컨텍스트도 전형적인 느와르다. 이 영화는 앞서 자크 투르뇌르 감독이 1940년대 초반 발 루튼 지휘하의 RKO ‘B’급 제작진과 만든 뛰어난 호러 영화들(<캣 피플>[1942], <일곱 번째 희생자>[1943])로 연마한 경제적이고도 효과적인 많은 양식 요소(특히 인물과 테마 관계의 강화를 위한 하이키와 로우키 조명의 조직적 교차)을 적용하고 있다. 투르뇌르는 루튼 사단으로부터 촬영 감독 니콜라스 무수라카Nicholas Musuraca를 물려받았다. '무드 조명*mood lighting*'(Spicer, 2002: 17)의 대가인 무수라카는 느와르 영화에 중요한 기여를 했는데, 그의 다른 느와르 영화로는 <나선 계단>(1946), <로켓 목걸이>(1946), <제13 부두의 여인>(1950), <밤의 충돌*Clash by Night*>(1952), <블루 가디니아*The Blue Gardenia*>(1953) 등이 있다. 각본은 대니얼 메인워링Daniel Mainwaring의 소설을 소설가 자신이 각색했는데, 나중에 그는 많은 사람들 중에서도 특히 제임스 M. 케인의 공헌에 힘입어, 느와르적 갱스터 영화 <빅 스틸*The Big Steal*>(1949)과 <피닉스 시티 스토리*The Phenix City Story*>(1955)를 쓰기도 했다.[124] 이 영화의 주요 배역들 가운데, 미첨(<로켓 목걸이>, <십자포화>, <추적>[1947] — 프로이트적인 느와르 서부극 — 그리고 <마카오*Macao*>[1952])은 1940년대 느와르와 각별히 강력하게 동일시된다. 말트비(Maltby, [1984]1992: 52)가 요약하듯, "필름 느와르가 무엇이든 간에, <과거로부터>는 의심할 바 없이 필름 느와르이다."

사설 탐정 영화로서 <과거로부터>는 느와르 세계와 가장 밀접하게 동일시되는 서사 패러다임 중 하나에 굳건히 자리한다. 그러나 <과거로부터>는 고전적인 '하드보일드' 버전들(<빅 슬립> 같은)로부터 느와르 특유의 보다 혼란스러워하고 자기 파괴적인 남성성 비전 쪽으로 사설 탐정 서사를 재구성하고자 더 나아간다. 크루트닉(Krutnik, 1991: 112)에게 있어 <과거로부터>는 "스페이드 유형의 사설 탐정 주인공에 대한 주목할 만한 문제화"에 착수하며, 그 서사는 제프가 케시와의 부정한 관계를 통해 흔들어 놓은 가부장 질서 속의 남성 정체성을 결코 최종적으로 혹은

124. 이 영화의 제작 역사에 대한 더 자세한 설명은 Grist(1992: 203)와 Schwager(1991)를 보라.

온전히 안전하게 회복시키지 않는다. 보가트가 연기한 스페이드 및 말로가 우두머리 수컷의 우위를 재연하는 반면, 미첨의 제프 마크햄은 고의적인 수동성으로 특징지어진다. 휘트가 도둑맞은 4만 달러를 되찾는 임무를 띠고 케시를 추적하여 아카풀코까지 갔던 제프는, 그리스트(Grist, 1992: 207)가 (양심의 가책과 자신에 대한) "열렬한 단념"이라고 적절히 묘사한 심정 속에서 직업상의 책임과 개인의 의지 모두를 포기하며, 케시의 결백 항변을 저 잊혀지지 않는 대사 "베이비, 난 상관없어"로 잠재운다. 그녀와 함께 샌프란시스코로 달아난 후, 형편없는 처지에 대한 제프의 보이스오버는 자신의 무심한 영락을 강박적으로 강조한다. "나는 사무실을 열었다. …… 내가 하는 일에 어울리는 싸구려 작은 쥐구멍이었다. 시키는 일은 뭐든 했다. 그것은 최후의 수단이었으며, 난 그것을 써먹었다. 하지만 상관없었다. 나는 그녀를 가진 것이다."

그러나 단호한 마지막 문장에도 불구하고, 케시는 ('had'라는 용어의 다른 의미인 속이고 사기당한다는 뜻에서 '가질 / 속일' 수 있는 제프와는 달리) '갖거나 / 속이거나' 소유될 수 없는 달아나는 기표이다. 느와르의 많은 여성들처럼 그녀의 서사 기능은 욕망 자체의 덧없는 판타지 성격을 보여 주는 것이다. 더구나, 남성 느와르 주인공들에게 특징적이게도, 제프 자신의 도덕성은, 비록 덜컥거리기는 하지만, 그가 고백하는 것보다는 더 회복력이 있다. 예컨대, 마침내 케시가 정말 휘트의 돈을 훔쳤음을 알게 됐을 때, 그는 환멸을 느끼고 물러난다. 제프는 느와르 남성의 반복적 이중 구속을 겪는다. 세상 물정에 냉소적이고도 염세적으로 익숙한 척 굴지만, 그럼에도 그는 집요한 낭만적 판타지 구성의 희생양으로 남는데, 그 피할 수 없는 환멸은 그로 하여금 권력을 빼앗기고 방향을 잃게 만든다. <과거로부터>에서 '하드보일드' 사설 탐정으로 표상된 이상적 남성의 화자로서의 그리고 성적인 권력 상실은 1970년대 느와르의 다양하게 서투르고 미숙

<과거로부터*Out of Past / Build My Gallows High*>(1947)

Reproduced Courtesy of RKO / The Kobal Collection

하며 / 하거나 무력한 '사설 탐정[녀석]들'이, 동시대 서부극, 뮤지컬, 전쟁 영화식의 공격적 장르 수정주의의 사례라기보다는, 편집증과 남성 파토스라는 기존 느와르 경향의 강화임을 확증한다. 말트비(Maltby, [1984] 1992: 67)가 논평하듯, 전후 느와르는 '부적응' 주인공들을 정규 사회로 재통합시키거나(<빅 클락 *The Big Clock*> [1948]) 혹은 <과거로부터>에서처럼 과거 범죄에 대한 치명적 속죄를 강요하면서, '독립된 영웅적 인물, 미국의 개인주의 영웅 전통의 화신'을 위한 자리를 거부한다는 점에서 독특하다.

제프가 휘트의 두 번째 임무를 떠맡는 후반 샌프란스코 장면들에서(제프는 일종의 보상 행위로서 그 일을 받아들이지만 결국 휘트가 자신에게 살인 누명을 씌우려 했음을 깨닫게 된다), 영화가 앞서 논의된 느와르 특유의 몽상주의로 빠져듦에 따라 서사의 판타지 측면은 명백해진다. 좀처럼 앞을 내다보기 힘든 음모를 포함하는 데다 중요한 인물들을 영화에서 꽤 늦게서야 소개하는 이 시퀀스는 생략적이고 전치되고*dislocated* 파편적인 방식으로 전개되며, 케시와 영화의 보조적 단역 팜므 파탈 메타 카슨(론다 플레밍) 간의 두드러진 시각적 혼동에 집중함으로써 기본적 독해의 어려움 — 공간에 대한, 동기에 대한, 정체성에 대한 — 을 제기한다. 이 시퀀스의 정체성 흐리기, 갑작스런 멜로드라마적 반전과 공간의 전치는 서사 바로 이 시점에서 제프 자신의 심화되는 내면 갈등과 혼란에 답하는 텍스트적 강조로서 읽힐 수 있다.

메타는 영화에서 케시의 '긍정적' 여성 대응물, 곧 제프의 브리지포트 연인 앤(버지니아 휴스턴)에 반사되는 케시의 '부정적' 대역을 제공함으로써, 이 영화의 서사 배열에 있어 상징적 도식화 경향을 강조한다. 앤은 브리지포트의 소도시 산악 공동체와 동일시되며, 적어도 처음에는, 전통적 관계라든가 세속적이지만 건실한 품위 등의 햇빛 / '하이키*high-key*' 세계로서(휘트의 졸개 조 스테파노가 자신을 찾아내자 제프는 그에게 전통적인 미국 기업가 정신의 가치에 대해 훈계를 늘어놓는다. "우리는 그걸 생계를 꾸린다고 하지. 자네도 어디선가 들어봤을 거야."), 케시와 휘트 그리고 정직하지 못한 혹은 적어도 분수에서 벗어난 부와 결합된 다양한 로우키*low-key*의 도시 또는 외국 배경과 대조된다.

이러한 도식화는 도시와 지방, 섹스와 결혼, '선한' 자아(브리지포트에서 제프는 제프 베일리로 개명한다)와 '악한' 자아라는 단순하기 짝이 없는 대립을 강화하는 듯하다. 그러나 그것은 또한 그러한 이분법과 그 이분법에 맞닿은 문화적 논리의 판타지 혹은 신화적 성격에 주의를 기울이게 하는 것으로도 읽힐 수 있다. 서사가 담론 및 행위자의*actantive* 가치화된 영역과 더럽혀진 얼굴 영역을 갈라놓는 데 더 많은 노력을 기울일수록, 더더욱 그 영역들은 고집스럽게 서로에게로 무너져 내린다. 샌프란시스코 장면의 내레이션 강조는 이러한 이데올로기적 긴장을 보기에 따라서는 실토하고 있다. 제프 마크햄의 로우키 느와르 도시 세계가 '제프 베일리'의 하이키 소도시 세계 속으로 서서히 그러나 점점 더 침투되는 것은 또 하나의 사례이다(영화 끝부분 제프와 앤이 밤에 나누는 대화에서처럼). 더구나 올리버와 트리고(Oliver & Trigo, 2003: 224f)가 주장하듯, 앤은 그 영화의 서사 도식이 여러 방식으로 그녀를 그려 내고자 애쓰는 것처럼 가정에 틀어박힌 평면적인 사람이 아니다. 가족의 바람을 거스르고 제프 때문에 오랜 고향지기 구혼자를 버리려는 데 있어서뿐 아니라 브리지포트 전부를 단념하고 제프와 떠나려는 데 있어서도 그녀의 자발성은 이상화된 소도시 세계가 '팜므파탈'에게 그렇듯 어쩌면 '착한 아가씨'에게도 만족스럽지 않으리란 것을 보여 준다. 영화 초반, 제프는 그가 '많은 곳'에 있었음을 앤에게 고백한다. "어디가 가장 좋았나요?" 그녀가 묻자 제프는 답한다. "바로 여기." "틀림없이 어디서나 그렇게 말했겠죠." 앤은 답한다. 앤이 제프의 인생에 있어 장소와 여성을 농담처럼 융합시킨 것은, 그녀가 그녀의 소박한 이미지로 추측되는 것보다 더 영리함을 드러낼 뿐 아니라, 또한 판타지 관계 및 대립들이 제프의 사회 경험과 성적 경험을 똑같이 구성하는 방식을 가리키기도 한다. 이상적인 소도시와 정글 같은 도시의 중층 결정된 대립은 제프의 심적 경제에 있어 선한 대상과 악한 대상으로서의 케시와 앤의 대립을 거울처럼 비춘다.

이러한 교환은 영화의 결말을 더더욱 가슴에 사무치게 만든다. 제프와 케시의 죽음으로 앤은 프리지포트에 남을 것인가 — 이는 사실상 제프에 대한 그녀의 매혹이 대변하는 변화에의 욕망과 호기심을 억누르는 걸 뜻한다 — 아니면 이번엔 혼자 아주 떠나 버릴 것인가 사이의 암묵적 선택에 직면한다. 제프의 벙어리 조수는 제프가 케시와 마을을 떠나려던 것이라고 그녀에게 확인시켜 준다. 그녀를 제프에 대한 기억에서 자유롭게 만들고 그녀의 옛 구혼자 짐에게로 돌아가게 만들려는 '선의의 거짓말.' 따라서 영화는 여성의 자율 에너지를 제프가 사후에 성공적으로 재봉쇄하는 것으로 끝난다. 즉 자발적으로 제프의 느와르 세계에 들어섰던 앤은 그녀의 자의식이 잠시나마 구멍 내려 위협했던 이분법적 남성 판타지 구조 속의 안정된 장소 — 햇빛의 '착한 아가씨' — 로 송환된다. 실제로 어떤 면에서 제프는 바로 이러한 결과를 얻기 위해 고의로 죽음으로 나아간다. 그러므로 어떤 의미로 그 영화의 팜므 파탈은 캐시라기보다 오히려 앤이 아닐지 생각해 보는 것은 흥미롭다. 그녀의 '위협'은 바로 그녀가 순전히 느와르 판타지 위에서 그리고 그것에 의해 구성되는 것에 (케시나 메타와 달리) 동의하지 않는다는 데 있다. 결국 제프가 살아 있었을 때가 아닌 죽음에 의해서야 성공할 수 있었던 가부장적 권위를 최후 재단언할 때까지 말이다(영화의 마지막 영상은 자신의 정비 공장 꼭대기에 걸린 제프 베일리의 이름이다).

# 10

# 액션 블록버스터

이 책에서 논의하는 모든 장르 가운데, 액션 영화 / 액션 블록버스터는 한편으로 가장 동시대적이고 가장 뚜렷하게 현재 할리우드 영화 제작과 관련되면서, 동시에 가장 적게 논의되고 가장 덜 규명되었다. 최근 한 선집(Tasker, 2004)이 출간될 때까지, 하나의 장르로 액션 영화를 다룬 책은 비교적 드물었다. 그러한 가운데 주목할 만한 태스커(Tasker, 1993)와 제포드(Jeffords, 1994)의 연구는 1980년대와 1990년대 초 강력한 남성 액션 영화에 있어 남성성의 구성에 각별히 초점을 맞춘다. 현대 블록버스터는 더 최근에 들어서야 학문의 초점이 되었는데, 특히 와이어트(Wyatt, 1994), 킹(King, 2000a), 할(Hall, 2002), 스트링거(Stringer, 2003) 등의 연구를 들 수 있다. 태스커와 제포드가 극도로 폭력적인, 대개 아널드 슈워제네거, 실베스터 스탤론, 장 클로드 반 담 류의 근육질 스타를 내세운 준성인용 영화에 초점을 맞추는 반면, 블록버스터 연구는 <스타 워즈>에서 <반지의 제왕 *Lord of the Rings*>에 이르기까지 특수 효과로 점철된 SF 및 판타지

대작들에 있어 스펙터클의 미학과 제도적 컨텍스트를 훨씬 더 강조한다.

그러므로 '액션 블록버스터'라는 개념에는 어떤 근본적 모순이 존재하는 듯 보일 것이다. 관련된 두 용어 모두는 이 책에서 사용하는 여타 장르 개념들만큼 명확하지 않은 것이 분명 사실이다. 블록버스터를 정의하는 어려움 한 가지는 비평가 대부분이 과잉 규모(제작비와 영화 길이를 포함하여)를 하나의 장르 표지로 규정하는 반면, 다른 비평가들은 소비 — 즉 박스오피스에서의 엄청난 성공 — 를 그 자체로 블록버스터 지위의 충분 요인으로 포함시킨다는 것이다. 어떤 점에서, 액션 블록버스터 같은 형식은 장르 연구를 그 극한까지 밀어붙이며, 하나의 장르 영역을 구성, 정의, 역사화하는 바로 그 과정에 있어 여러 다양한 비평 접근(영화사적, 경제/제도적, 미학/이데올로기적)을 통합할 것을 장르 연구에 요구한다. 이처럼 이미 위압적인 업무는, 그러나 동시대 할리우드 전반과 액션 블록버스터의 무성한 장르 혼성성에 의해 더욱 어려워지는데, 전형적인 동시대 할리우드 장르, 특히 예컨대 <스타십 트루퍼스*Starship Troopers*>(1997) 같은 작품은 서부극과 SF 괴물 영화의 요소, 청소년 영화, 전쟁/전투 영화 등 모두를 조롱하면서 그 셋을 결합한다.

그럼에도, 단순한 도상적 관점에서 액션 블록버스터는 몇몇 믿을 만한 상수*constants*를 분명 갖고 있으며, 그 대부분은 그 장르의 불변의 특질인 스펙터클 액션 시퀀스에 연관된다. 저 하늘 높이 오렌지 빛 태양, 종종 슬로 모션으로 유리창을 뚫고 처박히는 자동차와 몸뚱이들, 불을 뿜으며 발포되는 총탄 세례의 충격으로 혹은 이를 피하고자 엉망으로 파괴된 실내에서 몸을 던지고 구르는 인물들, 자동 권총 및 유탄 발사기 같은 대구경 휴대용 무기류, 목숨을 건 묘기 등 이 모두는 즉각적으로 인지 가능한 액션 블록버스터 속성들이다.

액션 블록버스터의 구조는 강력한 선형적 추진력 — 플롯 사건들은 대개 인물 심리나 관계의 탐구에 적절한 서사 공간을 배제하거나 이러한 요소들을 일련의 간명한 교환으로 축소시키면서 영화를 밀고 나간다 — 을 스펙터클 액션 대목과 함께 강조하며, 종종 서사 상황의 필요를 근본적으로 능가하는 특수 효과와/나 스턴트 작업을 두드러지게 드러낸다. 자동차 추격 — 엄밀한 서사 관점에서 보자면 대개 전해 주는 바가 거의 없는 — 은 이 구조의 전형적 사례이다.[125] 따라서 액션 영화의 핵심적인 서사 전제는, 전통적 스릴러의 복합적인 '웰메이드' 플롯이라기보다는 본질적으로 서로 연관 없는 대규모 액션 에피소드들을 주렁주렁 매달고 있는 가느다란 등뼈에 가까워 보일 것이다. 진정한 복합성에 대한 관심 결여는 할리우드 액션 및 스릴러 영화에서 그리 새로울 게 없지만, 가령 히치콕이 그의 유명한 '맥거핀'을 트레이드마크와도 같은 '히치콕적' 세트피스 시퀀스의 수단으로뿐 아니라 의존과 조종의 정서적, 심리적 관계에 대한 탐구 수단으로 사용한 데 비해, 현대 액션 블록버스터는 폭발, 추적, 총싸움 등을 되도록 거창하게 만들어 내기 위한 서사 전략으로 외에는 그 어떤 플롯 요소에도 대체로 무관심해 보인다. 전형적으로 블록버스터는 고전 할리우드 영화에서 클라이맥스에 해당될 종류의 대규모 액션 시퀀스로 시작한다. 따라서 <해외 특파원*Foreign Correspondent*>(1940)이 비행기 추락 사고로 끝맺는 반면, <페이스 오프>(1997)는 제트기, 수많은 경찰차들과 헬리콥터를 포함한 고강도 추격 시퀀스로 시작하며 그 끝

125. <프렌치 커넥션*The French Connection*>(1971)의 그 유명한 추격('일당 검거'에 대한 도일의 광적인 강박, 종국엔 자기 파괴적 결과를 낳는 충동을 강조하는)을, <더 록*The Rock*>(1996) 초반부에서 샌프란시스코를 누비는 자동차 추격, 즉 주된 줄거리와는 거의 아무런 관련 없이 다만 영화에 필수적인 초반 액션 시퀀스를 제공할 뿐인 추적과 비교해 보면, 현대 블록버스터의 새로운 구조가 명확해진다.

에서 제트기는 판유리 외벽을 관통하여 격납고를 들이받는다.

액션 블록버스터의 장르 구문론을 규명하기란 더 까다롭다. 제프 킹(King, 2000a)은 프론티어 모티브가 액션 영화에서 표면 밑에 숨겨진 형태로 존재한다고 주장한다. 1990년대 액션 영화들은 종종 정체성과 자아의 혼란을 중심에 놓는데, 이는 특히 <페이스 오프>, <토탈 리콜>(1989), <이레이저>(1996), <롱 키스 굿나잇*The Long Kiss Goodnight*>(1996) 등에서 두드러진다. 그러나 대부분 액션 블록버스터들의 핵심은 대체로 기성 당국으로부터 인정받지 못하거나 갈등을 겪는 어느 '이단자' 개인이 거대한 위협으로 위험에 처한 질서를 회복하기 위해 압도적인 적에 맞서는 단호한 (대체로 폭력적인) 액션이다. 아마도 보다 법을 준수하는 혹은 규정을 존중하는 '동료'와 한 조를 이룰 그 액션 히어로는 — <리썰 웨폰*Leathal Weapon*> 시리즈(1988~ )는 그 명백한 사례이다 — 로버트 레이(Ray, 1985: 59~66)가 논의했던 고전적 '무법자 영웅'의 한 버전이다. 원칙에서 나온 것이든 아니든 당국에 대한 반대(<콘에어*Con Air*>[1997]), 부당한 유죄 판결(<마이너리티 리포트*Minority Report*>[2002]), 배신(<람보 2>[1985]; <글래디에이터*Gladiator*>[2000]), 혹은 단순한 개인 스타일(<인디펜던스 데이>[1996]; <아마겟돈>[1998])은 액션 히어로로 하여금 (극적으로 흥미롭지 않은) 사법 체계 절차에 대한 의존을 거부하고 내적 자질에 의존할 수밖에 없게 만든다. 흔히 이러한 자질은 — 존 람보와 존 매클레인(<다이 하드> 시리즈[1988, 1990, 1995])에서처럼 — 그저 하나의 기정사실에 불과한 반면, 어떤 경우에는 주인공의 이러한 폭력 행위 역량의 발견이 그의 서사 '여정'을 구축하기도 한다. 예를 들어 <더 록>과 <콘 에어>에서 니콜라스 케이지와 존 쿠삭이 연기하는, 본디 세상 물정에 어두운 인물들처럼 말이다.

어떤 평자들은 전통적으로 부와 (남성의) 지위를 상징하는 금속 기기들(모터보트, 스포츠카 등) 및 그것들의 문자 그대로의 비물질화(스펙터클하게 불이

붙거나 폭파되기)에 대한 페티시적 관심으로부터, 현대 액션 영화의 과장된 비주얼 스타일과 특히 액션 시퀀스에서의 표준 시간성 및 공간성 왜곡 — 슬로우 모션과 멀티 카메라 앵글(<와일드 번치>에서 샘 페킨파의 획기적인 액션 시퀀스들에 굉장히 많은 것을 빚진 효과)을 통한 — 에서 드러나는 어느 정도의 낯설게하기를 구분해 내었다. 폴 버호벤, 쿠엔틴 타란티노, 오우삼처럼 요즘 인기 있는 액션 감독들의 작품에서 전형적으로 나타나는 영리한 유머와 고의적 과잉성 — 극단적인 폭력 전개에서든 혹은 아낌없는 소비에서든 — 은 그러한 주장을 뒷받침해줄 것이다. 그러나 대부분의 액션 영화는 관객들을 유사 브레히트식으로 활성화시키는 데 관심을 갖기보다는, 현대 할리우드의 비할 바 없는 기술 자원을 활용하여 역동적 영상과 멀티 트랙 사운드 효과 그리고 음악 등의 폭력적인 감각 공격에 의해 그 어떤 이탈 역량도 압도하는 데 더 관심이 많은 듯하다.

현대 액션 블록버스터가 (적어도 재정 관점에서) 1980년대 중반 이래 할리우드의 지배적 장르로 떠오른 것은 뉴 할리우드 자체가 복합 미디어 활동의 전 지구적 중심으로 변화한 관점에서 설명될 수 있다. 사실 혹자는 1990년대와 2000년대의 액션 영화를 장르적으로 특징짓는 것이, 서사로부터 배급과 마케팅에 이르는 모든 단계에서 현대 기업형 할리우드를 대표하는 냉혹한 시장 지배의 동일한 명령들의 거듭된 규정이라고 주장할 것이다. 동시대 액션 대작들은 서사시적 역사물(<브레이브하트>[1995]; <글래디에이터>, <트로이 *Troy*>[2004]) 같은 전통 장르들과, 더 빈번하게는 SF를, 가차 없이 식민화하며, 서사와 인물처럼 고전적으로 결정적인 요소들을, 시선을 사로잡는 특수 효과와 묘기로 점철된 액션 시퀀스들에 무심코 종속시킨다. 이 액션 시퀀스들은 액션 영화의 주된 셀링 포인트*selling-point*를 이루며, 이 영화들의 개봉에 수반되는 집중 마케팅 작전에서 핵심을 차지한다. 또한 액션 시퀀스는 '번쩍이는' 비주얼 스타일을 전형적으로 사용하며,

광고와 뮤직 비디오에 크게 의존하고, 액션으로 가득찬 스토리의 이미 역동적인 경험을 증대시키는 현저하게 빨라진 편집 속도(1970년대와 그 이전 할리우드 영화들에 비해: Bordwell, 2002를 보라)를 포함한다. 전통적으로 영화 제작의 부차적(혹은 어찌됐든 밀실) 영역들, 예컨대 스타 '브랜딩*branding*'이라든지 '하이 컨셉*high concept*'의 지배, 그리고 영화 제작 기술 측면들(가령 컴퓨터 그래픽 이미지)에 대한 공격적 마케팅 등이 새로이 부각되었다. 이것들은 제작비와 박스오피스 수익에 대한 대중의 인식 증대와 결합되어, 이제 영화/관객 인터페이스가 더 이상 텍스트 단계에 한정되는 것이 아니라 크로스미디어 '이벤트'로서 공개적 영역 — 수직 통합 미디어 복합 기업들의 문어발을 통해 신중하게 받아들여지는 — 으로 들어가는 장르를 창출한다.

이 모든 것들을 지배하고 통합하는 것은 중심에 자리한 '하이 컨셉'이다. 그 용어를 정의하는 데 있어 대개 돈 심슨(1994년 사망)과 제리 브룩하이머의 제작 파트너십이 언급된다. 1980년대 중반 이래로 어마어마한 성공을 거둔 그들의 액션 흥행작들(<비버리 힐스 캅*Beverly Hills Cop*>[1984], <탑 건>[1986], <더 록>[1996], <아마겟돈>[1998] 등)은 앞서 나열된 요소들을, 쉽게 요약되는 플롯 공식('할리우드에 온 세상 물정 밝은 디트로이트 흑인 경찰,' '사랑과 전투에서 교훈을 얻어나가는 유능한 일급 조종사')에 손꼽히는 남자 스타(톰 크루즈, 에디 머피, 브루스 윌리스)로 치장된 번지르르한 포장으로 통합하였다(Wyatt, 1994를 보라). (로버트 알트먼의 할리우드에 관한 할리우드 풍자극 <플레이어*The Player*>[1992]는 점점 더 바로크적이며 부조리한 어조로 하이 컨셉을 조롱한다. 예컨대 '<귀여운 여인 *Pretty Woman*>이 <아웃 오브 아프리카*Out of Africa*>를 만나다.')

그러나 액션 블록버스터가 명백히 여러 관점에서 초현대적 — 심지어 포스트모던 — 이라 해도, 그것은 또한 할리우드 장르 역사와의, 그리고 그것을 통한, 영구적 연속성을 표명한다. 화려한 볼거리, 선정적인 에피소드식 줄거리, 연기 및 연출에서의 과잉, 노골적으로 단순화되고 개인화된 서사 등의 결합에 있어, 액션 블록버스터는 할리우드 영화의 근본적인 멜로드라마 전통에 떼려야 뗄 수 없이 연결되어 있다. 비록 이 장은 액션 영화와 블록버스터에 대한 비평의 수용에 충만한 제도적 컨텍스트, 텍스트 정치, 관객성 문제 등에 초점을 맞추겠지만, 여러 면에서 이 장르는 미국 영화에 있어 근원적 양상*mode*의 산업적 탁월함으로의 단호한 복구로 가장 잘 이해될 수 있다. 사실 그것은 '액션 멜로드라마,' 곧, 폭력과 유혈, 그리고 가정 / 파토스라는 두 멜로드라마 전통의 종합 형식으로 간주하는 것이 가장 좋다.

## 당신의 정면에서: 포스트고전 장르의 출현

뉴 할리우드에 대한 대부분의 설명들은 1975～1977년을 뉴 웨이브적인 '할리우드 르네상스' 시대로부터 1980년대 및 그 이후의 팝콘 시기로의 전환에 있어 분수령으로 규정한다(예를 들어 Schatz, 1993; King, 2002를 보라). 그러나 액션 영화도 블록버스터도 1975년 ＜죠스＞의 푸른 심해나 1977년 ＜스타 워즈＞의 은하계 우주로부터 구현되지 않았다. 사실 '액션 블록버스터'라는 용어는 무성 시대로까지 거슬러 올라가는 고전 할리우드에 깊이 뿌리내린 어느 확고히 정립된 장르 — 액션 어드벤처 영화 — 와, 포스트고전 시기의 경제 변화와 강력히 연계된 제작 양상 — 블록버스터 — 을 함께 끌어모은다. 이 한 쌍을 흔히 삼각화하는 제3항 '스펙터클'은 액션 블록버스터의 시각적 과시 속성들, 이 속성들이 관객의 영화 소비에 미치는 영향(특히 서사 및 인물 설정과 관련하여 상당한 논쟁 주제), 그리고 마지막으로 마케팅과 미디어를 통한 '대작' 혹은 산업 용어로 '이벤트'로서의 블록버스터 영화의 문화적 구성 등에 일제히 연결된다. 이번 단락에서는 이러한 별개 요소들이 어떻게 현대 액션 블록버스터로 모이게 되었는지 추적해 볼 것이다.

### 액션과 액션 어드벤처

물론 어떤 의미에서, 모든 영화[활동 사진]는 '액션[움직임]' 영화이다. 더 구체적으로는, 굉장히 많은 고전 할리우드 장르 — 특히 전쟁 영화, 갱스터 영화, 서부극 — 가 폭력 액션 장면을 포함하며, 어느 정도는 그것에 의해 정의된다. 따라서 오늘날 <라이언 일병 구하기>(1997), <페이스 오프>, <스타십 트루퍼스> 같은 영화들, 보다 전통적인 장르 전통 내에 위치한 이 영화들을 설명하기 위해 '액션 영화'라는 용어가 사용되는 것은 그 범주의 포괄적 성격을 확증한다. 이러한 포괄성은 반대로 현대 할리우드에서 장르 정체성의 성격이 점점 더 변덕스러워지는 것을 반영할지 모른다.

'액션 어드벤처'라는 느슨하게 정의된 범주는 무성 시대 이래로 할리우드에 존재해 왔다. 닐(Neale, 2000: 55)은 그 용어가 동시대 평론가들에 의해 1927년 더글러스 페어뱅크스를 내세운 <가우초*The Gaucho*>에까지 적용됐으며, 페어뱅크스의 스타 페르소나 — 용감하고 진실되며 쾌활하고 비할 데 없이 강건한 — 에서 에롤 플린과 버트 랭커스터 같은 이후의 액션 스타들에 이어지는 낭만적 영웅 스타일이 확립됐음에 주목한다. 고전 시기 동안 액션 어드벤처 장르는 칼잡이들, 항해와 풋내기 선원(페어뱅크스의 <검은 해적*The Black Pirate*>[1927], <로빈 후드의 모험>[1938], <함장 호레이쇼 *Captain Horatio Hornblower, R. N.*>[1951]), 밀림 탐험과 수렵 모험(<솔로몬왕의 보고*King Solomon's Mines*>[1950], <하타리*Hatari!*>[1962]), 외인 부대 모험담과 최근 존 에이젤(Eisele, 2002)이 '할리우드 이스턴*the Hollywood Eastern*'이라 칭한 여타 사례들(<로스트 패트롤*The Lost Patrol*>[1934], <보 게스티*Beau Geste*>

[1939]), 스파이 활동과 국제 음모의 히치콕 스릴러들(<해외 특파원>[1940], <북북서로 진로를 돌려라>[1959]) 등을 통합했다. 에드거 라이스 버로의 밀림 귀족 타잔(1918년부터 1960년대 말까지 적어도 장편 및 시리즈 40편에서 다양한 배우들이 연기한) 같은 캐릭터가 장기간에 걸쳐 누린 인기는 그 장르가 청소년 남성 관객에게 갖는 강력한 호소력을 보여 준다. 그 같은 사례들이 가리키듯, 종종 액션 어드벤처에서는, 풍경에 대한 막대한 강조와 더불어, 당대 미국 생활로부터 식민지 아프리카나 '신비로운 동양' 같은 이국적이고 머나먼 장소와/나 역사적 과거(풍광이 매력적인 미국 독립 전쟁 및 나폴레옹 시대는 각별히 선호되었다)로의 의미심장한 치환이 이뤄지곤 했다. 테이브즈(Taves, 1993)는 이러한 유람적 특질이, 비록 어떤 면에서는 자유의 투쟁과 정의 회복을 강조하기도 하지만(예를 들어 다양한 버전의 조로 이야기에서), 그 장르를 상당히 명확한 제국주의 수사*tropes*에 필연적으로 연루시킨다고 지적한다. 액션 어드벤처 영화는 높은 제작비를 과시하는 경향이 있었으며, 때가 되면 마땅히 컬러와 와이드스크린으로 다뤄지기에 적합했으며, 비교적 쾌활하고 낭만적인 서사와/나 탐험 서사 속에 매력적이고 강건한 스타들을 내세웠다.[126] <스타 워즈>가 고전적 칼잡이들 영화에 진 빚(가령 루크가 레이어 공주를 팔에 휘감은 채 죽음의 별의 헤아릴 수 없는 핵심 부대를 가로질러 뛰어넘을 때)은 명백하다. 단연코 가족극 장르인 액션 어드벤처 영화는, 비록 여타 전통적인 대규모 장르들처럼, 1970년대 초반, 보다 소규모에 캐릭터 중심적인 현대 드라마로 향하는 할리우드의 일시적인 관심 전환을 겪긴 했지만, 유행에서 벗어난 적은 없다. 1970년과 1975년 사이에 오직 <삼총사*The Three Musketeers*>(1974)만이 전통적 의미의 액션 어드벤처로서 명확하게 규명될

126. 역사 어드벤처 영화에 대해서는 Taves(1993)를 보라.

수 있었다. 그러나 같은 시기, <죠스>와 함께 새로운 스타일의 액션 블록버스터의 출현이 목격된 1975~1976년 — 의미심장하게도 베트남 전쟁 종결 이듬해 — 은 또한 <왕이 되려던 사나이*The Man Who Would Be King*>와 <바람과 라이온*The Wind and the Lion*>(둘 다 1975) 같은 대규모 작품들과 함께 전통적인 이국적/역사적 어드벤처 영화의 부흥이라 할 만한 것이 목격되었다.

### 블록버스터

블록버스터 — 가능한 최대 규모로 제작되고 거래되는 어마어마한 스펙터클 대작들 — 는 미국 영화 역사와 세계 영화 역사에서 오히려 액션 어드벤처 영화보다도 더 오랫동안 중요한 특징이어왔다. D. W. 그리피스의 획기적 남북 전쟁 멜로드라마 <국가의 탄생>(1914)의 개봉은 표준 영화사史들에 따르면, 영화 형성기 10년의 정점에 달하는 순간이자 훗날 고전 할리우드 양식이 될 것의 결정체를 표한다. 이 미국 영화는 단지 연대를 매길 수 있는 가장 오래되고 가장 거대하며 가장 제작비가 많이 들어간 것만이 아니었다. 이뿐만 아니라 관람료가 가장 비싸고(개봉 당일 티켓 가격은 유례가 없던 금액인 1달러로 책정되었다) 수익성이 가장 좋은 것이었고, 국내 박스오피스 수입이 300만 달러로 추정되었다. 그 결과, 물리적 규모, 스타, 비용 및 길이는 모두 블록버스터의 지표가 되었다. 그리피스 자신은 <카비리아>(1914)와 <쿼바디스*Quo Vadis?*>(1912) 같은 이탈리아의 의고擬古주의적 대작이 근래 미국 시장에서 엄청난 성공을 거둔 것에 응답하고 있었으며, 이탈리아 양식으로 만든 자신의 전작 <베튤리아의 유디트*Judith of Bethulia*>(1914)를 좇아 그 양상을 사실상 '미국화'하고 있었다(Browser, 1990을 보라). 그리피스는 다음 작품 <인톨러런스>(1916)로 심지어 더 높은 곳을 겨냥했다. 깜짝 놀랄 정도의 사치스러운 규모로 성경의 바빌론을 재현한 것인데, 수세기를 넘나들며 이어 붙인 일련의 시나리오 속에서 어떤 추상적 개념을 탐구하려는 <인톨러런스>의 야심찬 시도는 <국가의 탄생>의 단순한 (그리고 반동적인) 가족 대하극보다 관객에게 인기 없음이 입증되었다. 초창기 할리우드는 그리피스의 경험들로부터 교훈 한 쌍을 도출하였다. 블록버스터의 막대한 수익은 어마어마한 위험과 짝을 이룬다는 것. 아울러 그러한 위험을 가능한 최소화하기 위해서는 개념의 단순성, 소재의 친숙함, 그리고 사색보다 액션을 강조하는 것이 다양한 대중에 대한 호소면에서 철학적 성찰보다 더 전망 있는 비법이라는 것. 따라서 <인톨러런스>의 실패는 후속 블록버스터들의 선호 양상이 앞으로도 여전히 멜로드라마적인 것임을 확증했다.

사실, 2차 세계 대전 이전, 초대형 예산의 스펙터클 영화들 — '슈퍼스페셜'로 알려진 — 은 메이저 스튜디오들의 제작 스케줄에서 단지 간헐적으로만 모습을 드러냈다. 당시 메이저 스튜디오들의 제작 스케줄은 다른 모든 것들을 희생하여 한 작품만을 강조하기보다는 1년 내내 안정된 흐름으로 모든 시장 부문에 대하여 다양한 개봉작을 대량 생산함으로써 위험을 상쇄하도록 맞춰져 있었던 것이다. 전쟁 이전 가장 잘 알려진 '슈퍼스페셜'인, 엄청난 성공작 <바람과 함께 사라지다>(1939)는 데이비드 O. 셀즈닉이 독립 제작했으며, 그 해 셀즈닉 인터내셔널 픽처스가 개봉한 단 세 작품 가운데 하나였다.[127]

닐(Neale, 2003: 48~50)이 개괄한 대로, 대규모 제작의 전면화를 다시금 촉진시킨 것은 전쟁 이후 영화 산업의 변화하는 운명이었다. 이는 메이저들이 1950년대 초 움츠러든 관객과 상영관의 소실에 직면하여 경영을 근본

127 다른 두 편은 <또 다른 세계의 친구*Made for Each Other*>와 <인터메조*Intermezzo*>이다.

적으로 재편함에 따른 것이다. 영화 관람이 정기적이기보다 이따금씩의 것으로 표준화되던 시절에, 시선을 사로잡는 특별한 '스페셜'은 점점 더 선별적이 되어 가는 대중을 극장으로 끌어들이기에 적합한 방법으로 보였다. 스튜디오의 공개 프로필을 규정하는 데 있어서나 연간 회계에 있어서나 블록버스터가 점점 더 중요해짐에 따라, 평균 예산은 1950년대에 두드러지게 증가했다. 이 시기는 그에 따라 <성의*The Robe*>(1953)와 <클레오파트라*Cleopatra*>(1963)처럼 새롭게 주조된 고대 의상 대작과 <80일간의 세계 일주*Around the World in Eighty Days*>(1959) 같은 떠들썩한 세계 유람 유희와 나란히, <십계*The Ten Commandments*>(1956), <쿼바디스*Quo Vadis?*>(1951), <벤허*Ben-Hur*>(1959) 같은 무성 시대 성경 및 로마 대작의 리메이크 속에서 저 유명한 '캐스트 수천 명'의 귀환이 목격되었는데, 이들의 웅장한 스펙터클 측면는 컬러와 새로운 와이드스크린 포맷으로 한층 더 강화되었다(아래를 보라). 할리우드 전통에 충실하게도, 전쟁 이후 블록버스터들은 단지 규모 — 떼지어 돌아다니는 엑스트라 군중과 거대한 세트 — 뿐 아니라, 대담한 스턴트 작업을 포함한 역동적 액션 시퀀스 전개에도 크게 의존했다. 가장 유명한 것들 중에는 <벤허>의 고대 로마 원형 경기장 전차 경주와 <스파르타쿠스*Spartacus*>(1960)의 어마어마한 전투 장면이 있다. 블록버스터는 빅터 머추어(<삼손과 데릴라*Samson and Delilah*>[1949], <드미트리우스와 검투사들*Demetrius and the Gladiators*>[1954]), 찰턴 헤스턴(<십계>, <벤허>, <엘 시드*El Cid*>[1961]), 커크 더글러스(<바이킹*The Vikings*>[1959], <스파르타쿠스>) 같은 당대 손꼽히는 남성 액션 스타들을 내세웠다. 시각 효과와 촬영 기술도 때로 역할을 수행했는데, 특히 <십계>의 홍해가 갈라지는 장면에서 그러했다. 그러나 대체로 이러한 영화들은 오늘날의 숨 돌릴 틈 없이 역동적인 액션 스펙터클과는 스타일 면에서 상당히 다르다. 오히려 그것들의 장엄한 물적 규모는 서사와 연출에 어떤 묵직한 특성을 부여하는 경향이 있으며, 고전적 **엄숙함**을 추구하는 대사는 너무나 빈번하게 뻣뻣하고 과장된 것처럼 느껴진다. 또한 이러한 특성들은 웅장한 서사시적 블록버스터를 더 빠른 움직임의, 더 기민하게 재치 넘치는 당대 액션 어드벤처 영화로부터 명확히 분리시키는 것들이기도 했다. 이러한 어려움들 중 일부는 아래에서 논의되는, 서사와 스펙터클의 만족스런 통합 문제와 관련되었다.

현대 액션 블록버스터로 넘어가는 중요한 교량 역할을 한 것은 1970년대 초 재난 영화들, 특히 제작비 거액을 들여 어윈 앨런이 제작한 <포세이돈 어드벤처*The Poseidon Adventure*>(1972), <대지진*Earthquake*>(1974), <타워링*The Towering Inferno*>(1974. 워너브라더스와 유니버설이 공동으로 자금을 댄 이 영화는 당시로는 유례없는 움직임[128]이었으며, 이는 1990년대 들어 100만 달러 이상 들어간 영화, 가령 <타이타닉*Titanic*>[1997] 같은 영화들에서 보다 일반화된다) 등이었다. 확실히, 이런 영화들의 특성 — 예를 들어 값비싼 시각 효과, 대규모 액션 시퀀스, 단순한 서사 전제, 센서라운드(<대지진>과 <위험한 열차*Rollercoaster*>[1977]에서 사용된) 같은 새로운 기술 — 은 현대 블록버스터의 특성을 예시한다. 그러나 구舊할리우드 얼굴들(에바 가드너, 셸리 윈터스, 프레드 아스테어, 윌리엄 홀덴)을 촘촘히 박아놓은 올스타 캐스팅에 의존하는 것을 포함하여 전반적인 양식상의 보수주의는 그것들을 1950년대와 1960년대 초 구식 블록버스터 문화 속에 뿌리박게 만들었다.

따라서 액션 어드벤처 영화와 블록버스터의 성공적인 결합은 결코 예견된 것이 아니었다. 게다가 흔히 변형적 뉴 할리우드 미학과 경제로

128. 이 경우, 엄밀한 재정적 이유보다는 계약상의 이유로 추진되었는데, 다시 말해 최첨단 초고층 빌딩의 대화재를 그린 소설 두 편 ≪타워*The Tower*≫와 ≪글래스 인페르노*The Glass Inferno*≫의 출판 및 영화 판권 판매가 거의 동시에 이루어진 것이다.

대표되는 대성공작 <죠스>와 <스타 워즈>는, 사실 그 자체로는, 1980년대 및 그 이후로 할리우드에서 그처럼 유례없는 산업 중심성을 성취하게 될 액션 블록버스터의 전형이 아니었다. 오히려 그보다는 각각으로부터 가장 중요한 요소들 — 그 자체로 당시의 유행으로부터 교묘하게 종합 및 정련시킨 요소들 — 이 차후에 새로운 액션 블록버스터로 증류되게 된다.

혼히 지적되었듯 <죠스>는 재난 영화는 물론 음모 영화 같은 여타 1970년대 중반 장르들과 유사하며(자신들의 경제적 이익 때문에 흉포한 상어 소식을 은폐하려 드는 아미티의 프티부르주아 엘리트를 묘사하는 데 있어), 한편 훗날 슬래셔 호러 영화를 예고하고 있기도 하다. 그 후계자들보다 더욱 캐릭터 중심적인 <죠스>는 후반부에서 냉혹한 추진력을 쌓아올렸으며, 이는 굉장히 빈번하게 모방되었다. <죠스>의 선견지명은 무엇보다도 도상적으로 효과적인 마케팅 전략에 있었다. MCA 회장 루 바서만이 주도한 마케팅에는, 헤엄치고 있는 나체의 여성을 향해 천천히 다가가는 거대한 남근적 상어의 그 유명한 포스터 이미지, 선구적인 고강도 TV 광고, 영화 제작상의 어려움이라든가 핵심 특수 효과인 기계 상어 '브루스'에 초점을 맞춘 예비 홍보, '와이드' 개봉(즉 동부와 서부의 선별된 일류 극장들이 아니라 전국적으로 수백 군데 극장에서 동시 개봉하는)과 여름 개봉, 전통적인 비수기를 할리우드 회계 연도의 버팀목으로 바꿔놓은 엄청난 성공 — 사상 유례 없는 고수익 기록을 신속히 달성해가는 — 등이 포함된다(Gomery, 2003: 72~76을 보라).

<죠스>는 적어도 금세 알아볼 수 있을 정도의 블록버스터 작품으로, 베스트셀러 소설에 기반했으며, 최종 순제작비는 이미 상당했던 예산을 실질적으로 초과했다. <스타 워즈>는 반대로, 비록 본래 예산을 훌쩍 넘어서긴 했지만(대체로 혁신적인 특수 효과 기법과 관련된 연구 개발 비용 때문에), 각별히 비용이 많이 든 것은 아니었다. 또한 <스타 워즈>는 상당한

다크호스여서 애초에 배급사인 20세기 폭스사는 혼란스러워했고 그리 낙관적이지 않게 여겼다. ＜죠스＞에 비해 ＜스타 워즈＞는 스타일 면에서 1970년대 주류 할리우드와 훨씬 더 결정적인 단절을 표상한다. 이는 그것이 1930년대 플래시 고든과 벅 로저스 시리즈 이래로 거의 보이지 않던 장르 — 액션 스페이스 판타지 — 를 부활시켰기 때문만은 아니다. 피터 크래머(Krämer, 2004)가 지적하듯, 조지 루카스는 영화의 주 타깃을 확고하게 청소년(청년 및 더 젊은 층) 관객으로 삼았다. 그들로 말할 것 같으면 디즈니의 저예산 실사 코미디 가족물이 거의 신경 쓰지 않았으며, 또한 ＜졸업＞, ＜우리에게 내일은 없다＞(둘 다 1967), ＜이지 라이더＞(1969)의 성공 이래로 대학생층 관객에게 끊임없이 구애하여 온 스튜디오들이 거들떠보지 않던 시장 영역으로, 이 시기에는 거의 눈에 띄지 않던 존재였다. ＜스타 워즈＞의 박스오피스 수익과 관련 상품화의 대성공으로 개척된 더 막대하기까지 한 새로운 이윤 중심점, 그 양자는 루카스 전략의 논리를 확증하였다. 또한 형식면에서 ＜스타 워즈＞는 독특하고 영향력이 엄청났으며, '할리우드 르네상스' 특유의 보다 느슨한 플롯 구성과 인물 묘사 방식으로부터 — ＜죠스＞보다 훨씬 더 확고하게 — 벗어났다. ＜스타 워즈＞는 구식 블록버스터의 시각적 화려함(과 그 제국적 주제)을 액션 어드벤처 영화의 쾌속 난투극에 결합시키는 어떤 특수하고 새로운 종류의 영화 관람 경험을 전하는 데 가차없이 초점을 맞춘다. 그러나 장르 영화에 대한 역사적 관점은 이 모든 새로움이 쉽사리 과장될 수 있음을 보여 준다. 등장 인물 및 도덕에 대한 접근에 있어 단호하게 단순화되어 있으며(이는 그것들, 특히 후자에 전혀 무관심하다는 뜻은 결코 아니다), 에피소드적이고, 스릴 만점에다 스펙터클한 ＜스타 워즈＞는 사실 고전 할리우드 전반에 자리한 핍진성 체제의 피상적 리얼리즘을 뚫고 파내려가, 할리우드의 근본적 멜로드라마 양상의 어떤 증류된 본질 같은 것을 되찾고자 했다.

## 스펙터클의 전통들

<스타 워즈>가 진정 혁신적인 장르 종합을 이루었다고 생각될 수 있던 것은, 액션이 스펙터클**이고** 스펙터클이 액션인 새로운 체제의 시각적 쾌락을 출범시켰다는 데 있었다. 이러한 액션-스펙터클 연합의 참신함은 서사와 스펙터클을 결합시키는 방식으로부터 발생한다. 스펙터클 요소는 흔히 서사적 잉여이기 쉬운 것으로, 혹은 심지어 서사적 통합을 훼방하는 것으로, 즉 관객들로 하여금 플롯 전개 및 등장 인물에 대한 감정 이입적 몰입 대신 스펙터클 시퀀스의 기술 성취 — 무대 장치, 프로덕션 디자인, 특수 효과 등 — 를 응시하도록 조장함으로써 이야기 흐름을 가로막는 것으로, 이해되어 왔다. 1950년대 서사시적 대작의 어설픔은 스펙터클 프로덕션 밸류를 최대한 드러낼 필요와 설득력 있는 서사의 창조가 서로 조화를 이루지 못한 사례로 언급되어 왔는데, 이때 길어진 숏 길이는 파노라마 영상의 시각적 밀도와 (적어도 와이드스크린 프로세스의 초기 몇 년간) 수평으로 확장된 프레임의 정확한 조종에 대한 불확실성 양자로부터 비롯됐던 것이다. 더구나 고전 할리우드 영화에 대한 가장 잘 알려진 설명들이 서사의 중심성을 강조하는 반면, 양식상의 지배 요인으로서의 스펙터클은 고전 시기 이전 영화와 연관된다.

포스트고전 액션/스펙터클 영화는 일각에서는 일종의 '[볼거리 중심의] 어트랙션 영화*cinema of attraction*'로의 귀환으로 해석되어 왔는데, 이것은 톰 거닝의 영향력 있는 개념에서, 예전에 '원시'(오늘날 더 보편적으로는 '초기') 영화라 불리던 것의 구성 원리들이다. 일련의 글에서 거닝(Gunning, 1990, 1995)은 장편 영화의 도래와 함께 주도권을 쥐게 된 인물 중심의 선형적 서사들과 근본적으로 구별되는 어떤 조직 원리를 초기(1915년 이전) 무성 영화에서 확인한다. 거닝은 주장하기를, 초기 영화는 [서사보다] 오히

려 '놀람의 미학'에 의존했다는 것이다. 이 시기 영화들은 심리적으로 동기화되고 전개되는 등장 인물들과의 감정 이입 동일시도, 수수께끼와 극적인 플롯 반전은 물론 등장 인물들의 상호 작용으로 촉진된 복합적 플롯에의 몰입도, 관객에게 간구하지 않았다. 그 대신 초기 영화는 관객들을 시각 스펙터클에 경탄하도록 인도함으로써 그들을 끌어들였다. 애초에 수많은 관객을 잡아끈 것은 영화의 움직임이라는 기적이었다. 많은 초기 영화들은 '단지' 현대 (특히 도시) 생활에 대한 다큐멘터리적 장면들로 이뤄지며, 이것은 관객들로 하여금 그들 자신의 환경을 전례 없는 방법으로 살피게 해주었다. 이 단계에서 영화가 관객들에게 다가간 방식은 카니발 '어트랙션' 혹은 보드빌 '턴'에 비교될 수 있었으며, 고정된 장소에 특정 목적으로 세워진 극장의 발전에 앞서 영화는 흔히 이동식 회관에서의 순회 상영으로, 심지어 때로는 사실상 이동 유원지의 일부로 선보였다. 단편 영화 자체는 스테이지 액트 및 뮤지컬 넘버와 교체되는 버라이어티 프로그램 가운데 단지 한 요소 혹은 '코너*turn*'에 불과했을 수도 있다. 비록 일단 새로운 매체의 진기함이 시들해지자 무성 영화는 관객을 계속 유지하기 위해 보다 확장되고 복합적인 서사를 향해 나아갔지만, 경이로움의 원리는 여전히 중심을 차지했으며, 초기 서사들은 여전히 스펙터클에 매우 의존적이었다. 그 스펙터클이란 것이 무대 효과로 이해되든, 혹은 신나는 액션 시퀀스, 혹은 <카비리아> 오프닝의 에트나 화산 폭발처럼 점점 더 정교해지는 특수 효과 시퀀스로 이해되든 말이다.

보드웰, 스타이거, 톰슨(Bordwell, Staiger, & Thompson, 1985)의 대단히 설득력 있는 글에 따르면, 초기 영화에서 이야기 전개를 압도하거나 멎게 하는 경향의 스펙터클 효과와 그에 따른 관객의 거리 두기는 고전 양식에서 심리적으로 동기화된 목적 지향적 인물 중심의 선형적 서사를 위해 은폐되었다는 것이다. 그러나 앞서 우리가 본 것처럼, 서사의 우세는 영화 산업 구조 및 경제와 밀접한 관계에 있었으며, 전쟁 이후 움추러든 관객을 되찾을 필요와 — 특히 — 텔레비전의 충격에 맞설 필요는 초기 저해상 흑백 TV와 차별화되고 적어도 미적 관점에서 그것보다 대단히 우월한 감각 경험을 영화 관객에게 보장할 수 있는 테크놀로지에 대한 막대한 투자로 이어졌다. 컬러로의 대대적 전환과 와이드스크린 프로세스 및 스테레오 사운드의 도입, 거기에 입체감을 주는 3D 같은 단명한 일시적 유행들은 모두 영화 관람의 시각 스펙터클을 강조하는 데 도움이 되었다. 극단적 와이드스크린 프로세스인 시네라마 — 시네라마로 만든 비非서사 스펙터클 영화 <이것이 시네라마다 *This is Cinerama!*>는 타임스 스퀘어의 특수 개조 극장에서 2년간 상영되었다 — 는 그중에서도 여러 면에서 초기 영화의 '놀람의 미학'으로의 복귀로 보였다(Belton, 1992를 보라).

사실 서사와 스펙터클은 항상 어떤 쌍방향 관계 속에 존재해왔다. 고전 할리우드 서사가 설득력 있는 중심 인물들에 초점을 맞추고 그들을 통해 서사 사건이 조명되는 만큼, 서사가 잠시 멈춰서서 이를테면 대규모 타블로 — 작품의 규모와 화려함을 과시함으로써 관객들에게 깊은 감명을 주기 위한 — 를 받아들일 여지는 여전히 넉넉히 존재한다. 그 적절한 한 사례가 <바람과 함께 사라지다>의 애틀란타 화재 시퀀스이다. 이것은 한편으로는 중심 인물들에게 닥친 위험으로 인해 관객을 흥분시키지만, 다른 한편으로는 풍부한 (그리고 1940년에 여전히 새로웠던) 테크니컬러로 이루어진 파괴의 그 순전한 규모로 관객을 놀라게 만든다. 이 시퀀스들의 정교한 준비 작업은 제작자 데이비드 셀즈닉에 의해 선전되고 온통 신문을 도배했다. 그 결과 애틀란타 화재는 (포스터에 두드러지게 등장하면서) 그 영화의 주된 '어트랙션'의 하나가 되었으며, 오늘날 컴퓨터 그래픽 이미지(<터미네이터 2: 심판의 날 *Terminator 2: Judgment Day*>[1991], <쥬라기 공원 *Jurassic Park*>[1993])나 <매트릭스>(1990)의 '불릿 타임' 같은 혁신적 특수 효과에 대한 미디어의 주목을 예기했다. 거꾸로, 매우 초기의 영화조차도 서사에 대한 관심이 없지 않았다. 그것은 단지 매우 기본적인(고전적 서사에 비해) 서사 제재를 복잡하지 않은 방식으로 제시했을 뿐이다. 시네라마는 확실히 고전적 관행으로부터 급진적으로 벗어났지만, 그러나 1950년대 역사 대작들은 — 비록 이미 우리가 서사와 스펙터클의 성공적 통합에 있어 그것들이 겪은 어려움을 언급하긴 했어도 — 보다 관례적인 방식으로 스펙터클을 배치하였다. 스펙터클의 문제는 시각적 쾌락 및 양식상의 '과잉' 전반의 문제에 밀접히 연관되며, 우리가 앞서 봤듯 그러한 '과잉의' 요소들은 뮤지컬 — 뮤지컬에서 '순*straight*' 드라마 대목과 스펙터클 '넘버'의 교체는 블록버스터에서 가족적 혹은 낭만적 친교의 장면과 대규모 액션 시퀀스의 교체에 하나의 패러다임을 제공한다 — 이라든가 물론 액션 영화의 지배적 양상인 멜로드라마 같은 장르의 호소력에 있어 중요한 부분을 형성한다.

아마도 여전히 <스타 워즈>는 할리우드 영화에 있어 어떤 진화적 전환점을 표할 것이다. 즉 그것은 1970년대 초반의 반성적 경향(이는 여하튼 1970년대가 끝날 무렵에는 <뉴욕, 뉴욕>[1977], <지옥의 묵시록>[1979], <1941>[1979], <천국의 문>[1980]처럼 뚜렷한 스펙터클 차원을 지닌 대규모의 초대형 예산 '작가 블록버스터들'에 밀려나고 있었다)으로부터 벗어나 액션 위주의 '팝콘 영화'를 향하여 나아갔다. 그러나 이러한 전환이 고전 서사 양식의 변형, 심지어 일종의 '어트랙션 영화'로의 복귀를 어느 정도까지 수반할 것인가는 훨씬 더 논쟁적인 문제이다. 이러한 논의에서 선호되는 기준점은 <스타 워즈>의 저 유명한 오프닝 숏이다. 광대한, 마치 무한할 것만 같은 저 거대한 제국 순양함이 우리 머리 위를 지나 별들 속으로 나아갈 때, 그것의 중압적 무게는 관객을 압박하며, 우리를 왜소하게 만들고 우리를 좌석 속에 쑤셔 넣는다. 서사 관점에서 이 숏은 은하계 제국의 잔혹한 독재

정치를 상당히 효과적으로 상징한다. 그럼에도 대체로 관객들은 순양함이 그 프레임을 중압적으로 점거하는 것에 불안이나 공포로 반응하지 않는 듯하다. 오히려 그 영상의 순전한 규모는 들뜬 경외라는 보편적 감각을 이끌어내는 듯하다. 이는 '열광 요인'의 최초의 뉴 할리우드 사례로, 앞으로 블록버스터 발전에서 빈번하게 동원되는 중요한 측면(보다 최근에는 <타이타닉>[1997]과 <반지의 제왕>[2001~2003] 같은 메가 히트작들의 중심 요소)이 된다.

이러한 '열광'의 반응 — 숭고한 것에 대한 낭만주의 이론에서 표현된 자아의 역성閾性[*liminality*]과 축소의 '대중화' 버전으로 흔히 간주되는 — 은 블록버스터가 관객들로 하여금 무분별한 황홀을 위해 성인다운 비판적 분별 능력을 포기하도록 부추긴다는 혐의로 나아갔다. 이처럼 황홀에 찬 퇴행과 가장 강력히 연계된 감독은 스티븐 스필버그인데, 그의 몇몇 영화들 — 특히 <미지와의 조우>(1977) — 은 부모 노릇, 성애, 직업 노동 등처럼 딱히 필요치 않고 달갑지 않은 귀찮은 문제들을 희생시켜 '경탄'에 대한 사춘기 이전의 집착을 드높인다. <쥬라기 공원>(1993)에서 자주 논의되는 시퀀스, 즉 공룡들이 컴퓨터 이미지로 등장 인물과 관객에게 경탄 속에 처음 모습을 드러내는 장면은 관객에게 그처럼 경이로운 것을 바라보는 '바른' 방법에 대한 가상 입문서를 제공하는 듯하다. 그 공룡의 첫 등장은 깜짝 놀라 넋을 놓고 바라보는 여러 등장 인물의 클로즈업 몽타주에 의해 괄호로 묶이는데, 꽤나 분명하게도 그들의 모습이 영화로부터 모두 동등한 정당성을 입증받지는 않는다. 중심 커플인 앨런 그랜트와 엘리 새틀러의 꾸밈없는 태도 — 처음의 충격이 감탄어린 환희로 바뀌는 — 는 수상쩍은 변호사 제나로의 노골적으로 탐욕스러운 시선("이거 떼돈을 벌겠군!")과 대조를 이룬다. 냉소적이지만 호감가는 사색적 수학자 이언 말콤은 보다 복합적인 상대인데, 하지만 마지못한 웃음이 그의 얼굴에 퍼져 나갈 때, 애초의 적의("미친 놈들 …… 기어코 저지르고 말았군!")

로부터 기쁨으로의 전환은 염세적인 닳고 닳음에 대하여 순진무구한 경외심이 속죄적 승리를 거둔 것으로 간주될 수 있다. 곧바로 기능이 마비되는 테마 파크의 첫 희생자가 될 탐욕스런 변호사와 달리, 말콤은 닥쳐올 시련에서 살아남을 것이다. 마지막으로 모험 전체의 쾌활한 흥행주 존 해몬드가 있다. 그의 울려퍼지는 대사 "쥬라기 공원에 오신 걸 …… 환영합니다!" — 표면상 다른 인물들을 향하지만 카메라에 직접 대고서 하는, 따라서 사실상 관객에게 전달되는 — 는 그 영화의 첫 '머니 숏 *money shot*'[129]으로 곧장 이어지는데, 섬 곳곳을 가로질러 충만한 공룡 무리를 잡은 이 대규모 익스트림 롱 숏의 그림 같은 정경은 관객들의 시선이 그 영상을 꼼꼼히 훑어볼 수 있게끔 몇 초간 지속된다(이 숏은 상영 첫날 관객들의 자발적인 박수 갈채를 끌어냈다).

이러한 장면은 현대 블록버스터가 서사보다 스펙터클에 특권을 부여한다는 혐의를 뒷받침하는 듯 보일 것이다. 분명, 자의식적인 '제시' 양상("쥬라기 공원에 오신 걸 환영합니다!"), 보편적으로는 시퀀스 길이와 특수하게는 클라이맥스의 특수 효과 숏의 연장, 그리고 모든 등장 인물 한 사람 한 사람의 입을 벌린 감탄에 대한 장황한 강조 등은 단순한 서사 목적에 대하여 과잉이다. 실제로 그것은 스펙터클 시각 효과를 강조하기 위해 사실상 서사 진행을, 잠시 동안일 뿐이지만, 보류시킨다(소설에서는 방문객들이 해몬드의 프로젝트의 실상을 깨닫게 되는 장면이 훨씬 더 억제된 방식으로 그려진다). 또한 그 시퀀스가 이런 식으로 구축되는 것은, <쥬라기 공원>의 '흥행 요인' 중 상당 부분이 바로, 당시로서는 새로운 컴퓨터 이미지 테크놀로지와 애니마트로닉스*animatronics*[130]의 혁신적 조합을 통해, 실감나는 포토리얼리즘의(혹은 피어

129. 영화에서 유난히 자극적이고 선정적이거나 인상 깊은 장면으로 그 영화의 상업적 성패를 좌우하는 것. 예컨대 특수 효과를 이용한 스펙터클 폭발신 등이 이에 해당된다. — 옮긴이

슨[Pierson, 2002]의 보다 정확한 어법으로는 포토시뮬레이션의*photosimulative*) 공룡을 만들어낸 것임에 대한 일종의 텍스트적 승인으로서이다. 이러한 시각 효과들을 관객으로 하여금 유심히 바라보도록 용납 혹은 사실상 조장하는 것 — 예를 들어 그것들을 여기에서처럼 길게 늘인 지속적 숏으로 '과시'함으로써 — 은 제작진들이 그들 창조물의 환영적 가능성에 대해 (따라서 컴퓨터 이미지의 미메시스적 효용에 있어 중대한 발전을 이뤘음에 대해) 갖는 확신을 역설한다. 통상적인 '불신의 중지*suspension of disbelief*'[131]보다 훨씬 더 복잡한 무언가가 여기서 이뤄지고 있다. 즉 도리어, 의식적으로 **불신하는** 관객이 기술 성취를 냉정하게 평가하고 그것을 그들의 기대와 '실물 같음'의 기준에 빗대어 판단하도록 권고되는 것이다. 요컨대 <쥬라기 공원>은 우리에게 묻는다. 우리가 그 접합을 볼 수 있는지, 그리고 그 관련 기술을 찬미하도록 우리에게 요청할 수 없는지를. 해몬드로 하여금 쥬라기 공원 / <쥬라기 공원>을 '제시'하게 한 것은 공룡의 디제시스적 창조와 컴퓨터화된 전前영화적*pro-filmic* 창조(각각, 재조합 DNA 그리고 인더스트리얼 라이트 앤드 매직과 스탠 윈스턴의 협력을 통한) 간의 차이를 제거하지 않는다. 그것은 그 차이를 부각시킨다.

그러나 스펙터클 과시에 중심을 둔 그러한 시퀀스들의 존재로부터

130. animation과 electronics의 합성어로 영화 제작 등에서 동물, 사람 등의 로봇을 실제처럼 보이게 하는 전자 공학 기술. — 옮긴이.

131. 관객이 실재 세계와는 다른 허구 세계의 비현실성을 무시하고 허구에 빠져드는 현상. 흔히 'willing'을 앞에 붙여 '불신의 자발적 중지'라고도 한다. 이것은 본래 새뮤얼 테일러 콜리지 Samuel Taylor Coleridge가 문학에서 비현실적이거나 환상적인 요소들의 사용을 정당화하기 위해 쓴 표현으로("잠시 동안 불신을 자발적으로 중지하는 것은 시적 믿음을 구성한다"), 20세기 들어서는 작가의 입장보다는 독자 / 관객의 심리를 가리키는 쪽으로 많이 쓰인다. 즉 관객은 즐거움을 얻기 위해 판단을 중지하고 매체의 한계, 비현실적인 플롯, 조야한 세트 등을 너그럽게 눈감아준다는 것이다. — 옮긴이

— 다른 사례들을 찾는 것도 어렵지 않다 — 당연한 결과인 양, 현대 블록버스터에서 서사가 스펙터클로 간단히 대체되어 버리는 것은 아니다. 오히려 제프 킹(King, 2000a, 2000b)이 주장하듯, 서사는 단지 스펙터클의 '매개체'에 불과한 것이 아니라 그것의 의미 작용에 없어서는 안 될 것으로 남아있다. <쥬라기 공원>은 서사와 인물 묘사에 하찮은 관심만을 보이는 영화로 종종 언급되어 왔다. 그리고 확실히, 앨런 그랜트가 아이들을 좋아하게 되는 변화상의 극적 흥미 때문에 극장을 찾는 관객은 거의 없을 것이다. 그럼에도 앞서 논의된 장면에 이어지는 남은 주요 효과 장면들은 모두 스릴과 서스펜스 가득한 서사로 온전히 통합된다. 설령 인간 캐릭터들이 진부하고 평면적이라 해도, 또한 우리가 '진정' 보고 싶어 하는 것이 컴퓨터 이미지 공룡들이라 해도, 공룡 자체 — 물론 그중에서도 극악무도한 벨로시랩터 — 는 인간과의 폭력적 상호 작용에 의해 역동적으로 묘사되고 서사화된다. 실제로 이 영화에서 악역의 비인간성은, 비록 그것이 변명이 되지는 않을지라도, 인물 묘사의 빈약함을 얼마간 상쇄한다. 인간과 파충류 간의 선택이 주어졌을 때, 우리는 어느 쪽을 지지할지 결정하는 데 (타락한 컴퓨터 해커 네드리를 예외로 하면) 아무런 어려움도 없다. 어떤 면에서, 이처럼 가능한 가장 적나라한 — 종에 기반한 — 대립 구조는 멜로드라마의 상습적인 극성極性의 서사 및 도덕 도식들의 일종의 귀류법 *reductio ad absurdum*으로 간주될 수 있을지 모른다. 사실 '순수한' 스펙터클 같은 것은 박물관과 놀이 동산의 아이맥스 영화 세계 바깥에는 존재하지 않는다(그리고 어쩌면 심지어 그곳들에도 존재하지 않을 것이다. King, 2000b를 보라). 현대 액션 블록버스터에서는 서사가 '필요하지 않게' 되었다는 주장은 대개 그 자체가 그러한 영화들에 의해 제공된 서사 정교화 및 만족의 **종류**들과 **특질**에 대한 — 즉 그것들에 감지되는 불충분함에 대한 — 판단인 것으로 드러난다.

## 액션 멜로드라마

<죠스>와 <스타 워즈>를 본떠 1980년대 액션 영화는 두 가지 계보로 나뉘었으며, 각각의 것은 멜로드라마 양상으로 선명하게 날인되었다. 첫 번째 것은 '10－20－30' 센트 극장, 니켈오데온 *nickelodeon*[132]과 무성 시리즈들의 폭력 유혈극 전통으로 향했다. <스타 워즈>와 루카스/스필버그 합작의 <레이더스 *Raiders of the Lost Ark*>(1981)는 액션 어드벤처와 판타지 간의 연합을 확립했으며, 이는 1990년대와 그 너머로 지속되었다(<스타게이트 *Stargate*>[1994], <미이라>[1999]). <레이더스>와 그 속편인 '인디아나 존스' 시리즈(1984, 1989)는 아마도 액션 어드벤처 영화의 가장 전형적 형식일 이국적 탐험 서사를 자의식적으로 소생시켰으며, 이러한 전통주의적 장르 모델은 <로맨싱 스톤 *Romancing the Stone*>(1984), <빅 트러블 *Big Trouble in Little China*>(1986), <사막 탈출 *Ishtar*>(1987)을 포함한 다양한 아류작들에서 차용되었다. 대 제국주의 빅토리아 왕조의 모험가 쿼터메인이 저예산 모험 영화 두 편(1985, 1987)에 다시 모습을 드러낸 것은, 특히 로버트 스탬과 엘라 쇼햇(Stam & Shohat, 1994)이 지적하듯, <레이더

132. '5센트 *nickel* 극장 *odeon*'이란 뜻으로, 극장 입장료가 5센트였던 데서 유래된 이름. 200석 미만의 이 소규모 극장은 20세기 초반 주로 도시의 상업 지역과 노동 계층 주거지 곳곳에 우후죽순처럼 들어섰으며, 1908년이 되자 가장 중요한 상영 형태가 되었다. 인기 요인은 저렴한 가격. 니켈오데온은 영화가 점차 정기적인 오락물이 되어가던 시기에 노동자들에게도 부담없는 비용으로 영화를 볼 수 있는 기회를 제공함으로써 영화 산업을 한층 증대시켰다. 상영된 영화는, 실제 사건이라든가 세계 각국의 풍광 같은 다큐멘터리의 전신들 혹은 코미디와 멜로드라마 등의 다양한 주제를 다뤘으며, 상영 시간은 10여 분에서 1시간 미만이었고, 릴이 바뀌는 동안에는 가수가 나와 춤과 노래를 선보이기도 했다. 니켈오데온이 쇠퇴일로를 걷게 된 것은 장편 영화(특히 1915년 그리피스의 <국가의 탄생>)의 등장과 더불어 보다 큰 규모의 안락한 극장 시설이 들어서게 되면서이다. — 옮긴이

스>가 그 장르의 오리엔탈리즘 시각을 재확인했음(첫 번째 속편 <인디아나 존스*Indiana Jones and the Temple of Doom*>에서 특히나 낡은 사상에 따라)을 확증했다.

한편, 두 번째 계보는 '하드' 액션 영화라는 별개의 하위 장르를 통해 격정적 감정과 파토스의 멜로드라마 전통을 새로운 패러디적 남성 액션물로 옮겨놓았는데, 특히 이 '하드' 액션 영화는 <터미네이터>(1984)와 <다이 하드>(1988)의 성공과 더불어 1980년대에 두드러지게 부각되었다. <프렌치 커넥션>과 <더티 해리*Dirty Harry*>(1971), <데스 위시*Death Wish*>(1974), <익스터미네이터*The Exterminator*>(1980) 및 그 속편들 같은 1970년대의 도시 자경단 및 '악당 경찰' 영화들의 예를 본받아, 이러한 영화들은 액션 어드벤처 영화의 고독한 남성 모험가를 현대 도시 및 교전 지역 무대로 옮겨놓았으며, 극단적이고 생생한 폭력으로 준성인용 등급을 자초했다. 액션 판타지 영화가 전前오이디푸스적 경탄을 간구한다면, '하드' 액션 영화는 재천명된 남성성과 남성 유대에 대한 <죠스>의 강조(상어와의 대면을 주요 남성 인물 세 명에 대한 일종의 통과 의례로 연출함에 있어, 또한 가정 — 약호화된 '여성' — 영역의 명백한 경시에 있어)를 확장시켰다. <죠스>에서 브로디와 상어 간에 벌어지는 클라이맥스 대결은 또한 <스타 워즈>에 이어 등장한 판타지 어드벤처 영화들에 의해서보다는 남성 액션 영화들에 의해 더 면밀히 추구되는 어떤 경향을 확립하였다. 전자의 영화들은 종종 — <레이더스>나 <쥬라기 공원>에서처럼 — 주인공들을 클라이맥스 시각 효과 시퀀스에 대한 사실상 구경꾼으로 그렸다. 반면 '하드' 액션 영화의 주인공들은 훨씬 빈번하게 경찰관이거나(<코브라*Cobra*>[1986], <다이 하드>, <레드 히트*Red Heat*>[1988], <더블 보더*Extreme Prejudice*>[1987], <탱고와 캐쉬*Tango and Cash*>[1989], <리썰 웨폰>), 군인이거나(<람보 2>, <대특명>[1984]) 혹은 준準군사 조직원이었는데(<코만도*Commando*>[1985], <고릴라*Raw Deal*>[1986], <프레데터*Predator*>[1988]), 하지만 그들이 경찰 드라마나 전투 장르에 빗진 바는 거의 없었다. 오히려 많은 논평자들에게 1980년대의 새로운 남성 액션 히어로들은, 만연한 개인주의, '거대 정부'에 대한 적의, '전통 가치들'의 고양(다시 말해, 1960년대의 도전들 이후 백인 가부장 권력의 복구)처럼 레이건 시대에 널리 퍼진 정치적 정통성 일부를 빈약한 코드 형식 속에 구현하는 것으로 보였다(Ryan & Kellner, 1988: 217~243; Britton, 1986; Traube, 1992: 28~66을 보라). 1980년대 액션 히어로는 대개의 경우 고립되고 포위된 가운데 — 아마도 흔히 여자나 유색 인종 동료의 도움으로 — 살아남는데, 이러한 고립 상황은 그가 직면한 표면상 불가능한 승산에 의해, 그리고 그의 영웅적 노력을 혹독하게 방해하는 미국의 사회, 정치 구조 특유의 결함에 의해, 강화된다. '무소속'으로 출마해야 선거에서 승리한다는 설이 정치적 상식처럼 여겨지던 시절, 미 연방 정부 기관들이 대체로 무능하거나 노골적으로 부패한 것으로 격렬히 비난받은 것은 놀랄 일이 아니다. <람보 2>에서 람보가 비겁한 CIA 요원 크로커에게 배신당하고 버림받은 것(베트남 전쟁에 대한 그 영화의 '배신' 판타지 설명을 재상연하고자 명백하게 의도된)은 하나의 전형적 사례이다. <다이 하드>에서 배반보다는 독선과 무능력이 LA 경찰과 FBI를 특징짓는다면, <긴급 명령>(1994)에서는 정치적 내분과 경직된 관료주의가 영웅적인 미국 특수 부대를 위험에 처하게 만든다.

그러나 여전히 남성 액션 히어로의 주된 적수는 외부의 적이었다. <람보 2>와 <람보 3 *Rambo III*>(1989) 같은 레이건 시대 액션 영화들은 물론 침공 판타지 <젊은 용사들*Red Dawn*>(1984)과 <매트 헌터*Invasion USA*>(1985)는 새로이 대두된 냉전 긴장을 강력히 이용하였으며 악마적인 그러나 (미국 내부 적의 즉흥적 재능에 비해) 치명적으로 상상력이 결여된 소비에트 원수를 만들어 냈다. 고르바초프 시대 동안 소련의 변화 및 1989년에서 1991년까지 공산주의의 급속한 최후 붕괴와 더불어, 새로운 무법자들이 '국제 테러리스트' 형태로 떠올랐는데, 그들은 대체로 중동에서 미국 헤게모니에 도전하는 새롭게 지목된 '악당 국가들'과 연계되어 있었다. 리비아 테러리스트들은 <백 투 더 퓨처>(1985)와 <탑 건>에서 파생된 <아이언 이글*Iron Eagle*>(1986)에 등장한다. <탑 건>(1986)에서는 적군 전투기의 국적이 언급되지 않지만 분명 아랍 국가로 규명된다. <블랙 선데이*Black Sunday*>(1977)에서 처음 등장한 총칭적 아랍 테러리스트들은 <트루 라이즈*True Lies*>(1994)와 <비상 계엄*The Siege*>(1998)의 적들이지만, <패트리어트 게임>(1992)과 <분노의 폭발*Blown Away*>(1994)은 아일랜드 공화국 과격 세력(감정적인 아일랜드계 미국인의 민족주의 대의에 대한 일체감을 상하게 하지 않기 위해 아일랜드 공화군[IRA]과 신중하게 분리시킨)을 등장시킨다. 소련의 붕괴는 <패키지*The Package*>(1989), <에어 포스 원*Air Force One*>(1997), <썸 오브 올 피어스*The Sum of All Fears*>(2002)에서 공산주의를 재건하려는 보복주의적 스탈린주의의 완강한 보수파를 창조할 수 있게 했다. <피스메이커*The Peacemaker*>(1997)에서는 유고슬라비아 전쟁 중 미국의 소심한 정책에 격노한 어느 보스니아 과격주의자가 뉴욕에서 이동식 핵장치를 폭파시키려고 시도한다. <자칼*The Jackal*>(1997)과 <페이스 오프>에서는 고용자가 누구인지 분명치 않은, 전 세계를 누비는 암살자가 등장한다. 또한 과격 우익 집단들은 국내 파시스트들로(<다이 하드 2*Die Harder*>) 또는 남아프리카 공화국의 인종 차별 체제 추종자들로(<리썰 웨폰 2*Lethal Weapon II*>) 이따금 등장했다. <다이 하드>에서 아르마니 옷을 입은 범죄자 두목 칼 그루버는 테러리스트로 가장하여 애매한 정치범들의 석방을 요구하는데, 그들의 이름은 그가 자신의 강도 작업을 감추기 위해 <타임>지에서 찾아낸 것이다.

1980년대 '하드' 액션 영화는 실베스터 스탤론과 아널드 슈워제네거 같은 부동의 남성 액션 스타들과, 장 클로드 반 담, 척 노리스, 스티븐 시걸, 돌프 룬드그렌 같은 덜 유명한 스타들에 의해 지배되었으며, 그 가운데 상당수는 무술 유단자(혹은 물론 보디빌더)로 경력을 시작했다. 이들 중 세 스타(슈워제네거, 반 담, 룬드그렌)가 유럽 태생이며 외국어 억양이 강한 영어로 대사를 한다는 사실은 섬세한 인물 묘사와 동기 부여가 대체로 근육질 액션에 밀려나고 있었다는 주장을 입증해 주었다. 이러한 액션에서 전시되는 남성 신체들은 그들이 늘어놓는 각종 무기와 여타 기계류만큼이나 기계 공구이자 번쩍이는 기술로 보였다. 수잔 제포드(Jeffords, 1994)는 카터 시절에 감지되던 (글자 그대로의 비유적, 정치적) '소프트 바디'를 바로잡으려는 의식적인 노력의 일환으로 1980년대에 '하드 바디' 미학이 발생했다고 주장한다. 카터 시절은 (뉴 라이트 신화에 따르면) 거세된 미국이 대내적으로는 사기 저하와 대외적으로는 명성의 쇠퇴에 직면했던 시기이다. 그녀의 논의는 1980년대 '하드' 액션 영화들에서 발견되는 어떤 새로움에 의해 명백히 확증되는데, 그 새로움이란 남성 히어로가 극도로 생생한 신체적 핍박을 되풀이 겪는다는 것이다. 람보는 사디스트적인 러시아인들과 베트남인들에게 고통당하며, <다이 하드>의 존 매클레인은 깨진 유리로 뒤덮인 사무실 바닥을 맨발로 달려야 하고(다음 장면은 발바닥에서 유리 파편을 뽑는 그를 보여 준다), <리썰 웨폰 2>의 머피와 릭스는 기나긴 전기충격 고문을 당하는가 하면, 록키 발보아마저도 시끄럽게 떠드는 빈민가 부랑자들의 손에(<록키 3 *Rocky III*>[1982]) 그리고 소비에트 슈퍼맨들에게 (<록키 4 *Rocky IV*>[1985]) 무슨 의식인 양 몰매를 맞는다. 이러한 남성 신체들에 마조히스트적으로 할당된 형벌은 파토스와 희생성이라는 멜로드라마 수사들을 강력하게 끌어모음으로써, 이제 막 시작된 그러나 퍼져가는 악의 감각을 가부장적 백인 남성들 편에서 그려낸다. 엄청난 형벌을 감내하고, 단지 견디는 것이 아니라 싸우러 나설 수 있는 주인공의 능력은 1960년대와 1970년대의 수동성과 '약함'에 대한 반작용을 역설한다.

## 집으로 전부 가져오다[133]

제포드는 대중 문화에서 남성 신체의 재현을 국가적 자기 동일성의 중추적 표명으로 간주하며, 나아가 1980년대 초 남성 파워의 반동적으로 폭력적이나 성공적인 재천명에 이어, 1980년대 말과 1990년대에는, 가부장적 헤게모니의 확보로부터 착수된, 남성 액션 히어로 이미지의 변경이 증대되었다고 주장한다. 이 시기 동안 실베스터 스탤론 같은 '하드 바디' 들은 해리슨 포드, 브루스 윌리스, 마이클 더글러스, 톰 크루즈, 멜 깁슨, 니콜라스 케이지처럼 보다 입체적인 남성 스타들(이 목록에 보다 최근의 배우를 추가하자면 존 쿠색, 활력을 되찾은 존 트라볼타, 소년 같은 레오나르도 디카프리오 등이 포함될 것이다)의 등장에 직면하였으며, 1980년대 중반을 정점으로 자신들의 경력이 극적으로 쇠락하는 것을 지켜보았다. 새로운 스타들은 한결 유연해진 페르소나로 단순히 군인의 용맹을 늘어놓기보다는 남성 위기에 대한 성공적인 절충을 극화할 수 있었다. 결혼, 가족, 그리고/또는 부모되기는 이 시기 동안 ＜다이 하드＞, ＜터미네이터 2＞, ＜트루 라이즈＞, ＜페이스 오프＞(1997) 같은 다양한 영화들에서, 액션 테마의 중심 관심사로서 떠올랐다. 또한 1990년대의 액션 스타들은 철저한 액션 영화와 가정 중심의 멜로드라마를 번갈아 찍는 경향이 있었는데, ＜위험한 정사*Fatal Attraction*＞(1987), ＜헨리의 이야기*Regarding Henry*＞(1991), ＜아이즈 와이드 셧*Eyes Wide Shut*＞(1999) 같은 후자는 시련과 곤경에 처한 그들의

133. '집으로 전부 가져오다'의 원문인 'Bringing It All Back Home'은 봅 딜런이 1965년에 내놓은 다섯 번째 앨범 제목이기도 하다. 여기서 봅 딜런은 포크에 처음으로 일렉트릭 기타를 도입함으로써 포크 록을 창시하였으나, 이로 인해 포크계와 팬들로부터 변절자라는 비난을 받기도 했다. — 옮긴이

남성성이 보다 폭넓게 다듬어지도록 하였다. 다수의 영화들에서, 어찌할 수 없음, 희생, 감정의 위기 같은 '여성적' 멜로드라마 수사들이 남성 주인공들에게로 대대적으로 이전되었다. 그러나 1950년대의 가정 및 가족 멜로드라마에서 그러한 병리들이 징후적으로 드러나는 양식상의 과잉은 장르 요구에 의해 미장센과 연기에 한정되었던 반면, 새로운 액션 멜로드라마에서는 액션 시퀀스 자체의 육중한 과잉 — 흔히 언급되는 바대로, 서사를 거의 진척시키지 않고, 단지 동일한 적대적 상황에 대하여 그 어느 때보다 거대한 규모로 거듭 주장할 기회만을 제공하는 — 이 사적이며 가족적인 컨텍스트에서 비롯된 완고한 갈등의 변형과 해결에 대한 욕망을 표출한다. (이러한 복합성과 멜로드라마 뿌리, 그리고 액션 장르를 통한 분출은 모두 <파이트 클럽*Fight Club*>[1999]에서 통렬한 풍자의 대상이 된다.)

1990년대 동안 액션 영화의 변화는 그 산업적 중심성의 증가와도 관련될 것이다. 스탤론을 예외로 하면 1980년대의 '하드 바디' 남성 액션 스타들 중 누구도 — 심지어 슈워제네거조차도 1980년대가 끝날 때까지는 — 1980년대의 SF 판타지 어드벤처물과 연계된 개봉 전략 및 연합 마케팅과 블록버스터 예산을 끌어내지 못했다. 그러나 그들은 홈 비디오와 해외 시장에서 유독 강력하게 작동하였다. 1980년대 말이 되면 이러한 시장들은 할리우드의 수익성에 있어 점점 더 중요해지게 되며, 그에 따라 액션 스타들은 스튜디오 제작 전략에 있어 점점 더 중심에 놓이게 되었다. 그러나 동시에 이들 액션 배우를 출연시킨 거대 규모 작품들은 13세 관람가로 관객층을 확장하기 위해 이전 영화들의 잔혹한 경향을 어느 정도 완화시켰다. 이러한 과정의 행위자로서 액션 영화는 범죄 음모자들에 맞선 마초적 대결보다는 자연의 힘으로부터 발생하는 몰개인적 위협의 전투와 만화적 폭력, 유머 등에 점점 더 의존하였다.

따라서 1990년대 말에는 새로운 디지털 테크놀로지의 뒷받침에 의해 일련의 자연 재해 영화들이 등장했으며, 여기에는 ＜트위스터*Twister*＞(1996)의 토네이도, ＜단테스 피크*Dante's Peak*＞와 ＜볼케이노*Volcano*＞(둘 다 1997)의 화산, ＜아마겟돈＞과 ＜딥 임팩트*Deep Impact*＞(둘 다 1998)의 행성 혹은 혜성 충돌, ＜코어＞(2003)의 지구물리학적 손상, ＜투모로우*The Day after Tomorrow*＞(2004)의 대재앙적 기후 변화 등이 포함되었다. 동일한 테크놀로지가 ＜반지의 제왕＞ 3부작(2001~2003)에서 판타지 어드벤처 풍경의 창조, ＜인디펜던스 데이＞(1996)와 ＜고질라*Godzilla*＞(1998)에서 1950년대 스타일의 SF 괴물 영화의 재창안, ＜글래디에이터＞와 ＜트로이＞에서 고대 문명의 재창조, 심지어 ＜마스터 앤드 커맨더*Master and Commander*＞와 ＜캐리비안의 해적*Pirates of the Caribbean*＞(둘 다 2003)에서 해군 칼잡이 및 해적 영화의 재생을 가능케 하였다. 남성적 영웅성은 이러한 영화들에서 중심을 차지한 반면, 성적 로맨스는 대체로 육아에 대한 관심에 밀려났다. SF 판타지 영화 대다수에 있어, 초창기 시절부터 할리우드 서사에 필수불가결이었던 이원론적 멜로드라마 모델은 위협의 비개인적 혹은 비인간적 특성에 의해 다소 변경되었으며, 따라서 어떤 경우에는 새롭고 거의 추상적인 도덕 풍경을 산출해내기도 하는데, 이때 도덕적 특성은 역사적 멜로드라마 및 할리우드 관행에서처럼 상관적으로 확립되고 시험되는 것이 아니라, 그저 일련의 블루 스크린 환경이 주어져서 거기서 스스로를 실연할*act themselves out* 뿐이다.

## 할리우드 너머

이 장에서 이미 지적했듯이, 대규모 작품들, 특히나 이탈리아에서 제작된 영화들은 1차 세계 대전 이전과 와중에 전 세계적으로 장편 영화가 서사 영화의 지배적 형식으로서 통합 정리되는 데 중요한 역할을 했다. 무성 말기, 독일의 우파UFA와 프랑스의 스튜디오 레위니Studio Réunis처럼 충분히 자본화된 유럽 스튜디오들은 <메트로폴리스>(독일, 1927), <레 미제라블 *Les Misérables*>(1925~1926), <잔다르크의 경이로운 인생*La Merveilleuse Vie de Jeanne d'Arc*>(프랑스, 1929) 같은 스펙터클 작품을 정기적으로 지원하였다. 그러나 2차 세계 대전 이후 유럽 영화 제작 전반의 막대하게 감축된 규모(와 가장 거대한 내셔널 영화 산업인 독일 영화 산업의 사실상의 소멸)는 이처럼 노조가 막강하게 결성된 산업에서 치솟는 제작비와 결합하여, 블록버스터 제작을 어떤 흔치 않은 사치품으로 만들었다. 냉전 시기 동안에는 오직 국영 소비에트 영화만이 전후 할리우드 모델(컬러, 와이드스크린, 서사시적 시야와 규모 등)에 따라 블록버스터로 분류될 수 있는 영화를 지속적으로 제작할 수 있었는데, <전쟁과 평화*War and Peace*>(1965~1967) 같은 대규모 작품들과 대 애국 전쟁*the Great Patriotic War*[134]에서 가져온 주제의 주요한 역사 재창조(5장을 보라)가 이에 해당된다. 최근에는 유럽연합 세금 제도로 인해 유럽 공동 제작에 한결 유리한 풍토가 형성되었다. 그러나 언어 번역의 문제는 대규모 범유럽 사업이 영어(<에너미 앳 더 게이트>[2001])나 혹은 두 가지 언어 버전으로(<잔다르크*Joan of Arc*>[1999]) 촬영된다는 뜻이기도 하다. 동아시아 및 환태평양의 훨씬 더 거대한 자국 시장들과 급성장하는 경제는 그 지역 고유의 블록버스터가 보다 실행 가능해지도록 지원하며, 베리(Berry, 2003)와 윌리스(Willis, 2003)는 각각 한국 및 중국과 인도의 현대 블록버스터의 문화적 의미와 경제를 탐구한다.

134. 소련에서 2차 세계 대전의 독소 전쟁을 일컫던 명칭. 애초 단기간에 소련을 점령하려던 히틀러의 계획은 소련의 끈질긴 저항과 혹독한 추위에 밀려 실패로 돌아갔으며, 결국 독일이 2차 세계 대전에서 패망하는 결정적 요인으로 작용했다. — 옮긴이

## 사례 연구:
## <딥 임팩트>(미미 레더, 1998) / <아마겟돈>(마이클 베이, 1998)

거의 동일한 서사 전제 — 혜성(<딥 임팩트>) 혹은 소행성(<아마겟돈>)과의 충돌에 의한 지구 절멸의 위기 — 를 가진 두 영화가 두 달 사이 연달아 개봉한 것은 할리우드 상상력의 파산에 관한 대폭적인 조롱의 논평을 불러일으켰다. 사실 이 동시 발생은 전혀 놀랄 것이 못되었다. 그 주제는 그리 새로운 것이 아니었으니, 이미 이전의 특수 효과 시대에 <세계가 충돌할 때>(1951)와 <지구의 대참사*Meteor*>(1979)에서 묘사된 적이 있던 것이며, 또한 바트(Bart, 1999: 140~143)에 따르면, 데이비드 브라운과 제리 브룩하이머의 경쟁적인 제작 소식이 전해지면서 동시에 계획 단계에 있던 다른 행성 영화 두 편이 취소됐다는 것이다. 이러한 프로젝트들 모두에 있어 주된 동기는, 1년 전 여름 시즌의 <볼케이노>와 <단테스 피크>(둘 다 1997), 그리고 특히 2년 전 <인디펜던스 데이>(1996)의 성공에 따라, 가능한 가장 거대 규모의 참사 영화 시장이 입증된 점이었다. 이 영화들은 새로운 세대의 컴퓨터 이미지 효과의 도움으로 1970년대 재난 영화들의 범위를 확장시켰다고 간주될 수 있는데, 후자의 영화들은 <대지진>을 제외하면 전복된 배, 초고층 빌딩 등의 국지적인 재앙에 대체로 국한되었다. 문자 그대로의 세계 종말 영화(킴 뉴먼[Newman, 1999]의 용어로)는 재앙을 국지적인 것이 아니라 전 지구적인 것으로 그렸다(비록 전 세계에 걸친 대참사의 정감적 차원은, 우리가 이제 두 사례에서 보게 될 것처럼, 오로지 규범적 미국인 주체의 위치를 통해서만 실현되었지만). 따라서 소행성 충돌은 스펙터클적 절멸이라는 입증된 흥행 요소를 위한 하나의 명확한 서사 매개체에 불과했다. 1998년의 또 다른 메이저 여름 개봉작 <고질라>(<아마겟돈>의 오프닝 시퀀스에서 장난스럽게 암시된)는 동일한 목적을 향하는 상이한 경로를 제공했다. 사실 1998년에는 세 번째 세계 종말 영화인 캐나다의 저예산 독립 영화 <라스트 나이트 *Last Night*>(미국에서는 1999년까지 개봉되지 않은)가 나왔는데, 시계가 가차없이 최후의 날 — 구체적으로 명시되지 않고 간접적으로 표상되는 그러나 결코 피할 수 없는 — 을 향해 째깍거리는 가운데, 서로 다른 사회적, 인종적 배경을 가진 소집단의 등장 인물들을 가로질러 냉소적이고 신랄한 에피소드들이 교체되는 그 영화의 전 지구적 절멸에 대한 국지화된 접근은, 일일이 보여 주고 설명하는 방식의 미학은 물론, 자기 희생과 최후 순간의 구원이라는 고전적 멜로드라마 수사들 — 둘 다 할리우드 블록버스터를 조직하는 — 과도 효과적인 대조를 이룬다.

킹(King, 2000a: 164~167)이 지적하듯, 비록 두 영화가 외경심을 불러일으키는 스펙터클 재앙을 전한다는 공통 전제 — 영화 예고편과 포스터에 명확히 제시된 — 에 묶여 있긴 하지만, 그것들은 어떤 중요한 서사 및 정감의 측면들에서 의미심장하게 다르다. 현존하는 메이저들보다 더 '사려 깊고' '영화 감독 중심의' 블록버스터를 만들겠다는 취지로 스티븐 스필버그, 제프리 카젠버그, 데이비드 게펜이 1994년 설립한 스튜디오인 드림웍스 SKG가 제작한 <딥 임팩트>는 서사 **구조**에 있어 조심스럽게 비관습적이다. 오프닝 30분간은 주로 TV 기자 제리 레너(테아 레오니)에 초점을 맞추고 두 번째 30분은 새로운 일단의 등장 인물들, 즉 혜성 파괴의 임무를 맡은 우주 비행사 집단에 집중되며, 그리고는 또 다시, 혜성이 충돌하기 전 나날들의 대통령 벡(모건 프리먼)을 포함한 서로 다른 (그리고 상호 관련되지 않은) 등장 인물 집단들을 다루는 여러 가닥의 서사로 이동한다. 그러나 그것의 서사적 **정감** *affect* 은 경쟁작보다 눈에 띄게 더 '전통적'이어서, 한 아마추어 천문학자의 소행성 목격으로 관객이 위협을 느끼기 시작하는 걸로 서스펜스를 구축하며, 또한 후반부에서는 다양한 원천의 파토스들(그러나 가족의 별거는 대통령을 제외한 모든 이들에 공통적이다)에 강력히 의존

<아마겟논 *Amageddon*> (1998)

Reproduced Courtesy of Touchstone / The Kobal Collection

함으로써 문자 그대로 전 지구적 차원의 위기를 사적인 것으로 만들고 강화한다. 그 영화에는 두 가지 주요 액션/스펙터클 시퀀스가 존재하는데, 중간 지점 — 우주 비행사들의 첫 번째 혜성 폭파 시도가 실패했을 때 — 그리고 혜성의 작은 부분이 미국 동부 해안을 강타하는 동안 더 거대한 절멸의 충돌이 우주 비행사의 희생적인 영웅 행위에 의해 가까스로 모면되는 클라이맥스 시퀀스, 이렇게 전략적으로 나뉘어 있다.

반대로 <아마겟돈>은, 비록 그 서사가 '이단아' 석유업자 해리 스탬퍼(브루스 윌리스)와 매력적으로 반사회적인 유정油井 인부들로 이뤄진 그의 팀, 그리고 그의 딸 그레이스(리브 테일러)에만 오로지 집중됨으로써 더욱 관습적으로 통합되어 있지만 — 과연, 전 지구적인 대참사가 임박했음에도 불구하고 '세계'는 그림처럼 아름답고 얼마든지 대체 가능한 여러 장소들에서 불안해하다가 결국 환호하는 엑스트라 군중들에 대한 빠르게 스쳐 가는 장면 전환들로 재현된다 — 다른 모든 점에서는 현대 액션 블록버스터의 가차없이 공격적인 충만 양식의 전형이다. 영화는 10분 가량의 특수 효과 시퀀스로 시작되는데, 여기서 맨해튼은 점점 다가오는 소행성으로부터 떨어져 나온 파편들의 충돌로 쑥대밭이 된다(이어지는 충돌들은 그 영화로 하여금 다른 주요 영화 시장들에게 기이한 경의의 표시로 그들 도시의 중심지를 바라보게 해준다). 비록 몇몇 전형적인 '유형들'(거리의 건달, 떠벌이 택시 운전사)이 맨해튼 부분 속에 스케치되어 그것에 최소한의 인간적 차원을 제공하지만('해외' 로케이션은 거의 전적으로 역사적 건축물을 통해서 경험된다), 그들 중 누구도 서사상의 캐릭터는 아니다. 그 시퀀스는 영화 전체의 특징인 고강도의 역동적 스타일로 전달되며, 분명 관객들에게 깊은 인상을 주거나 심지어 압도할 것을 겨냥한다. 그리고 나서야 영화는 주요 인물들을 소개하는데, 이때 가능한 가장 과장된 인물 특성을 확립한다(처음 등장에서 해리는 골프채로 공을 날려 그린피스 시위자들을 겁주고 있으며, 양아들처럼 데리고 있는 AJ[벤 에플렉]의 침대에서 그레이스를 발견하자 장전한 권총을 들고 시추선 사방으로 그를 쫓아다닌다.) 총 2년에 걸쳐 펼쳐지는(주요 사건은 11개월에 걸쳐 일어나는 가운데) ＜딥 임팩트＞에 비해, ＜아마겟돈＞의 속도와 시간틀은 극도로 압착되어 있다. 다가오는 소행성은 지구와의 충돌을 불과 2주 남기고서야 발견된다.

＜딥 임팩트＞ 훨씬 이상으로 ＜아마겟돈＞은 등장 인물 전개와 일관된 플롯을 거대한 시각적 과잉에 종속시키는 전형적인 액션 블록버스터인 듯하다. 킹(King, 2000a: 166)이 주목하듯, 쉼없는 스펙터클은 마지막 75분의 규칙으로(이 영화의 블록버스터 특성에는 144분에 달하는 러닝타임도 포함된다), 차곡차곡 쌓여가는 사건과 위기는 순차적 방식으로 축적되기보다는 가속화된다(문자 그대로 말이다. 손에 땀을 쥐게 하는 재앙의 연속은 싱어[Singer, 2001]에 의해 논의된 무성 멜로드라마 시리즈를 환기시킨다. 2장을 보라). 심지어 상대적으로 틀에 박힌 서사 제재조차도 최대한의 충격을 노린다. 해리 팀의 집결(그들은 신기하게도 사전 언질이나 명백한 수송 기관 없이도 해리가 나사NASA로 떠난 후 24시간 안에 미 대륙에 걸쳐 흩어져 버린다)은 일련의 고속 추적과 검거로서 극화된다.

그러나 두 영화는 모두 전 지구적 종말의 경험을 가족 갈등과 그 해결의 관점으로 확연히 짜맞추며, 따라서 액션 블록버스터를 멜로드라마 양상으로써 확증한다. ＜딥 임팩트＞는 파토스와 희망을 둘 다 일으키기 위해 아이를 이용한다는 점에서 그리피스를 상기시킨다. 제니 레너는 동료와 그녀의 딸을 위해 방송국 헬리콥터의 자기 자리를 단념하는 한편, 그녀 자신은 사이가 멀어진 아버지를 찾아나서 해일이 두 사람을 휩쓸어 버리기 직전 최종적으로 화해한다. 이와는 분리된 또 다른 서사 흐름에서는, 부모가 그들의 신생아를 10대 딸 사라와 그녀의 남자 친구 레오에게 넘겨주는데, 그는 전천후 오토바이 덕분에 그 아이를 더 높은 (상징적?) 지면으로 데려갈 수 있으며 영화 종결부에서 구원의 생존자들을 형성함으로써 재건을 약속한다. (그 영화의 공동 시나리오 작가인 마이클 톨킨은 혼란스러운 기독교 묵시록적 우화 <이브의 선택*The Rapture*>[1991]의 시나리오와 연출을 맡았었다.) 비록 표면적으로는 유사하지만, <아마겟돈>의 초점은 상이하며 그렇게 노골적으로 교훈적이지도 않다. 영화의 클라이맥스에서 해결되는 핵심 갈등은 해리가 그레이스와 AJ의 관계를 받아들이는 것이다. 그러나 해리가 처음 그들의 연애를 반대한 이유는 일반화된 역逆 오이디푸스적 분노 외엔 없는 듯하므로, 이는 그다지 중요한 문제라 할 수 없다(해리 팀의 한 일원과 그의 아내의 재결합을 상세히 다루는 하위 플롯 역시 마찬가지로 무관하다). 그러나 해리의 최후 순교를 둘러싼 파토스(그는 핵폭탄을 수동으로 폭파시키기 위해 행성에 홀로 남는다)는 <딥 임팩트>의 그 어떤 것보다도 상당히 더 히스테릭해서, AJ — 해리의 희생은 그를 대신한 것이다 — 는 친구에 대한 그의 사랑을 울부짖고 그레이스는 우주 비행 관제 센터에서 눈물을 흘린다.

재난에 대한 스펙터클의 정도와 특성의 차이 또한 두드러진다. 두 영화는 모두 관객들에게 약속된 초대형 재난의 스릴과 상대적으로 낙관적인 결말의 안도감 양자를 전하기 위해 본질적으로 동일한 서사 장치를 이용한다. 전 지구적 종말/지구 파괴는 너무 충격적인 것이 될 수 있으므로, 각 영화는 주된 위협으로부터는 성공적으로 벗어나되 지구 표면의 몇몇 부분들이 운석 파편들에 의해 인상 깊게 그러나 결국 표면적으로 소멸하는 정도로 만족한다. <딥 임팩트> 클라이맥스 장면의 해일은 인상적이지만 억제되어 있다. 버지니아 비치에서 레너 부녀의 죽음과 레오와 사라의 언덕으로의 탈출 사이에, 미동부 해안 지대의 파괴가 여덟 개의 숏으로 그려지는데, 각각의 숏은 2초 이상 지속되며, 뉴욕의 파괴는 파노라마 롱 숏이나 지표면*ground-level* 미디움 숏으로 묘사된다. 이 시퀀스의 톤은 그 소재를 생각할 때 최대한 억제되어 있으며, 한편 이름이 알려진 인물이나 심지어 개성이 부여된 인물조차 전혀 없음은 그 시퀀스에 어떤 요약적인, 약간은 인간 외적인 느낌을 부여한다.

앞서도 지적된 바와 같이, <아마겟돈>은 지상 파괴를 일찌감치 초반에 배치해 놓으며, 따라서 남은 서사는 해리 스탬퍼 팀의 독자적 영웅담을 위해 자유로워진다. (<아마겟돈>은 <딥 임팩트>보다 의미심장하게도 덜 '공적인' 서사이다. 비록 군대와 나사 직원들이 명목상 구조 미션을 책임지고 있지만, 중요한 드릴 및 폭파 작업은 해리 팀 — 미션 준비 기간 동안 그들에게 부과된 딱딱한 군대 규율에 예상대로 안달복달한 — 에 하청을 맡긴 상태이며, <딥 임팩트>에서 모건 프리먼의 위엄 있는 대통령 벡과 대조적으로 이 영화의 대통령은 중심에서 현저히 더 벗어나 있고 더 무력한 인물로서 '물체 충돌' 예산 삭감에 대한 비판을 받는다.)

영화 초반부에 유성비 충돌을 배치함으로써, 공공의 선을 위한 해리의 자기 희생(<딥 임팩트>뿐 아니라 <인디펜던스 데이>와도 공유되는 감상적인 부성의 희생)은 <딥 임팩트>의 우주 비행사팀의 유사한 (집단적) 희생보다 영화 클라이맥스에서 더 중심을 차지한다. 실제로, 해리의 죽음은 영화 클라이맥스에서 핵심적인 정감 요소로, 소행성 파괴와 지구의 구원을 대신한다. 해리가 일으킨 어마어마한 컴퓨터 이미지 폭발과 그 여파는 그레이스의 과거 어린 시절로부터 해리는 결코 볼 수 없을 미래의 결혼식에 이르는 그녀의 이미지 몽타주를 수반함으로써 해리의 죽음을 서사의 한계나 심지어 인간 이해의 한계를 초월하는 어떤 우주적 통찰로 그려낸다. 따라서 표면상 초*super*사회적인 것 — 다수를 위한 한 사람의 희생 — 은 극도로 사적인 것에 재정향된다. 이는 2시간 24분의 러닝 타임 동안 필요 이상으로 많은 효과를 이것저것 가리지 않고 모조리 관객에게 퍼부은 <아마겟돈>이 마치 그 자신의 스타의 죽음 이상의 스펙터클 효과 — 보다 전 지구적인 혹은 심지어 우주적인 의의를 가진 현상 — 를 생각해 낼 수 없는 것만 같다.

# 11

# 장르

## 틀 깨기

이 마지막 장은 '정전正典으로 인정받지 못하는' 장르들, 의문의 여지가 있는 장르들, 혹은 전형적으로 장르라 간주되지 않는 영화 범주들을 간략히 고찰할 것이다. 각각의 '장르'는 간략히 논의된다. 각 경우에서 의도하는 바는 그것들을 장르들의 '정전'으로 편입시키거나 배제시킬 것을 주장하려는 것이기보다는, 이러한 영화 유형들을 추론에 의해 장르 영화들로 인정하는 데서 오는 새로운 통찰이나 문제들을 탐색하고 보다 전통적인 분류화 및 접근법들로 되돌아가 숙고하려는 것이다. 이 장르들은 공통적으로, 비록 서로 다른 방식으로이긴 하나 '물의를 일으킨다.' 다시 말해, 장르로서 그러한 영화들을 서부극이나 갱스터 영화 등과 나란히 비판적으로 혹은 학문적 컨텍스트에서 논의해야 한다는 주장은 그것들의/그 장르 텍스트의 소재, 스타일, 사회적 컨텍스트(들)에 대한 관습적 이해나 가정들로부터 발생하는 여러 난점들을 제기한다. 그처럼 '물의를 일으키는' 장르들은 비단 표준 장르 범주들 — 이러한 비관습적인 새로운 장르들 혹은 비밀스러운 장르들과 어쩌면 뜻밖의 유사성을 가진 것으로 입증될지 모르는 — 에 대해서뿐 아니라, 영화 장르 체계 전반의 토대를 이루는 구조와 실천들에 대해서도 우리의 비판적 질문을, 증진시킬 수 있을 것이다. 이 3부 서문의 주장을 되풀이하자면, 이처럼 간략하고 여러 가지 면에서 추론적인 논의들은, 어떤 식으로든 문제의 '장르들'에 대한 결정적인 설명을 산출하려는 것이라기보다는 더 상세한 연구와 탐구에 박차를 가하기 위함이다.

## 다큐멘터리

전통적이고 학술적인 장르 개념에는 분명 다큐멘터리와 논픽션 영화 — 허구 영화(유사하며 중복되는 거대한 장르 범주들에는 실사 영화와 애니메이션 영화가 포함된다)와 구별되는 — 를 위한 여지가 있다. 그러나 우리가 아는 대로, 영화 장르 이론은 대개 더 협소한 장르 범주들을 다뤄 왔으며 정의를 내리려는 기획의 일환으로, 개별 장르들 내의 특정 주제와 서사적 일관성을 규정해 왔다. 이 책은 이러한 관행을 따르는 한편, 멜로드라마 같은 '양상들'을 위한 더 넓은 범주도 유지했는데, 그 범위는 역사적으로 또한 전통적으로 구상된 몇몇 개별 영화 장르들을 아우르는 것으로 보인다.

장르로서의 다큐멘터리가 물의를 일으키는 개념이 되는 것은 바로 이러한 의미에서이다. (허구) 장르들이 **핍진성***verisimilitude*의 양식들과 정도들 — 즉 현실에 대한 관습화되고 잠정적이며 독단적으로 편파적인 **판본**들로, 실세계 경험을 제한적으로 전사轉寫하는 체하는(혹은 일부 뮤지컬과 호러, 판타지 영화들에서처럼 거의 그런 체하지 않는) — 을 필연적으로 수반하는 한, 다큐멘터리는 언뜻 보아 확고하게 반反장르적이다. 실재*the real*에 대한 담론으로서 다큐멘터리는 현실을 장르적으로 조화로운 형식들로 빚어내기보다는, 무엇보다 현실과 우연히 마주치고 그것에 인도됨을 명시적으로 표명하는 것에 의존하며, 그것에 의해 평가된다. 이를 마이클 레노브는 다음과 같이 요약한다.

> 다큐멘터리는 '실재'에 대한 직접적이고 존재론적인 주장을 위해 '리얼리즘'을 거짓 맹세하는 한, 직접성의 환영을 가장 활발히 조장하는 영화 어법이다. 모든 다큐멘터리는 일종의 '진실 주장'을 유포하면서, 그것의 허구적 대응물의 유사성의 *analogical* 지위를 능가하는 어떤 역사와의 관계를 단정한다(Renov, 1993: 3~4).

킬본과 이조드(Kilborn & Izod, 1997: 28)는 실재에 대한 이러한 주장을 찰스 샌더스 퍼스Charles Sanders Peirce가 사진 영상의 '지표적*indexical*' 성질이라 특징지은 것 — 필름 감광유제에 포착된 것이 촬영 순간에 실제로 존재하였음(사실상 영상이 어쨌든 산출되기 위해서는 존재할 필요가 있음)을 관객에게 약속하는 것 — 과 결합시킨다. 사진과 영화 제작에 관련된 기술 과정은 영화 영상이 **실재하는** 무언가의 기록임을 보증한다. 물론 이런 의미에서 모든 허구 영화는 다큐멘터리이다. 그것은 카메라 앞 공간의 배우들, 세트 등의 현존을 '다큐멘트[기록]'한다. 더구나 컴퓨터 이미지 같은 디지털 테크놀로지의 도래로 이미지들의 이음매 없는 조작이 한층 강화될 수 있게 됐으므로, 이제 대상－세계와 이미지－세계 간의 전통적인 지표적 결속은 더 이상(만일 그런 것이 있었더라면) 보증되지 않는다. 브라이언 윈스턴(Winston, 1993)을 비롯한 다른 사람들은 이러한 지표적 계약의 침식이 '과학적 기록' 형식으로서의 다큐멘터리의 본성과 기능에 대한 전통적 이해에 근본적으로 도전해 왔다고 주장했다. 따라서 다시금 다큐멘터리는, 레노브의 용어로, '유사한' 실물 같은 — 것으로서가 아니라 '실재'에 더 가까운 혹은 사실상 '실재하는' 것으로서 특징지어진다. 따라서 현실 자체가 장르 형식들을 품지 않는 한, '진실된' 다큐멘터리는 '장르 너머의' 지위를 갈망해야 한다.

하지만 로버트 플래허티와 존 그리어슨으로부터 닉 브룸필드와 에롤 모리스에 이르기까지 다큐멘터리의 역사는 그처럼 '장르 너머에' 존재하는 체하는 다큐멘터리의 패러다임을 반박한다. 사실 심지어 (혹은 특히) 다큐멘터리 역사에서 비인격성과 비매개성이 가장 강력하게 진척되던 그 순간들에조차, 오직 장르적인 것으로 간주될 수 있을 뿐인 관습화된 서사적, 수행적, 심지어 도상적 구조들을 향한 어떤 상충된 충동이 분명 감지되었다. 여하튼 이것은 시각과 담론 양식들은 물론이거니와 각기 다른 다큐멘터리 모델들과 결합되어 있으며, 그 모델들은 또한 금세 알아차릴 수 있는 장르 범주들(핸드 헬드 싱글 카메라 구성, 현장에서 활용할 수 있는 빛과 음향 사용, 카메라에 대고 하는 인터뷰, 아카이브 필름 삽입 등등)을 구성한다.

니콜스(Nichols, 1994: 95)는 다큐멘터리 역사와 이론의 많은 학설에 있어 하나의 출발점이 된 자신의 저서 개정판에서 장르 전개의 어떤 고전적 진화 모델을 긍정적으로 가정하는데, 이때 그 모델을 이루는 다섯 개의 변별적이고 연속적인 양상 단계 각각은 전 단계의 결점들을 개선하고자 한다. 니콜스의 모델은 1930년대의 해설적*Expository* 양상으로 시작하여, 관찰적*Observational* 양상(1960년대의 다이렉트 시네마와 시네마 베리테), 상호 작용적*Interactive*(이것은 참여 인터뷰에 막대히 의존하며, 여기서 관객은 의미 구성 과정에 능동적으로 참여함으로써 텍스트와 상호 작용하도록 강요되기도 한다. 예컨대 순수한 아카이브 몽타주 다큐멘터리 <어토믹 카페*The Atomic Café*>[1982]에서처럼), 반영적*Reflexive* 양상(여기서 자의식적 연출 스타일은 재현 행위 자체가 관객의 성찰과 다큐멘터리의 한 / 그 대상이 될 수 있게 만드는데, 이는 감독 자신의 존재 및 감독과 그 주제의 만남을 전면에 내세우거나 — 마이클 무어의 <로저와 나*Roger and Me*>[1989]에서처럼 — 혹은 가령 에롤 모리스의 <가늘고 푸른 선*The Thin Blue Line*>[1987]처럼 의미 구성의 과정 자체를 전면에 내세움으로써 이뤄진다)을 거쳐, 가장 최근으로는 수행적*Performative* 양상(여기서는 다큐멘터리의 '고전적으로 객관적 담론'의 주관적 차원이 부가된다)에 이른다.[135] / [136] 그처럼 진화적인 이 모든 설명들(1장을 보라)로, 니콜스는 목적론, 경직성, 비역사주의에 대한 일반적인 비판들을 면하기 힘들다. 브루지(Bruzzi, 2000: 2)는 해설적 다큐멘터리가 폐기됐다는 추정은 오늘날 내레이션 주도의 다큐멘터리의 편재도, 반대로 1920년대 지가 베르토프와 장 비고의 고도로 반영적인 영화들도, 설명하지 못한다고 지적한다.

다큐멘터리 이론가들의 주된 관심 — 브루지는 영화 감독들이, 심지어 이론적으로 박식한 감독조차도 이런 문제에 훨씬 덜 신경썼다고 지적한다. (더구나 다큐멘터리 감독들은 많은 허구 영화 감독들보다 더 비판적으로 의식적일 것이다) — 은 현실을 절대적으로 매개되지 않은 형식 속에 포착하려는 다큐멘터리의 표면적 열망과, 영화 감독이 기록하고자 하는 현실에서 그녀 / 그라는 필연적 존재의 '불확정성 원리'와 작가의 시점은 물론 숏 선택과 후반작업에 의해서도 최소한으로나마 다큐멘터리 인공물에 도입되는 명백한 매개 간의 불가피한 간격이다. 상당수의 유명 다큐멘터리 이론가들(예를 들어 레노브, 니콜스)은 '현실'과 '진실' 같은 개념들에 대한 후기 구조주의적 회의에 의해, 혹은 적어도 세계에서 발견될 수 있는 유일한 '진실들'이란 단일하기보다는 복수라는 확신에 의해 고무되었다. 반대로, 그들은 다큐

135. '수행적 양상'에 대한 니콜스 자신의 정의는, 주디스 버틀러 등에 의해 개진된 젠더와 주체성 이론을 따르는 여타 '수행적' 다큐멘터리 구성들 — 특히 Bruzzi(2000) — 과 뚜렷하게 다르다는 것에 유의하라.

136. 빌 니콜스의 2001년도 저서 ≪다큐멘터리 입문*Introduction to Documentary*≫(이선화 옮김, 한울, 2005)에서는 다큐멘터리가 여섯 가지 양상으로 나뉜다. 즉 현재 이 책에서 정리한 다섯 가지 양상 앞에 '시적 양상*Poetic Mode*'이 추가되며, '상호 작용적 양상'은 '참여적 양상*Participatory Mode*'으로 대체된다. — 옮긴이

멘터리 감독들을 절대적 직접성과 꾸미지 않은 진실이라는 도달할 수 없는 목표를 향해 끝없이 공상적으로 추구하는 순진한 리얼리스트로 특징짓는 경향이 있다. '실물'과 구별 불가능한 포토시뮬레이션적 허구를 제작할 수 있는 디지털 테크놀로지의 확장된 능력은 진실과 허구의 경계 붕괴에 대한, 그리고 다큐멘터리의 '진실 주장'을 옹호할 수 없음에 대한, 그 이론가들의 인식을 심화시켰을 뿐이다. 그럼에도 그러한 이론가들은 그들의 회의적 전제의 논리적 결론 — 다큐멘터리는 단지 서사 영화의 또 하나의 형식으로 간주되어야 하며, 그것의 표면상의 사실성은 서부극이나 SF 영화의 역사성만큼이나 무관하다는 — 과, 다큐멘터리가 여전히 허구와는 다른 방식으로 실재 속에서 그리고 심지어 실재에 대해 작용하기에 전념하고 있다는 인식 — 특히 관객의 지각에서 — 사이에 종종 거북하게 끼어 있는 듯하다.

사실 단지 오늘날만이 아니라 역사적으로도, 다큐멘터리 감독 가운데 그들에게 흔히 속하는 것으로 여겨지는 종류의 리얼리즘 근본주의에 실제로 동의하는 이는 거의 없다. (말 나온 김에 얘기하자면, 다큐멘터리 영화의 '순진한 리얼리즘'에 지적 토대를 제공한 것으로 비난받곤 하는 앙드레 바쟁과 지그프리트 크라카우어 같은 영화적 리얼리즘 이론가도 마찬가지다. 그들의 — 상이한 — 입장은 도리어, 영화에 의해 **전사되는***transcribed* — 단지 전달되는 것만이 **아닌** — 것으로서 물리적, 사회적 현실과 카메라의 만남이 갖는 윤리적이며 정치적인 함축에 더 관련된다.) 그러한 설명은 다큐멘터리의 장르 기획 전반을, 로버트 드류와 리처드 리콕(<예비 선거*Primary*>[1960], <위기 *Crisis*>[1963]), D. A. 페니베이커(<돌아보지 마라 *Don't Look Back*>[1967]), 앨버트 메이슬스·데이비드 메이슬스(<말론 브랜도를 만나라 *Meet Marlon Brando*>[1966], <세일즈맨*Salesman*>[1969], <김미 셸터*Grimme Shelter*>[1970]) 같은 1960년대 초 미국 '다이렉트 시네마' 영화 감독들의 가장 부주의한 주장들과 동일시하는 듯하다. 때로, 분명, 새롭게 이용 가능해진 휴대용 카메라와 음향 장치로 불붙은 다이렉트 시네마는 그것이 — 롤랑 바르트의 구절을 차용하여 — '영도*degree zero*' 카메라, 즉 실재와의 교감 및 절대적 투명성의 매체임을 실제로 선언하였다.

그러나 예를 들어 메이슬스 형제의 작업은 다이렉트 시네마가 대중적 서사 형식에 진 막대한 빚을 곧바로 드러낸다. 플로리다의 성경 세일즈맨 네 사람에 관한 관찰적 다큐멘터리인 <세일즈맨>은 현대 미국의 비극으로서 세일즈맨이라는 강력한 드라마 전형 — 아서 밀러Arthur Miller의 저명한 희곡 ≪세일즈맨의 죽음*Death of a Salesman*≫(1947)에 나온 저 유명한 묘사에 따르면, '보통 사람의 비극' — 을 불러내는 듯하다. 한편 <김미 셸터>는 1969년 알타몬트에서 있었던 롤링 스톤스의 파국적 콘서트[137]를 한층 더 지옥 같은 것으로 그려내기 위해 호러 영화 도상들을 택한다. (사실 다이렉트 시네마는 특수한 종류의 주제와 인물 — 전형적으로, 정치인[케네디]이나 유명인[브랜도, 비틀즈] 같은 공인들로, 그들 자신의 현실 '수행/퍼포먼스'가 관람 경험을 구축한다 — 에 초점을 맞춤으로써 공공 영역의 기록을 미국적 진실[베리테]과 장르적으로 동일시한다.) 그렇다고 다큐멘터리와 허구 요소를 꽤 분명히 뒤섞은 초창기 영화 감독들의 작업 — 예를 들어 로버트 플래허티의 <아란의 사람 *Man of Aran*>(1934) — 이 순수한 객관성이라는 관념적 목표의 성취에 있어서의 실패나 정교화의 부족을 반드시 반영하는 것도 아니다. (폴 로사[Rotha, 1936]의 초창기 다큐멘터리 분류에서는 '자연주의'와 '낭만적'이라는 용어가 호환적으로 사용되었음에 주목할 필요가 있다.)

137. 1969년 전미 투어를 마친 롤링 스톤스는 팬들을 위한 무료 콘서트를 열었는데, 공연 하루 전에 장소가 바뀌었음에도 불구하고 약 30만 명이 샌프란시스코의 알타몬트 자동차 경기장으로 몰려들었다. 그런데 공연 막바지에, 경비대로 고용된 오토바이족 헬스 앤젤스Hell's Angels가 한 흑인 청년을 살해하는 사건이 일어났다. 그 전에 열린 우드스탁 페스티벌에서도 사망자가 나왔지만 낭만주의적 청년 문화에 묻혀 버렸다. 그러나 알타몬트의 사건은 곧 언론과 기성 세대의 집중 포화를 맞았으며, 결국 알타몬트의 비극은 1960년대 히피 반문화의 끝을 보여 준 상징적인 사건이 되었다. — 옮긴이

다큐멘터리를 하나의 장르로서 보다 일반적으로 인정하는 것은 다큐멘터리 이론에서 리얼리즘과 재현을 둘러싼 고집스러울 만큼 순환적인 논쟁을 청산하도록 도와줄 수 있을지 모른다. 우리가 지금까지 봐왔듯, 영화 장르 이론은 재현과 서사상의 관습들이 의미 구성을 위한 중요한 뼈대를 제공함을 인정한다. 동시에, 어느 개별 텍스트로부터 파생된 의미는 결코 텍스트가 그 내부에서 혹은 그에 대항하여 작동하고 있는 관습에 의해 낱낱이 규명되지 않는다. 다큐멘터리 이론에 있어 이것은 궁극적으로 무익한 논쟁으로부터 벗어나는 방법을 가리킬 수 있는데, 이러한 논쟁은 다큐멘터리의 목적을 어떻게든 현실에 다가서는 것으로 전제하며, 그리고는 그 목표가 영원히 좌절스럽게도 달성되지 않는 방식에 몰두한다.

다큐멘터리에 대한 장르적 정의는 그 형식이 근본적으로 실재를 향해 맞춰져 있음을 인정하는 것으로부터 출발할 필요가 있다. 또한 이러한 측면이 어떤 수사적*rhetorical* 차원을 배제하지 않으며 그렇다고 그것이 순전히 수사 작용으로 환원되지도 않음 역시 인정하는 것으로부터 말이다. 달리 말하면, 다큐멘터리는 그것이 다루는 가지각색의 화제들이 하나같이 역사적 현실을 단단히 붙들고 있다고 관객이 믿어 주기를 분명 **바란다**. 그러나 필연적으로 그리고 불가피하게도 중개되어 있음을 우리가 알고 있는 현실에의 직접적 접근을 이처럼 때로 과도하리 만큼 열성적으로 강조하는 것으로 인해, 결국 어떤 역사적 현실이 — 비록 매개되어 있다고는 해도 — **존재한다**는 우리의 인식이 가려져서는 안 된다. 다큐멘터리 장르의 명확한 의미론적 기반을 세우는 데 있어 명백한 문제(저마다 특유의 시각 양식을 가진, 본질적으로 무한하게 다양한 소재와 일련의 증식하는 양상들)를 생각할 때, 다큐멘터리를 의미론 관점보다 구문론 관점에서 장르적 일관성이 있는 것으로 구상하는 것은 유용할 수 있다. 니콜스(Nichols, 1993: 94)는 다큐멘터리에 있어 "역사적 세계에 관한 설득력 있는 논쟁을 위한 전략들의 발달"을 말한다. 생생한 현실을 다루는 적절한 방식에 대한 이러한 추구는 그러면 다큐멘터리의 기본 구문론 축을 구성한다. 이러한 추구가 수행되는, 해설적인 것으로부터 수행적인 것에 이르는 다양한 양식들은 다 함께 일련의 진화하는 — 그리고 명백히 연관되고 포개지는 — 의미론적 레지스터들*registers*을 제공하며, 이것들을 통해 '실재'는 만족스럽게 의미화될 수 있다.

다큐멘터리에 대한 장르 기반 접근법은 다큐멘터리 관행을 통해 관객에게 가능해지는 현실 — 서부극의 '역사'처럼 — 을 어쨌든 영화-텍스트 바깥에 위치한 것으로서보다는 궁극적으로 장르 관습의 함수로서 부득이 간주할 것이다(결국 일찍이 자크 데리다[Derrida, 1976: 158]의 유명한 진술처럼, "텍스트 바깥에는 아무것도 없다"). 따라서 관찰적 다큐멘터리에서 직접성의 형식 기표들, 곧 이 다큐멘터리 양상의 의미론적 관습들은 단지 텍스트 속 현실의 '존재' — 우리가 장르 필요 조건으로서 인식하는 '존재' — 뿐 아니라, 그러한 의미론적 관습을 가능하고 적절하게 만드는 것으로 '현실'이 구상되는 특수한 방식도 표시한다(이 경우, 예를 들어 지배적 가설은 대상 세계가 텍스트 '바깥'에 정말 존재한다는 것이며, 그렇다면 텍스트의 직무는 그것을 충실하게 기록하는 것이 된다). 다른 한편, 앞서 주장처럼 다큐멘터리의 구문론을 현실에 대한 질문으로 규정하려면, 다큐멘터리 비평이 밀폐된 형식주의로 전락하지 않음을 보증해야만 한다(현실은 설령 그것이 텍스트에 결코 온전히 포착될 수 없을지라도 다큐멘터리에서 하나의 구성적 존재로 남기 때문이다). 또한 이런 식으로 다큐멘터리 구문론을 이해하는 것은, 아이작 줄리언(<랭스턴을 찾아 *Looking for Langston*>[1988])으로부터 에롤 모리스(<포그 오브 워 *The Fog of War*>[2003])에 이르는 동시대 '수행적' 다큐멘터리 작가들의 정교하게 반영적이고 주관적이며 흔히 기교가 탑재된 작업을, 아방가르드라는 배타적 집단으로의 은둔과 양식상의 과잉에 대한 니콜스의 비난에 맞서 옹호할 수 있는 기반을 제공하기도 한다.

## 홀로코스트 영화

토머스 케닐리Thomas Keneally의 소설을 영화화한 스티븐 스필버그의 1993년작 <쉰들러 리스트> 중반쯤에서, 전쟁 중 부당 이득자인 오스카 쉰들러는 좌절감을 안겨 주고 견디기 어려운, 어떤 인식적, 도덕적 위기에 직면한다. 쉰들러는 점령된 폴란드에서 자신이 운영하고 있는 에나멜 그릇 공장 경영자이자 점점 더 다루기 힘들어지는 그의 양심의 또 다른 목소리인 이작 스턴에 의해, 나치 사업 동료들의 점차 늘어만 가는 행정적 완곡어법 — '재정착,' '특별 취급' 등 — 이 실은 산업화된 대량 살육 현실을 가리는 얇디 얇은 베일에 불과함이 일깨워졌을 때, 이러한 표상적 표리부동에 대한 당혹감과 분노를 동료에게 터뜨린다. "제기랄, 스턴," 그는 소리친다. "우리에겐 전혀 새로운 언어가 필요한 건가?" "네," 스턴은 조용히 답한다. "그런 것 같습니다."

그러나 <쉰들러 리스트>와 여타 홀로코스트에 관한 — 특히, 그러나 반드시 그런 것은 결코 아니지만, 허구 — 영화들은, 바로, '전혀 새로운 언어'를 말하기의 **실패**(혹은 거부)라는 오류를 널리 범해 왔다. 과연 <쉰들러 리스트>를 담론적으로 특징짓는 것은, 혹자들에게 어떤 의미로 완전히 재현 너머에 있다고 간주되는 인류 역사의 사건들을 재현하는 작업에 있어, 일반적으로는 부르주아 소설 및 극의 핵심 작동 범주들 — 개인의 도덕적 선택, 극적 갈등에 의해 활성화되는 목적 지향의 선형적 서사 등등 — 과 특수하게는 할리우드 장르 영화에서 충당된 단순화된 버전들이 여전히 적합하다는 확신이다. 사실 ＜쉰들러 리스트＞의 근본 기획은 홀로코스트를 20세기의 가장 규범적이고 보편적으로 사용 가능하며 전 지구적으로 이해되는 재현의 매개 변수들, 즉 고전 할리우드 영화의 그것들 안으로 들여오려는 것이며, 그 영화에 대한 평가는 그 기획의 타당성 또는 그 반대에 의해, 그리고 그 실현에 있어서의 성공 여부에 의해 이루어져야 한다.

＜쉰들러 리스트＞는 홀로코스트를 진지하게 다룬 모든 작품 가운데 어떤 면에서는 가장 단호하고도 영리하게 **장르적**이다. 즉 스필버그의 영화는 상당히 의식적으로 '최종 해결*Final Solution*'[138]을 할리우드 대중 장르들의 즉각 알아보고 이해할 수 있는 형식들 내부로부터 재현하고자 한다. 가령 ＜쉰들러 리스트＞에 관해 우리가 처음으로 주목하게 되는 것은 그 영화가 흑백으로 되어 있다는 점이다. 이는 흔히 다큐멘터리를 가장한 것으로 여겨진다. 즉 스토리를 단색으로 표현한 것은 2차 세계 대전 당시 다큐멘터리 필름의 모습을 상기시킴으로써 그 영화의 진실 주장을 강화하려는 의도이다. 그러나 그 영화의 예상 관객에게 흑백 필름은 그저 '2차 세계 대전 영화'에 합당한 **필름** 레지스터를 제공할 뿐이다. 다시 말해, 일련의 재현 관습과 연상은 상당히 정밀하게 배치되어 있으며, 그 점에서 흑백은 적어도 '옛날'만큼이나 '옛날 영화'를 함축한다. 먼저 폴란드 시골로부터 크라코프로 쫓겨온 유대인 추방자들의 대대적인 도착을 묘사하고 이어서 그 도시의 친독일 나이트클럽을 배경으로 쉰들러에 대한 소개로 이어지는 이 영화의 오프닝 신에서, 단색의 연출 신호는 일부러 의도한 듯한 고전주의(시대 세부 묘사에 있어 약간은 페티시즘적인 축적, 필름 느와

138. 2차 세계 대전 중 나치 독일에 의해 행해진 유대인 발살 정책으로, 홀로코스트(쇼아)의 마지막 단계에 해당된다. — 옮긴이

르 그림자들 한 무리, 쉰들러 역의 리암 니슨의 얼굴을 두 번째 시퀀스까지 관객에게 충분히 감춰 두는 '폭로'의 보류)에 의해 확증되는데, 이는 한데 어우러져, 고전 할리우드 스타일의, 게다가 고전 할리우드가 선호한 드라마 엔진인 장르 영화의, 계산된 배치를 드러낸다. 여기에는 보다 특수한 인유들이 포함되는데, 특히 ＜카사블랑카＞(1942)가 그러해서, 이 영화의 중심 인물에 대한 소개 지연을 ＜쉰들러 리스트＞는 의식적으로 모방하고 있다. 물론 ＜카사블랑카＞는 전쟁 중 부당 이득을 취하고 냉소적으로 초연하던 한 개인이 대의명분에 열정적으로 참여하게 되는 변화를 그린 또 하나의 전시 우화이다. 영화가 진행됨에 따라, 홀로코스트의 각 새로운 단계에 도달할 때마다(게토화로부터 추방으로, 종국엔 집단 학살로) 점차 어두워지는 톤은 **장르적** 레지스터에서의 또 다른 전환에 의해 텍스트적으로 표시된다. 이 영화는 앞선 장면들 — 쉰들러가 이전에 가졌던 경솔한 확신을 보여 주는 — 의 보증된 고전 양식을 저버리고, 비고전적 양상의 다큐멘터리(행위를 담아내기 위해 프레이밍하기보다는 열렬히 그것을 뒤쫓는 듯한 핸드헬드 카메라를 포함하여)와 — 악명 높게도, 아우슈비츠 '샤워 신'에서 — ＜사이코＞ 이후 슬래셔/스토커 호러 영화를 채택한다.

이러한 명백한 장르적 특성에 의해 제기되는 비평적 문제는, 홀로코스트의 불가피한 단일성을 주장하고 따라서 — 만일 홀로코스트가 묘사, 말, 이해 등 '너머에' 있다고 정말로 단언되지 않는다면 — 홀로코스트 재현은 서사 등의 형식 붕괴를 통해 그리고 — 무엇보다 — 장르 영화의 재현 전략 같은 주류 재현 전략들의 포기를 통해 그 단일성을 표명해야 한다고 요구하는 비평적, 이론적 태도들에 관련된다. 홀로코스트 역사가들이 '근본적 이해 불가능성 논제'라 부르는 것(홀로코스트를 이해하려는 시도는 정치 경제 혹은 관습적 역사 기술의 과정들을 좌절시킨다는 주장)은 '근본적 재현 불가능성 논제'의 공명을 얻는데, 이것 역시 마찬가지로 규범적인 재현 관행들

<쉰들러 리스트 *Schindler's List*>(1993)

Reproduced Courtesy of Universal / The Kobal Collection

에 피할 수 없는 실패를 선고한다.

따라서 하나의 장르로서 '홀로코스트 영화'라는 문제적 개념은 비평적 질문과 나란히 윤리적 질문도 제기한다. 그 이전부터는 아닐지라도, 1993년 <쉰들러 리스트>의 개봉 이래로 홀로코스트는 역사극에 있어 내내 논쟁적이기는 해도 확고한 주제이어 왔다. 실제로 <엑스맨>(2000)의 오프닝 시퀀스 — 여기서 미래의 '마그네토 인간'은 추방당한 아이로서 묘사된다. 예컨대 그는 아우슈비츠 입구에서 부모로부터 떼어질 때 처음으로 파괴적 초능력을 사용한다. — 는 홀로코스트가 '진지한' 역사극 범주 바깥에서 장르 영화들에게 하나의 준거점으로 점점 더 이용할 수 있게 됐음을 암시한다. 기존 장르들(전쟁 / 전투 영화 같은)이 산업화된 대량살상의 재현을 위한 실질적인 매개 변수를 제공하지 못하는 가운데, 홀로코스트 영화들은 곧 알아볼 수 있는 그 자신만의 재현 관습과 서사 주형들을 생성하여 왔다. 그러나 '홀로코스트 영화'라는 개념을 지지하는 데는 여전히 어떤 비평적 꺼림이 뚜렷하게 존재하고 있다. 무엇보다 홀로코스트를 장르의 판에 박힌 구조 속으로 통합시키는 것은 그것의 유일무이한 공포를 서사 및 텍스트 단계에서 표준화시킴으로써 감소시키는 것 같기 때문이다.

'홀로코스트 영화'를 추정에 의해 탐정 영화, 서부극, 뮤지컬 등과 나란히 하나의 장르로 지정해야 한다는 제안에 수반되는 난점은 장르 텍스트 자체의 본성에 관련되는데, 장르 텍스트는 그 정의상 서사적, 도상적, 인물 묘사적, 그리고 추측컨대 이데올로기적, **관습**들을 수반한다. 덧붙여 말하자면 그것은 장르 인공물을 통해 장르 관객에게 주어진 세계가 어떻게 조직되는가에 대한 규범적이며 또한 — 바로 그러한 규범성 때문에 — 얼마간은 단언적일 이해들이다. 장르는 세계를 정렬하는 수단으로 간주될 수 있으며, 이는 정렬하기라는 바로 그 사실에 의해 세계가 실제로 정렬 가능하다는, 순환적이지만 안심시키는 위안을 관객에게 제공한다. 영화 컨텍스트에서 이러한 장르적 질서 정열함 혹은 정렬된 장르성은, 물론 때로, (각별히 할리우드) 장르 영화 — 아도르노의 '문화 산업'의 치명적으로 손쉬운 개념인 상품으로서 구축된 — 와, 특히 유럽 예술 영화 전통에 있는, 작가에 의한 진정성 있는 작품의 독창적 견해 간의 어느 정도 명백한 대립으로 해석되기도 했다. 아무리 이러한 대립이 비판적 이론 전반에서 고갈되고 불신되기에 이르렀을지라도, 장르적 / 규범적인 것과 자율적 / 예외적인 것의 이분법은 홀로코스트를 서사로 그리고 특히 영화로 다루는 것에 대한 비판적 논의에서 여전히 중요하게 남아 있다.

사실, 꽤 최근까지도 홀로코스트는 대체로 할리우드 영화에게 출입 금지였고, 따라서 정확히 유럽 예술 영화에 한정된 소재였으므로, 홀로코스트에 대한 온전히 장르적인 접근의 함의는 그간 온전히 탐구될 필요가 없었다.[139] NBC 미니시리즈 <홀로코스트 *Holocaust*>(1978)에 대한 많은 격분된 반응들은 대부분 그 시리즈가 보인 역사의 우위에 기인했다. 결국 <홀로코스트>는 '할리우드'가 이 소재를 현존하는 장르 양식들에 순응시키려 시도한 최초의 것이었다. 여기서 모욕은 무엇보다도 홀로코스트가, 할리우드 규범들을 파열시키는 어떤 절실한 규율로 여겨져 온 것이 아닌, 정말로 할리우드 규범들**에** 불합리하게 순응되고 있다는 인식으로부터 비롯되었을 것이다. 유럽과 미국에서 쇼아에 대한 창작적, 기념적, 학술적, 비평적 관심의 광대한 문화 전선에 있어 대단히 역력한 한 요소로서 유럽 유대인들의 대량 살상이 메이저 할리우드 스튜디오 제작에서 — 비록 여전히 어쩌다가이긴 해도 — 한결 정기적으로 다뤄지게 된 것은

139. 홀로코스트를 영화로 다루는 데 대한 포괄적인 비판적 개관은 Insdorf(2002)에 마련되어 있다.

<홀로코스트>가 처음 방송된 이래 거의 30년 가까이 되어서이다. <쉰들러 리스트>, <소피의 선택 *Sophie's Choice*>(1982), <트라이엄프 *Triumph of the Spirit*>(1988), <제이콥의 거짓말 *Jakob the Liar*>(1999) 같은 영화들은 뻔뻔스럽게도 그리고 사실상 이중으로 장르적이다. 그것들은 그 최초의 호소력을 위해 필름 느와르, 전쟁 영화, TV 멜로 드라마 같은 현존하는 장르 주형들을 대가로 제공하는 동시에, 그 자체는 사실 아직 하찮은 새 장르의 매개 변수들을 찾아내도록 돕는다.

이와 반대로, 상상도 할 수 없는 일을 관습적으로 표현하는 것은 그 일을 손댈 수 없는 것으로 배제시키기보다는 직면하고 인정하도록 만든다. 최근 새롭게 떠오르는 홀로코스트 '장르화'는 우리가 '우리의 것'이라 생각하는 세계의 일상적 현실들과 수용소의 세계 간의 필연적 **연속성**을, 장르적 정통성 및 관습의 **형식** 요소를 경유하여, 주장하는 것으로 간주될 수 있다. 프리모 레비(Levi, 1988)는 강제 수용소 세계 *univers concentrationnaire* 는 폐쇄적인 세계가 아니라고 강조하였다. 만일 폐쇄적 세계라면, 어떤 근거로 도덕적 책임의 범주들이 적어도 가해자들에게 연속적으로 관련됨을 우리가 주장하겠는가? 마찬가지로 어떻게 수용자들에게 가해진 그러한 범주들의 도착적 전도 *inversion* 혹은 소개 *evacuation* — 생존자 문학에서 널리 언급되는 현상 — 를 우리가 하다못해 인지라도 할 수 있겠는가? 수용소에는, 트레버 그리피스가 희곡 ≪코미디언들 *Comedians*≫에서 적고 있듯, 적어도 약간은 "우리 세계의 — 연장된 — 논리"(Griffiths, 1975: 63)가 존재하지 않았을까? 역사적 관점에서 홀로코스트가 (보다 위안이 되는 예전 해석적 정설의 표현처럼) 모더니티의 대타자라기보다는 점점 더 모더니티 **내의** 어떤 잠재력으로 간주된다는 점에서, 홀로코스트 재현을 재현 관습의 규범적 조직 내에 적절히 재통합시키려는 기획은 더욱 절박한 동시에 더욱 문제적인 것이 된다. 문제적인 것은, 그 가장 극단에 있어(가령 후기 아도르노의

어떤 선언들에서) 할리우드 장르 영화를 산출하는 엄격히 조직화된 조립 라인 상품 문화가, 홀로코스트를 낳은/가능케 한 합리화된 도구적 모더니티와 단지 공범일 뿐 아니라 연속선상에 있다고 간주되기 때문이다. 그럼에도 절박한 것은, 홀로코스트가 재현을 통해 '재작동'됨으로써 모더니티의 말살적 경향에 대한 어떤 내재적 비판을 표명할 가능성이 여전히 남아 있기 때문이다.[140]

그러나 이는 홀로코스트에 장르 형식들이 무분별하고 무차별적으로 적용될 수 있다는 뜻은 아니다. 오히려 반대로, 심지어 가장 관습적으로 장르적인(다시 말해, 홀로코스트 수용의 관점에서, 물의를 일으킬 만큼 **비**관습적인) 홀로코스트 영화들조차도, **이러한** 장면들을 **이런**(장르적) 방식으로 묘사하기의 어려움 — 명백한 불가능성은 아닐지라도 — 에 관객들이 맞닥뜨리게 되는 지점을 향해, 즉 — 멜로드라마의 혼란과 비틀기처럼, 혹은 <과거로부터>와 여타 필름 느와르에서 남성 판타지 구성을 특징짓는 보다 국지적으로 몽상적인 왜곡처럼(9장을 보라) — 극도의 텍스트적 긴장과 서사적 전치*dislocation*에 의해 표해지는 지점을 향해, 밀고 가는 듯하다. 예를 들어 1990년대 후반의 '홀로코스트 코미디' 사례들 — 그 자체가 물론 대단히 위반적인 범주로, 가장 유명한(악명 높은) 것으로는 <인생은 아름다워 *Life Is Beautiful*>(이탈리아, 1997)가 있다 — 인 <생명의 기차 *Train of Life / Train de Vie*>(프랑스/루마니아, 1998)와 <제이콥의 거짓말>(1999)은 둘 다 종결부에서 관객에게 급격한 서사 반전 및 자기 반영적인 서사 재조정을 들이댄다. <생명의 기차>에서 이는 영화 전체가 어느 수용소

140. 지그문트 바우만(Bauman, 1989)의 《모더니티와 홀로코스트*Modernity and the Holocaust*》는 아마도 홀로코스트를 모더니티에 거스르는 것으로서보다는 일치하는 것으로서 제시한 가장 잘 알려진 사례일 것이다.

수용자, 어쩌면 어느 미치광이의 기억 / 판타지였다는 폭로를 통해 일어나며, <제이콥의 거짓말>에서는 일어남 직한 구원으로 절멸을 대신하는 이중 결말을 통해서 그러하다. 두 영화는 모두 낙관주의가 지속될 수 없는 서사 컨텍스트에서 낙관적인 장르적 해결의 욕망에 대해 질문을 제기하는 듯하다. 그것들이 막판에 모더니즘 서사의 불확실성으로 옮겨간 것은, 관객들로 하여금 홀로코스트 서사를 지켜보는 그들 자신의 동기와 그 서사들에 대한 그들의 기대에 대해 숙고하도록 촉구하는 어떤 윤리적 제스처로서 구성된 것일지 모른다.

우리의 공유 문화를 형언할 수 없는 것의 영역으로 확장시킨다는 점에서, 그렇다면, 홀로코스트의 장르화는 극악무도의 축소와 관례화에 의해서 — 혹은 의해서만 — 특징지어지지 않는다. 또한 그것은 문화적 의미화 실천들이 **내부로부터** 분열되는 지점, 갑작스러우며 임의적으로 보이는 절단에 의해 어떤 근본적이고 절대적인 분리 행위가 우리에게 수행되는 그 지점으로 관객을 데려가며, 우리는 그 순간 — 장르의 범위 안에서, 우리로 하여금 처음으로 그처럼 소름 끼치는 역사 제재를 만날 수 있게 해주는 — 을 우리에게 가해진 폭력 행위로서 경험한다. 그러한 텍스트적 공격 — 예를 들어 <인생은 아름다워>에서 햇볕이 내리쬐는 동화 같은 로맨틱 코미디로부터 전시戰時 멜로드라마로의 어조상의 / 장르상의 현저한 전환에서 — 은 장르적 배경의 확립에 의해 제공되는 기만적인 안전을 이용하여, 그 안전이 갑자기 보류될 때 관객에게 급격한 방향 상실의 느낌을 전달한다.

## 포르노그래피

포르노그래피 영화(1980년대 중반 이래로 사실상 대개 비디오를 뜻하게 된)가 하나의 장르라는 것에는 그다지 논쟁의 여지가 없다. 사실, 영화 장르란 것이 표준화된 서사의 대량 생산 관점에서 이해되고, 표준화된 서사의 잘 정립된 관습이 일정한 관객들에게 믿을 만한 반복적 즐거움을 제공하는 것이라면, 포르노 영화는 장르 전반을 위한 하나의 주형이라고 할 수 있을 정도이다. 그것의 무한한 모든 변형체들에 있어 포르노그래피는 아마도 그 어떤 주류 장르보다, 심지어 서부극보다, 더 강력한 장르 관습에 의해 구축될 것이다. 그렇다고 서부극처럼 사멸의 위험도 없어 보이며, 실은 오히려 그 반대이다. 포르노그래피적 모티브와 암시는 1990년대 초 이래로 할리우드 영화에 수두룩해졌다. 예컨대 섹스 산업에 관한 영화들(<쇼걸*Showgirls*>[1995], <부기 나이트*Boogie Nights*>[1997])은 <하드코어*Hardcore*>(1977) 같은 1970년대 영화들의 부정적인 묘사에 도전하며,[141] 포르노그래피의 서사 구조를 흉내 내거나(9장에서 논의된 '에로틱 스릴러' 같은) 그저 다양한 성적 내용을 집어넣은 섹스 중심의 장르 영화들 — 폰섹스(<걸 식스*Girl 6*>[1996]), 부부 스와핑(<'99 쇼걸 2*Preaching to the Perverted*>[1997], <이브의 선택>[1991]) 미성년 섹스(<키즈*Kids*>[1995]), 사도마조히즘(<육체의 증거>[1993]), 기타 등등 — 은 이제껏 포르노 '고유'의 것으로 한정되어 온 것을 탐험한다. 한편, 점점 증가하는 독립 영화 감독들은 이제까지 고급 '에로티카[성애를 다룬 작품]'와 주류 서사 영화 전반으로부터 하드코어 포르노그래피, 즉 흉내가 아닌 성행위를 직접 묘사하는 영화(<로망스 *Romance*>[프랑스, 1998], <섹스해줘요

141. 비록 <8미리 *8MM*>(1999) 같은 영화는, 포르노가 주류 대중 문화로 편입되었음에도 불구하고, 지옥으로서의 포르노라는 공포증적 시각이 여전히 존재함을 보여 주지만 말이다.

*Baise-Moi*>[프랑스, 2000], <정사*Intimacy*>[영국, 2001], <나인 송즈*9 Songs*>[영국, 2004])를 결정적으로 갈라놨던 선을 넘어서고 있다. 물론 현대 영화에서 이러한 '포르노그래피화' 경향은 '래드 컬처*lad culture*' 남성 잡지, 토크쇼 등을 통해 이뤄진 포르노 이미지 및 포르노 자체의 더 거대한 주류화의 일환이다.

그러나 사회적으로 위법한 (그리고 꽤 빈번하게 초합법적 혹은 의사 합법적) 형식으로서 포르노그래피는 비평적 관심보다는 더 빈번하게 사회학적 관심의 주제이어 왔다. 꽤 얼마 전까지만 해도, 포르노그래피가 심리학이나 사회학 혹은 법률학이 아닌 학계의 연구 대상이 될 수 있다는 생각은 솔직히 기괴했다. 특히, 포르노그래피 **텍스트**의 형식 및 양식적 속성들에 진지한 비평적 관심을 기울인다는 것은 거의 생각도 할 수 없는 일이었다. 이는 1989년 린다 윌리엄스의 창시적 연구 ≪하드코어: 보이는 것의 힘, 쾌락, 그리고 광란*Hard Core: Power, Pleasure and the Frenzy of the Visible*≫의 출간과 함께 바뀌었다. 윌리엄스는 포르노그래피가 주류 서사 영화의 궤도를 부분적으로 반복하는 동시에 중요한 방식으로 그것으로부터 벗어나는 독특한 장르 역사를 갖는다고 주장했다. 윌리엄스가 포르노를 영화학이라는 학문적 컨텍스트 속에 재위치시킨 것 — 이것이 함축하는 바는, 예를 들어 포르노그래피의 서사 구조를 서부극이나 뮤지컬의 그것처럼 분류, 논의, 평가할 수 있다는 것이다 — 은 지금까지 포르노와의 대면에서 작동하던 도덕적, 윤리적, 법률적 체제들에 대한 강력한 도전이 되었다. 이러한 체제들에는 보수적인 포르노그래피 반대 운동가들과 페미니스트들이 포함됐는데, 전자들은 성적 자유방임과 방종에 대한 전통적인 도덕적, 종교적 혐오에 기반하여 포르노그래피에 반대했으며, 후자들은 포르노그래피를 남근 중심적인 가부장적 신화의 악의적 표현이자 동시에 여성들에 대한 남성의 성적 공격을 조장하고자 박차를 가하는 것으로 간주했다(달리 말해, 게르트루드 코흐[Koch, {1981}1993: 39]가 지적하듯, 포르노에서 "[보수주의자들처럼] 현존하는 규범들의 손상이 아니라 도리어 그것들의 표출 및 확증을" 발견하였다).

윌리엄스는 포르노그래피 관객의 그리고 관객을 위한 구성에 특별히 관심을 기울이면서, 포르노그래피 제작 및 소비의 각기 다른 체제들을 구별해 낸다. 먼저, (오랜) '초기' 단계의 '도색*stag*' 영화 — 대체로 서사 내용이 결여된 가운데 성행위를 최소한으로만 공들여 묘사한 것 — 는 그 영화에 의해 하사된 성적 기대가 즉각 실현될 수 있을 환경(매음굴 같은)에서 통상 모든 남성 관객들에게 포르노그래피 어트랙션의 영화를 제공했다. 따라서 포르노는 독자적인 성 상품으로서라기보다는 상품화된 성 활동의 부속물로서 전적 혹은 부분적으로 기능했으며, 다른 공간들을 상영 현장으로서 일시적으로 식민화하는 변칙 영화 활동이었다. 1970년대 포르노의 '고전' 시기로는 극장 개봉된 하드코어 영화가 있다. 그중 일부는 보다 폭넓고 보다 '점잖은' 관객을 꾀기 위해 보다 높은 프로덕션 밸류와 보다 정교한 서사, 그리고 신중한 톤 조절(가령 코미디의 대대적 사용)로, 광역 배급과 주류 상영관 진출을 이뤘으며, 따라서 비록 시기는 서로 다르지만, 주류 영화의 발전 궤적을 반복하였다. 또한 윌리엄스는 1970년대 포르노 영화가, (도색 영화처럼) '다른 곳에서' 충족될 수 있는(되어야 하는) 관객의 욕망을 자극시키기보다는, 종결부의 대규모 성적 스펙터클 '넘버들'을 통해 텍스트적 '만족'을 제공하는 데 더 관심이 많았음을 확인한다. "포르노그래피에 대한 대중의 성적 관심을 표명하는 것의 대가는 개인의 공공연한 성적 반응에 대한 억압이었는데, 이러한 반응은 도색 영화의 은밀한 패거리 분위기에서는 적어도 가능했으며 영화들 자체에 의해 종종 청해지던 것이다"(Williams, 1999: 299). 반면, <녹색문 뒤에서 *Behind the Green Door*>(1977) 같은 1970년대 '고전적' 포르노 영화들은 성행위가, 오직 시각 경험으로서만 유효하도록 의도된 클라이맥스의 충족이 되게끔 구성하였다. 영화 자체가 너무도 흥미진진하고 충족적이어서 관객으로 하여금 그 혹은 그녀 자신의 신체로 '되돌아가지' 않도록 만드는 것이 …… 바로 이러한 서사의 착상이었다. 실제로, 이 시기 포르노그래피의 무수한 머니 숏들이 점점 더 극도로 스펙터클화한 것은 그 영화의 시각적 클라이맥스들이 그 자체로 충분함을 입증하려는 굳은 결의처럼 보였다(같은 책).

그러한 영화들은 포르노그래피 서사들을 단지 성적 흥분을 위한 도구적 '수단' 정도로 인식하는 것에 중대하게 도전했다. 비록 1999년 개정판에서 윌리엄스는 1970년대 '고전적' 포르노를, 그녀가 처음 생각했던 대로 그 장르의 가장 온전히 실현된 형식으로서가 아니라, 도색 영화와 비디오 포르노의 상호 작용적인 성적 / 텍스트적 계약과 보다 만족스러운 '실용적' 적용에 의해 역사상 괄호로 묶이는 어떤 예외로서 재평가하지만 말이다(pp.299～300). 주류 할리우드의 경제를 아마도 바꿔 놓았을 ― 그러나 대개의 경우 미학은 그대로인 채 ― 1980년대 홈 비디오 혁명은 포르노 영화의 '고전적' 단계를 끝냈으며, 극장의 '합법성'에 대한 그 장르의 열망(<부기 나이트>에서 작가주의 포르노 감독 잭 호너의 '진짜 영화'를 만들려는 야심에서 정다운 패러디의 대상)을 배제하였고, 포르노 시청이 능동적인 성적 쾌락-획득으로 통합될 수 있는 관객 체제를 다시금 촉진시키는 환경(자기 집)으로 포르노 소비를 돌려놓았다.

≪하드코어≫의 서문에서 윌리엄스는 그 책이 신체적 정감*somatic affect* ― 구현된 관객들을 향한 직접적 말걸기와 그들에게 미치는 영향 ― 에 의해 어느 정도 정의되는 다른 영화 장르들을 분석하는 기획에서 시작되었다고 말한다. 그 범주에는 '신파조' 멜로드라마와 호러 영화도 포함되는데, 그러한 여타 장르도 역시, 우리가 본 것처럼, 가장 저급한(사회적 그리고 지각적) 공통 분모에 호소하는 '타락한' 형식, 결국 젠더화된

주체의 현대 이론에 와서야 한결 호의적인 평판을 얻게 되는 형식으로 비평적 불찬성을 견뎌 냈다는 점에서, 이것은 일종의 연상적 결합이다. 빅토르 위고의 견해에 따르면, 비극이 심장을 휘젓는 데 반해 멜로드라마는 '눈의 즐거움'에 보답한다(Carlson, 1984: 213에서 인용). 따라서 포르노가 오늘날 비평 분석의 대상으로 명예 회복된 것은 형식과/이나 서사 내용을 통하여 관습적 관람 위치에 도전하는 형식 그리고 전형적으로 그것들과 동일시되는 비판적 범주에 대한 비평 이론 전반의 관심 확장이라는 더 넓은 맥락 내에 위치지어질 수 있다(7장을 보라). 따라서 포르노에 관해 글을 쓴 상당수 학자가 호러 영화와/나 멜로드라마의 주요 연구에 기여한 것은 우연이 아니며, 여기에는 윌리엄스(Williams, 1983, 1984, 1991, 1998), 캐롤 클로버(Clover, 1992), 수엘렌 케이스(Case, 1989, 1991), 척 클라인한스(Kleinhans, 1978, 1996), 클로디아 스프링거(Springer, 1996) 등이 포함되었다.

요컨대, 언뜻 보기에 포르노는, 그 위반적 **내용**에도 불구하고, 그 강력한 장르성에 있어 결코 비관습적이지 않은 것 같다. 엄격한 서사와 도상적 절차에 대한 애착은 어떤 주류 장르보다 개별 영화마다 덜 차이난다. 포르노는 정의상 (그리고 물론 이는 또한 법률상을 의미하는데) 흉내가 아닌 성 행위의 생생하고 명백하며 반복된 재현을 등장시켜야 한다. 윌리엄스의 ≪하드코어≫는 '미트 숏*meat shots*'(삽입의 클로즈업)과 '머니 숏'(남성이 여성 파트너[들]의 신체 외부에 — 그러나 대개 신체 위에 — 사정하기)이라는 장르 어휘를 소개하고 설명한다. 사실 포르노의 급격히 늘어나는 전문 하위 장르들의 다양성은 의미론적 혹은 도상적 상수들의 규명을 놀랍도록 까다롭게 만든다. 포르노는 부드러울 수도, 공격적일 수도 있으며, 웃길 수도, 무미건조할 수도 있다. 주인공은 늙을 수도, 젊을 수도 있으며, 전통적으로 매력적일 수도, 아닐 수도 있다. 프로덕션 밸류는 극도로 높을 수도(<녹색문 뒤에서> 같은 1970년대 포르노 고전들이나 동시대 고급 비디오 포르노에서처럼), 저렴할 수도 있다

(아마추어, '곤조*gonzo*,'[142] 페티시 포르노에서처럼, 다양한 방식으로, 각기 다른 이유로, 그리고 각기 다른 정감적 양상으로). 또한 스트레이트, 게이, 양성애, 트랜스젠더, 복장 도착자 등은, 물론 단순한 것으로부터 난해하고 기괴한 것에 이르기까지 당혹스러울 만큼 다양한 성 행위들 및 시나리오들을 이행할 수 있(으며 실제로 그러하)다. 심지어 나체조차도 모든 포르노에 절대적인 기정사실은 아니다(예를 들어 어떤 페티시 맥락에서).

대부분의 경우에서 종래의 학문은 또한 추정하기를, 포르노 영화의 서사는 특권화된 섹스 시퀀스들을 위한 비활성 (그리고 홈 비디오 시대에는, 서슴없이 도외시되던) '운반체'에 불과하며, 이러한 섹스 시퀀스들은 수행과 소비 양 관점에서 모두 서사적 맥락으로부터 본질적으로 자율적이라는 것이다. 말하자면, 관객도, 배우들도, 성행위의 수행 동안 표면상의 인물 성격이나 서사 전개에 전혀 관심 있는 척하지 않는다. 성행위는 모든 면에서 그 자체만으로 작동하는 텍스트 요소로, 그것의 흥미나 충격이 의미있게 감소되는 일 없이 어떤 순서에서든 혹은 순서 없이도 보여질 수 있고 실제로도 그럴 것이다.[143] 비록 일부 1970년대 포르노에서 볼 수 있듯 보다 통합된 서사를 만들어 내려는 시도가 이뤄지겠지만, 하드코어 섹스의 강력한 '리얼리티 효과'(혹자는 순수하게 리비도적인 것과 대조되는 그 거울처럼 되비치는 직무가 그 자체로 사회적으로 구성된다고 언급할지 모르겠다[144])는, 비포르노그래피 서사

142. '곤조 포르노그래피'는 관객으로 하여금 '장면'을 직접적으로 바라보도록 만드는 촬영 스타일의 포르노로, 배우의 신체를 전부 보여 주는 숏보다는 성기에 대한 클로즈업이 빈번히 등장한다. — 옮긴이

143. <대열차 강도>(1979)를 시작하거나 끝내는(혹은 둘 다인), 권총 든 카우보이의 그 유명한 비非디제시스 숏과 비교해 보라(3장을 보라).

144. 즉 하드코어 이미지에 그 강력한 시각적 정감을 부여하는 것은 노골적으로 사실적인 이미지를 둘러싼 사회적 금기이다. 성행위의 관람불가 원칙은 너무도 잘 확립되어 있어서, 제도적으로

들에 하드코어 섹스를 끼워넣는 실험을 했던 최근 주류 영화 감독들의 경험으로 입증되었듯, 항상 그 서사 맥락을 압도할 것이다(위를 보라). 그러나 윌리엄스는 주장하기를, 포르노 서사는 그 장르의 기반을 이루는 구문론적 일관성을 드러내며, 따라서 단순히 섹스신을 위한 일회용 포장 이상이라는 것이다. 윌리엄스에게 포르노그래피는 "그 정의상, 눈에 보이는 증거에 강박적인 장르"이다(p.230). 이는 <목구멍 깊숙이 *Deep Throat*>(1972), <미스 존스 속의 악마 *The Devil in Miss Jones*>(1974), <끝없는 욕망 *Insatiable*>(1978)처럼 '성기능 장애 문제'를 전제로 삼는 1970년대 포르노 영화들에서 성행위와 특히 여성의 쾌락이 강렬한 서사적 호기심의 대상들로서 자리잡는 방식을 설명한다.

그러면 이번에는 이것이 포르노와 멜로드라마를 결합시키는 감질나는 통찰에 연관된다. 왜냐하면 포르노는 멜로드라마처럼 장르인 만큼이나 아마 틀림없이 '양상'이기도 할 것이며, 따라서 외관과 가설들에도 불구하고 의미론 관점보다는 구문론 관점에서 더 수월하게 정의되는 까닭이다.[145] 포르노는 윌리엄스가 '보이는 것의 광란'이라 부른 것에 대한 강조에 의해 장르적으로 통합되는데, 이는 성적 쾌락의 경험을 틀림없는, 난공불락의, 심지어 입증 가능한, 방식으로 화면 위에 묘사하려는 프로그램화된 명령으로서 이해될 수 있다. 이러한 절시증*scopophilia*의 가장 친숙한 장르 표지는 스트레이트[비동성애] 포르노의 '머니 숏'이다. 그러나 여성의 오르가즘과 페티시적 쾌락은 투명한 의미 작용의 신체적 표명이 결여되어 있다는 점에서 포르노그래피적 응시에 문제를 제기한다.

포르노로서 위치지어지지 않는 어떤 서사에든 그것을 포함시키는 것은 (적어도 현재로선) 그 서사적 통합의 가능성에 도전이 될 정도로 위반적이다.

145. 장르이자 양상으로서의 멜로드라마에 관해서는 2장을 보라.

허구적 스토리텔링 관행들 — 형식면에서 완벽하게 관습적인 — 과, **실감나는**_lifelike_ 재현이 아닌 사실상 **실제**_real_ 재현을 전달하겠다는 궁극적 약속 간의 근본적 분리에 입각한다는 점에서, 포르노그래피는 장르적 **핍진성**이라는 관습적 개념들에 대하여 어떤 특수한 도전을 제기한다. 포르노의 특수한 장르적 핍진성은, 리비도 에너지가 억제되거나 승화되는 세계가 아니라 — 물론 적어도 특정 대상들(특정 파트너나 구멍, 페티시 물건)에 매혹된다는 점에서, 비록 일시적으로 꺾일 수는 있지만 — 오히려 그 반대로 인간들이 끊임없이 성 활동을 위해 뇌관을 장착하고 준비하는 세계의 명제에 집중한다. 이러한 의미에서, 윌리엄스가 지적하듯, 포르노 영화가 그 장르를 정의하는 '프로덕션 넘버'에서 성적 욕망의 신속한 충족 및 행동화를 전제로 한 어떤 장르적 환경을 구성하는 것은 통합 뮤지컬에서 순수한 표현성의 유토피아적 세계 및 구조(4장을 보라)와 유사하다.

포르노그래피가 비단 뮤지컬뿐 아니라, 에피소드적이고 볼거리 위주인 또 다른 장르, 곧 현대 액션 블록버스터와 갖는 구조적 근친성은 서사 영화 전반이 '본질적으로' 포르노그래피적인 것으로 간주되어야 한다는 논의, 곧 영화의 '시각 충동' 동원과 관객성에 관한 어느 정도 정신 분석학에 기반한 이론들이 옹호할 논의를 옹호하는 데 쓰일 수 있다. 이 책은 전체적으로 장르에 대한 보다 과정적 이해를 위해 장르의 '본질' 개념에 의문을 제기했으며, 그러한 개념을 여기서 대대적으로 다시 소개하는 것은 도착적일 것이다. 그럼에도, 우리가 하나의 양상으로서의 포르노그래피라는 개념을 보다 겸허하게 추구한다면, 포르노그래피 양상과 멜로드라마 양상이 주류의 서사 극영화에서 상호 작용하는 방식에 대한 연구는 보다 상세한 연구를 위한 가치있고 유익한 분야로 마땅히 판명될 것이다.

12

# 결론

## 트랜스 장르?

<뉴욕, 뉴욕>의 결말 즈음에서 프랜신 에반스는, 전 남편 지미 도일이 그녀의 최근 히트작 <해피 엔딩>을 '새피[어리석은] 엔딩'이라고 바꿔 부르면서 신경증 환자처럼 공격하고 괴롭히자, 뮤지컬에 대하여 반쯤은 옹호하고 반쯤은 묵인하는 자기 비난의 말로 회피한다. "하나를 봤으면 전부를 본 거지, 안 그래?"

희망컨대, 이 책의 독자들은 뮤지컬에 대해서나 장르 영화 전반에 대해서나 프랜신에게 동의하지 않기를 바란다. 이 책에서 논의된 다양한 영화들과 장르들을 가로지르는 갖가지 서사, 시각 양식, 수행 양상, 이데올로기 태도, 정치적 함의와 관객 접근 형식 등은, 할리우드 내에서와 그 너머에 있어 영화 장르 체계 전반을 가로질러서는 물론, 동일한 장르 전통에 속한 개별 장르 영화들 간에도, 하나를 보는 것이 정말이지 전부를 보는 것과는 전혀 다르다는 것을 명료하게 밝혔어야 했다. 1970년대 '뉴 할리우드' 장르 수정주의의 고전적 작품으로서 <뉴욕, 뉴욕>은 과

거 할리우드 장르의 달콤씁쓸한 기억들을 보존하려는 욕망과 그 기억들을 산 채로 묻으려는 충동 사이에서 망설이는 가운데, 변화하는 시대 및 제도적 컨텍스트들과의 복합적 관계 속에서 장르들이 변화하는 방식들을 넉넉히 입증한다.

하지만 프랜신도 완전히 틀린 것은 아니다. 각각의 개별 장르 영화가 그 장르에서 선배격인 영화들의 총합에 대한 일종의 논평과 요약으로서 작동하는 한, 우리가 어떤 한 장르 영화를 볼 때, 설사 '그 장르 영화들 전부를 보는' 것은 아닐지라도 적어도 '그 장르 영화들 전부'를 **감지**하는 것일 수 있다는 의미가 존재한다. 물론 대부분의 장르 영화들은 ＜뉴욕, 뉴욕＞이나 혹은 같은 시기 여타 '수정주의' 혹은 비판적 장르 영화들(예를 들어 미국의 ＜차이나타운＞과 ＜관계의 종말＞, 유럽의 ＜불안은 영혼을 잠식한다＞와 ＜미국인 친구＞ 등)만큼 장르 전통에 대해 의식적으로나 명백하게나 상호텍스트적이지 않으며 직접적으로 논쟁적이지도 않다. 대부분의 장르 영화들은 덜 강력하게 자의식적인 동시에 덜 도전적인 방식으로 그것들의 장르 정체성에 거한다. 그럼에도 — 프레데릭 제임슨의 유명한 구절을 차용하여 — 어떤 '장르적 무의식' 같은 것이 장르 텍스트들 내부와 저변 그리고 주변에 존속하며, 그것들의 의미 작용 지평을 — 그 텍스트들이 그것에 대해 충만히 의식적이든 아니든 간에 — 정한다. 어떤 장르 이미지들 — 이를테면 강을 건너는 역마차 — 은 장르 역사를 너무도 특수하게 싣고 있어서, 존 포드에게 경의를 표하려는 의식적 의도 없이 그와 같은 장면을 촬영하는 감독은 상상하기 힘들 정도이다. 또 어떤 것들은 특수한 텍스트 참조성[지시성]*referentiality*을 넘어 너무도 절대적으로 '장르적'이어서 — 택시에 올라타 운전사에게 '저 차를 따라가라'고 말하는 사설 탐정 — 그것들을 포함시키는 것은, 츠베탕 토도로프(Todorov, 1990)가 장르 이론들이 일종의 발견 학습적*heuristic* 허구로서 불러일으킬 필요가 있다고 주장한 '본질적' (혹은 이상적) 장르 텍스트를 마찬가지로 환기시킨다.

남아 있는 문제는 이 장르 전통이 오늘날 영화에서 어떤 역할을 하느냐는 것이다. 이 책의 첫 장은 '영화 장르' — 꾸준히 영화관을 찾는 대중 관객의 관람을 위한 체계적이고 관례화된 장르 영화 제작으로 이해되는 — 가 과거의 것일 수 있는 반면, '장르 영화' — 확립된 장르 전통(들)을 가지고(장르 전통 안에서가 아니라면) 자의식적으로 작용하는 개별 영화들 — 는 오히려 오늘날 감독과 관객에게 길잡이 역할을 하는 훨씬 더 중요한 도구가 되었다는 주장으로 끝난다. 1년 중 아무 주나 골라서 개봉 상황을 슬쩍 보더라도 오늘날 할리우드 영화는 그 어느 때만큼이나, 어쩌면 심지어 그보다 더, 강력하게 장르적임을 분명히 확인하게 될 것이다. 내가 이 결론 부분을 쓰고 있는 2004년 여름, 가장 최근의 <버라이어티> 박스오피스 10위에는 호러 영화 세편과 로맨틱 코미디 세 편, 가족용 애니메이션 영화 두 편, 액션 영화 한 편, 음악 전기 영화 한 편이 포함되어 있다.[146] 이 목록은 상당히 전통적인 장르들로 구성되어 있으며, 하나같이 고전 스튜디오 시대로 거슬러 올라가는 오랜 역사를 갖는다. 비록 더 면밀히 검토해보면 동시대 할리우드가 이 구舊 패러다임들을 수정하고 혁신하는 특징적 방식이 일부 드러나겠지만 말이다. 이 영화들 중 두 편은 (1960년대 영국 '뉴 웨이브' 로맨틱 코미디와 최근 일본 공포 영화의) 리메이크작이다. 두 편은 속편인데, 하나는 예상대로 호러이지만 다른 하나는 전통적으로 시리즈 개발이 그리 쉽지 않은 로맨틱 코미디이다. 애니메이션 두 편은

146. 이 영화들은 각각 다음과 같다. <사탄의 인형 5: 씨드 오브 처키*Seed of Chucky*>, <주온>, <쏘우*Saw*>; <브리짓 존스의 일기: 열정과 애정*Bridget Jones: The Edge of Reason*>, <쉘 위 댄스*Shall We Dance?*>, <나를 책임져, 알피*Alfie*>; <인크레더블*The Incredibles*>, <폴라 익스프레스*The Polar Express*>, <애프터 선셋*After the Sunset*>; <레이*Ray*>(출처: <버라이어티> 2004년 11월 12~14, 주말 박스오피스).

둘 다 전통적인 셀 애니메이션이 아닌 디지털 애니메이션이며, 분명 1990년대에 <토이 스토리>와 <라이온 킹> 같은 획기적 성공작들에 의해 확립된, 아동과 성인을 넘나드는 시장을 겨냥하고 있다. 음악 전기 영화는 브로드웨이 인물이 아닌(2004년에 좀 더 일찍 개봉한 콜 포터의 전기 영화 <드 러블리 *De-Lovely*>는 박스오피스에서 초라한 성적을 거두었다), 리듬 앤 블루스 뮤지션 레이 찰스의 이야기를 전한다. 그와 같은 적응성의 특징들 — 서로 교차하는 관객층, 리메이크, 다른 국가의 영화로부터의 영향, 관객 선호도의 변화에 발맞춘 장르 관습의 갱신 — 은 할리우드 장르들이 그것들의 변화하는 제도적, 사회적 컨텍스트들에 역사적으로 반응해온 방식과 온전히 일관된다.

그렇지만 이러한 정황 때문에, 동시대 할리우드 영화들의 '장르성'이 이전의 시기들로부터 — 특히 고전 시기를 특징짓는 관습들의 안락한(그러나 유연한) 거함으로부터 혹은 1970년대의 강력하며 몇몇 경우엔 정치화된 수정주의로부터 — 구별되는 중요한 방식이 흐려져서는 안 된다. 예를 들어 할리우드 영화를 1980년대로 가속화시킨 이데올로기적, 세대적 비판 도구로서 고전 장르 패러다임들의 활기찬 쟁론은, 제2, 제3세대의 '영화 악동' 감독들에게 있어 1세대에게 그랬던 것보다 덜 막강한 추진력인 것 같다. 실제로, 앞서의 장들에서 언급된 것처럼 고전 할리우드와 가장 강력하게 동일시되는 장르들 중 다수는 호러, SF, 액션 영화 같은 보다 새롭고 유연한 형식들에 굴복하였다. 1장에서 나는 장르의 '진화' 이론에 대한 비판을 기반으로, 분명 이러한 고전 장르들이 '죽지' 않았다고 주장하였다. 그러나 많은 고전 장르 패러다임들은 동시대 영화 산업에서 그 중요성이 훨씬 감소되었으며 여러 경우들에 있어 여타 장르 컨텍스트들로 변이되었음 또한 분명하다. 예를 들어 널리 지적된 것처럼, 서부극이 쇠퇴함에 따라 프론티어 신화의 양상들은 <스타 워즈> 이후 SF 및 액션 영화에 장르적으로 재배치되고 있다. 서부극의 주기적 (1980년대 말, 1990년대 중반, 그리고 다시금 2003~2004년) '리바이벌'(즉 갱신된 제작 사이클)은 흔히 장르 전통들과 그 장르의 선조들을 조심스럽게 환기시키는, 어느 정도 학구적이며 거의 영화 유산을 짊어지고 있는 영화들을 제작하곤 한다(예를 들어 케빈 코스트너의 <와이어트 어프*Wyatt Earp*>[1994]와 <오픈 레인지*Open Range*>[2004]). 적어도 이제 고전적 통합 뮤지컬은 대체로 실사 보다는 애니메이션 만화에서 받아들여질 수 있는 듯하다. 5장의 논의와 발맞춘 전투 영화의 인기와 타당성은 전투 및 군에 대한 전반적인 문화적 주목과 발맞춰 (그것의 즉각적 미래가, 최소한, 장밋빛 같다고 주장하면서) 변동하는 듯하다. 비판적 개입을 통한 고전 장르들의 재활성화를 더 까다롭고도 덜 절박하게 만드는 것은 단순히 동시대 영화 문화와 이러한 고전 장르들의 전성기 사이에 더욱 늘어만 가는 — 시간적, 문화적 — 거리일지 모른다.

1970년대 할리우드가 고전 장르들을 비판적으로 다루는 데 있어 중요했던 측면 하나는 해당 장르들에서 추정되는 산업적, 문화적 중심성이었다. 당시에는 서부극이나 MGM 뮤지컬의 장르 패러다임들을 전도시키거나 급진화시킴으로써, 고전 할리우드 서사의 부적절함이나 파산에 대하여, 또한 그러한 장르 형식들에 퇴적되어 있는 가치들에 대하여, 약호화되긴 했어도 꽤나 투명한 방식으로 논평하는 것이 가능했다. 반면 오늘날의 다양화된 엔터테인먼트 시장은 그처럼 명확한 의미의 공적 표명에 유리하지 못하다. 고전 할리우드의 (최소한 개념상) 비교적 동질적이던 관객의 실종, 새로운 장르 및 하위 장르 경향의 증식, 그리고 장르 경계들의 약화는 모두 장르 특정적 헤게모니 이데올로기들에 이의를 제기하는 것은 물론, 그것들을 규명하기 훨씬 더 힘들게 만든다.

그러나, 보다 산만한 방식으로, 어떤 비판적 충동이 '뉴 할리우드' — 넓은 의미에서 1960년대 중반 할리우드의 변화 이래 보는 시기들

포함하는 것으로 여겨지는, 따라서 1960년대와 1970년대의 '할리우드 르네상스'와 1980년대 이래 '기업형 할리우드'를 모두 아우르는 — 에서 고전 장르들을 대체하고/하거나 보충하게 된 장르들 및 사이클들의 일부 속에 단단히 자리하고 있다. 이러한 '새로운' 장르들 중 많은 것들은 사실 혼성물로, 한편으로는 더 옛날의 장르 전통들을 개혁하고 결합하며 다른 한편 그것들을 새로운 관심사들과 혼합한다. 또한 어떤 경우들에서는 전통적인 장르 좌표들의 재정향이 의미심장한 이데올로기적 전환을 표현하기도 한다. 예를 들어 1969년 <이지 라이더>로 확고한 형식을 갖춘 로드 무비는 너른 방목장의 자유를 대신하는 고속도로망에 의해, 상당히 명백한 상호 텍스트로서 서부극의 전통을 통합시킨다. <이지 라이더>의 어느 숏에서는 자신의 말을 어르는 어느 목동과 나란히 자신의 오토바이를 수리하는 빌리가 프레임에 잡힌다. 그런데 로드 무비는 프론티어 신화를 현대 미국 — 잭 케루악Jack Kerouac의 비트 랩소디 ≪길 위에서 *On the Road*≫[147]로부터 궁극적으로 비롯된 — 으로 갱신하는 한편, 빈번히 동시대 '종말' 서부극들에 충만한 문화적 환멸을 공유하기도 한다. 단지 고속도로가 절대적인 이동의 자유를 개별 노정들 — <관계의 종말>(1973)에서 빌리가 맞닥뜨리는 철조망으로 예견된 제약 — 에 필연적으로 마련해 줄 뿐 아니라, 또한 많은 로드 무비들이 여하튼 가야할 미지의 장소가 많이 남아있지 않음을 암시하는 것이다. <이지 라이더>에서 빌리와 와이어트는, 일반적인 경우와는 반대로, 서부로부터 동부로, 광활함으로부터 냉혹하고도 치명적으로 협소해지는 지평선으로 여행한다. 자

147. 비트 문학의 선구자인 잭 케루악이 1956년 발표한 이 소설은 그가 종전 후에 대학을 자퇴하고 앨런 긴즈버그, 윌리엄 버로스, 닐 캐시디 등과 함께 미국 서부와 멕시코를 횡단한 체험을 토대로 쓴 것이다. — 옮긴이

유에 대한 그들의 비전이 때로 포용적이고 보편적이 될지라도, 근본적으로 그것은 차이에 대해 혹은 설사 애국적인 의도라 해도 정말이지 어떤 종류의 개인주의에 대해서도 적대적인 동시대 미국과 어긋나는 것으로 그려진다(영화 초반부, 빌리와 와이어트는 '허가 없이 행진'했다고 수감된다). 육체적, 정치적, 개인적 지평의 어떤 축소 감각이 로드 무비의 한 중요한 계보를 형성하는데, 이는 더글러스 파이가 페킨파의 서부극 주인공들에 대해 주목하듯(Pye, 1996: 18), 그들의 '행동 범위(가) 어떤 경우에서는 결국 어떻게 죽을 것인가의 선택에 한정'될 정도에 이른다. 이를테면 <델마와 루이스 *Thelma and Louise*>(1991)의 두 주인공이 고전 서부극의 친숙한 사막 언덕 한복판에서 깨닫게 되듯 말이다. <황무지*Badlands*>(1973)로부터 <헨리: 연쇄 살인범의 초상*Henry: Portrait of a Serial Killer*>(1986), <칼리포니아*Kalifronia*>(1993), <내추럴 본 킬러*Natural Born Killers*>(1994)에 이르기까지 여러 연쇄 살인범 / 로드 무비 혼성 영화들은 길의 '자유'를 비인간화된 덧없는 풍경에서 벌어지는 익명적 살육의 자유로 격하시키며, 한편 <로드 트립*Road Trip*>(2000)처럼 10대를 겨냥한 로드 무비들은 미국 여행의 신화로부터 술 취하기와 성교하기 너머의 그 어떤 의미도 비워 낸다.

오늘날 영화 제작에서 흔히 복합적으로 작동되는 다양한 장르 전통의 융합은 1970년대 할리우드의 두드러진 특징이었던 자기 과시적 영화 교양이 오히려 심화되었음을 가리킨다. 의심할 바 없이, 지난 25년간 영화 소비 양상의 변화 — 무엇보다도 홈 비디오의 영향 — 는 주류 영화 관객들 사이에서 장르에 대한 인식 수준을 현저히 증대시켰다. 서부극을 공부하는 학생들은, TV 편성표와 고전 영화 상영관 프로그램의 편향성에 대한 의존으로부터 자유로워져서, 이제는 예를 들어 광범위한 1930년대 시리즈 서부극들[148] 과 심지어 일부 무성 영화들 — 을 쉽게 볼 수 있으며 그것들의 진부함, 유치함 등에 관한 일반적 지식에 대해 그들만의 평가를 내릴 수 있다. 관객과 감독 양측에게 훨씬 더 잠재적으로 중요한 것은, 홈 비디오를 통하여 이제는 국제적 예술 영화의 정전들이나 컬트 팬의 배타적 집단 너머에 있는 '월드 시네마' — 예를 들어 일본, 한국, 이탈리아, 멕시코, 브라질의 호러 영화, 혹은 홍콩 액션 영화(동시대 영화와 1960년대 및 1970년대 영화, 양쪽 다) — 로까지 접근이 확장되었다는 것이다. 제프 킹(King, 2002: 118~28)이 갱스터－흡혈귀－서부극 <황혼에서 새벽까지 *From Dusk Till Dawn*>(1996)에 대한 논의에서 지적하듯, 이미 장르 전통들의 용이한 이용 가능성은 오늘날 장르 영화에 전형적인 상호 텍스트적 접근의 형식들을 변형시켰다.

1970년대에 장르에 대한 대대적인 질문이 행해진 것과 달리, 오늘날에는 전반적인 서사 패러다임으로서보다는 특정 드라마 상황이나 인물에 대한 관객의 이해를 돕기 위하여, 개별 영화에 의해 기존 장르 관습들이 소환된다. 11장에서 지적되었듯 <쉰들러 리스트>(1993)는 전반적으로 친숙하지 않은 서사 소재에 어떤 친숙한 드라마 참조의 틀을 부과하기 위해 워너브라더스사의 전시戰時 '전향 서사'(<카사블랑카> 같은)와 <사이코>(단지 '샤워 신'에서뿐 아니라, 나치 대령 아몬 괴스의 저택을 언덕 위 박공 구조의 '베이츠 모텔' 식 집으로서 비역사적으로 묘사함에 있어서도)를 불러낸다. 그러한 참조는 마틴 스콜세지(<뉴욕, 뉴욕>에서 자신이 영화광 청년이던 시절의 스튜디오 세트에 걸맞도록 맨해튼 보도의 연석을 인공적으로 높게 세워야 한다고 고집한 것으로 유명한) 같은 '영화 악동' 감독들에 의해 구현된 학자적 정밀함을 결여하는 경향이 있으며, 또한 점차, 이런 식으로 환기되고 동원되는 영화 장르들은 그 자체로 포스트고

148. 예를 들어 존 웨인의 모노그램 서부극 전全편이 현재 영국과 미국에 DVD로 출시되어 있다.

전적인 것들이 되어간다. 예를 들어 동시대 갱스터 영화들은 흔히 강력하게 상호 텍스트적이지만, 그것들이 참조하는 것은 '고전적인' 1930년대 초반 사이클보다는 훨씬 더 포스트고전적인 갱스터 영화들 — 특히 <대부> 시리즈와 마틴 스콜세지의 갱스터 영화들, 주로 <좋은 친구들> — 이기 쉽다. <킬빌 1>(2003)은 거의 전적으로 일련의 인유들에 의존하는데, 그 대상은 1960년대 및 1970년대 홍콩 쿵후 영화들과 1960년대 말 이탈리아 복수 서부극들뿐 아니라, 그 자체로 히치콕적 수사들과 모티브들을 페티시적으로 꼼꼼하게 재가공한 브라이언 드 팔마의 <드레스트 투 킬 *Dressed to Kill*>(1980) 같은 뉴 할리우드 혼성 모방들도 해당된다. 이런 식으로, 장르 참조성[지시성]의 증식 및 심화가 필연적으로 영화학에서의 역사적 전환에 평행하는 역사 인식의 확장으로 나아가는 것은 아니다. 오히려, 장르 영화들의 역사 참조의 틀은 점차 단축되어 가는 한편, 장르적 인유의 순전한 강도와 밀도는 — 타란티노처럼 극단적인 경우들에 있어 — 대개 장르 바깥 세계에 대한 명확한 관련이나 지시 없이 진행될 수 있는 점점 더 밀폐되는 지시와 반反 지시의 원으로 장르 영화들을 에워싼다. 이것은 전통적 장르 이론에 어떤 문제를 제기할 수 있는데, 전통적 장르 이론은, 앞서 본 것처럼, 영화 장르들과 장르 영화들이 그것들의 사회적, 정치적, 문화적 컨텍스트들과 상호 작용하는 방식에 적지 않은 중요성을 두는 경향이 있다.

그러나 또 다른 관점에서, (장르 생산 및 소비의 역할 변화와) 장르의 활동 영역 변화는 이 책이 시작된 지점 — 장르와 장르들은 본래부터 경과적이라는 깨달음 — 으로 우리를 되돌려 놓는다. 앞서 본 것처럼, 영화 장르 이론들과 개별 장르들에 대한 설명들이 시시때때로 부딪혀 온 문제는 그것들이 장르를 실제로 그런 것보다 더 내부적으로 통합되고 일관되어 보이게 만들려고 한다는 것이다. 심지어 통합성과 일관성 면에서 가장 미션

형적 장르인 서부극조차도 최근의 비평적 질문에 몰려, 흥미롭게도 분열 번식하고 여러 갈래로 엮인 장르 전통으로서 모습을 드러내고 있다. 그러한 의미에서, 21세기 할리우드 영화의 점점 장르를 넘나드는*transgeneric* 경향은 비단 '고전적' 장르 전통들의 붕괴뿐 아니라, 장르들의 체계에 항상 존재해온 그러한 '포스트고전적' 충동들이 변화된 제도적 컨텍스트들 내에서 보다 가시적으로 수행되고 있음 또한 표상한다. 어쨌거나, 그러한 전개들은 여전히 우리에게 장르가 무엇이고 장르가 하는 일은 무엇이며 왜 그리고 누구를 위해 그러는가에 대해 물어볼 많은 질문들이 있음을, 그리고 반대로 여전히 장르에게는 영화가 어떻게 작동하는가에 대해 우리에게 가르쳐 줄 많은 것이 있음을 확증한다.

## 참고 문헌


Abel, R. (1998). "'Our Country'/Whose Country?: The 'Americanisation' Project of Early Westerns," in Buscombe & Pearson (eds.) (1998), pp.77~95.

Adair, G. (1989). *Hollywood's Vietnam, from The Green Berets to Full Metal Jacket.* London: Heinemann.

Adorno, T. W. & M. Horkheimer [1944] (1972). *Dialectic of Enlightenment*, J. W. Seabury (trans.). New York: Continuum.

Aleiss, A. (1995). "Native Americans: The Surprising Silents," *Journal of Cinéaste*, vol. 21, no. 3, pp.34~36.

Allen, M. (1999). *Family Secrets: The Feature Films of D. W. Griffith.* London: BFI.

Alloway, L. (1971). *Violent America: The Movies 1946~1964.* New York: Museum of Modern Art.

Altman, R. (ed.) (1981). *Genre: The Musical.* London: BFI.

——— [1984] (1995). "A Semantic/Syntactic Approach to Film Genre," in B. K. Grant (ed.) (1995), pp.26~40.

——— (1987). *The American Film Musical.* Bloomington, IN: Indiana University Press.

——— [1989] (1992). "Dickens, Griffith and Film Theory Today," in J. Gaines (ed.) (1992). *Classical Hollywood Narrative: The Paradigm Years.* Durham, NC: Duke University Press, pp.45~162.

——— (1996). "Cinema and Genre," in G. Nowell-Smith (ed.) (1996). *The Oxford History of World Cinema.* Oxford: Oxford University Press, pp.276~285.

——— (1998). "Reusable Packaging: Generic Products and the Recycling Process," in Browne (ed.) (1998), pp.1~41.

——— (1999). *Film/Genre.* London: BFI.

Anderson, J. L. & D. Richie (1983). *The Japanese Film: Art and Industry*, 2nd edn. Princeton, NJ: Princeton University Press.

Andersen, T. (1985). "Red Hollywood," in S. Ferguson & B. Groseclose (eds.). *Literature and the Visual Arts*. Columbus, OH: Ohio State University Press, pp.183~189.

Aristotle (1911). *The Poetics*, D. S. Margoliouth (trans.). London: Hodder & Stoughton.

Arroyo, J. (ed.) (2000). *Action/Spectacle Cinema*. London: BFI.

Auster, A. (2002). "Saving Private Ryan and American Triumphalism," *Journal of Popular Film and Television*, vol. 38, no. 2, pp.98~104.

——— & L. Quart (1988). *How the War Was Remembered: Hollywood and Vietnam*. New York: Praeger.

Austin, G. (1996). *Contemporary French Cinema: An Introduction*. Manchester: Manchester University Press.

Avisar, I. (1988). *Filming the Holocaust: Cinema's Images of the Unspeakable*. Bloomington, IN: Indiana University Press.

Bach, S. (1985). *Final Cut: Dreams and Disaster in the Making of Heaven's Gate*. New York: William Morrow.

Badsey, S. (2002). "The Depiction of War Reporters in Hollywood Feature Films from the Vietnam War to the Present," *Film History*, vol. 14, no. 3~4, pp.243~260.

Balio, T. (1993). *Grand Design: Hollywood as a Modern Business Enterprise*. Berkeley, CA: University of California Press.

Bart, P. (1999). *Who Killed Hollywood? …… and Put the Tarnish on Tinseltown*. Los Angeles: Renaissance Books.

Barthes, R. (1957). *Mythologies*. Paris: Editions de Seuil.

Basinger, J. (1986). *The Second World War Combat Film: Anatomy of a Genre*. New York: Columbia University Press.

Bauman, Z. (1989). *Modernity and the Holocaust*. Cambridge: Polity.

Bazin, A. [1956] (1971). "The Evolution of the Western," *What Is Cinema?*, vol. 2. Berkeley, CA: University of California Press, pp.149~158.

Belton, J. [1972] (1991). "Souls Made Great by Love and Adversity: Frank Borzage," in M. Landy (ed.) (1991b), pp.371~379.

——— (1992). *Widescreen Cinema*. Cambridge, MA: Harvard University Press.

Benjamin, W. [1936] (1970). "The Work of Art in the Age of Mechanical Reproducation," in H. Zohn (trans. & ed.) (1970). *Illuminations*. London: Jonathan Cape.

Benshoff, H. M. (1997). *Monsters in the Closet: Homosexuality and the Horror Film*. Manchester: Manchester University Press.

Bergfelder, T. (2000). "Between Nostalgia and Amnesia: Musical Genres in the 1950s German Cinema," in Marshall & Stilwell (eds.) (2000), pp.80~88.

Berliner, T. (2001). "The Genre Film as Booby Trap: 1970s Genre Bending and *The French Connection*," *Cinema Journal*, vol. 40, no. 3, pp.25~46.

Berry, C. (2003). "'What's Big About the Big Film?' 'De-Westernising' the Blockbuster in Korea and China," in Stringer (ed.) (2003), pp.217~229.

Bertens, H. (1995). *The Idea of the Postmodern*. London: Routledge.

Binford, M. R. (1987). "The Two Cinemas of India," in J. D. H. Downing (ed.). *Film and Politics in the Third World*. New York: Autonomedia, pp.145~166.

Biskind, P. (1983). *Seeing Is Believing: or, How Hollywood Taught Us to Stop Worrying and Love the Fifties*. New York: Pantheon.

——— (1998). *Easy Riders, Raging Bulls: How the Sex'n' Drugs'n' Rock'n' Roll Generation Changed Hollywood*. London: Bloomsbury.

Bodnar, J. (2001). "Saving Private Ryan and Postwar Memory in America," *American Historical Review*, vol. 106, no. 3, pp.805~817.

Borde, R. & E. Chaumeton [1995] (1983). *Panorama du Film Noir Américan*. Paris: Éditions de Minuit.

Bordwell, D. (2002). "Intensified Continuity: Visual Style in Contemporary American Film," *Film Quarterly*, vol. 55, no. 2, pp.16~23.

———, J. Staiger, & K. Thompson. (1985). *The Classical Hollywood Cinema: Film Style and Mode of Production to 1960*. London: Routledge.

Bottomore, S. (2002). "Introduction: War and Militarism: Dead White Males," *Film History*, vol. 14, no. 3~4, pp.239~242.

Bowser, E. (1990). *The Transformation of Cinema, 1907~1915*. New York: Scribner.

Brewster, B. & L. Jacobs (1997). *Theatre to Cinema: Stage Pictorialism and the Early Feature Film*. Oxford: Oxford University Press.

Britton, A. (1986). "Blissing Out: The Politics of Reaganite Entertainment," *Movie*, vol. 31, no. 2, pp.1~42.

Brodnax, M. (2001). "Man a Machine: The Shift from Soul to Identity in Lang's Metropolis and Ruttman's Berlin," in K. S. Calhoun (ed.) (2001). *Peripheral Visions: The Hidden Stages of Weimar Cinema*. Detroit, MI: Wayne State University Press, pp.73~93.

Brooks, P. (1976). *The Melodramatic Imagination: Balzac, Henry James, Melodrama, and the Mode of Excess*. New Haven, CT: Yale University Press.

Brottman, M. (1997). *Offensive Films: Towards an Anthropology of Cinéma Vomitif*. Westport, CT: Greenwood Press.

Browne, N. (ed.) (1998). *Refiguring American Film Genres: Theory and History*. Berkeley, CA: University of California Press.

(2000). *Francis Ford Coppola's The Godfather Trilogy*. Cambridge: Cambridge University Press.

Bruno, G. (1987). "Ramble City: Postmodernism and Blade Runner," *October*, vol. 41, pp.61~74.

Bruzzi, S. (1995). "Style and the Hood: Gangsters, American and French Style," *Sight & Sound*, vol. 5(November), pp.26~27.

——— (1997). *Undressing Cinema: Clothing and Identity in the Movies*. London: Routledge.

——— (2000). *New Documentary: A Critical Introduction*. London: Routledge.

Bukatman, S. (1993). *Terminal Identity: The Virtual Subject in Postmodern Science Fiction*. Durham, NC: Duke University Press.

——— (1997). "The Syncopated City: New York in Musical Film (1929~1961)," *Spectator*, vol. 18, no. 1, pp.8~23.

Burton, A. (2002). "Death of Glory? The Great War in British Film," in C. Monk & A. Sargeant (ed.) (2002). *British Historical Cinema*. London: Routledge.

Buscombe, E. [1970] (1995). "The Idea of Genre in the American Cinema," in B. K. Grant (ed.) (1995), pp.11~25.

——— (ed.) (1988). *The BFI Companion to the Western*. London: BFI.

——— (1996). "Inventing Monument Valley: Nineteenth-Century Landscape Photography and the Western Film," in P. Petro (ed.) (1996). *Fugitive Images: From Photography to Video*. Bloomington, IN: Indiana University Press, pp.87~108.

——— & R. Pearson (eds.) (1998). *Back in the Saddle Again: New Essays on the Western*. London: BFI.

Byars, J. (1991). *All That Hollywood Allows: Re-Reading Gender in 1950s Melodrama*. London: Routledge.

Cameron, I. (ed.) (1992). *The Movie Book of Film Noir*. London: Studio Vista.

——— & D. Pye (eds.) (1996). *The Movie Book of the Western*. London: Studio Vista.

Camon, A. (2000). "The Godfather and the Mythology of the Mafia," in N. Browne (ed.) (2000), pp.57~75.

Carlson, M. (1984). *Theories of the Theatre*. Ithaca, NY: Cornell University Press.

Carroll, N. (1982). "The Future of an Allusion: Hollywood in the Seventies (and Beyond)," *October*, vol. 20, pp.51~81.

——— (1990). *The Philosophy of Horror, or Paradoxes of the Heart*. New York: Routledge.

Case, S.-E. (1991). "Tracking the vampire," *Differences*, vol. 3, no. 2, pp.1~20.

——— (1989). "Towards a Butch-Femme Aesthetic," in L. Hart (ed.). *Making a Spectacle: Feminist Essays on Contemporary Women's Theater*. Ann Arbor: University of Michigan Press.

Casty, A. [1972] (1991). "The Films of D. W. Griffith: A Style for the Times," in M. Landy (ed.) (1991b), pp.362~370.

Caughie, J. (ed.) (1981). *Theories of Authorship*. London: BFI.

Cawelti, J. [1979] (1995). "Chinatown and Generic Transformation in Recent American Films," in B. K. Grant (ed.) (1995), pp.227~246.

Chambers, J. W. (1994). "*All Quiet on the Western Front* (1930): The Antiwar Film and the Image of the First World War," *Historical Journal of Film, Radio and Television*, vol. 14, no. 4, pp.377~412.

Chambers, J. W. II & D. Culbert (eds.) (1996). *Second World War: Film and History*. Oxford: Oxford University Press.

Chapman, J. (1998). *The British at War: Cinema, State and Propaganda, 1939~1945*. London: I. B. Tauris.

——— (2000). "Cinema, Propaganda and National Identity: British Film and the Second World War," in J. Ashby & A. Higson (eds.). *British Cinema, Past and Present*. London: Routledge, pp.193~206.

Charney, L. & V. Schwartz (eds.) (1995). *Cinema and the Invention of Everyday Life*. Berkeley, CA: University of California Press.

Chibnall, S. (2001). "Travels in Ladland: The British Gangster Film Cycle, 1998~2001," in R. Murphy (ed.) (2001). *The British Cinema Book*, 2nd edn. London: BFI, pp.281~291.

——— & J. Petley (eds.) (2002). *British Horror Cinema*. London: Routledge.

Clarens, C. (1968). *Horror Movies: An Illustrated History*. London: Secker & Warburg.

Clover, C. (1992). *Men, Women and Chainsaws: Gender in the Modern Horror Film*. London: BFI.

Coates, P. (1991). *The Gorgon's Gaze: German Cinema, Expressionism, and the Image of Horror*. Cambridge: Cambridge University Press.

Cohan, S. [1993] (2002). "'Feminizing' the Song-and-Dance Man: Fred Astaire and the Spectacle of Masculinity in the Hollywood Musical," in S. Cohan (ed.) (2002), pp.87~101.

——— (2000). "Case Study: Interpreting Singin' in the Rain," in C. Gledhill & L. Williams (eds.). *Reinventing Film Studies*. London: Edward Arnold, pp.53~75.

——— (ed.) (2002). *Hollywood Musicals: The Film Reader*. London: Routledge.

——— & I. R. Hark (eds.) (1997). *The Road Movie Book*. London: Routledge.

Collins, J. M. (1988). "The Musical," in W. D. Gehring (ed.) (1988), pp.269~284.

Collins, J. (1993). "Genericity in the Nineties: Eclectic Irony and the New Sincerity," in J. Collins, H. Radner, & A. P. Collins (eds.) (1993). *Film Theory Goes to the Movies*. New York: Routledge.

Cook, P. (1978). "Duplicity in Mildred Pierce," in E. A. Kaplan (ed.) (1978). *Women in Film Noir*. London: BFI.

Copjec, J. (ed.) (1993). *Shades of Noir*. London: Verso.

Corkin, S. (2000). "Cowboys and Free Markets: Post-Second World War Westerns and U. S. Hegemony," *Cinema Journal*, vol. 39, no. 3, pp.66~91.

Corn, J. (1986). *Imagining Tomorrow: History, Technology and the American Future*. Cambridge, MA: MIT Press.

Coyne, M. (1997). *The Crowded Prairie: American National Identity in the Hollywood Western*. London: I. B. Tauris.

Creeber, G. (2002). "'TV Ruined the Movies': Television, Tarantino, and the Intimate World of The Sopranos," in D. Lavery (ed.) (2002). *This Thing of Ours: Investigating The Sopranos*. London: Wallflower, pp.124~134.

Creed, B. (1986). "Horror and the Monstrous-Feminine: An Imaginary Abjection," *Screen*, vol. 27, no. 1, pp.44~70.

——— (1993). *The Monstrous Feminine: Film, Feminism and Psychoanalysis*. London: Routledge.

Crowdus, G. (ed.) (1994). *The Political Companion to American Film*. Chicago: Lakeview Press.

Cull, N. (2002). "Great Escapes: 'Englishness' and the Prisoner of War Genre," *Film History*, vol. 14, no. 3~4, pp.282~295.

Cuomo, P. N. (1996). "Dance, Flexibility and the Renewal of Genre in Singin' in the Rain," *Cinema Journal*, vol. 36, no. 1, pp.39~54.

Dallek, R. (1998). *Flawed Giant: Lyndon Johnson and his Times, 1961 ~1973*. New York: Oxford University Press.

Davis, M. (1991). *City of Quartz*. London: Verso.

Delameter, J. (1978). *Dance in the Hollywood Musical*. Ann Arbor, MI: UMI Research Press.

Derrida, J. (1976). *Of Grammatology*, G. C. Spivak (trans.). Baltimore, MD: Johns Hopkins University Press.

——— (1992). "The Law of Genre," in D. Attridge (ed.) (1992). *Acts of Literature*. New York: Routledge, pp.221~252.

Dibbets, K. & B. Hogenkamp (ed.) (1995). *Film and the First World War*. Amsterdam: Amsterdam University Press.

Dick. B. F. (1985). *The Star-Spangled Screen: The American Second World War Film*. Lexington, KY: University of Kentucky Press.

Dimendberg, E. (1997). "From Berlin to Bunker Hill: Urban Space, Late Modernity, and Film Noir in Fritz Lang's and Joseph Losey's *M*," *Wide Angle*, vol. 19, no. 4, pp.62~93.

——— (2004). *Film Noir and the Spaces of Modernity*. Cambridge, MA: Harvard University Press.

Dixon, W. W. (ed.) (2000). *Film Genre 2000: New Critical Essays*. Albany, NY: State University of New York Press.

Doane, M. A. (1987). *The Desire to Desire: The Woman's Film of the 1940s*. Bloomington, IN: Indiana University Press.

Dodds, S. (2001). *Dance on Screen: Genres and Media from Hollywood to Experimental Art*. London: Palgrave.

Doherty, T. (1999). *Projections of War: Hollywood, American Culture, and World War II*. New York: Columbia University Press.

Dukore, B. F. (1999). *Sam Peckinpah's Feature Films*. Urbana, IL: University of Illinois Press.

Dyer, R. [1977] (1981). "Entertainment and Utopia," in R. Altman (ed.) (1981), pp.175～181.

——— [1986] (2002). "Judy Garland and Camp," in S. Cohan (ed.) (2002), pp.107～114.

——— (2002). "The Colour of Entertainment," in Marshall & Stilwell (eds.) (2000), pp.23～30.

Eberwein, R. (1998). "The Erotic Thriller," *Post Script*, vol. 17, no. 3, pp.25～33.

Ecksteins, M. (1989). *Rites of Spring: The Great War and the Birth of the Modern Age*. New York: Houghton Mifflin.

Eisele, J. (2002). "The Wild East: Deconstructing the Language of Genre in the Hollywood Eastern," *Cinema Journal*, vol. 41, no. 4, pp.68～94.

Eisenstein, S. (1944). "Dickens, Griffith and Film Today," in S. Eisenstein (1949). *Film Form*. London: Dennis Dobson, pp.195～234.

Eleftheriotis, D. (2004). "Spaghetti Western, Genre Criticism and National Cinema: Re-Defining the Frame of Reference," in Y. Tasker (ed.) (2004), pp.309～327.

Eley, G. (2001). "Finding the People's War: Film, British Collective Memory, and World War II," *American Historical Review*, vol. 106, no. 3, pp.818～838.

Elsaesser, T. [1972] (1991). "Tales of Sound and Fury: Observations on the Family Melodrama," in M. Landy (ed.) (1991b), pp.68～91.

Engelhardt, T. (1995). *The End of Victory Culture: Cold War America and the Disillusion of a Generation*. New York: Basic Books.

Fassbinder, R. W. [1972] (1992). "Imitation of Life: On the Films of Douglas Sirk," K. Winston (trans.), in M. Töteberg & L. Lensing (eds.) (1992). *Rainer Werner Fassbinder. The Anarchy of the Imagination*. Baltimore, MD: Johns Hopkins University Press, pp.77～89.

Feuer, J. [1977] (1981). "The Self-Reflective Musical and the Myth of Entertainment," in Altman (ed.) (1981), pp.159~174.

——— (1992). *The Hollywood Musical*, 2nd edn. London: BFI.

Fischer, L. [1976] (1981). "The Image of Woman as Image: The Optical Politics of Dames," in Altman (ed.) (1981), pp.70~84.

Flinn, T. (1973). "Out of the Past," *The Velvet Light Trap*, vol. 10, pp.38~46.

Fokkema, D. (1996). "Comparative Literature and the Problem of Canon Formation," *Canadian Review of Comparative Literature / Revue Canadienne de Litérature Comparée*, vol. 23, no. 1, pp.51~66.

Foucault, M. (1970). *The Order of Things: An Archaeology of the Human Sciences*. New York: Random House.

Francke, L. (1994). *Script Girls: Women Screenwriters in Hollywood*. London: BFI.

Frayling, C. (1997). *Spaghetti Westerns: Cowboys and Europeans from Karl May to Sergio Leone*, 2nd edn. London: I. B. Tauris.

French, P. (1973). *Westerns*. London: Secker & Warburg.

Frieberg, F. (1996). "China Nights: The Sustaining Romance of Japan at War," in Chambers & Culbert (eds.) (1996), pp.31~46.

Fuery, P. & N. Mansfield (1997). *Cultural Studies and the New Humanities: Concepts and Controversies*. Oxford: Oxford University Press.

Fussell, P. (1989). *Wartime: Understanding and Behaviour in the Second World War*. New York: Oxford University Press.

Gabbard, K. (2003). "Saving Private Ryan Too Late," in J. Lewis (ed.) (2003). *The End of Cinema As We Know It?* London: Pluto, pp.131~138.

Gallafent, E. (1992). "Moving Targets and Black Windows: *Film Noir* in Modern Hollywood," in Cameron (ed.) (1992), pp.267~285.

——— (2000). *Astaire and Rogers*. London: Studio Vista.

Gallagher, T. [1986] (1995). "Shoot-Out at the Genre Corral: Problems in the 'Evolution' of the Western," in Grant (ed.) (1995), pp.202~216.

Gehring, W. D. (ed.) (1988). *A Handbook of American Film Genres*. New York: Greenwood Press.

Geraghty, C. (2003). *British Cinema in the 1950s: Gender, Genre, and the 'New Look.'* London: Routledge.

Gibson, P. C. (ed.) (1993). *Dirty Looks: Women, Pornography, Power*. London: BFI.

Gifford, D. (1973). *A Pictorial History of Horror Movies*. London: Hamlyn.

Gillespie, D. (2003). *Russian Cinema*. London: Longman.

Gledhill, C. (1987). "The Melodramatic Field: An Investigation," in C. Gledhill (ed.) (1987). *Home Is Where the Heart Is: Studies in Melodrama and the Woman's Film*. London: BFI.

——— (1994). "Introduction," in J. Cook, C. Gledhill, & J. Bratton (eds.) (1994). *Melodrama: Stage, Picture, Screen*. London: BFI.

——— (2000). "Rethinking Genre," in C. Gledhill & L. Williams (eds.) (2000). *Reinventing Film Studies*. London: Arnold, pp.221~243.

Godden, R. (1997). "Maximizing the Noodles: Class, Memory, and Capital in Sergio Leone's Once Upon a Time in America," *Journal of American Studies*, vol. 31, no. 3, pp.361~384.

Gomery, D. (2003). "The Hollywood Blockbuster: Industrial Analysis and Practice," in J. Stringer (ed.) (2003), pp.72~83.

Goodwin, A. (1993). *Dancing in the Distraction Factory: Music Television and Popular Culture*. London: Routledge.

Gorak, J. (1991). *The Making of the Modern Canon: Genesis and Crisis of a Literary Idea*. London: Athlone.

Grant, B. K. (ed.) (1995). *Film Genre Reader II*. Austin, TX: University of Texas Press.

——— (1996). *The Dread of Difference: Gender and the Horror Film*. Austin, TX: University of Texas Press.

——— (1998). "Rich and Strange: The Yuppie Horror Film," in S. Neale & M. Smith (eds.) (1998). *Contemporary Hollywood Cinema*. London: Routledge, pp.280~293.

Greene, E. (1998). *Plant of the Apes as American Myth: Race, Politics, and Popular Culture*. Hanover, NH: Wesleyan University Press.

Grieveson, L. (1997). "Policing the Cinema: Traffic in Souls at Ellis Island, 1913," *Screen*, vol. 38, no. 2, pp.139~171.

——— (2005). "Gangsters and Governance in the Silent Era," in L. Grieveson et al. (eds.) (2005). *Mob Culture: Hidden Histories of American Gangster Film*. Oxford: Berg.

Griffin, S. (2002). "The Gang's All Here: Generic versus Racial Integration in the 1940s Musical," *Cinema Journal*, vol. 42, no. 1, pp.21~45.

Griffiths, A. (1996). "Science and Spectacle: Native American Representation in Early Cinema," in S. E. Bird (ed.) (1996). *Dressing in Feathers: The Construction of the Indian in American Popular Culture*. Boulder, CO: Westview Press.

——— (2002). "Playing at Being Indian: Spectatorship and the Early Western," *Journal of Popular Film and Television*, vol. 29, no. 3, pp.100~111.

Griffiths, T. (1975). *Comedians*. London: Faber & Faber.

Grist, L. (1992). "Out of the Past," in I. Cameron (ed.) (1992), pp.203~212.

——— (2000). *The Films of Martin Scorsese, 1963~1977: Authorship and Context*. Basingstoke: Macmillan.

Gross, L. [1995] (2000). "Big and Loud," in J. Arroyo (ed.) (2000), pp.3~9.

Grossman, J. R. (1994). *The Frontier in American History*. Berkeley, CA: University of California Press.

Gunning, T. (1990). "The Cinema of Attractions: Early Film, Its Spectator, and the Avant-Garde," in T. Elsaesser (ed.). *Early Cinema: Space, Frame, Narrative*. London: BFI.

——— (1995). "An Aesthetic of Astonishment: Early Film and the (In)Credulous Spectator," in L. Williams (ed.). *Viewing Positions*. New Brunswick, NJ: Rutgers University Press.

——— (1997). "From the Kaleidoscope to the X-Ray: Urban Spectatorship, Poe, Banjamin, and Traffic in Souls (1913)," *Wide Angle*, vol. 19, no. 4, pp.25~61.

Halberstam, J. (1995). *Skin Shows: Gothic Horror and the Technology of Monsters*. Durham, NC: Duke University Press.

Hall, S. (2002). "Tall Revenue Features: The Genealogy of the Modern Blockbuster," in S. Neale (ed.) (2002b), pp.11~26.

Halliday, J. (ed.) (1971). *Sirk on Sirk: Interviews with Jon Halliday*. London: Secker & Warburg.

Hand, R. J. & M. Wilson (2002). *Grand-Guignol: The French Theatre of Horror*. Exeter: University of Exeter Press.

Hansen, M. (1991). *Babel and Babylon: Spectatorship in American Silent Film*. Cambridge, MA: Harvard University Press.

Hardy, P. (1985). *Horror: The Aurum Film Encyclopedia*. London: Aurum.

——— (ed.) (1991). *The Western: The Aurum Film Encyclopedia*. London: Aurum Press.

——— (ed.) (1998). *Gangsters: The Aurum Film Encyclopedia*. London: Aurum Press.

Harper, S. & V. Poter (2003). *British Cinema of the 1950s: The Decline of Deference*. Oxford: Oxford University Press.

Harris, O. (2003). "*Film Noir* Fascination: Outside History, But Historically So," *Cinema Journal*, vol. 43, no. 1, pp.3~24.

Harris, T. (1999). *Hannibal*. London: Hamish Hamilton.

Hasian, M. (2001). "Nostalgic Longings, Memories of the 'Good War,' and Cinematic Representations in Saving Private Ryan," *Critical Studies in Media Communication*, vol. 18, no. 3, pp.338~358.

Hawkins, C. (2000). *Cutting Edge: Art-Horror and the Horrific Avant-Garde*. Minneapolis, MN: University of Minnesota Press.

Heffernan, K. (2002). "Inner City Exhibition and the Horror Film: Distributing *Night of the Living Dead* (1968)," *Cinema Journal*, vol. 41, no. 3, pp.59~77.

——— (2004). *Ghouls, Gimmicks, and Gold: Horror Films and the American Movie Business, 1953～1968*. Durham, NC: Duke University Press.

Hennelly, M. M. (1980). "American Nightmare: The Underworld in Film," *Journal of Popular Film*, vol. 6, no. 3, pp.240～261.

Herzogenrath, B. (2002). "Join the United Mutations: Tod Browning's Freaks," *Post Script*, vol. 21, no. 3, pp.8～19.

Hills, M. (2005). "Ringing the Changes: Cult Distinctions and Cultural Differences in US Fans' Readings of Japanese Horror Cinema," in J. McRoy (ed.) (2005).

Hoberman, J. & J. Risenbaum (1983). *Midnight Movies*. New York: Da Capo Press.

Hodgkins, J. (2002). "In the Wake of Desert Storm: A Consideration of Modern Second World War Films," *Journal of Popular Film and Television*, vol. 30, no. 2, pp.74～84.

Hopewell, J. (1986). *Out of the Past: Spanish Cinema After Franco*. London: BFI.

Hunter, I. Q. (ed.) (1999). *British Science Fiction Cinema*. London: Routledge.

Hurd, G. (ed.) (1984). *National Fictions: Second World War in British Film and Television*. London: BFI.

Hurley, K. (1995). "Reading Like an Alien: Posthuman Identity in Ridley Scott's *Alien* and David Cronneberg's *Rabid*," in J. Halberstam & I. Livingston (eds.). *Posthuman Bodies*. Bloomington, IN: Indiana University Press, pp.203～224.

Hutchings, P. (1993). *Hammer and Beyond: The British Horror Film*. Manchester: Manchester University Press.

Huyssen, A. (1986). "The Vamp and the Machine: Technology and Sexuality in Fritz Lang's Metropolis," in A. Huyssen (ed.) (1996). *After the Great Divide: Modernism, Mass Culture, Postmodernism*. Bloomington, IN: Indiana University Press.

Insdorf, A. (2002). *Indelible Shadows: Film and the Holocaust*, 3rd edn. Cambridge: Cambridge University Press.

Isenberg, M. T. (1981). *War on Film: The American Cinema and First World War, 1914～1941*. London: Associated University Presses.

James, E. (1994). *Science Fiction in the 20th Century*. Oxford: Oxford University Press.

Jameson, F. (1991). *Postmodernism; or, the Cultural Logic of Late Capitalism*. London: Verso.

Jancovich, M. (1992). "Modernity and Subjectivity in The Terminator: The Machine as Monster in Contemporary American Culture," *The Velvet Light Trap*, vol. 30, pp.3～17.

——— (1996). *Rational Fears: American Horror in the 1950s*. Manchester: Manchester

University Press.

——— [2001] (2002). "Genre and the Audience: Genre Classifications and Cultural Distinctions in The Silence of the Lambs," in M. Jancovich (ed.) (2002), pp.151~162.

——— (ed.) (2002). *Horror: The Film Reader*. London: Routledge.

Jay, G. S. (2000). "White Man's Book No Good: D. W. Griffith and the American Indian," *Cinema Journal*, vol. 39, no. 4, pp.3~25.

Jeffords, S. (1988). "Masculinity as Excess in Vietnam Films: The Father/Son Dynamic of American Culture," *Genre*, vol. 21, pp.487~515.

——— (1989). *The Remasculinization of America: Gender and the Vietnam War*. Bloomington, IN: Indiana University Press.

——— (1994). *Hard Bodies: Hollywood Masculinity in the Reagan Era*. New Brunswick, NJ: Rutgers University Press.

Jenks, C. (1992). "The Other Face of Death: Barbara Steele and La Maschera del Demonio," in R. Dyer & G. Vincendeau (eds.). *Popular European Cinema*. London: Routledge, pp.149~162.

Jordan, B. & R. Morgan-Tamosounas (1998). *Contemporary Spanish Cinema*. Manchester: Manchester University Press.

Kael, P. (1965). *I Lost It at The Movies*. Boston: Little Brown.

Kaminsky, S. (1985). *American Film Genres*, 2nd edn. Chicago: Nelson-Hall.

Kane, K. (1988). "The Second World War Combat Film," in W. D. Gehring (ed.) (1988), pp.85~102.

Kaplan, E. A. (1986). *Rocking Around the Clock: Music Television, Postmodernism, and Consumer Culture*. London: Routledge.

——— (ed.) (1999). *Women in Film Noir*, 2nd edn. London: BFI.

Kapsis, R. (1992). *Hitchcock: The Making of a Reputation*. Chicago: University of Chicago Press.

Keller, A. (2001). "Generic Subversion as Counterhistory: Mario van Peebles's Posse," in J. Walker (ed.) (2001b), pp.27~46.

——— (1997). *Cinema and the Great War*. London: Routledge.

Kendrick, W. (1991). T*he Thrill of Fear: 250 Years of Scary Entertainment*. New York: Grove.

Kenez, P. (2001). *Cinema and Soviet Society: From the Revolution to the Death of Stalin*. London: I. B. Tauris.

Kern, S. (1983). *The Culture of Time and Space*. Cambridge, MA: Harvard University Press.

Kilborn, R. & J. Izod (1997). *An Introduction to Television Documentary: Confronting Reality*. Manchester: Manchester University Press.

King, G. (2000a). *Spectacular Narratives: Hollywood in the Age of the Blockbuster*. London: I. B. Tauris.
——— (2000b). "Ride-Films and Film as Rides in the Contemporary Hollywood Cinema of Attractions," *CineAction*, vol. 51, pp.2~9.
——— (2002). *New Hollywood Cinema: An Introduction*. London: I. B. Tauris.
——— (2003). "Spectacle, Narrative, and the Spectacular Hollywood Blockbuster," in J. Stringer (ed.) (2003), pp.114~127.
——— & T. Krzywinska (2001). *Science Fiction Cinema: From Outerspace to Cyberspace*. London: Wallflower.
Kitses, J. (1969). *Horizons West*. London: Thames & Hudson.
Klein, M. (1994). "Beyond the American Dream: Film and the Experience of Defeat," in M. Klein (ed.) (1994). *An American Half Century: Postwar Culture and Politics in the U. S. A.* London: Pluto, pp.206~231.
Kleinhans, C. [1978] (1991). "Notes on Melodrama and the Family Under Capitalism," in M. Landy (ed.) (1991b), pp.197~204.
——— (1996). "Teaching Sexual Images: Some Pragmatics," *Jump Cut* vol. 40, pp.119~122.
Klinger, B. (1994a). "'Local' Genres: The Hollywood Adult Film in the 1950s," in J. Bratton, J. Cook, & C. Gledhill (eds.) (1994). *Melodrama: Stage Picture Screen*. London: BFI, pp.134~146.
——— (1994b). *Melodrama and Meaning: History, Culture and the Films of Douglas Sirk*. Bloomington, IN: Indiana University Press.
Koch, G. [1981] (1993). "The Body's Shadow Realm," in P. C. Gibson (ed.) (1993), pp.22~45.
Koepnick, L. P. (1995). "Unsettling America: German Westerns and Modernity," *Modernism / Modernity*, vol. 2, no. 3, pp.1~22.
Koppes, C. R. & G. D. Black (1987). *Hollywood Goes to War: How Politics, Profits and Propaganda Shaped Second World War Movies*. New York: Free Press.
Korte, B. (2001). "The Grandfathers' War: Re-Imagining World War One in British Novels and Films of the 1990s," in D. Cartmell et al. (eds.) (2001). *Retrovisions: Reinventing the Past in Film and Fiction*. London: Pluto.
Kracauer, S. (1947). *From Caligari to Hitler: A Psychological Study of the German Film*. Princeton, NJ: Princeton University Press.
Krämer, P. (1998). "Would You Take Your Child to See This Film? The Cultural and Social Work of the Family-Adventure Movie," in S. Neale & M. Smith (eds.) (1998). *Contemporary Hollywood Cinema*. London: Routledge, pp.294~311.
——— (2004). "'It's Aimed at Kids — The Kid in Everybody': George Lucas, Star

Wars and Children's Entertainment," in Tasker (ed.) (2004), pp.358~370.

Kress, G. & T. Threadgold (1988). "Towards a Social Theory of Genre," *Southern Review*, vol. 21, no. 1, pp.215~243.

Kristeva, J. (1982). *Powers of Horror: An Essay on Abjection*. New York: Columbia University Press.

Krutnik, F. (1991). *In a Lonely Street: Film Noir, Genre Masculinity*. London: Routledge.

Kuhn, A. (1981). "Desert Victory and the People's War," *Screen*, vol. 22, no. 2, pp.156~173.

——— (ed.) (1990). *Alien Zone: Cultural Theory and Contemporary Science Fiction Cinema*. London: Verso.

——— (1999). *Alien Zone II: The Spaces of Science Fiction Cinema*. London: Verso.

Laderman, D. (2002). *Driving Visions: Exploring the Road Movie*. Austin, TX: University of Texas Press.

Landon, B. (1992). *The Aesthetics of Ambivalence: Rethinking Science Fiction Film in the Age of Electronic (re)Production*. Westport, CT: Greenwood Press.

Landy, M. (1991a). *British Genres: Cinema and Society, 1930~1960*. Princeton, NJ: Princeton University Press.

——— (ed.) (1991b). *Imitations of Life: A Reader on Film and Television Melodrama*. Detroit, MI: Wayne State University Press.

——— (2000a). *Italian Film*. Cambridge: Cambridge University Press.

——— (2000b). "The Other Side of Paradise: British Cinema from and American Perspective," in J. Ashby & A. Higson (eds.) (2000). *British Cinema, Past and Present*. London: Routledge.

Langford, B. (1999). "'You Cannot Look at This': Thresholds of Unrepresentability in Holocaust Film," *Journal of Holocaust Education*, vol. 8, no. 3, pp.23~40.

——— (2003). "The Revisionist Western - Revised," *Film and History*, vol. 33, no. 2, pp.26~35.

Lavery, D. (2001). "From Cinespace to Cyberspace: Zionists and Agents, Realists and Gamers in *The Matrix* and *eXistenZ*," *Journal of Popular Film and Television*, vol. 28, no. 4, pp.150~157.

Lawton, A. (1992). *Kinoglasnost: Soviet Cinema in Our Time*. Cambridge: Cambridge University Press.

Leab, D. J. (1995). "An Ambiguous Isolationism: The Fighting 69th (1940)," in P. C. Rollins & J. E. O'Connor (eds.). *Hollywood's First World War: Great Adventure or Lost Generation Nightmare?* Bowling Green, KY: Bowling Green University Press, pp.181~198.

Lembcke, J. (1998). *The Spitting Image: Myth, Memory and the Legacy of Vietnam*. New York: New York University Press.

Levi, P. (1988). *The Drowned and the Saved*, R. Rosenthal (trans.). New York: Simon & Schuster.

Lewis, J. (2003). "Following the Money in America's Sunniest Company Town: Some Notes on the Political Economy of the Hollywood Blockbuster," in J. Stringer (ed.) (2003), pp.61～71.

Leyda, J. (2002). "Black-Audience Westerns and the Politics of Cultural Identification in the 1930s," *Cinema Journal*, vol. 42, no. 1, pp.46～70.

Loshitsky, Y. (ed.) (1997). *Spielberg's Holocaust: Critical Perspectives on Schindler's List*. Bloomington: Indiana University Press.

Lukow, G. & S. Ricci (1984). "The 'Audience' Goes 'Public': Inter-Textuality, Genre and the Responsibilities of Film Literacy," *On Film*, vol. 12, pp.29～36.

Lusted, D. (2003). *The Western*. Harlow: Person Longman.

Maier, C. (1991). *The Unmasterable Past: History, Holocaust, and German National Identity*. Cambridge, MA: Harvard University Press.

Maltby, R. [1984] (1992). "The Politics of the Maldjusted Text," in I. Cameron (ed.) (1992), pp.39～48.

——— (1995a). *Hollywood Cinema*. Oxford: Blackwell.

——— (1995b). "Tragic Heroes? Al Capone and the Spectacle of Criminality, 1947～1931," in J. Benson et al. (1995). *Screening the Past: The Sixth Australian History and Film Conference*. Melbourne: Le Trobe University Press.

Manvell, R. (1974). *Film and the Second World War*. London: A. S. Barnes.

Marshall, B. & R. Stilwell (ed.) (2000). *Musicals: Hollywood and Beyond*. Exeter: Intellect.

Mason, F. (2002). *American Gangster Cinema: From Little Caesar to Pulp Fiction*. London: Palgrave.

McArthur, C. (1972). *Underworld USA*. London: Secker & Warburg.

McBride, J. (1996). *Steven Spielberg: A Biography*. London: Faber.

McCarty, J. (1993). *Hollywood Gangland: The Movies' Love Affair with the Mob*. New York: St. Martin's Press.

McDonald, K. I. (1992). "The *Yakuza* Film: An Introduction," in A. Nolletti Jr. & D. Desser (eds.) (1992). *Reframing Japanese Cinema: Authorship, Genre, History*. Bloomington, IN: Indian a University Press.

McIlroy, B. (1998). *Shooting to Kill: Filmmaking and the 'Troubles' in Northern Ireland*. Trowbridge: Flicks Books.

McRoy, J. (ed.) (2005). *Japanese Horror Cinema*. Edinburgh: Edinburgh University Press.

Medhurst, A. (1984). "Fifties War Films," in Hurd (ed.) (1984), pp.35～48

Mellen, J. (1994). "The Western," in Crowdus (ed.) (1994), pp.469～475.

Mellencamp, P. (1990). "The Sexual Economics of *Gold Diggers of 1933*," in P. Lehman (ed.) (1990). *Close Viewings: An Anthology of New Film Criticism*. Tallahassee, FL: Florida State University Press.
Michelson, A. (1979). "Dr Crase and Mr Clair," *October*, vol. 11, pp.30~53.
Miller, M. (2000). "Of Tunes and Toons: The Movie Musical in the 1990s," in W. W. Dixon (ed.) (2000), pp.45~62.
Mitchell, E. (1976). "Apes and Essences: Some Sources of Significance in the American Gangster Film," *Wide Angle*, vol. 1, no. 1, pp.22~29.
Mitchell, L. C. (1996). *Westerns: Making the Man in Fiction and Film*. Chicago: University of Chicago Press.
Modleski, T. (1988). "The Terror of Pleasure: The Contemporary Horror Film and Postmodern Theory," in T. Modleski (ed.) (1988). *Studies in Entertainment*. Bloomington, IN: Indiana University Press, pp.155~166.
Mordden, E. (1982). *The Hollywood Musical*. Newton Abbot: David & Charles.
Mueller, J. (1984). "Fred Astaire and the Integrated Musical," *Cinema Journal*, vol. 24, no. 1, pp.28~40.
Mulvey, L. (1975). "Visual Pleasure and Narrative Cinema," in L. Mulvey (ed.) (1989). *Visual and Other Pleasures*. Basingstoke: Macmillan.
Munby, J. (1999). *Public Enemies, Public Heroes: Screening the Gangster from Little Caesar to Touch of Evil*. Chicago: University of Chicago Press.
Murphy, R. (1989). *Realism and Tinsel: Cinema and Society in Britain, 1939~1948*. London: Routledge.
——— (2000). *British Cinema and the Second World War*. London: Continuum.
——— & S. Chibnall (eds.) (1999). *British Crime Cinema*. London: Routledge.
Musser, C. (1990). *The Emergence of Cinema: The American Screen to 1907*. Berkeley, CA: University of California Press.
Nachbar, J. (2003). "The Western: A Century on the Trail," *Journal of Popular Film and Television*, vol. 30, no. 4, pp.178~184.
Naremore, J. (1995~1996). "American Film Noir: The History of an Idea," *Film Quarterly*, vol. 49, pp.12~28.
——— (1998). *More Than Night: Film Noir in Its Contexts*. Berkeley, CA: University of California Press.
Neale, S. (1980). *Genre*. London: BFI.
——— (1990). "'You've Got to be Fucking Kidding!': Knowledge, Belief and Judgment in Science Fiction," in A. Kuhn (ed.) (1990), pp.160~168.
——— (1991). "Aspects of Ideology and Narrative in the American War Film," *Screen*, vol. 32, no. 1, pp.35~57.
——— (1993). "Melo Talk: On the Meaning and Use of the Term 'Melodrama' in

the American Trade Press," *The Velvet Light Trap*, vol. 32, pp.66~89.
——— (1999). "Genre," in P. Cook (ed.) (1999). *The Cinema Book*, 2nd edn. London: BFI.
——— (2000). *Genre and Hollywood.* London: Routledge.
——— (2002a). "Westerns and Gangster Films Since the 1970s," in S. Neale (ed.) (2002b), pp.27~47.
——— (ed.) (2002b). *Genre and Contemporary Hollywood*, London: BFI.
——— (2003). "Hollywood Blockbusters: Historical Dimensions," in J. Stringer (ed.) (2003), pp.47~60.
Neve, B. (1992). *Film and Politics in America: A Social Tradition.* London: Routledge.
Newitz, A. (1995). "Magical Girls and Atomic Bomb Sperm: Japanese Animation in America," *Film Quarterly*, vol. 49, no. 1, pp.2~15.
Newman, K. (1999). *Millennium Movies: End of the World Cinema.* London: Titan Books.
Nichols, B. (1994). *Blurred Boundaries: Questions of Meaning in Contemporary Culture.* Bloomington, IN: Indiana University Press.
Nochimson, M. P. (2003~2004). "Waddaya Looking at? Re-Reading the Gangster Genre Through The Sopranos," *Film Quarterly*, vol. 56, no. 2, pp.2~13.
Nowell-Smith, G. [1977] (1991). "Minnelli and Melodrama," in M. Landy (ed.) (1991b), pp.268~274.
Oliver, K. & B. Trigo (2003). *Noir Anxiety.* Minneapolis, MN: University of Minnesota Press.
Paris, M. (1997). "Democracy Goes to War: Air Force," *Film and History*, vol. 27, no. 1~4, pp.48~52.
Parrish, M. E. (1992). *Anxious Decades: America in Prosperity and Depression, 1920 ~1941.* New York: W. W. Norton.
Paul, W. (1994). *Laughing Screaming: Modern Hollywood Horror and Comedy.* New York: Columbia University Press.
Pendakur, M. (2003). *Indian Popular Cinema: Industry, Ideology and Consciousness.* Creskill, NJ: Hampton Press.
Penley, C. (1997). *NASA/Trek: Popular Science and Sex in America.* London: Verso.
Peterson, C. S. (1994). "Speaking for the Past," in C. A. Milner II, C. A. O'Connor, & M. A. Sandweiss (eds.) (1994). *The Oxford History of the American West.* New York: Oxford University Press, pp.743~769.
Petro, P. (1993). *Joyless Streets: Women and Melodramatic Representation in Weimar Germany.* Princeton, NJ: Princeton University Press.
Pierson, M. (2002). *Special Effects: Still in Search of Wonder.* New York: Columbia University Press.

——— (1999). "CGI Effects in Hollywood Science fiction Cinema 1989～1995: The Wonder Years," *Screen*, vol. 40, no. 2, pp.158～176.

Place, J. A. (1978). "Women in Film Noir," in E. A. Kaplan (ed.) (1978), pp.35～67.

Poague, L. (2003). "That Past, This Present: Historicizing John Ford, 1939," in B. K. Grant (ed.) (2003). *John Ford's Stagecoach*. Cambridge: Cambridge University Press.

Polan D. (1986). *Power and Paranoia: History, Narrative and the American Cinema 1940～1950*. New York: Columbia University Press.

Prince, S. (1998). *Savage Cinema: Sam Peckinpah and the Rise of Ultraviolent Movies*. London: Athlone.

——— (ed.) (1999). *Sam Peckinpah's The Wild Bunch*. Cambridge: Cambridge University Press.

——— (2000). *A New Pot of Gold: Hollywood Under the Electronic Rainbow, 1980～1989*. New York: Scribner.

Pronay, N. (1988). "The British Post-Bellum Cinema," *Historical Journal of Film, Radio and Television*, vol. 8, no. 1, pp.39～54.

Pye, D. [1975] (1995). "The Western (Genre and Movies)," in B. K. Grant (ed.) (1995), pp.187～202.

——— (1996). "Introduction: Criticism and the Western," in Cameron & Pye (eds.) (1996), pp.9～21.

Rabinovitz, L. (1998). *For the Love of Pleasure: Women, Movies and Culture in Turn-of-the-Century Chicago*. New Brunswick, NJ: Rutgers University Press.

——— (1982). "Commodity Fetishism: Women in *Gold Diggers of 1933*," *Film Reader*, vol. 5, pp.141～149.

Rabinowitz, P. (2003). *Black & White & Noir: America's Pulp Modernism*. New York: Columbia University Press.

Raeburn, J. (1988). "The Gangster Film," in W. D. Gehring (ed.) (1988), pp.47～63.

Rattigan, N. (1994). "The Last Gasp of the Middle Class: British War Films of the 1950s," in W. W. Dixon (ed.) (1992). *Re-Viewing British Cinema 1900～1992*. Albany, NY: State University of New York Press.

Ray, R. H. (1985). *A Certain Tendency of the Hollywood Cinema*. Princeton, NJ: Princeton University Press.

Reid, M. [1993] (1995). "The Black Gangster Film," in Grant (ed.) (1995), pp.456～473.

Renov, M. (1993). "Introduction," in M. Renov (ed.) (1993). *Theorising Documentary*, London: Routledge.

Richards, J. (1997). *Films and British National Identity: From Dickens to Dad's Army*. Manchester: Manchester University Press.

Ricketts, R. (2000). *Special Effects.* London: Virgin.

Roberts, A. (2001). *Science Fiction.* London: Routledge.

Robertson, P. [1996] (2002). "Feminist Camp in *Gold Diggers of 1933*," in S. Cohan (ed.) (2002), pp.129~142.

Rodowick, D. N. [1982] (1991). "Madness, Authority and Ideology in the Domestic Melodrama of the 1950s," in M. Landy (ed.) (1991b), pp.237~247.

Rosow, E. (1978). *Born to Lose: The Gangster Film in America.* New York: Oxford University Press.

Rotha, P. (1936). *Documentary Film.* London: Faber.

Rubin, M. (1993). *Showstoppers: Busby Berkeley and the Tradition of Spectacle.* New York: Columbia University Press.

Rubin, R. (2002). "Gangster Generation: Crime, Jews and the Problem of Assimilation," *Shofar*, vol. 20, no. 4, pp.1~17.

Rubinstein, L. (1994). "War Films," in G. Crowdus (ed.) (1994), pp.451~458.

Russell, D. J. (1998). "Monster Roundup: Reintegrating the Horror Genre," in N. Browne (ed.) (1998), pp.233~254.

Ruth, D. (1996). *Inventing the Public Enemy: The Gangster in American Culture, 1918~1934.* Chicago: University of Chicago Press.

Ryall, T. (1975). "Teaching through Genre," *Screen Education*, vol. 17, pp.27~33.

Ryan, M. & D. Kellner (1988). *Camera Politica: The Politics and Ideology of Contemporary Hollywood Film.* Bloomington, IN: Indiana University Press.

Sacks, A. (1971). "An Analysis of the Gangster Movies of the Early Thirties," *The Velvet Light Trap*, vol. 1, pp.5~11.

Saunders, J. (2000). *The Western Genre: From Lordsburg to Big Whiskey.* London: Wallflower.

Schatz, T. (1981). *Hollywood Genres: Formulas, Filmmaking and the Studio System.* New York: Random House.

——— (1983). *Old Hollywood, New Hollywood: Ritual, Art and Industry.* Ann Arbor, MI: UMI Research Press.

——— (1993). "The New Hollywood," in J. Collins, H. Radner, & A. P. Collins (eds.) (1993). *Film Theory Goes to the Movies.* London: Routledge, pp.8~36.

——— (1998). "World War II and the Hollywood 'War Film'," in Browne (ed.) (1998), pp.89~128.

Schneider, S. J. (ed.) (2003). *Fear without Frontiers: Horror Cinema Across the Globe.* Guildford: FAB Press.

Schrader, P. [1972] (1995). "Notes on Film Noir," in B. K. Grant (ed.) (1995), pp.213~226.

Schwager, J. (1991). "The Past Rewritten," *Film Comment*, vol. 27 (January/February), pp.21~23.

Seydor, P. (1997). *Peckinpah: The Western Films: A Reconsideration.* Urbana, IL: University of Illinois Press.

Shadoian, J. (2003). *Dreams and Dead Ends: The American Gangster Film*, 2nd edn. New York: Oxford University Press.

Shain, R. E. (1976). *An Analysis of Motion Pictures about War Released by the American Film Industry 1939~1970.* New York: Arno Press.

Shindler, C. (1979). *Hollywood Goes to War: Films and American Society, 1939~1952.* London: Routledge.

Sickels, R. C. (2003). "A Politically Correct Ethan Edwards: Clint Eastwood's The Outlaw Josey Wales," *Journal of Popular Film and Television*, vol. 30, no. 4, pp.220~227.

Silver, A. & J. Ursini (eds.) (1996). *Film Noir Reader.* New York: Limelight.

Simmon, S. (1993). *The Films of D. W. Griffith.* Cambridge: Cambridge University Press.

——— (2003). *The Invention of the Western Film: A Cultural History of the Genre's First Half-Century.* Cambridge: Cambridge University Press.

Singer, B. (2001). *Melodrama and Modernity: Early Sensational Cinema and its Contexts.* New York: Columbia University Press.

Singer, A. & M. Lastinger (1998). "Themes and Sources of Star Wars: John Carter and Flash Gordon Enlist in the First Crusade," *Popular Culture Review*, vol. 9, no. 2, pp.65~77.

Skal, D. J. (1993). *The Monster Show: A Cultural History of Horror.* London: Plexus.

Sklar, R. (1992). *City Boys: Cagney, Bogart, Garfield.* Princeton, NJ: Princeton University Press.

Slotkin, R. (1998). *Gunfighter Nation: The Myth of the Frontier in Twentieth-Century America.* Norman, OK: University of Oklahoma Press.

——— (2001). "Unit Pride: Ethnic Platoons and the Myths of American Nationality," *American Literary History*, vol. 13, no. 3, pp.469~498.

Smith, P. (1993). *Clint Eastwood: A Cultural Production.* London: UCL Press.

Sobchack, V. (1987a). *Screening Space: The American Science Fiction Film*, 2nd rev. edn. New Brunswick, NJ: Rutgers University Press.

——— (1987b). "Child/Alien/Father: Patriarchal Crisis and Generic Exchange," *Camera Obscura*, vol. 15, pp.7~34.

——— (1988). "Science Fiction," in W. D. Gehring (ed.) (1988), pp.228~242.

Sontag, S. (1996). "The Imagination of Disaster," *Against Interpretation and Other Essays.* New York: Farrar, Strauss, & Giroux, pp.209~225.

Sorlin, P. (1994). "War and Cinema: Interpreting the Relationship," *Historical Journal of Film, Radio and Television*, vol. 14, no. 4, pp.357~366.

Spicer, A. (2002). *Film Noir*. Harlow: Pearson.

Springer, C. (1996). *Electronic Eros: Bodies and Desire in the Postindustrial Age*. London: Athlone.

Springhall, J. (1998). "Censoring Hollywood Youth, Moral Panic and Crime/Gangster Movies of the 1930s," *Journal of Popular Culture*, vol. 32, no. 3, pp.135~154.

Stables, K. (1999). "The Postmodern Always Rings Twice: Constructing the Femme Fatale in 90s Cinema," in Kaplan (ed.) (1999), pp.164~182.

Staiger, J. (2001). "Hybrid of Inbred: The Purity Hypothesis and Hollywood Genre History," *Film Criticism*, vol. 22, no. 1, pp.5~20.

Stam, R. (1992). *Reflexivity in Film and Literature: From Don Quixote to Jean-Luc Godard*. New York: Columbia University Press.

——— & E. Shohat (1994). *Unthinking Eurocentrism: Multiculturalism and the Media*. London: Routledge.

Stanfield, P. (1998). "Dixie Cowboys and Blues Yodels: The Strange History of the Singing Cowboy," in Buscombe & Pearson (eds.) (1998), pp.96~118.

——— (2001). *Hollywood, Westerms and the 1930s: The Lost Trail*. Exeter: University of Exeter Press.

Storr, B. (1997). *Imaginaires de Guerre: Algérie-Viet-nam, en France et aux Etates-Unis*. Paris: Editions la Découverte.

Street, S. (2002). *Transatlantic Crossings: British Feature Films in the USA*. London: Continuum.

Strick, P. (1976). *Science Fiction Movies*. London: Heinemann Octopus.

Strinati, D. (1995). *An Introduction to Theories of Popular Culture*. London: Routledge.

Stringer, J. (ed.) (2003). *Movie Blockbusters*. London: Routledge.

Swain, J. (1998). "Bleeding Images: Performance and the British Gangster Movie," MA diss. Birkbeck College, London.

Tasker, Y. (1993). *Spectacular Bodies: Gender, Genre and the Action Cinema*. London: Routledge.

——— (ed.) (2004). *Action and Adventure Cinema*. London: Routledge.

Taves, B. (1993). *The Romance of Adventure: The Genre of Historical Adventure Movies*. Jackson, MS: University of Mississippi Press.

Telotte, J. P. (1995). *Replications: A Robotic History of Science Fiction Film*. Urbana, IL: University of Illinois Press.

——— (1997). *A Distant Technology: Science Fiction Film and the Machine Age*. Middletown, CT: Wesleyan University Press.

——— (2001). *Science Fiction Film*. Cambridge: Cambridge University Press.

——— (2002). "The New Hollywood Musical: From *Saturday Night Fever to Footloose*," in Neale (ed.) (2002b), pp.48~61.

Thomas, D. (1992). "How Hollywood Deals with the Deviant Male," in I. Cameron (ed.) (1992), pp.59~70.

——— (2000). *Beyond Genre: Melodrama, Comedy and Romance in Hollywood Films*. London: Cameron & Hollis.

Todorov, T. (1990). *Genres in Discourse*. Cambridge: Cambridge University Press.

Tohill, C. & P. Tombs (1994). *Immoral Tales: European Sex and Horror Movies, 1956~1984*. New York: St. Martin's Press.

Tompkins, J. (1992). *West of Everything: The Inner Life of Westerns*. New York: Oxford University Press.

Traube, E. G. (1992). *Dreaming Identities: Class, Gender and Generation in 1980s Hollywood Movies*. Boulder, CO: Westview Press.

Tudor, A. [1973] (1976). "Genre and Critical Methodology," in B. Nichols (ed.) (1976), pp.118~126.

——— (1989). *Monsters and Mad Scientists: A Cultural History of the Horror Movie*. Oxford: Basil Blackwell.

Tulloch, J. & H. Jenkins (ed.) (1995). *Science Fiction Audiences Watching Doctor Who and Star Trek*. London: Routledge.

Turk, E. B. (1998). *Hollywood Diva: A Biography of Jeannette MacDonald*. Berkeley, CA: University of California Press.

Turner, F. J. [1947] (1986). *The Frontier in American History*. Tucson, AZ: University of Arizona Press.

Twitchell, J. (1985). *Dreadful Pleasures: An Anatomy of Modern Horror*. Oxford: Oxford University Press.

Vardac, A. N. (1949). *Stage to Screen: Theatrical origins of Early Film, David Garrick to D. W. Griffith*. Cambridge, MA: Harvard University Press.

Vernet, M. (1993). "*Film Noir* on the Edge of Doom," in J. Copjec (ed.) (1993), pp.1~31.

Vincendeau, G. (1992). "*Noir* Is Also a French Word: The French Antecedents of *Film Noir*," in I. Cameron (ed.) (1992), pp.49~58.

Wagstaff, C. (1992). "A Forkful of Westerns: Industry, Audiences and the Italian Western," in R. Dyer & G. Vincendeau (eds.) (1992). *Popular European Cinema*. London: Routledge.

Walker, J. (2001a). "Introduction: Westerns Through History," in J. Walker (ed.) (2001b), pp.1~26.

——— (ed.) (2001b). *Westerns: Films Through History*. New York and London: Routledge.

Walker, M. (1982). "Melodrama and the American Cinema," *Movie*, vol. 29/30, pp.2~38.

Ward, L. W. (1985). *The Motion Picture Goes to War*. Ann Arbor, MI: UMI Research Press.

Warshow, R. [1948] (1975a). "The Gangster as Tragic Hero," *The Immediate Experience: Movies, Comics, Theatre and Other Aspects of Popular Culture*. New York: Atheneum, pp.127~133.

——— [1954] (1975b). "Movie Chronicle: The Westerner," *The Immediate Experience: Movies, Comics, Theatre and Other Aspects of Popular Culture*. New York: Atheneum, pp.135~154.

Weiss, A. (1992). *Vampires and Violets: Lesbians in the Cinema*. London: Jonathan Cape.

Weissman, G. (1995). "A Fantasy of Witnessing," *Media, Culture and Society*, vol. 17, no. 1, pp.293~307.

Wells, P. (2000). *The Horror Genre: From Beelzebub to Blair Witch*. London: Wallflower.

Welsh, J. (2000). "Action Films: The Serious, the Ironic, the Postmodern," in W. W. Dixon (ed.) (2000), pp.161~176.

Wexman, V. W. (1993). *Creating the Couple: Love, Marriage and Hollywood Performance*. Princeton, NJ: Princeton University Press.

White, E. (2005). "Case Study: Nakata Hideo's *Ringu* and *Ringu 2*," in J. McRoy (ed.) (2005).

Wierzbicki, J. (2002). "Weird Virations: How the Theremin Gave Musical Voice to Hollywood's Extraterrestrial 'Others'- Electronic Music from 1950s Science Fiction Films," *Journal of Popular Film and Television*, vol. 30, no. 3, pp.25~35.

Williams, A. (1984). "Is a Radical Genre Cirticism Possible?," *Quarterly Review of Film Studies*, vol. 9, no. 2, pp.121~125.

Williams, L. (1983). "When the Woman Looks," in M. A. Doane et al. (eds.) (1983). *Re-Vision: Essays in Feminist Film Criticism*. Los Angeles: American Film Institute, pp.83~99; also in Jancovich (ed.) (2002).

——— [1984] (1991). "'Something Else Besides a Mother': Stella Dallas and the Maternal Melodrama," in Landy (ed.) (1991b), pp.307~330.

——— (1988). "Feminist Film Theory: *Mildred Pierce* and the Second World War," in E. D. Pribram (ed.) (1988). *Female Spectators: Looking at Film and Television*. New York: Verso, pp.12~30.

——— (1998). "Melodrama Revised," in N. Browne (ed.) (1988), pp.42~88.

(1999). *Hard Core: Power, Pleasure, and the 'Frenzy of the Visible,'* 2nd edn. Berkeley, CA: University of California Press.

Williams, L. R. (1993). "Erotic Thrillers and Rude Women," *Sight & Sound*, vol. 3, no. 7, pp.12~14.

——— (2005). *The Erotic Thriller in Contemporary Cinema*. Edinburgh: Edinburgh University Press.

Williams, R. [1973] (1980). "Base and Superstructure in Marxist Cultural Theory," *Problems in Materialism and Culture*. London: Verso, pp.31~49.

Willis, A. (2003). "Locating Bollywood: Notes on the Hindi Blockbuster, 1975 to the Present," in J. Stringer (ed.) (2003), pp.255~268.

Wilson, R. (2000). "The Left-Handed Form of Human Endeavor: Crime Films During the 1990s," in Dixon (ed.) (2000), pp.143~159.

Wilson, R. G., D. H. Pilgrim, & D. Tashjian (1986). *The Machine Age in America: 1918~1941*. New York: Abrams.

Winokur, M. (1991). "Eating Children Is Wrong: The Ethnic Family in Gangster Films of the 80s and 90s," *Sight & Sound*, vol. 1, pp.10~13.

——— (1995). "Marginal Marginalia: The African-American Voice in the Nouvelle Gangster Film," *The Velvet Light Trap*, vol. 3, no. 5, pp.19~32.

Winston, B. (1993). "The Documentary Film as Scientific Inscription," in M. Renov (ed.) (1993). *Theorising Documentary*. London: Routledge.

Wollen, P. (1992). *Singin' in the Rain*. London: BFI.

Wood, A. (2002). *Technoscience in Contemporary Film: Beyond Science Fiction*. Manchester: Manchester University Press.

——— (2004). "The Collapse of Reality and Illusion in The Matrix," in Y. Tasker (ed.) (2004), pp.153~165.

Wood, G. C. (1988). "Horror Film," in W. D. Gehring (ed.) (1988), pp.211~228.

Wood, R. (1979). "An Introduction to the American Horror Film," in B. Nichols (ed.) (1985). *Movies and Methods, vol. II*. Berkeley, CA: University of California Press, pp.195~220.

——— (1981). *Howard Hawks*. London: BFI.

——— (1986). *Hollywood from Vietnam to Reagan*. New York: Columbia University Press.

Worland, R. & E. Countryman (1998). "The New Western American Historiography and the Emergence of the New American Western," in Buscombe & Pearson (eds.) (1998), pp.182~196.

Wright, J. H. [1974] (1995). "Genre Films and the Status Quo," in B. K. Grant (ed.) (1995), pp.41~49.

Wright, W. (1975). *Sixguns and Society: A Structural Study of the Western*. Berkeley, CA: University of California Press.

Wyatt, J. (1994). *High Concept: Movies and Marketing in Hollywood*. Austin, TX:

University of Texas Press.

Young, N. (2000). "'We May Be Rats, Crooks and Murderers, but We're Americans': Controlling the Hollywood Gangster Protagonist during Early World War II," *Irish Journal of American Studies*, vol. 9, pp.112~128.

Youngblood, D. J. (1996). "*Ivan's Childhood and Come and See*: Post-Stalinist Cinema and the Myth of World War II," in Chambers & Culbert (eds.) (1996), pp.85~96.

——— (2001). "A War Remembered: Soviet Films of the Great Patriotic War," *American Historical Review*, vol. 106, no. 3, pp.839~856.

Zinn, H. (1995). *A People's History of the United States*, 2nd edn. New York HarperCollins.

Žižek, S. (1993). "'The Thing That Thinks': The Kantian Background of the *Noir* Subject," in J. Copjec (ed.) (1993), pp.199~226.

## 옮긴이의 말

영화 장르 서적의 번역을 마친 이 시점, 이제 이 책을 막 읽으려는 독자에게 던지는 질문 하나. 고전 할리우드 시기가 이미 오래 전 종말을 고한 오늘날, 그럼에도 '장르'는 영화를 제작하고 감상하는 데 있어 여전히 핵심 범주일까?

이 책의 저자인 배리 랭포드는 혹자에게 어쩌면 시대착오적으로 보일지 모를 '장르' 개념과 그에 대한 논의가, 역설적이게도, 엄격한 장르 구분이 더 이상 통용되지 않는 오늘날에 더욱 중요하다고 말한다. 이를 간단히 설명하자면, '영화 장르'가 어쩌면 과거의 것일 수 있는 반면, '장르 영화'는 오늘날 감독과 관객에게 더더욱 중요한 길잡이가 되고 있는 까닭이다. 즉, 엄격한 의미의 장르가 더 이상 존재하지 않는다는 사실이 장르라는 범주 자체의 효용성을 무화시키지는 않는다는 것, 도리어 장르의 융합과 변형이 그 어느 때보다 빈번하게 이뤄지는 포스트고전 장르 시대에 장르는 서사와 이미지를 축조하고 해석하기 위한 기초 단위로서 기능한다는 것이다. 따라서 영화를 둘러싼 담론과 이론 측면에서도 장르의 중요성은 새로이 조명될 수 있다. 이는 장르 정의 자체에 대한 재고찰로부터 출발하여, 각각의 장르 재구성 작업에서 드러나는 서로 다른 이론들의 입장 차이가 곧 오늘날 영화 담론에 있어 첨예한 논쟁을 불러일으키기 때문인데, 바로 이러한 이유들로, 영화학에 있어 장르론의 필요성은 여전히, 심지어 그 어느 때보다, 중요하다 하겠다.

그러나 우리의 상황은 변변한 장르 서적 하나 구해 보기 쉽지 않은 것이 현실이다. 각각의 영화 장르를 그 고전 시기로부터 오늘날의 변용에 이르기까지 세세히 다루고 있는 책이 거의 부재하는 가운데 배리 랭포드의 저서는 그러므로 반갑고 소중하다. 특히 ≪영화 장르: 할리우드와 그 너머≫는 예컨대 토마스 샤츠의 고전적 장르론인 ≪할리우드 장르의 구조≫가 (그 막대한 의의와 중요성에도 불구하고) 어쩔 수 없이 지니고 있는 역사적 공백과 결함들을 빼곡하고 치밀한 자료와 논리적인 설명으로 훌륭히 메운다.

이 책이 주목할 만하다는 사실은 그저 차례를 훑어보는 것만으로도 짐작된다. 우선, 이 책은 멜로드라마를 하나의 장르로 보기보다는 '장르'에 앞서는 것으로, 즉 하나의 '양상'으로 설정하는 것에서 논의를 시작한다. 이어서, 서부극, 뮤지컬, 전쟁 영화, 갱스터 영화 같은 '고전적 패러다임'을 재구성하고, '과도기' 판타지로 호러와 SF 영화, '포스트고전 장르'로 필름 느와르와 액션 블록버스터를 분석하며, 특히 다큐멘터리와 홀로코스트, 포르노그래피 등 일반적으로 장르로 인정받지 못하는 것들을 위한 장을 따로 마련함으로써 독창적이고도 체계적인 장르 개관을 구축한다.

이처럼 입체적인 구성은 비단 전체 차례에만 해당되지 않는다. 각 장 역시 단선적인 서술 방식에서 벗어나 역동적인 상호 교차가 이뤄지는데, 가령 3장 '서부극'은 '장르와 역사'라는 부제에 걸맞게, '서부극의 역사들,' '역사의 서부(극),' '서부극들의 역사,' '역사 속의 서부극'으로 전개되는 식이다. 물론 각 장르의 끝부분마다 '할리우드 너머'와 '사례 연구'를 배치해 놓은 것 역시 이 책의 빼놓을 수 없는 장점이다.

특히 여기서 강조하고 싶은 것은, '할리우드와 그 너머'라는 부제가 보여주듯, 이 책이 장르의 문제를 비단 할리우드 영화만의 것이 아니라 전 지구적인 제작 및 소비의 관점에서 다루고 있다는 점이다. 이처럼 할리우드 장르의 역사를 치열하게 파고들면서도 '그 너머'의 차이점들과 변형들을 놓치지 않는다는 것, 요컨대 '그 너머'란 글귀로 대변되는 그 열린 자세야말로 바로 이 책의 핵심 지향점이다.

이 '너머'는 비단 국가의 문제에 국한되지 않는다. 장르를 넘나들고 시간을 넘나드는(가령 영화의 전사前史에 해당되는 머이브리지와 ＜매트릭스＞를 연결시키는 명석함) 그 논의는 랭포드가 장르를 고정된 것이 아닌 '과정적인' 것으로 이해하기에 가능한 결과이다. 따라서 이 책을 읽는 독자는 그저 기존의 장르 역사와 이론들을 답습하는 것이 아니라, 상반되는 주장들과 논쟁들 속에서 영화 담론의 비판적 생산에 참여하게 된다. (덧붙이자면, 랭포드가 다양한 국가의 장르 영화들을 배치하여 설명하고는 있지만, 역시 우리에게 이 책이 진정 '완성'되는 것은 국내 영화에 대한 탄탄한 장르론이 추가될 때일 것이다. 각각의 장르에서 미결되어 있는 이러한 논의를 비교, 확장하는 작업 역시 독자 각자의 몫으로 남겨진다.)

역자는 괄호와 대시 기호들로 뒤얽힌 저자의 원 문장을 되도록 훼손하지 않는 가운데 그 내용을 명료하게 밝히려고 노력하였는데, 그럼에도 독자들이 발견하게 될 어떤 오류라든가 미흡함에 대해서는 미리 사과의 말씀을 드려야겠다. 끝으로, 이 책이 나오기까지 애써주신 분들, 특히 원고를 읽고 조언을 해주신 홍성남 선배님과, 역자의 개인 사정으로 뜻하지 않게 출간이 지연되는 상황에서도 따뜻한 독려의 말씀을 잊지 않으신 한나래출판사의 이여진 님에게 깊은 감사의 뜻을 전한다.

방혜진

# 찾아보기

## 인명

가바드, 크린 Gabbard, Krin 217
갤러거, 태그 Gallagher, Tag 50, 86, 105, 226
거닝, 톰 Gunning, Tom 402
게러티, 크리스틴 Geraghty, Christine 200
고다르, 장 뤽 Godard, Jean-Luc 161
골드윈, 새뮤얼 Goldwyn, Samuel 195
굿윈, 앤드루 Goodwin, Andrew 161
그람시, 안토니오 Gramsci, Antonio 47
그리브슨, 리 Grieveson, Lee 233
그리스트, 레이튼 Grist, Leighton 376
그리어슨, 존 Grierson, John 430
그리피스, D. W. Griffith, D. W. 60, 80, 233, 396
그리피스, 트레버 Griffiths, Trevor 442
그린, 에릭 Greene, Eric 315
글레드힐, 크리스틴 Gledhill, Christine 21, 67
길레스피, 데이비드 Gillespie, David 197

나카타, 히데오 Nakata, Hideo 295
내츠바, 잭 Nachbar, Jack 125
네어모어, 제임스 Naremore, James 20
노웰스미스, 제프리 Nowell-Smith, Geoffrey 87
니브, 브라이언 Neve, Brian 363
니슨, 리암 Neeson, Liam 438
니콜스, 빌 Nichols, Bill 430, 431, 434, 436
닐, 스티브 Neale, Steve 11, 20, 59, 368

다미아노, 세르지오 Damiano, Sergio 132
다신, 줄스 Dassin, Jules 363
다이어, 리처드 Dyer, Richard 155
단테, 조 Dante, Joe 312
더글러스, 매리 Douglas, Mary 287
더글러스, 커크 Douglas, Kirk 398
데리다, 자크 Derrida, Jacques 23, 173, 435
데이비스, 마이크 Davis, Mike 352
델 토로, 기예르모 del Toro, Guillermo 295
델라니, 새뮤얼 Delaney, Samuel 341
도넌, 스탠리 Donen, Stanley 172, 177
도앤, 매리 앤 Doane, Mary Ann 61
도허티, 토머스 Doherty, Thomas 191
듀크, 빌 Duke, Bill 375
드류, 로버트 Drew, Robert 432
디멘드버그, 에드워드 Dimendberg, Edward 359

라비노비츠, 파울라 Rabinowitz, Paula 352
라이얼, 톰 Ryall, Tom 29
라이트, 윌 Wright, Will 109
라이트, 주디스 헤스 Wright, Judith Hess 45
라캉, 자크 Lacan, Jacques 244
랑, 프리츠 Lang, Fritz 334, 365, 366
랜디, 마르시아 Landy, Marcia 180
랭커스터, 버트 Lancaster, Burt 394
러스티드, 데이비드 Lusted, David 105
레노브, 마이클 Renov, Michael 429
레비, 프리모 Lévi, Primo 442
레비스트로스, 클로드 Lévi-Strauss, Claude 41
레오네, 세르지오 Leone, Sergio 99, 120, 131, 134, 227, 255
레이, 니콜라스 Ray, Nicholas 55, 58
레이, 로버트 Ray, Robert 52, 349
레이건, 로널드 Reagan, Ronald 211, 319
레이다, 줄리아 Leyda, Julia 107
로도윅, 데이비드 Rodowick, David 71
로빈슨, 에드워드 G. Robinson, Edward G. 230, 240, 350
로사, 폴 Rotha, Paul 433
로센, 로버트 Rossen, Robert 363
로소, 유진 Rosow, Eugene 232
로저스, 로이 Rogers, Roy 106
로저스, 진저 Rogers, Ginger 152
로치, 켄 Loach, Ken 18

뢰그, 니콜라스 Roeg, Nicolas 334
루고시, 벨라 Lugosi, Bela 266, 270, 272
루멧, 시드니 Lumet, Sidney 163
루벤스타인, 레니 Rubenstein, Lenny 181
루스, 데이비드 A. Ruth, David A. 234
루카스, 조지 Lucas, George 55, 311, 317, 337, 401
루트만, 발터 Ruttman, Walter 327
루튼, 발 Lewton, Val 272, 379
리처드, 제프리 Richards, Jeffrey 200
리케츠, 리차드 Ricketts, Richard 337
리트, 마틴 Ritt, Martin 163
리펜슈탈, 레니 Riefenstahl, Leni 151

마빈, 리 Marvin, Lee 226
마이어, 찰스 Maier, Charles 207
마일스톤, 루이스 Milestone, Lewis 203
만, 마이클 Mann, Michael 227
만, 앤서니 Mann, Anthony 101, 136
말트비, 리처드 Maltby, Richard 24, 60
매케이브, 콜린 MacCabe, Colin 69
맥도널드, 자넷 MacDonald, Jeanette 146
맥도널드, 게이코 McDonald, Keiko 254
맥라렌, 앤드루 V. McLaglen, Andrew V. 133
맥아더, 콜린 McArthur, Colin 33
머이브리지, 이드워어드 Muybridge, Eadweard 337, 338 , 339, 343, 491
머추어, 빅터 Mature, Victor 398
먼비, 조나단 Munby, Jonathan 251
메이슨, 프랜 Mason, Fran 258
메이슬스, 알버트 · 데이비드 Maysles, Albert and David 432
멜리에스, 조르주 Méliès, Georges 269
멜렌, 조앤 Mellen, Joan 96
모들레스키, 타니아 Modleski, Tania 291, 292
모리스, 에롤 Morris, Errol 430, 435
무어, 줄리앤 Moore, Julianne 16
무수라카, 니콜라스 Musuraca, Nicholas 380
뮐러, 존 Mueller, John 147
미넬리, 라이자 Minnelli, Liza 166
미넬리, 빈센트 Minnelli, Vincente 62, 164
미첼, 리 클락 Mitchell, Lee Clark 68
미첼, 에드워드 Mitchell, Edward 240
믹스, 톰 Mix, Tom 105

바르트, 롤랑 Barthes, Roland 44, 432
바바, 마리오 Bava, Mario 293
바이어스, 재키 Byars, Jackie 73
바쟁, 앙드레 Bazin, André 10, 31, 432
반 담, 장 끌로드 van Damme, Jean Claude 387, 431, 414
배시, 스티븐 Badsey, Stephen 182
뱅상도, 지네트 Vincendeau, Ginette 358
버고인, 로버트 Burgoyne, Robert 214
버스콤브, 에드워드 Buscombe, Edward 28, 33, 112
버클리, 버스비 Berkeley, Busby 143, 147, 148, 151
버튼, 앤드루 Burton, Andrew 188
버튼, 팀 Burton, Tim 312
버호벤, 폴 Veerhoeven, Paul 391
베르토프, 지가 Vertov, Dziga 431
베를리너, 토드 Berliner, Todd 24
베이싱어, 지닌 Basinger, Jeanine 30
벤더스, 빔 Wenders, Wim 376
벤야민, 발터 Benjamin, Walter 25
벨튼, 존 Belton, John 82
보가트, 험프리 Bogart, Humphrey 15, 356
보그다노비치, 피터 Bogdanovich, Peter 55, 165
보드리야르, 장 Baudrillard, Jean 324, 348
보드웰, 데이비드 Bordwell, David 151, 403
보르헤스, 호르헤 루이스 Borges, Jorge Luis 18
보제이즈, 프랭크 Borzage, Frank 82
본스텔, 체슬리 Bonestall, Chesley 313
부캣맨, 스콧 Bukatman, Scott 341
브라우닝, 토드 Browning, Tod 269
브라운, 데이비드 Brown, David 419
브란도, 말론 Brando, Marlon 227
브로드낵스, 매리 Brodnax, Mary 327
브루노, 줄리아나 Bruno, Giuliana 324
브루지, 스텔라 Bruzzi, Stella 254
브룩스, 멜 Brooks, Mel 141
브룩스, 피터 Brooks, Peter 61
브룩하이머, 제리 Bruckheimer, Jerry 392, 419
브룸필드, 닉 Broomfield, Nick 430
비고, 장 Vigo, Jean 431

새리스, 앤드루 Sarris, Andrew 26
샤츠, 토마스 Schatz, Thomas 43

섀도이언, 잭 Shadoian, Jack 232
서크, 더글러스 Sirk, Douglas 58, 76
선더스, 존 Saunders, John 97
셀즈닉, 데이비드 Selznick, David 397, 404
소벅, 비비언 Sobchack, Vivien 275, 313
쇤베르크, 아르놀트 Schöenberg, Arnold 158
쇼햇, 엘라 Shohat, Ella 410
슈레이더, 폴 Schrader, Paul 55, 137, 369, 378
슈발리에, 모리스 Chevalier, Maurice 146
슈워제네거, 아널드 Schwarzenegger, Arnold 17, 341, 387, 413
스콜세지, 마틴 Scorsese, Martin 55, 364, 460
스콧, 리자베스 Scott, Lizabeth 360
스콧, 에이드리언 Scott, Adrian 363
스클라, 로버트 Sklar, Robert 15
스타이거, 재닛 Staiger, Janet 38, 151, 403
스타인, 거트루드 Stein, Gertrude 7
스탠윅, 바버라 Stanwyck, Barbara 114, 360
스탠필드, 피터 Stanfield, Peter 106
스탤론, 실베스터 Stallone, Sylvester 117, 387, 413, 415
스탬, 로버트 Stam, Robert 410
스토, 벤자민 Storr, Benjamin 209
스톤, 올리버 Stone, Oliver 55, 212
스튜어트, 제임스 Stewart, James 101
스트로드, 우디 Strode, Woody 128
스트리트, 새라 Street, Sarah 195
스파이서, 앤드루 Spicer, Andrew 368
스필버그, 스티븐 Spielberg, Steven 216, 317, 406, 436
슬롯킨, 리처드 Slotkin, Richard 30, 107, 108, 118, 129
시겔, 돈 Siegel, Don 133
시놀, 스티브 Chibnall, Steve 253
시몬, 스콧 Simmon, Scott 105
실버, 조엘 Silver, Joel 337
심슨, 돈 Simpson, Don 392
싱어, 벤 Singer, Ben 73, 91

아널드, 잭 Arnold, Jack 274
아도르노, 테오도르 W. Adorno, Theodor W. 45, 156
아르젠토, 다리오 Argento, Dario 294
아리스토텔레스 Aristotle 22
아스테어, 프레드 Astaire, Fred 152, 399
알로웨이, 로렌스 Alloway, Lawrence 54
알튀세르, 루이 Althusser, Louis 41

알트먼, 로버트 Altman, Robert 118, 372, 392
알트먼, 릭 Altman, Rick 59
압둘, 폴라 Abdul, Paula 170
앤더슨, 브론코 빌리 Anderson, Broncho Billy 105, 117
앨런, 마이클 Allen, Michael 81
앨런, 우디 Allen, Woody 168
엘세서, 토머스 Elsaesser, Thomas 58, 71, 72, 88
앰브로즈, 스티븐 Ambrose, Stephen 220
얀코비치, 마크 Jancovich, Mark 51
에디, 넬슨 Eddy, Nelson 146
에이젠슈테인, 세르게이 Eisenstein, Sergei 70, 82
에이젤, 존 Eisele, John 394
엥겔하르트, 톰 Engelhardt, Tom 108
영블러드, 드니즈 Youngblood, Denise 207
오스터, 앨버트 Auster, Albert 220
오우삼 Woo, John 227
오토슨, 로버트 Ottoson, Robert 379
오트리, 진 Autry, Gene 39, 106, 107
우드, 로빈 Wood, Robin 268, 279
우드, 에드워드 주니어 D. Wood, Edward D., Jr. 312
우드, 에일리시 Wood, Aylish 341, 342
울른, 피터 Wollen, Peter 173
울리치, 코넬 Woolrich, Cornell 356
울머, 에드가 G. Ulmer, Edgar G. 271
워서만, 류 Wasserman, Lew 277
워쇼, 로버트 Warshow, Robert 31, 237
워쇼스키 형제 Wachowski Brothers 337
워커, 마이클 Walker, Michael 79
워커, 재닛 Walker, Janet 123
웨인, 존 Wayne, John 96, 106, 133, 208, 460
웨인저, 월터 Wanger, Walter 366
웨일, 제임스 Whale, James 272
웨그스태프, 크리스토퍼 Wagstaff, Christopher 131
윈스턴, 브라이언 Winston, Brian 429
윌리엄스, 레이먼드 Williams, Raymond 229
윌리엄스, 린다 Williams, Linda 62, 361, 446
윌리엄스, 앨런 Williams, Alan 62
이스트우드, 클린트 Eastwood, Clint 133

저메키스, 로버트 Zemeckis, Robert 55
제임슨, 프레드릭 Jameson, Fredric 323, 375, 454
제포드, 수잔 Jeffords, Susan 210, 211, 414

줄리언, 아이작 Julien, Isaac 435
채니, 론 Chaney, Lon 269
채플린, 찰리 Chaplin, Charles 80
챈들러, 레이먼드 Chandler, Raymond 372
치미노, 마이클 Cimino, Michael 103, 259

카를로프, 보리스 Karloff, Boris 272
카메론, 제임스 Cameron, James 55, 317
카웰티, 존 Cawelti, John 48
카잔, 엘리아 Kazan, Elia 58
카프라, 프랭크 Capra, Frank 349, 350
카플란, E. 앤 Kaplan, E. Ann 161
칸, 제임스 Caan, James 227
캐그니, 제임스 Cagney, James 15, 153, 230, 244
캐롤, 노엘 Carroll, Noel 165, 287
케네즈, 피터 Kenez, Peter 196
케인, 마이클 Caine, Michael 187
케인, 제임스 M. Cain, James M. 361, 373, 380
케인, 캐서린 Kane, Katherine 187, 194, 198
켈러, 알렉산드라 Keller, Alexandra 123
켈리, 진 Kelly, Gene 146, 156, 160, 161, 164, 172
코먼, 로저 Corman, Roger 274, 283, 312, 335
코번, 제임스 Coburn, James 187
코스트너, 케빈 Costner, Kevin 457
코인, 마이클 Coyne, Michael 101
코킨, 스탠리 Corkin, Stanley 129
코폴라, 프랜시스 포드 Coppola, Francis Ford 55, 165, 277
코언, 스티븐 Cohan, Steven 160, 174, 176, 177
코흐, 게르트루드 Koch, Gertrud 447
콜린스, 짐 Collins, Jim 38
쿠커, 조지 Cukor, George 164
쿨레쇼프, 레프 Kuleshov, Lev 335
큐브릭, 스탠리 Kubrick, Stanley 277, 314
크라카우어, 지그프리트 Kracauer, Siegfried 432
크래머, 피터 Krämer, Peter 304, 401
크로넨버그, 데이비드 Cornenberg, David 268, 341
크루트닉, 프랭크 Krutnik, Frank 30
크리드, 바버라 Creed, Barbara 285, 288, 289, 321
크리스테바, 줄리아 Kristeva, Julia 285, 286, 287
크지윈스카, 타냐 Krzywinska, Tanya 309
클라인한스, 척 Kleinhans, Chuck 58, 449
클로버, 캐롤 Clover, Carol 449

클링거, 바바라 Klinger, Barbara 54
키츠, 짐 Kitses, Jim 109
킹, 제프 King, Geoff 409, 460

타네, 알랭 Tanner, Alain 334
타란티노, 쿠엔틴 Tarantino, Quentin 55, 226
태스커, 이본 Tasker, Yvonne 387
터너, 프레드릭 잭슨 Turner, Frederick Jackson → 터너 논제
토도로프, 츠베탕 Todorov, Tsvetan 454
토머스, 데보라 Thomas, Deborah 62
투르뇌르, 자크 Tourneur, Jacque 298, 379
튜더, 앤드루 Tudor, Andrew 32, 280
트레버, 클레어 Trevor, Claire 360
트뤼포, 프랑수아 Truffaut, François 27
틸로트, J. P. Telotte, J. P. 169

파스빈더, 라이너 베르너 Fassbinder, Rainer Werner 75
파스트로네, 지오반니 Pastrone, Giovanni 179
파이, 더글러스 Pye, Douglas 23, 123, 125, 459
판, 헤르메스 Pan, Hermès 152
팔, 조지 Pal, George 313
퍼스, 찰스 Peirce, Charles 429
페니베이커, D. A. Pennebaker, D. A. 432
페시, 조 Pesci, Joe 227
페어뱅크스, 더글러스 Fairbanks, Douglas 394
페킨파, 샘 Peckinpah, Sam 33, 101, 112, 124
포우거, 를랜드 Poague, Leland 42
포드, 존 Ford, John 26, 31, 55, 108, 112, 119, 122, 128, 138
포이어, 제인 Feuer, Jane 160
포이티어, 시드니 Poitier, Sidney 128
포터, 에드윈 S. Porter, Edwin S. 98
폰다, 헨리 Fonda, Henry 99
폴란, 다나 Polan, Dana 193
푸코, 미셸 Foucault, Michel 18, 267
프랑켄하이머, 존 Frankenheimer, John 163
프로이트, 지그문트 Freud, Sigmund 88, 212, 260, 267, 279, 286, 380
프로인트, 칼 Freund, Karl 271
프리드, 아서 Freed, Arthur 143, 151
플래허티, 로버트 Flaherty, Robert 430
플레이스, 제니 Place, Janey 44
플린, 에롤 Flynn, Errol 16, 104, 217, 394
피블스, 마리오 반 Peebles, Mario van 128

피셔, 루시 Fischer, Lucy 151
피어슨, 미첼 Pierson, Michelle 313

하디, 필 Hardy, Phil 109
하트, 윌리엄 S. Hart, William S. 105, 117
한센, 미리암 Hansen, Miriam 79, 83
해밋, 대실 Hammett, Dashiell 356
핼버스탬, 주디스 Halberstam, Judith 291
헤퍼난, 케빈 Heffernan, Kevin 277
헌터, I. Q. Hunter, I. Q. 334
헐리, 켈리 Hurley, Kelly 286
헤스턴, 찰턴 Heston, Charlton 315, 398
헤이워드, 리타 Hayworth, Rita 360
헥트, 벤 Hecht, Ben 232
호킨스, 신시아 Hawkins, Cynthia 268
혹스, 하워드 Hawks, Howard 55, 101, 238
홉스봄, 에릭 Hobsbawm, Eric 250, 251
휴즈, 하워드 Hughes, Howard 232
히치콕, 알프레드 Hitchcock, Alfred 282

## 영화

가늘고 푸른 선 *The Thin Blue Line* (1987) 430
가스등 *Gaslight* (1944) 367, 377
가우초 *The Gaucho* (1927) 394
가위손 *Edward Scissorhands* (1990) 278
가타카 *Gattaca* (1997) 333
갈리폴리 전투 *Tell England* (1931) 188, 189
갤럭시 퀘스트 *Galaxy Quest* (2001) 318, 332
갱스 오브 뉴욕 *Gangs of New York* (2003) 233
갱스터 넘버 원 *Gangster No.1* (2000) 253
갱스터 *The Gangster* (1949) 248
거리 *The Street* (1992) 358
거리의 공황 *Panic in the Streets* (1950) 365
건파이터 *The Gunfighter* (1950) 32, 118
건파이터의 최후 *Death of a Gunfighter* (1969) 116
걸 식스 *Girl 6* (1996) 445
검둥이 찰리의 전설 *The Legend of Nigger Charley* (1972) 128
검둥이와 목사 *Buck and the Preacher* (1971) 128
검은 고양이 *The Black Cat* (1935) 271
검은 물 밑에서 *Dark Water* (2002) 294

검은 산호초의 괴물 *The Creature from the Black Lagoon* (1954) 274
검은 해적 *The Black Pirate* (1927) 394
경호 *Gung Ho!* (1942) 195
겟 카터 *Get Carter* (1971) 253, 377
경기병 대대의 돌격 *The Charge of the Light Brigade* (1936) 182, 192
고독한 영혼 *In a Lonely Place* (1950) 357, 370
고독한 전사 *Lonely Are the Brave* (1962) 116
고릴라 *Raw Deal* (1986) 411
고스트십 *Ghost Ship* (2003) 276
고질라 *Godzilla* (1954) 336
고질라 *Godzilla* (1998) 417, 419
골렘 *The Golem* (1920) 271
공각기동대 *Ghost in the Shell* (1995) 336
공포 속의 여행 *Journey into Fear* (1943) 355
공포의 대저택 *The Innocents* (1961) 265, 283
과거로부터 *Out of the Past* (1947) 349, 351, 355, 357, 362, 367, 370, 379, 380, 381, 382, 383, 384, 385, 443
관계의 종말 *Pat Garrett and Billy the Kid* (1973) 101, 124, 139, 250, 454, 458
광란의 오후 *One False Move* (1992) 375
괴담 *Kwaidan* (1964) 294
괴물 *The Thing* (1951) 290, 317, 330
괴물 *The Thing* (1982) 290, 317
'99 쇼걸 2 *Preaching to the Perverted* (1997) 445
국가의 탄생 *The Birth of a Nation* (1914) 79, 81, 127, 180, 396, 397
굿바이 미스터 칩스 *Goodbye, Mr Chips* (1969) 164
귀향 *Coming Home* (1978) 211
그것은 외계에서 왔다 *It Came from Outer Space* (1953) 274, 328
그것이 세계를 지배했다 *It Conquered the World* (1956) 312
그날이 오면 *On the Beach* (1959) 307, 312
그녀는 조국을 지킨다 *She Defends the Motherland* (1943) 197
그는 내내 달렸다 *He Ran All the Way* (1951) 370
그들에겐 각자의 몫이 있다 *To Each His Own* (1946) 62
그레이스 하트 *Grace of My Heart* (1996) 148
그리스 *Grease* (1978) 169
그린 베레 *The Green Berets* (1968) 208
글래디에이터 *Gladiator* (2000) 390, 417
금지된 세계 *Forbidden Planet* (1956) 313, 331
기나긴 이별 *The Long Goodbye* (1973) 370, 371, 372, 373
긴급 명령 *Clear and Present Danger* (1994) 215, 412
길 위의 재판 *Trial on the Road* (1971) 207
길고 긴 사랑 *At Long Last Love* (1975) 165
길다 *Gilda* (1946) 360, 367

김미 셸터 *Gimme Shelter* (1970) 432, 433
끝없는 욕망 *Insatiable* (1978) 451

나는 고발한다 *J'Accuse* (1919) 186
나는 네가 지난 여름에 한 일을 알고 있다 *I Know What You Did Last Summer* (1997) 268
나는 좀비와 함께 걸었다 *I Walked with a Zombie* (1943) 272
나쁜 여자들 *Bad Girls* (1994) 50
나선 계단 *The Spiral Staircase* (1946) 367, 380
나와 여자 친구를 위해 *For Me and My Gal* (1942) 176
나의 사촌 비니 *My Cousin Vinny* (1992) 227
나이트 무브 *Night Moves* (1975) 8, 351, 370, 371, 372, 374
나이트메어 *Nightmare on Elm Street* (1984) 268
나이트폴 *Nightfall* (1957) 350
나인 송즈 *9 Songs* (2004) 446
나인 야드 *The Whole Nine Yards* (2000) 249
날개 *Wings* (1927) 189
남자보다 치명적인 *Deadlier than the Male* (1947) 360
남태평양 *South Pacific* (1958) 163
낯선 사람과 춤을 *Dance with a Stranger* (1985) 378
내가 바라는 모든 것 *All I Desire* (1953) 68
내가 사랑한 남자 *The Man I Love* (1947) 166
내슈빌 *Nashville* (1975) 372
내일을 향해 달려라 *Tell Them Willie Boy Is Here* (1969) 128
내일을 향해 쏴라 *Butch Cassidy and the Sundance Kid* (1969) 116, 133
내추럴 본 킬러 *Natural Born Killers* (1994) 459
너를 위하여 *I'll Do Anything* (1994) 169
노르웨이의 노래 *Song of Norway* (1979) 164
노스페라투 *Nosferatu* (1922) 266, 270
노틀담의 꼽추 *The Hunchback of Notre Dame* (1996) 170
녹색문 뒤에서 *Behind the Green Door* (1977) 447, 449
놀랍도록 줄어든 사나이 *The Incredible Shrinking Man* (1957) 62
누스 *The Noose* (1948) 253
뉴 문 *New Moon* (1940) 146
뉴 잭 시티 *New Jack City* (1991) 252
뉴스보이 *Newsies* (1992) 169
뉴욕 탈출 *Escape from New York* (1981) 315
뉴욕, 뉴욕 *New York, New York* (1977) 44, 165, 166, 167, 168, 169, 405, 453, 454, 460
늑대와 춤을 *Dances with Wolves* (1990) 127, 128, 130

다가올 세상 *Things to Come* (1936) 310

다이 하드 *Die Hard* (1988) 20, 130, 415
다이 하드 3 *Die Hard: With a Vengeance* (1995) 20
다크 스타 *Dark Star* (1974) 314
닥터 두리틀 *Doctor Dolittle* (1967) 164
닥터 모로의 DNA *Island of Lost Souls* (1933) 310
닥터 사이클롭스 *Dr. Cyclops* (1940) 309
닥터 스트레인지러브 *Dr. Strangelove* (1964) 307
달려온 사람들 *Some Came Running* (1958) 62
달세계 여행 *A Trip to the Moon* (1902) 327
달의 여인 *The Woman in the Moon* (1929) 327, 334
닷지 시티 *Dodge City* (1939) 112, 113
대부 *The Godfather* (1972) 228, 231, 232, 234, 239, 243, 245, 246, 247, 251, 256, 259
대부 2 *The Godfather, Part II* (1974) 233, 242, 243, 246, 247, 256, 258, 259, 261
대열차 강도 *The Great Train Robbery* (1979) 98, 450
대전장 *Go Tell the Spartans* (1978) 209
대지진 *Earthquake* (1974) 399, 419
대특명 *Missing in Action* (1984) 65, 213, 411
대평원 *Ride the High Country* (1962) 33, 34, 116, 125, 133
댐 버스터 *The Dam Busters* (1954) 200
더 록 *The Rock* (1996) 389, 390, 392
더 링 *The Ring* (2002) 295, 298, 299, 300, 301, 302
더 헌팅 *The Haunting* (1964) 265, 283
더럽혀진 얼굴의 천사들 *Angels with Dirty Faces* (1938) 15, 193, 236
더블 보더 *Extreme Prejudice* (1987) 411
더티 더즌 *The Dirty Dozen* (1967) 165, 204, 205
더티 해리 *Dirty Harry* (1971) 411
데드 맨 *Dead Man* (1995) 113
데드 프레지던트 *Dead Presidents* (1995) 211, 251
데드우드 *Deadwood* (HBO 시리즈, 2004) 130
데몰리션 맨 *Demolition Man* (1993) 117, 330
데스 위시 *Death Wish* (1974) 411
데스워치 *Deathwatch* (2002) 201
데스티네이션 문 *Destination Moon* (1950) 313
데이 메이드 미 어 퓨지티브 *They Made Me a Fugitive* (1947) 253, 377
덴버 Things *To Do in Denver When You're Dead* (1995) 226, 247
델마와 루이스 *Thelma and Louise* (1991) 459
도니 브래스코 *Donnie Brasco* (1997) 249
도라! 도라! 도라! *Tora! Tora! Tora!* (1970) 206
도어스 *The Doors* (1991) 149
도어웨이 투 헬 *The Doorway to Hell* (1930) 234
독수리 착륙하다 *The Eagle Has Landed* (1976) 186

독신녀 에리카 *An Unmarried Woman* (1978)　90
돌아보지 마라 *Don't Look Back* (1967)　432
돌파구 *Charley Varrick* (1973)　248
동부 저 멀리 *Way Down East* (1920)　62, 81
두 여인 *Beaches* (1988)　90
드 러블리 *De-Lovely* (2004)　456
드라큘라 *Bram Stoker's Dracula* (1992)　266, 277
드라큘라 *Dracula* (1931)　270, 272
드라큘라의 딸 *Dracula's Daughter* (1936)　289
드레스트 투 킬 *Dressed to Kill* (1980)　461
드미트리우스와 검투사들 *Demetrius and the Gladiators* (1954)　398
디 아더스 *The Others* (2001)　265, 276
디 아워스 *The Hours* (2002)　90
디멘시아 13 *Dementia 13* (1963)　283
디미트리오스의 가면 *The Mask of Dimitrios* (1944)　355
디아볼릭 *Les Diaboliques* (1955)　283
디어 헌터 *The Deer Hunter* (1978)　206, 209, 211, 212
딥 임팩트 *Deep Impact* (1998)　417, 419, 420, 421, 422, 423, 424, 425
딥 커버 *Deep Cover* (1992)　375
또 다른 세계에서 온 괴물 *The Thing from Another World* (1951)　274

라스트 나이트 *Last Night* (1998)　420
라스트 맨 스탠딩 *Last Man Standing* (1996)　229
라스트 시덕션 *The Last Seduction* (1994)　348, 374, 375
라이드 론섬 *Ride Lonesome* (1959)　138
라이미 *The Limey* (2001)　253
라이브 플래시 *Live Flesh* (1997)　377
라이언 일병 구하기 *Saving Private Ryan* (1998)　206, 216, 217, 218, 219, 220, 221, 222, 223, 394
라이온 킹 *The Lion King* (1994)　170, 456
라이트 슬리퍼 *Light Sleeper* (1991)　369
라이트 이어스 어웨이 *Light Years Away* (1981)　334
람보 *First Blood* (1982)　213
람보 2 *Rambo: First Blood Part II* (1985)　62, 390, 411, 412
람보 3 *Rambo III* (1988)　209
랭스턴을 찾아 *Looking for Langston* (1988)　435
러브 미 투나잇 *Love Me Tonight* (1932)　146
러브 스토리 *Love Story* (1970)　90
럭키 레이디 *Lucky Lady* (1975)　246, 258
럿리지 상사 *Sgt. Rutledge* (1960)　128
레 걸스 *Les Girls* (1957)　162
레 미제라블 *Les Misérables* (1925～1926)　418

레드 리버 *Red River* (1948) 49, 101
레드 히트 *Red Heat* (1988) 411
레마겐의 철교 *The Bridge at Remagen* (1969) 205
레베카 *Rebecca* (1940) 367
레이더스 *Raiders of the Lost Ark* (1981) 410, 411
로건의 탈출 *Logan's Run* (1976) 315
로드 투 퍼디션 *The Road to Perdition* (2002) 246
로드 트립 *Road Trip* (2000) 459
로라 *Laura* (1944) 353, 355
로망스 *Romance* (1998) 445
로맨싱 스톤 *Romancing the Stone* (1984) 410
로보캅 *Robocop* (1987) 323, 325, 329
로빈 후드의 모험 *The Adventures of Robin Hood* (1938) 16
로스트 패트롤 *The Lost Patrol* (1934) 394
로저와 나 *Roger and Me* (1989) 430
로즈 마리 *Rose Marie* (1936) 145
로즈 *The Rose* (1979) 148, 149
로켓 목걸이 *The Locket* (1946) 68, 380
록 스탁 앤드 투 스모킹 배럴즈 *Lock, Stock, and Two Smoking Barrels* (1998) 253
록키 3 *Rocky III* (1982) 414
록키 4 *Rocky IV* (1985) 414
록키 호러 픽처 쇼 *The Rocky Horror Picture Show* (1975) 169
론머맨 *The Lawnmower Man* (1992) 329, 330, 339
롤러볼 *Rollerball* (1975) 315
롤링 썬더 *Rolling Thunder* (1977) 139
롱 굿 프라이데이 *The Long Good Friday* (1980) 252, 253
롱 나이트 *The Long Night* (1947) 355
롱 키스 굿나잇 *The Long Kiss Goodnight* (1996) 390
리게아의 무덤 *Tomb of Ligeia* (1965) 283
리버티 밸런스를 쏜 사나이 *The Man Who Shot Liberty Valance* (1962) 16, 101, 112, 115, 119, 121, 128, 138, 223
리썰 웨폰 *Lethal Weapon* (1988) 411
리어 거너 *Rear Gunner* (1943) 194
리오 그란데 *Rio Grande* (1950) 100
리오 브라보 *Rio Bravo* (1959) 99, 101
리제너레이션 *Regeneration* (1915) 233, 254
리제너레이션 *Regeneration* (1997) 188, 201
리틀 시저 *Little Caesar* (1930) 232, 234, 238, 239, 254
리틀 자이언트 *The Little Giant* (1933) 232, 240
리틀 조의 노래 *The Ballad of Little Jo* (1995) 122
링 *Ringu* (1998) 294, 295, 296, 297, 298, 299, 300, 301, 302
링 *The Ring Virus* (1999) 295

링 0 - 버스데이 *Ringu 0* (2000) 295
링 2 *Ringu 2* (1999) 295

마법사 *The Wiz* (1978) 169
마빈 가든스의 왕 *The King of Marvin Gardens* (1972) 370
마사 아이버스의 이상한 사랑 *The Strange Love of Martha Ivers* (1946) 360
마스터 앤드 커맨더 *Master and Commander* (2003) 417
마이 페어 레이디 *My Fair Lady* (1964) 163, 164
마이너리티 리포트 *Minority Report* (2002) 390
마지막 영화 *The Last Movie* (1971) 126
마카오 *Macao* (1952) 380
마티 *Marty* (1955) 163
마티니 *Matinee* (1988) 312
말론 브랜도를 만나라 *Meet Marlon Brando* (1966) 432
말타의 매 *The Maltese Falcon* (1941) 353, 355, 356, 370, 371
매그놀리아 *Magnolia* (1999) 16
매드 러브 *Mad Love* (1935) 310
매시 *M*A*S*H* (1970) 181, 205
매케이브와 밀러 부인 *McCabe and Mrs Miller* (1971) 101, 118, 126
매트 헌터 *Invasion USA* (1985) 412
매트릭스 *The Matrix* (1999) 304, 305, 329, 332, 337, 338, 339, 340, 341, 342, 343, 376
매트릭스 2 — 리로디드 *The Matrix Reloaded* (2003) 341
매혹당한 사람들 *The Beguiled* (1971) 134
맨츄리안 캔디데이트 *The Manchurian Candidate* (1962) 203
맨츄리안 캔디데이트 *The Manchurian Candidate* (2004) 215
맨해튼 멜로드라마 *Manhattan Melodrama* (1934) 236
머나먼 다리 *A Bridge Too Far* (1977) 206
머신 건 켈리 *Machine Gun Kelly* (1958) 249
멋진 인생 *It's a Wonderful Life* (1946) 349, 350, 363
메르데카 *Merdeka* (2001) 208
메리 위도 *The Merry Widow* (1925) 145
메리 포핀스 *Mary Poppins* (1964) 164
메멘토 *Memento* (2000) 376
메트로폴리스 *Metropolis* (1927) 310, 311, 319, 326, 329, 334, 418
멤피스 벨 *Memphis Belle* (1990) 206
모던 밀리 *Thoroughly Modern Millie* (1967) 164
모르그가의 살인 사건 *Murders in the Rue Morgue* (1932) 271
모호크족의 북소리 *Drums Along the Mohawk* (1939) 109
목구멍 깊숙이 *Deep Throat* (1972) 451
목마 *The Wooden Horse* (1950) 200
몬테 월쉬 *Monte Walsh* (1970) 116

몬테즈마의 영웅들 *The Halls of Montezuma* (1950)　203
무법자 조시 웨일스 *The Outlaw Josey Wales* (1976)　122, 133, 134, 135, 136, 137, 138, 139, 140
무서운 영화 *Scary Movie / Scream* (1996)　268
무지개 *The Rainbow* (1944)　197
문라이트 마일 *Moonlight Mile* (2002)　90
물랑 루즈 *Moulin Rouge* (2001)　169
뮤직맨 *The Music Man* (1962)　163
미국인 친구 *The American Friend* (1977)　379, 454
미녀와 야수 *Beauty and the Beast* (1991)　170
미드웨이 *Midway* (1976)　206
미믹 *Mimic* (1997)　295
미션 임파서블 *Mission: Impossible* (1996)　16
미스 존스 속의 악마 *The Devil in Miss Jones* (1973)　451
미이라 *The Mummy* (1932)　270, 271
미이라 *The Mummy* (1999)　281, 410
미주리 브레이크 *The Missouri Breaks* (1976)　126
미지와의 조우 *Close Encounters of the Third Kind* (1977)　305, 314, 319, 320, 406
미지의 여인에게서 온 편지 *Letter from an Unknown Woman* (1948)　62
미키 블루 아이즈 *Mickey Blue Eyes* (1999)　227
밀드레드 피어스 *Mildred Pierce* (1945)　83, 86, 361
밀러스 크로싱 *Miller's Crossing* (1990)　246

바닐라 스카이 *Vanilla Sky* (2001)　333
바다매 *The Sea Hawk* (1940)　16
바람과 라이온 *The Wind and the Lion* (1975)　396
바람과 함께 사라지다 *Gone with the Wind* (1939)　164, 397, 404
바람둥이 길들이기 *Goin' South* (1978)　122
바람에 쓴 편지 *Written on the Wind* (1956)　58, 88, 89
바클리즈 오브 브로드웨이 *The Barkeleys of Broadway* (1949)　49
바탄 *Bataan* (1943)　192, 195, 202
반지의 제왕 *Lord of the Rings* (2001~2003)　303, 387, 406, 417
반헬싱 *Van Helsing* (2004)　281
밤 그리고 도시 *Night and the City* (1950)　355, 367
밤의 충돌 *Clash by Night* (1952)　380
배틀 로얄 *Battle Royale* (2000)　294
배틀그라운드 *Battleground* (1949)　204
배틀스타 갤럭티카 *Battlestar Galactica* (1978)　319
백 투 더 퓨처 *Back to the Future* (1985)　318, 328, 413
백주의 탈출 *This Gun for Hire* (1942)　353
밴드 웨건 *The Band Wagon* (1953)　174
뱀파이어 연인들 *The Vampire Lovers* (1970)　289

뱀파이어 *Lifeforce* (1985) 334
뱀파이어 *Vampyr* (1934) 70
뱀파이어와의 인터뷰 *Interview with the Vampire* (1994) 289
버마 전선 *Objective, Burma!* (1945) 214, 217, 218, 223
버팔로 빌과 인디언 *Buffalo Bill and the Indians* (1976) 126
벅 로저스 *Buck Rogers* (시리즈, 1939) 311
벅 프라이빗 *Buck Privates* (1941) 181
벅시 *Bugsy* (1991) 246, 247
법집행자 *Lawman* (1971) 132
베를린 도시 교향곡 *Berlin: The Symphony of a Great City* (1927) 326, 327
베를린의 가을 *The Fall of Berlin* (1949) 206
베를린의 야수 *The Beast of Berlin* (1918) 186
베튤리아의 유디트 *Judith of Bethulia* (1914) 396
벤허 *Ben-Hur* (1959) 398
보 게스티 *Beau Geste* (1939) 394
보디 히트 *Body Heat* (1981) 374, 349
보위와 키치 *Thieves Like Us* (1974) 249
보이즈 앤 후드 *Boyz N the Hood* (1991) 251
보통 사람들 *Ordinary People* (1980) 90
볼케이노 *Volcano* (1997) 417, 419
봉합 *Suture* (1993) 268
부기 나이트 *Boogie Nights* (1997) 445, 448
북경의 55일 *55 Days at Peking* (1963) 183
북북서로 진로를 돌려라 *North by Northwest* (1959) 282, 395
분노의 폭발 *Blown Away* (1994) 413
불안은 영혼을 잠식한다 *Fear Eats the Soul* (1974) 75, 454
불의 전차 *Chariots of Fire* (1981) 222
불타는 안장 *Blazing Saddles* (1974) 141
불타는 전장 *Too Late the Hero* (1970) 205
붉은 사슴비 *Thunderheart* (1992) 127
브라이튼 록 *Brighton Rock* (1947) 253, 377
브레이브하트 *Braveheart* (1995) 182
브레인스톰 *Brainstorm* (1983) 330, 339
브로큰 애로우 *Broken Arrow* (1956) 99, 101, 106, 128
브리가둔 *Brigadoon* (1954) 155
블랙 선데이 *Black Sunday / La maschera del demonio* (1960) 293
블랙 선데이 *Black Sunday* (1977) 413
블랙 위도 *Black Widow* (1986) 375
블랙 호크 다운 *Black Hawk Down* (2001) 182, 183, 215
블랙 홀 *The Black Hole* (1979) 319
블랙베리 *Blackberry* (2004) 130
블러드 심플 *Blood Simple* (1984) 348

블러디 마마 *Bloody Mama* (1971) 249
블레어 윗치 *The Blair Witch Project* (1999) 273
블레이드 2 *Blade II* (2002) 295
블레이드 러너 *Blade Runner* (1982) 324, 325, 336, 376
블루 가디니아 *The Blue Gardenia* (1953) 380
블루 달리아 *The Blue Dahlia* (1946) 362
블루 데블 *Devil in a Blue Dress* (1995) 375
비디오드롬 *Videodrome* (1983) 290, 321
비밀의 문 *The Secret Beyond the Door* (1948) 366
비버리 힐스 캅 *Beverly Hills Cop* (1984) 392
비상 계엄 *The Siege* (1998) 413
비열한 거리 *Mean Streets* (1973) 137, 249
비정의 거리 *Thief* (1981) 227
비터 스위트 *Bitter Sweet* (1940) 146
빅 브로드캐스트 *The Big Broadcast* (1932) 145
빅 스틸 *The Big Steal* (1949) 380
빅 슬립 *The Big Sleep* (1946) 355, 356, 363, 370, 374, 380
빅 제이크 *Big Jake* (1971) 133, 205
빅 컨트리 *The Big Country* (1958) 114
빅 콤보 *The Big Combo* (1955) 245
빅 클락 *The Big Clock* (1948) 383
빅 트러블 *Big Trouble in Little China* (1986) 410
빅 트레일 *The Big Trail* (1930) 106
빅 퍼레이드 *The Big Parade* (1925) 183, 186
빅 히트 *The Big Heat* (1953) 245, 362, 367
빌런 *Villain* (1979) 253
빌리 더 키드 *Billy the Kid* (1930) 250
빌리 더 키드 *Billy the Kid* (1941) 68
빌리 배스게이트 *Billy Bathgate* (1991) 246

사랑과 추억 *The Prince of Tides* (1991) 90
사랑은 비를 타고 *Singin' in the Rain* (1952) 49, 150, 153, 158, 161, 168, 172, 173, 174, 175, 176, 177
사랑의 새 출발 *Starting Over* (1979) 90
사막 탈출 *Ishtar* (1987) 410
사브르 제트기 *Sabre Jet* (1953) 202
42번가 *42nd Street* (1933) 148, 149, 153
40정의 총 *Forty Guns* (1957) 114
사운드 오브 뮤직 *The Sound of Music* (1965) 164
사이보그 유리시즈 *Making Mr Right* (1987) 325
사이코 *Psycho* (1960) 68, 271, 280, 281, 282, 283 284, 288, 298,438
4인의 프로페셔널 *The Professionals* (1966) 109

사일런트 러닝 *Silent Running* (1972) 314
사회에의 위협 *Menace II Society* (1993) 251, 252
산타페 트레일 *Santa Fé Trail* (1940) 127
살아 있는 시체들의 밤 *Night of the Living Dead* (1968) 280, 284
살인 광선 *The Death Ray* (1925) 335
삼손과 데릴라 *Samson and Delilah* (1949) 398
3중대의 병사들 *The Boys in Company C* (1978) 209
삼총사 *The Three Musketeers* (1974) 395
상하이에서 온 여인 *The Lady from Shanghai* (1947) 360
새 *The Birds* (1963) 238
새벽 *Le Jour Se Lève* (1939) 354, 355
새벽의 잠수 *We Dive at Dawn* (1943) 194, 196, 197
새벽의 저주 *Dawn of the Dead* (2004) 276
새벽의 출격 *The Dawn Patrol* (1930) 189
생명의 기차 *Train of Life* (1998) 443
샤이닝 *The Shining* (1980) 277
샤이엔 소셜 클럽 *The Cheyenne Social Club* (1970) 114
샤이엔의 가을 *Cheyenne Autumn* (1964) 127
서부 전선 이상 없다 *All Quiet on the Western Front* (1930) 180, 186, 187, 203
서부의 사나이 *Man of the West* (1958) 101
서스페리아 *Suspiria* (1977) 294
석양의 무법자 *The Good, the Bad, and the Ugly* (1966) 134, 136
선라이즈 *Sunrise* (1927) 360
선사 시대 행성으로의 여행 *Voyage to the Prehistoric Planet* (1965) 335
성공의 달콤한 향기 *Sweet Smell of Success* (1957) 163
성의 *The Robe* (1953) 398
세계, 육체 그리고 악마 *The World, the Flesh, and the Devil* (1959) 307
세계가 충돌할 때 *When Worlds Collide* (1951) 313, 419
세일즈맨 *Salesman* (1969) 432, 433
세컨드 *Seconds* (1966) 333
섹스해줘요 *Baise-Moi* (2000) 445
섹시 비스트 *Sexy Beast* (2000) 253
셰인 *Shane* (1953) 99, 101, 109, 121
소일렌트 그린 *Soylent Green* (1973) 315, 321
소프라노스 *The Sopranos* (HBO 시리즈, 1999) 227, 228, 239, 249
소피의 선택 *Sophie's Choice* (1982) 442
솔라리스 *Solaris* (1972) 336
솔로몬왕의 보고 *King Solomon's Mines* (1950) 394
솔저 블루 *Soldier Blue* (1970) 51, 125, 133
쇼걸 *Showgirls* (1995) 445
수녀와 카우보이 *Two Mules for Sister Sara* (1969) 134
수색자 *The Searchers* (1956) 49, 86, 99, 101, 114, 137, 139

쉘로우 그레이브 *Shallow Grave* (1994) 378
쉰들러 리스트 *Schindler's List* (1993) 62, 221, 223, 436, 438, 440, 442, 460
스내치 *Snatch* (2000) 253
스윗하츠 *Sweethearts* (1938) 145
스카페이스 *Scarface* (1932) 232, 236, 238, 240, 241, 357, 359
스칼렛 거리 *Scarlet Street* (1945) 350, 355, 358, 364, 366
스크림 *Scream* (1996) 268, 276
스타 스팽글드 리듬 *Star Spangled Rhythm* (1942) 145
스타 탄생 *A Star Is Born* (1954) 166
스타 탄생 *A Star Is Born* (1976) 149
스타! *Star!* (1968) 164
스타게이트 *Stargate* (1994) 410
스타맨 *Starman* (1984) 320
스타십 트루퍼스 *Starship Troopers* (1997) 388, 394
스타 워즈 *Star Wars* (1977) 393, 395, 400, 401, 402, 405, 410, 411, 456
스타 워즈 에피소드 6 — 제다이의 귀환 *Star Wars: Episode VI — Return of the Jedi* (1983) 339
스타트렉 *Star Trek* (TV 시리즈) (1966) 304, 328, 332
스타트렉 2 — 칸의 분노 *Star Trek II: The Wrath of Khan* (1982) 339
스탈린그라드 *Stalingrad* (1993) 208
스테이지 도어 캔틴 *Stage Door Canteen* (1943) 145, 181
스텔라 달라스 *Stella Dallas* (1937) 58, 62, 85, 90
스텔라 *Stella* (1990) 90
스토커 *Stalker* (1979) 336
스파르타쿠스 *Spartacus* (1960) 398
스파이더맨 *Spiderman* (2002) 304
슬픔은 그대 가슴에 *Imitation of Life* (1959) 58, 75
승리의 전쟁 *Heartbreak Ridge* (1986) 214
시계 태엽 오렌지 *A Clockwork Orange* (1971) 314
시마론 *Cimarron* (1931) 106
시민 케인 *Citizen Kane* (1941) 351
시카고 *Chicago* (2002) 169, 170
식스 센스 *The Sixth Sense* (1999) 265, 276, 298, 301
신사 협정 *Gentleman's Agreement* (1947) 199
신체 강탈자의 침입 *Invasion of the Body Snatchers* (1955) 315, 345, 330
실링 제로 *Ceiling Zero* (1936) 16
실물보다 큰 *Bigger Than Life* (1956) 58
실종 *The Missing* (2003) 49, 130
실크 스타킹 *Silk Stockings* (1957) 162
심해에서 온 괴물 *The Beast from 20,000 Fathoms* (1953) 336
십계 *The Ten Commandments* (1956) 398
13일의 금요일 *Friday the 13th* (1980) 268, 293

십자포화 *Crossfire* (1947) 362, 363, 367, 380
썸 오브 올 피어스 *The Sum of All Fears* (2002) 413
쓰리 킹즈 *Three Kings* (1999) 183, 215
씬 레드 라인 *The Thin Red Line* (1998) 180, 206
씬 맨 *Thin Man* (시리즈) 44

아가씨와 건달들 *Guys and Dolls* (1955) 44
아라비아의 로렌스 *Lawrence of Arabia* (1962) 222
아란의 사람 *Man of Aran* (1934) 433
아마겟돈 *Armageddon* (1998) 324, 390, 392, 417, 419, 421, 422, 423, 424, 425
아메리칸 지골로 *American Gigolo* (1980) 349, 369, 378
아메리칸 퀼트 *How to Make an American Quilt* (1995) 90
아엘리타 *Aelita, Queen of Mars* (1924) 335
아웃랜드 *Outland* (1981) 319
아웃핏 *The Outfit* (1974) 248
아이언 이글 *Iron Eagles* (1986) 413
아이즈 와이드 셧 *Eyes Wide Shut* (1999) 415
아키라 *Akira* (1988) 336
아틀란틱 시티 *Atlantic City* (1980) 249
아파치 요새 *Fort Apache* (1948) 100
아파치 *Apache* (1954) 99, 106
악령의 밤 *Night of the Demon* (1957) 298
악마의 등뼈 *The Devil's Backbone* (2001) 295
악마의 씨 *Rosemary's Baby* (1968) 284
악마의 인형 *The Devil Doll* (1936) 309
악마의 키스 *The Hunger* (1983) 289
악의 손길 *Touch of Evil* (1958) 362, 367
안녕 내 사랑 *Murder, My Sweet* (1944) 355, 357, 360, 363 367
안드로메다 성운 *The Andromeda Nebula* (1967) 335
알라딘 *Aladdin* (1992) 170
알라모 *The Alamo* (2004) 130
알파빌 *Alphaville* (1965) 334
암살단 *The Parallax View* (1974) 316
암캐 *La Chienne* (1931) 355
암흑의 거리 *Lepke* (1975) 246
애정의 조건 *Terms of Endearment* (1983) 90
앤디 워홀의 드라큘라 *Blood for Dracula* (1974) 266
앨리스는 더 이상 여기 살지 않는다 *Alice Doesn't Live Here Anymore* (1974) 90
야누스의 머리 *Der Januskopf* (1920) 271
야생마 *The Misfits* (1961) 116
양들의 침묵 *The Silence of the Lambs* (1991) 276, 304
어느 남자의 운명 *Fate of a Man* (1959) 207

어느 여인의 행로 *Now, Voyager* (1942) 58
어려우면 어려울수록 *The Harder They Come* (1973) 254
어머니 *The Mother* (1926) 197
어센트 *The Ascent* (1977) 207
어셔가의 몰락 *House of Usher* (1960) 283
어택 *Attack!* (1956) 205
어토믹 카페 *The Atomic Café* (1982) 430
언더월드 *Underworld* (1927) 232
언제나 맑음 *It's Always Fair Weather* (1955) 162
언터처블 *The Untouchables* (1987) 246
얼굴 없는 눈 *Les Yeux Sans Visage* (1959) 268
에너미 라인스 *Behind Enemy Lines* (2001) 182
에너미 앳 더 게이트 *Enemy at the Gates* (2001) 206, 418
에덴의 동쪽 *East of Eden* (1955) 58
에드 우드 *Ed Wood* (1994) 312
에브리원 세즈 아이 러브 유 *Everyone Says I Love You* (1996) 169
에비타 *Evita* (1996) 146, 169
에어 포스 *Air Force* (1943) 193, 194
에어 포스 원 *Air Force One* (1997) 413
에이리언 *Alien* (1979) 285, 290, 304, 320, 321, 322, 325, 334
에이리언 2 *Aliens* (1986) 218, 325
에이리언 3 *Alien 3* (1992) 325
에이리언 4 *Alien: Resurrection* (1997) 325
A. I. *A. I.: Artificial Intelligence* (2001) 325
엑소시스트 *The Exorcist* (1973) 276, 282, 285, 288, 321
엑스맨 *X-Men* (2000) 304, 440
엑시스텐즈 *eXistenZ* (1999) 341
엘 시드 *El Cid* (1961) 398
여로의 끝 *Journey's End* (1930) 189
여인들 *Dames* (1934) 148, 152
여정의 끝 *Aces High* (1977) 189
역마차 *Stagecoach* (1939) 31, 32, 42, 68, 100, 101, 103, 113
열차 강도 *The Train Robbers* (1973) 133
영광의 대가 *What Price Glory?* (1926) 181
영웅들 *Heroes* (1977) 373
영웅본색 *A Better Tomorrow* (1986) 227
예비 선거 *Primary* (1960) 432
오니바바 *Onibaba* (1964) 294
오디션 *Audition* (2000) 294
오메가맨 *The Omega Man* (1971) 307, 315
오명 *Notorious* (1946) 355
오즈의 마법사 *The Wizard of Oz* (1939) 147

오클라호마 키드 *The Oklahoma Kid* (1939)　15, 229
오픈 레인지 *Open Range* (2004)　130
온 어 클리어 데이 유 캔 씨 포에버 *On a Clear Day You Can See Forever* (1970)　164
올 댓 재즈 *All That Jazz* (1979)　49, 150
올드 셰터핸드 *Old Shatterhand* (1964)　131
와이어트 어프 *Wyatt Earp* (1994)　457
와일드 로버스 *Wild Rovers* (1971)　116
와일드 번치 *The Wild Bunch* (1969)　101, 124, 125, 391
왕과 나 *The King and I* (1956)　148
왕과 조국 *King and Country* (1964)　188
왕이 되려던 사나이 *The Man Who Would Be King* (1975)　396
외계로부터의 9호 계획 *Plan 9 from Outer Space* (1958)　312
요크 상사 *Sergeant York* (1941)　182, 189
욕망의 상속자 *Dead Reckoning* (1947)　360
욜란다와 도둑 *Yolanda and the Thief* (1945)　154
용서받지 못한 자 *Unforgiven* (1992)　101, 113, 130
우리 생애 최고의 해 *The Best Years of Our Lives* (1946)　350
우리 앞의 길 *The Way Ahead* (1944)　194
우리 위의 파도 *Above Us the Waves* (1955)　200
우리에게 내일은 없다 *Bonnie and Clyde* (1967)　164, 245, 250, 254, 401
우주 생명체 블롭 *The Blob* (1958, 1988)　317, 332
우주 수폭전 *This Island Earth* (1955)　313
우주 전쟁 *The War of the Worlds* (1953)　313, 330
우주로 가는 길 *Road to the Stars* (1954)　335
우주의 7인 *Battle Beyond the Stars* (1980)　319
우주의 침입자 *Invasion of the Body Snatchers* (1978)　315
우회 *Detour* (1945)　359, 367
운명의 박차 *The Naked Spur* (1953)　101, 109
울자나의 습격 *Ulzana's Raid* (1971)　51, 126
워 파티 *War Party* (1988)　127
워크 인 더 선 *A Walk in the Sun* (1945)　180, 195, 203
원스 어폰 어 타임 인 더 웨스트 *Once Upon a Time in the West* (1969)　99, 120, 121, 128
원스 어폰 어 타임 인 아메리카 *Once Upon a Time in America* (1984)　241, 246, 255, 256, 257, 258, 259, 260, 261, 262
원초적 본능 *Basic Instinct* (1992)　374
웨스트 사이드 스토리 *West Side Story* (1961)　155, 163, 164
웨이크 아일랜드 *Wake Island* (1942)　192
위기 *Crisis* (1963)　432
위험한 게임 *War Games* (1983)　329
위험한 관계 *The Reckless Moment* (1949)　68
위험한 독신녀 *Single White Female* (1992)　289

위험한 열차 *Rollercoaster* (1977)　399
위험한 정사 *Fatal Attraction* (1987)　415
윈체스터 73 *Winchester '73* (1950)　101, 136
윌 페니 *Will Penny* (1968)　116
US 마셜 *Cahill: United States Marshall* (1973)　133
유주얼 서스펙트 *The Usual Suspects* (1995)　376
유치원에 간 사나이 *Kindergarten Cop* (1990)　17
유황도의 모래 *Sands of Iwo Jima* (1949)　183
육체와 영혼 *Body and Soul* (1947)　363, 366
육체의 증거 *Body of Evidence* (1993)　374, 445
은빛 바다의 보물 *Der Schatz im Silbersee* (1962)　131
이레이저 *Eraser* (1996)　17, 390
이벤트 호라이즌 *Event Horizon* (1997)　298
이브의 선택 *The Rapture* (1991)　424, 445
이브의 파괴 *Eve of Destruction* (1991)　329
이색 지대 *Westworld* (1973)　110
이유 없는 반항 *Rebel without a Cause* (1955)　55
이중 배상 *Double Indemnity* (1944)　348, 353, 355, 360, 362, 363, 367
이지 라이더 *Easy Rider* (1969)　46, 165, 401, 458
이터널 선샤인 *Eternal Sunshine of the Spotless Mind* (2004)　333
E. T. *E. T.: the Extra-Terrestrial* (1982)　319, 320
익스터미네이터 *The Exterminator* (1980)　411
인디아나 존스 *Indiana Jones and the Temple of Doom* (1984)　303, 411
인디펜던스 데이 *Independence Day* (1996)　274, 329, 390, 417, 419, 425
인생은 아름다워 *Life Is Beautiful* (1997)　443
인서미노이드 *Inseminoid* (1981)　334
인어 공주 *The Little Mermaid* (1989)　170
인톨러런스 *Intolerance* (1916)　80, 396, 397
인페르노 *Inferno* (1980)　294
일곱 번째 희생자 *The Seventh Victim* (1943)　272, 379
일망타진 *Coogan's Bluff* (1968)　109
일요일은 언제나 비 *It Always Rains on Sundays* (1947)　154, 253

자유의 댄스 *Footloose* (1984)　170
자칼 *The Jackal* (1997)　413
작은 거인 *Little Big Man* (1970)　51, 101, 118, 125, 133, 205
잔다르크 *Joan of Arc* (1999)　418
잔다르크의 경이로운 인생 *La Merveilleuse Vie de Jeanne d'Arc* (1929)　418
잔인한 바다 *The Cruel Sea* (1953)　200
잠수함 T-9 *Submarine T-9* (1943)　197
장렬 제7기병대 *They Died with Their Boots On* (1941)　16, 104
장렬! 모스키토 *Mosquito Squadron* (1969)　205

재앙의 징조 *Sign of Disaster* (1986) 207
재즈 싱어 *The Jazz Singer* (1927) 144
저수지의 개들 *Reservoir Dogs* (1992) 226
저스트 이매진! *Just Imagine!* (1930) 310
저지 드레드 *Judge Dredd* (1995) 323
전장을 달리는 사나이들 Desperate Journey (1942) 16
전장의 병사들 *Men at War* (1957) 202
전쟁과 평화 *War and Peace* (1965~1967) 418
전함 포템킨 *The Battleship Potemkin* (1925) 271
젊은 용사들 *Red Dawn* (1984) 412
점원들 *Clerks* (1994) 20
정보원 *The Informer* (1935) 357
정부 요원 *G-Men* (1935) 16
정사 *Intimacy* (2001) 446
정오의 열정 *The Hot Spot* (1990) 374
제13 부두의 여인 *The Woman on Pier 13* (1949) 365, 380
제5원소 *The Fifth Element* (1997) 334
제너두 Xanadu (1980) 155
제로니모 *Geronimo: An American Legend* (1993) 128
제시 제임스 *Jesse James* (1939) 68, 100, 122, 250
제이콥의 거짓말 *Jakob the Liar* (1999) 442, 443
조 키드 *Joe Kidd* (1972) 134
조이아 *Zoia* (1944) 197
졸업 *The Graduate* (1967) 165, 401
좋은 친구들 *Goodfellas* (1990) 243, 249, 461
죠스 *Jaws* (1975) 277, 283, 317, 393, 396, 400, 401, 410, 411
주니어 보너 *Junior Bonner* (1971) 116, 124
주말 *Weekend* (1967) 334, 378
주온 *The Grudge* (2002) 294
죽음의 카운트다운 *D. O. A.* (1950) 350, 363
줄루 *Zulu* (1964) 183
쥐덱스 *Judex* (1916) 311
쥬라기 공원 *Jurassic Park* (1993) 404, 406, 407, 408, 409, 411
쥬라기 공원 2: 잃어버린 세계 *Jurassic Park II: The Lost World* (1997) 16, 324
지 아이 조의 이야기 *The Story of G. I. Joe* (1945) 223
지구 대 비행접시 *Earth vs, the Flying Saucers* (1956) 306
지구 최후의 날 *The Day the Earth Stood Still* (1951) 313, 328
지구에 떨어진 사나이 *The Man Who Fell to Earth* (1976) 334
지구의 대참사 *Meteor* (1979) 419
지옥문을 열어라 *Devil's Doorway* (1950) 99, 106, 128
지옥의 7인 *Uncommon Valor* (1983) 213
지옥의 묵시록 *Apocalypse Now* (1979) 209, 218, 405

지옥의 문턱 *Hell's Hinges* (1916) 113
지옥의 영웅 *Hell Is for Heroes* (1962) 204
지옥의 영웅들 *The Big Red One* (1980) 206
지옥의 철수 작전 *Retreat, Hell!* (1952) 202
지킬 박사와 하이드 씨 *Dr. Jekyll and Mr. Hyde* (1920) 269
지킬 박사와 하이드 씨 *Dr. Jekyll and Mr. Hyde* (1931) 278
지킬 박사와 하이드 씨 *Dr. Jekyll and Mr. Hyde* (1941) 367

차이나타운 *Chinatown* (1974) 349, 363, 370, 371, 373, 376, 454
차토의 땅 *Chato's Land* (1972) 51, 65
찰리 모픽 84 *Charlie Mopic* (1989) 209
창 속의 여인 *The Woman in the Window* (1945) 350, 367
천국으로 가는 장의사 *A Rage in Harlem* (1991) 375
천국의 문 *Heaven's Gate* (1980) 49, 95, 103, 113, 126, 130, 133, 259, 405
천국이 허락한 모든 것 *All That Heaven Allows* (1955) 58, 75, 88, 90
철남 데츠오 *Tetsuo: The Iron Man* (1989) 294
철남 데츠오 2 *Tetsuo II: Body Hammer* (1992) 294
철마 *The Iron Horse* (1924) 123
철십자 훈장 *Cross of Iron* (1977) 187, 206
최후의 총잡이 *The Shootist* (1976) 133
추적 *Pursued* (1947) 39, 380
출입 금지 *Dead End* (1936) 236, 251
춤추는 대뉴욕 *On the Town* (1949) 150, 166, 168, 176, 177
치섬 *Chisum* (1970) 205
7월 4일생 *Born on the Fourth of July* (1989) 211, 212

카르멘 *Carmen* (1915) 145
카메라를 든 사나이 *The Man with a Movie Camera* (1929) 326
카바레 *Cabaret* (1972) 148, 149
카비리아 *Cabiria* (1914) 179, 396, 403
카사블랑카 *Casablanca* (1942) 143, 438, 460
카운트다운 *Countdown* (1968) 328
카이로의 붉은 장미 *The Purple Rose of Cairo* (1984) 168
카지노 *Casino* (1995) 249
칼리토 *Carlito's Way* (1993) 243, 251, 259
칼리포니아 *Kalifornia* (1993) 459
캐리 *Carrie* (1976) 285
캐리비안의 해적 *Pirates of the Caribbean* (2003) 417
캐치 22 *Catch-22* (1970) 181, 205
캣 피플 *Cat People* (1942) 272, 273, 379
커터스 웨이 *Cutter's Way* (1981) 373
컨버세이션 The Conversation (1974) 316

컴 앤드 씨 *Come and See* (1985)　180, 207
컴퓨터 우주 탐험 *Explorers* (1985)　312
케이블 호그의 발라드 *The Ballad of Cable Hogue* (1970)　124
켈리의 영웅들 *Kelly's Heroes* (1970)　205
코드 46 *Code 46* (2003)　333
코만도 *Commando* (1985)　411
코브라 *Cobra* (1986)　411
코어 *The Core* (2003)　306, 417
코쿤 *Cocoon* (1985)　320
콘 에어 *Con Air* (1997)　390
콘돌 *Three Days of the Condor* (1975)　316
콘택트 *Contact* (1997)　320
콜디츠 스토리 *The Colditz Story* (1955)　200
콜래트럴 *Collateral* (2004)　227
콜로서스 *Colossus: The Forbin Project* (1970)　329
콜베르크 *Kolberg* (1945)　198
콰이강의 다리 *The Bridge on the River Kwai* (1957)　204
쿼바디스 *Quo Vadis?* (1912)　396
쿼바디스 *Quo Vadis?* (1951)　398
쿼터매스 앤드 더 피트 *Quatermass and the Pit* (1967)　330
퀵 앤드 데드 *The Quick and the Dead* (1995)　118, 132
퀸 오브 블러드 *Queen of Blood* (1966)　336
크래시 다이브 *Crash Dive* (1943)　181
크로노스 *Cronos* (1993)　295
크루피어 *Croupier* (1998)　378
크리미널 *The Criminal* (1960)　253
클레오파트라 *Cleopatra* (1963)　398
키드 *The Kid* (1920)　80, 81
키드 블루 *Kid Blue* (1973)　126
키스 미 데들리 *Kiss Me Deadly* (1955)　359, 366, 367
키즈 *Kids* (1995)　445
킬러 *The Killers* (1946)　349, 367
킬러 *The Killers* (1964)　226
킬빌 *Kill Bill* (2003, 2004)　55, 227, 461
킹 오브 재즈 King of Jazz (1930)　149
킹콩 *King Kong* (1933)　332

타워링 *The Towering Inferno* (1974)　399
타이타닉 *Titanic* (1997)　399, 406
탑 건 *Top Gun* (1986)　16, 392, 413
택시 드라이버 *Taxi Driver* (1976)　137, 139, 351, 369, 373, 378
탱고와 캐쉬 *Tango and Cash* (1989)　411

터미네이터 *The Terminator* (1984) 17, 304, 328, 329, 332, 340, 411
터미네이터 2 — 심판의 날 *Terminator 2: Judgment Day* (1991) 404, 415
터미네이터 3 — 라이즈 오브 더 머신 *Terminator 3: Rise of the Machines* (2003) 328
텀블위즈 *Tumbleweeds* (1925) 115
텍사스 전기톱 대학살 *The Texas Chainsaw Massacre* (1974) 292
텍사스 전기톱 학살 2 *The Texas Chainsaw Massacre 2* (1986) 292
토브룩 *Tobruk* (1967) 205
토이 스토리 *Toy Story* (1995) 130, 456
토탈 리콜 *Total Recall* (1989) 341, 390
톰 혼 *Tom Horn* (1980) 116
톱 햇 *Top Hat* (1935) 153, 158
투 로드 투게더 *Two Rode Together* (1961) 128
투명 광선 *The Invisible Ray* (1936) 309
투명 인간 *The Invisible Man* (1933) 310
투모로우 *The Day after Tomorrow* (2004) 417
투쟁의 날들 *F. I. S. T* (1978) 246, 258
트라이엄프 *Triumph of the Spirit* (1988) 442
트래픽 인 소울 *Traffic in Souls* (1913) 233
트랙스 *Tracks* (1977) 139
트로이 *Troy* (2004) 391, 417
트론 *Tron* (1982) 339
트루 라이즈 *True Lies* (1994) 413, 415
트루 로맨스 *True Romance* (1993) 251
트루먼 쇼 *The Truman Show* (1998) 333
트위스터 *Twister* (1996) 417
트윈스 *Twins* (1988) 17
특근 *After Hours* (1985) 364
특전 U보트 *Das Boot / The Boat* (1981) 208
THX 1138 *THX 1138* (1970) 307,315
틴에이지 케이브맨 *Teenage Caveman* (1958) 312, 329

파 프롬 헤븐 *Far from Heaven* (2002) 16, 90
파라마운트 온 퍼레이드 *Paramount on Parade* (1930) 149
파리의 미국인 *An American in Paris* (1951) 49, 150, 155, 168
파시 *Posse* (1975) 52
파시 *Posse* (1993) 128
파이브 *Five* (1951) 329
파이트 클럽 *Fight Club* (1999) 416
파이팅 69사단 *The Fighting 69th* (1940) 182, 189
파편들 *Shivers* (1975) 285
판도라의 상자 *Pandora's Box* (1928) 360
8미리 *8MM* (1999) 445

8번가의 기적 **batteries not included* (1987) 320
80일간의 세계 일주 *Around the World in Eighty Days* (1959) 398
패키지 *The Package* (1989) 413
패트리어트 게임 *Patriot Games* (1992) 215, 413
퍼니시먼트 파크 *Punishment Park* (1971) 315
퍼블릭 에너미 *The Public Enemy* (1930) 232, 236, 238, 357
퍼포먼스 *Performance* (1970) 253
펄프 픽션 *Pulp Fiction* (1994) 226
페이스 오프 *Face / Off* (1997) 36, 389, 390, 394, 413, 415
페일 라이더 *Pale Rider* (1985) 121
평원의 무법자 *High Plains Drifter* (1973) 136
포 더 보이즈 *For the Boys* (1991) 148
포그 오브 워 *The Fog of War* (2003) 435
포세이돈 어드벤처 *The Poseidon Adventure* (1972) 399
포스 오브 이블 *Force of Evil* (1948) 242
포스트맨은 벨을 두 번 울린다 *The Postman Always Rings Twice* (1946) 355, 367
포스트맨은 벨을 두 번 울린다 *The Postman Always Rings Twice* (1981) 374
포인트 블랭크 *Point Blank* (1967) 248, 259, 315
포크 촙 힐 *Pork Chop Hill* (1959) 202, 203
포효하는 20년대 *The Roaring Twenties* (1939) 15, 231, 248, 251
폴라인의 모험 *The Perils of Pauline* (시리즈, 1914) 82, 311
폴링 다운 *Falling Down* (1993) 130
풀 메탈 자켓 *Full Metal Jacket* (1987) 180
풋라이트 퍼레이드 *Footlight Parade* (1933) 16, 153
풍운의 고아 *Orphans of the Storm* (1921) 62, 81
프로퍼시 *Prophecy* (1979) 283
프랑켄슈타인 *Frankenstein* (1910) 269
프랑켄슈타인 *Frankenstein* (1931) 274, 310
프랑켄슈타인, 늑대 인간을 만나다 *Frankenstein Meets the Wolf Man* (1943) 272
프랑켄슈타인의 신부 *Bride of Frankenstein* (1935) 270, 272, 310
프랑켄슈타인의 아들 *Son of Frankenstein* (1939) 280
프레데터 *Predator* (1988) 411
프레디 vs 제이슨 *Freddy vs. Jason* (2003) 268
프레시맨 *The Freshman* (1990) 227
프렌치 커넥션 *The French Connection* (1971) 389, 411
프로듀서 *The Producers* (1968) 152
프록스 *Frogs* (1972) 283
프릭스 *Freaks* (1933) 272, 278
플라네타 부르크 *Planet of Storms* (1962) 335
플라이 *The Fly* (1986) 278, 321
플라잉 다운 투 리오 *Flying Down to Rio* (1933) 152
플래시 고든 *Flash Gordon* (시리즈, 1936) 311

플래시댄스 *Flashdance* (1983) 170
플래툰 *Platoon* (1986) 180, 183, 209, 212, 218
플레이 더티 *Play Dirty* (1967) 205
플레이어 *The Player* (1992) 392
피그앨리의 총사들 *The Musketeers of Pig Alley* (1912) 233
피니안의 무지개 *Finian's Rainbow* (1967) 165
피닉스 시티 스토리 *The Phenix City Story* (1955) 245, 380
피라나 *Piranha* (1978) 283
피스메이커 *The Peacemaker* (1997) 413
피핑 탐 *Peeping Tom* (1960) 268
픽업 온 사우스 스트리트 *Pickup on South Street* (1953) 365
핏폴 *The Pitfall* (1948) 360
핑키 *Pinky* (1949) 199

하늘의 요새 *Flying Fortresses* (1942) 181
하드코어 *Hardcore* (1977) 445
하이 눈 *High Noon* (1952) 99, 109, 319
하이 시에라 *High Sierra* (1941) 248
하타리 *Hatari!* (1962) 394
한여름 밤의 꿈 *A Midsummer Night's Dream* (1935) 16
할로윈 *Halloween* (1978) 268
함장 호레이쇼 *Captain Horatio Hornblower, R. N.* (1951) 394
함정과 진자 *The Pit and the Pendulum* (1961) 283
해밋 *Hammett* (1983) 376
해병의 자부심 *Pride of the Marines* (1945) 195
해외 특파원 *Foreign Correspondent* (1940) 389, 395
해저 특공대 *Submarine Raider* (1942) 193
해적 *The Pirate* (1948) 160, 161
햄버거 힐 *Hamburger Hill* (1987) 209
허니문 인 베가스 *Honeymoon in Vegas* (1992) 227
허드 *Hud* (1963) 116
허슬러 *The Hustler* (1961) 163
헌팅 파티 *Hang 'Em High* (1967) 134
헤어 *Hair* (1979) 169
헨리: 연쇄 살인범의 초상 *Henry: Portrait of a Serial Killer* (1986) 459
헨리의 이야기 *Regarding Henry* (1991) 415
헬레이저 *Hellraiser* (1987) 266, 291
헬렌의 모험 *The Hazards of Helen* (시리즈, 1914~1917) 82
헬로 돌리! *Hello, Dolly* (1969) 164
헬스 키친 *State of Grace* (1990) 249
혐오 *Repulsion* (1965) 268
협곡의 실종 *Flight of the Navigator* (1986) 320

호미사이들 *Homicidal* (1961) 283
호수의 여인 *Lady in the Lake* (1947) 355
혹성 탈출 *Planet of the Apes* (1968) 314, 315
혹성 탈출 2 — 지하 도시의 음모 *Beneath the Planet of the Apes* (1970) 307
홀로코스트 *Holocaust* (TV 시리즈) 441
화성 침공 *Mars Attacks!* (1996) 312, 328
화성에서 온 침입자 *Invaders from Mars* (1953) 317, 330
화이트 히트 *White Heat* (1949) 244, 367
황무지 *Badlands* (1973) 459
황색 리본을 한 여자 *She Wore a Yellow Ribbon* (1949) 100
황야의 7인 *The Magnificent Seven* (1960) 122
황야의 결투 *My Darling Clementine* (1946) 100, 112, 138
황야의 무법자 *A Fistful of Dollars* (1964) 113, 134, 229
황혼에서 새벽까지 *From Dusk Till Dawn* (1996) 460
후라이드 그린 토마토 *Fried Green Tomatoes* (1992) 90
휴전 *A Midnight Clear* (1992) 216
흡혈 식물 대소동 *Little Shop of Horrors* (1986) 169
흩어진 꽃잎 *Broken Blossoms* (1919) 62
히트 *Heat* (1995) 227
히트 *The Hit* (1984) 253

1918년 서부 전선 *Westfront 1918* (1931) 187
1929년 할리우드 레뷰 *The Hollywood Revue of 1929* (1929) 149
1933년의 황금광들 *Gold Diggers of 1933* (1933) 148, 151
1941 *1941* (1979) 405
2000년에 스물다섯 살이 되는 요나 *Jonah Who Will Be 25 in the Year 2000* (1976) 334
2001 스페이스 오디세이 *2001: A Space Odyssey* (1968) 314, 328, 334

*A. I.: Artificial Intelligence* (2001) → A. I.
*Above Us the Waves* (1955) → 우리 위의 파도
*Aces High* (1977) → 여정의 끝
*Adventures of Robin Hood, The* (1938) → 로빈 후드의 모험
*Aelita, Queen of Mars* (1924) → 아엘리타
*After Hours* (1985) → 특근
*Air Force* (1943) → 에어 포스
*Air Force One* (1997) → 에어 포스 원
*Akira* (1988) → 아키라
*Aladdin* (1992) → 알라딘
*Alamo, The* (2004) → 알라모
*Alice Doesn't Live Here Anymore* (1974) → 앨리스는 더 이상 여기 살지 않는다
*Alien* (1979) → 에이리언

*Alien 3* (1992) → 에이리언 3
*Alien: Resurrection* (1997) → 에이리언 4
*Aliens* (1986) → 에이리언 2
*All I Desire* (1953) → 내가 바라는 모든 것
*All Quiet on the Western Front* (1930) → 서부 전선 이상 없다
*All That Heaven Allows* (1955) → 천국이 허락한 모든 것
*All That Jazz* (1979) → 올 댓 재즈
*Alphaville* (1965) → 알파빌
*American Friend, The* (1977) → 미국인 친구
*American Gigolo* (1980) → 아메리칸 지골로
*An American in Paris* (1951) → 파리의 미국인
*Andromeda Nebula, The* (1967) → 안드로메다 성운
*Angels with Dirty Faces* (1938) → 더럽혀진 얼굴의 천사들
*Apache* (1954) → 아파치
*Apocalypse Now* (1979) → 지옥의 묵시록
*Armageddon* (1998) → 아마겟돈
*Around the World in Eighty Days* (1959) → 80일간의 세계 일주
*Ascent, The* (1977) → 어센트
*At Long Last Love* (1975) → 길고 긴 사랑
*Atlantic City* (1980) → 아틀란틱 시티
*Atomic Café, The* (1982) → 어토믹 카페
*Attack!* (1956) → 어택
*Audition* (2000) → 오디션

*Back to the Future* (1985) → 백 투 더 퓨처
*Bad Girls* (1994) → 나쁜 여자들
*Badlands* (1973) → 황무지
*Baise-Moi* (2000) → 섹스해줘요
*Ballad of Cable Hogue, The* (1970) → 케이블 호그의 발라드
*Ballad of Little Jo, The* (1995) → 리틀 조의 노래
*Band Wagon, The* (1953) → 밴드 웨건
*Barkeleys of Broadway, The* (1949) → 바클리즈 오브 브로드웨이
*Basic Instinct* (1992) → 원초적 본능
*Bataan* (1943) → 바탄
**batteries not included* (1987) → 8번가의 기적
*Battle Beyond the Stars* (1980) → 우주의 7인
*Battle Royale* (2000) → 배틀 로얄
*Battleground* (1949) → 배틀그라운드
*Battleship Potemkin, The* (1925) → 전함 포템킨
*Battlestar Galactica* (1978) → 배틀스타 갤럭티카
*Beaches* (1988) → 두 여인
*Beast from 20,000 Fathoms, The* (1953) → 심해에서 온 괴물

*Beast of Berlin, The* (1918) ↠ 베를린의 야수
*Beau Geste* (1939) ↠ 보 게스티
*Beauty and the Beast* (1991) ↠ 미녀와 야수
*Beguiled, The* (1971) ↠ 매혹당한 사람들
*Behind Enemy Lines* (2001) ↠ 에너미 라인스
*Behind the Green Door* (1977) ↠ 녹색문 뒤에서
*Beneath the Planet of the Apes* (1970) ↠ 혹성 탈출 2 — 지하 도시의 음모
*Ben-Hur* (1959) ↠ 벤허
*Berlin: The Symphony of a Great City* (1927) ↠ 베를린 도시 교향곡
*Best Years of Our Lives, The* (1946) ↠ 우리 생애 최고의 해
*Better Tomorrow, A* (1986) ↠ 영웅본색
*Beverly Hills Cop* (1984) ↠ 비버리 힐스 캅
*Big Broadcast, The* (1932) ↠ 빅 브로드캐스트
*Big Clock, The* (1948) ↠ 빅 클락
*Big Combo, The* (1955) ↠ 빅 콤보
*Big Country, The* (1958) ↠ 빅 컨트리
*Big Heat, The* (1953) ↠ 빅 히트
*Big Jake* (1971) ↠ 빅 제이크
*Big Parade, The* (1925) ↠ 빅 퍼레이드
*Big Red One, The* (1980) ↠ 지옥의 영웅들
*Big Sleep, The* (1946) ↠ 빅 슬립
*Big Steal, The* (1949) ↠ 빅 스틸
*Big Trail, The* (1930) ↠ 빅 트레일
*Big Trouble in Little China* (1986) ↠ 빅 트러블
*Bigger Than Life* (1956) ↠ 실물보다 큰
*Billy Bathgate* (1991) ↠ 빌리 배스게이트
*Billy the Kid* (1930) ↠ 빌리 더 키드
*Billy the Kid* (1941) ↠ 빌리 더 키드
*Birds, The* (1963) ↠ 새
*Birth of a Nation, The* (1914) ↠ 국가의 탄생
*Bitter Sweet* (1940) ↠ 비터 스위트
*Black Cat, The* (1935) ↠ 검은 고양이
*Black Hawk Down* (2001) ↠ 블랙 호크 다운
*Black Hole, The* (1979) ↠ 블랙 홀
*Black Pirate, The* (1927) ↠ 검은 해적
*Black Sunday* (1977) ↠ 블랙 선데이
*Black Sunday / La maschera del demonio* (1960) ↠ 블랙 선데이
*Black Widow* (1986) ↠ 블랙 위도
*Blackberry* (2004) ↠ 블랙베리
*Blade II* (2002) ↠ 블레이드 2
*Blade Runner* (1982) ↠ 블레이드 러너
*Blair Witch Project, The* (1999) ↠ 블레어 윗치

*Blazing Saddles* (1974) ↠ 불타는 안장
*Blob, The* (1958, 1988) ↠ 우주 생명체 블롭
*Blood for Dracula* (1974) ↠ 앤디 워홀의 드라큘라
*Blood Simple* (1984) ↠ 블러드 심플
*Bloody Mama* (1971) ↠ 블러디 마마
*Blown Away* (1994) ↠ 분노의 폭발
*Blue Dahlia, The* (1946) ↠ 블루 달리아
*Blue Gardenia, The* (1953) ↠ 블루 가디니아
*Body and Soul* (1947) ↠ 육체와 영혼
*Body Heat* (1981) ↠ 보디 히트
*Body of Evidence* (1993) ↠ 육체의 증거
*Bonnie and Clyde* (1967) ↠ 우리에게 내일은 없다
*Boogie Nights* (1997) ↠ 부기 나이트
*Boot, Das / The Boat* (1981) ↠ 특전 U보트
*Born on the Fourth of July* (1989) ↠ 7월 4일생
*Boys in Company C, The* (1978) ↠ 3중대의 병사들
*Boyz N the Hood* (1991) ↠ 보이즈 앤 후드
*Brainstorm* (1983) ↠ 브레인스톰
*Bram Stoker's Dracula* (1992) ↠ 드라큘라
Braveheart (1995) ↠ 브레이브하트
*Bride of Frankenstein* (1935) ↠ 프랑켄슈타인의 신부
*Bridge at Remagen, The* (1969) ↠ 레마겐의 철교
*Bridge on the River Kwai, The* (1957) ↠ 콰이강의 다리
*Bridge Too Far, A* (1977) ↠ 머나먼 다리
Brigadoon (1954) ↠ 브리가둔
*Brighton Rock* (1947) ↠ 브라이튼 록
*Broken Arrow* (1956) ↠ 브로큰 애로우
*Broken Blossoms* (1919) ↠ 흩어진 꽃잎
*Buck and the Preacher* (1971) ↠ 검둥이와 목사
*Buck Privates* (1941) ↠ 벅 프라이빗
*Buck Rogers* (시리즈, 1939) ↠ 벅 로저스
*Buffalo Bill and the Indians* (1976) ↠ 버팔로 빌과 인디언
*Bugsy* (1991) ↠ 벅시
*Butch Cassidy and the Sundance Kid* (1969) ↠ 내일을 향해 쏴라

*Cabaret* (1972) ↠ 카바레
*Cabiria* (1914) ↠ 카비리아
*Cahill: United States Marshall* (1973) ↠ US 마셜
*Captain Horatio Hornblower, R. N.* (1951) ↠ 함장 호레이쇼
*Carlito's Way* (1993) ↠ 칼리토
*Carmen* (1915) ↠ 카르멘
*Carrie* (1976) ↠ 캐리

*Casablanca* (1942) ↠ 카사블랑카
*Casino* (1995) ↠ 카지노
*Cat People* (1942) ↠ 캣 피플
*Catch-22* (1970) ↠ 캐치 22
*Ceiling Zero* (1936) ↠ 실링 제로
*Charge of the Light Brigade, The* (1936) ↠ 경기병 대대의 돌격
*Chariots of Fire* (1981) ↠ 불의 전차
*Charley Varrick* (1973) ↠ 돌파구
*Charlie Mopic* (1989) ↠ 찰리 모픽 84
*Chato's Land* (1972) ↠ 차토의 땅
*Cheyenne Autumn* (1964) ↠ 샤이엔의 가을
*Cheyenne Social Club, The* (1970) ↠ 샤이엔 소셜 클럽
*Chicago* (2002) ↠ 시카고
*Chienne, La* (1931) ↠ 암캐
*Chinatown* (1974) ↠ 차이나타운
*Chisum* (1970) ↠ 치섬
*Cimarron* (1931) ↠ 시마론
*Citizen Kane* (1941) ↠ 시민 케인
*Clash by Night* (1952) ↠ 밤의 충돌
*Clear and Present Danger* (1994) ↠ 긴급 명령
*Cleopatra* (1963) ↠ 클레오파트라
*Clerks* (1994) ↠ 점원들
*Clockwork Orange, A* (1971) ↠ 시계 태엽 오렌지
*Close Encounters of the Third Kind* (1977) ↠ 미지와의 조우
*Cobra* (1986) ↠ 코브라
*Cocoon* (1985) ↠ 코쿤
*Code 46* (2003) ↠ 코드 46
*Colditz Story, The* (1955) ↠ 콜디츠 스토리
*Collateral* (2004) ↠ 콜래트럴
*Colossus: The Forbin Project* (1970) ↠ 콜로서스
*Come and See* (1985) ↠ 컴 앤드 씨
Coming Home (1978) ↠ 귀향
*Commando* (1985) ↠코만도
*Con Air* (1997) ↠ 콘 에어
*Contact* (1997) ↠ 콘택트
Conversation, The (1974) ↠ 컨버세이션
Coogan's Bluff (1968) ↠ 일망타진
*Core, The* (2003) ↠ 코어
*Countdown* (1968) ↠ 카운트다운
*Crash Dive* (1943) ↠ 크래시 다이브
*Creature from the Black Lagoon, The* (1954) ↠ 검은 산호초의 괴물
*Criminal, The* (1960) ↠ 크리미널

*Crisis* (1963) ↠ 위기
*Cronos* (1993) ↠ 크로노스
*Cross of Iron* (1977) ↠ 철십자 훈장
*Crossfire* (1947) ↠ 십자포화
*Croupier* (1998) ↠ 크루피어
*Cruel Sea, The* (1953) ↠ 잔인한 바다
*Cutter's Way* (1981) ↠ 커터스 웨이

*D. O. A.* (1950) ↠ 죽음의 카운트다운
*Dam Busters, The* (1954) ↠ 댐 버스터
*Dames* (1934) ↠ 여인들
*Dance with a Stranger* (1985) ↠ 낯선 사람과 춤을
*Dances with Wolves* (1990) ↠ 늑대와 춤을
*Dark Star* (1974) ↠ 다크 스타
*Dark Water* (2002) ↠ 검은 물 밑에서
*Dawn of the Dead* (2004) ↠ 새벽의 저주
*Dawn Patrol, The* (1930) ↠ 새벽의 출격
*Day after Tomorrow, The* (2004) ↠ 투모로우
*Day the Earth Stood Still, The* (1951) ↠ 지구 최후의 날
*De-Lovely* (2004) ↠ 드 러블리
*Dead End* (1936) ↠ 출입 금지
*Dead Man* (1995) ↠ 데드 맨
*Dead Presidents* (1995) ↠ 데드 프레지던트
*Dead Reckoning* (1947) ↠ 욕망의 상속자
*Deadlier than the Male* (1947) ↠ 남자보다 치명적인
*Deadwood* (HBO 시리즈, 2004) ↠ 데드우드
*Death of a Gunfighter* (1969) ↠ 건파이터의 최후
*Death Ray, The* (1925) ↠ 살인 광선
*Death Wish* (1974) ↠ 데스 위시
*Deathwatch* (2002) ↠ 데스워치
*Deep Cover* (1992) ↠ 딥 커버
*Deep Impact* (1998) ↠ 딥 임팩트
*Deep Throat* (1972) ↠ 목구멍 깊숙이
*Deer Hunter, The* (1978) ↠ 디어 헌터
*Dementia 13* (1963) ↠ 디멘시아 13
*Demetrius and the Gladiators* (1954) ↠ 드미트리우스와 검투사들
*Demolition Man* (1993) ↠ 데몰리션 맨
*Desperate Journey* (1942) ↠ 전장을 달리는 사나이들
*Destination Moon* (1950) ↠ 데스티네이션 문
*Detour* (1945) ↠ 우회
*Devil Doll, The* (1936) ↠ 악마의 인형
*Devil in a Blue Dress* (1995) ↠ 블루 데블

*Devil in Miss Jones, The* (1973) → 미스 존스 속의 악마
*Devil's Backbone, The* (2001) → 악마의 등뼈
*Devil's Doorway* (1950) → 지옥문을 열어라
*Diaboliques, Les* (1955) → 디아볼릭
*Die Hard* (1988) → 다이 하드
*Die Hard: With a Vengeance* (1995) → 다이 하드 3
*Dirty Dozen, The* (1967) → 더티 더즌
*Dirty Harry* (1971) → 더티 해리
*Doctor Dolittle* (1967) → 닥터 두리틀
*Dodge City* (1939) → 닷지 시티
*Don't Look Back* (1967) → 돌아보지 마라
*Donnie Brasco* (1997) → 도니 브래스코
*Doors, The* (1991) → 도어스
*Doorway to Hell, The* (1930) → 도어웨이 투 헬
*Double Indemnity* (1944) → 이중 배상
*Dr. Strangelove* (1964) → 닥터 스트레인지러브
*Dr. Cyclops* (1940) → 닥터 사이클롭스
*Dr. Jekyll and Mr. Hyde* (1920) → 지킬 박사와 하이드 씨
*Dr. Jekyll and Mr. Hyde* (1931) → 지킬 박사와 하이드 씨
*Dr. Jekyll and Mr. Hyde* (1941) → 지킬 박사와 하이드 씨
*Dracula* (1931) → 드라큘라
*Dracula's Daughter* (1936) → 드라큘라의 딸
*Dressed to Kill* (1980) → 드레스트 투 킬
*Drums Along the Mohawk* (1939) → 모호크족의 북소리

*E. T.: the Extra-Terrestrial* (1982) → E. T.
*Eagle Has Landed, The* (1976) → 독수리 착륙하다
*Earth vs, the Flying Saucers* (1956) → 지구 대 비행접시
*Earthquake* (1974) → 대지진
*East of Eden* (1955) → 에덴의 동쪽
*Easy Rider* (1969) → 이지 라이더
*Ed Wood* (1994) → 에드 우드
*Edward Scissorhands* (1990) → 가위손
*8MM* (1999) → 8미리
*El Cid* (1961) → 엘 시드
*Enemy at the Gates* (2001) → 에너미 앳 더 게이트
*Eraser* (1996) → 이레이저
*Escape from New York* (1981) → 뉴욕 탈출
*Eternal Sunshine of the Spotless Mind* (2004) → 이터널 선샤인
*Eve of Destruction* (1991) → 이브의 파괴
*Event Horizon* (1997) → 이벤트 호라이즌
*Everyone Says I Love You* (1996) → 에브리원 세즈 아이 러브 유

*Evita* (1996) → 에비타
*eXistenZ* (1999) → 엑시스텐즈
*Exorcist, The* (1973) → 엑소시스트
*Explorers* (1985) → 컴퓨터 우주 탐험
*Exterminator, The* (1980) → 익스터미네이터
*Extreme Prejudice* (1987) → 더블 보더
*Eyes Wide Shut* (1999) → 아이즈 와이드 셧

*F. I. S. T* (1978) → 투쟁의 날들
*Face / Off* (1997) → 페이스 오프
*Fall of Berlin, The* (1949) → 베를린의 가을
*Falling Down* (1993) → 폴링 다운
*Far from Heaven* (2002) → 파 프롬 헤븐
*Fatal Attraction* (1987) → 위험한 정사
*Fate of a Man* (1959) → 어느 남자의 운명
*Fear Eats the Soul* (1974) → 불안은 영혼을 잠식한다
*Fifth Element, The* (1997) → 제5원소
*55 Days at Peking* (1963) → 북경의 55일
*Fight Club* (1999) → 파이트 클럽
*Fighting 69th, The* (1940) → 파이팅 69사단
*Finian's Rainbow* (1967) → 피니안의 무지개
*First Blood* (1982) → 람보
*Fistful of Dollars, A* (1964) → 황야의 무법자
*Five* (1951) → 파이브
*Flash Gordon* (시리즈, 1936) → 플래시 고든
*Flashdance* (1983) → 플래시댄스
*Flight of the Navigator* (1986) → 협곡의 실종
*Fly, The* (1986) → 플라이
*Flying Down to Rio* (1933) → 플라잉 다운 투 리오
*Flying Fortresses* (1942) → 하늘의 요새
*Fog of War, The* (2003) → 포그 오브 워
*Footlight Parade* (1933) → 풋라이트 퍼레이드
*Footloose* (1984) → 자유의 댄스
*For Me and My Gal* (1942) → 나와 여자 친구를 위해
*For the Boys* (1991) → 포 더 보이즈
*Forbidden Planet* (1956) → 금지된 세계
*Force of Evil* (1948) → 포스 오브 이블
*Foreign Correspondent* (1940) → 해외 특파원
*Fort Apache* (1948) → 아파치 요새
*Forty Guns* (1957) → 40정의 총
*42nd Street* (1933) → 42번가
*Frankenstein* (1910) → 프랑켄슈타인

*Frankenstein* (1931) → 프랑켄슈타인
*Frankenstein Meets the Wolf Man* (1943) → 프랑켄슈타인, 늑대 인간을 만나다
*Freaks* (1933) → 프릭스
*Freddy vs. Jason* (2003) → 프레디 vs 제이슨
*French Connection, The* (1971) → 프렌치 커넥션
*Freshman, The* (1990) → 프레시맨
*Friday the 13th* (1980) → 13일의 금요일
*Fried Green Tomatoes* (1992) → 후라이드 그린 토마토
*Frogs* (1972) → 프록스
*From Dusk Till Dawn* (1996) → 황혼에서 새벽까지
*Full Metal Jacket* (1987) → 풀 메탈 자켓

*Galaxy Quest* (2001) → 갤럭시 퀘스트
*Gangs of New York* (2003) → 갱스 오브 뉴욕
*Gangster No.1* (2000) → 갱스터 넘버 원
*Gangster, The* (1949) → 갱스터
*Gaslight* (1944) → 가스등
*Gattaca* (1997) → 가타카
*Gaucho, The* (1927) → 가우초
*Gentleman's Agreement* (1947) → 신사 협정
*Geronimo: An American Legend* (1993) → 제로니모
*Get Carter* (1971) → 겟 카터
*Ghost in the Shell* (1995) → 공각기동대
*Ghost Ship* (2003) → 고스트십
*Gilda* (1946) → 길다
*Gimme Shelter* (1970) → 김미 셸터
*Girl 6* (1996) → 걸 식스
*Gladiator* (2000) → 글래디에이터
*G-Men* (1935) → 정부 요원
*Go Tell the Spartans* (1978) → 대전장
*Godfather Part II, The* (1974) → 대부 2
*Godfather, The* (1972) → 대부
*Godzilla* (1954) → 고질라
*Godzilla* (1998) → 고질라
*Goin' South* (1978) → 바람둥이 길들이기
*Gold Diggers of 1933* (1933) → 1933년의 황금광들
*Golem, The* (1920) → 골렘
*Gone with the Wind* (1939) → 바람과 함께 사라지다
*Good, the Bad, and the Ugly, The* (1966) → 석양의 무법자
*Goodbye, Mr Chips* (1969) → 굿바이 미스터 칩스
*Goodfellas* (1990) → 좋은 친구들
*Grace of My Heart* (1996) → 그레이스 하트

*Graduate, The* (1967) → 졸업
*Grease* (1978) → 그리스
*Great Train Robbery, The* (1979) → 대열차 강도
*Green Berets, The* (1968) → 그린 베레
*Grudge, The* (2002) → 주온
*Gunfighter, The* (1950) → 건파이터
*Gung Ho!* (1942) → 겅호
*Guys and Dolls* (1955) → 아가씨와 건달들

*Hair* (1979) → 헤어
*Halloween* (1978) → 할로윈
*Halls of Montezuma, The* (1950) → 몬테즈마의 영웅들
*Hamburger Hill* (1987) → 햄버거 힐
*Hammett* (1983) → 해밋
*Hang 'Em High* (1967) → 헌팅 파티
*Hardcore* (1977) → 하드코어
*Harder They Come, The* (1973) → 어려우면 어려울수록
*Hatari!* (1962) → 하타리
*Haunting, The* (1964) → 더 헌팅
*Hazards of Helen, The* (시리즈, 1914~1917) → 헬렌의 모험
*He Ran All the Way* (1951) → 그는 내내 달렸다
*Heartbreak Ridge* (1986) → 승리의 전쟁
*Heat* (1995) → 히트
*Heaven's Gate* (1980) → 천국의 문
*Hell Is for Heroes* (1962) → 지옥의 영웅
*Hell's Hinges* (1916) → 지옥의 문턱
*Hello, Dolly* (1969) → 헬로 돌리!
*Hellraiser* (1987) → 헬레이저
*Henry: Portrait of a Serial Killer* (1986) → 헨리: 연쇄 살인범의 초상
*Heroes* (1977) → 영웅들
*High Noon* (1952) → 하이 눈
*High Plains Drifter* (1973) → 평원의 무법자
*High Sierra* (1941) → 하이 시에라
*Hit, The* (1984) → 히트
*Hollywood Revue of 1929, The* (1929) → 1929년 할리우드 레뷰
*Holocaust* (TV 시리즈) → 홀로코스트
*Homicidal* (1961) → 호미사이들
*Honeymoon in Vegas* (1992) → 허니문 인 베가스
*Hot Spot, The* (1990) → 정오의 열정
*Hours, The* (2002) → 디 아워스
*House of Usher* (1960) → 어셔가의 몰락
*How to Make an American Quilt* (1995) → 아메리칸 퀼트

*Hud* (1963) → 허드
*Hunchback of Notre Dame, The* (1996) → 노틀담의 꼽추
*Hunger, The* (1983) → 악마의 키스
*Hustler, The* (1961) → 허슬러

*I Know What You Did Last Summer* (1997) → 나는 네가 지난 여름에 한 일을 알고 있다
*I Walked with a Zombie* (1943) → 나는 좀비와 함께 걸었다
*I'll Do Anything* (1994) → 너를 위하여
*Imitation of Life* (1959) → 슬픔은 그대 가슴에
*In a Lonely Place* (1950) → 고독한 영혼
*Incredible Shrinking Man, The* (1957) → 놀랍도록 줄어든 사나이
*Independence Day* (1996) → 인디펜던스 데이
*Indiana Jones and the Temple of Doom* (1984) → 인디아나 존스
*Inferno* (1980) → 인페르노
*Informer, The* (1935) → 정보원
*Innocents, The* (1961) → 공포의 대저택
*Insatiable* (1978) → 끝없는 욕망
*Inseminoid* (1981) → 인서미노이드
*Interview with the Vampire* (1994) → 뱀파이어와의 인터뷰
*Intimacy* (2001) → 정사
*Intolerance* (1916) → 인톨러런스
*Invaders from Mars* (1953) → 화성에서 온 침입자
*Invasion of the Body Snatchers* (1955) → 신체 강탈자의 침입
*Invasion of the Body Snatchers* (1978) → 우주의 침입자
*Invasion USA* (1985) → 매트 헌터
*Invisible Man, The* (1933) → 투명 인간
*Invisible Ray, The* (1936) → 투명 광선
*Iron Eagles* (1986) → 아이언 이글
*Iron Horse, The* (1924) → 철마
*Ishtar* (1987) → 사막 탈출
*Island of Lost Souls* (1933) → 닥터 모로의 DNA
*It Always Rains on Sundays* (1947) → 일요일은 언제나 비
*It Came from Outer Space* (1953) → 그것은 외계에서 왔다
*It Conquered the World* (1956) → 그것이 세계를 지배했다
*It's a Wonderful Life* (1946) → 멋진 인생
*It's Always Fair Weather* (1955) → 언제나 맑음

*J'Accuse* (1919) → 나는 고발한다
*Jackal, The* (1997) → 자칼
*Jakob the Liar* (1999) → 제이콥의 거짓말
*Januskopf, Der* (1920) → 야누스의 머리
*Jaws* (1975) → 죠스

*Jazz Singer, The* (1927) → 재즈 싱어
*Jesse James* (1939) → 제시 제임스
*Joan of Arc* (1999) → 잔다르크
*Joe Kidd* (1972) → 조 키드
*Jonah Who Will Be 25 in the Year 2000* (1976) → 2000년에 스물다섯 살이 되는 요나
*Jour Se Lève, Le* (1939) → 새벽
*Journey into Fear* (1943) → 공포 속의 여행
*Journey's End* (1930) → 여로의 끝
*Judex* (1916) → 쥐덱스
*Judge Dredd* (1995) → 저지 드레드
*Judith of Bethulia* (1914) → 베튤리아의 유디트
*Junior Bonner* (1971) → 주니어 보너
*Jurassic Park* (1993) → 쥬라기 공원
*Jurassic Park II: The Lost World* (1997) → 쥬라기 공원 2: 잃어버린 세계
*Just Imagine!* (1930) → 저스트 이매진!

*Kalifornia* (1993) → 칼리포니아
*Kelly's Heroes* (1970) → 켈리의 영웅들
*Kid Blue* (1973) → 키드 블루
*Kid, The* (1920) → 키드
*Kids* (1995) → 키즈
*Kill Bill* (2003, 2004) → 킬빌
*Killers, The* (1964) → 킬러
*Killers, The* (1946) → 킬러
*Kindergarten Cop* (1990) → 유치원에 간 사나이
*King and Country* (1964) → 왕과 조국
*King and I, The* (1956) → 왕과 나
*King Kong* (1933) → 킹콩
*King of Jazz* (1930) → 킹 오브 재즈
*King of Marvin Gardens, The* (1972) → 마빈 가든스의 왕
*King Solomon's Mines* (1950) → 솔로몬왕의 보고
*Kiss Me Deadly* (1955) → 키스 미 데들리
*Kolberg* (1945) → 콜베르크
*Kwaidan* (1964) → 괴담

*Lady from Shanghai, The* (1947) → 상하이에서 온 여인
*Lady in the Lake* (1947) → 호수의 여인
*Last Man Standing* (1996) → 라스트 맨 스탠딩
*Last Movie, The* (1971) → 마지막 영화
*Last Night* (1998) → 라스트 나이트
*Last Seduction, The* (1994) → 라스트 시덕션
*Laura* (1944) → 로라

*Lawman* (1971) → 법집행자
*Lawnmower Man, The* (1992) → 론머맨
*Lawrence of Arabia* (1962) → 아라비아의 로렌스
*Legend of Nigger Charley, The* (1972) → 검둥이 찰리의 전설
*Lepke* (1975) → 암흑의 거리
*Les Girls* (1957) → 레 걸스
*Lethal Weapon* (1988) → 리썰 웨폰
*Letter from an Unknown Woman* (1948) → 미지의 여인에게서 온 편지
*Life Is Beautiful* (1997) → 인생은 아름다워
*Lifeforce* (1985) → 뱀파이어
*Light Sleeper* (1991) → 라이트 슬리퍼
*Light Years Away* (1981) → 라이트 이어스 어웨이
*Limey, The* (2001) → 라이미
*Lion King, The* (1994) → 라이온 킹
*Little Big Man* (1970) → 작은 거인
*Little Caesar* (1930) → 리틀 시저
*Little Giant, The* (1933) → 리틀 자이언트
*Little Mermaid, The* (1989) → 인어 공주
*Little Shop of Horrors* (1986) → 흡혈 식물 대소동
*Live Flesh* (1997) → 라이브 플래시
*Lock, Stock, and Two Smoking Barrels* (1998) → 록 스탁 앤드 투 스모킹 배럴즈
*Locket, The* (1946) → 로켓 목걸이
*Logan's Run* (1976) → 로건의 탈출
*Lonely Are the Brave* (1962) → 고독한 전사
*Long Good Friday, The* (1980) → 롱 굿 프라이데이
*Long Goodbye, The* (1973) → 기나긴 이별
*Long Kiss Goodnight, The* (1996) → 롱 키스 굿나잇
*Long Night, The* (1947) → 롱 나이트
*Looking for Langston* (1988) → 랭스턴을 찾아
*Lord of the Rings* (2001~2003) → 반지의 제왕
*Lost Patrol, The* (1934) → 로스트 패트롤
*Love Me Tonight* (1932) → 러브 미 투나잇
*Love Story* (1970) → 러브 스토리
*Lucky Lady* (1975) → 럭키 레이디

*M*A*S*H* (1970) → 매시
*Macao* (1952) → 마카오
*Machine Gun Kelly* (1958) → 머신 건 켈리
*Mad Love* (1935) → 매드 러브
*Magnificent Seven, The* (1960) → 황야의 7인
*Magnolia* (1999) → 매그놀리아
*Making Mr Right* (1987) → 사이보그 유리시즈

*Maltese Falcon, The* (1941) → 말타의 매
*Man I Love, The* (1947) → 내가 사랑한 남자
*Man of Aran* (1934) → 아란의 사람
*Man of the West* (1958) → 서부의 사나이
*Man Who Fell to Earth, The* (1976) → 지구에 떨어진 사나이
*Man Who Shot Liberty Valance, The* (1962) → 리버티 밸런스를 쏜 사나이
*Man Who Would Be King, The* (1975) → 왕이 되려던 사나이
*Man with a Movie Camera, The* (1929) → 카메라를 든 사나이
*Manchurian Candidate, The* (1962) → 맨츄리안 캔디데이트
*Manchurian Candidate, The* (2004) → 맨츄리안 캔디데이트
*Manhattan Melodrama* (1934) → 맨해튼 멜로드라마
*Mars Attacks!* (1996) → 화성 침공
*Marty* (1955) → 마티
*Mary Poppins* (1964) → 메리 포핀스
*Mask of Dimitrios, The* (1944) → 디미트리오스의 가면
*Master and Commander* (2003) → 마스터 앤드 커맨더
*Matinee* (1988) → 마티니
*Matrix, The* (1999) → 매트릭스
*Matrix Reloaded, The* (2003) → 매트릭스 2 — 리로디드
*McCabe and Mrs Miller* (1971) → 매케이브와 밀러 부인
*Mean Streets* (1973) → 비열한 거리
*Meet Marlon Brando* (1966) → 말론 브랜도를 만나라
*Memento* (2000) → 메멘토
*Memphis Belle* (1990) → 멤피스 벨
*Men at War* (1957) → 전장의 병사들
*Menace II Society* (1993) → 사회에의 위협
*Merdeka* (2001) → 메르데카
*Merry Widow, The* (1925) → 메리 위도
*Merveilleuse Vie de Jeanne d'Arc, La* (1929) → 잔다르크의 경이로운 인생
*Meteor* (1979) → 지구의 대참사
*Metropolis* (1927) → 메트로폴리스
*Mickey Blue Eyes* (1999) → 미키 블루 아이즈
*Midnight Clear, A* (1992) → 휴전
*Midsummer Night's Dream, A* (1935) → 한여름 밤의 꿈
*Midway* (1976) → 미드웨이
*Mildred Pierce* (1945) → 밀드레드 피어스
*Miller's Crossing* (1990) → 밀러스 크로싱
*Mimic* (1997) → 미믹
*Minority Report* (2002) → 마이너리티 리포트
*Misérablesm, Les* (1925~1926) → 레 미제라블
*Misfits, The* (1961) → 야생마
*Missing in Action* (1984) → 대특명

*Missing, The* (2003) → 실종
*Mission: Impossible* (1996) → 미션 임파서블
*Missouri Breaks, The* (1976) → 미주리 브레이크
*Monte Walsh* (1970) → 몬테 월쉬
*Moonlight Mile* (2002) → 문라이트 마일
*Mosquito Squadron* (1969) → 장렬! 모스키토
*Mother, The* (1926) → 어머니
*Moulin Rouge* (2001) → 물랑 루즈
*Mummy, The* (1932) → 미이라
*Mummy, The* (1999) → 미이라
*Murder, My Sweet* (1944) → 안녕 내 사랑
*Murders in the Rue Morgue* (1932) → 모르그가의 살인 사건
*Music Man, The* (1962) → 뮤직맨
*Musketeers of Pig Alley, The* (1912) → 피그앨리의 총사들
*My Cousin Vinny* (1992) → 나의 사촌 비니
*My Darling Clementine* (1946) → 황야의 결투
*My Fair Lady* (1964) → 마이 페어 레이디

*Naked Spur, The* (1953) → 운명의 박차
*Nashville* (1975) → 내슈빌
*Natural Born Killers* (1994) → 내추럴 본 킬러
*New Jack City* (1991) → 뉴 잭 시티
*New Moon* (1940) → 뉴 문
*New York, New York* (1977) → 뉴욕, 뉴욕
*Newsies* (1992) → 뉴스보이
*Night and the City* (1950) → 밤 그리고 도시
*Night Moves* (1975) → 나이트 무브
*Night of the Demon* (1957) → 악령의 밤
*Night of the Living Dead* (1968) → 살아 있는 시체들의 밤
*Nightfall* (1957) → 나이트폴
*Nightmare on Elm Street* (1984) → 나이트메어
*9 Songs* (2004) → 나인 송즈
*1941* (1979) → 1941
*Noose, The* (1948) → 누스
*North by Northwest* (1959) → 북북서로 진로를 돌려라
*Nosferatu* (1922) → 노스페라투
*Notorious* (1946) → 오명
*Now, Voyager* (1942) → 어느 여인의 행로

*Objective, Burma!* (1945) → 버마 전선
*Oklahoma Kid, The* (1939) → 오클라호마 키드
*Old Shatterhand* (1964) → 올드 셰터핸드

*Omega Man, The* (1971) → 오메가맨
*On a Clear Day You Can See Forever* (1970) → 온 어 클리어 데이 유 캔 씨 포에버
*On the Beach* (1959) → 그날이 오면
*On the Town* (1949) → 춤추는 대뉴욕
*Once Upon a Time in America* (1984) → 원스 어폰 어 타임 인 아메리카
*Once Upon a Time in the West* (1969) → 원스 어폰 어 타임 인 더 웨스트
*One False Move* (1992) → 광란의 오후
*Onibaba* (1964) → 오니바바
*Open Range* (2004) → 오픈 레인지
*Ordinary People* (1980) → 보통 사람들
*Orphans of the Storm* (1921) → 풍운의 고아
*Others, The* (2001) → 디 아더스
*Out of the Past* (1947) → 과거로부터
*Outfit, The* (1974) → 아웃핏
*Outland* (1981) → 아웃랜드
*Outlaw Josey Wales, The* (1976) → 무법자 조시 웨일스

*Package, The* (1989) → 패키지
*Pale Rider* (1985) → 페일 라이더
*Pandora's Box* (1928) → 판도라의 상자
*Panic in the Streets* (1950) → 거리의 공황
*Parallax View, The* (1974) → 암살단
*Paramount on Parade* (1930) → 파라마운트 온 퍼레이드
*Pat Garrett and Billy the Kid* (1973) → 관계의 종말
*Patriot Games* (1992) → 패트리어트 게임
*Peacemaker, The* (1997) → 피스메이커
*Peeping Tom* (1960) → 피핑 탐
*Performance* (1970) → 퍼포먼스
*Perils of Pauline, The* (시리즈, 1914) → 폴라인의 모험
*Phenix City Story, The* (1955) → 피닉스 시티 스토리
*Pickup on South Street* (1953) → 픽업 온 사우스 스트리트
*Pinky* (1949) → 핑키
*Piranha* (1978) → 피라나
*Pirate, The* (1948) → 해적
*Pirates of the Caribbean* (2003) → 캐리비안의 해적
*Pit and the Pendulum, The* (1961) → 함정과 진자
*Pitfall, The* (1948) → 핏폴
*Plan 9 from Outer Space* (1958) → 외계로부터의 9호 계획
*Planet of Storms* (1962) → 플라네타 부르크
*Planet of the Apes* (1968) → 혹성 탈출
*Platoon* (1986) → 플래툰
*Player, The* (1992) → 플레이어

*Play Dirty* (1967) → 플레이 더티
*Point Blank* (1967) → 포인트 블랭크
*Pork Chop Hill* (1959) → 포크 촙 힐
*Poseidon Adventure, The* (1972) → 포세이돈 어드벤처
*Posse* (1975) → 파시
*Posse* (1993) → 파시
*Postman Always Rings Twice, The* (1946) → 포스트맨은 벨을 두 번 울린다
*Postman Always Rings Twice, The* (1981) → 포스트맨은 벨을 두 번 울린다
*Preaching to the Perverted* (1997) → '99 쇼걸 2
*Predator* (1988) → 프레데터
*Pride of the Marines* (1945) → 해병의 자부심
*Primary* (1960) → 예비 선거
*Prince of Tides, The* (1991) → 사랑과 추억
*Producers, The* (1968) → 프로듀서
*Professionals, The* (1966) → 4인의 프로페셔널
*Prophecy* (1979) → 프로퍼시
*Psycho* (1960) → 사이코
*Public Enemy* (1930) → 퍼블릭 에너미
*Pulp Fiction* (1994) → 펄프 픽션
*Punishment Park* (1971) → 퍼니시먼트 파크
*Purple Rose of Cairo, The* (1985) → 카이로의 붉은 장미
Pursued (1947) → 추적

*Quatermass and the Pit* (1967) → 쿼터매스 앤드 더 피트
*Queen of Blood* (1966) → 퀸 오브 블러드
*Quick and the Dead, The* (1995) → 퀵 앤드 데드
*Quo Vadis?* (1912) → 쿼바디스
*Quo Vadis?* (1951) → 쿼바디스

*Rage in Harlem, A* (1991) → 천국으로 가는 장의사
*Raiders of the Lost Ark* (1981) → 레이더스
*Rainbow, The* (1944) → 무지개
*Rambo III* (1988) → 람보 3
*Rambo: First Blood Part II* (1985) → 람보 2
*Rapture, The* (1991) → 이브의 선택
*Raw Deal* (1986) → 고릴라
*Rear Gunner* (1943) → 리어 거너
*Rebecca* (1940) → 레베카
*Rebel without a Cause* (1955) → 이유 없는 반항
*Reckless Moment, The* (1949) → 위험한 관계
*Red Dawn* (1984) → 젊은 용사들
*Red River* (1948) → 레드 리버

*Red Heat* (1988) → 레드 히트
*Regarding Henry* (1991) → 헨리의 이야기
*Regeneration* (1915) → 리제너레이션
*Regeneration* (1997) → 리제너레이션
*Repulsion* (1965) → 혐오
*Reservoir Dogs* (1992) → 저수지의 개들
*Retreat, Hell!* (1952) → 지옥의 철수 작전
*Ride Lonesome* (1959) → 라이드 론섬
*Ride the High Country* (1962) → 대평원
*Ring Virus, The* (1999) → 링
*Ring, The* (2002) → 더 링
*Ringu 0* (2000) → 링 0 - 버스데이
*Ringu 2* (1999) → 링 2
*Ringu* (1998) → 링
*Rio Bravo* (1959) → 리오 브라보
*Rio Grande* (1950) → 리오 그란데
*Road to Perdition, The* (2002) → 로드 투 퍼디션
*Road to the Stars* (1954) → 우주로 가는 길
*Road Trip* (2000) → 로드 트립
*Roaring Twenties, The* (1939) → 포효하는 20년대
*Robe, The* (1953) → 성의
*Robocop* (1987) → 로보캅
*Rock, The* (1996) → 더 록
*Rocky Horror Picture Show, The* (1975) → 록키 호러 픽처 쇼
*Rocky III* (1982) → 록키 3
*Rocky IV* (1985) → 록키 4
*Roger and Me* (1989) → 로저와 나
*Rollerball* (1975) → 롤러볼
*Rollercoaster* (1977) → 위험한 열차
*Rolling Thunder* (1977) → 롤링 썬더
*Romance* (1998) → 로망스
*Romancing the Stone* (1984) → 로맨싱 스톤
*Rose Marie* (1936) → 로즈 마리
*Rose, The* (1979) → 로즈
*Rosemary's Baby* (1968) → 악마의 씨

*Sabre Jet* (1953) → 사브르 제트기
*Salesman* (1969) → 세일즈맨
*Samson and Delilah* (1949) → 삼손과 데릴라
*Sands of Iwo Jima* (1949) → 유황도의 모래
*Santa Fé Trail* (1940) → 산타페 트레일
*Saving Private Ryan* (1998) → 라이언 일병 구하기

*Scarface* (1932) → 스카페이스
*Scarlet Street* (1945) → 스칼렛 거리
*Scary Movie / Scream* (1996) → 무서운 영화
*Schatz im Silbersee, Der* (1962) → 은빛 바다의 보물
*Schindler's List* (1993) → 쉰들러 리스트
*Scream* (1996) → 스크림
*Sea Hawk, The* (1940) → 바다매
*Searchers, The* (1956) → 수색자
*Seconds* (1966) → 세컨드
*Secret Beyond the Door, The* (1948) → 비밀의 문
*Sergeant York* (1941) → 요크 상사
*Seventh Victim, The* (1943) → 일곱 번째 희생자
*Sexy Beast* (2000) → 섹시 비스트
*Sgt. Rutledge* (1961) → 럿리지 상사
*Shallow Grave* (1994) → 쉘로우 그레이브
*Shane* (1953) → 셰인
*She Defends the Motherland* (1943) → 그녀는 조국을 지킨다
*She Wore a Yellow Ribbon* (1949) → 황색 리본을 한 여자
*Shining, The* (1980) → 샤이닝
*Shivers* (1975) → 파편들
*Shootist, The* (1976) → 최후의 총잡이
*Showgirls* (1995) → 쇼걸
*Siege, The* (1998) → 비상 계엄
*Sign of Disaster* (1986) → 재앙의 징조
*Silence of the Lambs, The* (1991) → 양들의 침묵
*Silent Running* (1972) → 사일런트 러닝
*Silk Stockings* (1957) → 실크 스타킹
*Singin' in the Rain* (1952) → 사랑은 비를 타고
*Single White Female* (1992) → 위험한 독신녀
*Sixth Sense, The* (1999) → 식스 센스
*Snatch* (2000) → 스내치
*Solaris* (1972) → 솔라리스
*Soldier Blue* (1970) → 솔저 블루
*Some Came Running* (1958) → 달려온 사람들
*Son of Frankenstein* (1939) → 프랑켄슈타인의 아들
*Song of Norway* (1979) → 노르웨이의 노래
*Sophie's Choice* (1982) → 소피의 선택
*Sopranos, The* (HBO 시리즈, 1999) → 소프라노스
*Sound of Music, The* (1965) → 사운드 오브 뮤직
*South Pacific* (1958) → 남태평양
*Soylent Green* (1973) → 소일렌트 그린
*Spartacus* (1960) → 스파르타쿠스

*Spiderman* (2002) ↠ 스파이더맨
*Spiral Staircase, The* (1946) ↠ 나선 계단
*Stage Door Canteen* (1943) ↠ 스테이지 도어 캔틴
*Stagecoach* (1939) ↠ 역마차
*Stalingrad* (1993) ↠ 스탈린그라드
*Stalker* (1979) ↠ 스토커
*Star Is Born, A* (1954) ↠ 스타 탄생
*Star Is Born, A* (1976) ↠ 스타 탄생
*Star Spangled Rhythm* (1942) ↠ 스타 스팽글드 리듬
*Star Trek* (TV 시리즈) (1966) ↠ 스타트렉
*Star Trek II: The Wrath of Khan* (1982) ↠ 스타트렉 2 — 칸의 분노
*Star Wars* (1977) ↠ 스타 워즈
*Star Wars: Episode VI — Return of the Jedi* (1983) ↠ 스타 워즈 에피소드 6 — 제다이의 귀환
*Star!* (1968) ↠ 스타!
*Stargate* (1994) ↠ 스타게이트
*Starman* (1984) ↠ 스타맨
*Starship Troopers* (1997) ↠ 스타십 트루퍼스
*Starting Over* (1979) ↠ 사랑의 새 출발
*State of Grace* (1990) ↠ 헬스 키친
*Stella* (1990) ↠ 스텔라
*Stella Dallas* (1937) ↠ 스텔라 달라스
*Story of G. I. Joe, The* (1945) ↠ 지 아이 조의 이야기
*Strange Love of Martha Ivers, The* (1946) ↠ 마사 아이버스의 이상한 사랑
*Street, The* (1992) ↠ 거리
*Submarine Raider* (1942) ↠ 해저 특공대
*Submarine T-9* (1943) ↠ 잠수함 T-9
*Sum of All Fears, The* (2002) ↠ 썸 오브 올 피어스
*Sunrise* (1927) ↠ 선라이즈
*Suspiria (1977 ↠) 서스페리아*
*Suture* (1993) ↠ 봉합
*Sweet Smell of Success* (1957) ↠ 성공의 달콤한 향기
*Sweethearts* (1938) ↠ 스윗하츠

*Tango and Cash* (1989) ↠ 탱고와 캐쉬
*Taxi Driver* (1976) ↠ 택시 드라이버
*Teenage Caveman* (1958) ↠ 틴에이지 케이브맨
*Tell England* (1931) ↠ 갈리폴리 전투
*Tell Them Willie Boy Is Here* (1969) ↠ 내일을 향해 달려라
*Ten Commandments, The* (1956) ↠ 십계
*Terminator, The* (1984) ↠ 터미네이터
*Terminator 2: Judgment Day* (1991) ↠ 터미네이터 2 — 심판의 날

*Terminator 3: Rise of the Machines* (2003) → 터미네이터 3 — 라이즈 오브 더 머신
*Terms of Endearment* (1983) → 애정의 조건
*Tetsuo: The Iron Man* (1989) → 철남 데츠오
*Tetsuo II: Body Hammer* (1992) → 철남 데츠오 2
*Texas Chainsaw Massacre, The* (1974) → 텍사스 전기톱 대학살
*Texas Chainsaw Massacre 2, The* (1986) → 텍사스 전기톱 학살 2
*Thelma and Louise* (1991) → 델마와 루이스
*They Died with Their Boots On* (1941) → 장렬 제7기병대
*They Made Me a Fugitive* (1947) → 데이 메이드 미 어 퓨지티브
*Thief* (1981) → 비정의 거리
*Thieves Like Us* (1974) → 보위와 키치
*Thin Blue Line, The* (1987) → 가늘고 푸른 선
*Thin Man* (시리즈) → 씬 맨
*Thin Red Line, The* (1998) → 씬 레드 라인
*Thing from Another World, The* (1951) → 또 다른 세계에서 온 괴물
*Thing, The* (1951) → 괴물
*Thing, The* (1982) → 괴물
*Things to Come* (1936) → 다가올 세상
*Things to Do in Denver When You're Dead* (1995) → 덴버
*This Gun for Hire* (1942) → 백주의 탈출
*This Island Earth* (1955) → 우주 수폭전
*Thoroughly Modern Millie* (1967) → 모던 밀리
*Three Days of the Condor* (1975) → 콘돌
*Three Kings* (1999) → 쓰리 킹즈
*Three Musketeers, The* (1974) → 삼총사
*Thunderheart* (1992) → 붉은 사슴비
*THX 1138* (1970) → THX 1138
*Titanic* (1997) → 타이타닉
*To Each His Own* (1946) → 그들에겐 각자의 몫이 있다
*Tobruk* (1967) → 토브룩
*Tom Horn* (1980) → 톰 혼
*Tomb of Ligeia* (1965) → 리게아의 무덤
*Too Late the Hero* (1970) → 불타는 전장
*Top Gun* (1986) → 탑 건
*Top Hat* (1935) → 톱 햇
*Tora! Tora! Tora!* (1970) → 도라! 도라! 도라!
*Total Recall* (1989) → 토탈 리콜
*Touch of Evil* (1958) → 악의 손길
*Towering Inferno, The* (1974) → 타워링
*Toy Story* (1995) → 토이 스토리
*Tracks* (1977) → 트랙스
*Traffic in Souls* (1913) → 트래픽 인 소울

*Train of Life* (1998) → 생명의 기차
*Train Robbers, The* (1973) → 열차 강도
*Trial on the Road* (1971) → 길 위의 재판
*Trip to the Moon, A* (1902) → 달세계 여행
*Triumph of the Spirit* (1988) → 트라이엄프
*Tron* (1982) → 트론
*Troy* (2004) → 트로이
*True Lies* (1994) → 트루 라이즈
*True Romance* (1993) → 트루 로맨스
*Truman Show, The* (1998) → 트루먼 쇼
*Tumbleweeds* (1925) → 텀블위즈
*Twins* (1988) → 트윈스
*Twister* (1996) → 트위스터
*Two Mules for Sister Sara* (1969) → 수녀와 카우보이
*Two Rode Together* (1961) → 투 로드 투게더
*2001: A Space Odyssey* (1968) → 2001 스페이스 오디세이

*Ulzana's Raid* (1971) → 울자나의 습격
*Uncommon Valor* (1983) → 지옥의 7인
*Underworld* (1927) → 언더월드
*Unforgiven* (1992) → 용서받지 못한 자
*Unmarried Woman, An* (1978) → 독신녀 에리카
*Untouchables, The* (1987) → 언터처블
*Usual Suspects, The* (1995) → 유주얼 서스펙트

*Vampire Lovers, The* (1970) → 뱀파이어 연인들
*Vampyr* (1934) → 뱀파이어
*Van Helsing* (2004) → 반헬싱
*Vanilla Sky* (2001) → 바닐라 스카이
*Videodrome* (1983) → 비디오드롬
*Villain* (1979) → 빌런
*Volcano* (1997) → 볼케이노
*Voyage to the Prehistoric Planet* (1965) → 선사 시대 행성으로의 여행

*Wake Island* (1942) → 웨이크 아일랜드
*Walk in the Sun, A* (1945) →워크 인 더 선
*War and Peace* (1965~1967) → 전쟁과 평화
*War Games* (1983) → 위험한 게임
*War of the Worlds, The* (1953) → 우주 전쟁
*War Party* (1988) → 워 파티
*Way Ahead, The* (1944) → 우리 앞의 길
*Way Down East* (1920) → 동부 저 멀리

*We Dive at Dawn* (1943) → 새벽의 잠수
*Weekend* (1967) → 주말
*West Side Story* (1961) → 웨스트 사이드 스토리
*Westfront 1918* (1931) → 1918년 서부 전선
*Westworld* (1973) → 이색 지대
*What Price Glory?* (1926) → 영광의 대가
*When Worlds Collide* (1951) → 세계가 충돌할 때
*White Heat* (1949) → 화이트 히트
*Whole Nine Yards, The* (2000) → 나인 야드
*Wild Bunch, The* (1969) → 와일드 번치
*Wild Rovers* (1971) → 와일드 로버스
*Will Penny* (1968) → 윌 페니
*Winchester '73* (1950) → 윈체스터 73
*Wind and the Lion, The* (1975) → 바람과 라이온
*Wings* (1927) → 날개
*Wiz, The* (1978) → 마법사
*Wizard of Oz, The* (1939) → 오즈의 마법사
*Woman in the Moon, The* (1929) → 달의 여인
*Woman in the Window, The* (1945) → 창 속의 여인
*Woman on Pier 13, The* (1949) → 제13 부두의 여인
*Wooden Horse, The* (1950) → 목마
*World, the Flesh, and the Devil, The* (1959) → 세계, 육체 그리고 악마
*Written on the Wind* (1956) → 바람에 쓴 편지
*Wyatt Earp* (1994) → 와이어트 어프

*Xanadu* (1980) → 제너두
*X-Men* (2000) → 엑스맨

*Yeux Sans Visage, Les* (1959) → 얼굴 없는 눈
*Yolanda and the Thief* (1945) → 욜란다와 도둑

*Zoia* (1944) → 조이아
*Zulu* (1964) → 줄루

## 용어

가족 *family* 9, 14, 20, 36, 74, 77, 80, 81, 83, 86, 87, 89, 90, 94
가족 멜로드라마 *family melodrama* 20, 58, 59, 61, 65, 68, 86, 87, 88, 89, 90, 416
갱스터 영화 *gangster film* 15, 17, 18, 19, 31, 32, 33, 34, 43, 44, 46, 65, 67, 84, 94, 142, 227, 228, 229, 230, 231, 232, 233, 234, 235, 236, 237, 238, 239, 241, 242, 244, 245, 246, 247, 248, 249, 250, 251, 253, 254, 256, 258, 259, 309,

357, 362, 380, 394, 427, 461
고전 할리우드 *classical Hollywood* 8, 10, 16, 29, 44, 47, 53, 55, 61, 70, 73, 94, 127, 151, 154, 155, 159, 162, 164, 165, 171, 172, 229, 264, 314, 317, 346, 370, 389, 393, 394, 396, 401, 402, 404, 437, 456, 457
고전 할리우드 양식 *classical Hollywood style* 162, 264, 396
고전적 리얼리즘 *classic realism* 61, 69, 264, 291
관객 *audience, audiences* 13, 14, 15, 17, 19, 21, 23, 24, 27, 29, 30, 31, 34, 35, 40, 41, 42, 45, 52, 57, 65, 66, 76, 78, 79, 82, 83, 85, 89, 91, 97, 98, 99, 100, 103, 104, 105, 107, 120, 121, 133, 137, 138, 139, 143, 144, 145, 150, 152, 165, 166, 168, 169, 170, 171, 175, 180, 186, 199, 222, 227, 228, 231, 237, 238, 240, 249, 252, 267, 272, 273, 276, 277, 278, 279, 282, 284, 288, 292, 298, 299, 300, 301, 308, 316, 318, 322, 337, 340, 341, 342, 353, 391, 393, 397, 401, 402, 403, 405, 409, 424, 432, 434, 437, 441, 443, 444, 447, 448, 450, 453, 455, 460
관습성 *conventionality* 24, 34, 96, 169
금주법 *Prohibition* 234, 255

남북 전쟁 (미국) *Civil War* 109, 111, 139, 233, 396
남성성 *masculinity* 67, 68, 86, 129, 140, 142, 160, 210, 211, 213, 214, 244, 293, 357, 361, 363, 380, 387, 411
냉전 *Cold War* 89, 118, 163, 198, 308, 312, 315, 320, 328, 335, 365, 366, 412, 418
뉴 할리우드 *New Hollywood* 52, 55, 103, 126, 137, 165, 251, 305, 312, 314, 317, 369, 391, 393, 399, 406, 453, 457, 461

다이애나 프로덕션 *Diana Productions* 366
다큐멘터리 *documentary* 12, 206, 235, 326, 346, 403, 429, 430, 431, 432, 434, 435, 437
대중 문화 *mass culture* 13
도상 *iconography* 33, 34, 35, 36, 95, 96, 99, 183, 187, 202, 296, 309, 311, 379, 449
드림웍스 SKG Dreamworks SKG 420
디즈니 Disney 18, 164, 170, 401

레뷰 스타일 뮤지컬 *revue musicals* 149, 181
로드 무비 *road movies* 52, 458, 459
록 뮤지컬 *rock musicals* 148, 149
루카스필름 *Lucasfilm* 305
리얼리즘 *realism* 61, 66, 69, 70, 71, 72, 78, 84, 154, 155, 168, 171, 193, 235, 264, 429, 432, 434
리퍼블릭 Republic 103
릴레이 *relay* 21, 33, 55, 83, 87, 352

마르크스주의 *Marxism* 41, 47, 70, 87, 242

망가 *manga* → 아니메
≪멋진 신세계 *Brave New World*≫(헉슬리) 330
멜로드라마 *melodrama* 17, 19, 21, 24, 28, 58, 59, 60, 61, 62, 63, 66, 67, 68, 69, 71, 72, 73, 74, 76, 78, 79, 80, 81, 82, 84, 86, 87, 88, 90, 91, 94, 97, 186, 270, 343, 350, 352, 393, 396, 401, 405, 409, 410, 411, 414, 415, 416, 417, 423, 428, 443, 444, 448, 451, 452
모노그램 *Monogram* 103, 460
뮤지컬 *musicals* 10, 16, 17, 18, 20, 26, 30, 35, 43, 44, 46, 48, 49, 94, 142, 143, 144, 145, 146, 147, 148, 149, 150, 151, 152, 153, 154, 155, 158, 159, 160, 161, 162, 163, 165, 168, 169, 170, 171, 172, 174, 175, 177, 293, 306, 339, 352, 403, 405, 440, 446, 452, 453
민족성 *ethnicity* 20, 47, 239, 244

반영성 *reflexivity* 49, 50, 160, 173, 228, 339
발리우드 *Bollywood* 171
백스테이지 뮤지컬 *backstage musical* 44, 144, 148, 149, 174
<버라이어티 *Variety*>(잡지) 20, 65, 68, 133, 134, 146, 455
베트남 전쟁, 베트남전 *Vietnam War* 65, 68, 125, 126, 139, 182, 184, 190, 204, 205, 208, 209, 210, 211, 214, 216, 217, 284, 373, 396, 412
베트남 전투 영화 *Vietnam combat film* 208, 209, 216
≪변신 *Metamorphosis*≫(카프카) 279
분류 *classification* → 장르 분류
블록버스터 *blockbuster* 16, 53, 163, 171, 277, 304, 318, 323, 337, 387, 388, 393, 396, 397, 398, 399, 400, 405, 406, 416, 418, 423
비극 *tragedy* 22, 62, 74
비통합 뮤지컬 *non-integrated musical* 148

사이클 *cycles* 13, 54, 130, 199, 273, 278, 283, 289, 293, 332, 461
상호 텍스트성 *intertextuality* 55, 173
서부극 *westerns* 9, 10, 15, 16, 17, 18, 19, 20, 21, 26, 28, 30, 31, 32, 33, 34, 39, 40 42, 43, 46, 48, 49, 50, 51, 52, 60, 61, 65, 66, 67, 68, 69, 79, 84, 87, 93, 94, 95, 96, 97, 98, 99, 100, 101. 102, 103, 104, 105, 106, 107, 108, 109, 110, 111, 112, 113, 114, 115, 116, 117, 118, 119, 120, 121, 122, 123, 124, 125, 126, 127, 128, 129, 130, 131, 132, 133, 134, 136, 138, 139, 140, 141, 142, 143, 162, 165, 166, 205, 228, 229, 231, 245, 250, 251, 254, 260, 267, 268, 306, 309, 314, 322, 347, 348, 352, 380, 383, 388, 394, 427, 432, 435, 440, 445, 446, 456, 457, 458, 459, 460, 461, 462, 490, 490
≪서스펙트 *Suspects*≫(톰슨) 349, 351
≪세일즈맨의 죽음 *Death of a Salesman*≫(밀러) 433
섹슈얼리티 *sexuality* 20, 47, 71, 108, 159, 275, 279, 289, 304, 320, 321, 360, 373, 374, 375
수정주의 *revisionism* → 장르 수정주의

스타 *stars* 10, 15, 16, 53, 84, 103, 106, 117, 133, 149, 152, 161, 167, 174, 206, 276, 313, 387, 392, 394, 395, 396, 398, 413, 414, 415, 416

스튜디오 시스템 *studio system* → 고전 할리우드

스파게티 웨스턴 *spaghetti Westerns* 96, 99, 120, 131, 132, 227

스페이스 오페라 *space opera* 311, 319

스펙터클 *spectacle* 73, 76, 77, 145, 147, 150, 151, 153, 159, 166, 176, 177, 179, 180, 313, 318, 334, 340, 388, 389, 393, 396, 397, 398, 399, 401, 402, 403, 404, 405, 408, 418, 420, 423, 424, 452

시네 네그로 *cine negro* 377

시네라마 *Cinerama* 404, 405

≪시학 *Poetics*≫(아리스토텔레스) 22

신체 *the body* 33, 78, 159, 187, 209, 213, 265, 268, 275, 281, 285, 286, 288, 289, 291, 298, 321, 325, 414, 450

신체 호러 *body-horror* 285, 286, 294, 321, 322, 334

신화 *myth* 14, 40, 41, 74, 99, 110, 116, 118, 120, 126, 130, 161, 169, 212, 249, 250, 300, 331, 384

아니메 *anime* 305, 336

아메리카 원주민 *Native Americans* → 아메리카 인디언

아메리카 인디언 *American Indians* 106, 111, 112, 123, 127, 195

아프리카계 미국인 *African-Americans* 128, 251, 252

RKO 147, 272, 273, 366, 379

애니메이션 뮤지컬 *animated musical* 170

액션 블록버스터 *action blockbuster* 10, 36, 73, 91, 281, 303, 346, 387, 388, 389, 390, 391, 392, 393, 394, 396, 399, 400, 409, 422, 423, 452

액션 어드벤처 영화 *action-adventure film* 395, 396

액션 영화 *action film* → 액션 어드벤처 영화

어트랙션 영화 *cinema of attractions* 402, 405

AIP(American International Pictures) 312, 336

SF 영화 *science fiction film* 21, 30, 35, 62, 110, 203, 275, 303, 308, 309, 310, 311, 312, 313, 314, 315, 316, 317, 319, 321, 322, 323, 324, 326, 328, 330, 331, 334, 335, 339, 340, 341, 347, 376, 432

에로틱 스릴러 *erotic thriller* 375, 445

엔터프라이즈 프로덕션 Enterprise Productions 366

MGM 144, 145, 146, 153, 160, 161, 162, 172, 176, 269, 457

MTV 170

여성 영화 *woman's film* 30, 47, 58, 59, 60, 61, 62, 65, 66, 68, 73, 79, 83, 84, 85, 86, 87, 90

오리엔탈리즘 *Orientalism* 411

≪온 더 로드 *On the Road*≫ (케루악) 458

워너 브라더스 Warner Bros. 15, 232

워터게이트 Watergate 52, 288, 315

유나이티드 아티스트 United Artists 103, 185
유니버설 Universal 269, 270, 271, 272, 273, 275, 279, 293, 357, 399
의미론-구문론 분석 (알트먼) *semantic-syntactic analysis* 36, 38, 62, 68, 94, 97, 98, 209, 253, 264, 309, 322, 326, 329, 434, 435, 449, 451
이데올로기 *ideology* 27, 28, 30, 40, 41, 42, 44, 45, 46, 47, 49, 54, 55, 56, 59, 60, 63, 70, 71, 72, 85, 88, 96, 99, 103, 105, 108, 118, 120, 125, 129, 143, 153, 156, 159, 172, 191, 194, 196, 205, 207, 211, 212, 213, 238, 240, 241, 245, 247, 252, 266, 269, 280, 286, 309, 314, 332, 353, 354, 356, 384, 388, 440, 453, 457, 458
20세기 폭스 20th Century-Fox 401
2차 세계 대전 *Second World War* 100, 106, 107, 131, 143, 182, 184, 186, 187, 188, 189, 190, 193, 194, 198, 201, 202, 204, 206, 209, 212, 214, 216, 220, 221, 245, 246, 273, 308, 309, 348, 351, 352, 353, 372, 397, 418, 437
2차 세계 대전 전투 영화 *WWII combat film* 199, 206, 209
익스플로이테이션 영화 *exploitation film* 128, 274, 283
인디언 전쟁 *Indian Wars* ↠ 아메리카 인디언
인종 *race* 20, 46, 47, 86, 91, 106, 107, 127, 137, 195, 199, 202, 268, 279, 289, 315, 378, 412, 413, 420
1차 세계 대전 *First World War* 28, 106, 125, 151, 182, 184, 185, 186, 188, 189, 190, 191, 192, 201, 212, 216, 239, 255, 270, 311, 360, 417
1차 세계 대전 전투 영화 *WWI combat film* 182, 183, 184, 185, 186, 187

작가성 *authorship* 25
작가주의, 작가 이론 *auteurism, auteur theory* ↠ 작가성
장르 분류 *genre classification* 8
장르 수정주의 *genre revisionism* 51, 138, 245, 259, 315, 383, 453
장르 정전 *generic canon* 100, 346
장르 진화 *genre evolution* 48, 49, 50, 51, 183
장르 혼성 *genre hybridity* 38, 324, 388
재난 영화 *disaster films* 399, 400, 419
전쟁/전투 영화 *war/combat film* 201
정전 *canon* ↠ 장르 정전
제의 *ritual* 30
제작규정국 Production Code Adminstration(PCA) 60
젠더 *gender* 20, 46, 47, 58, 60, 66, 67, 77, 86, 89, 90, 94, 159, 168, 268, 279, 289, 320, 321, 360, 366, 375
진주만 Pearl Harbor 189, 191, 192, 193
진화 모델 *evolutionary model* ↠ 장르 진화

친인디언 서부극 *pro-Indian Westerns* 99, 101, 106, 127, 128

컬럼비아 Columbia 193

코미디 *comedy* 14, 17, 18, 34, 63, 89, 158, 232, 249, 335, 401, 447
터너 논제 *Turner thesis* 110, 112, 117
테크놀로지 *technology* 180, 181, 307, 309, 310, 313, 314, 316, 318, 322, 325, 326, 329, 330, 331, 332, 333, 339, 340, 342, 417
통합 뮤지컬 *integrated musical* 142, 147, 153, 155, 158, 169, 171, 172

파라마운트 Paramount 145, 146, 313
파라마운트 판결 *Paramount decision* 346, 366
포르노그래피 *pornography* 12, 289, 346, 375, 445, 446, 451, 452
포스트고전 할리우드 *post-classical Hollywood* 162, 247, 307
포스트모더니즘 *postmodernism* 173, 324, 325
표현성(뮤지컬에서의) *expressivity in musicals* 143, 156, 452
표현주의, 독일 표현주의 *Expressionism, German* 86, 271, 275, 279, 354, 357, 358, 377
프레스티지 영화 *prestige film* 246
프론티어 신화 *frontier myth* 66, 96, 108, 129, 456, 458
프리드 사단 Freed Unit (MGM) 147, 150, 160, 162, 172, 174
필름 느와르, 느와르 영화 *film noir* 10, 12, 17, 19, 30, 43, 46, 58, 68, 79, 90, 248, 270, 346, 347, 348, 349, 351, 352, 353, 354, 355, 356, 359, 366, 369, 376, 377, 378, 379, 380, 442, 443
<필름 데일리 *Film Daily*>(잡지) 20, 68
핍진성 *verisimilitude* 35, 142, 148, 154, 171, 401, 428

하이 컨셉 *high concept* 392
한국 전쟁 *Korean War* 365
해머 호러 *Hammer horror* 267, 283, 293, 377
≪햄릿 *Hamlet*≫(셰익스피어) 22, 253
헤게모니 *hegemony* 47, 68, 77, 111, 156, 161, 412, 415, 457
호러 영화 *horror film* 264, 265, 266, 267, 268, 269, 271, 272, 275, 276, 277, 278, 279, 280, 281, 283, 284, 288, 289, 291, 293, 294, 295, 296, 306, 309, 310, 347, 357, 379, 400, 448
혼성 *hybridity* → 장르 혼성
홀로코스트 the Holocaust 9, 186, 190, 208, 221, 346, 436, 437, 438, 440, 441, 442, 443, 444
홀로코스트 영화 *Holocaust film* 9, 346, 440, 443